KB061810

감시와 처벌

감옥의 탄생

나남
nanam

지은이_미셸 푸코(Michel Foucault)
1926년 프랑스 푸아티에에서 태어났다. 철학, 심리학, 정신병리학을 연구하여 1984년 사망할 때까지 콜레주 드 프랑스 등 세계 여러 대학에서 강의했다. 저서로는 《고전주의 시대의 광기의 역사》, 《병원의 탄생》, 《말과 사물》, 《지식의 고고학》, 《감시와 처벌: 감옥의 탄생》, 《성의 역사》(총 4권) 가 있다.

옮긴이_오생근
서울대 문리대 불문학과 및 동 대학원을 졸업하고, 프랑스 파리 10대학 문학박사학위를 받았다. 문학평론가이자 제 56회 대한민국학술원상을 수상하였으며, 현재 서울대학교 명예교수이다. 저서로 《미셸 푸코와 현대성》, 《초현실주의 시와 문학의 혁명》, 《프랑스어 문학과 현대성》, 《문학의 숲에서 느리게 걷기》, 《위기와 희망》 등이 있으며, 역서로 미셸 푸코의 《감시와 처벌: 감옥의 탄생》, 《육체의 고백: 성의 역사 4》, 앙드레 브르통의 《나자》 등이 있다.

나남신서 1857

감시와 처벌: 감옥의 탄생

1994년 6월 15일 초판 발행
2003년 10월 5일 재판 발행
2016년 3월 25일 번역개정판 발행
2020년 4월 20일 번역개정 2판 발행
2003년 3월 5일 초판 11쇄
2015년 5월 5일 재판 23쇄
2019년 4월 5일 번역개정판 6쇄
2023년 11월 25일 번역개정 2판 6쇄

지은이_ 미셸 푸코
옮긴이_ 오생근
발행자_ 趙相浩
발행처_ (주) 나남
주소_ 10881 경기도 파주시 회동길 193
전화_ (031) 955-4601 (代)
FAX_ (031) 955-4555
등록_ 제 1-71호(1979. 5. 12)
홈페이지_ http://www.nanam.net
전자우편_ post@nanam.net

ISBN 978-89-300-4041-9
ISBN 978-89-300-8001-9 (세트)

책값은 뒤표지에 있습니다.

번역개정 2판

감시와 처벌

미셸 푸코 지음 | 오생근 옮김

Naissance de la prison

Surveiller et punir

나남
nanam

Naissance de

Surveiller et punir: Naissance de la prison

by Michel Foucault

옮긴이 서문

1. 《감시와 처벌》을 번역한 지 어느덧 20년이 지났다. 처음 이 책을 번역할 무렵만 해도, 나는 이 책의 번역을 반기는 독자들이 많을 것으로 짐작했지만, 이렇게 많을 줄은 전혀 예상하지 못했다. 책의 발간 이후 지금까지 적극적이고 열정적인 소견을 피력한 독자들의 연령층과 하고 있는 일의 다양성 역시 생각할 수 없었던 일이다. 더욱이 고등학생과 대학생, 택시기사와 대기업 임원, 감옥의 재소자들과 법조인들까지 두터운 독자층이 형성된 것을 알았을 때, 놀라움을 금할 수 없었다. 결코 쉽다고 할 수 없는 푸코의 책이 이와 같이 큰 반향을 불러일으킨 것을 어떻게 설명할 수 있을까? 독자들은 판옵티콘 감시사회의 도래를 그렇게 일찍부터 예견한 저자의 통찰력이 경이적이라고 말하기도 했고, 이처럼 방대한 자료를 수집해서 치밀하게 분석하는 저자의 능력이 천재적이라고 말하기도 했다. 이러한 독자들의 반응은

전문가의 시각이 아니더라도, 충분히 의미 있는 관점으로 보인다. 독자들의 일반적 평가에서 알 수 있듯이, 이 책의 의미와 중요성은 현재뿐 아니라 앞으로도 계속 정보화 사회의 가속적 발전에 따라 새롭게 평가될 것이 분명하다. 감시사회의 전망과 이 책의 존재가치를 생각하면 할수록 번역의 책임을 깊이 통감하게 된다. 이러한 느낌과 깨달음이 오역이나 교정상의 오류, 또는 어색한 번역들을 바로잡아 이번에 다시 번역개정판을 내는 결정적 이유이다.

2. '감옥의 탄생'이라는 부제가 붙은 《감시와 처벌》은 범죄인을 감옥에 가두는 처벌방식의 권력과 규율사회에서 살아가는 근대적 개인의 상관관계를 푸코의 독특한 관점에서 치밀하게 분석한 책이다. 저자가 밝힌 책의 목표는 "근대적 영혼과 새로운 사법 권력의 상관적 역사를 밝히는" 것이고, "과학적이고 사법적인 복합실체의 계보학"[1]을 실천하는 일이다. 그렇다면 "과학적이고 사법적인 복합실체의 계보학"이란 무엇일까? 간단히 말하면, 이것은 객관적인 사회과학의 탄생과 근대적 사법제도에서의 감옥, 그리고 순응하는 신체로서의 근대적 개인과의 연결 관계를 규명하는 작업이다. 여기서 순응하는 신체로서의 근대적 개인이란 규율사회로 정의되는 근대사회가 만든 순응적 인간형을 의미한다. 설명을 덧붙이자면, 규율사회에서의 규율은 제도나 기구 그 자체가 아닌, "제도나 기구를 연결시키고, 연장시키고, 일치시키면서 그것들이 새로운 방식으로 영향력을 행사할 수 있도록 하

---

1 《감시와 처벌》, pp. 59~60.

기 위한, 모든 제도와 기구를 관통하는 기술이자 권력의 형태"[2]인 것이다. 이런 점에서 권력은 지배자가 피지배자에게 일방적인 영향력을 행사하는 단일한 힘의 형태가 아니라 온갖 작전과 장치, 기능과 기술로 작동하는 복잡한 메커니즘의 형태로 정의될 수 있다.

푸코는 이 책에서 근대적 권력이 행사되는 구체적이고 섬세한 메커니즘, 그것의 기술과 전략을 본격적으로 분석하였다. 《감시와 처벌》(1975)은 이런 점에서 푸코의 권력에 대한 분석 작업의 첫 번째 결실인 셈이다. 그는 이전의 책들, 가령 《광기의 역사》나 《임상의학의 탄생》, 《말과 사물》 등에서 권력의 문제들을 직접적인 논의의 대상으로 삼지는 않았다. 푸코는 그 이유를 정치적 상황의 한계 때문이었다고 설명한다.

> 당시에는 우익이든 좌익이든 권력의 문제가 논의될 수 있으리라는 것은 생각할 수도 없는 일이었다. … 권력의 메커니즘에 대한 문제에 관심을 갖게 된 것은 1968년 이후가 되어서였는데, 이 시기는 말하자면 권력의 아주 미세한 그물망 속에서 발버둥 칠 수밖에 없었던 사람들이 밑바닥에서 전개한 일상적 투쟁이 문제가 되던 때였다.[3]

푸코는 권력의 문제에 관심을 갖기 시작한 시기를 이렇게 1968년 이후라고 말한다. 그는 68혁명 이후 콜레주 드 프랑스 교수가 된 1970

---

2 Gilles Delueze, *Foucault*, Editions de munuit, 1986, p. 33.
3 M. Foucault, *Dits et Ecrits*(이하 DE) Ⅲ, p. 146.

년부터 본격적으로 형벌제도와 권력의 문제를 탐구하기 시작했다. 그가 콜레주 드 프랑스 교수로 취임하기 위해 쓴 자기소개서에 의하면, 그때까지의 연구업적과 앞으로의 작업계획이 이렇게 서술되어 있다.

> 결국 광인狂人은 어떤 제도와 실천의 그물망 속에 사로잡히고 동시에 규정되었는지를 탐구해 보아야 한다. 그런데 그 기능과 그 당시 사람들이 거기에 부여한 설명을 잘 살펴보면 이 그물망은 매우 논리정연하고 정교해 보인다. 아주 정밀하고 명확한 지식이 거기에 관여하고 있다. 그러자 내게 하나의 목표가 모습을 드러냈다. 제도라는 복합적인 체계 안에 투입된 지식이 바로 그것이다. 그리고 그에 적합한 방법이 떠올랐다. 흔히 하듯이 한 분야의 학술적 저서만 섭렵할 것이 아니라 병원, 감옥, 그 외의 행형行刑제도 일체의 기록 장부, 그에 관련된 법령과 규칙 등을 포괄하는 고문서 일체를 열람해 보아야 한다. 내가 지식의 분석을 시도한 것은 국립고문서 보관소 또는 국방문서 보관소에서였다. 그 지식의 가시적 실체는 이론적 담론이나 학문적 담론이 아니고 문학도 아니다. 그것은 일상적으로 규제 받는 실천이다.[4]

이 인용문에서 알 수 있듯이 그는 광기의 문제를 탐구하면서 정신병원의 자료만을 대상으로 삼지 않고 "병원, 감옥, 그 외의 행형제도, 법령과 규칙" 등의 모든 고문서들을 샅샅이 탐구하겠다는 의도를 밝힌다. 그러니까 감옥이나 형벌제도에 대한 그의 관심은 《광기의

---

4 디디에 에리봉, 《미셸 푸코》(1926~1984) (박정자 옮김), 그린비, 2010, p. 356.

역사》를 준비할 때부터 출발한 것이었음을 알 수 있다. 또한 그가 콜레주 드 프랑스 교수가 된 이후부터 《감시와 처벌》이 나오기 전까지 있었던 일 중에서 감옥의 주제와 관련된 중요한 사건이 있다면, 그것은 소수의 연구원들과 함께 19세기 초에 자기 어머니와 남동생과 누이를 죽인 죄로 재판을 받고 형을 선고받은 친부살해자 피에르 리비에르에 관한 책을 1973년에 펴낸 것과 또한 1971년 2월, '감옥정보그룹' G. I. P. Groupe d'Information sur les Prison를 창설하여 죄수들의 인권 개선운동을 펼친 일이라고 할 수 있다. 《나, 피에르 리비에르: 내 어머니와 누이와 남동생을 죽인》이란 제목으로 만들어진 그 책은, 예전 같으면 즉각적으로 사형을 당했을 범죄자가 새로운 형벌제도에 의해 정신병리학의 전문가들이 판결에 관여하게 됨으로써 기요틴이 아닌 정신병원에 수감된 특이한 사례를 지식과 권력의 관계에서 검토한 자료집이다. 이 책에는 범인의 회고록과 그 당시 정신의학 전문가들의 소견서들, 그리고 푸코와 연구자들의 평가서들이 모두 수록되어 있다. 푸코는 이 사건을 통해서 사법 권력과 정신의학적 권력의 관계를 분석하는 한편, 18세기에는 범죄자가 실제로 범죄를 저질렀는가 하는 사실 여부가 중요시된 반면에, 19세기에는 범죄자의 범죄 행위보다 그의 삶과 개인적 경험이 판결을 결정하는 중요한 요소가 되는 사례를 발견한다. 사법 권력이 범죄자 개인에 대해서 관심을 갖게 된 가장 큰 이유는, 개인의 교정과 선도를 위해서는 범행을 일으키게 되었을 때까지의 전기적 자료, 즉 개인에 대한 지식이 필요했기 때문이다. 푸코는 "이 책을 통해서 리비에르에 관한 심리학적이거나 정신분석적 혹은 언어학적 분석을 할 생각은 전혀 없었고 다만 리비에르 사건을 둘러싸고 있는 의학적이고 사법적인 메커니즘을 밝히고 싶었다"[5]고 말한다. 그리고 형법전刑法典 64조에서 정신착란démence의 상태에서 범행을 저질렀을 경우 범행의 책임을 면제한다는 항목이 추가된 것은 정신의학의 발언권이 높아졌음을 보여 주는 예로 해석한다.

또한 푸코의 1970년대 정치참여활동에 중요한 출발점을 이룬 '감옥정보그룹'의 활동을 알기 위해서는 이 그룹의 창립취지를 밝힌 선언문이 매우 유효하다. 이 선언문에서 푸코는 경찰의 통제와 감시가 극심해지는 현실의 위기의식을 토로하면서 감옥과 죄수들의 생활에 대하여 알 권리가 있음을 천명한다.

> 우리는 감옥이란 무엇인지, 누가 거기에 가고, 어떻게 왜 거기에 가는지, 거기서는 무슨 일이 일어나는지, 죄수들과 그 감시원들의 생활은 어떤 것인지, 감옥의 건물, 음식, 위생상태는 어떠한지, 내부 규칙과 의학적 통제와 작업장은 어떠한지를 세상에 알리고 싶다. 그리고 거기에서 어떻게 빠져나오는지, 또 우리 사회에서 출소자들의 지위는 어떠한 것인지를 역시 알리고 싶다.[6]

푸코가 이 그룹을 창설한 이유를 간단히 요약하면, 감옥과 죄수들의 생활에 대한 알 권리뿐 아니라 광기와 이성의 구분과 마찬가지로 정상인과 수감자를 가르는 분할선이 불분명하기 때문이라는 것, 그리

---

5 DE. II, p. 750.

6 디디에 에리봉, 앞의 책, pp. 371~372.

고 감옥의 현실을 통해서 권력의 메커니즘이 어떻게 전개되는지를 폭로하기 위해서라는 것이다. 그는 이 그룹의 운동을 통해서 죄수들의 수감생활 조건을 알게 되었고, 죄수들의 과거에 대한 생생한 증언을 듣게 되었으며, "죄수들이 억압적 형벌제도 속에서 당하는 도저히 참을 수 없는 것들을 말할 수 있기를"[7] 원했다고 말한다. 이러한 실천적 활동의 목표로 그는 죄수들에게 '참을 수 없는 것'들은 무엇인지를 다각적으로 조사하는 정치활동을 전개하면서, 수감자들에게 그들이 세상과 단절되지 않았다는 것을 알려주기 위한 투쟁방법을 고안한다. 이 그룹의 활동은 4~5년 지속되다가 해체되었지만, 이러한 실천적 활동의 경험이 《감시와 처벌》을 준비하는 데 큰 도움이 되었을 것은 분명한 사실이다.

3. 《감시와 처벌》의 중심적인 연구는 이 책의 서두에서 묘사된 끔찍한 신체형으로부터 시간표의 규율로 운용되는 근대적 징역형에 이르는 감옥의 역사라기보다 근대적 감옥을 통해 혹은 감옥과 병행하여 확립된 권력의 규율기술 문제라고 말할 수 있다. 푸코는 범법자에 대한 처벌방식의 변화를 통해서 개인과 신체를 통제하기 위한 정치적 기술의 변화와 함께 근대의 규율사회와 감시사회의 출현을 밝히려고 한다. 감옥의 규율과 죄수들에 대한 감시와 통제방법이 사회적으로 확산된 것으로 해석할 수 있는 근대적 감시사회는 개인에게 신체에 대한 규율을 길들인 사회라는 점에서 규율사회이기도 하다. 물론 감옥의

7 같은 책, p. 376.

탄생과 동시에 규율사회가 탄생한 것은 아니다. 이미 고전주의 시대부터 신체에 대한 규율의 길들이기 절차와 방법은 지속적으로 세련되고 체계화되었다고 볼 수 있기 때문이다. 권력이 개인의 신체를 인간기계la machine humaine처럼 유용하고 생산적으로 변형시키는 방법은 신체에 대한 권력의 미시 물리학으로 명명될 수 있는데, 이것은 개인의 신체를 하나의 유기적 전체로 취급하지 않고, 동작, 태도, 속도 등으로 분리하여 신체를 분할 통제하는 방법이라고 할 수 있다. 이러한 통제가 신체의 규율화를 통해서 강화되는 것은 당연하다. 푸코는 18세기 라 메트리의 '인간-기계'의 개념을 통해, "복종시킬 수 있고, 이용할 수 있고, 변화시킬 수 있고, 나아가서는 완전하게 만들 수 있는 신체", 즉 '순종하는 신체'[8]를 설명한다. 신체에 대한 권력의 규율 길들이기 기술은 바로 이러한 순종적 신체를 만들어 내는 것이다.

푸코는 이렇게 신체에 대한 권력의 규율화 기술을 3가지로 설명한다.[9] 첫째, 권력에 의한 신체의 분할통제라는 말처럼, 권력은 신체의 각 부분들이 빈틈없는 통제에 익숙해지도록 훈련받게 함으로써 신체가 기반이 된 미시권력의 생성을 목표로 삼는다. 둘째, 고전주의 시대의 권력은 인간을 물건처럼 취급하고 변형시킬 수 있는 대상으로 본다면, 근대화 사회의 규율권력은 겉으로만 민주적 방식을 취하면서, 사실은 신체를 기계처럼 만드는 것이다. 이제 신체는 명예로운 행동이나 불굴의 용기를 보일 수 있는 의미 있는 인간적 존재가 아니라, 신체

---

8 《감시와 처벌》, p. 253.

9 Ibid. p. 254 참조.

의 각 부분들이 권력의 기술과 전략에 따라 효율적으로 작동하는 기계의 부속품처럼 되었다. 셋째, 고전주의 시대의 규율기술이 단순히 신체를 더 경제적이고 효율적으로 만드는 방법이라면, 근대사회의 규율기술은 "신체가 유용하면 할수록 신체의 순종성은 더욱 강화되고, 역으로 신체가 순종하면 할수록 신체의 유용성은 더욱 높아지는 그러한 관계"[10]의 메커니즘을 만든다. 그러므로 인간의 신체는 권력의 규율화 기술에 따라 해체되고, 분해되고, 재구성된다. 신체는 권력의 장치 속에 굳건히 편입되고, 규율권력이 탄생하는 것이다.

규율권력의 사회는 규율에 의해서 개인을 효율적으로 만들고 통제하는 감시사회이다. 푸코는 이러한 감시사회의 도래를 통찰하면서 군주권력이 규율권력으로 변화한 것을 상징하는 것이 판옵티콘Panopticon: 다 본다는 의미이라고 강조하고, 이것을 고안한 영국의 공리주의 철학자 제레미 벤담을 "칸트나 헤겔보다 더 중요한 사람"[11]이라고 평가한다. 벤담은 현대사회의 권력형태를 정확하게 정의하고 기술하였을 뿐 아니라 규율과 감시를 통한 규범사회의 경이로운 모델을 제시하였기 때문이다. 이 판옵티콘의 원리는, 권력의 자동적 기능을 보장하는 가시성의 지속적이고 의식적인 상태에 수감자를 놓여 있게 함으로써, "감시 작용이 중단되더라도 그 효과는 지속하고, 또한 권력 행사의 현실성을 약화시키면서 권력의 완벽한 상태를 강화하도록 만드는 것"이다.[12] 판

10 Ibid. p. 255.
11 DE II, p. 594.
12 Ibid. pp. 368~369.

옵티콘은 여러 개의 독방들로 나뉜 원형의 건물 중심에 감시탑이 있는 형태인데, 그 탑 속에 있는 감시자는 보이지 않으면서 감시의 대상은 끊임없이 보이는 구조로 만들어진 것이기 때문이다. 그러므로 판옵티콘에 수용된 죄수는 자신이 끊임없이 감시받고 있다는 의식 속에서 규율을 위반하는 행동을 하지 못한다. 그는 규율 권력을 내면화함으로써 스스로 자신을 감시한다. 판옵티콘은 감시자가 보이지 않는 공간에서 죄수가 자신을 감시하게 만드는 감시의 원리를 완벽하게 구체화한 자동기계이다. 물론 이러한 기계의 원리는 감옥에만 적용되는 것이 아니라, 감옥 밖의 사회 어디에서나 이용될 수 있다. 벤담이 말했듯이, 판옵티콘을 통해서 도덕성이 발전하고 산업이 활성화될 수 있다면, 현대사회의 무수한 권력자들이 개인의 도덕성과 생산성을 높인다는 이유로 이러한 기계를 이용하려 할 것은 당연하기 때문이다. 또한 감시자의 비非가시성은 권력이 어떤 집단의 우두머리이거나 가시의 역할을 하는 사람과 동일시되지 않으면서 익명적이고 자동적으로 작동하게 만드는 효과를 갖는다. 푸코는 현대사회의 판옵틱 권력의 특징을 말하면서 "우리는 판옵티콘 감시구조의 사회 속에 살고 있다"[13]고 주장하는 한편, 판옵티콘의 이념을 감시, 통제, 교정으로 분류하고, 이 요소들이 현대사회에 존재하는 권력관계의 기본적 특징이라고 설명한다.

판옵티콘은 권력의 기능적 장치이자 개인을 훈련시키고 순응하는 신체로 만들면서 생산력은 증가시킬 뿐 아니라, 더 많은 권력을 창출하고 사람들을 효과적으로 통제할 수 있는 기계이다. 판옵티콘의 사

13 DE. II, p. 594.

회는 도처에서 개인을 감시하고 그의 행동을 관찰하고 기록하는 사회이다. 오늘날처럼 컴퓨터가 일반화되어 모든 개인의 행동이 기록되고 자료화되는 사회는 '디지털 판옵티콘의 사회'로 명명될 수 있다. 여기서 주목해야 할 것은 과거의 봉건왕조 사회에서 기록의 대상이 되는 사람들이 특정한 귀족이나 영웅적 인물들이었다면, 현대사회는 모든 개인들의 생각과 행동이 무차별적으로 기록됨으로써, 개인에 대한 관찰과 감시의 일상화가 이뤄진 대중사회라는 점이다. 또한 봉건왕조 체제에서 권력을 소유한 귀족들이 명예와 특전 등으로 자신들의 무덤을 웅장하게 조성함으로써 자신들의 지위를 차별화하고 자신들을 개인화한 불평등한 사회인 반면, 근대사회는 만인이 감시와 통제의 대상이 됨으로써 누구나 감시망에 노출될 수 있는 평등화된 개인화 사회라고 할 수 있다.

규율권력은 이렇게 개인의 신체에 대한 끊임없는 기록과 통제, 개인의 행동을 규범 속에 길들이는 규범화의 전략과 함께 보상과 처벌의 온갖 제도화된 심급들을 통해 규율화된 사회를 정착시킨다. 이 현상에서 유념해야 할 것은 이 규율권력이 자본주의의 발전과 분리될 수 없다는 사실이다. 왜냐하면 규율권력이 만들어 낸 개인의 순응적 신체는 결국 생산적이고 효율적인 측면에서 노동자의 유용한 신체와 일치하는 것이기 때문이다. 부르주아 지배계급이 노동자들의 생산력을 높이기 위해 그들의 노동습관, 규범을 준수하는 태도, 사고방식 등을 세밀하게 기록하고, 그것을 월급 인상이나 진급심사의 기준으로 삼는다는 것은 이제 일반화된 상식이 되었다. 그러나 부르주아 지배계급과 노동자들의 관계를 이렇게 단순화시킨다면, 이것은 《감시와 처벌》의 주제와 저자의 의도를 잘못 이해하는 일이다. 권력이 어느 계급에 고정되어 있는 것이 아니라 끊임없이 이동하는 것일 뿐 아니라, 현대사회의 권력은 생산양식으로 구별되기보다 정보양식으로 분류될 수 있기 때문이다. 또한 자본주의 사회의 권력은 부富를 소유한 사람들의 이익만 생각하는 것이 아니다. 이런 점에서 푸코의 다음과 같은 말을 주목할 필요가 있다.

> 자본주의가 민중계급의 사람들에게 원자재나 기계, 도구 등의 형태로 투자된 부富의 일부를 갖게 했을 때부터 권력은 이러한 부를 절대적으로 보호해야만 했다. 왜냐하면 산업사회가 요구하는 것은 이미 부를 소유한 사람들이 아니라, 부를 운용함으로써 이익을 이끌어 낼 수 있는 사람들의 손에 부가 돌아갈 수 있도록 하는 일이기 때문이다. 이 부를 어떻게 보호하는가? 물론 엄격한 도덕성을 통해서이다.[14]

이 인용문에서 중요한 부분은 권력의 관심대상이 "부를 운용함으로써 이익을 이끌어 낼 수 있는 사람들", 즉 기왕에 부를 소유한 부르주아들에 한정되어 있지 않다는 점과 자본주의가 발전하던 18세기 후반에 필요했던 것은 사람들을 도덕적 주체로 만드는 일이었다는 점이다. 권력은 사람들의 도덕적 경각심을 높이기 위해서 도덕적 주체와 범죄자 또는 비행자를 분리시키고, 그들이 부자들에게 뿐만 아니라 가난한 사람들에게도 위험한 존재임을 부각시킨다. 권력의 이러한 긍정적

14 Ibid. p. 743.

이고 생산적인 활동은 모두 자본주의 사회의 경제발전과 생산력의 증가를 위한 것이다. 근대의 권력은 급격한 인구증가로 효율적인 통치를 위해 모든 사람들의 생명과 복지의 문제에 관심을 가질 수밖에 없었다.

4. 《감시와 처벌》은 인간의 자유를 신장시켰다는 18세기 계몽주의 시대의 신화를 무너뜨리고, 오히려 이 시대가 과거의 군주적 형벌사회와는 다른 규율사회를 만들어 냄으로써 개인에 대한 권력의 감시와 통제를 강화시켰다는 논리를 창출한다. 푸코는 "죄인을 처벌하는 것보다 감시하는 것이 권력의 경제학이라는 관점에서 더 효과적이고 더 수익성이 높다는 것을 사람들이 깨닫게 된 시기가" 바로 "새로운 권력의 형태가 빠르면서도 동시에 느리게 형성되던 18세기와 19세기 초"[15] 였음을 말한다. 그의 설명에 의하면 이 시기에 정치체제를 변화시킨 제도적 정비가 이뤄졌고, 국가를 대표하는 권력의 수장이 변화했다는 것이다. 푸코는 이러한 권력의 변화와 함께 권력은 소유되는 것이 아니라 행사되는 것이며, 특권적 계급이나 국가기관의 소유물이 아니라 다양한 톱니바퀴들의 장치가 모세관처럼 무수히 확산되어 맞물려 돌아가는 그물망이라는 것, 그리고 권력은 억압적이 아니라 생산적이며, 무수한 권력관계로 작동한다는 것을 보여 주었다. 그러므로 푸코에게서 권력은 자주 '권력관계'로 표현된다. 이러한 권력관계는 부르주아 계급과 노동자 계급 사이에 한정되지 않고, 부모와 자식 사이,

15 Ibid. p. 741.

교사와 학생 사이, 공사장의 감독과 노동자들 사이, 회사의 상사와 부하 직원들 사이, 연인들 사이, 매춘부와 고객 사이 등 어떤 사회, 어떤 관계에서도 존재할 수 있다. 또한 그러한 권력관계는 고정되지 않고 움직이는 것이며, 움직이고 변화하는 과정 속에서 다양한 권력의 전략들이 개입되는 것이다.

《감시와 처벌》은 근대적 감옥의 탄생을 통해 현재에 이르러 더욱 강화된 판옵티콘 구조의 감시사회에서 규율과 규범에 길들여진 현대인의 상황을 보여 준다. 물론 근대적 감옥 이전에도 수도원, 공장, 군대 등에서 오래전부터 규율이 존재해 온 것은 사실이다. 푸코는 수도원에서 사용된 시간표가 '오래된 유산'임을 밝히면서, "오래전부터 존속한 도식 안에, 새로운 규율은 어렵지 않게 자리 잡을 수 있었"[16]음을 말한다. 그러나 중요한 것은 수도원이나 군대 등에서 시간표와 규율이 오래전부터 있었다 하더라도, 근대적 감옥의 탄생과 함께 죄수들에게 부과한 규율이 다른 기관들, 즉 공장, 학교, 병원에서 과거의 것과 어떻게 접목되고 어떻게 새롭게 만들어졌는지를 이해하는 일이다. 푸코는 감옥에 대한 연구를 감옥에 대한 역사적 고찰이나 감옥에 대한 담론들로 한정한다는 것을 의미 없는 일로 생각했기 때문에, 감옥의 역사뿐 아니라 감옥 안에서 생긴 담론들이 공장이나 병원에서와 같은 감옥 밖에서의 현상들과 어떻게 상호 관련성을 갖고 있는지를 천착한 것이다.

《감시와 처벌》에서 푸코는 규율권력의 주체가 누구인지를 말하지

---

16 《감시와 처벌》, p. 277.

않았고, 신체형으로부터 징역형으로 변화하는 과정에서 부르주아 계급이 어떤 역할을 했는지를 규명하지 않았으며, 그들의 사회적이고 이념적인 관점은 무엇인지를 밝히지도 않았다. 또한 18세기 말과 19세기에 사회발전과 정치개혁을 추구하면서 민중을 시민으로 성장시키려 한 박애주의자들의 노력을 중요하게 평가하지도 않았다. 그러한 설명은 무엇보다도 그의 역할이 아니라고 생각했기 때문이다. 그는 권력이 지식을 생산한다거나, 개인을 정상과 비정상으로 분류하는 인문과학이나 사회과학의 탄생이 권력의 전략과 맞물려 있다는 전제에서 사회과학적 규범과 인간관을 비판했다. "인간에 관한 과학의 탄생? 아마도 그것은 신체와 동작, 행동에 대한 근대적 강제권의 작용이 이뤄진, 영광스럽지 않은 고문서 보관소"[17]를 만들어 냈을 뿐이라고 냉소함으로써 그는 지식의 순수성이나 진리에의 의지를 지나칠 정도로 부정하거나 비판했다. 그러나 이러한 그의 비판적 시각과 방법의 적절성에 문제가 있음에도 불구하고, 근대사회에서 확립된 형벌 개혁의 의미와 18세기 말과 19세기 사회에서 그리고 오늘날의 디지털 사회에 이르기까지 역사적으로 진행된 감시와 규율의 제도화가 권력의 전략과 어떻게 맞물려 연결되었는지를 이 책만큼 깊이 있고 근본적인 시각에서 분석한 책은 없다고 말할 수 있다.

오늘날 계몽주의 시대의 유산이 전 세계적으로 확산된 민주주의 사회에 살면서, 사람들은 정보화산업의 발전으로 판옵티콘의 기계와 장치가 유형, 무형으로 끊임없이 확산되는 위기의 현실을 위기로 받아

17 《감시와 처벌》, p. 352.

들이지 못하고 있다. 위기의 현실임에도 불구하고, 위기로 느끼지 못하는 불감증이 계속 심화되는 것이다. 인간은 판옵티콘의 체제 속에 살고 있는 한, 권력에 예속될 수밖에 없다. 그렇다면 현대사회에서 주체적이고 자유로운 삶은 과연 불가능한 것일까? 그렇지 않다. 푸코는 인간이 권력의 판옵티콘 체제 속에 살면서도, 개인의 저항적이고 주체적인 자유로운 삶의 방식은 어디에서든지 가능하다고 생각한다. 그렇다면 이 책을 덮으면서 우리는 지금, 이곳에서, 자유롭고 주체적인 삶은 무엇인지를 그리고 그것은 어떻게 가능한지를 계속 새롭게 질문해야 할 것이다.

2016년 3월

차례

일러두기

1. 저자의 원주는 1, 2, 3… 으로 표시하였다. 원서에서는 매 페이지마다 새 번호를 매겼으나 이 책에서는 장을 단위로 일련번호를 매겼다.
2. '역자 주'는 원주와 함께 일련번호를 매기되 '*' 표시를 하여 구분하였다.

제 1부

신체형

1장 수형자의 신체

2장 신체형의 호화로움

1

수형자의 신체

1757년 3월 2일, 다미엥[1]에 대해 다음과 같은 유죄판결이 내려졌다.

"손에 2파운드 무게의 뜨거운 밀랍으로 만든 횃불을 들고, 속옷 차림으로 파리의 노트르담 대성당의 정문 앞에 사형수 호송차로 실려 와, 공개적으로 사죄할 것." 다음으로 "상기한 호송차로 그레브 광장에 옮겨간 다음, 그곳에 설치될 처형대 위에서 가슴, 팔, 넓적다리, 장딴지를 뜨겁게 달군 쇠집게로 고문하고, 그 오른손은 국왕을 살해하려 했을 때의 단도를 잡게 한 채, 유황불로 태워야 할 것, 계속해서 쇠집게로 지진 곳에 불로

1 *Robert François Damiens (1715~1757) : 병사였다가 시종무관이 되어 베르사유 궁전에서 루이 15세를 살해하려다가 실패, 곧 체포되어 시역죄로 사지가 절단되는 극형을 받았다.

녹인 납, 펄펄 끓는 기름, 지글지글 끓는 송진, 밀랍과 유황의 용해물을 붓고, 몸은 4마리의 말이 잡아끌어 사지를 절단하게 한 뒤, 손발과 몸은 불태워 없애고 그 재는 바람에 날려 버릴 것."[2]

《암스테르담 신문*Gazette d'Amsterdam*》은 이렇게 보도하였다.[3]

드디어 그는 네 갈래로 찢겨졌다. 이 마지막 작업은 시간이 많이 걸렸다. 왜냐하면, 동원된 말이 그러한 견인 작업에 익숙하지 않았기 때문이다. 그래서 4마리 대신에 6마리의 말을 동원해야 했다. 그러나 그것도 불충분해서 죄수의 넓적다리를 잘라내기 위해 할 수 없이 근육을 자르고 관절을 여러 토막으로 절단해야 했다. …

평소에는 지독한 저주의 말을 퍼붓는 사람이었음에도 불구하고, 그의 입에서는 어떤 모욕적인 말도 전혀 흘러나오지 않았다. 다만 극도의 고통 때문에 그는 무서운 비명소리를 지르고 있었고, 이따금 "하나님, 제발 자비를, 예수님, 살려주십시오" 하는 말을 되풀이했다. 고령에도 불구하고, 사형수를 위로해 주기 위해 약간의 시간도 낭비하지 않았던 생 폴 주임사제의 정성을 다하는 태도는 구경하는 사람들 모두에게 깊은 감명을 주었다.

---

2 《로베르 프랑수아 다미엥에 대해서 행해진 소송의 서류 원본 및 기록》(*Pièces originales et procédures du procès fait à Robert-François Damiens*) (1757년), 제 3권, pp. 372~374.

3 《암스테르담 신문》(*Gazette d'Amsterdam*), 1757년 4월 1일자.

치안담당 관리 부통Bouton은 이렇게 말하고 있다.

유황을 태웠으나 그 불길이 너무 작았기 때문에 죄수에게는 손등의 피부만 약간 상하게 했을 뿐이다. 그 다음에는 소매를 팔뚝 위까지 걷어 올린 사형집행인이 45센티 정도의 불에 달군 특제 쇠집게를 집어 들고, 먼저 오른쪽 다리의 장딴지를, 다음에 넓적다리를, 오른팔의 근육 두 군데를, 다음에는 가슴을 찢었다. 집행인이 아무리 체력이 강하고 억센 사람이라 하더라도 쇠집게로 집고 있는 곳의 살을 같은 방향으로 두세 번 비틀어 가면서 잘라내는 데 무척 애를 먹었다. 그리고 잘라낸 부분에는 각각 6리브르 크기만 한 흉측한 구멍이 드러났다.

근육을 도려내는 이러한 형벌이 끝나자, 신을 모독하는 말도 아니면서 여러 번 큰 소리로 고함을 치던 다미엥은 머리를 들어 자기의 몸을 내려다보았다. 사형집행인은 가마솥에서 쇠국자로 펄펄 끓는 걸쭉한 액체를 떠서 상처 부분에 가득 부었다. 그 다음에는 가는 밧줄로 말들의 마구를 매는 밧줄을 묶고 죄수의 사지를 잡아당기도록 죄수의 몸과 말의 수레를 묶어 두었다.

법원서기 르 브르통Le Breton 씨는 여러 번 사형수에게 가까이 다가가서 마지막으로 할 말이 없는지 물었다. 사형수는 없다고 대답했다. 그는 지옥에 떨어진 사람처럼 비명을 질러댔는데, 고문을 당할 때마다 "용서해 주십시오, 하나님! 용서해 주십시오, 주님!" 하고 외치는 그의 모습은 더 이상 달리 묘사할 수 없을 정도였다. 그는 그 모든 고통을 당하면서도 대담하게 자주 머리를 들어서 자기의 몸을 바라보았다. 밧줄 끝을 잡고 있던 사람들이 밧줄을 팽팽히 잡아당기면, 그는 형언할 수 없이 고통스러워했다. 르 브르통 씨가 한 번 더 그에게 다가가서 할 말이 전혀 없느냐고 물었다. 사형수는 여전히 없다고 대답했다. 고해 신부들 몇 사람이 다가가서 그에게 오랫동안 말을 했다. 그러자 그는 그들이 내민 십자가에 자진해서 입을 맞추더니, 입술을 늘어뜨리면서 "용서해 주십시오, 주님"이라는 말을 되풀이하였다.

말들은 제각기 수형자의 사지를 똑바로 힘껏 끌어당겼다. 말 한 마리에 사형집행인 한 사람이 붙어 있었다. 한 15분 동안 똑같은 의식이 되풀이되었다. 그런 일을 몇 번 반복하더니 급기야는 할 수 없이 다른 방법으로 말을 끌어 잡아당겼다. 즉, 오른쪽 팔을 담당한 말은 그대로 선두에서 끌게 하고, 두 다리를 담당한 두 마리의 말을 양팔 쪽으로 방향을 돌린 것이다. 그 결과, 팔의 관절이 잘려 나갔다. 또 다시 첫 번째처럼 견인이 몇 번 반복되었지만, 성공하지 못했다. 사형수는 머리를 쳐들어 자신의 모습을 내려다보았다. 그러자 이번에는 다리를 끄는 말 앞에 다시 두 마리를 연결시켰다. 모두 6마리가 되었다. 그런데도 일은 여의치 않았다.

마침내 사형집행인 상송Samson은 서기 르 브르통 씨 앞으로 다가가서 도저히 해 볼 방법이 없다고 말하고, 윗사람들에게 사형수의 몸을 여러 개로 토막 내도 괜찮은지 물어보도록 했다. 시청에 다녀온 르 브르통 씨는 더욱 열심히 노력하라는 명령을 전했고, 그 일은 반복되었다. 이내 말들은 지쳐서 뒷걸음치기 시작했고, 다리를 묶은 말 중에서 한 마리가 길 위에 쓰러졌다. 고해 신부들이 다시 와서 사형수에게 말을 거니 그는 "입을 맞추어 주십시오, 신부님" 하고 말했다(나에게는 그 소리가 들렸다). 생 폴 주임사제가 머뭇거리며 기꺼이 입맞춤하려 않자, 드 마르실리 신부가 왼팔에 감긴 밧줄 밑으로 빠져 들어가 죄수의 이마에 입을 맞추었다. 사형집행인들이 모두 모여들자, 다미엥은 그들에게 "불평하지 말고 맡은 일을 하시오, 나는 당신들을 원망하고 있지는 않소"라고 말했다. 그리고 자기를 위해 하느님께 기도해 달라고 했다. 생 폴 주임사제에게는 첫 미사 때 자기를 위해 하나님께 기도해 달라고 간절히 부탁했다.

전과 같은 두세 번의 시도가 있은 후, 사형집행인 상송과 쇠집게를 잡고 있던 사람은 그들 주머니에서 칼을 꺼내 관절 부분의 다리 대신에 넓적다리의 윗부분을 도려냈다. 4마리의 말이 전력을 다해 끌어당기자, 처음에는 오른쪽 다리, 다음에는 왼쪽 다리가 떨어져 나갔다. 뒤이어 양팔, 어깨와 겨드랑이, 사지도 똑같이 칼질했다. 거의 뼈까지 닿도록 깊숙이 칼로 도려내지 않으면 안 되었다. 그런 후에 말이 전력으로 끄니까 먼저 오른쪽 팔이, 뒤이어 왼쪽 팔이 떨어져 나갔다.

사지가 떨어져 나가자 고해 신부들은 죄수에게 무슨 말인가를 하려고 제단에서 내려왔다. 사형집행인들은 죄수가 이미 죽었다고 말했다. 그러나 내 눈에는 그 남자가 꿈틀거리면서 마치 말하는 것처럼 아래턱이 상하로 움직이는 것이 보였다. 사형집행인 중의 한 사람이 그 직후에 죄수의 몸통을 집어 들고 장작더미 위에 던져 넣으려고 했을 때, 그 죄수가 아직 살아 있다는 말까지 했다. 사지를 말의 밧줄에서 떼어 낸 다음 처형대 정면의 울타리 안에 쌓은 장작 위로 던지고, 뒤이어 몸통과 그 밖의 것은 장작으로 덮어 둔 다음, 그 위에 짚을 올려놓고 불을 지폈다.

판결 집행이 이뤄지면서 모든 것은 재로 변했다. 타오르던 불길 속에서 나타났던 몸의 마지막 한 조각까지 모두 타 버린 것은 밤 10시 반을 지나서였다. 살덩이와 몸통을 불태우는 데 약 4시간이 걸렸다. 내 아들과 나와 같은 소속의 관공리들은 파견부대의 화살 쏘는 사수들과 함께 11시경까지 그곳에 남아 있었다.

이튿날 화장火葬했던 들판에는 한 마리의 개가 누워 있었다. 몇 번씩이나 쫓아냈으나 그 개가 다시 돌아오는 것을 보고, 사람들은 어떤 결론을 이끌어 내고 싶어 한다. 그러나 그 개가 그 장소로 돌아온 이유가 다른 곳보다 따뜻했기 때문이라는 것은 쉽게 이해할 수 있는 일이다.[4]

4분의 3세기쯤 후에 레옹 포쉐Léon Faucher가 작성한 〈파리 소년감화원을 위한 규칙〉[5]은 다음과 같다.

제 17조: 재소자의 일과는 겨울에는 오전 6시, 여름에는 오전 5시에 시작된다. 노동시간은 계절에 관계없이 하루 9시간으로 한다. 하루 중 2시간은 교육에 충당한다. 노동과 일과는 겨울에는 오후 9시, 여름에는 오후 8시에 끝내도록 한다.

제 18조: **기상**. 첫 번째 북소리가 울리면, 재소자는 조용히 기상하여 옷을 입고, 간수는 감방의 문을 연다. 두 번째 북소리가 울리면, 재소자는 침상에서 내려와 침구를 정돈한다. 세 번째 북소리가 울리면 아침기도를 하는 성당에 가도록 정렬한다. 각 신호는 5분 간격으로 한다.

---

4 A. L. Zevaes, 《국왕 살해자 다미엥》(*Damiens le régicide*) (1937년), pp. 201~214에서 인용.

5 L. Faucher, 《감옥의 개혁에 대해서》(*De la réforme des prisons*) (1838년), pp. 274~282.

제 19조: 아침기도는 감화원 소속신부가 주재하고, 기도 후에 도덕이나 종교에 관한 독송을 한다. 이 일은 30분 이내에 마치도록 한다.

제 20조: **노동.** 여름에는 5시 45분, 겨울에는 6시 45분에 재소자는 마당으로 나와 손과 얼굴을 씻고 제 1회의 빵 배급을 받는다. 뒤이어 즉시 작업장별로 정렬하여 일을 하러 나가야 하는데, 여름에는 6시, 겨울에는 7시에 시작해야 한다.

제 21조: **식사.** 10시에 재소자는 노동을 중단하고 마당에서 손을 씻고 반별로 정렬하여 식당으로 간다. 점심식사 후 10시 40분까지를 휴식시간으로 한다.

제 22조: **학습.** 10시 40분에 북소리가 울리면 정렬해 반별로 교실에 들어간다. 읽기, 쓰기, 그림 그리기, 계산하기의 순서대로 한다.

제 23조: 12시 40분에 재소자는 반별로 교실을 나와 마당에서 휴식을 한다. 12시 55분에 북소리가 울리면 작업장별로 다시 정렬한다.

제 24조: 1시에 재소자는 작업장에 도착해 있어야 한다. 노동은 4시까지 계속한다.

제 25조: 4시에 작업장을 나와 안마당으로 가서, 손을 씻고 식당에 가기 위해 반별로 정렬한다.

제 26조: 저녁식사 및 휴식시간은 5시까지로 하고, 재소자는 다시 작업장에 들어가야 한다.

제 27조: 여름에는 7시, 겨울에는 8시에 작업을 종료하고, 작업장에서 하루의 마지막 빵 배급을 받는다. 교훈적인 뜻이나 감화적인 내용을 담은 15분간의 독송을 재소자 1인 혹은 감시인 1인이 하고, 이어서 저녁기도에 들어간다.

제 28조: 여름에는 7시 반, 겨울에는 8시 반에, 재소자는 마당에서 손을 씻고 의복의 검사를 받은 뒤 감방 안에 도착해 있어야 한다. 첫 번째 북소리가 울리면 옷을 벗고, 두 번째 북소리가 울릴 때 침상에 들어가야 한다. 각 방의 문을 잠근 후 간수들은 질서와 침묵을 확인하기 위해 복도를 순회한다.

‡

이상이 신체형과 일과시간표의 내용이다. 이러한 내용이 모두 동일한 범죄에 대한 제재조치는 아니고, 동일한 종류의 범법자를 처벌하는 것도 아니다. 그러나 신체형과 일과시간표는 모두 어떤 형벌양식을 명확하게 규정하고 있다. 그 둘이 구분된 지는 1세기가 채 안 된다. 그때는 징벌의 체계가 유럽과 미국에서 재편성되던 시대였다. 전통적 재판의 기준으로 보아서는 거대한 '스캔들scandales'의 시대였고 무수한 개혁안이 범람한 시대였다. 법률과 범죄에 관한 새로운 이론, 도덕 또는 정치 분야에서의 처벌권處罰權의 새로운 정당화, 낡은 왕령王令의 폐지, 관행의 소멸, '근대적' 형법전의 입안 또는 기초 등의 변화가 러시아에서는 1769년, 프러시아에서는 1780년, 펜실베이니아 주와 토스카나[6] 공국에서는 1786년, 오스트리아에서는 1788년, 프랑스에서는 1791년, 혁명력 제 4년(1795년 9월 23일부터 1796년 9월 21일까지이다), 1808년과 1810년에 각각 이루어졌는데 이 시기는 형사재판에 있

---

6 *이탈리아 중부 서해안에 있는 주, 당시에는 공국이었음.

어 새로운 시대라 할만 했다.

여러 가지 변화 중에서 내가 주목하고 싶은 한 가지 점은 신체형의 소멸이다. 오늘날에는 어느 정도 당연시되는 경향이지만, 당시에 그것은 수많은 과장된 표현들을 만들어 냈다. 또한 따지고 분석할 여유도 없게끔 '인간화humanisation'에 초점을 맞추어 너무나도 안이하고 과장된 표현으로 신체형의 소멸을 떠들어대기도 했다. 그러나 여하간 명확하게 기술된 보편적 형법전이나 통일된 소송 절차 규범을 포함한 제도상의 대변혁과 이 신체형의 소멸을 비교한다면, 신체형의 소멸이 갖는 중요성은 무엇일까? 그리고 배심제도가 모든 곳에서 채택되고, 형벌의 교정적인 근본 성격이 규정되고, 죄를 범한 개개인에 따라서 징벌이 조정되는 경향이 19세기 이후에 계속적으로 두드러지게 나타나는 점은 어떻게 설명될 수 있을까? 한층 덜 직접적으로 신체에 부과하는 형벌, 고통을 가하는 기술에서 허용된 재량권, 고통의 요란스러운 과시를 제거하고 한층 더 교묘하고 부드러운 방법으로 고통을 전환시킨 점, 이러한 변화들이 보다 심층적인 어떤 변화의 당연한 결과라는 점에서 그것에 대해 특별히 강조할 필요가 있지 않을까? 그러나 한 가지 중요한 사실이 여기에 있다. 즉, 신체형을 당하던 신체, 사지가 절단되고, 얼굴이나 어깨에 상징적인 낙인이 찍히고, 산 채로 혹은 죽은 몸으로 스펙터클7의 의식 속에서 나타난 그러한 신체는 수십 년 사

7 *푸코는 이 책에서 근대 이전의 '스펙터클의 사회'와 근대 이후의 '규율사회'를 구분한다. 스펙터클의 사회란 만인이 한 사람의 권력자를 우러러보는 사회이고, 여기서 권력은 화려한 스펙터클의 의식을 동반한 가시적 형태로 나타난다.

이에 사라졌다는 사실이다. 형벌에 의한 억압의 중요한 대상으로서의 신체는 소멸한 것이다.

타오르는 불길의 현란함이 여전히 남아 있긴 했지만, 18세기 말과 19세기 초에 음울한 처벌의 축제행사는 사라지고 있었다. 이러한 변화에는 두 가지 과정이 뒤섞여 있었다. 그 과정들은 동일한 시간의 흐름으로 전개된 것도 아니었고, 동일한 존재이유를 지녔던 것도 아니다. 하나는 처벌을 스펙터클로 삼던 방식의 소멸이다. 형벌 의식은 사람들에게 서서히 잊혀지고 소송 절차나 소송행정상의 어떤 새로운 행위에 불과한 것으로 되어버렸다. 프랑스에서는 공개적으로 죄를 인정하고 사죄하는 공개사과형l'amende honorable이 1791년에 처음 폐지되었다가, 뒤이어 단기간의 부활을 거쳐 1830년에 다시 폐지되었다. 효수대le pilori는 프랑스에서는 1789년에, 영국에서는 1837년에 금지되었다. 오스트리아, 스위스, 펜실베이니아 주와 같은 미국의 몇몇 주에서는, 작은 도로의 한복판이나 대로에서 실시하던 공공 토목공사에서 — 목에는 쇠사슬이 걸려 있고, 다양한 색깔의 옷을 입은 채, 다리에 쇠공을 찬 죄수들이 동원되어 군중들과 서로 욕하고 빈정거리고, 주먹질하고, 원한이나 공모[8]의 신호를 주고받는 일이 있었는데 — 그러한 공사는 대부분의 지역에서 18세기 말, 혹은 19세기 전반에 금지되었다. 레알Réal[9]이 '추악한 장면'이라고 말한, 효수대에 죄인을 매다는

8 Robert Vaux, 〈각서〉(*Notices*), p. 45; N. K. Teeters, 《그들은 감옥에 있었다》(*They were in prison*) (1937년), p. 24에서 인용.

9 《고문서》(*Archives parlementaires*) 제 2집, 제 72권, 1831년 12월 1일.

형은 맹렬한 비난에도 불구하고 프랑스에서는 1831년까지 존속되다가 마침내 1848년 4월에 폐지되었다. 사슬에 묶인 유형수들을 프랑스 전국으로, 브레스트Brest나 툴롱Toulon까지 끌고 가던 쇠사슬 행렬을 대신해서, 1837년에 사용되기 시작한 것이 검은 칠을 한 수수한 모양의 죄수 호송차이다. 끔찍한 광경으로서의 형벌은 점점 사라지게 되었다. 그리고 형벌 속에 해당되는 모든 스펙터클의 요소들은 그 이후 중요하지 않은 것으로 나타나게 된다. 마치 형벌 의식으로서의 기능이 점차로 이해받지 못하게 되었듯이, 사람들은 범죄에 "결론을 내려주었던" 의식이 범죄와 수상한 상관관계에 놓여 있는 것이 아닐까 하고 의심하기 시작한다. 즉, 그 의식은 야만성에서는 범죄를 능가한다고는 할 수 없지만 그것에 필적할 만한 것이 아니었을까? 그것은 구경꾼들로 하여금 외면하고 싶은 바로 그 잔인성에 그들을 길들여 놓았던 것이 아닐까? 그것은 범죄가 빈발하는 사태를 그들에게 보여주고 사형집행인이 범죄자와, 재판관이 살인자와 닮은 모습이라고 생각하게끔 한 것이 아닐까? 그리하여 형벌 집행의 최종시점이 되면, 그러한 역할이 전도顚倒되어서 사람들은 수형자를 동정의 대상, 또는 감탄의 대상으로 삼게 된 것이 아닐까? 등의 의심들이다. 훨씬 이전에 형법학자 베카리아는 이렇게 말했다. "살인행위를 끔찍한 범죄라고 말하는 사람들이 양심의 가책도 없이 태연히 그 행위를 자행하는 것을 보게 되는 것이 문제이다."[10] 이제 사형집행의 공개는 폭력이 재연再演되는

10 C. de Beccaria, 《범죄와 형벌에 대한 논고》(*Traité des délits et des peines*) (1764년), F. Hélie 편의 판본(1856년), p. 101. 이하의 인용도 이 판본에 의거함.

온상으로서 인식된 것이다.

이리하여 처벌행위는 형벌집행의 과정 속에서도 가장 비밀스러운 부분이 되는 경향을 띠었다. 그것은 다음과 같은 여러 가지 결과를 초래했다. 즉, 처벌행위는 거의 일상적으로 인식될 수 있는 생활의 영역을 떠나서 추상적 의식의 영역 속으로 들어가고, 사람들은 그것의 효과를 가시적 강렬함에서가 아니라 그것의 숙명적 필연에서 찾는다. 그리고 이미 처벌의 소름 끼치는 광경이 아니라 처벌당한다는 확신, 그것이 바로 범죄를 단념하게 만드는 방법이 되어, 교훈적 처벌의 기계장치가 톱니바퀴를 바꾼 것과 같다. 따라서 재판은 재판의 행사와 연결되는 폭력적 부분에 대해서는 더 이상 공공연하게 책임을 지지 않게 된다. 물론 재판이 처형을 행하고 형벌을 내리는 것이긴 하지만, 그것은 이제 재판의 위력에 대한 찬미로서가 아니다. 그것은 재판이 부득이하게 묵인하지 않을 수 없는, 그러나 존중할 수도 없는 재판 자체의 한 요소가 된 것이다. 죄인에게 치욕을 가하는 방법은 재조정되었다. 즉, 스펙터클의 징벌에서는 막연한 공포가 처형대에서 분출되어, 사형집행인과 사형수를 모두 동시에 에워쌌다. 그 공포 때문에 수형자에게 부과된 치욕의 효과가 동정이나 영광으로 역전되면, 사형집행인의 합법적 폭력은 불명예스러운 행위로 바뀌었다. 이제부터 치욕과 영광은 다른 방법으로 분리되는데, 그것은 범법자를 일의一義적 표현으로 규정하는 유죄 선고의 방법이다. 그것은 법정 심의의 공개이고, 또한 판결의 공개이다. 형벌 집행에 대해서 말하자면, 그것은 사법기관이 치욕을 감수하면서 수형자에게 치욕을 가하는 보완적 처벌방법과 같다. 따라서 사법기관은 형벌 집행을 다른 사람들에게 계속 의뢰하려하면서 거리를 두는 입장을 취하는데, 그것은 비밀을 지킨다는 조건하에서이다. 처벌받는 것은 수치스러운 일이다. 그러나 처벌하는 일도 명예로운 것은 아니다. 그 결과적인 현상은 사법당국과 그 당국이 부과한 징벌과의 사이에 이루어진 이중의 보호체계이다. 형벌 집행은 자율적 영역이 되어 가고 행정기구는 사법기관이 감당하던 영역을 면제하게 되어, 사법 쪽은 형벌의 관료정치적 은폐의 도움으로 그 막연한 불쾌감에서 벗어날 수 있게 되었다. 특징적인 것은 프랑스에서 감옥행정은 오랫동안 내무성에 소속되었는데 유형수 감옥은 해군성이나 식민지성의 관할이었다는 사실이다. 이러한 역할분리의 문제를 떠나서 작용하게 된 것은 다음과 같은 이론적 근거이다. 즉, 우리들 재판관이 과하는 형벌의 주안점은 처벌에 있는 것이 아니며, 그 근본 목표는 '교정', '감화', '치료'라는 것이다. 죄인을 개과천선改過遷善하게 하는 기술이야말로 악惡의 엄정한 속죄를 형벌 속에 억압하는 방법이고, 그것은 재판관으로 하여금 징벌을 가한다는 혐오스러운 직무에서 해방시켜 준다. 근대적 사법기관과 재판에 종사하는 사람들에게는 처벌하는 행위에 대한 치욕감이 있다. 물론 그 치욕감 때문에 그들의 열성이 배제되는 것은 아니지만, 여하간 그 느낌은 계속 증가한다. 이 마음의 상처가 원인이 되어 심리학자가 판을 치고, 도덕적 정형외과 성격의 소인배 관리들이 몰려들고 있는 것이다.

그러므로 신체형의 소멸은 스펙터클이 자취를 감추게 되었음을 뜻하며, 그것은 또한 신체에 대한 구속력이 완화되었음을 말해 준다. 1787년 벤자민 러쉬Benjamin Rush11는 이렇게 쓰고 있다. "신체형의 역사에서 십자형 교수대, 효수대, 단두대, 채찍형刑, 수레바퀴형이 수 세기에 걸쳐 이루어진 국가의 야만성의 표시로서 간주되거나 인간 정신에 대한 이성과 종교의 영향이 미흡했음을 보여 주는 증거로 생각되는, 그러한 시대가 곧 도래하기를 바라지 않을 수 없다."[12] 실제로 반 메넨Van Meenen은 60년 후에 브뤼셀에서 열린 제 2차 행형行刑회의에서 자신의 유년기 시절을 지나간 시대로 회상했다. "나는 땅바닥에 형벌수레와 십자형 교수대와 효수대가 가득 흩어져 있는 광경을 보았다. 해골이 형벌수레 위에 흉측한 모습으로 놓여 있는 것도 보았다."[13] 이미 낙인형la marque은 영국(1834)이나 프랑스(1832)에서는 폐지되었고, 모반자에 대한 극형은 영국에서는 1820년에 이미 완전한 형식으로 적용되지 않게 되었다(디슬우드Thistlewood[14]는 사지가 절단되어 처형되지는 않았다). 다만, 채찍질만은 여전히 몇몇 나라의 형벌제도 속에 남아 있었다(러시아, 영국, 프러시아). 그러나 일반적으로 형벌 집행은 조심스러워졌다. 수형자의 신체에 손을 대지 말 것. 손을 대는 경우에는 최소한으로 할 것. 신체 자체가 아닌 어떤 요소를 대상으로 삼을 것 등이다. 이런 점에 대해 다음과 같은 견해도 가능하다. 금고禁錮, 징역, 유형수 징역, 유배, 거주제한, 유형 — 그것들은 근대의 형벌제도 속에서 매우 중요한 위치를 차지했다 — 은 분명히 '신체에 대한' 형벌이며, 그것

11 *Benjamin Rush(1745~1815) : 미국의 의사이자 저술가.

12 B. Rush에 의한 "정치 조사 추진협회"(Society for promoting political enquiries)에서의 연설. N. K. Teeters, 《징계 감옥의 발상지》(*The Cradle of the penitentiary*) (1935년), p. 30에서 인용.

13 《자선구제 연보》(*Annales de la Charité*) 제 2권(1847년), pp. 529~530 참조.

14 *Arthur Thistlewood(1770~1820) : 영국의 각료 암살범.

들은 벌금형과는 달리 신체를 직접 대상으로 삼는다. 그러나 이 근대적 형벌제도에서 징벌과 신체의 관련은 과거의 신체형과 동일한 것이 아니다. 근대적 제도에서 신체는 도구 또는 매개체와 같은 것이 된다. 즉, 신체를 감금하거나, 혹은 노동을 시켜 신체에 제재를 가하지만, 그 목적은 개인으로부터 권리이면서 동시에 재산으로 생각되는 자유를 박탈하기 위한 것이다. 이 형벌제도에 의하면, 신체는 구속과 박탈의 체계, 의무와 제한의 체계 속에서 취급되고 있다. 육체적 고통, 신체 자체의 아픔은 이미 형벌의 구성요소가 아니다. 징벌은 견딜 수 없는 감각의 고통을 다루는 기술의 단계에서 그 모든 권리행사를 정지시키는 경제의 단계로 이행해 버린 셈이다. 사법기관이 처벌대상자의 신체를 마음대로 다루고 손상을 입혀야 할 경우라도, 그것은 아주 엄격한 규정에 따라서 이전보다 훨씬 더 '고차적인' 목표를 지향하며 대국적 견지에서 이루어져야 한다. 이렇게 종래와는 다른 신중한 방법으로 사형집행인, 즉 사형수의 고통을 직접적으로 유발하는 해부가解剖家 대신에 일단의 전문가들이 등장하게 된다. 그들은 간수, 의사, 사제, 정신과 의사, 심리학자, 교육자들이다. 그들은 수형자 옆에 단순히 존재한다는 사실만으로도 사법당국이 필요로 하는 찬가를 노래하는 역할을 한다. 그들의 존재로 사법당국은 신체와 고통이 처벌행위의 최종적 목표가 아니라는 것을 증명하게 된다. 더구나 다음 같은 점을 깊이 생각해야 한다. 오늘날에는 의사가 사형수에게 죽을 때까지 신경 쓰지 않으면 안 되는데, 이러한 의사가 안락을 주는 사람, 고통을 겪지 않도록 신경을 써 주는 사람으로서, 생명을 빼앗는 일을 떠맡는 관리들과 같은 반열에 있다는 사실이다. 사형집행 시기가 가까워 오면 사형수에게 정신

안정제를 주사하는 것이 의사가 하는 일이다. 이것이야말로 조심스러운 사법당국의 유토피아라고 할 수 있다. 사형수로부터 고통을 느끼게 하지 않으면서 생존을 박탈하고 또한 모든 권리를 제거하는, 고통을 수반하지 않는 형벌을 가하자는 것이기 때문이다. 정신약리학 내지는 각종의 생리학적 차단장치déconnecteurs에 의존하는 방법은, 그것이 임시적 조치라 하더라도 역시 '신체를 직접 다루지 않는' 그러한 형벌제도와 직결되어 있다.

이러한 이중의 과정 — 스펙터클의 소멸과 육체적 고통의 제거 — 에 대해서는 모든 근대적 사형집행의 의식이 그대로 입증하고 있다. 대부분 유럽 국가들의 법률제도는 각기 고유한 리듬으로 동일한 변화과정을 겪게 되었다. 즉, 어디서나 특정한 범죄의 성격 혹은 범죄자의 사회적 지위를 문장紋章처럼 명시할 필요가 없는, 만인에게 동일한 사형제도가 적용된 것이다. 그것은 한순간에 결말이 나는 죽음이며, 아무리 극심한 증오의 대상이라도 복잡한 절차에 따라 고문하는 것도 아니고, 시신屍身에까지 계속 공격하지 않는 사형이고, 신체보다는 오히려 생명을 해치는 처형이다. 이제는 죽음이 계산된 여러 가지 중단행위에 의해서 지연되고, 일련의 계속적인 공격방법으로 다양화된, 그러한 신체형의 지루한 과정은 존재하지 않게 되었다. 일찍이 국왕 살해범을 사형에 처할 때 연출했던 경우와 같은 계획, 또는 18세기 초에 《교살絞殺은 충분한 형벌이 아니다*Hanging not Punishment enough*》15의 저자가 꿈꾸던 계획, 그리고 사형수의 신체를 형벌수레 위에서 절단하

15 작자미상의 책(1701년 간행).

고, 실신할 때까지 채찍으로 때리고, 그 다음에 쇠사슬로 매달아 최후에 서서히 굶겨 죽이는 수순을 밟을 수 있는 계획 같은 것도 사라졌다. 사형수를 사립짝 위에 올려놓고 말이 끌고 가(머리가 포석 위에서 깨지는 것을 피하도록 하기 위해서), 배를 가르고 내장은 본인이 자기 눈으로 그것이 불 속에 던져지는 것을 볼 수 있을 만큼 빠르게 뜯겨지고, 마지막에는 목이 절단되어, 몸은 네 갈래로 찢기는[16] 그러한 신체형도 더 이상 존재하지 않게 되었다. 이러한 '수많은 최후의 순간들'이 엄정한 규율에 따른 사형집행으로 축소된 것이 처벌행위에 걸맞은 새로운 모든 도덕을 규정짓게 된 근거이다.

이미 1760년 영국에서는 (페러 경Lord Ferrer 처형 때) 시험적으로 교살기une machine à pendre가 사용되었다. (이것은 사형수 발밑의 받침대가 벗겨져 나가기 때문에 느릿느릿 계속되는 단말마斷末魔의 고통을 받지 않아도 되고, 사형집행인과의 사이에 생기는 격렬한 싸움을 회피할 수 있는 그런 구조로 되어 있다.) 이 기계는 완전한 것으로 개선되어 1783년에 최종적으로 채택되었고, 같은 해에 뉴게이트Newgate 감옥으로부터 타이번Tyburn 사형집행장까지의 관례적인 조리돌림이 폐지되었으며, 또한 고돈Gordon 폭동사건 이후에, 이 감옥의 재건계획에 편승하여 뉴게이트 감옥 자체에 처형대가 설치되기도 했다.[17] 1791년의 프랑스 형법전

---

16 W. Blackstone, 《영국 형법전 주해》(*Commentaire sur le Code criminel anglais*)(프랑스어 역, 1776년). 반역자에 대한 신체형은 1권 p. 105에 기술되었다. 이 번역의 목적은 1760년의 프랑스 왕령과 대비해서 영국 형법의 인간적인 면을 강조한다는 점에서 주해자는 이렇게 말하고 있다. "구경하기가 끔찍한 이 신체형을 받는데 죄인은 오랜 시간의 고통을 겪지 않고, 많은 양의 고통을 받지도 않는다."

의 유명한 제 3조—"모든 사형수는 참수斬首되어야 한다"—의 조항은 다음과 같은 3중의 의미를 담고 있다. 첫째, 만인에게 평등한 사형이라는 것(이미 1789년 12월 1일, 기요틴의 제안에 근거를 두고 의결된 동의에 따르면, "범죄인의 위계 신분이 어떻든 간에, 같은 종류의 죄는 같은 종류의 벌에 의해서 처벌되어야 한다"). 둘째, 르 펠르티에Le Peletier가 공표한 교수형 같은 것은 "장시간에 걸치는, 잔혹한" 신체형에 호소하지 않고, 일거에 달성되는 것으로서 한 사형수에 대해 한 번으로 그치는 사형이라는 것. 셋째, 이 사형은 주로 사형수에게 가해지는 형벌이라는 것이 그것이다. 사실상 귀족에 대한 형벌인 참수형은 범죄자의 가족의 명예에 대한 훼손이 가장 적었다.[18] 1792년 3월 이후에 사용된 단두대斷頭臺는, 이 원칙에 합당한 장치였다. 여기서 사형은 가시적인, 그러나 순간적인 사건으로 귀결되었다. 법이나 법의 시행자들과 범죄자 사이의 신체적 접촉은 지극히 짧은 시간으로 한정되었다. 쌍방의 육체적 대결은 없고, 이미 사형집행인은 빈틈없이 움직이는 시계와 같은 존재로 되었다. "경험과 이성의 기준에서 말한다면, 죄인의 목을 자르기 위해 과거에 사용된 방식은 생명의 단순한 박탈보다 더 무서운 형벌에 처하는 것인데, 이 단순한 박탈의 행위에도 사형집행은 한순간에 그리고 한 번에 끝나야 한다는 법의 절대적 소망이 담겨 있는 것이다. 그러나 실제의 사례는 그러한 소망의 성취가 참으로 어렵다는 사

---

17 Ch. Hibbert, 《악의 근원》(*The Roots of evil*) (1966년 판), pp. 85~86 참조.

18 Le Peletier de Saint-Fargeau, 《의회 고문서》(*Archives parlementaires*) 제 26권, p. 720, 1791년 6월 3일.

실이다. 그 방식이 확실한 것이 되기 위해서는, 필연적으로 그것은 확고불변한 기계적 수단, 그 힘과 효과를 똑같이 한정할 수 있는 기계적 수단의 사용이 요구된다. … 그 효과가 필연적으로 나타날 수 있는 그러한 기계를 조립하게 하는 일은 용이하며, 그것에 의존하면 참수는 새로운 법의 소망에 따라서 순식간에 이루어질 것이다. 이 장치는 필요해 보이면서도 전혀 요란스럽지 않게 작용하고, 누가 알아볼 수도 없이 조용히 가동될 것이다."[19] 단두대는 상대방과의 신체적 접촉을 거의 하지 않으면서 생명을 끊어버리는 것으로서 감옥이 자유를 빼앗고, 벌금이 재산을 박탈하는 것과 같은 방식이다. 단두대야말로 고통을 느낄 수 있는 실제의 신체에 대한 법의 적용이라기보다 모든 권리 중에서도 특히 생존권의 보유자인 법적 주체에 대한 법의 적용이라고 간주된다. 그것은 법 그 자체의 추상화된 의미를 확보하는 것이었다.

한동안 프랑스에서는 과거의 몇 가지 신체형이 이러한 집행의 간소화와 병행하여 이루어진 경우가 있었던 것 같다. 예를 들면, 존속살인범은 — 그것과 동일시되던 국왕 살해범도 그렇지만 — 검은 베일을 씌워 처형대로 끌려 온 뒤, 거기서 손이 절단되었다. 이 방식은 1832년까지 계속되었다. 그러나 그 이후에는 베일을 씌우는 형태 외에 다른 행위는 없었다. 가령 1836년 11월에 처형당한 피에스키Fieschi[20]의

19 A. Louis, "단두대에 관한 보고", Saint-Edme, 《형벌 제도 사전》(1825년) 제 4권, p. 161에서 인용.

20 *Giuseppe Fieschi(1790~1836) : 코르시카 출신으로 7월 왕정에 타격을 가하려는 음모에 가담하여 1835년 7월 28일 국왕 루이 필립을 향해 폭탄을 투척했으나 19명의 사망자를 내고 거사는 실패하여 처형되었다.

〈그림 1〉 당시의 단두대

예는 이렇다. “속옷 하나만을 입힌 채 맨발로 머리에는 베일을 씌우고, 처형장으로 데리고 갈 것. 집행리가 공중 앞에서 판결문을 읽고 있는 동안 처형대에 세워 놓고, 그 후에 즉각 처형할 것.” 여기서 우리는 앞서 기술한 다미엥의 예를 상기할 필요가 있다. 또한 이제는 사형의 최종적 도구로 추가된 것은 검은 베일뿐이라는 점에 주목해야 한다. 피처형자는 이제 더 이상 남들에게 보여지지 않게 된 것이다. 얼굴이 없는 범죄를 처형대 위에서의 판결의 낭독만으로 처형하도록 하는 것이다.21 이제 거창한 신체형의 마지막 잔재는 신체를 감출 수 있

21 이 시대에 종종 나타나는 주제는 잔악무도한 죄인에게서 빛을 박탈한다는 것이다. 즉, 보아도 안 되고, 보여져서도 안 된다. 존속살인범에 대해서는 “철제 우리를 만

는 검은 베일뿐이었다. 브느와Benoit는 모친 살해, 동성애, 암살 등 3중으로 파렴치한 범죄를 저질렀는데, 그는 법에 의해서 손을 절단하지 않게 된 존속살인범의 첫 번째 경우이다. 즉, 판결문의 낭독되는 동안, 그는 집행인들의 부축을 받고 처형대 위에 서 있었다. 이러한 스펙터클은 보기에도 무시무시한 광경이었다. 헐렁한 흰옷을 걸치고 얼굴에는 검은 베일을 쓰고 있는, 그 모친 살해범은 물을 뿌린 듯이 조용한 군중의 시선을 모르는 채 죽을 수 있었다. 신비스럽고 음산한 죽음의 그 상복喪服 밑에서 생명의 존재는 끔찍한 비명을 통해서만 드러날 뿐이었는데, 그 소리마저도 떨어지는 칼날 밑에서 끊겨 버렸다.[22]

따라서 19세기 초에는 신체적 처벌의 거창한 스펙터클은 자취를 감추게 된다. 사람들은 신체에 고통을 주는 것을 피하고, 고통을 가하는 극적인 연출을 징벌에서 제외시켰다. 형벌의 간소화 시대에 들어선 셈이다. 신체형의 이러한 소멸은 1830년부터 1848년에 이르는 시대[23]에는 거의 기정사실처럼 되었다고 생각해도 좋을지 모른다. 물론 총괄적으로 이렇게 단정짓기 위해서는 보완적 설명이 필요할 것이다. 우선 사태의 변화는 일괄적으로 행해진 것도 아니고, 단일한 과정으로 이뤄진 것도 아니다. 그 변화는 느린 속도로 진행되었다. 역설적이지만, 영국은 신체형의 이러한 소멸에 가장 저항을 많이 한 나라였다. 아마

들든가, 빛이 들어오지 않도록 토굴을 파서 영원히 나오지 못하도록 한다." De Molène, 《형법의 인간성에 관해서》(*De l'humanité des lois criminelles*), 1830년, pp. 275~277.

22 《재판 신문》(*Gazette des tribunaux*), 1832년 8월 30일자.

23 *프랑스에서는 루이 필립 시대.

도 영국의 형사재판이 배심원 제도와 소송 절차의 공개 인신보호 영장 l'habeas corpus을 존중하는 모범적 역할을 수행한 것으로 되었기 때문이고, 특히 1780년에서 1820년까지의 수십 년에 걸친 극심한 사회혼란의 시기에 형법의 엄격성이 완화되기를 원하지 않았기 때문일지 모른다. 오랫동안 로밀리Romily와 맥킨토쉬Mackintosh, 포웰 박스턴Fowell Buxton은 영국 형법에 규정된 형벌의 다양성과 가혹성을, 즉 로씨Rossi의 말에 의하면 "소름끼치는 학살"을 완화시키려고 노력했으나 뜻을 이루지 못했다. 오히려 형벌의 엄격성은 (배심원 측에서는 형법이 가혹하다고 생각된 탓으로 실제의 적용이 한층 온건했기 때문에 적어도 형벌규정의 내용만으로 한정시켜야겠지만) 증대되기까지 했다. 왜냐하면 1760년에 블랙스턴의 계산으로는 영국 형법에 따라 160명이 사형을 받았는데, 1819년에는 그 수가 223명에 달했기 때문이다. 또한 1760년에서 1840년까지 진행된 총체적인 과정의 가속도적 전진이나 후퇴에 대한 문제도 고려해야 될 것이다. 즉, 오스트리아나 러시아, 미합중국, 입헌의회 시대(1790~1791년)의 프랑스 등의 여러 국가에서의 개혁이 빠르게 진행된 점과, 다음으로 반反혁명 시대의 유럽에서의 역류에 대해서, 1820년에서 1848년에 이르는 시대의 대규모적 사회불안에 대해서, 또한 법원이나 예외적인 법률에 의해서 도입된 다소의 일시적 변경에 대해서, 법률과 법원의 현실적 운용(그 운용은 형법의 조목조목을 항상 반영하지는 않는다) 사이의 왜곡에 대해서 고려해야 한다는 것이다. 18세기에서 19세기로 넘어가는 전환기에 펼쳐진 진화과정은 이러한 모든 사항을 고려하면 완전히 불규칙적인 것이 되고 만다.

여기에 덧붙여서 언급할 것은 근본적 변화의 시기가 1840년경이고,

처벌의 기구가 새로운 유형의 기능을 하게 된 것이 그 무렵이라 하더라도, 그것의 전체 과정은 전혀 완결되지 않았다는 점이다. 물론 신체형의 간소화는 1760년에서 1840년에 이르는 시대의 대변화에 뿌리를 둔 하나의 경향이기는 하지만, 그것은 끝난 것이 아니다. 신체형의 실시는 오랫동안 프랑스 형벌제도에 존속했던 것으로 오늘날에도 존속한다고 말할 수 있을 것이다. 단두대斷頭臺라는 은밀하고 신속한 사형을 행하는 이 장치는 분명히 프랑스에서는 합법적 사형의 새로운 윤리를 특징짓는 것이었다. 그러나 대혁명 탓으로 당장 그 장치는 거대한 연극적 의식의 분위기를 갖게 되었다. 여러 해 동안 그것은 스펙터클이 되었다. 따라서 사형집행이 스펙터클이 되지 않기 위해서, 또한 그것이 사법기관과 사형수 사이의 기묘한 비밀사항이 되기 위해서는 다음과 같은 조치가 필요했다. 즉, 단두대는 생 자크Saint Jacques[24]문까지 이동시킨다. 노출된 이륜마차 대신에 뚜껑을 씌운 마차를 사용한다. 호송차에서 처형대까지 사형수를 신속히 옮긴다. 한적한 시각에 처형이 빠른 시간 안에 집행되도록 절차를 정한다. 끝으로 단두대는 감옥 안에 설치하고, 대중이 접근하지 못하도록 한다(1939년의 바이드만Weidmann 처형 이후). 처형대가 보이지 않게 설치되고, 처형이 비밀리에 이뤄지도록 한다. 감옥으로 통하는 도로는 통행이 금지된다(1972년, 상떼Santé 형무소에서의 뷔페Buffet와 봉땅Bontemps의 처형이 그렇다). 처형현장에 대해서 누설한 목격자는 기소 처분한다. 이러한 많은 조처를 상기하면 우리는 오늘날 여전히 사형이 그 바탕에서는 스펙

24 *파리 시의 한 경계지역.

터클인 채로 남아 있으면서 그 구경을 금지시켜야 할 필요성이 있다는 점을 충분히 이해할 수 있다.

신체에 대한 구속도 역시 19세기 중반에는 완전히 완화되지 않았다. 아마도 형벌은 고통의 기술로서 신체형에 중심을 두는 것을 지양하고, 재산 또는 권리의 박탈을 주요 목표로 삼은 것일지 모른다. 그런데도 징역이나 금고형 — 자유의 단순한 박탈 — 까지도 포함한 징벌이 취해질 경우에는, 필연적으로 식사의 제한, 성적 교섭의 금지, 구타, 독방 감금의 형벌 등, 신체 자체에 관여하는 어떤 종류의 보충적 형벌을 반드시 수반하게 되었다. 그것은 감금의 의도적 결과는 아니라 하더라도, 필연적인 결과가 아니었을까? 사실 가장 사람들 눈에 띄기 쉬운 장치라는 점에서 감옥은 신체적 고통의 조치를 항상 소극적으로 취했다. 그러나 19세기 전반기에 종종 행형行刑제도에 대한 비판(즉, 감옥이 충분한 처벌의 역할을 하지 못한 것은 구금자 쪽이 대다수의 빈민이나 다수의 노동자와 비교해도 더 배고프지 않고, 더 춥지 않고, 요컨대 그들보다 더 박탈된 상태에 있지 않기 때문이다)을 감안한다면, 다음과 같은 하나의 가정을 배제할 수 없다. 그것은 수형자가 다른 사람보다 신체적으로 더 많은 고통을 받는 것이 당연하다는 점이다. 형벌은 보충적으로 수반되는 신체적 고통과 분리될 수가 없다. 비非신체적 징벌이 어떻게 가능할 수 있겠는가?

따라서 형사재판의 근대적 기구 속에는 '신체형에서 고통을 가하던' 기반이 남아 있는데, 그 기반은 비신체적 형벌제도에 의해서 완전하게 통제되지 않지만 점점 범위가 넓어지면서 광의적으로 포함되어 있게 된다.

‡

형벌의 가혹성이 지난 몇 세기에 걸쳐 완화되었음은 법제를 연구하는 사학자들이 잘 알고 있는 현상이다. 그러나 오랫동안 그것은 개괄적 방식에 의해서 양적 현상으로 파악되었다. 즉 잔혹성이 적을수록, 고통이 적을수록 유연성이 많아지고 배려도 많아지며, '인간적 대우'가 증가한다는 것이다. 실제로 이러한 변화에 수반되는 현상은 대상에 대한 처벌 작전이 이동하고 있는 점이다. 처벌의 강도가 감소된 것일까? 아마 그럴지도 모른다. 확실한 것은 목표의 변경이라는 점이다.

가장 가혹한 형태의 형벌제도라 하더라도 그 대상이 이미 신체가 아닌 경우, 형벌제도는 무엇에 대해서 영향력을 갖는 것일까? 이론가들, 즉 아직 끝나지 않은 그 시기의 출발을 1760년경으로 책정한 사람들의 대답은 간단하고 거의 자명하다. 그것은 질문 그 자체 속에 담겨 있는 것처럼 보인다. 처벌 대상이 더 이상 신체가 아니라면, 그것은 정신이다. 신체에 극심한 고통을 가하는 처벌 뒤에 이어지게 된 것은 마음, 사고, 의지, 성향 등에 대해서 깊숙이 작용해야 할 징벌인 것이다. 그 원칙을 결정적으로 정식화한 사람은 마블리Mably[25]인데, 그는 "이렇게 말해도 좋다면, 징벌은 신체보다는 정신에 가해져야 한다"[26]

---

25 *Gabriel Bonnot de Mably(1709~1785) : 프랑스의 철학자, 역사학자. 《협약에 의거한 유럽의 공법》(1748), 《프랑스 역사에 대한 고찰》(1765) 등의 저서로서 당시 중농주의자들과 적대적 입장에서 사회정의와 평등을 실현하기 위한 개혁의 필요성을 강조했다.

26 G. de Mably, 《법제에 대해서》(*De la législation*), 《마블리 전집》(*OEuvres*

고 말한다.

이것은 중요한 계기이다. 요란한 처벌의 스펙터클이라는 점에서 오래전부터 짝을 이루던 신체와 핏빛이 자리를 양보하고, 그 자리에 가면을 쓴 새로운 인물이 등장한 것이다. 어떤 비극이 끝난 후, 어두운 실루엣으로 얼굴을 숨긴 채, 목소리를 내고 손으로는 만질 수 없는 본체의 모습과 더불어 하나의 희극이 시작되고 있다. 처벌의 사법기구는 지금 이 신체 없는 실체를 포착하지 않으면 안 된다.

그것은 형법의 실시라는 내용과 어긋나는 단순한 이론적 주장일까? 그러나 이것은 지나친 속단일 수 있다. 사실상 오늘날 처벌이 단순히 정신을 개조하는 행위가 아닌 것은 분명하다. 그러나 마블리의 원칙은 어떤 경건한 소망으로 머물지 않았다. 근대적 형벌제도가 계속되는 동안 그 원칙의 결과가 어떠했는지는 확인해 볼 수 있다.

우선 대상의 교체가 있다. 이러한 사실에 의거해서 나는 다른 범죄들이 졸지에 처벌의 대상이 되기 시작했다고 말하려는 것이 아니다. 물론 범죄의 정의, 범죄의 무게에 대한 등급, 관용의 폭, 실제로는 묵인되던 사항과 합법적으로 허용되던 사항 — 이러한 모든 것은 과거 200년 동안에 크게 변화된 것이 사실이다. 많은 범죄가 종교적 권력의 어떤 종류의 행사와 관련되거나 어떤 유형의 경제활동과 관련되었기 때문에 범죄가 아닌 것으로 되었고, 신神에 대한 모독은 규정되지 않고 있으며, 밀수입과 집안에서의 절도 행위는 죄의 무게가 어느 정도 가벼워졌다. 그러나 이러한 변화현상이 가장 중요한 사실은 아닐지

complètes) (1789년), 제 9권, p. 326.

모른다. 왜냐하면, 세기가 달라졌어도 허용사항과 금지사항과의 분할에는 일정한 불변성이 유지되었기 때문이다. 그것에 반해서 '범죄'라는 객체, 즉 형벌이 가해지는 실제적 대상은 완전히 달라졌다. 다시 말해 '범죄'의 형식적 정의는 변화 이상으로, 오히려 그 특질이나 그 성질, 처벌의 구성요소를 이루는, 이른바 그 실체가 변화한 것이다. 법의 상대적 안정에 의해서 범죄의 내용에 대한 교묘하고 급속한 변화의 전반적 현상은 은폐되었다. 재판관들은 한결 같이 중죄crimese와 경범죄délits라고 하는 명칭에 의해서 '형법전le Code'이 규정하는 법률적 객체를 재판하기도 하지만, 동시에 정념情念, 본능, 비정상, 불구, 부적응, 환경 혹은 유전遺傳의 영향을 재판하는 것이다. 그들은 공격적 행위를 처벌하지만, 그것을 통해 공격적 성향을 처벌하는 것이다. 강간을 처벌하지만 동시에 성도착性倒錯 행위를 처벌하는 것이고, 살인 행위를 처벌하면서 충동이나 욕망을 처벌하는 것이다. 다음과 같은 논리도 나올 수 있다. 재판받는 것은 충동이나 욕망이 아닌데, 그것이 원용되는 것은 재판해야 할 사실을 설명하기 위해서이며, 또한 범죄에 담긴 주체의 의지가 어느 정도인지를 결정짓기 위해서라는 것이 그것이다. 이것은 불충분한 반론이다. 왜냐하면 참으로 재판받고, 처벌받는 것은 소송 요인의 구성요소들 배후에 있는 그러한 그림자(욕망이나 충동) 들이기 때문이다. 다만 그것은 형량의 '경감 사유circonstances atténuantes'의 측면에서 재판받는 것이고, 판결 속에 포함되는 것은 범죄행위의 '사정'을 구성하는 요소일 뿐만 아니라, 법률적으로 체계화할 수 없는 별개의 사실, 예를 들면, 그 범죄자에 대해 알고 있는 사항, 사람들이 그에 대해 갖는 평가, 그와 그의 과거, 그의 범죄 사이의 관련에 대해서 사람들이 알 수 있는 사항, 그의 미래에 대해서 기대할 수 있는 내용들이다. 마찬가지로 그러한 그림자를 재판하는 것은 19세기 이후, 의학과 법률학의 사이에 퍼져나간 모든 개념들(조르제 Georget27시대의 기형적 존재들les monstres, 쇼미에Chaumié 행정문서의 '이상심리적 증상', 동시대의 의학전문가에 의한 '성도착자'와 '부적응자'), 그리고 어떤 행위를 설명한다는 구실로 한 개인을 형용하는 여러 가지 방식의 개념들이 모두 작용하기 때문이다. 또한 그러한 그림자를 처벌하는 것은, 징벌이 범죄자로 하여금 "법을 존중하면서 생활하고 자기 자신에게 필요한 것을 충족시키고 싶어 할 뿐 아니라, 그렇게 할 능력이 있는" 인간이 되게 하는 역할을 하기 때문이다. 범죄를 처벌하는 형벌이 수형자의 행동의 변화에 따라서 변경되는 경우가 있는 (형의 단축이라든지 경우에 따라서는 형의 연장 같은) 형벌의 내적 경제도 그러한 그림자를 처벌하는 이유이다. 또한 처벌한다는 것은 형벌에 수반하는 '안전조치mesures de sûreté'(거주제한, 자유의 감시, 감호조치, 진료의 의무화)의 작용이기도 하며, 그 '조치'의 목적은 범죄를 처벌하는 데 있지 않고, 개인을 감독하고 그의 위험한 상태를 제거하고, 그의 범죄적 소질을 변화시키며 그렇게 이루어진 변화를 단 한 번의 조치로 고정시키도록 하는 데 있다. 범죄자의 정신이 재판정에서 고려되는 것은 단순히 범죄를 설명하려는 유일한 목적 때문도 아니고 범죄의 책임을 법률적으로 한정짓는 데 필요한 요소로 삼기 때문도 아니다. 범죄

27 *Etienne Jean Georget(1795~1828) : 프랑스의 정신과 의사로서 광기의 원인을 뇌의 이상에서 찾았다.

자의 정신을 재판의 대상으로 만들기 위해 과장된 언어가 사용되고, 이해성이 많은 관심이 기울여지고, 엄청난 '학문적' 열성을 보이는 것은 범죄와 동시에 그 정신을 재판하기 위해서이고, 처벌하는 데 있어 그 정신을 대상화하기 위해서이다. 모든 형벌의 의식에는 이제 예심에서부터 판결 및 형벌의 후속결과까지 법률적으로 규정되고 체계화한 대상들을 배가시키기도 하고, 또한 분리하기도 하는 하나의 대상 영역이 새롭게 스며들었다. 여기서 이뤄지는 정신감정, 좀더 일반적으로 말하여 범죄인류학이나 범죄학의 지루한 담론은 자신의 분명한 역할을 찾게 된다. 즉, 여러 가지 범죄를 과학적 인식의 대상이 될 수 있는 객체의 장 속에 정식으로 대상화함으로써, 그들 학문은 이제는 범죄에 대해서 뿐만 아니라, 그 개인에 대해서 그리고 개인이 행한 사항에 대해서가 아니라 그가 현재, 미래 또는 가능성으로 볼 때 어떤 인간이며, 어떤 인간일 수 있는가 하는 점에 대해서 정확히 파악하여 그것을 형벌기관에 제공하는 것이다. 지금까지 사법기관이 확신을 갖고 취급한 정신의 부속적 요소는 겉으로 볼 때 분명하고 한계선을 그을 수 있는 것으로 되었지만, 실제로는 범죄와 구분될 수 없는 것이었다. 150년이나 200년 전부터 유럽에서는 새로운 형벌제도가 시행되었는데, 그 이후 점차적으로 그러나 아주 오래전부터 계속되어 온 과정에 근거하여 재판관은 이제 범죄 이외의 것을, 즉 범죄자의 '정신'을 재판하기 시작한 것이다.

그런 점에서 볼 때 재판관은 재판 이외의 일을 시작하게 된 것이다. 보다 정확하게 말하면, 재판행위의 법률적 양식의 내부에 다른 유형의 평가가 유입되어서 재판의 고유한 규칙을 근본적으로 변화시키게 된 것이다. 중세 때 대규모의 증거조사 절차가 서서히 그리고 힘들게 만들어졌다. 그 이후 재판하는 일은 어떤 범죄의 진실을 확정하는 것이며, 그 주범을 규명하는 것이고, 범죄에 법률적 처벌을 내리는 일이 되었다. 즉, 범죄의 인지認知, 책임 주체의 인지, 법률의 인지 — 이 3가지 인지는 재판 행위의 진정한 확립을 가능하게 만든 조건이었다. 그런데 이제는 형사재판에 그것들과 전혀 다른 진실의 문제가 추가된 것이다. 이제는 단순히 "그 사실은 확인될 수 있는가? 그것은 위법인가?"라고 묻기만 할 수 없게 되었다. 그것에 덧붙여서 "그 사실은 도대체 무엇인가? 그러한 폭력이나 살인이란 무엇인가? 그것은 어떤 차원과 어떤 현실영역에 놓일 수 있는 것인가? 그것은 환각幻覺인가? 정신병적 반응인가? 착란에 근거한 우발사건인가, 도착倒錯인가?" 등이 문제시된다. 이제는 단순히 "범죄자는 누구인가?"의 질문만 할 수 없고, 나아가 "그 살인을 발생시킨 인간관계 과정을 어떻게 규정하는가? 범죄자 자신의 어디에 살인의 원인이 있는가? 본능인가, 무의식인가, 환경인가, 유전인가?"가 문제시된다. 이제는 단순히 "어떠한 법률로 이 범죄를 처벌하는가?"보다는 "가장 적절한 어떤 조치를 취할 수 있는가? 범죄를 저지른 당사자의 장래를 어떻게 예견해야 하는가? 어떻게 하면 그가 가장 확실하게 교정矯正될 수 있는가?"가 문제시된다. 범죄자 개인을 둘러싼 평가, 진단, 예후, 규범에 관한 판단의 총체가 형사재판의 골격 속에 자리 잡게 된 것이다. 법률적 장치에 의해 요청된 진실 속에 별종의 진실이 침투해 들어간 셈이다. 즉, 전자의 진실과 서로 뒤엉켜 있는 범죄의 규명을 바탕으로 과학적이고 법률적인 기묘한 복합체를 만들어 내는 진실이 문제였다. 의미 있는 것은 바로 광기狂氣의 문제가 형벌의 실행단계에서 진전된 그 방법이다. 1810년의 프랑스 형법전에 따르면, 광기의 문제는 제 64조의 명문에서만 제기되었다. 그런데 그곳에 기재된 것은, 범죄자가 범죄행위를 정신이상의 상태에서 저질렀을 경우, 중죄도 경범죄도 적용되지 않는다는 조항이다. 따라서 광기를 규정할 수 있는 가능성은 어떤 행위를 범죄로 지칭하는 것과 모순되었다. 즉, 범죄자가 광인狂人이었다는 사항에 의해서 변화될 수 있는 것은 행위의 경중도 아니고, 그 사항에 의해서 경감되어야 할 형벌도 아니었다. 그 경우에 범죄 자체의 문제는 증발되어 있었다. 따라서 어떤 사람에 대해 유죄인 동시에 광인이라고 선고하는 일은 불가능했다. 그래서 광기라는 진단이 일단 내려지면 그것은 판결로 연결될 수 없었다. 그 진단은 소송 절차를 중단시키고, 또한 행위 주체에 대한 사법의 구속력을 상실시켰다. 정신이상이 의심되는 범죄자에 대해서는 검사뿐 아니라 검사의 결과까지도 판결에 관여될 수 없는 외적이고 선행적인 것이 되지 않으면 안 되었다. 그런데 이미 일찍부터 19세기의 하급재판소는 문제의 제 64조가 갖는 의미를 잘못 이해했다. 프랑스 대법원의 몇 가지 판결이 광기의 상태를 근거 삼아 형의 경감이나 방면이 아니라 공소기각 결정을 내릴 수밖에 없다는 것을 상기시켜 주었음에도 불구하고, 하급법원은 판결 그 자체 안에 광기의 문제를 제시했다. 그리하여 그들이 인정한 바에 의하면 사람은 유죄이면서 동시에 광인일 수가 있다거나 광인일수록 유죄의 비율은 적어진다는 것이다. 또한 분명히 유죄라 하더라도, 처벌하기보다는 감금시켜 간호해야 한다거나 아니면 명백히 환자인 이상, 그는 위험한 범죄자라는 논리도 나오게 된다. 프랑스 형법전의 관점에서 보면, 이것들은 모두가 법률적으로 불합리한 점들이었다. 그러나 그 뒤로 계속되는 150년 동안에 법학과 법제가 서둘렀던 어떤 발전의 출발점이 된 것이 바로 그 점이다. 즉, 경감 사유를 도입한 1832년의 법 개정은 이미 상정되는 질병의 정도나 또는 광기와 유사한 행위의 형태에 근거하여 판결의 기조를 조절할 수 있도록 했다. 중죄 재판에서는 전반적으로 실시하고 경범죄 재판에도 때때로 확산되었던 정신감정의 실시 결과, 설사 판결이 법적 제재와의 관계에서 항상 명문화한 경우라 하더라도, 판결에는 다소 애매하기는 하지만 규범성에 관한 판단, 인과관계의 규정, 범죄행위 당시의 우발적 심리변화에 대한 평가, 범죄행위자의 장래성에 관한 기대 등이 포함되는 것이다. 정당한 근거를 지닌 판결을 외부적 요인들에 의해 조작적으로 만들었다고 말하는 것은 잘못된 견해이겠지만, 그러한 조작이 판결의 형성과정에 직접적으로 연결된 것은 사실이다. 광기는 문제의 제 64조의 본래적 의미에서 중죄를 소멸시키기는커녕, 한 걸음 더 나아가서 모든 중죄, 극단적으로는 모든 범죄가 그 자체 속에 정당한 의혹으로서 그리고 또한 당연히 요구할 수 있는 권리로서 광기의 가설假說을, 비정상성의 가설을 세울 수 있게 되었다는 것이다. 더구나 유죄든 무죄든 간에 선고는 단순히 유죄의 판결이거나 처벌을 내리는 법적 결정은 아니다. 판결은 규범성의 평가와 규범화의 가능성에 대한 기술적 명령을 내포하는 것이다. 오늘날 재판관은 — 판사이든 배심원이든 — '재판' 행위와는 다른 일을 하는 셈이다.

그래서 재판을 담당하는 사람은 이미 재판관만이 아니다. 형사소송 절차와 형벌의 집행에 따라서 부가적인 일련의 심급들이 많아지게 되었다. 사소한 재판과 그것에 병행하여 활동하는 재판 담당자들은 모두 중요한 재판이 있으면 그것을 중심으로 모여들었다. 예를 들어 정신의학의 전문가나 심리학자, 행정 재판관, 교육자, 행형시설의 관리가 법률상의 처벌권을 세밀하게 분할하여 행사하게 되었다. 물론 다음과 같이 말하는 사람도 있을 것이다. "그 사람들 중 누구 하나도 실제로 재판권을 분할해 맡는 것은 아니다. 또한 판결 이후에 어떤 사람들은 법원이 결정한 형을 집행하는 것 이외의 권리를 갖지 못하며, 다른 사람들은 — 감정인 — 판결 이전에 판단을 전하기 위해 개입하는 것이 아니라, 단지 판사의 결정을 보조하기 위해 관여하는 것뿐이라고." 그러나 법원이 결정한 형과 안전조치는 절대적 결정이 아니라, 도중에 변경될 수 있는 것인 이상, 또한 법원의 판사가 아닌 사람들에게 수형자가 반쯤의 자유 혹은 조건부 자유의 상태에 놓일 '가치'가 있는가 없는가, 수형자의 감호監護처분을 정지시킬 수 있는가 없는가 하는 결정의 책임을 맡기게 된 이상, 합법적 처벌의 기구는 그들의 수중에 있게 되고, 그들이 행하는 평가에 좌우되는 것이다. 즉 그들은 보조 재판관이지만, 여하간 그들도 재판관인 것이다. 여러 해 전부터 행형 및 수형자 개인에 대한 형벌 조정을 둘러싸고 발전한 모든 기구는 사법적 결정의 심급들을 확대시키고, 판결을 초월하여 사법적 결정을 연장시키기도 한다. 정신 감정인의 입장에서 그들은 분명히 재판행위를 거부할 수도 있다. 그러나 1958년의 회람문서 사건 이후, 그들의 답변을 요구하는 다음의 3가지 질문을 검토해 볼 필요가 있다. 즉, 피의자는 위험한 상태인가?, 피의자는 형법에 의한 제재를 받아도 좋은가?, 피의자는 치료 또는 사회복귀가 가능한가? 이러한 질문은 문제의 형법전 제 64조와도, 또한 피의자의 범죄행위 때 가능할 수 있는 광기狂氣와도 관련이 없는 것이다. 그것은 '책임능력'과 관련된 질문은 아니다. 그들 3가지 질문에 관련되는 것은 주로 형의 집행, 필요성, 효과, 앞으로의 효력뿐이다. 그 질문에 의해서 얼마나 감호원이 감옥보다 적절한가, 감금해 둘 수 있는 기간이 단기인가 장기인가, 치료나 안전조치가 어떻게 취해질 필요가 있는지를 법률적으로 거의 체계화되지 않은 용어로 결정할 수 있다. 그렇다면 형사사건에서의 정신과 의사의 역할은 어떤 것일까? 그는 '책임능력'에 관한 감정인이 아니라, 처벌에 관한 조언자이다. 그는 범죄주체가 '위험'한 존재라면, 어떤 식으로 그에 대해 자기방어를 취해야 하고, 그를 교정시키기 위해 어떤 식으로 개입해야 하는가, 징계 또는 치료의 시도가 얼마만큼 유익한가 등을 말해야 한다. 극히 초기의 단계에서 정신감정은 범죄행위 시에 범죄자의 자유가 어떤 역할을 했는지에 대해 '진실한' 제안을 하는 것이 그 역할이었다. 그러나 지금은 '사법의학적 치료'라고 명명할 수 있는 것에 대한 처방을 제시해야 한다.

이러한 여러 가지 문제를 요약해 보자. 새로운 형벌제도 — 18세기와 19세기의 중요한 법규들에 의해서 규정된 것 — 가 시행된 이후 총체적인 하나의 과정에 의거하여 재판관은 범죄 이외의 것을 심판하기에 이르렀다. 판결에 임해서 그들은 재판과는 다른 일을 하게 되었고, 재판권은 어느 정도 범죄담당의 재판관이 아닌 다른 결정기관 쪽으로 이전되었다. 형벌을 부과하는 모든 행위 속에는 법률 외적 요소들과 인물들이 개입하게 되었다. 그 점이 일반적 통례와 다른 특별한 것은 아니며, 법의 운명이 법과 무관한 요소들을 서서히 통합하는 데 있는 것이라고 말할 사람도 있을 것이다. 그러나 근대의 범죄사법 안에는 하나의 기이한 현상이 있다. 즉, 이 사법이 법률 외적인 그토록 많은 요소들에 책임을 부과하는 것은, 그러한 요소에 대해 법률적으로 자격을 부여하며 서서히 그것을 엄정한 처벌권에 통합하기 위한 것이 아니라, 그 반대로 그것을 형벌행위의 내부에서 비법률적 요소로서 기능하도록 하기 위한 것이라는 점이다. 그리고 그 행위는 무조건적으로 법률상의 처벌이 되지 않도록 하기 위한 것이고, 징벌을 가하는 인간이 아니라는 변명거리를 주기 위한 것이다. 즉, 이런 식이다. "물론 우리도 판결을 내리기는 한다. 그러나 범죄가 있다고 해서 반드시 판결이 뒤따른다는 것은 아니다. 알고 있는 바와 같이 그 판결은 우리들에게 범죄자를 치료하는 방법으로서 작용하는 것이다. 우리는 벌을 주기는 하지만, 그러나 그것은 어떻게든 치료해 주고 싶다는 소망의 표현이다." 오늘날 범죄사법이 운용되고 자신을 정당화하는 것은 이처럼 자신 이외의 다른 것에 끊임없이 의존하는 것 이외에는 방법이 없고, 또한 그것을 비非법률적 체계 속으로 이처럼 끊임없이 통합해 오는 방법밖에는 없다. 범죄사법은 지식에 의거하여 이러한 재해석 작업에 몰두해 온 것이다.

따라서 징벌이 완화되는 추세에서 사람들은 징벌의 적용지점이 어떻게 이동했는가를 찾아볼 수 있다. 또한 그 이동을 통해서 최근의 범죄사법의 모든 대상영역과 모든 새로운 진실의 체계 그리고 범죄사법의 행사에서 지금까지 공개되지 않았던 많은 역할을 찾아볼 수도 있다. 하나의 지식, 여러 가지 기술방법, '과학적' 담론, 이것들은 처벌을 관장하는 권력의 실무와 함께 형성되고 교착되어 있는 것이다.

이 책의 목표는 근대적 영혼과 새로운 사법司法 권력의 상관적 역사를 밝히는 것이다. 그것은 처벌을 관장하는 권력이 근거를 두고 있고, 정당성과 법칙을 받아들이고, 영향을 넓혀가면서 그 엄청난 기현상을 은폐하고 있는, 과학적이고 사법적인 복합실체의 계보학系譜學이다.

그러나 어디를 출발점으로 삼으면 재판을 행하는 근대정신의 이러한 역사를 완성시킬 수 있는 것일까? 그 범위를 법 규칙의 변화나 형사소송 절차의 진화과정에만 한정시킬 경우, 우리는 집단적 감수성에서 하나의 변화나 휴머니즘의 진보, 인문과학의 발전을 육중하고 표면적이고, 요지부동하고, 원초적인 현상으로서 이해하고 방치해 둘 우려가 있다. 뒤르껭이 그렇게 한 것처럼, 단순히 일반적인 사회 형태만을 연구하다 보면,[28] 개인화의 과정이 권력의 새로운 계략, 특히 새로운 형벌기구의 한 결과임에도 불구하고 그 과정을 징벌방법의 완화원칙으로 설정할 우려가 있다. 우리의 연구는 다음의 4가지 일반 규칙을 따르고자 한다.

(1) 처벌구조의 연구를 주로 '억압적' 효과와 '제재'의 측면에만 집중하는 것이 아니라, 그 구조를 통해 추론할 수 있는 일련의 실증적 결과 속에, 설사 그것이 언뜻 보아 주변적인 결과라 하더라도 다시 놓아볼 것. 따라서 처벌을 복합적 사회기능으로서 파악할 것.

(2) 처벌방법을 분석할 때, 그것들을 법 규칙의 단순한 귀결로서, 혹은 사회구조의 지표로서가 아니라 다른 권력방식의 보다 일반적인

---

28 E. Durkheim, "형벌진화의 두 법칙"(Deux lois de l'évolution pénale), 《사회학 연보》(*Année sociologique*, 제 4집) (1899~1900년).

영역에서의 특별성을 지닌 기술로 파악할 것. 징벌에 대해서 정치적 전술이라고 하는 전망을 받아들일 것.

(3) 형법의 역사와 인문과학의 역사를 분리하는 두 개의 계열로서, 즉 양자의 교합에 의해서 어느 쪽인가 한쪽, 혹은 쌍방에 유해하거나 아니면 유익할 수 있는 효과가 작용할지도 모른다는, 그러한 두 계열로 취급하는 대신에 양자 간의 공통적 모태母胎는 없는가, 그리고 또 양자 모두 '인식론적이면서 법률적인' 하나의 형성과정에 속해 있지 않은가를 탐구할 것. 요약하면, 권력의 기술을 형벌제도의 인간화라는 원칙과 인간에 대한 이해의 원칙에 위치시킬 것.

(4) 형사재판의 무대 위에 영혼의 등장과 그것에 수반하여 행해지는 사법적 실무 안에서의 어떤 '과학적' 지식 전체의 개입은 권력관계에 의해 신체 자체가 공격 대상이 되는 방식의 변화가 초래한 결과가 아닌지를 탐구할 것.

요컨대, 처벌수단의 변모를 연구함에 있어 신체에 관한 정치적 출발점으로 삼도록 시도할 것. 그렇게 하면, 그 기술에서 우리들은 권력의 관계와 대상의 관계에도 공통되는 역사를 발견할 수 있을 것이다. 따라서 권력의 기술로서 형벌의 완화를 분석한다면 우리들은 어떻게 해서 인간, 정신, 정상 또는 비정상적인 개인들이 형벌 관여 후 대상인 범죄를 배가시키게 되었는지를 이해할 수 있을 것이며, 아울러 예속화隷屬化의 특별한 양식이 어떻게 해서 '과학적' 지위를 갖는 담론을 위한 지식의 대상으로서의 인간을 탄생시킬 수 있었는가를 이해할 수 있을 것이다. 그러나 나는 이러한 방향에서 작업을 한 최초의 연구자라고 자부하지는 않겠다. 29

‡

루쉐Rusche와 키르히하이머Kirchheimer 공저의 대작30에서 우리는 여러 가지 중요한 기준을 포착할 수 있다. 우선 형벌제도가 (독단적으로는 아니라 하더라도) 무엇보다도 먼저 위법행위를 응징하는 하나의 수단이라는 환상을 버려야 하고, 또 그 역할에서 형벌제도가 사회형태나 정치제도, 혹은 신앙 여하에 따라서 가혹한가, 아니면 관대한가, 속죄를 지향하는가, 아니면 배상에 더 치중하는가, 개인을 추궁하는 것이 목적인가 아니면 집단적 책임소재를 결정하는 것이 더 중시되는가 등의 어느 한쪽일 수 있다는 환상을 버려야 한다. 오히려 "구체적 형벌제도"를 분석해야 하고, 사회의 단순한 법률상의 골격에만 의해서거나, 사회의 기본적 윤리상의 선택에 의해서도 설명하기 곤란한 사회적 현상으로서 형벌제도를 연구해야 한다. 범죄의 제재가 단 하나의 요소가 아닌, 즉 제도가 기능하는 영역에서 그 제도를 놓고 파악해야 한다. 처벌의 조치가 단지 질책, 금지, 거부, 억제를 가능케 하는 '소극적'

---

29 여하간 나로서는 이 책이 G. Deleuze의 도움을 받고, 또 그가 F. Guattari와 함께 행한 작업〔두 사람의 공저로 만든 《앙티외디푸스》(*Antioeudipe*) (1972)〕의 도움을 얼마나 많이 받고 있는가에 대해서는 참조한 내용이나 인용된 부분을 밝혀서 언급하는 정도로는 부족한 것이다. 마찬가지로 R. Castel의 《정신 분석의 특징》(*Psychanalysme*) (부제 — 정신분석의 차원과 권력, 1973년 간행)에 대해서도 많은 부분에서 인용할 필요가 있었으며, D. Nora로부터 도움을 받은 바가 얼마나 큰가를 언급해야 할 것이다.

30 G. Rusche et O. Kirchheimer, 《형벌과 사회구조》(*Punishment and social structures*) (1939년).

기능이 아니라는 것을 증명해야 하며, 또한 그 조치가 감당할 몫으로서 떠맡고 있는 적극적이고 유용한 일련의 결과 전체와 결합되었다는 것을 증명해야 한다(이런 점에서 법률상의 징벌이 범죄의 제재를 위해 만들어진 것이라면, 범죄의 개념 정의와 그것의 추구 양상이 오히려 처벌기구 및 그 기능을 유지하기 위해 만들어진 것이라고 말할 수 있다). 이러한 방향에서 루쉐와 키르히하이머는 여러 종류의 처벌체제를, 그것들이 영향을 받는 생산력의 양식과 관련지어 고찰했다. 예를 들어 노예제 경제에서 처벌기구의 역할은 보조적 노동력을 제공하는 것이고 또한 전쟁이나 교역에 의해서 확보되는 노예제와는 별도로 '민간인civil' 노예제를 만들어 내는 것이었는데 봉건사회가 되자, 더구나 화폐와 생산력이 거의 발전하지 않은 시대에서는 신체야말로 대체로 사람들이 좌우할 수 있는 유일한 재산이므로 신체의 징벌이 급격히 증가한 현상을 주목할 수 있게 되었다는 점이다. 뒤이어 상품경제의 발달과 함께 징계시설 — '구빈원L'Hôpital Général', 31 '방적공장의 옥사Spinhuis', 32 '연마공장의 옥사Rasphuis', 33 — 강제노동, 형벌적인 수공업이 출현하게 되는 것이다. 그런데 산업화 체계가 노동력의 자유시장을 필요로 함에 따라, 강제노동의 역할은 19세기의 처벌기구 안에서 감소하게 되고, 그 대신에 교정矯正을 목적으로 하는 구류가 행해지게 된다. 이러한 엄밀한 대응관계에 대해서는 물론 많은 고찰이 있을 것이다.

---

31 *1657년에 프랑스 국왕이 사회질서를 확립하기 위해 만든 수용소로서 빈민, 광인, 떠돌이, 부랑아 등을 수용해 일반인들로부터 격리시키기 위한 기관.

32 *암스테르담에 설립되었던 징계기관.

33 *암스테르담에 설립되었던 징계기관.

그러나 우리는 다음의 일반적인 주제를 주목해 볼 수 있다. 그것은 현대 사회에서 처벌제도가 신체에 관한 일종의 '정치경제학' 속에서 재정립해야 한다는 점이다. 그 제도가 폭력적이거나 피 흘리는 징벌에 호소하지 않는 경우에도, 혹은 감금이나 교정의 '온건한' 수단을 사용하는 경우에도, 문제가 되는 것은 항상 신체이다. 즉, 신체와 그 체력, 체력의 이용성과 순종성, 체력의 배분과 복종이 문제이다. 징벌의 역사를 도덕관념이나 법률구조를 기초로 해서 쓴다는 것은 확실히 정당한 작업이다. 징벌이 주로 범죄자의 내밀한 영혼만을 목표로 삼는다고 했을 때, 신체의 역사를 바탕으로 한 징벌의 역사를 과연 쓸 수 있는 것일까?

신체의 역사로 말하자면, 역사가들은 훨씬 오래전부터 이러한 작업에 착수했다. 그들은 신체를 역사적 인구 통계학이나 병리학 분야에서 연구했다. 그들은 신체를 욕구besoins와 욕망appétits의 본거지로서, 생리과정과 신진대사의 장소로서, 미생물 혹은 바이러스의 공격목표로서 고찰한 것이다. 즉, 그들은 역사적 과정이 어느 정도까지 순수하게 생물학적 생존의 토대로 인정될 수 있는 범위 속에 포함되는가, 그리고 또한 사회의 역사 속에서 세균의 전파라든가 수명의 연장과 같은 생물학적 '사건'에 어떤 자리를 부여해야 하는가34 등을 논증했다. 그러나 신체는 또한 직접적으로 정치의 영역 속에 들어가 있어서 권력관계는 신체에 직접적으로 영향력을 미쳤다. 권력관계는 신체를 공격하

34 E. Le Roy-Ladurie, "부동의 역사"(L'histoire immobile), 《연보》(*Annales*), 1974년 5~6월호 참조.

고, 그것에 낙인을 찍고, 훈련시키고, 고통을 주고, 노역을 강제하고, 의식을 따르게 하고, 그것에 여러 가지 기호를 부여한다. 신체에 대한 이러한 정치적 공격은 복합적이고 상호적인 여러 관계에 따라서 신체의 경제적 활용과 연결된다. 신체가 권력관계와 지배관계에 의해서 포위 공격당하는 것은 상당한 정도는 생산력이었지만, 그 대신 신체를 노동력으로 만들 수 있는 것은 신체가 강제적 복종의 구조(그곳에서는 욕구도 또한 세심히 배분되고 계량되고 활용되는 정치적 도구의 하나이다) 속에 편입되는 경우에 한정된다. 신체는 생산하는 신체인 동시에, 복종하는 신체인 경우에만 유익한 힘이 되는 셈이다. 이 복종의 강제는 단순히 폭력 본위의 수단에만 의해서도, 또 단순히 관념 형태의 수단에만 의해서도 실현되지 않는다. 그러한 강제는 직접적이고 물리적일 수 있으며, 힘에는 힘을 가지고 대항하는 것일 수도 있고, 물질적 요소를 대상으로 하는 수도 있지만, 폭력적인 것이 아닐 수도 있다. 그것은 계산되고 조직화하여 기술적으로 고려될 수 있는 것이며, 교묘한 방법으로 무기를 사용하지도 않고 공포를 주는 것도 아니면서 신체적 차원에 머물러 있는 것일 수 있다. 즉, 신체기능의 과학이라고는 정확하게 말할 수 없는 신체의 '지식'과, 한편 체력을 지배하는 능력 이상의 것인 체력의 통제가 존재할 수 있다는 것이다. 결국 이 지식과 통제가 신체의 정치적 기술이라고 부를 수 있는 것의 내용을 이룬다. 분명히 이 기술은 분산되어 있어서, 체계적이고 연속적인 담론의 형태로는 거의 표명되고 있지 않다. 또한 이것은 종종 단편적인 것으로 구성되어 있고, 걸맞지 않는 방식이나 도구를 사용하고 있다. 그 기술은 아무리 일관성 있는 결과를 보인다 하더라도 대부분의 경우에는 다양한 형태로 이루어진 장치일 뿐이다. 게다가 우리는 이것을 일정한 유형의 제도나 국가기구의 형태 안에서 그 위치를 찾아낼 수는 없을 것이다. 이러한 제도나 기구들은 기술에 의존하고 그 기술이 사용하는 여러 방식을 활용하거나 그것에 가치를 부여하거나 그것을 강제한다. 그러나 그 기술 자체는 기구와 효력의 점에서는 전혀 다른 차원에 위치해 있다. 중요한 것은 앞에서 말한 국가기구와 제도가 작용시키는 이른바 권력의 미시 물리학이다. 그것의 유효한 영역은 이러한 기구와 제도의 대규모 작용과, 그것들의 물질성과 힘을 포함하는 신체 자체의 사이에 놓여 있다.

그런데 이 미시 물리학의 연구는 다음과 같은 점을 가정하고 있다. 즉, 그곳에서 행사되는 권력은 하나의 소유물로서가 아니라 하나의 전략으로서 이해되어야 하며, 그 권력지배의 효과는 소유에 의해서가 아니라 배열, 조작, 전술, 기술, 작용 등에 의해서 이루어진다는 것이다. 권력 속에서 우리는 소유할 수 있는 어떤 특권을 찾아내기보다는, 오히려 항상 긴장되어 있고 항상 활동 중인 관계망을 찾아내야 하며, 그 권력의 모델로서 어떤 양도거래를 행하는 계약이라든가, 어떤 영토를 점유하는 정복을 생각하기보다는 오히려 영원히 계속되는 전투를 생각해야 한다. 요컨대, 다음의 점을 인정하지 않으면 안 된다. 즉, 권력은 소유되기보다는 오히려 행사되는 것이며, 지배계급이 획득하거나 보존하는 '특권'이 아니라, 지배계급의 전략적 입장의 총체적 효과이며, 피지배자의 입장을 표명하고 때로는 연장시켜 주기도 하는 효과라는 것이다. 다른 한편, 권력은 '그것을 갖지 못한 자'들에게 다만 단순하게 의무나 금지로서 집행되는 것은 아니다. 권력은 그들을 포위공격하고, 그들을 거쳐 가고, 그들을 가로질러 간다. 권력은 그들을 거점으로 삼는데, 이것은 마치 권력에 맞서 싸우는 사람들이 권력에 대한 영향력을 거점으로 삼는 것과 같다. 바꿔 말하면, 이 권력의 이러한 관계들은 사회의 심층 속에 깊숙이 자리 잡은 것이지, 국가와 시민들 사이에 혹은 국가와 계급들의 경계 사이에 있는 관계들 속에 있는 것이 아니다. 또한 그것들은 개인, 신체, 몸짓, 행동 등의 차원에서 법제 또는 통치의 일반형태를 재생산하는 데 만족하지 않는다. 그러한 여러 관계들 사이에는 연속성이 존재한다 하더라도(그것들은 일련의 복합적인 톱니바퀴 장치 전체에 따라 실제로 이러한 형태 위에 유기적으로 배치된다), 유사성이나 상동성相同性은 없고 다만 기구와 양식의 특수성이 있다. 결국 그러한 여러 가지 관계들은 획일적인 것이 아니고, 다수의 대결점을 규정하거나 불안정성의 근원을 규정하는 것으로서, 그 근원의 하나하나에는 갈등이나 불화, 세력관계의 일시적 전도顚倒 등의 위험이 포함되어 있다. 따라서 이들 '미시 권력들'의 전복顚覆은 전부냐 전무全無냐를 정하는 것 같은 법칙을 따르지도 않고, 또한 권력기구의 새로운 통제에 의해서건 제도의 새로운 작용이나 파괴에 의해서건 한 번에 결정적으로 이룩될 수 있는 것이 아니다. 그 반대로, 전복의 국지적·우발적 사건은 모두 그것이 놓이는 그물눈 전체에 미치는 효과에 의거하지 않고서는 역사 속에 편입될 수 없는 것이다.

마찬가지로 권력의 관계들이 정지된 경우에만 지식이 존재할 수 있다든가, 지식은 권력의 금지 명령이나 요청, 이해관계를 떠나서만 발전할 수 있다고 생각하게 만드는 모든 전통을 버려야 할지 모른다. 어쩌면 권력이 광인狂人을 만든다거나 거꾸로 권력을 버리는 것이 지식인이 될 수 있는 여러 조건의 하나라는 그러한 생각을 버려야 할지 모른다. 오히려 우리는 권력이 지식을 창출한다는 것(단순히 지식은 권력에 봉사하기 때문에 지식에 혜택을 주는 것이건 또는 지식은 유익하기 때문에 그것을 응용하려는 것이라는 그 이유뿐만 아니라), 권력과 지식은 상호적으로 직접 관여한다는 것, 그리고 지식의 영역과의 상관관계가 조성되지 않으면 권력 관계는 존재하지 않으며, 동시에 권력 관계를 상정하거나 구성하지 않는 지식은 존재하지 않는다는 것을 인정해야 한다. 따라서 '권력과 지식'의 이러한 관계들은 권력의 제도와 관련해서 자유로울 수도 있고, 자유롭지 않을 수도 있는 한 사람의 인식 주체를 바탕으로 분석되지는 않는다. 그와 반대로 또한 고려해야 할 것은 인식하는 주체, 인식되어야 할 대상, 인식의 양태는 모두가 권력-지식의 기본적 관계와 그것들의 역사적 변화의 결과들이라는 점이다. 요컨대, 권력에 유익한 지식이든 불복종하는 지식이든 간에 하나의 지식을 창출하는 것은 인식 주체의 활동이 아니라 권력-지식의 상관관계이고, 그것을 가로지르고, 그것이 조성되고, 본래의 인식형태와 가능한 인식영역을 규정하는 그 과정과 싸움이다.

신체에 대한 정치적 공격과 권력의 미시 물리학을 분석하는 작업의 전제로서 포기해야 할 것은 — 권력에 관해서는 — 폭력과 이념 대립, 소유권의 은유, 계약의 모델 혹은 정복의 모델 등이며, — 지식에 관해서는 — '이해관계가 있는' 것과 '이해관계를 초월한' 것과의 대립, 인식의 모델, 주체의 우월성 등의 개념들이다. 17세기에 페티Petty와 동시대의 사람들이 정치적 '해부解剖'라는 말에 담았던 것과는 다른 의미로 이 말을 사용함으로써, 사람들은 어떤 정치적 '해부'를 꿈꿀 수 있을지 모른다. 그렇다 해도 그것은 하나의 '신체'(그 구성요소, 자원, 힘을 포함한)로 간주되는 한 국가의 연구가 아니며, 또한 작은 국가로 간주되는 신체와 그 주변부의 연구도 아니다. 그 '해부'에서 우리는 '정치적 신체'를 물질적 요소와 방법의 총체로서, 즉 인간의 신체를 공격하고, 그것을 지식의 대상으로 만들면서 신체를 예속화한 권력과 지식의 모든 관계들 속에서 무력적 수단, 중계지점, 소통의 방법, 그리고 주요 근거지로 이용되는 방법의 총체로서 취급할 것이다.

중요한 것은 — 처벌기술이 신체형의 의식에서 신체를 점령하건 혹은 정신을 대상으로 하건 간에 — 그 기술을 정치체政治體의 역사 속에 놓고 파악하는 일이다. 형벌의 실제를 법률 이론의 결과로 생각하기보다는 정치적 해부의 장場으로 생각해야 하는 것이다.

이전에 칸토로비츠Kantorowitz는 '국왕의 신체'에 관해서 주목할 만한 분석을 했다.35 그 분석에 따르면 '국왕의 신체'는 중세에 만들어진 법률 신학에 의거한 이중적 역할의 신체라는 것이다. 왜냐하면, 국왕의 신체는 살다가 죽는 일시적 요소 이외에 다른 요소를 내포하는데, 그것은 시간을 초월하여 지속적으로 존재하고, 왕국을 대표하는 신체적 이면서도 신성불가침의 매체로서 존재하는 것이기 때문이다. 더구나 이러한 이중성은 본래 그리스도 연구의 모델과 가까운 것으로서 이 이중성의 주위에 조성된 것이 군주정치의 도상학圖像學과 정치이론, 인간으로서의 국왕과 왕위에 오르는 사람의 자격조건을 구별 지으면서

35 E. Kantorowitz, 《국왕의 두 신체》(*The King's two bodies*) (1959년).

동시에 연결 짓는 법률기구들, 그리고 대관식戴冠式과 장례식, 항복 선서의식에서 최고조에 달하는 모든 의식들이다. 이 반대의 극점에 사형수의 신체를 놓고 생각해 볼 수 있을 것이다. 물론 그 신체도 역시 법률상의 지위를 가지고 있다. 그것은 의식을 거행하게 하고, 모든 이론적 담론을 요구한다. 그러나 그 목적은 군주인 인간에게 할당된 '가장 높은 권력'에 근거를 주기 위해서가 아니라, 처벌을 당하는 사람들에게 표시되는 '가장 낮은 권력'을 체계화하기 위한 것이다. 정치적 영역의 가장 어두운 지대에서 사형수는 국왕과 대칭적이고 도치倒置된 형상을 보여 준다. '가장 낮은 사형수의 신체'라고 명명할 수 있게 만든 칸토로비츠에게 경의를 표하면서 그의 작업을 분석해 보면 그렇다.

국왕 측에서 권력을 보충하기 위해 국왕의 신체적 이중화二重化가 생겨났다면, 사형수의 복종하는 신체에 행사되는 과잉권력은 또 다른 유형의 이중화를 불러일으키지는 않았을까? 즉, 신체가 아닌 비非신체적incorporel 이중화, 마블리가 말한 것처럼 '정신'의 이중화를. 그렇다면 처벌 권력의 이 '미시 물리학'의 역사는 하나의 계보학, 아니 오히려 근대 '정신'의 계보학을 만들기 위한 한 요소가 될 것이다. 우리는 이 근대 정신 속에서 어떤 이데올로기의 재再활성화한 자취들을 찾아보기보다 신체에 대한 권력의 어떤 기술의 현실적 상관관계를 인식할지 모른다. 정신이 하나의 환영幻影이거나 관념적 결과라고 말해서는 안 된다. 반대로 이렇게 말해야 할 것이다. 정신은 실재하며, 그것은 하나의 실재성을 갖고 있고, 정신은 신체의 주위에서, 그 표면에서, 그 내부에서, 권력의 작용에 의해 끊임없이 만들어지는 것이며, 그 권력이야말로 — 보다 일반적으로는, 감시받고 훈련받고 교정받는 사람들, 광인, 유아, 초등학생, 피식민자, 어떤 생산기구에 묶여 살아 있는 동안 계속 감시당하는 사람들, 그러한 모든 사람들에게 행사되는 것이라고. 정신의 역사적 실재성이라고 할 때, 그 정신은 기독교 신학에 의해서 표상되는 의미에서의 정신과는 달리, 태어나면서 죄를 범해 벌을 받아야 한다는 것이 아니라, 처벌, 감시, 징벌, 속박 등의 소송 절차를 거쳐 생겨나는 것이다. 실재적인, 그러나 비非신체적인 이 정신은 전혀 실체적이지 않다. 그것은 어떤 유형의 권력의 성과와 어떤 지식의 관련 내용과 유기적으로 결합된 구성요소이며, 또한 권력의 관련 형태들이 어떤 지식을 만들어 내고, 또한 지식이 권력의 여러 성과들을 뒷받침하고 강화할 수 있는 어떤 톱니바퀴의 장치이다. 정신의 이 실재성-지시관련성réalité-référence의 토대 위에서 사람들은 온갖 개념을 만들어 내고, 분석 영역을 영혼, 주관성, 인격, 의식 등으로 분리했다. 사람들은 그 실재성-지시관련성 위에서 여러 기술과 학문적 담론을 수립했으며, 휴머니즘l'humanisme의 도덕적 권리 요구를 드높이 내세웠다. 그러나 오해하지 말아야 할 것은 신학자들의 생각으로 만들어 낸 영혼 대신에 지식의 대상이자 철학적 성찰과 기술적 관여의 대상으로서의 인간, 즉 현실적 인간이 도입된 것은 아니라는 사실이다. 사람들이 말하는 그 인간, 그리고 사람들이 해방시키도록 노력하는 그 인간의 모습이야말로 이미 그 자체에서 그 인간보다도 훨씬 깊은 곳에서 행해지는 복종화服從化의 성과이다. 한 영혼이 인간 속에 들어가 살면서 인간을 생존하게 만드는 것이고, 그것은 권력이 신체에 대해 행사하는 지배력 안의 한 부품인 것이다. 영혼은 정치적 해부술解剖術의 성과이자 도구이며, 또한 신체의 감옥이다.

‡

일반적 견지에서 처벌의 제도와 감옥이 신체에 대한 정치적 기술에 속하는 문제임을 내게 가르쳐 준 것은 아마도 역사이기보다 현재일지 모른다. 최근 몇 년 동안에 거의 전 세계에서 감옥 폭동 사건이 발생하고 있다. 그러한 사건의 목적, 구호와 전개에는 분명히 역설적인 점이 있었다. 그것은 1세기 이상이나 오래전부터 계속된 신체상의 모든 비참한 상태, 즉 추위, 숨 막히는 실내공기, 건물 내부의 노후화, 배고픔, 구타 등에 항거하는 폭동이었다. 그런데 또한 그것은 모범적인 감옥, 신경 안정제, 고립, 의료적 혹은 교육적인 배려에 항거하는 폭동이기도 했다. 그것은 물질적인 것에만 목표를 둔 폭동인가? 인권 유린에 대해서 뿐만 아니라 안락한 생활조건에 대한, 또 간수에 대해서 뿐만 아니라 정신과 의사에 대한 상호 모순되는 폭동인가? 실제로 이러한 사건의 어떤 경우에나 문제가 된 것은, 19세기 초부터 감옥이 바탕이 되어 만들어진 무수한 담론 속에서 문제가 된 것처럼, 바로 신체와 물질적 사항이었다. 이러한 담론과 폭동을 혹은 추억과 욕설의 내용을 초래한 그것은 그 하잘 것 없는 미세한 물질성들이다. 그곳에서 맹목적 권리 요구밖에 보지 않건, 혹은 외부로부터의 모략이 있었던 것이 아닐까 하고 의심하건 그것은 자유다. 문제는 그것이 감옥의 체질 그 자체에 대해 신체의 차원에서 이루어진 폭동이었다는 점이다. 중요한 것은 감옥의 공간이 아주 불결하건 위생적이건, 아주 형편없는 곳이건 완벽한 곳이건 그런 내용에서가 아니라, 감옥이 권력의 도구이자 매개체인 한에서 감옥의 물질성이라는 문제이다. 더구나 '영혼'을 다루는 전문기술 — 교육자와 심리학자와 정신과 의사의 전문기술과 같은 — 은 권력기술의 한 도구에 불과하다는 당연한 이유 때문에 신체에 대한 권력의 기술을 아주 은폐하거나 대신하는 단계에 이르지는 못하고 있다. 감옥이 그 폐쇄적 건물 속에 집합시켜 놓은 신체에 대한 모든 정치적 포위공격을 포함하여, 나는 바로 그러한 '감옥의 역사'를 쓰려 한다. 이것은 완전히 시대착오적인 것일까? 이런 방법으로 현재의 시대적 상황과의 관련 속에서 과거의 역사를 쓰려고 한다면 그렇지 않을 것이며, 현재의 역사[36]를 쓰려 한다면 그럴 수 있을 것이다.[37]

---

36 *푸코의 입장은 현재의 역사를 쓰는 일이다.

37 감옥의 탄생을 나는 주로 프랑스 형벌제도 안에서만 연구하기로 했다. 역사상의 발전 및 제도 면에서 차이를 대상으로 하는 경우, 세부적 내용으로 들어가는 작업은 매우 곤란해질 것이고, 전반적으로 현상을 복원하려는 시도는 너무 도식적으로 될 것이다.

2

신체형의 호화로움

프랑스 대혁명 때까지 형벌실무의 일반 형식을 지배한 것은 1670년의 왕령L'ordonnance이었다. 그 왕령이 규정한 징벌懲罰의 단계는 "사형, 증거 확보의 고문, 일정한 기간 동안 갤리선에서의 노젓기형刑, 채찍형, 공개사과형, 추방"이다. 따라서 신체형이 큰 몫을 차지했음을 알 수 있다. 그러한 신체형은 관행이나 범죄의 성격, 유죄선고를 받은 자의 신분에 따라 달랐다. "자연적인 죽음에 이르도록 하는 사형형태에는 여러 가지가 있다. 즉, 간단히 교수형에 처하는 경우도 있고 손을 절단한다든가, 또는 혀를 자르거나 찌르거나 한 다음에 교수형에 처하는 경우도 있다. 보다 무거운 죄의 경우에는, 수족을 절단한 다음에 산 채로 차형車刑고문으로 사형에 처한다. 어떤 자는 자연적으로 죽을 때까지 차형고문을 하고, 어떤 자는 교수絞首된 후 차형고문에 처하기도 한다. 어떤 자는 산 채로 화형火刑에, 어떤 자는 미리 교수된 다음에 화형에 처해진다. 어떤 자는 혀가 잘리든가 찔린 뒤에 산 채로 화형에 처해진다. 어떤 자는 능지처참형陵遲處斬刑에, 어떤 자는 참수형斬首刑에, 끝으로 어떤 자는 두개골 절개형에 처해진다."[1] 또한 술라즈Soulatges가 부연하는 설명에 따르면 가벼운 형벌도 있기는 했지만, 그에 관해서는 왕령에는 서술되지 않았다는 것이다. 예를 들면, 명예훼손당한 사람에 대한 보상, 경고, 견책, 유기有期 금고, 추방, 끝으로 벌금형 — 벌금이나 몰수 등이 그렇다.

그렇지만 오해하지 말아야 할 것은 이 공포의 형법전과 형벌의 일상 업무 사이에는 큰 차이가 있었다는 점이다. 오히려 엄밀한 의미에서의 신체형은 아주 빈번히 실시되는 형벌이 아니었다. 어쩌면 오늘날 우리가 보기에 고전주의 시대의 형벌제도에서 차지하는 사형선고의 비율은 엄청난 것처럼 보일 수 있다. 예를 들면, 파리의 샤틀레Châtelet 법원의 1755년부터 1785년까지의 판결 중, 사형 — 차형, 교수형 또는 화형 — 은 9퍼센트에서 10퍼센트를 차지하고,[2] 플랑드르Flandre 고등법원은 1721년부터 1730년까지 260건의 판결 중 사형선고를 내린 것은 39건이었다(1781년에서 1790년까지는 총수 500건 중 26건의 사형선고가 있었다).[3] 그러나 잊어서는 안 될 것은 법원이 예를 들면, 너무 가혹하게 처벌되는 범죄행위의 기소를 거부하거나, 혹은 중죄에 대한

---

1 J. A. Soulatges, 《범죄론》(*Traité des crimes*) (1762년), 제 1권, pp. 169~171.

2 《17세기와 18세기 프랑스에서의 범죄와 범죄행위》(1971년) 에서의 페트로비치의 논문, p. 226 이하를 참조.

3 P. Dautricourt, 《1721년에서 1790년에 이르는 범죄행위와 플랑드르 고등법원에서의 그 처벌》(1912년).

사실인정의 내용을 수정하는 등 여러 수단을 강구하여 정규 형벌제도의 가혹성을 회피하였다는 점이다. 때로는 왕권 자체가, 각별히 엄격한 그와 같은 왕령을 가혹하게 적용하지 말 것을 지시하기도 했다.[4] 여하간 유죄선고의 대부분은 추방 또는 벌금형이었으며, 샤틀레 법원(상대적으로 무거운 범죄밖에 취급하지 않았다)의 경우와 같은 판결 예에서도 1755년에서 1785년 사이에는, 적용된 형벌의 절반 이상이 추방형이었다. 그런데 이러한 비非신체적 형벌의 대부분은 부차적인 것으로서, 죄인공시exposition, 효수형, 쇠고리에 머리걸기, 채찍질, 낙인 등 신체형의 차원을 포함하는 형벌을 수반했다. 또한 그러한 형벌은 갤리선에서의 노젓기형이나 여자들에게도 동등하게 적용되는 형벌, 즉 시료원施療院에서의 징역과 같은 선고에 통용되는 법칙이었다. 추방형의 경우에는 종종 죄인 공시형과 낙인을 먼저 집행하였고, 벌금형에는 채찍질이 수반되었다. 거창하고 엄숙한 사형집행을 할 때뿐만 아니라, 이러한 부차적 형식에서도, 신체형이 형벌제도에서 차지하는 중요한 의미를 볼 수 있었다. 즉, 어느 정도 중요한 모든 형벌은 그 자체로 신체형적 요소를 내포해야 했다.

신체형이란 무엇인가? 조쿠르Jaucourt[5]에 의하면, "고통스럽고, 다소 잔인한 신체의 형벌"이고, 덧붙이자면, "그것은 인간들의 상상력

---

4 "방랑자에 관한 1764년 8월 3일의 선언"에 관해서 슈와죌(Choiseul)이 지적한 것이 바로 이 점이다("설명적인 보고서", 국립도서관, 원고번호 8129. 폴리오번호 128~129).

5 *Louis Jaucourt(1704~1779): 《라이프니츠의 생애와 작품》(1734)의 저자이며, 디드로를 도와 《백과전서》를 편집함.

이 확장되어 야만성과 잔혹성으로 만들어진 설명하기 어려운 현상이다."[6] 과연 설명하기 어려운 것은 사실이지만, 그렇다고 해서 완전히 변칙적인 것도 아니며, 야만스러운 것도 아닌 현상이다. 신체형은 하나의 기술이며, 그것은 법이 없는 극도의 광폭성狂暴性과 동일시되어서는 안 된다. 형벌이 신체형이 되기 위해서는 다음의 3가지 주요한 기준과 일치해야 한다. 첫째로 형벌은, 정확히 측정할 수는 없다 하더라도 적어도 평가하고, 비교하고, 등급을 정할 수 있는, 어떤 분량의 고통을 만들어 내야 한다. 사형이 하나의 신체형인 것은, 사형이 단지 생존권의 박탈이 아니라 계산될 수 있는 고통의 점진적 증가의 기회와 종결이라는 점에서이다. 그것은 참수형 — 모든 고통을 일도양단一刀兩斷의 동작으로 한순간에 끝내 버리는 것이므로 신체형의 원형이랄 수 있는 것 — 으로부터 교수형과 화형과 장시간의 고통을 주는 차형고문을 거쳐 고통을 거의 무한정 증폭시키는 능지처참형에 이르기까지 모두 그렇다. 또한 신체형으로서의 사형은 생명을 '수많은 죽음'으로 분할하고 생존이 정지하기 이전에 "최대한으로 정교한 고통"[7]을 만들어 냄으로써 생명을 고통 속에 붙잡아 두는 기술인 것이다. 신체형은 고통에 관한 모든 물량적 기술을 기초로 삼고 있다. 둘째로, 고통을 만들어 내는 데에는 규칙이 수반된다는 점이다. 신체형은 신체에 대한 타격 형태, 고통의 질·크기·시간, 범죄의 경중, 범죄자의 사람됨, 희생자의 지위 등과 상관관계에 있다. 고통에는 법률

---

6 《백과전서》, "신체형"의 항목.

7 이 표현은 올리프(Olyffe), 《사형 방지를 위한 시론》(1731년)에 의거한다.

적 규범이 있기 마련이다. 신체형은 무원칙적이거나 무조건 신체에 가해지는 형벌이 아니라, 세칙細則에 따라서 계산되는 것이다. 예를 들어 채찍질의 횟수, 낙인이 찍혀지는 위치, 화형이나 차형으로 소요되는 고통의 시간(집행중인 사형수를 죽을 때까지 방치하지 않고 즉시 교살해야 하는가 또는 어느 정도의 시간이 경과한 뒤에 교살하는가 하는 조치를 결정하는 것은 법원의 일이다), 집행해야 할 신체 절단의 유형(가령 손을 자르거나, 혀와 입술을 찌르는 것) 등이 그것이다. 이러한 각종 요소들 모두가 형벌을 다양하게 만드는 것이며, 또한 그것들은 법원 및 범죄의 성질에 따라 조합된다. 로씨Rossi8의 표현에 의하면, "단테의 시詩가 법률화한 것"이다. 그러나 여하간 그것은 신체와 형벌에 관한 오래된 지식이다. 셋째로, 신체형은 의식의 일부를 이룬다. 그것은 처벌의 의식을 구성하는 한 요소로서 다음의 두 가지 요구조건을 따라야 한다. 우선 신체형은 형벌의 희생자에게 흔적을 남겨야 한다는 것이다. 그것이 상흔傷痕을 몸에 남기는 것이건, 혹은 화려한 의식을 동반하는 것이건, 형벌의 희생자를 불명예스러운 인간으로 만들어야 한다. 범죄의 '정화'라는 기능을 갖고 있다 하더라도, 신체형은 사실상 그 대상을 깨끗이 순화하지 않는다. 그것은 수형자 주위에, 그리고 신체 그 자체에 지워지지 않는 표시를 각인시킨다. 여하간 사람들은 죄인 공시형公示刑이나 효수형, 고문이나 고통을 바로 자신의 눈으

---

8 *Pellegrino Rossi(1787~1848) : 이탈리아의 정치가이자 법학자로서 스위스에 체류했을 때 스위스 헌법 개정안을 만들었고, 프랑스의 국적을 얻었을 때는 콜레주 드 프랑스 교수를 역임하기도 했다. 1848년 혁명 후 이탈리아로 돌아가 교황주재하의 입헌정부 수반이 되었다가 암살당했다.

로 본 다음, 그러한 장면을 기억 속에 담아둘 것이다. 한편, 형벌을 부과하는 사법 측에서 보자면 신체형은 화려한 것이어야 하고, 어느 정도는 사법 측의 승리로서 만인의 눈앞에 분명하게 보여야 한다. 사용되는 폭력의 극단성 그 자체가, 사법의 영광을 만드는 요소가 될 것이다. 즉, 죄인이 고통을 받아 신음하고 비명을 지르는 것은 사법의 수치스러운 측면이 아니라, 스스로의 힘을 과시하는 사법 행사 그 자체이다. 아마 피처형자의 사후에도 신체형이 전개되는 이유는 바로 이 점에 있을 것이다. 예를 들면, 시체의 화형, 타버린 재의 살포, 사립짝에 태운 시체의 조리돌림, 길가에서의 시체 공시 등이다. 사법은 신체에 가할 수 있는 모든 고통이 끝난 다음에도 신체를 그렇게 끝까지 추적한다.

형벌로서의 신체형은 신체에 대한 마구잡이식 처벌을 뜻하지 않는다. 그것은 세분화한 고통을 창출하는 일이며, 형벌의 희생자들을 낙인찍고 처벌하는 권력을 과시하기 위하여 조직된 행사이지, 자기가 세운 원칙을 잊고 무절제하게 표현되는 사법 권력의 분노는 아닌 것이다. 신체형의 '극단성'에는 권력의 경제학이라는 모든 논리가 담겨 있다.

‡

신체형을 당하는 신체는 우선 범죄의 진실을 공명정대하게 생산해야 하는 법률적 의식의 한 단위가 된다.

대부분의 유럽 국가들의 경우와 마찬가지로 프랑스에서는 — 영국의 경우의 유명한 예는 별도로 하고 — 모든 범죄 소송 절차가 판결에 이르기까지 비밀리에 이루어졌다. 말하자면 그것은 대중에게 뿐만 아니라 피고인 자신에게도 불투명한 것이었다. 피고인이 없어도 소송 절차가 진행될 수 있었고, 또한 피고인은 고소, 소추訴追사항, 증언, 증거 내용을 알 수도 없었다. 범죄사법의 차원에서 알고 있는 지식은 소추의 절대적 특권이었다. 1498년의 칙령에도 증거 조사란 "할 수 있는 한 최대로 주의를 기울이고, 최대로 비밀을 유지해야 한다"는 것이다. 그 이전 시대의 가혹한 제도의 골격을 유지하고 어떤 점에서는 강화하였던, 1670년의 왕령에 의하면, 피고인은 소송 절차 서류에의 접근이 금지되었고, 고발자가 누구인가를 알아서도 안 되며, 증인을 기피하기 전에 미리 증언의 의미를 알 수 없게 되어 있었고, 소송의 최종 단계에 이르기까지는 자신의 무죄를 입증할 수도 없었으며, 소송 절차의 적법성을 증명하기 위해서건, 혹은 근본적으로 피고인을 변호하기 위해서건 변호사를 선임할 수도 없었다. 한편, 사법관 편에서는 익명의 고발을 받아들여도 되고, 피고인에게 소송내용을 숨겨도 되고, 궤변을 부리면서 피고인에게 심문할 수도 있고, 암시적 표현법insinuations을 사용할 수도 있었다.9 사법관은 혼자서 마음대로 권력을 갖고 진실을 설정한 후에 그것으로 피고인을 포위할 수 있었다. 그리고 재판관들은 그 진실을 서류나 문서의 형식으로 기정사실처럼 받아들였다. 그들에게는 이러한 요소들만이 증거가 되었다. 그들은 판결을 내리기 전에

9 궤변을 늘어놓는 심문에서 재판관이 거짓 약속이나 거짓말, 이중의 뜻을 지닌 모호한 언어를 사용하는 것은 합법적인 것인지 아닌지를 알기 위하여 18세기까지 오랜 논의가 계속되었다. 사법적인 불성실의 문제를 포함한 모든 (양심상의) 결의론도 그런 것이다.

피고인을 한번 만나서 심문하는 것이 고작이었다. 이러한 소송 절차의 비공개적이고 문서로 된 형식은 범죄사건에서 진실을 확증하는 것이 바로 군주와 그의 재판관들에게는 절대권과 독점권이었다는 원리와 통하는 것이다. 에이로Ayrault[10]의 추정에 의하면, 이러한 소송 절차(중요한 내용은 이미 16세기에 확립된 것으로서)의 기원은, "민중들이 일반적으로 외치는 고함이나 함성, 그들의 소요 등에 대한 두려움 혹은 당사자들과 재판관들 사이에 벌어질 수 있는 폭력이나 난투, 혼란 등에 대한 두려움" 때문이라는 것이다. 그 점에서 국왕은, 처벌권이 속한 '최고 권력'이 어떠한 경우에도 '군중' 집단의 소유가 될 수 없다는[11] 취지를 명시하려 했을 것이다. 군주의 사법권 앞에서는 어떤 말도 해서는 안 되고 침묵을 지켜야만 한다.

그러나 소송 절차가 비밀이었지만, 진실을 확증하기 위해서는 어떤 규칙들을 준수해야 했다. 비밀은 형벌을 내리는 논증의 엄격한 모델이 정해져 있다는 것을 의미했다. 중세 중반으로 거슬러 올라가서, 르네상스기의 뛰어난 법률가들에 의해서 대폭적으로 발전된 모든 전통은 증거의 성격과 효력이 어떤 것이어야 하는지를 잘 규정하고 있었다. 18세기에 이르러서도 다음과 같은 구별은 어김없이 발견되었다. 즉, 진실하고, 직접적인 것이거나 합법적인 증거(예를 들면 증언)와, 간접적이고 추측에 의한 인위적 증거(추론에 의한 것) 혹은 명백한 증

10 *Pierre Ayrault(1536~1601) : 프랑스의 법률가이자 사법관.

11 P. Ayrault, 《(고대 그리스인 및 로마인이 사용한) 증거 조사의 절차》(1576년), 제3권, 72장 및 79장.

거, 중요한 증거, 불완전하거나 사소한 증거,[12] 혹은 사안의 진실을 의심할 여지가 없는 '긴급한 또는 필요한' 증거(이것은 '완전한' 증거이다. 예를 들면, 의심의 여지가 없는 완벽한 증인이, 칼집에서 뺀 피투성이인 칼을 손에 든 피고인이 그곳에서 나오는 것을 보았는데, 잠시 후 그곳에 칼로 베인 상처가 있는 시체를 발견했다고 주장하는 경우), 피고인이 반증을 들어 그 증언을 뒤엎지 못하는 한 진실이라고 생각할 수 있을 정도에 가까운 증거 혹은 절반쯤 완전한 증거(예를 들면, 단 한 사람의 현장 목격자라든가, 살인 행위를 범하기 전에 죽음의 위협이 있었던 경우라든가 하는 '절반쯤 완전한' 증거), 끝으로 거리가 먼 증거, 혹은 사람들의 의견에만 의존한 '방증傍證, adminicules'(공개적 소문, 용의자의 도주, 질문할 때 상대방이 곤혹스럽게 느끼는 반응) 등이다.[13] 그런데 이러한 구별은 단지 이론적인 미묘한 차이만 보여 주는 것이 아니다. 그러한 구별은 현실적 기능을 갖는다. 그 이유는 첫째, 이러한 각각의 증거가 그 자체로서 받아들여지고 개별적 사항으로 분리되는 경우에도, 명확한 형태의 사법적 효과를 만들 수 있기 때문이다. 완전한 증거가 있으면 어떠한 유죄 선고라도 이끌어 낼 수가 있고, 절반쯤 완전한 증거는 절대로 사형의 결정적 수단이 될 수 없지만 신체형을 이끌어 낼 수가 있다. 또한 불완전하고 사소한 증거라도 그것으로 충분히 용의자에게 체포 영장을 발부할 수 있고, 한층 더 자세한 증거 조사를 하거나, 혹은 벌금형을 과하는 것이 가능하다. 두 번째 이유는 그것들의 증거가

12 D. Jousse, 《범죄사법론》(1771년), 제 1권, p. 660.

13 P. F. Muyart de Vouglans, 《범죄법규 개요》(1757년), pp. 345~347.

명확한 계산 규칙에 의거하여 상호 조립되어 있기 때문이다. 예를 들면, 절반쯤 완전한 증거가 두 가지 모이면, 한 개의 완전한 증거로 될 수 있고, 부차적 증거는 몇 가지가 모여서 어긋나지 않을 경우에 상호 조립되어 하나의 절반쯤 완전한 증거로 될 수가 있다. 그러나 아무리 많다 하더라도 부차적 증거만으로는, 완전한 증거 하나와 동등하게 될 수는 없다. 그러므로 이것은 많은 사항들에 세심한 주의를 하는 형법상의 산술算術이라고 할 수 있지만, 이 산술에도 역시 많은 문제점이 남아 있다. 즉, 완전한 증거 하나만을 결정적 증거로 삼아 사형선고를 내릴 수 있는가, 아니면 그 증거는 보다 비중이 약한 다른 증거를 수반해야 하는가? 가까운 증거 두 가지는 완전한 증거 하나와 항상 동등한가? 가까운 증거의 경우에 그것이 세 가지가 되면 인정한다거나, 아니면 관련성이 먼 증거 몇 개와 결합시켜야 하지 않을까? 어떤 범죄이고, 어떤 정황에서 발생한 것이며 어떤 인간이 관련된 것인가 등이 각각에 대한 관계에서만 증거로 될 수 있는 요소들이 과연 존재할까? (예를 들어 주거가 일정하지 않은 사람의 증언은 무효이다. 반대로 '사회적 지위가 있는 사람', 또는 가정 내의 위법행위에 관한 가장의 증언은 효과가 크다). 과도한 정밀성 중시에 의해 세분된 산술이어서, 그 기능은 사법상의 증거가 어떠한 방식으로 조립될 수 있는가를 규정하는 역할을 한다. 한편으로는 이 '합법적 증거'의 체계로 인해 형법상의 진실은 하나의 복합적 기술의 성과이다. 또한 그 체계는 전문가만이 알 수 있는 규칙을 따르는 것이어서 결과적으로는 비밀 유지의 원칙을 강화시켜 준다. "재판관은 모든 이성적 인간이 입수할 수 있는 증거를 확보하는 것만으로는 불충분하다. … 실제로는 근거에 따라 차이가 생기는 하나의 의견에 불과한 그러한 재판의 방식만큼 잘못을 저지르기 쉬운 것도 없다." 그러나 다른 한편으로는 증거의 이와 같은 체제가 사법관에게는 엄격한 제약이다. 이 규칙성에 충실하지 않으면, "모든 유죄선고의 판결은 경솔한 것이 될 것이다. 따라서 우리는 이렇게도 말할 수 있다. 실제로 피고인이 유죄라 하더라도 판결 그 자체는 부당하다는 것을."[14] 장래에 이러한 사법적 진실이 갖는 기묘한 양상이 스캔들처럼 보일 날이 올 것이다. 사법은 일반적 진리규범을 따를 필요가 없는 것처럼 되어 있기 때문이다. 예를 들면, "논증을 추가할 여지가 있는 문학의 경우, 절반쯤 완전한 증거는 어떠한 취급을 받을까? 기하학이나 대수학에서 절반쯤 완전한 증거는 어떻게 될 것인가?"[15] 이러한 의문에도 불구하고 사법적 증거에 관한 이처럼 명백히 부자연스러운 논리들이 지식의 절대적이고 배타적인 권력의 내적 조절을 이루는 한 방법이었다는 것을 잊지 말아야 한다.

문서 중심이고 비밀유지를 취지로 삼는, 또한 증거를 조립하기 위하여 엄격한 규칙을 따르게 마련인, 형법상의 증거 조사는 피고인 없이 진실을 생산할 수 있는 장치이다. 이러한 사실로 인하여 소송 절차는, 엄격한 권리로서 자백自白을 필요로 하지 않는 것이라도 필연적으로

---

14 Poullain du Parc, 《브르타뉴 지방 관습에 의거하는 프랑스 법 원리》(1767~1771년), 제 11권, pp. 112~113; A. Esmein, 《프랑스에서의 범죄소송의 역사》(1882년), pp. 260~283; K. J. Mittermaier, 《(범죄구성 사실에서의) 증거론》(프랑스어 역, 1848년), pp. 15~19 참조.

15 G. Seigneux de Correvon, 《고문의 용도, 남용, 불편에 관한 시론》(1768년), p. 63.

자백을 구하는 경향이 있다. 그 이유는 두 가지인데, 첫째로 자백은 극히 확실한 증거를 구성하므로, 다른 증거를 추가할 필요도 없고, 힘들고 의심스러운 방식으로 각종 증거의 조합을 만들 필요도 거의 없기 때문이다. 자백이 정식으로 이루어지기만 하면, 고발자는 다른 증거들(어쨌든 대단히 힘들고 까다로운 증거들)을 제시하는 배려를 하지 않아도 된다. 두 번째 이유는, 이 소송 절차가 일방적인 모든 권위를 상실해버리고 피고인에 대하여 효과적으로 승리를 거둘 수 있는 유일한 방식이고, 진실이 완전히 힘을 발휘할 수 있는 유일한 방식으로서 범죄자가 자신의 범죄를 자신의 책임으로 돌리고, 증거 조사에 의해 교묘하면서 이해할 수 없이 만들어진 사항에 서명하는 것이기 때문이다. 비밀 중심의 소송 절차를 전혀 좋아하지 않았던 에이로가 언급한 것처럼, "악인이 정당하게 처벌되는 것만으로는 불충분하다. 가능하다면 악인은 스스로를 재판하고, 스스로에게 유죄선고를 내려야 한다"[16]는 것이다. 자백하는 범죄자는 문서에 의해서 재구성되는 범죄의 안쪽에서 살아 있는 진실의 역할을 수행하게 된다. 범죄주체의 행위인 자백은 책임이 따르고 구두로 말해지는 것이어서 문서와 비밀 유지에 의한 증거 조사를 보충하는 자료가 된다. 그렇기 때문에 심문하는 유형의 이러한 모든 소송 절차는 자백을 중시하는 것이다.

그런 점 때문에 또한 자백의 역할에서는 모호한 양의성兩義性이 생겨난다. 한편으로 사람들은 자백을 여러 가지 증거들의 일반적 계산속에

16 P. Ayrault, 《(고대 희랍인 및 로마인이 사용한) 증거 조사의 절차》(1576년), 제1권, 제 14장.

편입시키려고 애쓰고, 자백이 그러한 증거들의 하나일 뿐이라는 점을 주장한다. 즉, 그것은 명확한 물적 증거는 아니다. 그런데 아주 유력한 증거나 마찬가지로 그것만으로는 유죄선고의 결정적 증거가 될 수 없어서, 부가적인 증거 및 추정 증거를 수반해야 한다. 왜냐하면 실제로 피고인이 자기가 범하지 않았던 범죄에 관해서 자기가 유죄임을 선언하는 예가 종종 있었기 때문이다. 따라서 재판관은 범죄자의 합법적 자백만을 입수했을 경우에도 보충적인 증거 조사를 해야 한다. 그러나 다른 한편으로, 자백은 다른 어떤 증거보다 우선한다. 그것은 어느 정도까지는 선험적인 것이다. 진실을 산출하는 과정에서 한 요소인 자백은, 피고인이 고소를 승인하고 그 청구 이유를 인정하는 행위이기도 하다. 또한 자백은 피고인 없이 행해지는 증거 조사를 자발적 의사표현으로 변화시킨다. 자백에 의해서 피고인은 진실을 생산하는 형벌 의식 속에 참여하게 된다. 이미 중세의 법이 말해 주듯이, 자백은 사건을 주지周知의 사실로 만들고 명백한 것으로 만든다. 이러한 1차적 양의성에 합치되는 2차적 양의성이 있다. 즉, 자백은 각별히 유력한 증거이고, 보충적인 몇 가지 증거만 구한다면 유죄 선고를 이끌어 낼 수 있으며, 증거 조사의 작업과 논증의 절차를 최소한으로 하기 때문에 자백은 당연히 필요한 것이다. 그러므로 자백을 얻어 내기 위해 가능한 한 모든 강제권을 사용하는 결과를 초래한다. 그러나 자백은 소송절차상 문서에 의한 증거 조사에 대응하여 구두에 의거한, 살아 있는 대상물이어야 하고 또한 증거 조사에 대한 피고인 측의 항의, 말하자면 피고인 자신의 인증 같은 것이어야 한다면, 그만큼 수많은 보증과 정식적 절차에 의해서 보호되어야 한다. 자백에는 어떤 화해의 요소가 내포되어 있다. 그렇기 때문에 자백은 '자발적'이어야 하고, 관할 법원에서 작성되어야 하며, 양심적으로 표명되어야 하고, 불가능한 문제들을 대상화하지 말아야 한다는 것 등이 까다롭게 요청된다.[17] 자백에 의해서 피고인은 소송 절차와 관계를 맺기 시작하고, 증거 조사에 의해 만들어진 진실에 자기 이름으로 서명하는 것이다.

자백의 이러한 이중적 양의성(증거의 요소와 증거 조사의 대상물, 강제의 효과와 절반의 자유의사에 따른 화해)은 고전주의 시대의 형법이 자백 입수를 위하여 활용한 두 가지 중요한 수단을 설명해 준다. 그것은 심문하기 전에 피고인에게 요구하는 선서(결과적으로는 사람들에 의한 재판과 더불어 신에 의한 재판에서 위증僞證하는 것이 된다는 협박)와 고문(진실을 억지로 손에 넣기 위한 신체적 폭력, 아울러 그 진실이 증거로 되기 위해서는 어떻게 해서든지 '자발적' 자백이라는 것으로 재판관 앞에서 재차 진술되어야 함)이다. 18세기 말에 이르러, 고문은 과거의 야만적 풍습의 잔재로서, 즉 '중세적gothique'인 것으로서 고발되는 야만성의 흔적이다. 고문의 행위가 오랜 기원을 가진 것은 사실이다. 이단異端을 심판하는 종교 재판소가, 아니 아마 좀더 옛날에 있었던 노예 시대의 고문이 그 기원일 것이다. 그러나 고문은 고전주의 시대의 법 안에서 하

---

17 사법상의 여러 가지 증거의 분류 목록 속에 자백이 나타나는 것은 13~14세기경이다. 자백은 베르나르 드 파비야(Bernard de Pavie)의 저작에서는 발견되지 않지만, 호스티미스(Hostiemis)에게서는 발견된다. 또한 크라테르(Crater)의 틀에 박힌 말투가 특징적이다. "적법하게 유죄로 되느냐, 또는 자발적으로 자백이 행해지느냐이다." 중세의 법에서는 자백은 성년자에 의해서, 또한 상대방이 있는 앞에서 행해지는 경우에만 유효하다. J. Ph. Lévy, 《중세의 학문적인 법률에서의 증거의 등급 구분》(1939년) 참조.

나의 흔적이나 얼룩진 자국으로도 나타나 있지 않다. 고문의 엄밀한 위치는 이단을 규명하는 것과 같은 유형의 모든 소송 절차가 고발 제도를 구성하는 요소들로 가득 찬, 복잡한 형벌구조의 틀 속에서이다. 그 구조에서 서류에 의한 논증은 그것과 일치되는 구두에 의한 논증을 필요로 하고, 사법관들에 의해서 제출된 증거를 다루는 기술은 예전에 피고인에게 죄를 시험하던 방식과 뒤섞여, 피고인은 소송 절차의 과정에서 자발적 상대역을 연출하도록 — 필요하다면 최대한의 폭력적인 강제수단에 의거해서라도 — 한다. 요컨대, 두 요소 — 사법권이 비밀리에 행하는 조사의 요소와 피고인이 관례적으로 행하는 자백의 요소 — 를 갖춘 구조에 의해 진실을 생산하는 일이 목표인 것이다. 피고인의 신체, 즉 자백을 행하고 필요한 경우에는 고통을 당하기도 하는 신체야말로 이러한 두 가지 구조의 장치를 확실한 것으로 만들어 주며, 그렇기 때문에 우리들이 고전주의 시대의 처벌 제도를 철저하게 고찰하지 않는 한 고문에 대한 근본적 비판은 아주 빈약한 결과로 끝날 것이다.[18] 대부분의 경우, 단순히 다음과 같은 신중한 충고를 하는 정도이다. 예를 들어 "고문은 진실을 알아내기 위한 위험한 수단이다. 그러므로 재판관이 그러한 방법에 의존하려면 신중하게 고려해야 한다. 고문만큼 의심스러운 방법도 없다. 죄인 중에서는 정말 죄를 끝끝내 숨길 정도로 파렴치한 사람들이 있다. … 혹은 다른 결백한 사람들 중에는 심한 고문으로, 자기가 범하지도 않았던 죄를 자백하는 경

18 이러한 비판 중에서 가장 유명한 것은 니콜라의 비판이다. 《고문이 범죄를 검증하는 수단일 경우》(1682년).

우도 있다."[19]

바로 이러한 점을 근거로 삼아 우리는 그 시대의 고문의 기능을 진실에 대한 신체형이라고 생각할 수 있다. 우선 고문은 어떤 희생을 치르고서라도 진실을 캐내려는 수단이 아니고, 근대적인 심문의 무절제한 고문과는 전혀 다르다. 고전주의 시대의 고문은 잔인한 것이었지만, 야만적인 것은 아니었다. 중요한 것은 그 고문이 잘 규정된 절차에 따라 규칙적으로 집행되는 일이며, 고문의 시기와 시간, 사용되는 도구의 종류, 밧줄의 길이, 추의 무게, 꺾쇠의 수, 심문하는 사법관의 관여방법 등 이러한 모든 것이 여러 가지 관행에 의거하여 용의주도하게 체계화되어 있다는 것이다.[20] 고문은 엄격한 사법적 행위이다. 또한 그런 점에서 종교 재판소에서의 기술보다 더 이전부터 그것은 고소의 소송 과정에서 사용되던, 낡은 단죄법, 즉 열탕에 손 담그기, 결투재판, 신명神明재판과 관련되어 있다. 고문을 시키는 재판관과 고문당하는 용의자 사이에는 일종의 기마 창 경기joute와 같은 관계가 있다. '참고 견디는 자Patient' — 이것은 신체형이 부과되는 자를 가리키는 말이다 — 는 단계적으로 가혹해지는 일련의 시험방법을[21] 감수하여 '강한 인내심으로 저항하는' 경우에는 이기는 것이고, 자백하면 지는 것이

---

19 Cl. Ferrière, 《법률 · 소송 사전》(1740년), 제 2권, p. 612.

20 1729년, 아게소(Aguesseau)는 프랑스에서 사용되고 있는 고문의 방법과 규칙에 관한 조사를 시킨 바 있다. 그 조사의 결과는 졸리 드 플뢰리에 의해서 정리되어 있다. 국립도서관, 졸리 드 플뢰리 문고, 원고번호 258, 322~328권.

21 신체형의 제 1단계는 이러한 형구(刑具)를 보여 주는 일이었다. 미성년자나 70세 이상의 노인에게는 이 단계로 끝났다.

된다. 그러나 다른 한편, 재판관 측에서도 고문을 부과하는 것은 위험 부담이 따르는 일이다(이것은 용의자가 죽는 상태에 이를 수 있다는 위험만이 아니다). 그는 자기가 수집한 몇 가지 증거의 요소들을 위해서 내기에 거는 싸움에 뛰어드는 셈인데, 그 이유는 피고인이 '강한 인내심으로 저항하고' 자백하지 않는 경우에 재판관은 부득이 직책을 사퇴해야 하는 규정 때문이다. 그렇게 되면 신체형이 부과된 자가 이기는 결과가 된다. 그러한 사태가 생기는 것을 피하기 위해서, '증거의 확보가 따르는' 고문을 가하는 습관이 생겨났고, 그것은 가장 중대한 사건에 사용되었다. 그 경우에 재판관은 자기가 수집한 추정 증거를 고문 후에도 계속 주장할 수 있었으며, 아무리 고문에 저항하더라도 용의자는 그것으로 결백을 입증할 수 없었다. 그러나 고문을 이겨내면, 그에게 사형이 선고되는 일은 없었다. 재판관은, 제일 중요한 카드는 제외하더라도 모든 카드를 손에 쥐고 있었다. 그것은 죽음에 이르기 전의 모든 것Omnia citra mortem과 같았다. 그렇기 때문에 재판관은 아주 나쁜 중죄를 범한 사람으로 충분히 인정되는 용의자에 대해서는 고문하지 않도록 하라는 권고를 자주 받기도 했다. 왜냐하면 그 용의자가 고문에 저항하는 경우, 재판관은 더 이상 그에게 사형을 선고할 권리를 가질 수 없었기 때문이다. 사실은 그가 당연히 받아야 할 사형인데도 그렇다. 그러므로 이러한 싸움에서는 사법 쪽이 패자가 될 것이다. "어느 죄인에게 사형을 선고하기 위하여" 증거가 충분할 때는, "그 유죄 선고를 운명에 맡기도록 해서도 안 되고 종종 아무 성과도 가져오지 못하는 임시방편적 고문의 결과에 맡겨서도 안 되는 것이다. 왜냐하면 결국에는 중대하고 잔혹한 사형을 내릴 만한 범죄를 본보기로 삼는 처벌이야말로 공공의 안전과 이익을 위한 것"[22]이기 때문이다.

겉으로 보아서는 성급히 진실을 알아내려는 일에만 몰두하는 듯한 고전주의 시대의 고문에서 우리는 시험의 방법과 동일한 메커니즘을 발견하게 되는데, 이것은 진실을 결정지을 신체를 대상으로 한 시험이다. 만일 용의자가 유죄라면 고문의 고통은 부당한 것이 아니다. 그러나 무죄라면 고문은 무죄를 증명하는 상징이 된다. 고통, 쌍방의 대결, 진실 이러한 것들이 고문을 실시하는 데 서로 관련되는 점들이다. 즉, 이러한 3요소가 공동으로 용의자의 신체에 작용하는 것이다. '고문'에 의한 진실의 탐구는 무엇보다 가장 중요한 증거가 되는 죄인의 고백을 공공연히 드러내는 한 수단이다. 그러나 그것은 또한 전투이자 관례에 따라 진실을 '생산하여' 적을 제압하는 한쪽의 승리이다. 자백시키기 위한 고문 속에는 조사의 요소도 있지만, 결투의 요소도 있는 것이다.

그것은 예심豫審의 행위와 처벌의 요소가 혼합되어 있는 것과 다름없다. 또한 그 점은 고문의 비교적 중요한 하나의 역설이 된다. 사실 고문은 "소송에서 처벌이 불충분할 경우에 죄의 논증을 보충하는 한 방법이라고 규정된다." 또한 고문은 형벌 속에 분류된다. 그리고 그것은 대단히 무거운 형벌이므로, 1670년의 왕령은 징벌의 등급 안에서 사형 바로 다음 자리에 그것을 올려놓았다. 나중에 이러한 점들이 의문시되어서 형벌이 어떻게 하나의 수단으로 사용될 수 있는가? 논증의

22 G. du Rousseaud de la Combe, 《범죄구성사실론》(*Traité des matières criminelles*) (1741년), p. 503.

한 방식이어야 할 것이 어떻게 징벌로 이용될 수 있는가? 하는 문제들이 나타난다. 그것의 근거는 고전주의 시대에 범죄사법이 진실을 생산하면서 활용한 방법 안에서 찾을 수 있었다. 그 당시에는 서로 다른 부분의 증거들이 각각 동일한 중립적 요소로 되지 않았고, 또한 각 부분이 모아져서 하나의 단일체가 되어 유죄성有罪性의 궁극적 정확성을 만들 수 있는 것이라고 생각되지도 않았다. 개별적 증거마다 그에 대한 혐오의 정도는 달랐다. 모든 증거가 수집되었다고 해서 유죄성이 곧바로 시작되지는 않았고, 유죄성은 범죄자를 인지할 때의 개별적 증거요소에 따라 단계적으로 하나씩 구성되었다. 예를 들면, 절반쯤 완전한 증거 하나가 있을 경우, 그것이 완전한 것이 되지 않으면 용의자는 무죄가 되는 것이 아니라, 절반 유죄인 자로 되는 것이다. 또한 중대한 범죄라면 단지 경미한 증거라 하더라도 당사자는 '어느 정도' 범죄자 취급을 받았다. 요컨대 형사 사항에서의 논증은 진실인가 허위인가라는 이분법적 구조를 따르지 않고, 연속적인 점증법gradation continue의 원칙을 따랐다. 예를 들면, 논증에서 어떤 단계에 이른다는 것은 바로 유죄성의 단계 하나를 만들어 내는 것이며, 그것은 처벌의 한 단계를 내포한다는 것이다. 용의자인 한, 그는 어떤 종류의 징벌을 마땅히 받아야 하며, 무죄의 상태에서 혐의의 대상이 되는 일은 있을 수가 없었다. 혐의라는 것은 재판관 측으로서는 논증의 한 요소이고, 용의자 측으로서는 일정한 유죄성의 움직일 수 없는 증거가 되고, 또한 처벌 측으로서는 어떤 한정된 처벌 형식이라는 의미를 동시에 내포했다. 용의자는 용의자 상태에서 이미 무죄로 되는 것이 아니라, 일정 부분 처벌받는 입장이라고 할 수 있다. 당국자가 어느 정도의 추정증거를 입수하면 합법적으로 이중의 역할을 갖는 실무를 행할 수가 있었다. 즉, 이미 모여진 단서를 근거로 처벌을 시작하는 한편, 그는 아직 부족한 남아 있는 진실을 강제로 이끌어 내기 위해서 그러한 형벌을 이용하는 것이다. 18세기에 사법상의 고문은 진실을 생산하는 의식이 처벌을 부과하는 의식과 병행하는 기묘한 구조를 통해 이루어진다. 신체형에서 심문당하는 신체는 징벌의 적용 지점이자 진실 강요의 장소이다. 또한 추정 증거가 상호의존 관계에 의해 증거 조사의 한 구성요소이면서 유죄성을 형성하는 한 단편이기도 한 것과 마찬가지로, 고문에 따르는 고통은 처벌을 위한 조치이자 동시에 예심 행위인 것이다.

‡

그런데 기묘한 것은 신체를 통해 이루어지는 이러한 두 가지 의식의 연결관계는 증거가 확정되고 판결이 내려진 다음에도 형의 집행단계에서 계속된다는 점이다. 그리고 수형자의 신체는 또다시 공개적 징벌 의식에서 본질적 부분이 된다. 죄인은 자신의 처벌과 자신이 범한 죄의 진실을 공개적으로 감당하고 견뎌야 한다. 스펙터클이 되고, 끌려 다니고, 전시되고, 형벌을 당하는 그 신체는 처형될 때까지 계속 어둠 속에 은폐되었던 소송 절차의 공개적 근거가 된다. 그 신체 속에서, 그 신체의 외면에서, 영향을 미친 사법의 행위는 만인에게 이해될 수 있는 것이 되어야 한다. 18세기에 이처럼 형벌의 집행을 공개하는 데 있어서 진실을 화려하고 생생하게 제시하도록 하는 것에는 다음과 같은 몇 가지 측면이 내포되어 있다.

(1) 첫째로, 죄인은 자기 자신의 유죄 선고를 알리는 사람이 된다는 것이다. 죄인은 말하자면, 유죄 선고를 공표하고, 그렇게 함으로써 자신이 책임추궁 당한 사항의 진실을 증명하는 일을 떠맡는 셈이다. 즉, 도로에서의 조리돌림, 판결문을 모든 사람들에게 상기시키기 위해 죄인의 등이나 가슴이나 머리 위에 걸어 놓는 게시揭示, 번잡한 교차로에서 행렬을 정지시켜 판결문을 낭독하도록 하는 일, 교회 앞에서 공개사과를 하는 일 등의 과정을 거쳐서 죄인은 엄숙하게 자신의 범죄를 인정한다. 즉, "맨발로 속옷 하나만 걸친 채 횃불을 손에 들고 무릎을 꿇고서 그는 자신이 잔인하고 끔찍스러운 방법으로, 계획적인 음모를 꾸며서, 그토록 혐오스러운 범죄를 자행하였다는 것을 인정하고 선언해야 한다." 이어서 사람들로 하여금 잊지 않도록 하기 위해 사건과 판결문이 게시되고, 처형대 아래서 판결문을 재再낭독한다. 단순히 효시형梟示刑이거나 화형火刑, 또는 차형車刑인 경우라도 수형자는 자신의 죄와 자신에 대한 재판을 공개적으로 진술하고, 그러한 죄와 심판을 자기 신체를 통해 물질적으로 감당하는 것이다.

(2) 두 번째는 자백 장면을 한 번 더 계속하는 일이다. 즉, 공개사과형이 따르는 죄의 공표를 자발적이고 공개적인 범죄인정의 방법으로 두 번씩 하도록 한다. 그래서 신체형이 진실을 밝히는 기회가 되도록 한다. 죄인이 더 이상 아무 것도 잃을 필요가 없는 처형의 마지막 순간을 진실의 충만한 빛을 위해서 확보해 놓는다는 것이다. 이미 법원은 유죄 선고를 내린 다음이라도 있을 수 있는 공범자의 이름을 알아내기 위해서는 새로운 고문을 가할 결정권을 갖고 있었다. 마찬가지로 수형자는 처형대에 올라갈 쯤이면, 새로운 자백을 위한 유예를 요

구할 수 있도록 되었다. 구경하는 사람들은 진실이 이렇게 급전회하여 바뀌기를 기대했다. 많은 죄인들은 그 기회를 이용하여 약간이나마 시간을 벌려고 했다. 흉기를 든 살상범 미셸 바르비에Michel Barbier가 바로 그렇게 했다. "그는 뻔뻔스럽게도 처형대를 바라보면서, 자신이 결백하므로 이렇게 설치된 처형대는 절대로 자신이 있을 자리가 아니라고 말했다. 그는 우선 범행현장의 방으로 데려가 달라고 요청했는데, 방에 가서는 반시간쯤 요령부득의 말을 입에 담았을 뿐, 여전히 자신의 무죄를 주장하려고만 했다. 그 후에 신체형이 부과되자 그는 의연한 태도로 처형대로 올라간 다음, 옷이 벗겨지고 십자가에 묶여 처형당하게 된다는 것을 알고는, 다시 범행현장의 방으로 올라가게 해 달라고 말했다. 그곳에서 드디어 범죄를 자백한 뒤에, 다른 살인죄도 범했다고 진술했다."23 본래의 신체형에는 진실을 명백히 밝히는 기능이 있는데, 그런 목적으로 신체형은 공중의 면전에서도 고문의 작업을 계속하는 것이다. 그것은 유죄 선고를 받은 사람으로 하여금 자신의 유죄 선고에 서명하도록 하는 일이다. 성공적인 신체형은, 그것이 수형자의 신체를 통해 범죄의 진실을 공개적으로 만드는 점에서 재판을 정당화시킨다. 모범적인 수형자 프랑수아 빌리아르François Billiard는 우체국의 회계 책임자로서 1772년에 아내를 살해했는데, 사형집행인은 그의 얼굴을 가려 사람들로부터 모욕적인 욕설을 받지 않도록 해 주고 싶어 했다. "그런데도 그는 당연히 받아야 할 형벌을 받는 이상, 내가

---

23 S. P. Hardy, 《나의 휴가》, 국립도서관, 원고번호 6680~6687, 제 4권, p. 80 (1778년).

사람들에게 보여지는 것은 당연하다"고 말했다. 또한 "그는 죽은 아내에 대한 조의로 상복喪服을 입고, 특상품인 새 구두를 신고 머리를 잘 다듬고, 하얗게 분을 바르고, 또한 매우 엄숙하고 위엄 있는 거동을 하고 있어서, 바로 곁에까지 다가와서 그를 응시한 사람들은 이 사람이야말로 조금도 나무랄 바 없는 기독교 신자이거나, 아니면 최악의 위선자임이 틀림없다고 말할 정도였다. 그의 가슴에 걸려 있는 게시물이 격에 맞지 않는 것처럼 되어 있어서, 사람들은 그 스스로 그 게시물에 손질을 가해 가장 읽기 쉽게 고쳐 놓았을 것이라고 지적할 정도였다."[24] 형벌 의식은 그 배역을 맡은 한 사람 한 사람이 역할을 잘 완수하기만 하면, 장시간에 걸친 공개적 자백이라는 효과를 갖는 것이다.

(3) 세 번째는 핀으로 고정시키듯이 신체형을 범죄와 연결시키고, 그 양자 간의 명백히 파악할 수 있는 일련의 관련양상을 만들어 내는 일이다. 예를 들면, 사형수의 시체를 그 범죄현장에, 혹은 가장 가까운 교차로 중 하나에 공시하도록 한다. 범죄가 행해진 바로 그 장소에서 형을 집행하는 경우는, 어떤 학생이 1723년에 여러 사람을 살해했는데, 낭트Nantes 지방법원이 살인을 저지른 여관의 정문 앞에 처형대를 설치하기로 결정했던 일을 예로 들 수 있다.[25] 처형의 형식을 범죄의 성질과 관련시켜 하는 '상징적인' 신체형의 활용의 예가 있다. 즉, 신을 저주하는 언사로 우롱한 자는 그 혀를 자르고, 부정한 불륜 행위

24 S. P. Hardy, 《나의 휴가》 제 1권, p. 372(제 1권만 인쇄되어 있다).

25 낭트 시 고문서, F. F. 124. P. Parfourud 논문, 《일 에 빌레느 고고학협회 논총》(1896년), 제 25권을 참조.

를 저지른 자는 화형에 처했으며, 살인자는 손목을 절단하는 것이다. 또한 사형수가 범행에 사용된 흉기를 모든 사람에게 보여 주게 하는 일도 종종 있었다. 예를 들면, 다미엥에게는 국왕 살해 사건 때의 유명한 단도短刀를 그렇게 했는데, 유황을 칠한 단도를 그 육신과 동시에 불탈 수 있도록 범죄를 행한 그 손에 붙잡아 매었다. 비코Vico가 말했듯이, 이러한 옛날의 판례야말로 말하자면 '하나의 시학poetique'과 같은 것이었다.

극단적인 경우에는, 범죄자의 형 집행 때 범죄에 대한 거의 연극적인 재현을 하는 경우도 몇 가지 발견된다. 똑같은 흉기, 똑같은 행위가 있도록 한다. 모든 사람들이 보는 앞에서 사법 당국은 신체형에 의해 범죄를 재현시켰고 그 범죄의 진실된 모습을 공개하였으며, 동시에 죄인의 죽음을 통해 그 범죄를 소멸시키도록 하는 것이다. 그 후 18세기 후반쯤, 1772년이 되어서도 다음과 같은 판결의 예가 발견된다. 캉브레Cambrai[26]의 어떤 하녀가 여주인을 살해한 죄로 형을 선고받았는데, 그 내용은 이렇다.

> 모든 광장에서 오물을 수거하는 데 사용하는 사형수 호송차에 싣고 형장에 데려갈 것, 그곳에 설치된 교수대 아래에 여주인인 드 랄르de Laleu 부인 살해시에 앉아 있던 그 안락의자를 놓아 둘 것, 사형수가 그 의자에 앉으면 사형집행인은 그녀의 오른 손목을 잘라내어, 그녀의 면전에서 그것을 불에 던져 넣을 것, 그 후 즉시 그녀의 목을 드 랄르 부인 살해시에 사

26 *프랑스 북부의 오랜 도시로서 상업 및 산업의 중심지.

용한 단도로 4번 휘둘러 첫 번째와 두 번째는 머리를, 세 번째는 왼팔을, 네 번째는 가슴을 잘라낼 것, 그렇게 한 후 교수대에 매달고 교수하여 죽음을 기다릴 것, 2시간 후 그 시체를 교수대에서 끌어 내린 후 여주인 살해시에 사용한 것과 같은 단도로 그녀의 목을 잘라낼 것, 그리고 그 목은 두에Douai로 통하는 길 가까운 곳에 있는 캉프레 시의 성문 바깥에 길이 20피트의 창끝에 효시하고, 몸의 나머지 부분은 자루 속에 넣어 그 창 옆쪽으로 10피트쯤 땅을 파서 파묻을 것.[27]

(4) 끝으로, 신체형의 느린 진행과 돌발적인 사건, 수형자의 절규와 고통, 이것들이 사법적 의식의 대단원이 되는 최종시험의 역할을 한다. 모든 고통이 그렇듯이, 처형대 위에서 펼쳐지는 고통은 어떤 진실을 말하는 것이지만, 이 진실을 압박하는 한 그것은 한층 더 강렬함을 수반하게 된다. 이 진실은 인간의 재판과 신의 재판을 연결하는 중간지점에 있다는 점에서 한층 더 엄격성을 수반하며, 공개적으로 펼쳐진다는 점에서 한층 더 화려하게 된다. 신체형의 고통은 증거 조사를 위한 예비적 고문의 고통이 연장된 것이지만, 예비적 고문 단계에서는 모든 것을 운에 맡기는 식의 도박이 끝나지 않은 것이므로, 당사자로서는 생명을 구할 수도 있었다. 그러나 이제는 확실히 죽는 것이며, 영혼을 구하는 일만이 문제가 된다. 영원히 끝없는 도박이 이미 시작된 것이다. 즉, 신체형은 저 세상에서의 형벌을 예상해서, 그것

27 P. Dautricourt, 《1721년부터 1790년에 이르는 범죄행위와 플랑드르 고등법원에서의 그 처벌》(1912년), pp. 269~270에서 인용.

이 어떤 것인지를 보여 준다. 그것은 바로 지옥의 무대이다. 피처형자의 절규, 반항, 신을 모독하는 행위는 이미 돌이킬 수 없는 그의 운명을 의미한다. 그러나 이 세상에서의 고통은 또한 저 세상에서의 징벌을 가볍게 해 줄 회개의 가치를 가질 수도 있다. 즉, 순교자처럼 체념함으로써 고통을 인내할 수 있다면 반드시 신은 그 점을 참작할 것이기 때문이다. 현세에서의 잔혹한 처벌은 내세의 완화된 형벌의 모습으로 정리된다. 여기에는 죄를 용서한다는 약속이 뚜렷이 나타나 있다. 그러나 이렇게도 말할 수 있을 것이다. 이처럼 격심한 고통은 신이 죄인을 사람들의 손에 맡겨 놓았다는 의미가 아닐까? 그리고 이러한 고통은 내세에서의 사면을 보증하기는커녕, 현세에서 겪는 지옥의 형벌을 뜻할 수 있고, 그 반면에 피처형자가 천천히 괴로워하지도 않고 빨리 죽는다면 그것은 신이 그를 지켜주려 했거나 그가 절망 속에 빠지는 것을 막아 주려는 증거가 아닐까? 그렇다면 이것이야말로 범죄의 진실과 재판관의 잘못을, 범죄자의 선량성과 악랄성을, 인간의 심판과 신의 심판 사이의 일치 또는 차이를 의미할 수 있는 고통의 양면성인 것이다. 거기에는 처형대와 처형대에서 전개된 스펙터클의 고통을 주위에서 가까이 보고 싶게끔 관객을 부추기는 저 끔찍한 호기심이란 것이 있다. 사람들은 거기서 범죄와 무죄를, 과거와 미래를, 이 세상과 영원한 세상을 판독하려고 하는 것이다. 그 순간은 모든 관객이 궁금해 하는 진실을 알 기회인 것이다. 그의 모든 말, 모든 절규, 고통이 계속되는 시간, 저항하는 신체, 빼앗기지 않으려고 하는 생명의 온갖 몸짓. 이러한 모든 것이 그 순간에는 각별한 뜻을 갖는다. 예를 들면, "차형을 당하고 6시간"을 견디면서, "어쩌면 자기 재량껏 위로하고 격려해 주었을지 모르는 사형집행인에게 잠시라도 곁을 떠나지 않기를 바란다고 말하는" 죄인이 있었다. "완전히 기독교 신자의 심정으로 돌아가, 진심으로 후회의 마음을 표현하고" 죽는 사람도 있었다. 또한 "형틀차 위에서 1시간 후에 숨을 거두는" 자도 있었지만, 이 신체형을 보던 관객들은 "그 죄인이 분명히 보여 준 종교심과 후회하는 마음에 감동받았다"고 한다. 또한 처형대에 갈 때까지는 계속 후회하는 마음을 역력히 보이다가, 형틀차 위에 산 채로 실리자 끊임없이 무서운 비명소리를 지르던 사람, 판결이 낭독될 때까지는 평정을 잃지 않다가, 그 다음부터 머리가 이상해지기 시작하는 여자도 있었는데, 그녀는 "교수형에 처해질 때는 완전히 광란상태였다."[28]

이리하여 고문에서 형 집행으로의 순환과정이 완결되는데, 이 과정에서 신체는 범죄의 진실을 생산하고 재생산하였다. 아니 오히려, 신체는 죄의 시험과 모든 의식을 통해 범죄가 행해진 것을 자백하고, 스스로 그 범죄를 범했다고 진술하고, 자신 속에, 자신 위에 범죄가 각인되어 있음을 나타내고, 징벌의 조작을 감내하고, 그 효과를 가장 화려한 방식으로 표출하는 요소이다. 신체형을 받게 된 신체는 여러 번에 걸쳐 사건의 내용과 증거 조사의 진실성, 소송 절차의 행위와 범죄자가 표명하는 언술, 그리고 범죄와 처벌을 종합하게 만드는 수단이다. 따라서 신체야말로 형벌 의식에서 본질적 요소이고, 여기서 신체는 군주의 엄청난 권리행사로 질서 있게 이루어지는 소송 절차, 즉 소추와 비밀 유지를 하는 데 중요한 배역을 떠맡는다.

---

28 S. P. Hardy, 《나의 휴가》 제1권(p. 13), 제4권(p. 42), 제5권(p. 134).

‡

사법적 신체형은 또한 정치적 행사로 이해되어야 한다. 아무리 규모가 작은 형태일지라도, 그것은 권력이 자신의 모습을 과시하는 행사의 일부이다.

고전주의 시대의 법에 의하면, 범죄는 그것으로 말미암아 생길 수 있는 손해를 초월하여, 아니면 그것이 위반하는 법 규칙을 넘어서 무엇보다 법을 포고하고 주장하는 사람의 권리를 침해하는 행위이다. 즉, "아무리 개인에 대해서 범죄를 자행하거나 손상을 입히지 않은 그러한 사건이라도, 법에 의해서 금지된 어떤 사항을 위반하면, 그것은 보상을 요하는 경범죄가 된다. 왜냐하면, 그 행위로 인해 지배자의 권리가 침범되기 때문이며, 또한 지배자의 고귀한 성품에 손상이 되는 것이기 때문이다."[29] 중죄란 범행의 직접적 희생자 말고도 군주를 해치는 행위이다. 그것은 법이 군주의 의지와 같은 가치를 지닌다는 점에서 군주를 인격적으로 해치는 행위이자, 법의 힘이 바로 군주의 힘이라는 점에서 군주를 신체적으로 해치는 행위인 것이다. 왜냐하면, "어떤 하나의 법이 왕국에서 효력을 발휘하려면, 필연적으로 그 법의 근원이 군주에게 직접 속한 것이어야 하고, 적어도 그것은 왕권의 관인官認에 의해서 확증되어야 했기"[30] 때문이다. 따라서 군주의 개입은 당사자 쌍방 사

---

29 P. Risi, 《범죄 법규의 구성 사실에 관한 고찰》(1758년), p. 2와 부기된 코체유스, 《그로티우스의 〈전쟁과 평화의 법〉 제 12의 545절에 관한 논의》에 준거했다.
30 P. F. Muyart de Vouglans, 《프랑스 범죄법규》(1780년), 앞의 책, p. 34.

이의 문제를 조정하는 것이 아니라, 모든 개인의 권리를 존중하도록 하기 위한 행위 이상의 것이며, 군주를 해친 자에 대한 직접적인 반격의 조처이다. "중죄를 처벌하는 데 왕권의 행사는 법의 시행에서 가장 본질적인 부분이다."[31] 따라서 징벌은 손실에 대한 보상과 동일시될 수 없는 것이며, 또한 그것으로 측정될 수도 없는 것이다. 처벌 속에는 항상 하나의 몫, 군주의 몫이 있어야 한다. 또한 그 몫은 미리 정해진 보상과 결부되는 경우에도 형벌에 의한 중죄를 청산하는 데 가장 중요한 요소를 이룬다. 그런데 군주의 이러한 몫은 그 자체로 간단한 것이 아니다. 한편으로, 그것은 자기의 왕국에 가한 과실에의 보상이라는 의미를 내포하고(무질서가 야기되고, 전례가 된다는 점에서 이 중대한 과실은 어떤 특정의 개인에 대해서 저지른 과실과는 공통점을 갖지 않는다), 다른 한편으로 그것은, 국왕이 자신의 인격에 가해진 공격에 대한 보복을 행한다는 의미도 내포하는 것이다.

처벌권은 그러므로 군주가 보유한 권리, 즉 자신의 적과 싸울 권리의 한 측면과 같은 것일 수 있다. 처벌하는 것은 "살생권, 즉 로마법 중에서 '메룸 임페리움merum imperium'[32]의 명칭으로 불리는 생사여탈生死與奪의 저 절대적 권력, 군주가 스스로의 법의 시행에서 중죄에 대한 형벌을 명할 때에 사용하는 권리"[33]에 속한다. 그런데 징벌은 개인적이면서 동시에 공개적인 보복을 행하는 수단이기도 하다. 왜냐하면, 법에는 군주의

---

31 D. Jousse, 《범죄사법론》(1777년), 앞의 책, p. 7.

32 *'순수 단일한 지배권'의 뜻으로, 당시의 법관에게 부여되어 있었다.

33 P. F. Muyart de Vouglans, 《프랑스 범죄법규》(1780년), 앞의 책, p. 34.

신체적, 정치적 힘이 말하자면 현존해 있기 때문이다. "법 그 자체의 정의로 알 수 있는 사실은 법이 단순히 금지만을 목표로 삼지 않고 금지사항을 위반하는 사람들을 처벌함으로써 법의 권위를 경시한 행위에 대한 보복도 목표로 삼는다는 것이다."[34] 철저히 규정에 따른 형벌의 집행과정에서, 또한 법 형식을 최대한으로 엄밀히 존중하는 과정에서 그러한 처벌체제의 강력한 효과가 널리 퍼져 있는 것이다.

따라서 신체형은 법률적이자 정치적인 기능을 갖는다. 중요한 것은 한순간이라도 상처받은 군주권을 회복시키는 의식이다. 그 의식은 군주권을 화려한 형태로 나타내면서 회복시킨다. 아무리 성급하고 일상적으로 실시되는 일이라도, 공개적 처형은 침식당한 후에 회복하는 권력이 영위하는 일련의 거창한 예식(예를 들어 대관식, 정복한 도시로의 국왕의 입성식, 반란을 일으킨 신하의 항복식) 속에서 이루어지는 것이고, 군주를 경시한 범죄에 대해 모든 사람들이 보는 앞에서 무적의 힘을 과시하는 행위이다. 처형 의식의 목적은 균형을 회복하려는 것보다 감히 법을 위반하려고 했던 신하와 자기의 힘을 부각시키려는 전능한 군주 사이의 세력 불균형을 최대한으로 회복시키는 일이다. 경범죄에 의한 개인적 손해의 배상은 그 손해와 균형이 잘 맞추려는 판결이 공정해야 하는 것이라도, 중죄에 대한 형벌 집행은 균형을 갖춘 스펙터클이 아니라, 불균형과 과도함을 보여 주기 위해 실시하는 행사이다. 따라서 이 형벌 행사에는 권력과 권력의 본질적 우월성에 대한 과시적 주장이 담겨 있어야 한다. 더구나 그 우월성은 단순히 법의

---

34 위의 책.

우월성에 한정되지 않고 적대자의 신체를 공격하여 그것을 지배하는 군주의 물리적 힘의 우월성이 된다. 즉, 법을 위반함으로써 범법자는 군주의 인격 자체를 손상시킨다. 그런데, 그 인격은—또는 적어도 범법자가 군주의 힘에 위해危害를 가한 것과 마찬가지로 손상을 입힌 사람들은—수형자의 신체에 맹렬히 덤벼들어서 그에게 낙인을 찍고, 항복시키고, 상처를 입힌 모습을 보여 주고 싶어 한다. 따라서 처벌의 의식은 완전히 '공포를 자아내는' 모양이 된다. 18세기의 법률가들은 개혁자들을 상대로 논쟁을 시작하게 되자, 형벌의 신체적 잔혹성에 대해서 제한적 해석이면서 '근대주의적' 해석을 내린 바 있다. 즉, 가혹한 형벌이 필요한 이유는 그러한 본보기 처형이 사람들의 마음속 깊이 새겨져야 하기 때문이라는 것이다. 그러나 실제로는 그 시대까지 신체형은 18세기 관념론자들이 이해하는 의미에서(형벌에 관한 표상이 범죄의 이해관계보다 우월하다는 생각에서) 본보기 처형에 관한 경제적 방식이 아니라, 공포 중심의 정치학이었다. 즉, 범죄자의 처형당하는 신체를 통해 군주의 격앙된 현존의 모습을 모든 사람들이 느끼도록 만드는 것이 그 목표이다. 신체형은 사법을 회복시키는 것이 아니라 권력을 활성화시키는 것이었다. 17세기와 18세기 초에도 신체형은 결국 공포의 무대라는 모양으로, 시대의 소멸되지 않은 잔재가 아니었다. 신체형의 격렬성, 그 화려함, 신체에 대한 폭력, 엄청난 힘의 과시, 빈틈없는 격식, 간단히 말해서 그러한 신체형의 모든 장치는 형벌제도의 정치적 기능 속에서 가동되는 것이었다.

이런 점을 미루어 보면, 신체형의 어떤 예식적 성격들을 이해할 수 있다. 그리고 무엇보다도 중요한 것은 공개된 장소에서 호화로운 행사를 과시해야만 했던 의식의 필요성이다. 법의 이러한 승리에 관해서는 아무것도 감출 이유가 없었다. 처형에 관한 여러 에피소드들은 전통적으로 똑같았는데도, 판결문에는 그러한 에피소드가 빠짐없이 열거되어 있었다. 그만큼 에피소드들은 형벌의 메커니즘 속에서 중요한 것이었다. 예를 들면, 조리돌림의 행렬, 교차로와 성당 정면 입구에서의 정지, 공개적 장소에서 판결문 낭독, 무릎을 꿇고 드리는 미사, 신과 국왕에게 가한 모욕적 행위에 대한 회개悔改의 의사 표명 등이 그런 것들이다. 때로는 법원 자체가 상석권上席權과 예법에 관한 문제를 규정하는 일도 있었다. "관리들은 다음 순서에 따라 말을 타야 한다. 즉, 선두에는 두 사람의 경찰관, 다음에 사형수, 그 뒤로 오른쪽에 봉포르Bonfort와 왼쪽에 르 코르Le Corre[35]는 걸어서 가고, 따라가는 집달리들을 위하여 길을 확보해 두고, 그 순서로 처형이 집행될 중앙 시장 광장으로 향할 것."[36] 그런데 이렇게 치밀한 의식이 사법적일 뿐만 아니라 군사적이라는 것은 아주 분명하다. 국왕의 사법은 무장된 사법의 모습으로 나타난다. 죄인을 벌하는 칼은 적을 무찌르는 칼이기도 하다. 신체형을 둘러싸고 하나의 군사적 기구 전체가 동원되었다. 예를 들면, 감시 기병, 궁사, 말을 탄 지휘관, 사병 등이 그렇다. 그러한 동원의 이유는 죄인의 모든 탈출이나 폭력 난동을 방지하려는 데 있었지만, 또 한편으로는 군중들 속에서 발생할지 모를, 죄인을 구

35 *두 사람 모두 사형집행인으로 보임.

36 A. Corre, 《브르타뉴 지방에서의 사법상의 고문의 역사를 위한 자료》(1896년), p. 7.

출하기 위한 충동적 동정심이나 그들을 즉각적으로 살해하고 싶다는 분노의 격정을 예방하려는 것이기도 하다. 그러나 또한 상기해 두어야 할 것은 모든 범죄에는 법에 대한 모반의 뜻이 담겨 있고, 범죄자는 군주의 적이라는 것이다. 이러한 모든 이유들—어떤 특정한 상황에서의 불의의 사태에 대한 경계에 관계된 것이든, 혹은 의식의 전개과정 속에서 이루어지는 기능에 관계된 것이든—때문에, 공개적 처형은 사법의 행사나 힘의 과시 이상의 것이 된다. 아니 오히려 그 처형의 행사에서 전개되는 것은 통치자의, 신체적이고 물질적인 가공할 만한 힘으로서의 사법이다. 신체형의 예식을 통해 통치자의 권력을 법에 부여하는 세력 관계는 명백히 드러난다.

군주가 사법의 수장首長이라는 측면과 군사의 수장이라는 측면을 불가분의 방식으로 동시에 보여주는, 그러한 무장된 법의 의식으로 이루어지는 공개 처형은 두 가지 양상, 즉 승리와 싸움의 양상을 지닌다. 한편으로 이러한 처형은 결말이 사전에 짜여 있는, 범죄자와 통치자 사이의 싸움을 엄숙하게 종결짓는 것이고, 통치자의 권력에 의해서 무력한 상태에 빠진 사람들에 대해 그 엄청난 권력을 명시해야 하는 행위이다. 힘의 불균형, 역전 불가능한 불균형은 신체형의 여러 기능에 소속되어 있는 현상이었다. 산산조각이 나고 재를 공중에 뿌리면서 사라지는 신체, 무한한 통치 권력에 의해 파괴당하는 신체, 그것은 바로 징벌의 이상일 뿐만 아니라 실재의 경계선을 형성하는 단위이다. 예를 들어 아비뇽에서 실시되었던 마솔라Massola의 유명한 신체형이 그 증거일 수 있는데, 그것은 동시대의 사람들을 격분시킨 최초의 신체형 중 하나였다. 그것은 일견 역설적인 신체이다. 왜냐하면, 그것은 형을 받고 죽은 뒤에 거의 완전한 형태로 행사가 전개되기 때문이며, 또한 사법은 시체를 놓고 장대한 연극을 펼치면서 자신의 힘을 과시하는 자화자찬自畵自讚의 예식을 행하는 일밖에는 다른 일을 하지 않기 때문이다. 즉, 사형수는 눈가리개를 하고 나무 기둥에 묶여 있는데, 주변에 처형대 위쪽으로는 쇠갈고리를 매달아 놓은 기둥이 몇 개 세워져 있다. "고해 신부가 죄수의 귀에 대고 축복의 말을 한 다음에 곧 도살장에서 사용되는 쇠곤봉을 든 사형집행인이 전력을 다해 불쌍한 죄수의 관자놀이에 일격을 가한다. 그러면 죄인은 쓰러져 죽는다. 그 즉시 큰 칼을 든 죽음의 집행자mortis exactor가 죄인의 목을 자르면, 피가 전신에 흐른다. 보기에도 무시무시한 광경이다. 사형집행자는 양 발꿈치 쪽 심줄을 찢고 다음에 몸통을 갈라서 심장과 간장과 비장과 폐장을 꺼내서 그것들을 하나하나 쇠갈고리에 걸어 놓고, 몸통을 잘라서 잘게 썬 것을 다른 갈고리에 걸어 놓아 마치 짐승을 도살하듯이 한다. 그 누가 이런 광경을 보고 있을 수 있겠는가."[37] 누가 보아도 정육점을 연상시키는 모양으로, 무한히 잘게 절단한 신체 파괴는 스펙터클의 장면과 일치한다. 그것은 살 조각 하나하나를 정육점의 진열장에 놓아두려는 것과 같다.

신체형은 이러한 승리 과시의 의식을 통해서 완성된다. 그러나 그것은 또한 단조로운 전개 과정에서 대결의 장면을 극적인 핵심부분으로 삼고 있다. 그것은 '참고 견디는 수형자le patient'의 신체에 가해지는 사형집행인의 즉각적이고 직접적인 행위이다. 물론 그것은 관행에 따

---

37 A. Bruneau, 《범죄사건에 관한 고찰과 격언》(1715년), p. 259.

라서 혹은 가끔 방법을 명확하게 하기 위해 의존하는 판결문에 그 줄거리의 주요한 에피소드들이 규정되고 있다는 점에서 분명히 규범화한 행위이다. 그러나 그것은 전투의 요소를 담고 있다. 집행인은 단순히 법을 실행하는 사람일 뿐 아니라, 힘을 행사하는 사람이며, 범죄의 폭력을 제압하기 위해서 폭력에 열중하는 폭력의 대리인이다. 그는 범죄자의 범죄에 대한, 물질적이고 신체적인 의미에서 적대자敵對者이다. 가끔 불쌍하게 보이기도 하다가, 가끔 증오스럽기도 한 적대자이다. 많은 동시대인들과 함께 다무데르Damhoudière38는 사형집행인이 "흉악한 사형수들에게 모든 잔인한 행동을 다 동원하여 마치 사로잡은 짐승이라도 되는 것처럼 그들을 다루어서 때려죽이는 행동을 한다"고 항의하기도 했다.39 그런데 먼 훗날까지 이 관행은 없어지지 않았다.40 또한 신체형의 행사에는 결투신청과 기마 창 경기의 양상이 담겨 있다. 사형집행인 쪽이 승리할 경우에, 명령대로 상대방의 목을 단칼에 두 동강 냈을 경우에, 그는 "그 목을 민중에게 보이고, 땅에 내려놓은 다음 인사를 한다. 그러면 모두들 그 솜씨에 열렬히 박수갈채를 보내는 것이다."41 그러나 반대로 실패할 경우에, 훌륭한 솜씨로 죽이

---

38 *Josse de Damhoudière(1507~1581) : 프랑스의 법률가.

39 J. de Damhoudère, 《민사소송에서의 사법 실무》(1572년), p. 219.

40 《재판신보》(1837년 7월 6일호)는 《그로스타 신문》에 의거하여 아래와 같이 어떤 사형집행인의 "잔혹하고 기분 나쁜" 행위를 기록하고 있다. 그 남자는 한 명의 수형자를 교수형에 처한 다음, "그 시체의 양쪽 어깨를 잡고 거칠게 뒤집어 놓고서 여러 번 때리면서, '이 자식, 네놈의 죽은 꼴은 이것으로 충분하겠지?'라고 말했다. 다음에 군중 쪽을 향하여, 조롱하는 듯한 어조로 천박한 욕설을 내뱉었다."

41 1737년, 회사 관리인 몽티니의 처형 때, T. S. Gueulette가 목격한 정경. R.

지 못했을 경우에 집행인은 벌을 받아야 한다. 앞에서 다미엥의 집행인 경우가 그러한데, 그는 규칙대로 다미엥을 네 갈래로 찢을 수 없었으므로 칼로 자르는 지경에 이르러, 결국은 자신이 갖기로 되어 있었던 말, 즉 죄인의 사지四肢를 절단하는 형에 사용한 말들을 몰수당했고, 그 말들은 빈민들의 차지가 되었다. 그 몇 년 후에 아비뇽의 사형집행인은, 위험한 강도라고 하는, 3명의 강도를 교수형에 처할 때 너무나 극심한 고통을 가하고 말았다. 구경꾼들은 화가 나서 그를 고발했다. 그를 벌하기 위해서, 더구나 군중에 의한 제재로부터 보호하기 위해서라도 고발을 접수한 담당자는 그를 투옥했다.[42] 그런데 이처럼 능숙하지 못한 사형집행인에 대한 처벌의 배후에 최근까지도 계속 이어지는 하나의 전통을 볼 수 있다. 그것에 의하면 처형이 만일 실패로 끝날 경우, 사형수는 사면되는 것이 여러 나라에서 거의 관례화되었다는 점이다.[43] 민중은 그러한 관행이 적용되기를 기대하였다. 더구나 그렇게 하여 사형을 면한 사형수를 민중이 보호하는 일도 있게 되었다. 이러한 관행과 기대감을 없애기 위해서 "교수대는 그 먹이를 놓치지 않는다"[44]는 격언을 널리 강조해야 했다. 또한 사형의 판결문 속에 "완전히 죽을 때까지 교수絞首한다"라든가, "생명이 끊길 때까지"라는 확실한 명령을 써 넣는 일에까지 주의하지 않으면 안 되었다. 그런

Anchel, 《18세기에서의 범죄와 징벌》(1933년), pp. 62~69 참조.

42 L. Duhamel, 《아비뇽에서의 사형집행》(1890년), p. 25.

43 예를 들면, 부르고뉴 지방, Chassanée, 《부르고뉴 지방 관습법》(폴리오번호 55).

44 *사냥꾼이 잡은 동물을 놓치지 않듯이, 범법자는 언젠가는 반드시 처벌받는다는 뜻.

데 또한 세르피용Serpillon이나 블랙스톤Blackstone과 같은 18세기의 법학자는, 사형집행인에게 실패하는 일이 있다고 해서 그것이 사형수의 목숨을 살려주는 의미가 될 수 없다고 주장했다.[45] 사형집행 의식에는 여전히 누구나 파악할 수 있는 신의 재판과 죄를 시험하는 구식방법의 요소들이 남아 있었다. 사형수와의 대결에서 집행인은 어느 정도 국왕 편의 결투자였다. 다만 이름을 밝힐 수가 없고, 정식으로 인정되지 않은 결투자일 뿐이었다. 전통에 따라서 사형집행인은 허가장에 관인官印을 찍은 후 그것을 책상 위에 두지 않고 땅바닥에 던져 버리도록 규정이 되어 있었다. 이처럼 '대단히 필요하면서도' '부자연스러운' 직책[46]에 금지사항들이 많다는 것은 주지의 사실이다. 사형집행인은 어떤 의미에서 국왕의 칼 자체라고 해도 소용없었다. 적대자인 죄인과 치욕을 나누게 되는 존재였기 때문이다. 통치 권력은 집행인에게 죽이라는 명령을 내리고, 그를 통해서 처형했다고는 하지만, 권력 그 자체가 그의 존재 속에서 현존하는 것이 아니고, 그의 격렬한 행동과 동일시되는 것도 아니었다. 더구나 바로 이 국왕 권력이 특별사면장을 통해 집행인의 처형 행위를 중지시킬 경우에, 권력의 모습이 더할 나위 없이 아주 화려하게 나타날 수 있었다. 보통 판결의 선고

45 F. Serpillon, 《형법전》(1767년), 제 3권, p. 1100. 블랙스톤의 견해에 의하면, "죽음을 수반할 때까지 교수되어야 한다고 선고받은 죄인이 다른 사람의 조력을 받고서도 사형집행인의 서투른 솜씨 탓으로 죽지 못한 경우, 주 장관(쉐리프)은 판결이 실행되지 못한 이상, 사형집행을 다시 명해야 한다는 것이 명백하다. 또한 만일에 이러한 잘못된 동정심대로 된다면, 집행인 몇 명이서 공모해도 상관없게 되는 것은 명백하다"〔《영국 형법전 주해》(프랑스어 역, 1776년, p. 201)〕.

46 Ch. Loyseau, 관직 권리에 관한 5권의 책(1613년 판), pp. 80~81.

로부터 형 집행까지는 약간의 시간적 여유(가끔은 몇 시간)가 있었으므로, 일반적으로 국왕에 의한 특사特赦는 사형집행까지 관여할 수가 있었다. 그러나 아마도 처형 의식을 천천히 실시함으로써 이러한 우발적 사건이 끼어들 여지를 만들어 놓았을 것이다. 47 사형수들은 처형이 천천히 진행되기를 기대하고, 시간을 오래 끌기 위해서 처형대에 오를 때에도 아직 밝혀야 할 새로운 사실이 남아 있다고 주장하기도 했다. 민중들 편에서는 큰 소리로 완만한 진행을 요구하고 최후의 순간을 지연시키려 했고, 녹색 봉인이 찍힌 특별 사면장을 지닌 특사의 도래를 기다렸다. 필요한 경우에는 특사가 지금 오고 있는 중이라고 소리쳐 알리기도 했다(1750년 8월 3일, 유아 유괴 사건의 범인을 처형할 때 있었던 일이다). 처형할 때에 통치자는 현존하는 것이지만, 단순히 법에 대한 모욕에 대해서 보복하는 권력으로서 뿐만 아니라, 법의 시행이나 보복도 일시 정지시킬 수 있는 권력으로서 현존하는 것이다. 한 사람의 통치자만이 자신에게 가해진 오욕汚辱을 자신의 재량대로 씻을 수 있어야 한다. 그가 자신의 재판권을 행사하는 수고를 법원에 위탁한 것은 사실이라 하더라도, 그가 그 권리를 양도한 것은 아니며, 그것을 자신이 완벽하게 보유하고, 형을 취소하건 형을 무겁게 하건

---

47 S. P. Hardy, 《나의 휴가》, 1769년 1월 30일의 기록(제 1권, p. 125) 과 1779년 12월 14일의 기록(제 4권, p. 229) 을 참조. R. Anchel, 《18세기에서의 범죄와 징벌》(1933년), pp. 162∼163은 앙트안느 부르테의 신상이야기를 열거하고 있었다. 이 남자가 이미 단두대에 올라가려고 했을 때, 어떤 기마병이 특사장을 휴대하고 도착했다. 사람들은 "국왕 만세"를 외치고, 부르테를 술집으로 데리고 가는 한편, 재판소 서기는 이 남자를 위하여 모자를 돌려 희사금을 모은다는 이야기이다.

자기 마음대로인 것이다.

18세기에도 여전히 이러한 의식이 관례화된 만큼 신체형은 하나의 정치적 운용 부분으로 파악되어야 한다. 신체형은 논리적으로 하나의 처벌 제도 속에서 포함된 것이고, 그 제도에서 통치자는 직접적으로건 간접적으로건, 자신이 범죄에 의해 법을 통해 상처를 받은 그 한도 안에서 징벌을 요구하고, 결정하고, 집행시킨다. 모든 범죄 중에서는 일종의 대역죄crimen majestatis라는 것이 있고, 범죄자들 중에는 소수라 하더라도 국왕 살해자가 있기 마련이다. 국왕 살해자는 절대적이고 완전한 범죄자임에 틀림이 없다. 왜냐하면, 모든 범죄자가 대체로 통치 권력의 특정한 결정과 의지를 공격하는 데 반해서 국왕 살해자는 군주의 신체적 인격을 해치려 한다는 점에서 통치 권력의 근본을 공격하는 것이기 때문이다. 국왕 살해자에 대한 이상적 처벌은 현존하는 신체형 중에서도 최고의 형태여야 한다. 그것은 무한한 보복이 될 것이다. 여하간 프랑스의 법률은 이러한 종류의 끔찍한 죄에 대해서도 일정한 형벌을 미리 규정하지 않았다. 가령, 라바이약Ravaillac에 대한 형벌은 그때까지 프랑스에서 실시되었던 최고의 잔혹한 형벌을 몇 가지인가 합쳐서 새로 만들어 내야 했다. 다미엥에 대해서도 더욱 잔인하기 그지없는 형벌을 고안하려고 했다. 몇 가지의 안이 나왔으나, 모두 불완전한 것으로 생각되었다. 그래서 라바이약의 처형장면이 재현된 것이다. 그러나 다미엥의 이러한 처형은, 1584년 기욤 도랑쥬Guillaume d'Orange**48**의 살해자가 얼마나 무한한 보복을 당했는지를 상기한다면, 비교적 온건

48 *Guillaume d'Orange(1533~1584). 네덜란드의 태수로서 1584년 살해됨.

한 편이었음을 인정해야 한다. 즉, "첫째날, 그(살해자)는 광장으로 끌려갔다. 그곳에는 끓는 물이 들어 있는 큰 솥이 놓여 있었는데, 그 속에 범행을 저지른 팔을 집어넣도록 했다. 다음날, 그 팔은 칼로 절단되었고, 팔이 그대로 발밑에 떨어지자 그는 그것을 발로 차서 처형대 밑으로 떨어뜨렸다. 3일째에는 가슴의 두 개의 젖꼭지 부근과 한쪽의 팔을 불에 달군 쇠집게로 정면에서 지졌다. 4일째에는 등 뒤로부터 팔과 엉덩이를 역시 달군 쇠집게로 지졌다. 이런 식으로 계속해서 18일간에 걸쳐 그는 고통을 당했다." 마지막 날에는 차형을 받고 각목으로 매질을 당했다. 6시간이 지나서도 그는 여전히 물을 원했지만, 그에게 물을 먹이지도 않았다. "드디어 재판관 대리인이 사형수의 영혼을 절망에 빠지지 않도록 하고, 파멸에 이르지 않도록 한다는 의미에서 죄수를 교수시켜 완전히 숨을 멈추게 하는 조치를 취하도록 요청했다."[49]

‡

신체형의 존속이 그 내부 기구와 다른 별도의 사실과 관련된 것은 의심할 수 없는 사실이다. 루쉐Rusche와 키르히하이머Kirchheimer는 그러한 신체형의 존속에 대해서, 인간의 신체라는 그 노동력이 산업형태의 경제 안에서 지닐 수 있는 어떤 효용성이나 상품 가치를 갖지 않은 생산 체제의 결과로 파악했는데, 그것은 올바른 견해이다. 또한 신체에 대한 '경시'가 죽음에 대한 일반적 태도와 관련되어 있다는 것도 분

---

49 Brantôme, 《회상록, 위인들의 생애》(1722년 판), 제 2권, pp. 191~192.

명하다. 더구나 이 죽음에 대한 태도 속에서 우리는 기독교 특유의 가치관과 더불어 인구통계학적인, 말하자면 생물학적 상황을 파악할 수 있다. 즉, 맹위를 떨치는 질병과 기아飢餓의 사망, 전염병에 의한 많은 숫자의 주기적 희생, 엄청난 유아 사망률, 생명과 경제 사이의 불안정한 균형 — 이러한 모든 것이 죽음을 일상적인 것으로 만들었고, 죽음을 둘러싼 각종 의식을 만들어 냈으며, 그 결과 죽음은 분리시킬 수 없이 받아들여야 하는 것이 되고 죽음의 끊임없는 공격에 대해서도 의미를 부여하게끔 된 것이다. 또한 이와 같이 장기간에 걸친 신체형의 존속을 분석하기 위해서는 전체적인 몇 가지 상황을 참고해야 할 것이다. 아울러 대혁명 전야前夜까지 프랑스의 범죄사법을 계속 지배했던 1670년의 왕령이, 몇 가지 점에서 그 이전에 있었던 칙령의 가혹성을 더욱 증대시켰다는 점을 간과해서는 안 된다. 그 왕령의 문안을 기안한 관리 중에서 퓌소르Pussort[50]는 국왕의 의향을 잘 반영시킨 사람으로서, 라므와뇽Lamoignon과 같은 법관들의 반대를 무릅쓰고 그 왕령을 강제적으로 통과시켰다. 고전주의 시대의 전성기에서도 빈발했던 민중 봉기, 내란의 소란스런 함성,[51] 고등 법원을 제쳐 놓고 자신의 권력을 과시하려는 국왕의 의지, 이러한 것들은 '무자비한' 형벌제도의 존속을 어느 정도 설명해 주는 요인이다.

신체형의 형벌을 설명하는 데에 이와 같은 요인들이 일반적이고, 말

---

50 *Henri Pussort(1615~1697) : 프랑스의 정치가이자 관리이며 법관. 루이 14세 때 유명한 Fouguet 사건을 재판하면서 가혹한 판결을 내림.

51 *유명한 프롱드(Fronde)의 난은 1648~1652년에 일어났다.

하자면 외부적인 이유들이라고 할 수 있다. 이러한 이유들이 신체형의 장기적 존속과 그 가능성을 도와주는 요인이며, 신체형에 반대하는 항의 내용을 취약하고 고립된 성격의 것으로 만들어 버리는 요인이기도 하다. 그러나 이러한 바탕 위에서 신체형의 명확한 기능을 부각시킬 필요가 있다. 신체형이 사법적 실행단계에서 이렇게 확고한 위치를 차지하는 것은 그것이 진실을 명시하는 것이면서 권력을 운용하는 방법이기 때문이다. 신체형이 있으므로 문서와 구술과의, 비밀에 부쳐진 것과 공개된 것과의, 증거 조사 절차와 자백의 역할과의 그 모든 연결이 확고히 보장된다. 또한 그것은 죄인의 가시적 신체에 의존하여 범죄를 재현시켜 범죄를 돌아볼 수 있게 한다. 그리고 그것은 동일한 공포 분위기에서 범죄가 명시되고 소멸되도록 한다. 또한 그것은 피被처형자의 신체로 하여금 통치자에 대한 제재의 적용 장소, 권력의 과시를 위한 정착점, 쌍방의 힘의 불균형을 공고히 할 기회로 만든다. 앞으로 다시 검토하겠지만, 진실과 권력의 상관관계는 모든 처벌 기구의 핵심에 있는 것이고, 이러한 상관관계는 형태도 다르고 효과도 다르긴 하겠지만, 현대적 형벌제도의 실제 내용 안에서도 볼 수 있는 현상이다. 결국 '문명les lumières'은 신체형의 '잔인성atrocité'을 비난하고, 그것의 부당성을 인정하게 된다. 그런데 이 '잔인성'이란 표현은 종종 법학자 자신이 신체형의 성격을, 별로 비판적 의도 없이 규정지을 때 사용한 말이었다. 어쩌면 '잔인성'이라는 개념은 오래전부터 내려온 형벌의 실무 행위에서 신체형의 경제성을 가장 잘 지시하는 개념의 하나일지 모른다. '잔인성'은 우선 어떤 종류의 중대한 범죄에 특유한 성격이다. 그것은 중죄로 인해 공격받는 모든 법들, 즉 자연법이나 실정법, 신의 법이거나 인간의 법, 그 모든 법과 관련되는 개념이다. 또한 그것은 그러한 범죄가 자행되는 파렴치한 화려함 혹은 반대로 비밀스러운 술책과 관련되고, 그러한 중죄를 범한 자와 그 희생자인 사람들의 지위와 신분, 그러한 중죄를 통해 예상될 수 있거나 야기되는 무질서, 그것이 불러일으키는 공포, 그 모든 것과 관련된다. 그런데 처벌處罰이란 것도 모든 사람들 앞에서 범죄의 가혹한 성격을 그대로 드러내 보이려는 한 그러한 '잔인성'을 당연히 떠맡게 된다. 즉, 처벌은 이 '잔인성'을 공개적인 것으로 만드는 자백, 담화, 각인 등에 의해 그 잔인성을 명백한 것으로 만들어야 하고, 굴욕과 고통의 형식으로 죄인의 신체를 잔인하게 다루어야 하는 예식들에서는 '잔인성'을 그대로 재현시켜야 한다. 이 '잔인성'이야말로 징벌을 백일하에 거창한 모습으로 부각시키기 위해 신체형이라는 형태로 전환시키게 될 범죄의 몫이다. 즉, 그것은 처벌 그 자체 속에서 범죄의 명백한 진실을 생산하는 구조의 특유한 형상인 것이다. 신체형은 처벌받는 대상의 현실성을 확립해 주는 소송 절차의 한 부분이다. 더구나 모든 처벌의 잔인성이란 통치자에게 가해지는 도전의 폭력이기도 하다. 그래서 통치자 편에서는 보복을 가하는데, 그 보복은 잔인성의 단계를 넘어서서, 그것을 지배하여 그것을 소멸시킬 정도의 극단성을 통해 그것보다 우월한 것이 되게끔 하는 기능을 갖는다. 따라서 신체형에 따라 다니는 '잔인성'은 이중의 역할을 하고 있다. 즉, 그것은 형벌과 범죄를 연결 짓는 원칙이면서, 다른 한편으로는 범죄에 대한 징벌의 분노를 의미한다. 그것은 진실의 광채와 권력의 화려함을 일거에 확보할 수 있는 수단이자, 완료되어 가는 증거 조사의 의식이며 또한 통치자의 승리를 축하하는 행사이다. 더구나 그것은 신체형을 받은 신체를 통해 양쪽을 모두 연결시킨다. 여하간 19세기의 형벌은 진실을 추구하는 '평온한' 조사와 처벌에 있어 완전히 없앨 수 없는 폭력과의 사이에 가능한 한 최대의 거리를 두려고 노력한다. 사람들은 제재를 가해야 할 범죄와 공권력에 의해서 내려지는 징벌과의 차이성을 강조하려고 애쓰는 것이다. 진실과 처벌 사이에는 오직 모순 없는 정당한 관계만이 존재해야 한다는 것이다. 제재를 가하는 권력은 그 권력이 처벌하고 싶어 한 범죄보다 더 큰 범죄로 인해 더 이상 더럽혀지지 않도록 하고, 권력은 형벌에 대해서 결백한 채로 있게 한다는 것이다. "이러한 신체형을 서둘러서 금지시키도록 하자. 그러한 형벌은 오직 로마인을 통치했던 괴물 같은 황제들의 시대에나 어울리는 것이다."[52] 그러나 19세기보다 앞선 시대에 이루어진 형벌 실행에 의하면 신체형에서 통치자와 범죄자가 가까이 있는 관계와 그 자리에서 이루어지는 '죄의 논증'과 징벌의 혼동은 야만적인 혼란과 같은 것이 아니었다. 그 자리에서 작용하던 것은 잔인성의 구조와 그것에 의해 초래되는 필연적 연쇄현상이었다. 속죄식贖罪式에 따르는 잔인성은 전능한 권력에 의해 불명예를 씻을 수 있는 의례적 행사의 구성요소였다.

죄와 처벌이 서로 통하고, '잔인성'이라는 형태로 연결된다는 것은 막연히 인정되던 동태同態복수법[53]의 결과가 아니었다. 그것은 처벌

---

52 C. E. de Pastoret, 《형법에 관해서》(1790년), 제 2권, p. 61(국왕 살해자의 형벌에 관해서).

53 *가해자에게 피해자와 같은 정도의 고통을 부과하는('눈에는 눈으로'라는 것처럼) 법제.

의 의식에서 다음과 같은 권력의 구조에 의해 초래된 결과였다. 죄인의 신체에 직접적으로 영향을 미친다는 것을 감추지 않을 뿐 아니라 오히려 물리적 과시행위를 통해 더 고무되고 강화되는 권력, 스스로 무장된 권력임을 내세우면서 명령체계가 군대체제의 기능과 다를 바 없는 권력, 관계의 단절이 생기면 모욕감을 주고 보복심을 불러일으키는, 그러한 인간관계처럼 지켜야 할 규칙과 의무를 강조하는 권력, 불복종이 하나의 적대행위이며 근본적으로는 내란과 크게 다를 바 없는 폭동의 초기 단계에서 목표가 되는 권력, 왜 자신이 그 법을 적용하는지를 증명할 필요는 없지만 자신의 적이 누구이고 어떠한 힘을 동원해서라도 그 적을 위협하고 있다는 것을 보여 주는 권력, 끊임없는 감시를 하지 않더라도 독특한 과시행위[54]의 화려함을 통해서 자신의 효력을 계속 쇄신시키기를 모색하는 권력, 과잉권력으로서의 자기의 실상을 예식을 통해 화려하게 과시함으로써 활력을 다시 얻는 권력, 이 모든 권력이 문제인 것이다.

‡

그런데 '잔인한' 성격을 전혀 부끄러워하지 않았던 그때까지의 형벌을 대신하여 '인간적인' 것의 명예를 앞세우는 징벌이 나타나게 된 여러 가지 이유들이 있다. 이 자리에서 그 문제를 지체 없이 검토해야 한다는 것은 그러한 이유가 바로 신체형 자체에 내재해 있는 것이기 때문

54 *처형의 화려한 의식을 말함.

이다. 그것은 신체형을 작용시키는 요소이면서 동시에 그것과 더불어 영원히 계속되는 무질서의 근원이기도 한 것이다.

신체형 의식에서 중심인물은 민중le peuple이고, 실제로 현장에서 민중들이야말로 그 의식을 완성시키는 데 필요한 존재이다. 사람들이 잘 알고 있으면서도 구체적인 전개과정은 비밀처럼 되어 있었을 것 같은 신체형은 그 자체로 별로 큰 의미를 갖는 것이 아니었다. 다만 본보기로서의 처형이 필요했던 것은 아무리 사소한 범행이라도 처벌받을 수 있다는 인식을 일깨워 줄 뿐 아니라 죄인에 대해서 크게 분노하는 권력의 모습을 보여줌으로써 공포의 효과를 발생시킨다는 점에서였다. "범죄적 문제에 관해서 제일 어려운 점은 형벌을 내리는 일이다. 이 일이야말로 소송 절차의 목표이자 완료이며, 형벌이 죄인에게 올바르게 적용될 때 그것은 본보기 처형과 공포를 통해 이룩할 수 있는 유일한 성과인 것이다."[55]

그러나 이러한 공포의 장면에서 군중의 역할은 양의적兩意的이다. 군중은 관객으로서 호출된다. 즉, 그들은 죄인공시형公示刑이나 공개사과형을 참관할 수 있도록 초대된 셈이다. 효시대梟示臺와 교수대, 처형대는 광장이나 도로변에 설치되어 있다. 때로는 범행 현장 근처에 사형수의 시체가 확실한 증거로서 며칠씩이나 방치되는 경우도 있었다. 사람들이 알고 있어야 할 뿐만 아니라, 자기들 눈으로 직접 확인할 수 있어야 한다. 왜냐하면, 그들로 하여금 두려움을 갖도록 해야 하기 때문이기도 하지만 또한 그들이 처벌의 보증인으로서 입회인이

---

55 A. Bruneau, 《범죄사건에 관한 고찰 및 격언》(1715년), 제 1부 서문.

되어야 하기 때문이기도 하고, 어느 정도까지는 처벌행위에 관여해야 하기 때문이다. 입회인이 된다는 것은 사람들이 소유하고 청구할 수 있는 권리인데 입회인 없이 은밀히 실시되는 신체형은 특권적인 것으로 되어, 사람들은 종종 그러한 형벌이 완전히 엄정하게 실시된 형벌은 아니라고 의심하는 것이었다. 또한 사람들은 사형수가 마지막 순간에 모습을 감추게 되면 항의했다. 예를 들면, 아내를 살해한 죄로 우체국의 회계 주임이 효시형을 당하게 되어 그의 신체를 군중으로부터 격리시킨 일이 있었다. "죄인은 덮개 마차에 실려 갔다. 그런데 만일 호송이 충분하지 않았다면, 죄인은 심한 욕설을 퍼붓는 민중들의 거친 행동으로부터 잘 보호하기 어려웠을 것으로 생각된다."[56] 또한 레콩바Lescombat 부인을 교수형에 처할 때, "일종의 부인용 머리쓰개"로 얼굴을 가려주는 배려로 그녀의 "목과 머리 위로 수건을 덮어씌우자 군중은 크게 불평하면서, 그녀가 레콩바 부인이 아니라고 말할 정도였다."[57] 군중은 처형의 상황과 처형당하는 사람을 직접 확인하고 싶다는 권리를 주장한다.[58] 더구나 그들은 처형에 참여할 권리를 갖고 있다. 사형수는 장시간 끌려 다니고, 효시되고, 모욕당하고, 자신이 저지른 죄의 끔찍스러움을 여러 번 주지周知당한 후에, 구경꾼들의

56 S. P. Hardy, 《나의 휴가》 제 1권, p. 328.

57 T. S. Gueulette에 의거한다. R. Anchel, 《18세기에서의 범죄와 징벌》(1933년), pp. 70~71에서 인용.

58 단두대(기요틴)가 최초로 사용되었을 때, 《크로니크 드 파리》 지에 의하면, 사람들은 아무것도 보이지 않는다고 불평을 하면서 "십자형 교수대를 도로 가져 오라"고 노래했다(J. Laurence, 《사형의 역사》, 1932년, p. 71 이하 참조).

욕설과 때로는 행패를 감수하도록 되어 있다. 범죄에 대한 통치자의 보복행위 속에는 사실 군중들의 보복이 슬며시 끼어들게 되어 있었다. 그 이유는 민중들의 보복이 통치자의 보복에 기반을 둔 것이기 때문이라든가, 왕이 민중들의 제재를 자기 마음대로 표명하는 것 때문이 전혀 아니라, 오히려 그것은 국왕이 "그들의 적에 대해서 보복하는" 일을 시도할 경우, 무엇보다 특히 그 적이 민중 출신일 경우, 그들은 당연히 국왕에게 협력할 의무가 있기 때문이다. 국왕의 보복행위 덕분으로 민중들은 말하자면 '처형대에 따르는 봉사 업무'와 같은 일에 어느 정도 참여하게 된다. 그것은 옛날의 왕령에 의해서 이미 규정되었던 '봉사 업무'로서, 예를 들어 신성모독자들에 관한 1347년의 칙령이 규정한 바로는, 신성모독자는 효시대에 "아침기도 시간부터 사형 시각까지 효시되어야 하고, 사람들이 그의 눈에 돌이나 상처를 가할 물건을 제외한 진흙이나 오물을 던질 수 있으며 … 재범을 했을 경우, 공식적으로 지정된 날에 죄인을 공시대에 붙잡아 두고, 그의 윗입술을 찢어서 이가 드러나게끔 해도 좋다"는 것이다. 아마도 고전주의 시대에 이르러 신체형에 대한 민중들의 이러한 관여는 거의 용인된 사실과 같은 것이 되어 그러한 관여로 인해 야기되는 야만적 행위 때문에, 그리고 그것으로 초래되는 처벌권에 대한 침해 때문에 그 한계를 정해두는 정도가 되었다. 그러나 이러한 관여 형식은 신체형의 일반적인 경제에 너무나도 가깝게 해당되는 일이었기 때문에 그것을 완전히 억눌러 버릴 수 없었다. 18세기에도 몽티니Montigny의 처형에 비슷한 장면이 계속되는 것을 볼 수 있다. 사형집행인이 그를 처형하는 사이에, 파리 중앙시장의 생선 파는 여자들이 똑같은 마네킹을 만들어 돌리면서 목을 자르는 짓을 했다.59 그리하여 수없이 여러 번 사형업무 종사자들은 범죄자를 군중들로부터 '보호'하지 않으면 안 되었다. 왜냐하면 군중들 사이에서 범죄자를 — 본보기 처형이자 동시에 공격 목표로서, 우발적인 협박이자 확실한 먹이이고 동시에 금지된 먹이로서 — 천천히 조리돌림하도록 했기 때문이다. 통치자는 자기의 권력을 시위하기 위해 군중을 불러모아서 일시적으로는 폭력 행위를 묵인하고, 일단은 그것을 국왕에 대한 복종의 표시로 강조했던 것이지만, 곧 자신의 특권의 경계선을 내세워 그 폭력행위를 차단했던 것이다.

그런데 바로 이 점에서 민중들로 하여금 공포심을 갖도록 만든 처형의 스펙터클에 동원된 민중이 처벌의 권력을 거부하거나 때로는 반항심을 폭발하게 되는 일이 있다. 부당하다고 생각하는 처형을 방해하고, 사형집행인의 손에서 사형수를 탈취하고, 폭력에 의존하여 죄인의 사면을 얻어 내고, 경우에 따라서는 사형집행인을 공격하고, 재판관을 매도하고, 판결에 대해 큰 소동을 벌이기도 하는 것이다. 이러한 모든 일은 신체형 의식을 에워싸고, 그것을 방해하고, 난동을 부리는 민중들의 실제 행동을 이루는 내용이다. 물론 폭동에 대한 제재로서 사형선고가 내려졌을 경우에 이러한 사태가 빈번히 발생했다. 예를 들면, 아동유괴 사건의 소송 직후 폭동 선동자로 추정된 세 사람을 "경계해야 할 출입구와 행렬이 많지 않기 때문에" 생-장 성당 묘지에서 교수하기로 되었는데, 군중들이 그 처형을 방해했던 것이다.60 그리하

59 T. S. Gueulette에 의거함. R. Anchel, 앞의 책, p. 63에서 인용. 이 정경은 1737년에 일어났다.

여 겁에 질린 사형집행인은 죄인 한 사람을 놓치게 되었고, 궁사들은 활을 쏘았다. 또한 1775년의 밀농사 흉작으로 인한 폭동 사건의 소송이라든가, 1786년 일당 고용노동자들이 베르사유 궁전으로 행진한 후에 체포되었던 몇 명의 동료를 도주시키려고 했던 사건이 모두 그러했다. 그러나 폭동의 과정이 소송 이전에 발생했다거나 사법적 재판과 관련되지 않은 이유로 발생한 경우 말고도, 폭동이 판결이나 처형에 의해 직접적으로 초래된 많은 예가 있다. 소규모이기는 하지만 "처형대에서의 소동"은 수없이 많다.

아주 기본적 형태로서의 이러한 폭동은 사형집행시까지 사형수에게 따르는 격려와 때로는 환호성으로 시작된다. 장시간에 걸친 행진을 통해 사형수는 "마음이 선량한 사람들의 동정을 받기도 하고, 거칠

---

60 Marquis d'Argenson, 《일기와 회상》 제 6권, p. 241; Barbier, 《(루이 15세 치하의) 일기》 제 4권, p. 455 참조. 이 사건의 최초의 삽화 중 하나는, 형사사법을 둘러싼 18세기의 민중 폭동의 특징을 잘 보여 준다. 치안총대인 베리에가 "방탕무뢰한 젊은이들"을 잡아들인 일이 있었는데, 치안 단속의 관리들은 "듬뿍 돈을 주지 않으면" 젊은이를 부모한테 돌려보내지 않겠다고 해서 이것은 국왕의 쾌락을 충족시키려고 한 짓이라고 사람들은 수군거렸다. 군중은 어느 경찰의 밀정을 점찍어서 "극악무도한 방식"으로 학살하여, "시체 머리에 망을 씌워 베리에의 저택 문까지 끌고 갔다." 그런데 이 밀정이란 자는 원래 도적으로, 만일 앞잡이 역할을 승낙하지 않았더라면 공범 라피아와 함께 수레고문형에 처해졌을 것이다. 그가 모든 음모의 내용에 정통했던 것을 치안당국이 고려했을 만큼 그는 "아주 인정받는 존재"였다. 이러한 예는 아주 많은 의미를 내포한다. 즉, 상대적으로는 새로운 억압수단, 더구나 형사사법이 아니라 치안당국이라는 억압수단에 의해 폭동의 행위가 자행되었다는 점, 다음으로 18세기 이후에 조직적으로 된 범죄자와 치안당국자와의 기술적 협력의 한 사례, 끝으로 부당한 방식으로 사형집행을 면한 수형자에게 민중이 독단으로 신체형을 과하는 소동 등의 의미가 그것이다.

고 비정한 사람들의 박수갈채나 찬사, 선망에 의해서"[61] 격려를 받기도 한다. 군중이 처형대 주위에 몰려드는 것은 단순히 사형수의 고통을 목격하기 위해서든가, 사형집행인의 분노를 자극하기 위해서가 아니다. 그것은 이제 아무것도 잃을 것이 없는 막판의 사형수가 재판관을, 법을, 권력을, 종교를 저주하는 목소리를 듣기 위해서이다. 처형을 당할 사형수는 이제 무엇을 해도 전혀 금지나 처벌을 받지 않는, 말하자면 일시적 난동이 허용되는 것이다. 곧 도래할 죽음을 구실삼아 죄인은 무슨 말이라도 할 수 있고, 구경꾼들은 그에게 환호성을 보낼 수 있다. "만일에 수형자들이 외치는 마지막 말들을 자세히 기록한 문서가 있고 그것을 누군가 용기를 내어 처음부터 끝까지 읽어 본다면, 또는 잔혹한 호기심의 충동으로 처형대 주위에 모여드는 비열한 군중에게 간단한 질문을 해 본다면 그들의 대답은 한결 같이 형틀에 묶인 어떤 죄인이라도 반드시 죽기 직전에는 범죄를 저지른 이유가 가난 때문이라고 하늘을 비난하고, 재판관들의 야만스러움을 비판하고, 그들을 수행하는 사제를 저주하고, 사제가 그 대변인인 신을 모독하는 말을 할 것이다."[62] 국왕의 무서운 권력만을 보여 주어야 할 이러한 처형에서 카니발과 같은 축제의 양상이 벌어지기도 하는데, 여기서 역할은 전도되어 권력자가 농락당하고 죄인은 영웅시된다. 불명예의 대상이 뒤바뀌어, 범죄자의 용기나 눈물과 절규는 모두 법에 대해서 의

61 H. Fielding, 《최근의 도둑 증가에 관한 원인의 조사》(1751년), p. 61.

62 A. Boucher d'Argis, 《범죄법에 관한 고찰》(1781년), pp. 128~129, 부셰 다르지는 샤틀레 법원 판사였다.

심을 품게 할 뿐이다. 유감의 뜻을 담아 필딩Fielding이 기록한 내용에 의하면 "사형수가 떨고 있는 모습을 보고도 사람들은 그것을 수치심으로 생각하지 않는다. 그가 거만한 모습이라면 더욱 그렇다."[63] 그 장소에 있으면서 구경하는 사람들에게는 통치자에 의한 극단적 보복행위라 할지라도 반항하게 될 구실은 언제나 있는 법이다.

하물며 사형선고가 부당하다고 생각될 경우는 당연히 그렇다. 또한 범인이 높은 신분이거나 부자라면 비교적 가벼운 형벌에 처해지게 되었을 그러한 범죄를 하층민이 범해서 사형에 처해질 때에는 더욱 그렇다. 형사사법의 어떤 실무행위는 이미 18세기에 — 그리고 아마도 훨씬 이전부터 — 사회의 하층민들로부터는 더 이상 지지를 받지 못했던 것 같다. 그 사실이, 적어도 폭동의 실마리를 쉽게 만들어 준 요인이다. 아주 빈곤한 사람들은 — 이 점을 지적한 사람은 사법관인데 — 재판에서 자기의 의견을 제대로 이해시킬 가능성이 없는[64] 이상, 재판이 공개되는 경우에 한해서 증인으로서나 그 재판을 지지하는 일종의 보좌역으로 호출되는 경우에 한해서 재판에 개입할 수 있었고, 그 경우에는 억지로라도 처벌의 체제에 참여하여 그 효과의 배분을 재조정하고, 처벌 의식에서 이뤄지는 폭력을 다른 방향으로 역전시킬 수 있었다. 사회 계급의 차별에 따른 처벌의 불평등에 반대하는 폭동의 예를 들어 보자. 1781년, 샹프레Champré의 신부가 그 토지의 영주에 의해 살해되었을 때, 영주를 광인狂人 취급하여 사태를 적당히 해결하려

63 H. Fielding, 앞의 책, p. 41.

64 C. Dupaty, 《차형을 선고받은 3인의 남자에 대한 보고서》(1786년), p. 247.

던 일이 있었다. 그러자 "그 신부에게 깊은 신뢰감을 느꼈던 농민들은 분노하면서 우선 영주에 대해 극단적 강경수단에 의존하는 자세를 취하고, 그 성에 불을 지르는 시늉을 했다. … 사람들은 아주 혐오스러운 범죄를 처벌하려는 수단을 취하지 않는 사법당국의 관용에 대해 당연히 항의한 것이었다."[65] 또한 빈번하게 발생되면서 별로 중시되지 않았던 경범죄(예를 들면 가택침입)에 부과된 가혹한 징벌을 반대하는 폭동이나, 하인이 저지른 절도 행위처럼 사회적 신분과 관련된 범죄에 대해서 징벌을 반대하는 폭동도 있었다. 그 이유는 하인의 숫자가 많았기 때문이거나, 이러한 범죄에서 그들이 자신의 결백을 증명하기 어렵고 고용주의 악의의 희생물이 되기 쉬웠기 때문이며, 알고도 모른척하는 주인들의 무책임한 태도에 의해서 고소를 당해 사형선고를 받고 교수형을 당하는 하인들의 운명이 그만큼 부당하게 취급되었기 때문이다. 이러한 하인들의 처형은 항의의 원인이 되는 일이 많았다.[66] 1761년, 어떤 하녀가 주인의 지갑을 훔친 사건을 둘러싸고 파리에서 작은 소동이 일어났다. 도난품을 반환하고 여러 가지로 애원했음에도 불구하고, 주인 쪽에서는 고소를 취하하지 않았다. 처형 당일에 이웃 주민들이 교수형을 방해하고, 그 주인의 상점에 침입하여 난동을 부렸다. 결국 그 하녀는 특별사면을 받는다. 그런데 다른 어떤 여자는 못된 주인을 바늘로 찔러서 죽이려다가 실패했는데 3년의 추방형에 처해

---

65 S. P. Hardy, 《나의 휴가》, 1781년 1월 14일의 기록, 제 4권, p. 394.

66 이 형태의 유죄 선고가 가져온 불만에 관해서는, S. P. Hardy, 《나의 휴가》 제 1권, p. 319와 p. 367, 제 3권, pp. 227~228, 제 4권, p. 180을 참조.

졌다.[67]

18세기에는 사법관들의 의견과 더불어 식견을 갖춘 철학자들의 참고 진술이 재판에 관여하게 되는 몇 가지 중요한 사법 사건들이 있었는데, 가령 칼라스 사건,[68] 시르방 사건[69] 라바르 기사 사건[70] 등이 그러했다. 그러나 처벌의 실무를 둘러싸고 전개된 모든 민중 폭동에 관해서는, 별로 언급된 것이 없다. 실제로 그러한 폭동이 한 도시나 한 거리 구역의 범위를 넘어서 확산되는 일은 거의 없었다. 그렇지만 그러한 사건은 현실적인 중요성을 갖고 있었다. 첫 번째 이유는, 하층민으로부터 발생한 그러한 소동이 전해져서 높은 지위의 사람들의 주의를 끌게 되자 이들은 그 사건에 민감하게 대응하면서 그것에 새로운 의미를 부여했기 때문이다(이런 식으로 대혁명이 일어나기 전 몇 년 동안 다음과 같은 예가 있다. 1785년, 국왕 살해자라는 누명을 쓰고 잘못 유죄

---

67 R. Anchel, 《18세기에서의 범죄와 징벌》(1937년), p. 226에 의해서 보도.

68 *Jean Calas(1698~1762) : 칼뱅주의를 신봉하는 상인으로서 아들이 자살한 사실을 숨기다가, 결국 아들의 개종을 막기 위해 살해한 혐의를 받고 처형을 당함. 훗날 볼테르의 도움으로 재판의 부당성이 입증되었고 이 사건은 신교도들에 대한 가톨릭교의 박해로 유명해졌다.

69 *Pierre Paul Sirven(1709~1777) : 딸이 자살했는데, 그 딸을 살해한 혐의로 기소되어 도주. 결석재판으로 사형선고를 받았지만, 볼테르의 도움으로 무죄가 입증되었다.

70 Chevalier de la Barre(1747~1766) : 프랑스의 귀족으로 엄숙한 종교행사에서 관례를 따르지 않고 십자가를 파괴하는 등 독신(瀆神)의 죄를 범해 손이 절단되고 혀가 뽑혀 화형에 처해지는 형을 받았다. 이 판결에 관한 상소를 받은 파리 고등법원이 화형시키기 전에 참수하라는 판결을 내렸다. 볼테르가 재심을 요구했으나 용인되지 못했고, 훗날 1793년에 이르러서 국민의회에 의해 명예가 회복되었다. 그는 교회의 전제적인 권력의 희생자로 널리 알려졌다.

선고를 받은 카트린느 에스피나스Catherine Espinas 사건, 뒤파티Dupathy가 1786년에 유명한 각서를 쓰게 되었던 차형 고문의 형을 받은 쇼몽Chaumont의 3인 사건, 또는 1782년 루앙 고등법원으로부터 독살자로서 화형을 선고받았으나 1786년이 되어서도 여전히 형이 집행되지 않았던 마리 프랑수아즈 살몽Marie Françoise Salmon 사건). 두 번째 이유는 특히 이러한 폭동이 형사재판 주변에서, 더욱이 모범적인 징계가 되어야 할 그러한 재판의 공개적 처형장에서 끊임없는 불안을 지속시켰기 때문이다. 처형대 주변에서 질서를 확보하기 위해, 얼마나 여러 번 "민중에 대해서는 짜증스러운" 조치를 취하고, "권력에 대해서는 모욕적인"[71] 경계대책을 강구하도록 해야 했던가? 거창한 형벌의 스펙터클은 그것을 구경하던 바로 그 사람들에 의해 역전될 위험이 있다는 것은 잘 알려진 사실이었다. 실제로 신체형의 무서운 광경이 불법행위의 폭동을 불 지르게 하는 일이 있었다. 처형이 거행되는 날 사람들은 일하지 않았으며, 술집은 만원이 되고, 권력자들은 매도당했으며, 사형집행인이나 치안단속인과 병사들은 모욕을 당하거나 돌팔매질을 당하곤 했다. 군중은 사형수를 구출하기 위해서건 그의 죽음을 좀더 편안하게 해 주기 위해서건, 사형수를 탈취하려고 했다. 사람들은 서로 싸우고, 도둑들은 처형대 주변에서 벌어지는 이러한 혼란과 호기심에 사로잡힌 상황을 절호의 기회로 삼았다.[72] 그러나 특히 — 이러한 불편한 사태가 정치

---

71 Marquis d'Argenson, 《일기와 회상》 제 6권, p. 241.

72 아르디는 그것에 관한 다수의 사례를 보고하고 있다. 예를 들면, 범죄 재판관 대리인이 처형에 입회하기 위하여 착석하고 있던 그 집에서 범행이 일어났던 지독한 도적질의 예, 《나의 휴가》 제 4권, p. 56.

적 위험이 되는 것이 바로 이 점인데 — 혐오스러운 범죄와 막강한 권력을 보여 주어야 할 이러한 처형 의식에서만큼 민중이 수형자들과 가깝다는 것을 느낀 적이 없었고, 또한 그처럼 그들과 함께 무한정한 절대적 법 권력에 의해 위협당하고 있다는 것을 느낀 적도 없었다. 사소한 경범죄를 범한 사람들, 방랑자, 외모로 보아 걸인인 사람들, 품행이 나쁜 빈민, 소매치기, 장물의 은닉자와 전매자들에 대해서 유사한 사회계층의 사람들의 공감과 연대의식이 줄기차게 표명되었다. 예를 들어 치안당국에 의한 지역 경비망에 대한 저항, 경찰의 정보원 색출 작업, 야경대나 순찰대에 대한 공격이 그 증거이다.[73] 그런데 이러한 연대의식의 타파가 형사 및 치안상의 진압목표가 되었다. 이러한 신체형 의식에서, 폭력이 순간적으로 가역적인 것이 될 수 있었던 불안한 축제의 소동에서 더욱 강화될 수 있었던 것은 통치 권력보다 오히려 민중의 연대의식이었다. 그래서 18세기와 19세기의 개혁자들은 결국 처형이 단순히 민중을 위협하는 방법이 되지 못한다는 것을 명심하게 된다. 개혁자들이 최초로 주창한 것은 처형제도의 폐지에 대한 요청이었다.

신체형의 운영에서 민중의 관여로 제기된 정치적 문제를 파악하기 위해서는 두 가지 장면을 예로 드는 것만으로 충분하다. 첫째는, 17세기 말에 아비뇽에서 일어난 사건인데, 우리는 여기서 잔혹성의 스펙터클을 구성하는 주요한 요소들을 발견하게 된다. 즉, 사형집행인과 사형수와의 신체적 대결, 싸움의 역전적 상황, 민중으로부터 쫓기

---

73 D. Richet, 《근대 프랑스》(1974년), pp. 118~119.

는 집행인, 폭동으로 구출된 사형수와 형벌 기구의 폭력적인 전환이 그러한 요소들이다. 그 사건은 피에르 뒤 포르Pierre du Fort라는 살인범의 교수형이었다. 여러 번 이 사형수는, "사닥다리의 가로대 위에 발이 묶여 있어" 공중에서 몸의 균형을 잃어 버렸다. "그 모습을 보자 사형집행인은 상대편에게 웃옷으로 얼굴을 덮어씌우고, 무릎 아래쪽에서 복부를 공격했다. 그러자 민중들은 그가 사형수를 지나치게 괴롭힌다고 보면서, 또한 아래쪽에서 총검으로 상대의 목을 치려 한다고 생각하면서 … 죄수에 대해서는 동정심을 갖고, 사형집행인에 대해서는 격심한 분노를 느끼고 흥분하여 돌을 던졌다. 그 순간 사형집행인은 자신의 사닥다리를 죄수가 매달린 사닥다리 곁에 걸고 올라가서 그를 아래쪽으로 떨어뜨린 후 어깨에 뛰어 올라가 짓밟았다. 그러는 동안 집행인의 아내는 처형대 밑에서 죄인의 발을 잡아당기고 있었다. 죄수는 입에서 피를 토했다. 그러나 우박같이 쏟아지는 돌들이 한층 더 세차게 집행인의 몸 위로 쏟아지는데, 어떤 것은 죄수의 머리에 떨어지기도 했다. 집행인은 어쩔 수 없이 사닥다리 꼭대기까지 피했다가 서둘러 내려오다 처형대 한가운데에 머리를 처박고 떨어졌을 정도였다. 그러자 군중들이 그에게 달려들었다. 그는 총검을 손에 들고서, 접근하는 자를 죽이겠다고 위협했다. 그러나 여러 번 넘어졌다가 일어선 다음, 두들겨 맞아 심하게 상처를 입은 후 개천에 굴러 떨어져 질식했는데 그의 시체는 격렬한 흥분과 분노에 휩싸인 채 대학으로 끌려갔다가 다시 코르들리에Cordelier 묘지까지 끌려 다녔다. 사형집행인의 조수도 역시 두들겨 맞아 거의 죽어가는 형색으로 병원에 옮겨졌지만 며칠 후 사망했다. 그 동안에 몇 사람의 외부인과 신원을 알 수 없는 사람들이 처형대의 사닥다리를 올라가서 교수형의 밧줄을 잘라 버렸다. 그러자 다른 사람들은 미제레레Miserere 대찬미가가 여러 번 울려 퍼지는 가운데 교수형을 당한 죄수의 몸을 아래쪽에서 받아 안았다. 그와 동시에 사람들은 교수대를 파괴하고, 사형집행인용 사닥다리를 박살내 버렸다. … 어린이들은 교수대를 서둘러 운반하여 론느강에 던져버렸다." 죄수의 몸은 "사법당국의 손으로 넘어가지 않도록" 어떤 묘지로 옮겨갔다가, "그곳에서 다시 성 앙트안느 성당으로" 운반되었다. 대주교는 사면을 인정하고 시신을 병원으로 데려가게 했으며, 관리들에게 각별히 신경 써서 보살펴 주도록 했다. 끝으로 조서 집필자는 이렇게 덧붙이고 있다. "우리들은 새 옷과 양말 두 켤레와 구두를 그를 위해 만들게 하여, 발끝에서 머리끝까지 그의 복장을 새로 만들어 입혔다. 동료들은 그에게 속옷과 넥타이와 장갑과 가발을 주었다."74

또 다른 장면은, 1세기 후에 파리에서 일어난 사건이다. 그것은 1775년, 앞에서 언급한 밀 폭동이 발생한 직후의 일이었다. 민중들 사이에서 긴장이 극도로 고조되었기 때문에, 사람들은 '빈틈없는' 처형이 이루어지길 원했다. 처형대와 구경꾼들 사이에는 일정 거리를 두도록 배려된 데다가, 그 사이에는 두 줄로 늘어선 병사가 우선은 임박한 처형을, 또 한편으로는 일어날지도 모르는 봉기를 경계했다. 그

---

74 L. Duhamel, 《18세기에서의 아비뇽에서의 사형집행》 (1890년), pp. 5~6, 이런 종류의 정경은 여전히 19세기에서도 일어났다. 그 예를 J. 로렌스는, 《사형의 역사》(1932년), pp. 195~198과 p. 56에서 열거하고 있다.

리하여 쌍방의 접촉은 차단되었다. 즉, 이 신체형은 공개적이라고는 하지만, 스펙터클의 주요 부분은 중립적인 것으로 약화되었거나 아니면 오히려 추상적 위협의 분위기로 되어 있었다. 무력으로 방위하고, 사람들이 없는 텅 빈 광장에서 사법당국은 소극적 방식으로 형을 집행했다. 사법당국은 사형을 연출하여 사형을 공개하기는 했지만 그것은 높은 곳에서, 그리고 먼 곳에서 이루어졌다. 즉, "겨우 오후 3시나 되어서 두 개의 교수대가 설치되었는데, 아마 대단히 중요한 처형의 본보기가 되었기 때문인지, 그 높이는 18피트나 되었다. 이미 2시부터 그레브 광장과 그 모든 주위는 보병과 기마병 등 각종 선발대가 수비하고 있었다. 처형 중에 그레브 광장에는 누구 한 사람 들어갈 수가 없었으며, 광장 주위에서 보이는 것은 두 줄의 병사들이 총에 칼을 꽂고, 광장 안쪽과 바깥쪽을 파수 보듯이 등을 맞대고 늘어선 모습이었다. 두 명의 사형수는 … 걸어가면서 자신의 결백을 큰 소리로 말하고, 교수대로 올라가는 사닥다리 위에서도 마찬가지로 저항의 몸짓을 계속하고 있었다."[75] 이러한 신체형 의식들을 포기할 경우, 사형수들에 대한 인간적 감정은 어떤 역할을 갖게 되었던 것일까? 여하간 권력측에서 보자면, 이러한 양의적인 의식들의 결과를 앞에 두고 정치적 공포를 갖게 되었다.

75 S. P. Hardy, 《나의 휴가》, 1775년 5월 11일의 기록, 제 3권, p. 67.

‡

이러한 양의성兩義性은 〈처형대 위에서의 발언〉이라고 명명할 수 있는 부분에서 명료하게 나타나 있었다. 처형의 의식이 의도하는 것은 사형수가 공개적으로 사죄하거나 혹은 자기가 쓴 게시판의 글에 의해서, 그리고 그렇게 하도록 되어 있는 선언에 의해서 자신의 유죄성을 공표하도록 하는 데 있었다. 형을 집행할 때가 되면 사형수에게는 발언의 기회가 주어지는데, 그것은 그의 결백을 표명하도록 하기 위한 것이 아니라 그의 죄와 사형선고의 정당성을 입증시키기 위한 것이라고 생각된다. 이런 종류의 많은 발언들은 기록에 의해 전해지고 있다. 그것은 사실 그대로의 담론일까? 물론 어느 정도는 그럴지 모른다. 아니면 그것은 처형 후에 모범적인 징계와 훈계의 의미로 유포된 허구의 담론인가? 아마도 이와 같은 경우가 한층 더 많았을 것이다. 예를 들면, 18세기 중반에 브르타뉴 지방에서 악명 높았던 강도단의 두목 마리온 르 고프Marion Le Goff의 사형에 관한 보고를 어느 정도까지 신뢰할 수 있을까? 이 여두목은 처형대 위에서 다음과 같이 절규했다는 것이다. "나의 말을 듣고 있는 이 세상의 모든 아버지와 어머니들이여, 당신들의 자녀를 잘 보호하고 교육시키세요. 나는 어렸을 때 거짓말쟁이고 게으름뱅이였습니다. 나의 도둑질은 단지 6리야르 정도의 작은 칼을 훔치는 것으로 시작했습니다. … 그 후, 나는 행상인이나 소상인의 물건을 훔쳤고 결국에는 강도단을 지휘하게 되어, 그 이유로 이 처형대에 서게 된 것입니다. 여러분, 자녀들에게 이 이야기를 들려주십시오. 적어도 이러한 내 이야기를 본보기로 삼아 자녀교육에 도움이 되기를 바랍니다."[76] 여기서 사용된 용어로 보아, 이러한 언술은 당시의 인쇄물(삐라)이나 신문, 대중 문학작품 속에서 전통적으로 흔히 발견되는 도덕관에 의존해 있으므로, 그 진실성을 믿기는 어렵다. 그렇지만, 〈사형수의 마지막 발언〉이라는 양식의 존재는 그 자체로 의미를 갖는다. 사법당국으로서 필요한 것은 사형수가 당하는 신체형을, 말하자면 정당한 것으로 확인해 주도록 하는 그 역할이었다. 당국이 요구하는 것은 죄인이 자신의 범죄의 흉악성을 표명하면서 처벌을 정당한 것으로 인정하는 것이었다. 예를 들면 살인을 3번 저지른 장 도미니크 랑글라드에게 그렇게 했던 것처럼 범죄자는 다음과 같은 성명을 해야 했다. "여러분, 저의 저주스러운 기억이 남아 있는 아비뇽 시에서 제가 저지른 끔찍하고 부끄럽고 애통한 소행을 들어 주십시오. 이것은 인간성을 상실하고 우애의 신성한 권리를 짓밟고 저지른 소행입니다."[77] 어떤 관점에서 보자면, 전단을 뿌리거나 조가弔歌를 노래한다는 것은 재판에 연속되는 절차이다. 아니 오히려 그것들은 신체형이 증거 조사의 비밀 중심적이고 기록으로 남는 진실을 죄인의 신체, 행위, 언술 속으로 옮겨 놓는 메커니즘을 그대로 따른 것이다. 사법당국은 진실의 기반을 입증하기 위해 이처럼 근거가 불확실한 기록류를 필요로 했다. 이와 같이 사법의 결정은 이 모든 사후의 '증거'들로 둘러싸여져 있었다. 또한 범죄 이야기와 죄인의 수치스러운 과거의 이야기는 재판이 있기 전에, 단순한 선전효과 때문이거나 너무 지나치

---

76 A. Corre, 《범죄학 최고의 자료》(1896년), p. 257.

77 L. Duhamel, 앞의 책, p. 32에서 인용.

게 관대한 것이 아닐까 의혹이 가는 재판을 억지로 강행하기 위해 공개되는 일이 있었다. 밀수입자에 대한 신용을 떨어뜨리기 위해서, 징세 청부사무소 협회La Compagnie des Fermes는 그들의 범죄를 기록한 회보를 발행하였다. 예를 들면 1768년, 어떤 밀수단의 두목이었던 몽타뉴라는 남자를 비난하는 전단을 배포한 바 있는데, 그 전단에서 편집자는 이렇게 말하고 있다. "그 진위 정도는 아주 불확실하지만, 몇 가지 절도 행위는 이자의 소행으로 간주되었다.… 사람들은 몽타뉴를 사냥거리인 맹수, 제 2의 하이에나쯤으로 생각했다. 오베르뉴의 사람들은 흥분한 나머지 그렇게 생각한 것이다."[78]

그러나 이러한 문헌의 효과는 그 용도나 마찬가지로 양의적兩意的이었다. 사형수는 자신이 저지른 범죄가 크게 부풀려 나타난 것 때문에 그리고 때로는 그의 때늦은 후회의 표명으로 영웅시될 수 있었다. 사형수는 법에 대항하고, 부자나 권력자나 사법관에게 대항하고, 헌병대나 감시인들에 대항하고, 조세징수나 세무관리에 대항하여 승패를 쉽게 알아볼 수 있는 그러한 싸움을 전개한 사람으로 부각되었다. 일상적으로 어둠 속에 은폐되어 알려지지 않던 사소한 싸움은 일단 죄수가 범죄를 공언하면 서사시적 영웅 행위로까지 과장되는 것이었다. 죄를 후회하고, 판결을 받아들이고, 자기의 범죄를 신과 사람들에게 사죄하는 사형수의 모습이 분명해지면, 사람들은 그가 죄를 정화시켰다고 생각했다. 즉, 그는 그 나름대로 훌륭한 성인처럼 죽음을 맞이했다

---

78 Puy-de-Dôme 군 고문서, M. Juillard, 《18세기에서의 고지 오베르뉴 지방에서의 산전 행위 및 밀수입》(1937년), p. 24에서 인용.

는 것이다. 그러나 그의 위대성을 만들어 주는 것은 그의 굽힘 없는 태도였다. 신체형을 받고서도 굴하지 않으면, 그는 어떠한 권력에 의해서도 굴복하지 않는다는 것을 증명하는 셈이었다. "믿을 수 없는 것처럼 보이겠지만, 처형 당일 어떤 감정의 동요도 보이지 않은 채, 자신의 잘못을 인정한 나의 모습을 사람들이 보았다. 마침내 나는 어떤 공포의 표정도 보이지 않고 십자가 처형대 위에 앉았다."79 암흑의 영웅으로서건, 화해한 범죄자로서건, 또한 참된 법의 옹호자로서건, 굴복하지 않는 힘의 존재로서건, 범죄자는 앞에서 말한 전단이나 신문 등의 소식란, 인물연감, 푸른색 표지의 영웅전 등에서 묘사되어, 따르지 말아야 할 나쁜 도덕적 모습으로 싸움과 투쟁의 기록을 동반하고 있었다. 사형수는 사후에 여러 가지 모습으로 성인이 되었으며, 사람들은 그들에 관한 기록을 명예로운 것으로 생각하고, 그들의 무덤에 경의를 표했다.80 어떤 사형수들의 경우에는, 그들에 대한 영광과 혐오가 분리되지 않은 채로 있었지만, 역전되는 모습으로 공존해 있는 것을 볼 수도 있었다. 몇 사람의 저명한 인물상81을 둘러싸고 무수히 기

79 1768년 4월 12일, 아비뇽에서 처형된 J. D. Langlade의 소송.

80 1740년경에 브르타뉴 지방에서 처형된 탕기의 사례가 그것이었다. 처형되기 전에, 그가 사제가 명한 긴 속죄의 기도를 시작한 것은 사실이다. 시민에 대한 재판과 종교적인 속죄와의 사이의 갈등이라고 해야 할까? 이 점에 관해서는 A. Corre, 《범죄학 회고의 자료》(1895년), p. 21을 참조. 코르가 참조하는 것은 트르베디의 《사법의 산 및 탕기의 묘지에의 산책》이다.

81 R. Mandrou가 2인이 대도적이라고 부르는 악당들이 카르투슈(Cartouche)와 망드랭(Mandrin)인데, 여기에 기예리(Guilleri)를 추가해야 할 것이다(《17세기 및 18세기에서의 민중 문화에 관해서》, 1964년, p. 112). 영국에서는 조나단 와일드와 재크 세퍼드와 클로드 듀발이 거의 같은 역할을 했다.

록된 이 모든 범죄의 문헌들에 대해서, 그것들이 순수한 상태에서의 '민중적 표현'이라고 보아서도 안 되겠지만, 마찬가지로 사회의 상층부에서 만든 선전과 도덕강화를 목적으로 만든 선전 기획물이라고 생각해서도 안 된다. 그것은 형벌의 실무를 둘러싼 하층민과 상층권력의 대립적 공격이 만나는 장소 — 범죄와 범죄의 처벌, 범죄의 '기억'을 중심으로 한 일종의 최전선이었다. 이러한 이야기들이 인쇄되어 유포될 수 있는 것은, 사소한 이야기로 구성된 사실적 우화寓話들에서 사람들이 어떤 이데올로기적 통제82의 효과를 보려 하기 때문이다. 그러나 그 이야기들이 이렇게 많은 관심 속에서 받아들여지는 것은, 또한 하층 계급에게 기본적인 읽을거리로 된 것은 민중들이 그 안에서 추억의 자료뿐만 아니라 그들이 의지할 수 있는 근거를 찾기 때문이다. '호기심'이라는 관심은 정치적 관심인 것이다. 따라서 이러한 텍스트는 양면성을 지닌 언술로 읽을 수 있는 것인데 이것들에 의해서 보고되는 사건이나 이것들이 그 사건에 주는 영향과, 또한 '유명인사'로서 지칭될 수 있는 범죄인들에게 부여하는 영광의 측면에서도, 그리고 아마도 그 텍스트 안에서 사용되는 말에 대해서도 그처럼 양면적인 독서가 가능하다(이 점에서 〈기예리Guilleri와 그의 패거리들의 대규모적 도둑질과 파란만장한 생애, 그들의 참혹하고 불행한 최후의 이야기〉83와 같은 전기 속에서 사용된 '불행'이나 '혐오'와 같은 부류의 용어들과 '유명한fameux'이나 '비

---

82 달력이나 삐라 등의 인쇄 및 배포는 원칙적으로는 엄중한 통제하에 놓여 있었다.

83 이 표제는 노르망디 지방의 청색 표지의 영웅 이야기에서도, 트로와(역자 주: 파리 남동부의 오프 군 도읍지)의 영웅 이야기에서도 발견된다〔R. Helot, 《노르망디 지방의 청색 표지의 영웅 이야기》(1928년)를 참조〕.

통한lamentable'과 같은 형용사를 연구할 필요가 있을 것이다).

아마도 이러한 문헌과 〈처형대에서의 폭동〉을 비교할 필요가 있을지 모른다. 그 폭동에서는 유죄 선고를 한 권력 측과 그 반대편에 있는 처형處刑의 목격자, 참가자, 불확실한 존재이면서도 '중요한' 희생자인 민중이 사형수의 신체를 사이에 두고 대결하고 있기 때문이다. 처형을 통해 권력관계를 제도화하려고 하였지만 그 관계를 잘 이끌어 갈 수가 없었던 처형 의식의 진행과정 속에는 위와 같은 대결이 계속되면서 많은 담론들이 뒤섞여 흘러들어 왔다. 처형 후의 범죄에 관한 발표는 재판을 정당화하는 것이었지만, 또한 범죄자를 영광되게 하는 것이기도 했다. 바로 그런 점에서 형벌제도의 개혁자들이 유인물 배포의 금지를 요구하게 된 사건이 있었다.84 그리고 또한 민중에게서는 어느 정도 일상적이고 사소한 서사시적 영웅 행위와 같은 위법행위의 역할에 대해 강렬한 관심이 쏠리게 되었다. 아울러 유인물들은 민중 측의 위법행위가 떠맡는 정치적 기능이 변화함에 따라 중요성을 상실하기도 했다.

그리고 유인물은 별종의 범죄문학이 발전함에 따라 모습을 감추었다. 범죄문학에서는 범죄가 찬미되기도 하지만, 범죄가 하나의 예술

---

84 예를 들면, 라크르텔의 견해, "우리들을 자극하는 강렬한 감정의 욕구를 충족시키기 위해서, 또한 훌륭한 모범이 될 만하다는 느낌을 심화시키기 위해서 이처럼 공포를 자아내는 이야기의 유포가 방임되고, 민중의 시인들은 그 이야기를 독점하여 그 명성을 널리 퍼뜨리고 있다. 훗날 그의 가족은 자식의 범죄와 신체형을 내용으로 한 노래 소리를 바로 집 앞에서 듣게 된다(《공개사과형에 관한 논술》, 1784년, p. 106).

이고 오로지 예외적 성격만을 취급할 수 있는 것이 되어, 강자와 권력자의 기괴성을 나타내 주고, 또한 악당도 역시 특권자가 되는 하나의 방법이라는 등의 이유 때문에 문학적 발전을 이룬 것이다. 예를 들면, 느와르 소설[85]에서 드 퀸씨[86]에 이르는, 혹은 《오트란트의 성채》[87]에서 보들레르에 이르는 과정에는, 범죄를 납득할 수 있는 형식으로 개조하여, 범죄를 완전히 심미적인 것으로 만들어 다시 쓴 글들이 있었다. 언뜻 보기에 이것은 범죄의 미美와 위대성의 발견으로 되어 있지만, 사실상 그것은 범죄의 위대성이란 것이 범죄를 행할 권리가 있으며, 범죄는 현실적으로 위대한 사람들이 갖게 마련인 특권으로 되어 있기도 하다는 점을 강조한 것이다. 훌륭한 살인은 사소한 위법행위를 범하고, 벌이가 신통치 않은 사람에게는 어울리지 않는다. 가보리오[88] 이후의 추리문학에 관해서 말하자면, 이것은 위대한 자의 범죄라는 것과 일치되는 내용을 보여 준다. 이러한 문학에 등장하는 범

---

85 *기괴한 사건이나 범죄를 주제로 하여, 18세기 말에 유행했던 대중소설의 한 경향이다.

86 *Thomas de Quincy (1785~1859) : 영국의 비평가, 소설가. 1821년 《런던 매거진》에 발표한 〈아편 상용자의 고백〉이 그의 출세작으로 아편상용자인 그의 경험을 엮어 아편이 주는 쾌락과 매력, 그 남용에 따른 공포와 몽상의 세계를 이야기한 바 있다.

87 *영국의 소설가 Horace Walpole (1717~1797) 이 1764년에 쓴 소설로서 영국에 공포소설의 유행을 불러일으키고, W. 스코트, A. 뒤마 등 낭만주의 작가들에게 큰 영향을 끼쳤다.

88 *Emile Gaboriau (1832~1873) : 프랑스 추리소설계의 선구적 작가. 그는 탐정 르코코를 등장시켜 정확한 관찰, 종횡무진의 기지, 기민한 활동력을 기반으로 사건을 해결하는 놀라운 솜씨를 보인다.

인은, 그 책략과 기민한 판단력, 극도로 예리한 지력知力 등으로 어떤 혐의도 받는 일이 없다. 또한 쌍방의 순수한 정신 — 살인자의 정신과 형사의 정신 — 의 싸움이 대결의 기본적 형식을 구성하게 된다. 사람들은 이제 이러한 범죄이야기, 즉 범죄자의 생애와 범행을 자세히 언급하고 범죄자 스스로 죄를 자백하도록 하며, 참고 견딘 신체형을 세밀하게 묘사한 이야기로부터 아주 멀리 떨어져 있다. 즉, 범행이나 자백의 서술로부터 범행의 진실을 찾는 느린 과정으로, 신체형의 집행 시간으로부터 수사의 단계로, 권력과 신체의 대결로부터 범인과 수사하는 자와의 지력智力싸움으로 전환이 이루어진 것이다. 추리문학의 탄생에 의해서 사라지는 것은 앞에서의 유인물만이 아니다. 투박한 범죄자의 영광과 신체형에 의한 어두운 영웅시의 풍조가 사라진 것이다. 민중적 인간이란 너무나 단순하기 때문에 미묘한 진실의 주인공이 될 수가 없다. 이 새로운 문학 양식에서는 이미 민중적 영웅도, 거창한 처형도 존재하지 않는다. 거기서 인간은 악한이지만 영리한 존재이다. 또한 처벌당하는 경우에도 인간은 괴로워할 필요가 없다. 과거에 범죄자를 둘러싸고 있던 저 화려한 빛은 이러한 추리문학에 의해서 다른 사회계층으로 전환되었다. 신문 잡지도 역시 그 일상적인 사회면 기사 속에서 경범죄와 그 처벌을, 서사시적 영웅성이 없는 회색의 색조로 취급하게 된다. 역할분배가 이루어진 것이다. 민중은 그가 저지른 범죄에 대한 과거의 긍지를 포기할 수밖에 없었고, 위대한 살인행위는 현자賢者들의 말없는 게임 같은 것이 되었다.

제2부

처벌

1장 일반화한 처벌
2장 유순해진 형벌

1

일반화한 처벌

"형벌을 완화시켜 범죄에 적합한 것으로 해야 한다. 사형은 살인범에게만 부과해야 한다. 인간성에 위배되는 신체형은 폐지해야 한다."[1] 신체형에 대한 이러한 항의는 18세기 후반에 이르러 도처에서 발견된다. 즉, 그것은 철학자와 법 이론가에게서, 법학자, 법률가, 대법원 판사에게서, 그리고 삼부회에 보내는 청원서 중에서, 대혁명기의 여러 의회의 입법가에게서 발견된다. 다른 방법으로 처벌해야 한다. 즉, 사형수에 대한 통치자의, 신체를 둘러싼 대결의 상황을 제거해야 하고, 군주에 의한 보복과 민중의 억눌렸던 분노 사이에서, 사형수와

---

1 1789년, 대법관은 신체형에 관한 청원서의 전반적 입장을 그런 식으로 요약하고 있다. E. Seligman, 《대혁명하의 프랑스의 사법》(*La Justice sous la Révolution*) 제 1 권(1901년) 및 Desjardin, 《3부회에의 청원서와 범죄사법》(*Les Cahièrs des États généraux et la justice criminelle*) (1883년), pp. 13~20 참조.

사형집행인을 사이에 두고 펼쳐지는 격투의 문제를 해결해야 하는 것이다. 매우 빠른 속도로 신체형은 이제 허용될 수 없는 것이 되었다. 권력 측에서 보자면, 신체형은 압제, 폭력, 복수욕, "처벌하면서 누리는 잔인한 즐거움"[2]을 나타내는 정도로서 기분 좋은 것이 아니었고, 사형수 측에서 보자면, 그것은 사람들이 자신을 절망에 몰아넣으면서 자신에게 "그를 내버린 듯한 천상의 신과 그 심판자"를 찬양하기를[3] 바라는 치욕이었다. 여하간 신체형은 국왕의 폭력과 민중 측의 그것이 서로 대립한 분기점이라는 점에서 위험한 것으로 되어 있었다. 통치 권력은 잔인성을 내건 이 싸움에서, 자기 쪽에서 신청한 도전에 머지않아 상대방이 강하게 대응해 올지도 모른다는 점을 생각해 보지 않은 것 같았다. 민중은 "유혈의 참사를 보는 일"에 익숙해져서 "피를 흘려야만 복수할 수 있다"[4]는 것을 곧 알게 된다. 무수히 많은 적대적 포위 공격의 대상이 되는 처형 의식에서, 우리는 무장한 사법의 비정상적 행위와 위협당하는 민중의 분노가 교차되는 것을 알게 된다. 그러한 교차관계에서 조세프 드 메스트르[5]는 절대적 권력을 구성하는 근본적인 한 구조를 인식한다. 즉, 군주와 민중 사이에서 사형집행인은 톱니바퀴와 같은 역할을 하고 있어, 그가 행하는 사형은 마치 흑사병이 창

---

2 프시옹 드 빌뇌브(Petion de Villeneuve)의 헌법제정회의에서의 연설, 《의회 고문서》(*Archives parlementaires*) 제 26권, p. 641면.

3 A. Boucher d'Argis, 《범죄법에 관한 고찰》(1781년), p. 125.

4 1791년 6월 3일, Lachèze, 헌법제정회의에서의 연설, 《의회 고문서》 제 26권.

5 *Joseph de Maistre(1753~1821) : 프랑스의 정치가이자 작가이며 철학자, 왕정주의자로서 혁명의 이념에 반대하고 교황권을 찬양했다.

궐함에도 불구하고 늪지 위에 상트 페테르부르크 시를 건설한 러시아 농노農奴들의 죽음과 같다는 것이다. 즉, 사형은 보편성의 원리이며, 전제 군주의 단일한 의지로 만인을 위한 법으로 만들고, 희생된 사람들의 신체들로 국가를 위한 초석을 만든다는 것이다. 순진한 백성들에게 사형이 부과되더라도 대수롭지 않은 것이다. 반대로 18세기의 개혁자들은 이와 같은 위험한 의식이 따르는 처형의 폭력에서 양측의 어느 편에서나 권력의 정당한 행사를 넘어선 점을 고발했다. 그들에 의하면, 그러한 폭력을 통해서는 전제정치가 반항에 직면하게 되고, 양측은 계속 폭력을 초래하게 된다. 그것이야말로 이중의 위험이다. 범죄사법은 복수하는 것이 아니라 결국 처벌하는 것이 되어야 했다.

신체형이 없는 징벌의 이러한 필요성은 우선 심정적 외침으로, 혹은 분노하는 인간 본성의 외침으로 나타났다. 즉, 아무리 흉악한 살인자의 경우에도 그를 처벌할 때는 하나의 사실을 존중해야 하는데, 그것이 바로 '인간성'이다. 19세기에 접어들어, 범죄자 속에서 발견되는 이 '인간'이 바로 형벌 결정의 표적이 되고, 교정矯正하고 변화시킨다고 주장할 수 있는 대상이 되며, 일련의 기묘한 — '행형行刑'과 '범죄론'이라는 — 학문과 현실의 영역이 되는 시기가 도래한다. 그러나 이러한 계몽주의 시대에서 인간이 신체형의 야만성과 대립된다는 것은 하나의 적극적인 지식의 주제로서가 아니고 처벌권의 정당성을 제한하는 경계로서, 즉 법적 한계로서이다. 그것은 형벌에 의한 관여로 인간을 변화시키려 할 경우에 그가 도달해야 할 상태가 아니라, 그 관여가 빈틈없이 인간을 존중할 수 있도록 되게 한다는 것이다. 그것은 "나를 만지지 마라"라는 성경구절과 같다. 그것은 군주의 복수를 위해 만들어진 일종의 정지선을 가리킨다. 개혁자들이 처형대에 의한 전제 군주제에 반대하여 내세운 '인간'은 또한 척도mesure로서의 인간이지만, 그것은 물건에 관한 척도가 아니라, 권력에 관한 척도이다.

따라서 문제는 다음과 같다. 이러한 한계로서의 인간이 어떻게 전통적 징벌 실무의 구실이 되었는가? 인간은 어떤 방식으로 개혁 운동의 중요한 도덕적 정당성의 근거가 되었는가? 신체형에 대해서 그렇게까지 이구동성으로 혐오감을 표현하고 징벌이 '인간적'이 되어야 한다고 그렇게도 줄기차게 주장한 이유는 무엇인가? 그리고 결국은 똑같은 문제이지만, 완화된 형벌제도를 얻으려는 주장에서는 어디서나 볼 수 있는 두 가지 요소, 즉 '척도'와 '인간성'은 어떤 방식으로, 단 하나의 전략 속에서 상호 연결되어 있는가? 그것들은 대단히 필요하면서도 또한 불확실한 요소들로서, 징벌의 경제라는 문제가 새롭게, 끊임없이 제기되는 오늘날 다시 부각되어 이전과 똑같이 혼란스럽고, 여전히 의심스러운 관련 속에 결합되어 있다. 마치 18세기에 경제의 위기가 시작되고, 그 위기의 해결을 위하여 '인간성'을 '척도'로 삼아야 한다는 징벌의 기본 법칙이 제시된 것처럼 되었다. 물론 윤곽이 불투명한 그 원칙에 어떤 결정적 의미가 주어진 것은 아니다. 따라서 수수께끼 같은 이 '형벌의 완화'가 탄생된 과정과 초기의 역사를 이야기해야 한다.

‡

위대한 '개혁자'들 — 베카리아, 세르방, 뒤파티, 라크르텔, 듀포르, 파스토레, 타르제, 베르가스, 더 나아가서는 삼부회에 보낸 진정서의 집필자나 입헌의회 의원들 — 은 18세기에도 여전히 경직된 논리로 형벌의 완화를 거부했던 사법기관과 '고전적' 법이론가들에 대항하여 형벌의 완화를 주장하고 그것을 실현한 공적으로 높이 평가되고 있다.

그러나 역사가들이 최근에 사법 문서를 연구하여 분석한 과정 속에서 이 개혁이란 문제를 놓고 다시 생각해 봐야 한다. 즉, 18세기에서의 형벌제도의 완화, 혹은 더 분명히 말해서 이 시대의 범죄가 난폭성을 상실하는 것처럼 보이는 반면, 그에 상응하는 처벌도 여러 복합적인 관여 요인으로 그 과격성이 완화되는, 그러한 두 가지 움직임을 재검토해야 한다는 것이다. 실제로 17세기 말 이후에는 유혈 범죄와, 일반적으로 신체에 가해지는 폭력이 대폭적으로 감소되는 현상이 두드러졌고, 흉악한 범죄 대신에 소유권의 침해가 많아서 절도와 사기가 살인이나 상해傷害, 구타와 자리바꿈을 한 것처럼 보였다. 우발적이지만 자주 발생하는 빈곤 계층의 분산된 범죄가 한정된 '교활한' 범죄로 대체된 것이다. 17세기의 범죄자는 "지칠 대로 지치고, 먹을 것이 궁해 순간적으로 분노가 폭발하는 사람들, 수확기에 앞선 여름철의 범죄자들"이었지만, 18세기의 범죄자는 "교활한 사람들, 약삭빠른 사람들, 계산적이고 음흉한 사람들"[6]이며 그들의 범죄는 '소외계층 사람

6 특히 Beccaria에 대한 Muyart de Vouglans의 논쟁, 《'범죄와 형벌에 의한 논고'에

들'[7]의 행위로 요약될 수 있었다. 끝으로 범죄의 내부 조직이 변화한 현상을 볼 수 있다. 즉, 대규모로 도당徒黨을 이루는 악인들(무장한 소수의 강도단, 징세관에게 발포하는 밀수단, 무리를 지어 돌아다니는 해고 당했거나 탈주한 병사들)은 해산하는 경향을 보인다. 따라서 추적을 잘 피해가거나 또는 발각되지 않기 위해 한층 더 적은 인원이 되지 않을 수 없었던 — 대개는 많지 않은 소수의 집단들이었는데 — 도당들은 폭력을 덜 행사하고, 학살의 위험을 덜 범하여 사람들의 눈을 피해서 나쁜 짓을 하는 데에 만족하게 된다. "규모가 큰 도당의 물리적 청산과 제도적 해체의 결과로 1755년 이후, 개인주의적 성향이 분명하고, 좀도둑이나 소매치기들로 이루어진 작은 집단의 소행으로 된 소유권에 대한 범죄가 많아지게 되었다."[8] 전반적 현상과 관련하여, 위법행위는 신체에 대한 공격으로부터 재산에 대한 다소 직접적인 사취詐取의 경향으로, 또한 "익명의 집단적 범죄행위"로부터 어느 정도 직업적인 악당이 저지르는 "소수의 일탈자들의 범죄행위"로 전환하게 된다. 마치 — "인간관계를 지배하는 긴장의 이완이나 난폭한 충동의 한층 교묘한 억제 등으로"[9] — 강물의 수위가 점점 낮아져 가듯이, 또한 위법

대한 반박》(1766년) 참조.

7 P. Chaunu의 견해, 《노르망디 지방 연보》 1962년 판, p. 236 및 1966년 판, pp. 107~108.

8 E. Le Roy-Ladurie, 《대위법》(*Contrepoint*) (1973년).

9 N. W. Mogensen, 《17세기 및 18세기의 오쥬 지방 사회의 제양상》(1971년). 타이핑된 박사 논문, p. 326면. 저자 모장상의 견해에 의하면, 오쥬 지방의 폭력 범죄는 루이 14세 시대 말기보다 대혁명 직전에 4배나 감소되었다. 일반적으로 노르망디 지방의 범죄행위에 관한 피에르 쇼뉴의 책임 아래 이루어진 연구는 폭력 행위

행위의 내용이 신체에 대한 압박을 완화시키면서 공격의 표적을 다른 대상으로 바꾸었다는 듯이 모든 일이 이루어졌다. 법제의 형벌 완화보다 선행하여 범죄의 내용이 완화된 것이다. 그런데 이러한 변화는 그 하부에 있는 다음 여러 과정들과 별개로 생각할 수 없다. 우선 무엇보다도, 쇼뉘P. Chaunu가 지적한 것처럼, 경제적 압력의 변화, 생활수준의 일반적 상승, 급격한 인구 증가, 부와 재산의 다양화와 "그 결과로 인한 안정에의 욕구"[10] 등이다. 게다가 18세기 전체에 걸쳐 사법司法은 무거운 둔화 현상을 보이고 법률의 조문은 여러 가지 점에서 사법의 가혹성이 한층 더 극심해진 것으로 나타났다. 예를 들면, 영국에서는 19세기 초에 223개의 사형의 예가 확정된 것에 비해 그 이전의 100년간에는 모두 156개의 예가 있었을 뿐이다.[11] 프랑스에서는 방랑을 단속하는 법률이 17세기 이래 몇 차례나 개정되어 엄격해졌다. 또한 사법의 행사가 이전보다 더욱 엄중하고 세밀해지자, 전에는 사법에 의해서 안이하게 방치되었던 모든 경미한 범죄가 단속 대상이 되는 경향을 보였다. 즉, "18세기의 사법은 상대적 빈도수가 증대한 절도

와 비교해 본 경우의 이러한 사기의 증가를 분명히 밝히고 있다. 《노르망디 지방 연보》(*Annales de Normandie*), 1962년 판, 1966년 판, 1971년 판에 게재된 B. Boutelet, J. Cl. Gégot, V. Boucheron 논문을 참조. 파리에 관해서는, 《17세기 및 18세기의 프랑스의 범죄와 범죄행위》(1971년)에 실린 페트로비치의 논문을 참조할 것. 이와 같은 현상은 영국에서도 마찬가지인 것 같다. Ch. Hibbert, 《악의 근원》(1966년), p. 72와 J. Tobias, 《범죄와 산업사회》(1967년), p. 37 이하를 참조.

10 P. Chaunu, 《노르망디 지방 연보》(1971년 판), p. 56.

11 Thomas Fowell Buxton, 《의회 토론 보고서》(*Parliamentary Debate*), 1819년, 제 39권.

에 대해서 한층 더 완만하고 한층 더 무겁고, 한층 더 가혹해졌는데 이러한 범죄에 대한 사법의 태도는 계급적 사법에 의거한 부르주아적 태도인 것이다."[12] 특히 프랑스에서, 그리고 무엇보다도 파리에서 치안 경찰기관의 증대에 의해 조직적이고 공공연한 범죄행위의 발전이 방해를 받자, 그러한 범죄 행위는 한층 더 조심스러운 형태로 바뀌게 된다. 또한 이 전면적인 범죄예방조치에 덧붙여야 할 것은 범죄가 끊임없이 위험하게 증대하고 있다는 생각이 폭넓게 확산되었다는 점이다. 범행을 저지르는 대규모의 악당들이 감소된 점은, 오늘날 역사가들이 확인한 사실로 되어 있지만, 그 당시 르 트론느Le Trosne가 보고 묘사한 바에 의하면 악당들이 구름처럼 밀려오는 메뚜기들같이 프랑스의 모든 시골로 몰려들었다는 것이다. "그들은 농민이 저축한 식량을 매일같이 황폐화시키며, 마구 먹어치우는 벌레와 같았다. 비유하지 않고 말하더라도, 그들은 전 국토에 무리지어 몰려다니는 적군敵軍들이 정복한 나라에서 그렇게 하듯이 그곳에서 제멋대로 방자한 생활을 하고, 구호물자라는 명목으로 명실상부한 세금을 징수했던 것이다." 극빈한 농민들에게 그들은 인두세人頭稅보다 높게 계산되는 세금을 징수하도록 했다. 왜냐하면 보통 과세액이 최고인 경우에도 인두세는 수입의 3

---

12 E. Le Roy-Ladurie, 《대위법》(*Contrepoint*) 지(1973년). A. Farge의 연구, 《18세기 파리의 식량 도둑》(1974년)은 이런 경향을 입증해 주고 있다. 즉, 1750년부터 55년까지 이 범행에 대한 판결 중 5퍼센트가 노예선의 노동형을 받은 것으로 되어 있지만, 1775년부터 1790년까지는 그 15퍼센트가 그러한 형을 받았고, "시간이 흐름에 따라 법원의 엄격성은 증대되어 갔으며… 질서를 갖추고 소유권이 존중되기를 바라는 그러한 사회에 유용한 여러 가치는 위협을 받게 된다"(같은 책, pp. 130~142).

분의 1이었기[13] 때문이다. 그러한 범죄행위가 계속 증가하고 있었다는 것은 그 당시 사회현상에 대한 대부분의 관찰자들의 주장이다. 형벌이 한층 더 엄격해져야 한다는 견해의 지지자들도 그렇게 생각했고, 난폭성의 측면에서 사법이 보다 신중해지는 것이 효과적이며 재판에 의해서 발생되는 결과에 대해서도 늠름할 수 있으리라고 믿는 사람들도[14] 그러한 의견이었다. 소송 건수가 너무나 많다고 비명을 지르는 사법관들도 같은 의견이어서, "민중의 빈곤과 풍속의 타락이 범죄와 죄인을 증가시켰다"[15]는 것이다. 여하간 법원의 실무적 현실이 그와 같은 사례를 증명하고 있다. "이미 구체제의 말기가 참으로 예고하는 것은 대혁명 및 나폴레옹 제정시대이다. 1782년부터 1789년에 걸친 소송을 조사해 보면, 우리는 위기의 증대에 대해서 놀라게 된다. 빈민에 대한 가혹한 판결, 증언의 고의적 거부, 상호적 불신과 증오와 공포의 증가"[16]가 있었던 것이다.

사실상 유혈流血의 범죄행위가 사기詐欺의 범죄행위로 전환된 현상은 아주 복잡한 구조와 관련되었다. 그러한 구조의 특징은 생산력의 발달과 부의 증대, 법률적인 차원과 도덕적인 차원에서 소유관계에 대한 보다 높은 가치 부여의 현상, 한층 더 엄중해진 치안상의 감시 수

---

13 G. Le Trosne, 《방랑자에 관한 의견서》(1764년), p. 4.

14 예를 들면, C. Dupaty, 《차바퀴 형벌을 선고받은 3명의 남자를 위한 변론》(1786년), p. 247.

15 Arlette Farge, 앞의 책, p. 66에서 인용. 1768년 8월 2일, 국왕에게 보낸 건의서에서 라 투르넬 법원의 한 재판장의 의견.

16 P. Chaunu의 논문, 《노르망디 지방 연보》, 1966년 판, p. 108.

단, 주민에 대해 한층 더 철저해진 지구 단위의 경비망, 감시와 체포, 정보의 측면에서 발전적으로 정비된 기술 등이다. 즉, 위법행위의 형태적 전환은 처벌의 실무행위가 확대되고 세련화된 점과 상관관계에 있는 것이다.

사람들의 일반적인 태도의 변화일까, 아니면 "정신과 잠재의식의 영역에 속하는 변화"[17]일까? 물론 그럴지도 모른다. 그러나 좀더 확실하게 그리고 직접적으로 이해하자면, 그것은 개인들의 생존을 관리하는 권력기구들을 조정하려는 노력에 의한 것이다. 또한 개인의 일상적 행동이나 신원 그리고 외면상 무의미한 행위나 몸짓을 감시하여 그것들에 책임을 가지고 대처하는 권력장치의 조절과 정비작업과 인구의 구성원들인 그 많고 다양한 신체들과 힘 등의 복합적 형태에 대한 또 다른 통제정책에 의한 결과이기도 하다. 분명해 보이는 것은 아마도 유죄선고를 받은 사람들의 인간성에 대한 새로운 존중이라기보다 —신체형은 여전히 경미한 범죄에 대해서도 자주 부과되고 있었다— 오히려 더욱 더 정밀하고 정비된 사법을 지향하고, 사회구성원 전체가 한층 더 면밀한 형벌 분할방식을 추구하는 경향이 있었다는 점이다. 하나의 순환적 과정에 의거하여 흉악한 범죄에 대처하는 방법은 한층 더 엄격해지고, 경제적 위법행위에 대한 엄중한 조치는 증가하였으며, 당국의 통제는 한층 더 세밀해지고, 형벌의 관여는 더욱 조속히 이루어지면서 동시에 관여의 횟수도 늘어나게 되었다.

그런데 이러한 과정을 당시 개혁자들의 비판적 담론과 대조하면,

17 이 표현은 N. W. Mogensen의 앞의 책에 의거함.

우리는 뚜렷한 전략적 일치를 주목하게 된다. 새로운 형벌제도의 원리를 확립하기에 앞서, 그들이 전통적 사법에 대해서 실제로 공격하는 것은 과도한 징벌의 내용이다. 그러한 징벌의 과도성은 처벌권의 남용을 뜻한다기보다 변칙적 재판이 많았음을 의미한다. 1790년 3월 24일, 투레Touret는 입헌의회에서, 사법권의 새로운 조직에 관한 논의를 개진했다. 그에 의하면, 프랑스에서 사법권은 3가지 방식으로 '변질'되었다는 것이다. 첫 번째는 사적인 소유에 의한 것이다. 왜냐하면 재판관의 관직은 매매되고 유산으로 상속되고 상품 가치를 갖추게 되면서 재판의 비용도 늘어나게 되어 있다는 것이다. 두 번째 변질은 두 가지 형태의 권력 사이의 혼란이다. 그것은 재판을 행하여 법을 적용시키면서 판결을 내리는 권력과, 법 그 자체를 만드는 권력 사이의 혼란이다. 끝으로, 그러한 변질은 사법권의 행사를 불확실하게 만드는 일련의 특권적 존재에 의해서이다. 즉, 어떤 법원에서 소송 절차, 소송을 제기하는 사람, 더 나아가서는 위법행위 모두가 '특권적 취급'을 받아서 일반적 법의 테두리 밖에 놓여 있었던 것이다.18 투레의 이러한 지적은 적어도 반세기 사이의 수많은 비판적인 글이나 말의 한 예에 불과한 것인데, 그 모두가 변질에 의거한 변칙적 사법의 원칙을 고발하고 있다. 형사사법이 변칙적이라는 것은 무엇보다도 그것을 확고한 것으로 하도록 위임한 재판의 심급이 결코 단일하고 연속적인 피라미드 체제가 되지 못한 복합적 심급들이었기 때문이다.19 종교상의 재

---

18 《의회 고문서》 제 12권, p. 344.

19 이 점에 관해서는, 특히 S. Linguet, 《범죄사법 행정에서 개혁의 필요성》(1764

판권에 관해서는 언급하지 않는다 하더라도, 고려해야 할 것은 각종 재판 사이의 불연속성, 중첩, 알력의 문제이다. 즉, 사소한 경범죄의 처벌을 위해서 여전히 중요한 영주 재판이 있었고, 그 자체가 다수로 되어 있으면서 조직적으로 연결이 되지 않는 국왕 재판들도 있었고(대법원은 바이이 재판소와 그중에도 특히 중간의 재판 심의급으로서 근년에 창설된 지방 상급재판소[20]와 자주 불화를 일으켰다), 또한 권리상으로나 사실상으로 행정상의 재판 심급(지방 총감과 같은 것)에 의해서, 혹은 치안상의 재판 심급(즉결 재판소 재판관 및 치안총감과 같은 것)에 의해서 결정되는 재판도 있었다. 이것들에 부연해야 할 것은, 국왕 및 그 대리자가 모든 정규의 소송 절차와는 별도로 소유하는 유폐와 추방의 결정권이다. 이상의 다양한 재판 심급審級은 그 자체의 과잉으로 약화되어 사회의 총체를 전면적으로 포괄하는 힘을 잃어버리고 말았다. 그들 심급의 중첩은 형사사법을 역설적으로 결함이 많은 것으로 만들어 버렸다. 1670년의 총괄적인 왕령Ordonnance Générale에도 불구하고, 관행 및 소송 절차의 다양성에 의한 결함, 재판의 권능에 대한 내부 알력에 의한 결함, 각 재판 심급이 지켜야 할 특정의 — 정치적 혹은 경제적 — 이해관계에 의한 결함, 끝으로 특사, 감형, 회의 결정에 따른 재판의 이송, 법관에 대한 직접적인 압력 등으로 인해 사법의 준엄하고 또한 정규적인 진행을 방해할 경우 발생하는 왕권 개입에 의한 결함 등이 그렇다.

년), 혹은 A. Boucher d'Argis, 《한 사법관의 진정서》(1789년)를 참조할 수 있다.

20 *1552년에 바이이 재판소가 승격된 것.

개혁자들의 비판 속에서 문제되는 것은 권력의 원활하지 못한 운용성에 관한 것이지 권력의 약점이나 잔혹성이 아니다. 하급 재판권 안에는 과대한 권력이 있게 되어, 그 재판권은 — 수형자의 무지와 빈곤 탓으로 — 정당한 권리로서의 상소를 불문에 붙이거나 자유재량에 의한 판결을 멋대로 집행할 수가 있었다. 또한 고소인 측에 과대한 권력이 있으므로, 그쪽에는 소추하는 방법이 거의 무제한적으로 주어졌던 반면, 피고인은 무력하기 때문에 결국 재판관은 과도하게 준엄하거나, 그 반동으로 과도하게 방임적이게 된다. 재판관에게는 과대한 권력이 주어졌으므로, 재판관은 그것이 '합법적'인 것이라면 사소한 증거에도 만족할 수가 있고, 형벌을 선택할 때 대폭적인 자유재량권을 가질 수 있다. 피고인에 대해서 뿐만 아니라, 법관에 대해서도 '국왕의 측근들gens du roi'에게는 과대한 권한이 부여되었다. 끝으로, 국왕이 과대한 권력을 행사한다는 것은 재판의 진행을 중단시키거나 그 결정을 변경시키고, 사법관의 관직을 박탈하거나 그들을 해임하고 추방하고, 국왕 인가장에 의해서 대리 재판관을 임명할 수도 있었기 때문이다. 그러므로 사법의 마비상태는 권력의 약화와 관련된다기보다 오히려 권력의 무절제한 분배, 어떤 특정한 지점에서의 권력집중, 그 결과로 생기는 많은 알력과 불연속에 기인하는 것이다.

그런데 권력의 이처럼 불완전한 기능은 과도한 권력집중 현상과 관련되어 있다. 즉, 권력집중은 군주제의 '초권력超權力'이라고 부를 수 있을 만큼 처벌권處罰權은 통치자의 개인 권력과 동일시되었다. 그것은 국왕을 사법의 원천이라고 하는 이론상의 동일시이지만, 그 실제 영향은 국왕의 입장과 대립하고, 국왕의 절대주의를 제한한다고 생각되는 것에까지 미치고 있다는 점을 알 수 있다. 국왕은 재정적 이유로 자기에게 '소속된' 재판관의 관직을 얼마든지 팔 권리가 있기 때문에 자기의 말을 듣지 않고 무식하고, 사리사욕을 채우는 데 열심이고, 기꺼이 부정을 저지를 만한 사법관들을 자기가 볼 수 있는 자리에 배치한다. 국왕이 권력과 권한의 여러 알력을 증대시키는 것은 그가 새로운 관직을 계속 만들어 내기 때문이다, 국왕이 사법계에서 여러 가지 알력을 증폭시키는 것은 자기의 '측근들'에 대해서 아주 빈틈없는 권력을 휘두르는 한편, 그들에게는 자유재량에 가까운 권력을 허용했기 때문이다. 국왕이 정상적 사법을 마비시키고, 재판이 종종 자유방임적이고 모호한 것으로 되게 하거나 때로는 경솔하고 가혹한 것으로 만드는 것은 사법을 과도하게 조급한 소송 절차(즉결 재판소의 재판관이나 치안 감독관이 갖는 재판권)와 행정적 조치들과 경쟁하도록 만들었기 때문이다. 21

사법의 여러 특권, 독단성, 오래된 자만심, 무한정한 권리 등은 별로 비판받지 않고 있다. 오히려 비판의 대상은 사법의 약체성과 극단성, 혹은 그것의 과도함과 결함 사이의 혼합이고, 특히 그러한 혼합 상태의 근본이 되는 군주제의 과잉 권력이다. 개혁의 진정한 목표, 또한 개혁의 가장 일반적인 진술 표명이 시작될 때부터의 그 목표는, 새

---

21 '과대한 권력'과 사법기관에서의 불균등한 권력 분배에 대한 이러한 비판에 관해서는, 특히 C. Dupaty, 《범죄소송 절차에 관한 편지》(1788년); P. L. de Lacretelle, 《명예 박탈형에 관한 편견론》(*Discours sur le préjugé des peines infamantes*) (1784년), "검찰 업무에 관한 논설"; G. Target, 《3부회에 제출된 청원서의 정신》(1789년)을 참조.

로운 처벌권을 보다 공정한 원칙에 의거하여 수립하려는 것이 아니다. 그 목표는 징벌권의 새로운 '경제성'을 확립하는 것, 보다 좋은 조건의 할당을 확보하는 것, 징벌권이 특권적인 몇 지점에 과도하게 집중되거나 서로 대립하는 재판심의급 사이에 과도하게 분할되지 않도록 하는 것이며 또한 징벌권이 어디에서나, 연속적으로 더구나 사회체제의 최소 단위에까지 행사될 수 있는 그러한 동질적인 회로 속에 분배되도록 하는 것이다. 22 형법의 개혁은 처벌권의 재조정을 위한 하나의 전략으로 이해해야 하고, 그러한 재조정은 처벌권을 보다 규칙적이고, 보다 효과적이고, 보다 지속적이게 하며 또한 그 영향력이 보다 세밀하게 구석구석에까지 이르도록 하는 방식에 의존한다. 요컨대, 처벌권에 따르는 경제적 비용을 절감하고(즉, 그 권리를 매매 등의 소유제도로부터 분리하고, 또한 관직의 경우에서 그 권리를 금품수수 현상과 분리하도록 함으로써), 정치적 경비를 줄이고(그 권리를 왕권의 전횡으로부터 분리하도록 함으로써), 처벌권의 모든 성과를 증대시키는 방식으로 이뤄져야 하는 것이다. 실제로 형벌제도에 관한 새로운 법이론은 처벌권의 새로운 '정치경제학'의 논리를 내포하고 있다. 그러므로 이러한 '개혁'이 왜 단일한 출발점에서 실현되지 않았는가의 이유를 알 수 있다. 사

22 사법 권력에 관한 N. Bergasse의 다음 견해를 참조. "국가의 정치 체제에 위배되는 어떤 활동도 할 수 없고, 또한 이 체제의 형성과 유지에 협력하는 여러 가지의 의지에 대해서 어떤 영향력을 갖고 있지 않으면서도 그 사법 권력은 모든 개인과 모든 권리를 보호하기 위한 적합한 힘을 행사할 수 있어야 하고, 인권의 옹호와 구제를 위해서만 강력한 그 힘은 누군가가 그것의 목적을 전환시켜 압박을 위한 도구로 만들게 될 때는 완전히 소용없는 것이 되어야 한다"(《사법 권력에 관한 입헌 의회 보고》, 1789년, pp. 11~12 참조).

실 개혁의 출발점에 있던 사람들은 재판의 대상이 될 수 있는 일반인 중에서 가장 많은 식견을 갖춘 사람들이 아니고, 전제정치를 적대시하며 인류의 편에 선 철학자들도 아니며, 더 나아가서는 고등법원의 의원에게 대항하는 사회집단도 아니었다. 그들을 포함하여 출발점에는 단지 그들만 있었던 것이 아니고, 처벌권의 새로운 배분과 그 성과의 새로운 할당에 대한 전체 구도 안에는 상이한 여러 이해관계가 교차되어 있었다. 개혁은 사법기구의 외부에서, 또한 그 기구의 모든 대표자들의 반대편에서 준비된 것이 아니었다. 요컨대 아주 많은 사법관들이 그들에게 공통되는 목표로부터 출발하여 그들을 서로 대립시키는 권력의 갈등을 단서로 삼아, 내부로부터 개혁을 준비했던 것이다. 물론 사법관 중에서 대다수가 개혁자였던 것은 아니지만, 개혁의 일반 원칙을 제시한 것은 대부분의 법률가들이었다. 그 원칙에 따르면, 재판권은 군주의 통치권 압력을 받아서는 안 되고, 법률제정권으로부터 해방되어 있어야 하고, 소유관계로부터 자유로워야 하고, 재판을 행하는 것 이외의 다른 기능을 갖지 않고, 오로지 그 권한만을 완전히 행사할 수 있도록 해야 한다는 것이다. 요컨대, 재판권은 통치권의 잡다하고 불연속적이며, 때로는 모순된 여러 특권에 소속되지 않고, 연속적으로 배분된 공권력의 효과에 소속해 있도록 해야 한다. 이러한 일반 원칙은 상이한 여러 가지 많은 투쟁을 감안한 총체적 전략을 규정한다. 볼테르와 같은 철학자들의 투쟁과 브리쏘23나 마라24와 같은 저술가

23 *Jean Pierre Brissot de Warville(1754~1793) : 프랑스의 언론인이자 정치가, 지롱드파의 우두머리로 로베스피에르와 대립했다.

들의 투쟁, 또한 이해관계가 아주 다른 사법관들의 투쟁, 예를 들면 오를레앙 지방 상급재판소의 평정관인 르 트론느,25 고등법원의 차석 검사인 라크르텔Lacretelle, 또한 모푸26의 개혁에 고등법원과 함께 반대했던 타르제Target, 그리고 또한 고등법원 의원들에게 대항하여 왕권을 지지하는 모로,27 또한 역시 법관이면서 동료들과 갈등관계에 있었던 세르방과 뒤파티 등의 투쟁이 그렇다.

18세기에는 계속 사법기관의 내부와 외부에서 또한 일상적 형벌의 실무에서거나, 여러 제도에 대한 비판에서도 징벌권의 행사를 위한 새로운 전략이 형성된 것을 알 수 있다. 또한 법의 이론 속에서 표명되거나 계획안을 통해서 도식화되어 나타난 것과 같은 '개혁'은 엄밀한 의미에서 그 근본적 목표와 함께 그러한 전략의 정치적 혹은 철학적 형태의 표현이다. 그 목표는 위법행위에 대한 처벌과 억제가 사회전반에 대해 정규적 기능을 행사하도록 할 것, 보다 적게 처벌하는 것이 아니라 보다 잘 처벌하는 것이 되어야 할 것, 가혹성을 완화된 형태로 처벌하는 것이면서, 보다 많은 보편성과 필연성이 따르는 처벌이 되어야 할 것, 처벌권을 사회구성체 속에 보다 깊숙이 집어넣도록 할 것 등이다.

---

24 *Jean Paul Marat (1743~1793) : 프랑스 의사 · 저술가 · 정치가, 과격한 비판적 논조로 유명했고 《민중의 친구》라는 혁명지를 창간했다.

25 *Guillaume François Le Trosne (1728~1780) : 프랑스의 저술가이자 경제학자.

26 *René Nicolas Charles Augustin de Maupeou (1714~1792) : 프랑스의 정치가로 1768년에 대법원장이 되었다.

27 *Jacob Nicolas Moreau (1717~1803) : 프랑스의 저술가이자 변호사.

‡

개혁이 탄생되는 것을 볼 수 있는 전체적 상황은 새로운 감수성의 상황이 아니라 위법행위에 관한 달라진 정치적 상황이다.

도식적으로 말하자면 구체제하에서 상이한 여러 사회계층들이 위법행위를 묵인해 줄 여유가 있었던 것은 규칙의 불이행, 수많은 칙령이나 왕령에 대한 위반이 그대로 사회의 정치적 및 경제적인 기능의 한 조건이었기 때문이다. 그것이 구체제에만 해당되지 않는 특징이라고 할 수 있을지 모른다. 그러나 당시는 이 위법행위가 아주 깊숙이 뿌리내리고 모든 사회계층에 너무나 필연적인 것이었기 때문에, 그 행위는 말하자면 그 나름대로의 고유한 일관성과 경제성을 갖고 있었다. 어떤 경우에 그 위법행위는 완전히 신분적 양상을 — 그 행위가 위법사항으로 되기보다 합법적 면제사항으로 되어 있었으므로 — 갖는 것이었고, 그것은 개인과 공동체에 부여된 특권이었다. 또 어떤 경우에, 위법행위는 집단적이고 일반적인 규칙 위반의 양상을 띠고 있어서, 그 결과 수십 년 동안 때로는 수 세기 동안 많은 왕령이 공표되고 부단히 개정되면서도 결코 그대로 적용되는 일이 없었다. 때로는 점차적인 법의 폐지도 있었고, 때로는 급속히 법을 부활시키는 일도 있었다. 때로는 권력 측의 묵인이나 무시의 현상도 있었고 아주 단순히 법을 지키게 하거나 위법자를 처벌하는 일이 실제로는 불가능한 사태도 발생했다. 사회적 혜택을 전혀 받지 못한 계층의 사람들은 원칙적으로 특권을 갖지 못했다. 그러나 그들은 법과 관습이 부과하는 테두리에서 힘에 의존하거나 또는 집요한 노력을 통해 얻어 낸 관용의 혜택을 받기도 했다. 또한 관용의 혜택이란 그들의 생존에 절대 필요한 조건이었으므로, 그들은 그것을 지키기 위해서라면 기꺼이 봉기할 태세를 보이기도 했다. 낡은 규칙을 활용하거나 혹은 탄압의 방법을 한층 더 교묘히 하면서, 주기적으로 그 여지를 축소시키려는 시도가 있었다. 여하간 그러한 시도는 민중 폭동을 유발하는 계기가 되었고, 어떤 특권의 형태들을 축소시키려는 시도가 결국 귀족, 승려, 부르주아 계급을 분노하게 만드는 일이 되기도 했다.

그런데 이러한 위법행위, 즉 불가피한 것이면서 또한 모든 사회계층에 따라 특정한 형식을 갖추고 있었던 이 위법행위는 일련의 모순을 갖고 있었다. 하층민의 세계에서 그것은 도덕적으로는 아니더라도 법률적으로 구별 짓기 어려운 범죄행위와 연결되었기 때문이다. 즉, 세제의 위법행위로부터 세관에서의 위법행위, 밀수나 약탈에 이르기까지, 그리고 재무관리들과 군인들에 대한 무장투쟁이나 반란에 이르기까지, 그러한 행위들 간에는 일종의 연속성이 있어서 그 경계를 구획 짓기 어려웠다. 또한 방랑죄(한 번도 시행된 적은 없었으나 왕령으로 그것은 엄벌에 처해지도록 규정되었는데)는 약탈, 가중절도죄, 때로는 살인 등을 포함하여 실업자, 변칙적으로 고용주의 곁을 떠난 직공, 어떤 이유로 주인에게서 도망친 하인, 학대받은 문하생, 탈주병, 모든 징병 기피자 등의 사람들이 기꺼이 받아들인 절충책이었다. 결국 범죄행위는 서민계층의 생활조건으로서 중요시된, 보다 광범한 위법행위의 토대 위에서 형성되었다. 그러나 반대로 이 위법행위는 범죄행위의 무한한 증가요인이었다. 그 때문에 민중의 태도에는 하나의 이중성이 생긴다. 즉, 한편으로는 범죄자가 — 특히 밀수입자라든가 주인의 수탈 때문에 쫓겨 나온 농민인 경우에는 — 그 행위의 자연스러운 가치 증가로 이득을 보게 되었다. 즉, 폭력 행위를 통해서 사람들은 오래전부터 계속된 분쟁의 직접적 연관성을 찾을 수 있었다. 그러나 다른 한편, 어떤 사람이 다른 사람들로부터 그동안 묵인된 위법행위의 허점을 이용하여 범죄를 저질러 사람들에게 피해를 입혔을 경우, 예를 들어 구걸하는 방랑자가 물건을 훔치거나, 살인을 하면, 그것은 쉽게 특별한 증오의 대상이 되었다. 그는 가장 불행한 하층민들을 향해 그들의 생활 조건에 관련된 위법행위를 자행했기 때문이다. 이와 같이, 범죄를 둘러싼 찬사와 비난이 결합되어 있어, 범죄자나 방랑자와 같은 불안정한 입장의 사람들에 대해서는 현실적 지원과 두려움이 교차되었다. 왜냐하면, 사람들은 자기가 그들과 가까운 처지의 사람이란 것을 아는 한편, 그들에게서 범죄가 자행될 수 있다는 두려움을 명확히 느끼고 있었기 때문이다. 서민들의 위법행위 속에는 그것의 극단적 형식이자 동시에 그것의 내재적 위험인 범죄행위의 모든 핵심적 요소들이 담겨 있었다.

그런데 하층민의 이러한 위법행위와 다른 사회계층의 위법행위 사이에는 완전한 일치도 없었지만 근본적 대립도 없었다. 일반적으로 모든 사회집단에 고유한 각종 위법행위는 적대와 경합과 이해 대립의 관계와 동시에 상호적인 지원과 공모의 관계를 맺고 있었다. 즉, 국가나 교회가 부과하는 어떤 조세 납부를 농민이 거부하는 일은 지주가 반드시 악의적으로 보는 일이 아니다. 또한 제조소의 장인匠人이 규칙을 지키지 않게 되더라도 그것은 새로운 기업가들에 의해 종종 장려되기도 했다. 밀수입은 매우 폭넓은 지원을 받았다. 그 증거로 예를 들면, 망드렝[28]이라는 도적단의 이야기는 모든 국민들로부터 호의적으로 받아들여졌고, 그 도적단이 성채城砦에 초대받거나 고등법원 판사에 의해서 보호받았다는 이야기가 있다. 극단적인 예로는, 17세기에 지역적으로 멀리 떨어진 사회계층끼리 폭동을 일으켜 각종 징세거부 운동을 연대적으로 펼치는 현상도 볼 수 있었다. 요컨대, 위법행위들 간의 상호작용은 사회의 정치생활 및 경제생활의 일부분이었다. 좀더 정확히 말하자면, 여러 가지 변화(예를 들면, 콜베르[29]가 만든 법령의 폐지, 왕국에서 세관의 규약에 대한 불이행, 동업자 조합의 와해)는 민중의 위법행위에 의해 매일같이 사회적 균열이 크게 벌어진 와중에서 이루어진 것이다. 그런데, 이러한 변화를 필요로 한 것은 부르주아지였고, 그것을 기반으로 그들은 상당한 성장을 이룩했다. 따라서 이러한 묵인은 바로 권장사항이 되었다.

그러나 18세기 후반이 되자, 이 과정은 역전되는 경향을 보인다. 우선은 부富의 전반적인 증가와 인구의 급증에 따라 민중적 위법행위의 중요한 목표는 더 이상 권리가 아니라 재산이 일차적인 것이 되었다. 예를 들면, 날치기나 절도 대신에 밀수입이라든가 징세관리들과의 무장투쟁으로 양상이 바뀐 것이다. 그 범위에서 농민과 소작인과 장인들은 종종 이러한 사태의 주요한 피해자가 된다. 르 트론느Le Trosne는 봉

28 *Louis Mandrin(1725~1755) : 프랑스 대도적으로서 조직적이고 잘 훈련된 부하들을 거느려 주로 세금징수인의 금고를 털거나 밀수를 하면서 일반서민들을 피해자로 삼는 일은 없었다.

29 *Jean Bagtise Colbert(1919~1983) : 프랑스의 정치가로 루이 14세 때 재상 및 중요 요직을 맡으면서 국가재정을 튼튼히 하고 경제발전을 이룩하는 데 크게 공헌했다.

건 영주의 가혹한 수탈로 과거에 고통 당했던 것 이상으로, 농민들이 방랑자들의 약탈 때문에 고통을 겪는 모습을 기술했는데, 아마 그것은 그 당시의 사실적 경향을 과장한 표현일 것이다. 그에 의하면, "오늘날의 도적들은 해충들의 무리처럼 농민에게 달려들어 수확물을 마구 먹어 치우고, 곡물창고를 텅 비게 하는 것 같다"30는 것이다. 민중의 위법행위의 위기는 18세기에 이르러 점차 증대되었다고 말할 수 있다. 대혁명 초기의 동향들(영주권에 대한 거부를 둘러싸고)과 그 다음에 있었던 지주의 권리에 반대하는 투쟁, 정치적이고 종교적인 항의, 징병 거부 등의 여러 가지 동향들은 민중의 위법행위를 사실상 전처럼 호의적 형태로 받아들이지 못하게 만들었다. 게다가 대부분의 부르주아지는 큰 문제를 일으키지 않으면서 권리를 둘러싼 위법행위를 용인했지만, 일단 그들 자신의 소유권이라고 생각하는 것이 문제될 경우에는 그 위법행위를 받아들이지 않았다. 이 점에 관해서는 18세기 말, 특히 대혁명 초부터 있었던 농민층의 범죄31 문제가 가장 '특징적으로' 보여 준다. 집약적 농업으로의 이행과정에서 관행상의 권리나 묵인사항, 그리고 용인되던 사소한 위법행위에 대하여 점점 더 구속력이 강한 압력이 가해진 것이다. 게다가 부르주아지가 토지의 소유권을 부분적으로 획득하게 되고, 자신을 속박하던 봉건적 세금부담으로부터 해방되자, 부르주아지의 소유권은 절대적 소유권으로 되었다. 즉, 농민층이 획득하거나 보유했던 모든 묵인사항(과거에 부과되었던 강제적 의무의 불이행이

---

30 G. Le Trosne, 《방랑자에 관한 의견서》(1764년), p. 4.
31 Y. M. Bercé, 《농민과 빈민》(1974년), p. 161.

나 변칙적 관행의 기정사실화, 예를 들어 공동 방목권, 고사목 채취 등)은 바야흐로 새로운 지주들에 의해 무조건 범법행위로 규정되어 버렸다(그 결과, 농민들 편에서는 연쇄적 반발사건이 있어 점점 더 위법적으로 되고 점점 더 범죄적이라고 말할 수 있는 현상이 생겨났다. 예를 들면 소유지에 대한 불법 침입, 가축의 강탈 내지는 학살, 방화, 폭행, 살인).32 극빈자들의 생계를 보장할 수 있었던 여러 권리에 대한 위법행위는, 소유권의 새로운 위상과 더불어 재산에 관한 위법행위로 바뀌는 경향을 보인다. 그리하여 그 위법행위를 처벌할 수밖에 없게 된 것이다.

또한 이 위법행위는 토지의 소유권이라는 점에서 부르주아지에 의해 용인되지 못할 경우, 상업적이고 공업적인 소유권이라는 점에서도 허용될 수 없게 된다. 즉, 항구의 발달, 상품을 쌓아두는 대형 창고의 출현, 대규모적 공장의 설립(기업가의 소유로 되어 있으면서 관리가 어려워진 원료와 도구와 제품의 대량생산 및 축적과 더불어)에 의해 위법행위에 대한 엄격한 단속이 필요하게 된 것이다. 완전히 새로운 엄청난 양적 규모로 상품과 기계에 재산을 투자하는 방식은 위법행위에 대한 조직적이고 강력한 탄압조치를 전제로 한 것이다. 이 현상은 경제발전이 가장 활성화된 지역에서 두드러지게 나타났다. 엄청난 위법행위의 사태를 단속하지 않으면 안 되는, 이러한 절박성에 관해서 콜크훈P. Colquhoun33은, 런던 시에 한해서이지만, 숫자로 증거를 보이려고 했다. 즉, 기업

---

32 O. Festy, 《대혁명기와 총독 정부 시대의 농촌 범죄와 그 규제》(1956년); M. Agulhon, 《대혁명기 이후의 프로방스 지방의 사회생활》(1970년)을 참조.

33 *Patrick Colquhoun(1745~1820): 경제와 법률 및 경찰제도의 개혁에 관해 많은 저술을 남긴 스코틀랜드인.

가들과 보험회사의 평가에 따르면 미국으로부터 수입되고 템스 강변의 창고에 보관되어 있던 물품의 도난액수가 연평균 25만 파운드에 이르렀으며, 런던 항에서만도 (병기창을 제외하고도) 매년 약 50만 파운드의 도난사고가 있었는데, 여기에 런던 시의 70만 파운드를 더 가산해야 했을 정도이다. 콜크훈에 의하면 이렇게 계속되는 약탈에 관해서 다음과 같은 3가지 현상을 고려할 수 있다는 것이다. 첫째는, 사무원이나 감독자, 직공장이나 직공들이 모두 공범이라는 사실이며, 그것도 대체로 그들의 적극적 참여로 이루어졌다는 점이다. "다수의 직공이 한 곳에 모일 때면 반드시 많은 나쁜 문제가 발생한다." 둘째, 불법적인 상거래의 조직이 모두 그대로 존재했다. 그것은 공장이나 부두를 기점으로 하여 특정 상품을 전문적으로 취급하는 도매상 역할을 하는 장물아비들의 손을 거쳐 다시 그 장물을 멀리 시골까지 팔아넘기는 전매인과 행상인들로 구성된다. 여기서 장물아비 혹은 은닉자들은 한편으로는 진열창에 "고철이나 넝마, 아주 낡은 헌옷들을 아무렇게나 늘어놓고 있을" 뿐이지만, 상점 안쪽 방에서 "고가품인 선박용 비품, 놋쇠 볼트나 못, 주물이라든가 귀금속, 서인도 제도의 산물, 여러 가지 부문의 직공들로부터 사들인 가구와 의류"를 감춰 두는 소매상 역할을 하는 것이다.[34] 세 번째 현상은, 위조 화폐의 제조이다(영국 전 지역에 40개소에서 50개소에 이르는 위조화폐 제조소가 산재해 있어 끊임없이 작업했던 것 같다). 그런데

---

34 P. Colquhoun, 《런던 치안 경찰론》(프랑스어 역, 1807년), 제1권. pp. 153~182와 pp. 292~339에서 콜크훈은 이러한 절차에 관해서 매우 상세하게 설명하고 있다.

약탈과 경합을 함께 지향하는 이러한 거대한 계획을 조장해 준 것이 그 모든 일련의 묵인사항들이었다. 즉, 어떤 것들은 일종의 기득권의 가치를 갖게 될 수 있는 것이고(예를 들면, 선박 주위에 떨어진 파쇠나 그물 조각을 주울 수 있는 권리, 혹은 내버려진 설탕을 쓸어 모아 전매하는 권리), 또 다른 것들은 도덕적 양해사항에 해당되는 것으로서 그것을 행하는 당사자들의 생각으로는 이러한 약탈이 밀수와 비슷한 것이어서 "그 중대성이 느껴지지 않는 일종의 경범죄처럼 익숙해지게 된다."[35]

따라서 이러한 모든 불법행위를 단속하고, 그것들을 재정리하는 일이 필요하게 되었다. 그러한 범죄들이 바르게 규정되고 확실하게 처벌되어야 하며, 일관성 없이 형평을 잃은 처사로 묵인되고 인정되던 많은 위반행위 중 어떤 것이 허용할 수 없는 범죄인가를 결정하여 반드시 징벌해야 했다. 자본의 축적과 생산 관계와 소유권의 법적 지위가 새로운 형태로 부각되면서 이제까지는 조용하고 일상적이며, 묵인된 형태로건 폭력적 형태로건, 권리를 침해한 위법행위에 속했던 서민적 행동들이 이제는 어쩔 수 없이 재산에 관한 위법행위로 방향 전환을 하게 되었다. 법률적이고 정치적인 쟁취를 목적으로 삼는 사회로부터, 노동의 수단과 제품의 획득을 목적으로 삼는 사회로 사람들을 이동시키는 이러한 움직임 속에서 절도행위는 일차적으로 법망을 벗어나는 도피의 수단이 되는 경향을 보인다. 이런 경향은 위법행위의 경제가 자본주의 사회의 발달과 더불어 재구성되었음을 의미한다. 재산에 관한 위법행위와 권리에 관한 위법행위는 분리되었다. 계급

---

35 위의 책, pp. 297~298.

간의 대립을 포함한 분리가 생기게 된 것은 한편으로는, 민중 계급이 가장 손쉽게 할 수 있는 위법행위가 재산에 관한 위법행위 — 소유권의 폭력적 이양 — 가 될 것이기 때문이며, 다른 한편으로 부르주아 계급 쪽에서는 권리에 관한 위법행위를 확보할 것이기 때문이다. 다시 말해서 부르주아 계급은 자신에게 유리한 규정과 법망을 빠져나갈 가능성과 경제법의 테두리에서 — 문제 삼지 않는다는 뜻의 침묵으로건 실제로 묵인함으로써 면제되거나 하는 그런 테두리에서 — 전개되는 작용에 의해 경제적 유통과정의 거대한 모든 분야를 안전히 확보해 둘 가능성을 찾은 것이다. 또한 여러 가지 위법행위의 이러한 대규모적 재분배는 법률적 회로의 전문화에 의해서 나타나기도 한다. 즉, 재산에 관한 위법행위 — 절도 — 에 대해서는 보통 법원의 결정과 징벌로 처리하도록 하고, 권리에 관한 위법행위 — 사기, 탈세, 불법적 상거래 — 에 관해서는 특별재판소에서는 화해나 조정, 정상참작의 벌과금을 부과하도록 한다. 부르주아 계급은 권리에 관한 위법행위라는 풍부한 영역을 확보하게 되었다. 더구나 이러한 분열이 이루어짐과 동시에, 근본적으로 재산에 관한 위법행위를 대상으로 엄중한 경계망의 설치에 대한 필요성이 확실해진다. 여러 가지 혼란과 결함이 있는 재판 심급, 관습적인 현실의 타성과 불법행위에 대한 불가피한 묵인과 상관관계에 놓인 권력의 분할 및 집중화, 화려하게 만인에게 과시되고 실행하는 데 위험을 수반하는 징벌, 이러한 것을 원칙으로 삼았던 처벌 권력의 낡은 체제는 폐지될 필요성이 분명해진다. 낭비와 남용의 체제를 대신해서 연속성과 항구성의 체제가 이용되는, 그러한 처벌의 전략과 기술을 규정할 필요성이 명확해진 것이다. 요컨대, 형벌의 개혁은 군주의 초超권력에 대항하는 싸움과 실행되고 묵인된 위법행위를 일삼는 하층 권력에 대항하는 싸움의 접합점에서 태어난 것이다. 또한 그 개혁이 임기응변적인 경우에 생긴 일시적 성과로 그치지 않았던 것은 이러한 초권력과 하위권력 사이에 모든 관계망이 잘 짜여 있었기 때문이다. 군주 정체라는 형식은 군주 편에는 화려한 무제한적, 개인적, 불규칙적, 불연속적 권력을 과도하게 부여하는 한편, 신하 편에는 계속적인 위법행위의 여지를 남겨 두었고, 이 위법행위는 그러한 권력과 상관관계에 놓인 것처럼 되었다. 따라서 군주의 여러 가지 대권을 공격하는 일은 바로 동시에 그러한 위법행위의 기능을 공격하는 것이었다. 그 두 가지 공격목표는 연속적 관계에 놓여 있었다. 그런데 특정한 상황이나 공격방법에 따라 개혁자들은 어느 한쪽을 더 선호하게 되었다. 이 경우에 오를레앙 지방 상급재판소의 평정관이었던 중농주의자 르 트론느가 좋은 예가 될 수 있다. 1764년, 그는《방랑자에 관한 의견서》를 발표했는데, 그것에 따르면 방랑자들이야말로 도둑과 살인자를 만드는 근원으로서, "사회의 구성원이 아니면서 사회 속에서 생활하고", "모든 시민에 대해서 명실상부한 전쟁"을 벌이는 자들이며, "시민 사회의 성립 이전부터 있었다고 상정되는 그러한 상태로" 우리들 틈에 살아가고 있다는 것이다. 이러한 사람들에 대해 르 트론느는 극형에 처해야 한다고 주장했으며(특히 사람들이 밀수입자보다도 그러한 사람들에 대해 관대한 것에 놀라면서), 치안이 강화되고, 그들의 약탈로 피해를 입는 사람들의 도움을 받아 기마騎馬헌병대가 그들을 수색하기를 원했다. 또한 그는 이 쓸모없고 위험한 사람들이 "국가에 흡수되어서 마치 주인과 노예의 관계처럼 국가에 예속되는 자가 되어야 한다"고 주장했다. 그래서 그들을 소탕하기 위한 수색작전을 세운다면, 체포한 자는 모두 보상을 받도록 해야 한다는 것이다. "1인당 10리브르의 보상금을 지불하는 것이 좋다." 방랑자는 사회에 지극히 위험한 존재이다.[36] 1777년, 바로 그 르 트론느는 《형법에 관한 고찰》에서 이렇게 주장하고 있다. 즉, 검찰 측의 특권은 축소하고, 피고인은 유죄 선고가 있기까지는 결백한 사람으로 간주되며, 재판관은 피고인과 사회 사이에 있는 올바른 중재자가 되어야 하고, 법은 아주 명확히 규정되고, 확실하고, 항구적인 것이 되어야 한다는 것이다. 그리하여 당사자가 "도대체 무엇이 문제인지"를 알 수 있고, 사법관은 "법의 대행자"에 불과하게 되어야 한다[37]는 것이다. 동시대의 다른 여러 사람들의 경우와 마찬가지로, 르 트론느의 경우에도 처벌하는 권력을 제한하려는 투쟁은, 민중의 위법행위를 한층 더 엄중하고 지속적인 단속의 대상으로 삼아야 한다는 주장과 직접적으로 관련되어 있다. 그러므로 우리는 신체형에 대한 비판이 형벌의 개혁에서 아주 중요한 의미를 갖고 있었다는 것을 알 수 있다. 왜냐하면 신체형이야말로 군주의 무제한적 권력과, 항상 발생하기 마련인 민중의 위법행위가 뚜렷이 결합된 형상이었기 때문이다. 형벌의 인간성, 그것은 전자의 권력과 후자의 위법행위에 모두 제한을 두어야 한다는 처벌 제도에 부여된 규칙이나 다름없다. 사람들이 형벌에서 존중해 주려는 '인간'의 의미는 이러한 이중적 경계 제한에 부과하는 법

36 G. Le Trosne, 《방랑자에 관한 의견서》(1764년), p. 8, p. 50, p. 54, pp. 61~62.
37 G. Le Trosne, 《범죄사법에 관한 견해》(1777년), p. 31, p. 37, pp. 103~106.

률적이고 도덕적인 형식이다.

그런데 형벌이론으로서의, 또한 처벌하는 권력의 전략으로서의 개혁이 이러한 상부의 초超권력과 하층권력인 위법행위의 두 가지 목표의 합치점에서 구상된 것이 사실이지만, 그 개혁이 차후에도 존속하게 된 것은 후자의 목표가 오랜 기간에 걸쳐 더 우선적 지위를 차지했다는 사실에 기인한다. 형벌의 개혁이 초안의 상태로부터 제도 및 실무의 총체적 상태로 전환된 것은 민중의 위법행위에 대한 탄압이 대혁명기와 그 이후 제정帝政시대에도, 그리고 19세기에도 계속 중요한 과제였기 때문이다. 바꾸어 말하면, 외형적으로 새로운 형법이 형벌의 완화, 보다 명확한 법조문 작성, 임의성의 현저한 감소, 처벌하는 권력에 대해 이론의 여지없는 합의(처벌권의 행사를 보다 현실적으로 분할할 수 없기 때문에) 등의 특징을 갖게 되었다 하더라도, 그 입법의 기초에는 위법행위에 대한 전통적 처벌의 경제 안에서 일대변화와 위법행위의 새로운 조정을 마련하는 데 따른 어려운 장애가 있었다. 형벌제도라는 것이 모든 범죄를 근절시키기 위해서가 아니라, 범죄를 그 차이에 따라 나누어 관리하기 위한 장치로 만들어진 것임을 이해해야 한다.

‡

형벌개혁의 목표를 이동시켜서 그것의 등급을 변화시킬 것. 한층 더 미세해지면서 사회체le corps social 속에 보다 광범위하게 확산된 목표물에 영향을 미칠 수 있는 새로운 전략을 세울 것. 사회체 속에서 처벌을 조정하여 그 성과를 조절하기 위한 새로운 기술을 찾아낼 것. 징벌의 기술을 규정화하여 완성시키고 보편화시키기 위한 새로운 원칙을 정할 것. 그 기술의 행사를 동질적인 것으로 만들 것. 그 기술의 효과를 증대시키고, 그것의 회로를 다양하게 확산시켜 경제적이고 정치적인 비용을 줄일 것. 요컨대, 처벌하는 권력의 새로운 관리방식과 새로운 기술을 만들 것. 아마도 이러한 것들이 18세기 행형行刑 개혁의 본질적 존재 이유일 것이다.

원칙의 차원에서 이 새로운 전략은 일반적 계약의 논리 속에 잘 표명되어 있다. 그것에 의하면 시민은 사회의 각종 법들과 함께, 자신이 처벌 대상이 될 수 있는 법에 최종적으로 동의한 것으로 간주된다. 그러면 범죄자는 법적으로 모순된 존재로 보인다. 범죄자인 그는 계약을 위반한 사람으로서 사회의 적이 되지만, 또한 자기에게 행사되는 처벌에 참여하는 사람으로도 되는 것이다. 아무리 사소한 범죄라도 그것은 사회 전체에 대한 공격이다. 그런데 사회 전체의 모습은 — 범죄자를 포함해서 — 아무리 사소한 범죄 속에서라도 나타나게 마련이다. 그러므로 형법상의 징벌은 사회조직과 그 구성요소 하나하나와 공통적으로 외연적 관계를 지닌 일반화한 기능인 것이다. 그때 제기되는 것은 '척도'의 문제이자 처벌하는 권력의 경제문제이다.

실제로 개인은 법률 위반의 행위로 전체사회와 대립하게 되고, 사회는 그 개인에 대하여 그를 처벌할 수 있는 모든 권리를 갖는다. 그것은 공정하지 못한 싸움이다. 왜냐하면, 오직 한쪽에만 모든 힘, 모든 권력, 모든 권리가 집중되어 있기 때문이다. 더구나 그럴 수밖에 없는 이유는 사회로서는 개개인을 보호하는 일이 중요하기 때문이다. 무서운 처벌권이 이렇게 형성된 까닭은 범죄자가 공통의 적敵이 되기 때문이다. 더구나 사회 내부에서 사회를 공격한다는 의미로 보자면, 그는 적보다 더 나쁜 사람 — 배반자 — 이 되는 것이다. 그는 '괴물'이다. 이러한 사람에 대해 사회가 절대적 권리를 갖지 못할 이유가 무엇인가? 그에 대해 철저하게 억압하지 못할 이유가 무엇인가? 징벌의 원칙이 계약 속에서 동의를 얻어야 한다는 것은 사실이지만 모든 시민들이 자기들의 신체에 위해를 가하는 상대방 누군가에 대해 극형을 인정하는 것은 논리적으로 당연한 것이 아닐까? "사회의 법을 공격하는 악인惡人이라면 누구나 자기가 범한 대죄大罪 때문에 조국에 대한 반역자이자 모반자가 된다. 따라서 국가의 존속과 그러한 악인의 존속은 양립할 수 없다. 그 어느 한쪽은 제거되어야 하고, 죄인을 사형에 처하는 것은 그를 시민으로보다 적으로 취급하기 때문이다."38 처벌권處罰權은 군주에 의한 보복에서 사회를 수호한다는 의미로 전환되었다. 그러나 처벌권은 매우 강력한 요소들로 재편성됨으로써 이전보다 한층 더 무서운 것이 된다. 범죄자에게서 본래적인 과격한 위협은 제거되었지만, 범죄자는 거의 무제한의 극형에 빠질 수 있는 상태에 놓이게 된다. 결국 무서운 초超권력이 되돌아온 것이다. 그래서 징벌의 권력

---

38 J. J. Rousseau, 《사회계약론》, 제 2편 제 5장, 주목해야 할 것은 지극히 가혹한 형벌제도를 존속시키기를 원했던 여러 의원들이 루소의 이와 같은 생각을 입헌의회에서 활용했다는 점이다. 더구나 재미있는 현상은 《사회계약론》의 원칙들이 범죄와 징벌 사이의 엄격성에 대한 오래전부터의 대응관계를 지지하는 데 도움이 되었다는 것이다. "시민이 당연히 받아야 할 보호이기에 범죄의 가혹성에 따라 형벌을 규정해야 하고, 또한 인간의 이름으로 인간 그 자체를 희생으로 삼지 않도록 해야 한다"는, 《사회계약론》에서의 문제의 이 구절을 인용한 사람은 M. de Roquefort이다. "입헌 의회에서의 연설", 《의회 고문서》 제 26권, p. 637.

에 대해 형刑의 경감輕減원칙을 세울 필요가 생긴다.

"역사에서 현자의 이름으로 알려진 괴물 같은 사람들이 냉혹한 수법으로 고안하고 사용한, 끔찍하고도 무익한, 그렇게도 많은 고문행위를 보고서 공포로 전율하지 않는 사람이 어디 있겠는가?"[39] "법에 의거하여 나는 극악한 범죄에 대한 형벌을 받게 되었습니다. 나는 징벌을 받으러 가면서 그것이 내 마음에 불러일으키는 끔찍한 생각을 해봅니다. 그러나 어찌된 일입니까? 그 끔찍한 생각은 징벌보다도 무서운 것입니다. 신이여, 당신은 우리들 자신과 우리 동포가 겪는 고통을 혐오해야 한다고 우리들의 마음속에 새겨 넣어 주셨습니다. 그러나 어찌하여 당신이 창조하신 그처럼 나약하고 감성이 풍부한 인간이 그렇게도 야만스럽고, 교묘한 고문을 고안한 사람일 수 있을까요?"[40] 형벌 경감의 원칙은 가령 사회체社會體의 적을 벌하는 경우라 하더라도, 우선 감성적 언술로 표명된다. 더구나 그 원칙은 과도하게 많은 잔인한 장면을 보거나 상상함으로써 분노하는 신체의 외침처럼 격앙되어 나타난다. 개혁자들에게서 형벌제도가 '인간적'인 것으로 되어야 한다는 원칙은, 일인칭으로 표명된다. 그것은 마치 말하는 당사자의 느낌이 직접 표현되는 것과 같고, 또한 철학자나 이론가의 신체가 사형집행인의 잔혹성과 사형수 사이에서 자신의 법을 주장하고, 최종적으로는 그것을 전체적인 형벌의 경제성에 억지로 담아 놓으려는 것과 같다. 그러한 서정적 표현이 형벌을 정하는 계산의 합리적 기초를 발

---

39 Beccaria, 《범죄와 형벌에 관한 논고》(1856년 판), p. 87.

40 P. L. de Lacretelle, 《명예형에 관한 편견론》(1784년), p. 129.

견하지 못하는 무력함을 드러내는 것일까? 범죄자를 사회 밖으로 쫓아내는 계약 원리와 자연이 '토해 낸' 괴물이라는 범죄자의 모습 사이의 그 어디에서 한계선을 찾을 수 있을까? 제 모습을 드러낸 인간 본성 속에서일까? 그렇지 않으면 법의 엄격성 속에서인가? 아니면 범죄자의 잔인성 속에서인가? 그것도 아니면, 법을 만들고 죄를 짓지 않는 이성적 인간의 감성 속에서일까?

그러나 이처럼 '감성'에 의존하는 방법이 바로 이론의 불가능성을 반영해 주는 것은 아니다. 그러한 의존에는 사실상 일종의 계산원칙이 담겨 있다. 고려의 대상이 되는 신체, 상상력, 고통, 마음이란 것이 사실은 처벌해야 할 범죄자의 것이 아니라, 계약에 동의한 다음 범죄자와 상반되는 권력을 행사하는 사람들의 것이라는 점이다. 형벌의 완화로 제거되어야 할 고통이란 재판관이나 구경꾼의 고통이기도 한데, 거기에는 결과적으로 생길지도 모를 정신적 무감각, 습관적으로 발생하는 잔인성이나 반대로 불합리한 연민, 근거가 빈약한 관대함도 포함된다. 즉, 그것은 "소름이 끼치는 저 신체형에 의해서 행사되는 일종의 고문에 대한 착하고 감성이 풍부한 사람들을 위한 은혜"[41]이다. 주의하고 헤아려야 할 것은 처벌하는 재판 심급과 그것으로 행사된다고 하는 권력에 대한 징벌의 반대급부이다.

모반자나 흉악범일 수도 있는 그러한 범죄자에 대해 '인간적' 처벌만 적용해야 한다는 원칙은 바로 그런 점에 근거한다. 이제 법은 '자연 본성에서 벗어난' 인간을 '인간적으로' 다루어야 하는데 (과거의 사법은

41 위의 책, p. 131.

'무법자'를 비인간적으로 다루었다), 그것의 동기는 범죄자의 내면에 깊숙이 감추고 있을지도 모르는 인간성에 기인하는 것이 아니라, 권력이 초래하는 여러 결과들에 대한 필연적인 조절에 기인한다. 이 '경제적' 합리성이야말로 형벌의 척도가 되고, 그것의 정비된 기술을 규정하게 되는 근거이다. '인간성'이란 이러한 경제성과 그것에 의한 면밀한 계산에 부여된 명칭이다. "형벌에 관련된 사항의 기초는 인간성이 규정하고, 정치가 판단을 내린다"42는 것이다.

처벌의 이러한 정치 기술을 이해하기 위해서, 범죄의 극한적인 사례, 최악의 범죄, 가장 존중해야 할 법을 모두 위반하는 대역죄大逆罪라는 것을 상정해 보자. 그것은 매우 특이한 상황에서 완전히 비밀리에, 극히 비정상적 방식으로 모든 가능성의 한계를 넘어설 정도에서 이루어지는 것이기 때문에 어차피 일회적이고 그와 같은 사건이 되풀이하여 발생할 수 없는 행위이다. 아무도 그것을 모방할 수 없고, 아

42 A. Duport의 "입헌 의회에서의 연설," 1789년 12월 22일, 《의회 고문서》 제10권, p. 744. 같은 의미에서 우리는 각 지방의 학회나 아카데미가 18세기 말에 제안한 각종 현상 논문을 인용할 수 있다. 가령, "소송과 형벌의 완화가 신속하고 모범적인 징벌로서 징벌의 확실성과 양립할 수 있게 하기 위해서, 그리고 시민 사회가 자유와 인간성을 누릴 수 있게끔 최대한으로 가능한 안전보장을 찾을 수 있게 하기 위해서" 무엇을 해야 하는가 하는 과제가 그 한 예이다(〈베른 시 경제학회〉 제출, 1777년). 그것에 대해서는 마라는, 《범죄법 초안》에서 응답했다. "프랑스에서 공공의 안전을 해치지 않고, 형법의 가혹성을 완화시키는 수단"이란 무엇인가(〈샤론 슈르 마르누의 아카데미〉 제출 과제, 1780년. 수상자는 부리소와 베르나르디였다). "법률의 과도한 엄격성이 타락한 국민에게 있어 범죄의 빈도수나 규모를 감소시킬 수 있는가?"(〈마르세유의 아카데미〉 제출 과제, 1786년. 수상자는 에마르였다).

무도 그것을 본보기로 삼을 수도 없으며, 그러한 범죄가 저질러졌다고 분노할 수도 없다. 그것은 흔적도 없이 사라져 버릴 운명이기도 하다. 이처럼 새로운 제도 안에서의 "범죄의 극단성"에 관한 우화[43]는, 과거의 형벌제도 속에서 원죄가 차지하던 것처럼 형벌의 근거가 나타나는 순수한 형식이다.

이러한 범죄는 처벌되어야 하는 것일까? 그렇다면 어떤 척도에 의해서일까? 그것에 대한 징벌은 처벌하는 권력의 경제성 안에서 어떤 효용성을 가질 수 있는 것일까? 그 징벌은 "사회에 저질러진 악"[44]을 보상할 수 있는 한에서 유용할지 모른다. 그런데 글자 그대로 물질적 손해 — 살인의 경우와 같이 보상할 수 없는 것이라 하더라도, 사회 전체의 규모로는 피해가 크지 않은 경우 — 를 제외한다면, 하나의 범죄가 사회체에 미치는 해악은 바로 그 범죄에 의해서 초래되는 무질서이다. 즉, 범죄로 인한 스캔들, 범죄의 나쁜 선례 범죄가 처벌받지 않을 경우에 생기는 재발의 부추김, 범죄가 동반하는 일반화의 가능성 등이 문제인 것이다. 징벌이 유익한 것이 되려면, 징벌은 범죄가 초래할 수 있는 일련의 무질서처럼 이해되는 범죄의 영향들을 목표로 삼아야 한다. "형벌과 범죄의 성질 사이의 비례 관계는 범죄자가 위반하는 계약이 사회 질서에 미치는 영향에 의해서 결정된다."[45] 그런데 어떤 범죄의 이러한 영향은 반드시 그 범죄의 잔인성과 정비례하지 않는다. 또

43 G. Target, 《형법전 초안에 관한 고찰》; Locré, 《프랑스의 민법, 상법, 범죄법》 제 29권, pp. 7~8에서 인용. 칸트에게서 이러한 견해가 전도된 형태로 보인다.

44 C. E. de Pastoret, 《형법에 관하여》(1790년), 제 2권, p. 21.

45 G. Filangieri, 《법제학》(프랑스어 역, 1786년), 제 4권, p. 214.

한 사람들을 깜짝 놀라게 하는 범죄라도, 모든 사람이 너그럽게 봐주어 스스로 흉내 내고 싶을 정도로 느끼는 사소한 범행에 비해서 그 영향이 보다 작게 나타나는 경우도 종종 있다. 희소성을 지닌 중대한 범죄도 있고, 그와 반대로 익숙해질 만큼 계속 증가하는 사소한 범행들의 위험성이 높은 경우도 있다. 결국, 범죄와 그 처벌 사이의 관계에서 질적인 관련과 일치된 공포의 정도를 찾아서는 안 된다. 즉, "불행한 죄인으로 하여금 고통의 상태에서 비명을 지르게 하더라도, 과연 이제는 돌이킬 수 없는 과거 속에서 이미 저질러진 범행을 어찌 원상태로 돌릴 수가 있겠는가?"46 하는 것이다. 범죄와의 관련에서가 아니라, 그것이 재발할 수 있는 반복성과의 관련에서 형벌을 측정해야 한다. 지나간 범행에 대해서가 아니라, 앞으로 있게 될 무질서에 목표를 두어야 한다. 범죄자가 되풀이하여 범행을 저지를 생각을 못하게 하고, 범행을 모방하는 자가 나올 가능성을 없애도록 조치해야 한다.47 그러므로, 처벌은 효과를 노리는 기술이 된다. 형벌의 크기를 범행의 크기와 대조시키기보다 오히려 범죄 이후에 일어나는 두 가지 계열 관계, 즉 범죄 자체의 효과와 형벌의 효과를 맞춰 보아야 한다. 군주의 지배가 없으면, 어떤 범죄라도 징벌을 초래하지는 않는다. 마찬가지

---

46 Beccaria, 《범죄와 형벌에 관한 논고》(1856년 판), p. 87.

47 A. Barnave의 "입헌 의회에서의 연설"은 다음과 같다. "사회가 부과하는 처벌이란 한 인간을 괴롭히면서 누리는 야만적 권리가 아니라 유사한 범죄를 방지하기 위해, 또한 어떤 침해 때문에 위협을 당할 수 있는 악을 사회로부터 멀리하기 위해 필요한 예방책으로 생각되는 것이다." (《의회 고문서》 제 27권, p. 9, 1791년 6월 6일의 연설).

로 동일한 우화寓話의 다른 해석에 의하면, 사회는 해체되고 소멸되기 직전이라 하더라도, 처형대를 세울 권리를 갖지 못하리라는 것이다. 극악한 범죄가 처벌되지 않은 채로 있을 수밖에 없는 것이다.

이러한 발상은 오래전부터 있었다. 징벌의 교훈적 기능을 이끌어 내기 위해서라면, 구태여 18세기의 개혁을 기다릴 필요가 없었다. 처벌의 개선이 앞으로의 문제를 고려해서라거나, 그것의 중요한 한 기능이 예방에 있는 것이건 간에, 이러한 처벌의 교훈적 기능은 수 세기 전부터 처벌권이 통용될 수 있는 정당화의 한 방법이었다. 그러나 과거의 경우와 다른 점은 과거에는 징벌의 효과와 징벌 의식이 성대하게 치러지는 것 — 따라서 과도한 규모가 되어 버린 것 — 의 효과로서 기대하던 예방책이 이제는 형벌 경제성의 원리, 그리고 그것의 정당한 균형을 이루는 척도로 변화하는 경향을 보인다는 점이다. 처벌은 범죄를 방지하기에 충분할 정도여야 한다. 따라서 징벌의 교훈이 갖는 역학 속에는 변화가 생긴다. 즉, 신체형 형벌 제도에서의 표준은 범죄에 대한 권력의 응답이 되는 것이다. 그것은 일종의 이중적 표현방법으로서, 범죄를 보여 주면서 동시에 그것을 제압하는 군주의 권력을 보여 주는 것이다. 그 효과에 따라 형벌의 양이 결정되는 제도에서, 모범적 기준은 가능한 한 소극적 방식으로 범죄와 연결 지으면서, 최대한의 경제적 방법으로 권력의 관여를 보여 주어야 하고, 이상적인 경우는 범죄나 권력 중 그 어느 것이라도 나중에 다시 나타나도록 하지 않는 것이다. 징벌의 모범은 이제 더 이상 권력을 과시하는 의식이 아니고, 범죄를 방지하는 데 뜻을 둔 기호이다. 처벌을 지향하는 기호들의 기술을 통하여 — 그 기술은 형벌 행사의 시간적 영역을 미래 쪽으로 바꾸는 경향이 있는데 — 개혁자들은 사회집단 전체를 통해 일반화될 수 있고, 또한 모든 행동을 기호체계화하여 결과적으로 위법행위의 확산을 줄일 수 있는, 그러한 경제적이고 효과적인 수단을 처벌하는 권력에 제안하려고 생각한다. 그 권력을 튼튼하게 무장시키려고 하는 데 동원되는 기호 기술La sémio-technique은, 아래의 5가지 혹은 6가지의 주요한 법칙에 근거하고 있다.

분량의 최소화 법칙

범죄는 그것이 이익을 가져오는 것이기 때문에 발생한다. 범죄에 대한 생각에, 그것보다 어느 정도 큰 형벌의 불이익을 연결시킨다면 범죄는 저지르고 싶지 않은 행위가 될 것이다. "사람들이 기대할 만한 징벌의 효과를 만들어 내려면 징벌로 받는 손해가 죄인이 범죄로부터 획득할 수 있는 이득을 능가하는 것으로 충분하다."[48] 형벌과 범죄의 상관성을 인정할 수가 있고, 인정하도록 해야 한다. 그러나 그 상관성은 격렬한 범죄에 대해 정당성을 갖고 보복하는 군주의 '보다 강력한 권력'을 나타내는 것이면서 또한 그러한 범죄에 상응하는 것인, 신체형과 같은 과거의 형식과는 다르다. 형벌과 범죄의 상관성은 이익의 차원에서 거의 동등한 관계이다. 그것은 범죄를 강행하기보다 형벌을 받지 않는 편이 계산상으로 약간 이익을 갖는 정도이다.

---

48 Beccaria, 《범죄와 형벌에 관한 논고》(1856년 판), p. 89.

관념성 충족의 법칙

범죄의 동기가 당사자의 입장에서 상상되는 이익에 있는 것이라면, 형벌의 효과는 그것에 예상되는 불이익에 존재한다. 처벌의 핵심에서 형벌을 가하는 것은 고통의 감각이 아니라, 아픔, 불쾌감, 불편함에 대한 생각이다. 즉, '형벌'의 생각 때문에 겪는 '고통'이다. 따라서 처벌은 신체를 대상으로 할 필요가 없고 표상表象을 대상으로 하면 된다. 혹시 신체를 대상으로 할 경우라도, 그것은 신체가 고통의 주체라기보다 표상의 객체라는 점에서 그렇다. 즉, 아픔에 대한 기억 때문에 재범再犯이 방지될 수 있다. 마치 신체형의 스펙터클이 아무리 인위적일지라도 그것으로 범죄가 예방될 수 있는 것처럼 말이다. 그러나 처벌 기술의 수단이 고통 그 자체는 아닐 것이다. 그러므로 가능한 한 오래 효과적인 표상을 불러일으켜야 할 경우를 제외하고는 처형대의 거대한 장치를 보여 주는 일은 쓸모없게 된다. 형벌의 주체로서의 신체를 배제하는 것이지만, 그 신체가 스펙터클의 구성요소일 경우 반드시 그렇지만은 않다. 과거의 신체형에 대한 거부는 그 이론화의 초기 단계에서 서정적으로만 표현되었지만, 이제는 그것이 합리적으로 명확히 표현될 가능성을 찾게 된 것이다. 즉, 극대화해야 할 것은 형벌에 관한 표상이지, 신체에 가해진 형벌의 실제 내용은 아니다.

간접적 효과의 법칙

형벌은 범법행위를 하지 않은 사람들에게서 가장 강렬한 효과를 거두어야 한다. 극단적으로 말해서, 죄인이 재범자가 될 수 없다는 것이 확실하더라도, 다른 사람들에게 그 죄인이 처벌되었다고 믿게 하는 것만으로 효과는 충분할 수 있다. 이것은 형벌의 효과를 원심력遠心力에 의한 방법으로 강화시키는 것인데, 이 방법은 결국 형벌의 양을 계산하는 데 가장 이해관계가 적은 요소가 죄인(다만 그가 재범자가 될 우려가 있는 경우는 다르지만)이라고 하는 역설에 이르게 된다. 이 역설은 베카리아Beccaria가 사형 대신에, 종신 노예상태라는 벌을 제안하면서 설명한 것이었다. 그것은 사형보다 더 신체적으로 잔혹한 형벌일까? 베카리아의 설명으로는 전혀 그렇지 않다. 왜냐하면, 노예상태에서의 고통은 수형자의 입장에서 앞으로 살아갈 시간을 여러 순간으로 나눌 수 있을 만큼 세분하는 것으로서 그것은 무한히 분할될 수 있는 형벌이자 엘레아 학파적인 형벌이자, 당장 신체형과 연결되는 사형의 징벌보다 훨씬 덜 가혹한 형벌이 된다. 반대로 그러한 노예들을 보거나 머리에 떠올리는 사람들의 입장에서 보자면, 그들이 겪는 고통은 단 하나의 생각 속에 모아지고 노예상태의 매 순간들은 사형에 대한 생각보다도 더 공포감을 주는 하나의 표상 속에 집약되는 것이다. 이것이야말로 경제적으로 이상적인 형벌이다. 즉, 그 형벌은 형벌을 받는 사람(그는 노예상태가 됨으로써 죄를 다시 저지를 수 없다)에게는 최소한의 양이 되고, 그것을 상상하는 사람에게는 최대한의 양이 되는 것이다. "여러 형벌 속에서, 그리고 범죄에 비례하여 형벌을 적용하는 방식 중에서 죄인의 신체에 가장 효과적이며 가장 지속적이고, 또한 동시에 가장 잔혹하지 않은, 그런 인상을 남겼다는 것을 민중의 정신에 각인刻印시킬 방법을 골라야 한다."49

---

49 위의 책, p. 87.

완전한 확실성의 법칙

개별적인 범죄와 그것으로부터 기대되는 이익에 대한 생각에는 일정한 징벌과 그로 인한 불편한 점들에 대한 생각이 연결되기 마련이다. 전자와 후자와의 관련은 필연적인 것으로 간주되고, 또한 어떤 것에 의해서도 그러한 관련이 끊어질 수 없다는 것은 분명하다. 처벌 제도에 영향을 미칠 이러한 확실성의 일반적 요소 속에는 몇 가지 분명한 조치가 내포되어 있다. 범죄를 규정하고 형벌을 명시하는 법은, "사회의 모든 구성원이 범죄적 행위와 도덕적 행위를 구별할 수 있도록"[50] 아주 명확해야 한다. 그러한 법은 공시되어야 하고, 누구나 이해할 수 있어야 한다. 말로 전해진 전통이나 관습을 떠나서, 법은 "사회 계약 안정된 기념비적 작품"이 되도록 기술되고, 법조문은 인쇄되어 만인이 알 수 있도록 해야 한다. "인쇄물의 형태만이 특정한 사람들이 아닌 모든 사람들로 하여금 신성한 법규의 수혜자로 만들 수가 있다."[51] 군주는 형벌의 개념 속에 담겨 있는 힘이 자신의 관여에 대한 기대감으로 경감되지 않도록 특사권特赦權을 포기해야 한다. 즉, "범죄는 용서받을 수 있는 것이고, 징벌은 범죄의 필연적 결과가 아니라는 것을 알게 되면 사람들은 마음속으로 벌을 받지 않을 수도 있다는 기대감을 갖기 마련이다. … 법은 준엄하고 집행자는 단호해야 한다."[52] 또한 특히, 어

50 J. P. Brissot, 《범죄법 이론》(1781년), 제 1권, p. 24.

51 Beccaria, 《범죄와 형벌에 관한 논고》(1856년 판), p. 26.

52 Beccaria, 위의 책과 부리소의 견해. "특사가 공정한 경우에는 법이 나쁜 것이고, 법이 옳은 경우에는 특사 조치는 법에 반하는 범죄임이 틀림없다."(《범죄법 이론》, 1781년, 제 1권, p. 200) 도 참조.

떤 범죄도 재판을 행해야 할 사람들의 시선에서 벗어나지 않도록 해야 한다. 벌을 받지 않을 수도 있다는 기대야말로 법의 장치를 가장 취약한 것으로 만든다. 도저히 있을 수 없는 일이 발생하여 재판에 영향을 미치는 사태가 되면, 재판받을 가능성이 있는 일반인의 머릿속에 어떻게 범죄와 형벌 사이의 엄정한 관계를 확립할 수가 있을까? 형벌이 그 확실성의 결핍으로 덜 무서운 것이 되면 될수록 그만큼 폭력성을 통해 형벌을 더욱 두려운 것으로 만들어야 하지 않을까? 종래의 형벌제도를 모방하여 "한층 더 가혹해지는 방법보다는 오히려 한층 더 철저한 주의를 기울여야 한다."[53] 바로 이런 점에서 사법기구는 직접적으로 연관되는 감시기관과 이중의 역할을 해야 하고, 이러한 감시기관은 범죄를 방지하거나 범죄가 발생하면 범인을 체포할 수 있도록 해야 한다. 치안 경찰과 사법은 모두 동일한 하나의 과정에 있는 두 개의 보완적 작용을 통해서 함께 운영되어야 한다. 치안경찰 당국은, "개개인에게 미치는 사회의 작용"을, 사법 당국은 "사회에 대한 개인들의 권리"[54]를 지켜주도록 하는 것이다. 이렇게 하면 모든 범죄는 명확히 밝혀질 수 있고, 처벌은 완전해질 수 있을 것이다. 그러나 다른 한편 소송 절차는 공개되어야 하고 피의자의 유죄 선고와 무죄 방면의 이유는 만인이 이해할 수 있고, 누구라도 처벌의 이유를 납득할 수 있어야 한다. 즉, "사법관은 자기 의견을 큰 소리로 말해야 하고, 자신이 내린 판결 중에

---

53 G. de Mably, "법제에 관하여", 《마블리 전집》(1789년), 제 9권, p. 327. 또한 바텔의 견해. "형벌의 가혹성보다 형벌을 요구하는 경우의 엄정성이 만인으로 하여금 의무를 지키게 하는 것이다"(《사람들의 권리》, 1768년, p. 163) 도 참조.

54 A. Duport의 "입헌 의회에서의 연설", 《의회 고문서》 제 21권, p. 45.

서 유죄 선고를 결정하는 근거로서의 법조문을 인용할 것을 의무로 삼아야 하고 … 법원 서기과의 어두운 곳에서 이유를 알 수 없는 채 쌓여 있는 소송기록은 수형자의 운명에 관심을 갖는 모든 시민들에게 공개되어야 한다."[55]

보편적 진실의 법칙

매우 일반화되어 있는 이 원칙 속에는 중요한 변화가 숨겨져 있다. 법적 증거에 대한 과거의 체제, 예를 들면 고문의 이용, 자백의 강요, 진실의 구현을 위해 필요한 신체형과 신체와 스펙터클의 활용 등에 의한 형벌의 실무는 오랫동안 일반화한 증명방식과는 별개의 것으로 되어 있었다. 즉, 절반쯤의 증거가 절반쯤의 진실과 절반쯤의 죄인을 만들어 내고, 고통을 가해서 자백을 끌어낸 말이 공증된 가치를 갖게 되고, 추정된 사실이 형벌의 정도를 좌우하는 요인으로 된 것이다. 일반적인 증거확립 체제와는 다른 이러한 이질성이 스캔들의 문제가 된 것은 처벌을 집행하는 권력이 자체의 경제성 때문에 반박의 여지가 없는 확실성의 풍토를 필요로 하게 된 다음부터였다. 여하간 징벌의 현실이 범행의 현실을 따라가지 못하게 되면, 사람들의 생각 속에 어떻게 범죄의 개념과 징벌의 개념을 완전히 연결시킬 수 있겠는가? 참으로 명료하게, 그리고 만인에게 유효한 수단에 의거하여, 범행의 현실을 명백히 밝히는 문제가 이제는 근본적 과제가 되었다. 범죄의 검증은 모든 진실에 관한 일반적 기준에 따라야 한다. 사법적 판단은 그것이 사용하는

55 G. de Mably, 《법제에 관해》, 《마블리 전집》(1789년), 제 9권, p. 348.

논거와 그것에 수반되는 증거의 측면에서 아주 간단히 일반적인 판단과 동질적인 것이어야 한다. 따라서 순전히 법률적 증거를 버리고 고문을 없애고, 올바른 진실을 규명할 수 있는 완전한 증거를 갖추어야 하고, 의혹의 정도와 형벌의 정도 사이의 모든 상관관계를 제거해야 하는 것이다. 어떤 수학적 진실처럼, 범죄의 진실은 일단 충분히 증명된 다음에서야 용인될 수 있을 것이다. 따라서 용의자는 그 범죄가 최종적으로 증명될 때까지는 결백한 것으로 간주看做되어야 하고, 또한 논증을 행함에 있어 재판관은 관례적 형식을 사용하지 말고 철학자나 학자의 이성이자 일반인 모두의 이성이 되는 공통의 수단을 사용해야 한다. "이론적으로 나는 사법관을 어떤 흥미 있는 진실을 발견하려고 하는 철학자라고 생각한다. … 사려 깊은 정신으로 그는 모든 정황과 모든 관계를 잘 파악할 것이며, 공정한 판단을 내리기 위해 진실이 되는 요소들을 연결시켜 보거나 분리시켜 보도록 할 것이다."56 공평한 이성의 행사로서 증거 조사는, 과거 종교 재판식의 모델을 버리고 경험적 탐색이라는 훨씬 유연한 (또한 학문과 상식에 의해 이중적으로 그 유효성을 인정받게 된) 모델을 받아들인다. 재판관은 "암초 사이를 헤치며 항해하는 조종사"와 같다. 즉, "증거는 어떤 것이 될 수 있을까? 혹은 어떤 단서라면 사람들이 만족할 수 있을까? 그것은 나도, 그 누구도 아직 일반적으로 감히 규정하려고 하지 않았던 점이다. 상황은 무한히 변화하기 마련이며 증거와 단서는 이러한 상황에서 추론되는 것이므로 가장 명백한 단서와 증거라 하더라도 당연히 그러한 상황에 따라 다를 수밖에

56 G. Seigneux de Correvon, 《고문의 사용에 관한 시론》(1768년), p. 49.

없다."[57] 앞으로 형벌의 실무는 진실을 기반으로 한 공통적 체계를 따르게 되거나 아니면 오히려 과학적 증명이나 현저히 명백한 사실, 상식 등의 여러 이질적 구성요소가 뒤섞여 재판관의 '심증적 확신'을 형성하게 되는 그러한 복잡한 체계를 따르게 될 것이다. 형사사법이 이러한 공정성을 보증하는 형식을 유지하게 되면, 바야흐로 어떤 방향의 진실이라도 그것이 명백하고 올바르게 확증되고 만인의 인정을 받을 수 있는 것이기만 하다면, 그러한 진실을 받아들일 수가 있다. 사법적 의식은 그것 자체로 더 이상 공평한 진실을 형성하는 것이 아니다. 그것은 만인에게 공통된 증거라는 관련 영역 속으로 자리바꿈하게 된다. 그리하여, 이제는 진실을 둘러싼 힘겹고 끝없는 관계가 과학적 담론의 다양성과 연결되었지만, 오늘날 형사사법은 그러한 관계를 충분히 통제할 준비가 되어 있지 못하다. 사법의 주인은 더 이상 사법의 진실을 관장하는 주인이 아닌 것이다.

최적의 특성화 법칙

형벌의 기호학으로 하여금 사람들이 감소시키고자 하는 위법행위의 전 영역을 대상화하기 위해서는 모든 범죄의 성격이 철저히 규정되어야 하고, 그러한 범죄들이 수용되는 종류별로 빠짐없이 수합되고 분류되어야 한다. 따라서 하나의 기호체계가 필요하고, 또한 이는 모든 범죄 유형이 명료하게 나타날 수 있도록 충분히 정확한 것이어야 한다. 법의 침묵을 틈타서 벌을 모면하려는 기대감이 생기지 않도록 하

57 P. Risi, 《범죄법규의 소재에 관한 고찰》(프랑스어 역, 1758년), p. 53.

여야 한다. 범죄를 정의하고 형벌을 규정하는, 완전하고 명백한 기호 체계가 필요하다.58 그러나 처벌의 기호-효과로 위법행위를 완전히 정리해야 하는 이와 같은 명제는 한층 더 복잡하게 확대될 수밖에 없다. 동일한 한 가지 형벌에 관한 개념이 모든 사람에게 똑같은 영향력을 갖는 것이 아니기 때문이다. 벌금형이 부자에게 두려운 것이 아니듯, 명예박탈형은 공개형을 받은 자에게 두려운 것이 아니다. 범죄의 유해성과 그것으로 초래된 결과는 범죄자의 신분여하에 따라 동일하지 않으며, 귀족의 범죄는 하층민의 그것보다도 사회에 한층 더 유해하다.59 끝으로 징벌이 재범을 방지해야 하는 것이므로, 그것은 범죄자의 근본적 성질이 어떠하며 그 사악함의 정도는 어떤 것으로 추정되는지, 그 의지는 본질적으로 어떤 성질의 것인지 등의 문제를 고려해야 한다. 즉, "동일한 절도를 범한 두 사람 가운데서, 끼니도 제대로 때우지 못한 사람은 사치스럽게 지내던 사람에 비해서 얼마나 죄가 가벼운가? 서약을 어긴 두 사람 중 어렸을 때부터 명예심을 갖추도록 교육받은 사람은 전혀 교육을 받지 못한 방치된 상태의 사람에 비해서 얼마나 죄가 무거운가?"60 우리는 범죄와 징벌과의 대응적 분류의 필요성과 범죄자의 개별적 성격과 일치하는 형벌의 개인화個人化 필요성이 동시에 나타나는 현상을 보게 된다. 이 개인화는 근대 형법의 전체 역사 속에서 대단히 부담스러운 것이 되고 있다. 문제는 개인화가 뿌

58 이 주제에 관해서는 특히 S. Linguet, 《범죄사법 행정에서 어떤 개혁의 필요성》(1764년), p. 8을 참조.

59 P. L. de Lacretelle, 《명예박탈형에 관한 편견론》(1784년), p. 144.

60 J. P. Marat, 《범죄법 초안》(1780년), p. 34.

리내리는 지점이다. 어쩌면 법이론과의 관련에서거나 일상적 실행의 필요성에 따라서 그것은 형벌의 기호체계화의 원칙과 근본적으로 대립하는 것일지 모른다. 그러나 처벌 권력의 경제성이라는 관점에서 그리고 지나침도 없고 부족함도 없는, 무모한 '소비'도 없고, 소심한 태도도 없는, 처벌의 그처럼 완전하게 조정된 기호들을 모든 사회체제의 구석구석까지 유통시키고자 하는 기술의 관점에서 보면, 범죄의 징벌이라는 구조의 기호체계화와 범죄자-처벌의 짝을 조정하는 작업이 병행하는 것이며 서로가 서로를 필요로 한다는 것을 알 수 있다. 개인화는 이처럼 빈틈없이 적용된 기호체계의 긍정적 목표로 나타난다.

그런데 이 개인화는 종래의 법해석학法解釋學 속에서 발견되던 형벌의 조정 작업과는 아주 다르다. 과거의 법해석학은 — 그런데 바로 이 점에서, 기독교적 속죄의 행위와 일치하는 것이지만 — 형벌을 조정하는 데 있어서 말하자면 두 계열의 변수, 즉 '정황'의 내용과 '의도'의 내용을 이용했다. 즉, 행위 자체의 성격을 결정지을 수 있는 여러 요소들을 참작한 것이다. 형벌의 조정작업은 넓은 의미의 '결의론'61에 해당되는 것이었다.62 그런데 이제 윤곽을 드러내기 시작한 것은 범죄자 자신과 그의 성격, 그의 생활방식이나 사고방식, 그의 과거 등 품성에 관련된 조정작업이지 범행동기와 같은 의도에 관련된 조정작업은 아니다. 우리는 형벌의 실무에서 심리학적 지식이 결의론적 법

61 *決疑論: 양심문제(도덕문제)를 이성과 기독교의 교리에 따라 해결하려는 것.

62 결의론의 비개인화적 성격에 관해서는, P. Cariou, 《결의론(*Casuistique*)의 이념성》(박사 논문, 타이핑된 것)을 참조.

해석학을 대신하게 되는 지점을 인식하게 되지만, 그 지점은 아직 비어 있는 장소이다. 물론 18세기 말은 아직 그러한 시기가 아니다. 형벌의 기호체계와 개인화와의 상호 관련은 그 당시의 과학적 모델에서 찾을 수 있다. 아마 자연사自然史가 그것의 가장 적절한 도식을 제공한 과학일 것이다. 가령, 단절이 없는 점층법gradation에 의한 종種의 분류법이 그렇다. 개별적 범죄와 처벌 대상인 개인을 어떤 임의성에 의존하지 않고 일반 법칙에 따라 구분할 수 있도록, 사람들은 범죄와 형벌에 관해 린네63식의 체계를 수립하려고 했다. "상이한 여러 지역에서 발견되는 모든 종류의 범죄에 관한 일람표를 만들어야 한다. 범죄의 조사에 따라 종별의 구분을 해야 할 것이다. 이러한 구분을 하는 데 필요한 최상의 규칙은 범죄를 그 대상의 차이에 의거하여 구별하는 것이라고 나는 생각한다. 이 구분은, 각각의 종種이 다른 종과 명확히 구별되고, 또한 개별적인 각 범죄가 그 모든 관계에서 파악된 후에, 그것에 선행하게 될 범죄와 후속하게 될 범죄 사이에서, 그리고 가장 올바른 점층법에 의해 배열될 수 있어야 한다. 끝으로, 이 범죄일람표는 형벌에 관해서 작성되는 다른 일람표와 대조될 수 있는 것이어야 하고, 또한 두 일람표가 정확히 대응할 수 있도록 해야 한다."64 이론적으로, 아니 오히려 이상적으로, 징벌과 범죄에 대한 이중의 분류법은 어떻게 고정된 법칙을 개별적 개개인에게 적용하는가의 문제를 해결

63 *Linné: G. v. Linné(1707~1778): 스웨덴의 박물학자. 식물학·동물학에서 종류 구분법을 채택하여 정리한 업적으로 유명하다.

64 P. L. de Lacretelle, 《명예박탈형에 관한 담론》(1784년)에 게재된 "형법에 관한 고찰", pp. 351~352.

하려는 것이다.

그러나 그 당시에는 이러한 관념적 분류 모델과는 아주 다르게 인간학적 개인화의 형식들이 대단히 조잡한 방식으로 만들어지고 있었다. 우선 재범再犯의 개념에 관한 것이 그렇다. 그것은 종래의 형법에서 완전히 무시되었던 것은 아니다.[65] 그러나 이제 그것은, 범죄자 자신의 사실 인정으로 일단 선고된 형벌을 변경시킬 수 있는 것이 된다. 예를 들어 1791년의 법률에 의하면, 재범자들은 거의 어떤 경우에나 이중의 형벌을 받을 수 있었다. 혁명력革命曆 10년 꽃 달[66]의 형법에 의하면, 그들은 R〔Récidive(재범)의 머리글자〕로 표시하도록 규정되었다. 1810년의 형법전은 그들에게 각기 최고의 형을 부과하거나 그보다 더한 최상급의 형을 부과하고 있었다. 그런데 재범의 경우 표적이 되는 것은 법에 의해서 규정되는 어떤 범죄행위를 일으킨 자가 아니라 범죄행위자인 주체이며, 내재적으로는 그 범죄성격을 명시하는 어떤 의지이다. 점차적으로 범죄 대신에 범죄성犯罪性이 형벌의 관여 대상으로 되면서, 초범자와 재범자의 차이는 한층 더 중요해지는 경향을 보인다. 더구나 이러한 차이를 출발점으로 삼아 여러 가지 단계로 강조하면서, 이 시대에 '치정passionnel, 癡情' 범죄라고 하는 개념이 형성되는 것을 볼 수 있다. 이러한 범죄는 우발적이고 비계획적이며 특이

---

65 카로노와 엘리, 쇼보 등의 견해와는 반대로, 구체제하의 대부분의 법률에서는 재범에 대해 매우 명료하게 제재가 가해졌다. 1549년의 왕령은 재범을 행하는 악인은 "저주받을, 수치스러운, 공공질서에 분명히 유해한 자"라고 포고하고 있고, 신에 대한 모독이나 절도나 방랑 등의 재범에 대해서는 특별한 형벌이 부과되었다.

66 *花月(화월): 프랑스 공화력의 8월. 4월 20일~5월 20일.

한 상황에 발생하는 것으로서, 광기의 상태라는 변명의 여지를 전혀 갖지 않은 것이고, 또한 상습적 범죄가 아닐 수도 있는 것이다. 이미 1791년에 르 펠르티에는 그가 입헌 의회에 제출한, 형벌의 정밀한 점증적 구분으로 "태연자약하게 범행을 계획하"다가 형벌의 두려움 때문에 행동하지 못하는 악인이 범죄를 단념할 수 있게 한다는 내용을 지적한 바 있었다. 이와 반대로 "계산에 근거하지 않은 격렬한 치정문제"로 발생하는 범죄에 대해서는 그러한 구분이 무력한 것임을 인정했다. 그러나 이런 것은 별로 중요하지 않다. 그런 종류의 범죄가 그것을 자행한 사람들에게서 "그 어떤 논리정연한 악의"[67]를 드러낼 수는 없기 때문이다.

형벌의 인간화人間化의 이면에서 알 수 있는 것은 그 모든 규정들이, 처벌하는 권력의 계산에 의거한 경제성으로서 형벌의 완화를 허용한다는 것, 아니 보다 정확히 말해서 형벌의 완화를 요구한다는 것이다. 그러나 그 모든 규정들은 또한 권력이 적용되는 지점을 이동하게 만든다. 즉, 그 지점은 이제는 더 이상 신체형의 의식에서처럼 극도의 고통과 요란스러운 모양으로 이루어지는 행사에서의 신체가 아니라 정신이고, 또한 모든 사람의 정신 속에서 소극적이기는 하지만 명확하고 필연적으로 확산되는 표상과 기호의 작용이어야 한다. 마블리Mably의 말을 따르면, 이제는 신체가 아니라 정신인 것이다. 그 말이 무엇

67 Le Peletier de Saint-Fargeau, 《의회 고문서》 제 26권, pp. 321~322. 다음 해(1792년), 벨라르는 치정 범죄를 위한 최초의 구두 변론으로 간주할 수 있는 발언을 하고 있다. 이것이 '그라'(Gras) 사건이다. 《근대 변호사 연보》(1823년), 제 3권, p. 34.

을 뜻하려는 것인지는 이제 분명히 알 수 있다. 즉, 그것은 권력의 기술과 상관되는 말이다. 우리는 이제 낡은 처벌의 "해부학"과 작별할 수 있다. 그렇다고 해서 우리가 실제로 "신체 불관여의 징벌시대에 들어간 것일까?"

‡

우리는 그러므로 출발점에서 위법행위를 분명히 구분 지을 수 있고, 처벌의 기능을 일반화하며 처벌하는 권력을 통제하기 위해서 제한하려는 그러한 정치적 계획을 설정해 볼 수 있다. 그런데 바로 여기에 범죄와 범죄자를 객관화하는 두 가지 흐름이 나타난다. 한편에서는 만인의 적으로서 만인이 쫓아 버리려 하는 범죄자가 사회 계약의 테두리를 벗어나 시민으로서의 자격을 상실하고, 자기 자신 속에 본성적인 야만성의 요소를 지니는 사람으로 불쑥 나타난다. 그는 악당이고, 괴물이고, 어쩌면 광인狂人일지 모르고, 병자이고, 마침내는 '비정상적 인간'으로 나타난다. 언젠가 그는 이러한 자격 때문에 과학적 객관화의 대상이 되고, 그것에 관련되는 '치료'를 받게 될 것이다. 다른 한편으로, 처벌하는 권력의 효과를 내부적으로 조정해야 할 필요 때문에 실재적이건 잠재적이건 모든 범죄자들을 대상으로 한 전략이 만들어지기도 한다. 그것은 즉, 범죄 방지의 영역을 위한 조직, 이해 타산적 계산, 범죄 방지에 대한 표상과 기호의 보급과 확산, 확실성과 진실을 규명하려는 지평의 설정, 여러 형벌에 대한 섬세하고 치밀한 조정 등이다. 이 모든 것은 범죄자와 범죄의 객관화로 귀결된다. 이 두 가지 중 어느 경우에서도 처벌 집행의 근저에 있는 권력관계는 객체와의 관련에 의해서 뒷받침되고, 여기서 범죄는 공통적 규범에 따라 밝힐 수 있는 사실이고, 범죄자는 종별적 기준에 의거하여 인식해야 할 개인이다. 또한 객체와의 이러한 관련은 마치 극단적 감성에 의한 격렬한 신체형을 금지하는 경우나, 또는 처벌 받게 되는 사람이 어떤 사람인가에 대한 합리적이고 '과학적'인 물음의 경우와 마찬가지로 외부적 처벌의 실제내용과 중첩되는 것이 아니다. 객관화의 과정은 권력의 전략과 또한 권력행사의 구획 정리 안에서 생겨나게 된 것이다.

그럼에도 불구하고 형벌의 개혁 계획과 더불어 윤곽이 뚜렷해지는 이러한 두 가지 유형의 객관화는 시간적 경과 과정과 그것이 초래한 효과의 측면이 다르다는 점에서 확연히 구별된다. 자연인으로서 법의 테두리를 벗어난 범죄자를 객관화시키는 작업은 정치적 비판의 여러 주제와 상상적인 것의 여러 형상이 교차하는, 멀리 보이는 선과 같은 것으로서, 아직은 잠재적 형태일 뿐이다. 범죄인이 인식의 한 영역 안에서 어떤 명확한 객체로 되기까지는 오랜 시간을 기다려야 했다. 그것과는 달리 반대쪽은 처벌하는 권력의 재편성과 한층 더 직접적으로 연결되어 있는 만큼, 보다 신속하고 결정적인 몇 가지 성과를 올렸다. 예를 들면, 법전의 체계화, 범죄의 규정, 형량의 계량 결정, 소송 과정의 규칙, 사법관의 역할 규정 등이 그렇다. 또한 이렇게 된 것은 사법 권력이 관념학파Idéologues가 만든 담론에 의존하였기 때문이다. 사실 이러한 담론은, 이해관계, 표상, 기호 등의 이론에 따라, 또한 담론으로 재구성된 모든 계열과 생성에 따라, 인간에 대한 권력 행사의 일반적인 조제법이 되었다. 즉, 그것은 수단으로서의 기호학을 통해 정신을 권력에 대한 기록의 표면으로 대상화한 것이고, 관념의 통제에 의한 신체의 예속화를 만든 것이고, 신체형의 예식에 대한 해부학보다 훨씬 효과적인 신체의 정치학에서 표상 분석이 원칙처럼 된 것이다. 관념학파의 사상은 개인과 사회의 이론만이 아니었다. 그것은 군주들의 사치스러운 권력 낭비와 대조적으로 정밀하고 유효하고 경제적인 권력의 기술로 발전되었다. 그리고 다시 한 번 세르방Servan의 말에 귀를 기울여 보자. 즉, 죄와 벌의 개념은 긴밀하게 관련되어야 하고, "끊임없이 연결되어야 한다. … 이와 같이 시민 여러분의 머릿속에서 이러한 개념의 연쇄성이 만들어지면 여러분은, 그것들을 조롱하고 지배하는 입장이 된다고 자부해도 좋을 것이다. 어리석은 전제 군주는 노예들을 쇠사슬로 구속할지 모르지만, 참된 정치가는 그것보다는 훨씬 더 강하게 관념의 사슬로 노예들을 구속한다. 정치가가 사슬의 한쪽 끝을 붙잡아 두는 것은 이성이라는 고정된 측면이다. 또한 그 사슬은 우리가 그 구조를 모르면서 스스로 만들어 낸 것이라고 믿고 그러면 그럴수록 더욱더 단단히 조여드는 것이다. 절망이 깊어지고 시간의 흐름에 따라 쇠와 강철로 된 사슬은 부식되고 말지만, 습관적으로 굳어진 관념의 결합은 더욱더 강하게 조여드는 사슬과 같다. 가장 튼튼한 제국帝國의 흔들리지 않는 기반은 인간의 부드러운 두뇌신경조직 위에 세워진 것이다."68

그러나 처벌의 이러한 기호기술, 이러한 '이데올로기적 권력'이야말로 적어도 부분적으로는 미해결 상태로 머물다가 새로운 정치 해부

---

68 J. M. Servan, 《범죄사법 행정에 관한 논설》(1767년), p. 35.

학解剖學으로 대체되면서, 신체는 다시 새로운 형태로 주인공 역할을 하게 된다. 그런데 이 새로운 정치 해부학에는 18세기에 형성되는 두 가지 상이한 객관화의 방향이 교차되어 있다. 즉, 하나는 범죄자를 '다른 한쪽으로'—반反자연적인 자연 본성 쪽으로 몰아붙이는 방향이며, 다른 하나는 계산에 의거한 처벌의 경제에 의해서 범죄를 제어하려고 하는 방향이다. 새로운 처벌 기술을 일별해 보면, 그것은 신체에 관한 새로운 정치에 의해 처벌의 기호 기술이 대체된 것임을 분명히 알 수 있다.

2

유순해진 형벌

처벌 방법은 그러므로 표상의 기술 전체에 근거해야 한다. 이러한 시도는 자연스러운 역학관계 속에서 이뤄질 경우에만 성공할 수 있다. "물체의 인력 작용과 비슷한 어떤 알 수 없는 힘이 우리로 하여금 스스로 안락함을 추구하게 만든다. 이 충동은 그것을 가로막는 법의 제어制御를 통해서만 영향을 받는다. 인간의 모든 다양한 행동은 이러한 내면적 성향의 결과이다." 어떤 범죄에 대해서 적당한 징벌을 찾는 일은 결정적으로 범행의 생각을 매력 없는 것으로 만들어 버릴 수 있는 그러한 불이익을 찾아내는 일이다. 문제는 서로 상충하는 에너지들의 조정방법, 상호 연결되는 이미지들의 구사방법, 시간의 흐름을 초월할 수 있는 변함없는 관계의 창출이다. 즉, 상호 대립적 가치를 지닌 한 쌍의 표상 체계를 조립하는 일이고, 현존하는 힘들 사이의 양적인 차이를 규명하는 일이고, 그 힘들 사이의 움직임을 권력 관계에 종속시킬 수 있는 장애물적 기호들의 작용을 확립하는 일이다. "신체 처벌의 관념이 나약한 인간의 마음에 항상 깃들어 있도록 하여 범죄를 지향하게 되는 감정을 억제해야 한다."[1] 예전에 사회적 제재로서의 낙인이 신체형을 구성했듯이, 이제는 장애로서의 기호가 형벌의 새로운 장치를 구성하게 된다. 그러나 이 장애로서의 기호가 작동하려면, 몇 가지 조건을 따라야만 한다.

(1) 가능한 한 자의적이 아닐 것. 사실상 무엇이 범죄시되어야 하는가를 자체의 이해관계에 따라서 규정해 주는 것이 사회이다. 그러므로 범죄는 자연적인 것이 아니다. 그러나 사람이 범죄를 생각할 때 곧 처벌의 문제를 쉽게 머릿속에 떠올리게 하려면, 범죄와 처벌 사이의 관계가 최대한으로 직접적인 것이 되어야 한다. 그 관계는 유사·상동·근접의 관계이다. "사람의 생각이 징벌에 대한 두려움 때문에 이익을 예상한 범죄의 길로 빠져들지 못하게 하려면 형벌을 범죄의 성질과 가능한 한 일치하는 것으로"[2] 만들어야 한다. 이상적인 처벌은 그것에 의해서 제재되는 범죄에 투명하게 나타나는 것이다. 따라서 처벌을 생각하는 자에게 처벌은 반드시 처벌받는 범죄의 기호가 될 것이고, 또한 범죄를 꿈꾸는 자에게는 범행의 생각만으로도 처벌에 관한 기호를 일깨우게 될 것이다. 이것은 죄와 벌 사이의 관계에 안정성을 주고, 또한 범죄와 징벌과의 균형적 계산을 할 수 있는 이점이 있고, 또한 이해관계의 양적인 해석을 도와주고 처벌이 자연스런 연속

1 Beccaria, 《범죄와 형벌에 관한 논고》(1856년 판), p. 119.

2 위의 책.

이라는 형식을 갖게 함으로써 그것이 인간적 권력의 자의적 결과가 아니라는 것을 보여 준다. 즉, "징벌로부터 범죄를 명확하게 이끌어 내는 것이야말로 처벌을 범죄와 조화시키는 최선의 방법이다. 이것이 사법의 승리라고 한다면, 그것은 또한 자유의 승리이기도 하다. 왜냐하면 그 경우에 형벌은 이미 입법자의 의지에서 생겨나는 것이 아니라, 불가피하게 생기는 것이 되어, 사람들은 인간이 인간에게 폭력을 휘두른다고 생각하지 않기 때문이다."[3] 그러한 상동관계의 처벌을 통해 처벌하는 권력은 제 모습을 감추게 된다.

개혁자들은 제도에 의해 자연스러운 것이 되고 형식을 통해 범죄의 내용을 재현하는 이런 형벌에 관한 모든 장치를 제안했다. 예를 들면, 베르메이유Vermeil의 제안은 이런 것이다. 공적인 자유를 남용하는 자는 그 개인의 자유를 박탈해야 하고, 법의 혜택과 공직의 특권을 남용하는 자는 그 시민권을 빼앗아야 할 것이며, 또한 독직瀆職이나 고리대금에 대해서는 벌과금을 부여하는 처벌을 해야 한다. 또한 절도에 대해서는 몰수의 처벌을 내리고, "실체가 없는 명예"를 훼손한 범죄에 대해서는 공개사과형을 내리며, 살인에 대해서는 사형을, 방화에 대해서는 화형을 내려 처벌해야 한다. 독살자에 대해서는, "사형 집행인이 독배를 들어서 그의 얼굴에 독액을 뿌리고, 그러한 얼굴 모습을 본인에게 보여 주어 대죄의 공포를 지겹도록 깨닫게 한 후, 부글부글 끓는 열탕의 솥 속에 거꾸로 집어넣어야 한다"[4]는 것이다. 이것은 단지

---

3 J. P. Marat, 《범죄법 초안》(1870년), p. 33.

4 F. M. Vermeil, 《범죄법 개혁에 관한 시론》(1781년), pp. 68~145. 그리고 Ch.

공상에 불과한 것이었을까? 그럴지도 모른다. 그러나 죄와 벌 사이의 상징적 대응관계의 원칙은 르 펠르티에가 1791년에 새로운 형법을 제안할 때에도 여전히 분명하게 표명된 사실이다. 즉, "범죄의 성질과 처벌의 성질 사이에는 정확한 대응관계가 필요하고, 범행이 잔인했던 자는 신체형을 받아야 하고, 나태한 자는 중노동을 해야 하고, 비열했던 자는 명예형을 받아야 한다는 것이다."[5]

이러한 잔혹성이 앙시앵 레짐ancien régime, 구제도의 신체형을 그대로 연상시켜 주는 것임에도 불구하고, 유추적인 방법에 의존한 새로운 형벌 속에서는 완전히 다른 기계장치가 작동한다. 이제는 더 이상 권력투쟁에서 벌어지는 잔인성과 잔인성의 대립도 없고, 계속되는 복수의 대칭 관계도 없다. 기호가 의미하는 내용과 기호의 투명한 관계가 있을 뿐이다. 사람들은 징벌의 무대 위에서 감각적으로 직접 이해할 수 있고, 간단히 계산할 수 있는 근거가 되는 그러한 죄와 벌의 관계를 확립하려고 한다. 이것은 형벌에 관한 일종의 이성적 미학이다. "충실하게 자연을 따라야 하는 것은 미술에서만 적용되는 것이 아니다. 정치 제도, 적어도 현명한 판단과 영속적 구성요소를 갖는 정치 제도도 그러한 자연의 바탕 위에서 이루어진 것이다."[6] 형벌은 범죄에 근거해서 이루어져야 하고, 법은 사필귀정事必歸正인 것처럼 보여야 하며, 권력은 부드러운 자연의 힘처럼 자신이 모습이 드러나지 않은 채 작용해

E. Dufriche de Valazé, 《형법에 관해서》(1784년), p. 349 참조.

5 Le Peletier de Saint-Fargeau, 《의회 고문서》 제 26권, pp. 321~322.

6 Beccaria, 《범죄와 형벌에 관한 논고》(1856년 판), p. 114.

야 한다.

(2) 이러한 기호들의 작용은 여러 가지 힘들의 역학관계와 맞물려 있어야 한다. 즉, 범죄에 유혹을 느끼게 만드는 욕망을 감소시켜 형벌이 두려운 것임을 깨닫게 하는 이해관계를 증대시키고, 죄와 벌 사이의 강렬한 비중관계를 역전시켜 형벌과 그것의 불이익이라는 표상이 범죄와 범죄에 따르는 쾌락에 관한 표상에 비해서 훨씬 더 선명하도록 해야 한다. 따라서 이해관계와 그것의 작용, 이해관계를 떠올리는 방식과 표상의 선명성에 관한 모든 구조의 문제가 관련되어 있는 것이다. "입법자는 건물의 견고성에 도움이 될 수 있는 모든 힘을 이용하는 한편, 동시에 건물을 무너뜨릴 염려가 되는 모든 힘을 제거할 줄 아는 유능한 건축가가 되어야 한다."[7]

여러 가지 방법이 있다. "악의 근원을 향해 똑바로 나아갈 것."[8] 즉, 범죄의 표상을 가동시키는 원동력을 파괴하는 일이다. 범죄를 발생시킨 이해관계를 무력하게 만드는 일이다. 예를 들면, 방랑放浪이라는 범법행위 뒤에는 나태가 있으므로, 바로 그것을 없애야 한다. "걸인을 오히려 하수구와 같은 불결한 감옥 속에 가두어 둔다고 해서 문제가 해결될 일이 아니다." 그들을 강제로 일하게 해야 한다. "그들에게 일을 시키는 것, 그것이 그들을 처벌하는 최선의 수단이다."[9] 나쁜 정열에는 좋은 습관을, 나쁜 힘에는 다른 힘을 대응시켜야 하지만, 그 힘

7 위의 책, p. 135.

8 G. de Mably, 《법제에 관해서》, 《마블리 전집》(1789년) 제 9권, p. 246.

9 J. P. Brissot, 《범죄법 이론》(1781년) 제 1권, p. 258.

은 무장한 권력의 힘이 되어서는 안 되고, 감수성과 정열이 토대가 되는 힘이 되어야 한다. "범죄실행의 원인이 된 정열을 최대한으로 억제할 수 있는 방법 중에서 아주 단순하고, 적절하고, 잘 알 수 있는 그러한 원칙으로 형벌을 추론하고 결정해야 하지 않을까?"[10]

범죄지향적으로 되는 힘을 차단시켜야 한다. 범죄에 대한 공동의 관심을 깨뜨려서, 그것을 이용해 형벌을 두려운 것으로 만들어야 한다. 범죄에 대한 흥미는 범행에 의해 충족될 수 있을지 모르지만 징벌의 존재가 그 이상으로 범행 억제의 욕구와 충동을 일으킬 수 있어야 한다. 교만함의 원인으로 범죄가 발생한 경우에는 그 교만함에 상처를 주고, 처벌에 의해서 그 교만함에 반감을 갖도록 해야 한다. 명예형의 효력은 범죄의 근원이 되는 허영심을 근거로 삼은 것이다. 광신자들은 자신의 사상과 그 사상으로 인해 겪는 형벌을 명예로 생각한다. 따라서 광신狂信에는 그것의 바탕이 되는 오만한 고집스러운 성격을 꺾어 버려야 한다. 즉, "야유를 퍼붓고 치욕스럽게 광신을 압박하는 것이다. 광신자들의 오만한 허영심이 다수의 구경꾼의 면전에서 치욕을 당할 경우, 이 형벌에서 기대되는 긍정적 효과는 틀림없는 것이다." 그렇게 하지 않고, 광신자들에게 신체적 고통을 부과하는 일은 아무 소용도 없을 것이다.[11]

유익하고 훌륭한 관심에 따라서 범죄가 줄어들 수 있는 것이므로,

---

10 P. L. de Lacretelle, 《가욕형에 관한 편견론》(1784년) 에 수록된 《형법에 관한 고찰》, p. 361.

11 Beccaria, 《범죄와 형벌에 관한 논고》(1856년) p. 113.

그러한 관심을 북돋아 줄 수 있어야 한다. 소유권 — 부富의 소유권뿐만 아니라 명예와 자유, 그리고 생명의 소유권 — 에 대한 존중심, 가령 범죄자가 도적질이나 중상, 유괴나 살인을 행할 때 그는 존중심을 상실한 것이다. 따라서 그에게는 그러한 존중심을 가르쳐 주어야 한다. 또한, 그에게 존중심을 가르치는 데 먼저 시작해야 할 것은 무엇보다 그 자신을 위해서라는 것이다. 즉, 자기의 재산 · 명예 · 시간 · 신체를 자유롭게 행사할 수 없게 된다는 것이 어떤 것인지를 그가 체험할 수 있도록 해야 하고, 그 목적은 어디까지나 그로 하여금 타인에게서 그런 것들의 자유로운 행사를 존중하도록 만드는 데 있다.[12] 마찬가지로, 안정되고 해독하기 쉬운 기호들로 되어 있는 형벌은 이익의 경제학이나 정념情念의 역학을 재구성해야 한다.

(3) 결국 형벌의 시간적 조정과 배분의 효용성이 문제된다. 형벌은 기호를 변용하고, 변경시키고, 확립하고, 범죄에 대한 여러 가지 제동 장치를 만들어 낸다. 만약 형벌이 결정적인 것이 되어야 한다면, 그것의 효용성은 어떻게 될까? 어떤 형벌에 종료 시기가 없다면, 그것은 모순된 형벌이 될 것이다. 즉, 형벌이 수형자에게 가하는 모든 구속은, 그가 나중에 착한 사람으로 돌아간 후 그러한 구속의 체험을 이용할 수 없다면, 육체적 형벌에 불과한 것이 될 뿐이다. 더구나 사회적 측면에서도 그를 감화시키기 위한 노력이란 모두 헛수고와 낭비가 될 것이다. 교정되지 않는 사람들이 있다면, 그들을 제거하도록 해야 한다. 그런데 교정될 수 있는 사람들에게 형벌의 의미가 작동하는 것

---

12 G. E. Pastoret, 《형법에 관해서》(1790년) 제 1권, p. 49.

은 형벌이 끝난 다음에서이다. 입헌의회 의원들이 동의한 분석으로는, 1791년의 형법전은 모반자와 살인자에게는 사형을 규정하고, 그 밖에 모든 형벌에는 기간(그 최대의 형벌은 20년)이 있도록 한다.

그러나 특히 시간의 역할은 형벌의 경제와 합치되어 있어야 한다. 가령 신체형이 극심한 폭력성을 보이게 되면, 범죄가 무거운 것일수록 그 벌은 점점 더 단기간이 될 결과를 초래할 위험이 있었다. 과거의 형벌제도 속에도 시간의 문제가 관여해 있었다. 예를 들면, 형틀을 씌우는 기간, 추방형의 햇수, 형차刑車 위에서 숨을 거두는 데 소요되는 시간 등이 그것이다. 그렇지만 그것은 어디까지나 시험에 따르는 시간이었지 합의에 의한 변화조절의 시간은 아니었다. 이제는 시간의 문제가 징벌 고유의 효력을 거두어야 한다. 장기간에 걸친 일련의 권리 박탈 상태는 인간에게 고문의 공포를 주지 않으며, 일시적 고통의 형벌보다 훨씬 더 죄인에게 영향력을 행사한다. 그 박탈 상태는 그것을 목격하는 사람들에게 보복적인 법의 기억을 끊임없이 되살리게 하고, 유익한 공포를 언제나 부활시킨다.13 시간은 형벌을 운용하는 요인이 된 것이다.

그런데 정념情念의 믿을 수 없는 성격 때문에 정념을 바로잡으려는 데 있어 동일한 방식이나 경직된 방법으로 그것을 속박하는 일은 바람

---

13 Le Peletier de Saint-Fargeau의 견해, 《의회 고문서》 제26권. 사형을 인정하지 않는 저작자들은 어떤 궁극적인 형벌을 미리 규정하고 있다. 예컨대, J. P. Brissot, 《범죄법 이론》(1781년) 제1권, pp. 29~30 및 Ch. E. Dufriche de Valazé, 《형벌에 관해서》(1784년), p. 344의 "교정 불가능할 정도로 악랄"하다고 판결이 내려진 자에 대한 종신형.

직하지 않다. 또한 형벌은 형벌에 의해서 성과가 오름에 따라 완화되는 것이 좋다. 만인에게 동일한 방식으로 법에 의해 규정한다는 의미에서 형벌은 고정된 것일 수 있지만 그 내적인 구조는 변화할 수 있는 것이 되어야 한다. 입헌의회에 제출한 계획 속에서 르 펠르티에는 엄중성의 강도가 점차 약해지는 형벌안을 제안했다. 예를 들면, 가장 무거운 형벌에 처해진 자라도 지하 감방(손발에 쇠사슬을 채우고, 어두운 독방에서 빵과 물만으로 지내는 상태)에 들어가는 것은 처음의 일정 기간만으로 충분하고, 그 경우에 그는 일주일에 2, 3일간 일을 해도 좋다는 식이다. 형기의 나머지 3분의 2가 되면, 그는 '구금'의 관리 체제로 옮겨져도 좋다(빛이 들어오는 지하 감방, 몸통에 쇠사슬, 1주에 5일간은 고립된 단독 노동, 그러나 나머지 2일은 공동 작업. 이 일에는 돈이 지불되고, 그 급부로 보통의 식사보다 나은 것을 주문해도 된다). 끝으로 형기의 만기가 가까워 오면, 그는 감옥의 관리 체제 안으로 옮겨 갈 수 있다. "매일 그는 공동 작업을 하기 위해 다른 모든 죄수들과 함께 있을 수 있다. 그가 원한다면 혼자 일할 수도 있다. 자신의 노동으로 번 돈을 식사비로 사용할 수도 있다."14

(4) 수형자 측에서 형벌은 여러 가지 기호와 이익계산, 시간의 분배량 등에 의해 만들어진 하나의 장치이다. 그러나 죄인은 징벌의 한 표적일 뿐이다. 징벌은 특히 다른 사람들을, 즉 죄인이 될 가능성이 있는 모든 사람을 대상으로 삼는다. 따라서 수형자의 표상 속에 조금씩 새겨지는, 장애로서의 기호는 짧은 시간에 광범위하게 퍼져서 순

14 Le Peletier de Saint-Fargeau의 견해, 《의회 고문서》 제 26권, pp. 329~330.

환될 수 있도록 해야 하고, 만인에 의해서 용납되고 또한 재분배될 수 있는 것이 되어야 한다. 그리하여 사람들 사이에서 오고 가는 말이 되어 범죄를 자제할 수 있는 담화—사람들의 정신 속에서 범죄를 통해서 얻는 잘못된 이익 대신에 올바른 금전 개념이 형성될 수 있도록—가 되어야 한다.

그러기 위해서는 징벌이 자연스러워야 할 뿐 아니라, 만인이 관심사가 되어야 하고, 각자가 징벌 속에서 자기 자신의 이익을 읽을 수 있어야 한다. 이제는 과거의 요란스럽지만 실속은 없었던 형벌은 존재하지 않게 되었다. 비밀리에 행해진 형벌도 또한 존재하지 않게 되었다. 그러나 모든 시민에게 손해를 입힌 범죄에 대한 징벌은 죄인에게 똑같이 시민 개개인에게 치르는 일종의 대가 같은 것이 될 수 있어야 한다. 즉, "시민의 눈앞에 끊임없이 보여지면서 일반적이기도 하고 특수한 운동의 결과로 공공의 유익이 생겨"[15]나는 그런 형벌이다. 이상적으로 말하면, 수형자는 이익이 될 수 있는 일종의 소유물과 같은 존재, 즉 만인에게 봉사하는 노예로 표현될 수 있을 것이다. 무슨 이유 때문에 사회가 자기소유로 될 수 있는 죄인의 생명과 신체를 제거할 것인가? 그렇게 하기보다는 "범죄의 성질에 따라 그 기간의 장단이 있다 하더라도, 노예상태 속에서 죄인을 국가에 봉사"하도록 하는 편이 훨씬 더 유익할 것이다. 프랑스에는 상거래를 불편하게 만드는 비실용적 도로가 너무나 많다. 도둑들은 상품의 자유로운 유통을 방해하고 있는 셈이므로, 그들에게 도로재건 작업을 부과하면 된다. "자유를

---

15 Ch. E. Dufriche de Valazé, 《형법에 관해서》(1784년), p. 346.

박탈하여, 과거에 자신이 사회에 끼친 손실을 보상하는 데 여생을 바치게 될 사람을 계속 우리들의 눈앞에서 본보기"[16]로 삼아 징계하는 것은 사형보다 훨씬 더 설득력이 있는 방법일 것이다.

수형자의 신체는 과거의 제도에서는 국왕의 것이어서, 군주는 그 신체에 낙인을 찍고 권력의 여러 가지 효과를 집행할 수 있었다. 이제는 그 신체가 오히려 사회적인 것으로서, 집단적이면서 유익한 소유의 대상이 된 것이다. 그렇기 때문에 개혁자들은 거의 언제나 공공 토목사업에 동원시키는 일을, 있을 수 있는 최선의 형벌로 제안했다. 더구나 3부회의 청원Cahiers de doleances도 그들의 견해를 따라 "사형보다 가벼운 그 어떤 형에 처해진 자는 그 범죄에 상응하는 기간 동안 그 지방의 공공 토목사업에 종사해야 한다"[17]고 했다. 이 공공 토목사업은 두 가지 의미를 내포하고 있는데, 그것은 수형자의 노동에 의한 집단의 이익이라는 점과 통제 가능한 징벌의 가시적 성격이라는 점이다. 그리하여 죄인은 두 번 죄 값을 치른다. 즉, 그가 제공하는 노역과 그가 만들어 내는 기호로 보상하는 것이다. 사회 속에 있으면서, 공공연한 장소나 대로에 노출된 수형자는 이익과 의미를 만들어 내는 근원이 된다. 그는 가시적인 모습으로 개개인에게 도움을 주지만, 동시에 만

---

16 A. Boucher d'Argis, 《범죄법에 관한 고찰》(1781년), p. 139.

17 L. Masson, 《1791년 형법상의 혁명》, 139면. 그러나 형법으로서의 노동에 반대하는 입장에서는 그러한 노동이 폭력에의 의존(르 펠르티에의 견해), 혹은 노동의 신성성의 모독(듀포르의 견해)을 포함하고 있다고 보았다. 라보 셍테티엔느는 "자유인에게 주로 속하는 자유로운 노동"과 대조적으로 '강제노동'이라는 표현을 채택하도록 하고 있다. 《의회 고문서》 제 26권, p. 710 이하.

인의 정신 속에 범죄가 바로 징벌이라는 기호를 남몰래 주입시키는 것이다. 이러한 기호야말로 이차적인 효용성인 셈인데, 이 효과는 완전히 정신적인 것이지만, 참으로 현실적인 것이기도 하다.

(5) 그런 점에서 교묘한 경제적 광고 효과가 생겨난다. 과거의 신체형에서는 공포가 징계의 근거로 되어 있었다. 그것은 신체에서 느껴지는 두려움이나, 집단적 공포, 수형자의 뺨이나 어깨에 새겨지는 낙인烙印과 똑같이 구경꾼의 기억 속에 새겨지는 무서운 형상이었다. 그러나 이제 본보기 징계의 근거가 된 것은 공중도덕에 대한 교훈이나 담화, 판독 가능한 기호, 연출적 효과나 회화적 표현형태 등이다. 징벌 의식을 뒷받침하는 것은 더 이상 군주 권력의 무서운 부활이 아니라 '형법전'의 재활성화이고, 범죄의 개념과 형벌의 개념 사이의 관계에 대한 집단적 강화이다. 이제 사람들은 형벌을 통해서 군주의 모습을 보기보다 법 자체를 판독하게 될 것이다. 과거의 법은 막연하게 어떤 범죄에 어떤 처벌이 뒤따르게 된다는 관계로 이어졌다. 이제는 범죄가 행해지면 지체 없이 처벌이 따르게 되고, 처벌은 법의 담론을 현실적 실체로 만들며, 또한 여러 가지 개념을 연결 짓는 '형법전'이 바로 여러 가지 현실을 연결 짓는 것임을 보여 주게 된다. 그 결합은 법조문 안에서 직접적으로 되어 있는 만큼, 현실의 행위에서도 직접적인 것이어야 한다. "어떤 잔인한 범행 뉴스가 우리가 사는 거리나 마을 안에서 퍼져 가는 처음 얼마 동안을 생각해 보라. 시민들은 벼락이 옆에 떨어진 것을 목격한 사람들처럼 누구나 분노와 공포에 사로잡힐 것이다. 그때가 바로 범죄를 처벌할 기회이다. 범죄자가 제멋대로 도망치지 않도록 하고 범죄를 증명하여 심판하도록 서둘러야 한다. 처형

대를 설치하고 화형의 장작을 쌓아 올려라. 죄인을 광장에 끌고 가서 큰 소리로 군중을 불러 모으라. 그러면 군중들이 평화와 자유를 선언할 때처럼 그대가 내리는 판결의 선언에 박수를 보내는 소리가 들릴 것이다. 법의 승리를 향해 달려가듯이, 그들은 이러한 무서운 스펙터클을 보러 달려올 것이 분명하다."[18] 공개 처벌이야말로 기호체계를 직접적으로 재구성할 수 있는 의식이다.

법은 개혁되었으나 결국 법을 위반한 범죄의 옆자리에 다시 자리 잡은 것이다. 그 대신 범죄자는 사회로부터 격리되고, 사회를 떠나게 된다. 그러나 그것은 예전에 민중이 범죄나 처벌에 불가피하게 가담하던 앙시앵 레짐 시절의 이중적 축제행사를 통해서가 아니라, 죽음의 예식을 통해서이다. 이제 사회는 자신의 법을 되찾았지만, 그 법을 위반한 시민의 위상은 전과 같지 않게 되었다. 공개 처벌에는 다음과 같은 이중적 고통이 나타날 수 있어야 한다. 즉, 하나는 사람들이 법을 모르고 지냈다는 자각의 고통이며, 다른 하나는 부득이 어떤 시민과 헤어지지 않을 수 없는 고통이다. "신체형에 가장 침통하고, 가장 감동을 주는 기구를 연결 짓도록 하라. 무서운 처형의 그날이 조국의 입장에서 장송葬送의 날이 되도록 하고, 그 고통이 널리 퍼지도록 커다란 문자로 도처에 홍보하도록 하라. — 상복喪服을 입은 사법관은 국민에게 범죄행위와 그것에 따른 법적인 보복의 슬픈 필연성을 널리 알려야 한다. 이 비극의 여러 가지 장면들은 사람들의 모든 감각을 강하게 자극할 수 있어야 하고, 순진하고 정직한 모든 정서를 감동시키는 것

---

18 J. M. Servan, 《범죄사법 행정에 관한 논설》(1767년), pp. 35~36.

이 되어야 한다."[19]

그 죽음의 의미는 만인에게 분명한 것이 되어야 한다. 죽음의 의식을 구성하는 각 요소가 범죄를 말하고 설명하는 것이 되어야 하고, 법을 상기시키고, 처벌의 필연성을 제시하고, 처벌의 조처를 정당화하는 것이 되어야 한다. 벽보나 게시, 그리고 기호와 상징은 누구나 그 죽음의 의미를 알 수 있도록 되풀이되어야 한다. 처벌을 공개하는 행위는 신체에 가하는 공포의 효과를 전파하는 것이 아니고, 이른바 어떤 책을 펼치는 것과 같아야 한다. 르 펠르티에의 제안에 의하면, 국민은 매월 1회, 괴로운 감옥에 갇힌 수형자들을 찾아가 "감옥 문 상단에 죄인의 성명과 범죄와 판결이 굵직하게 적힌 것을 읽을 수 있도록 하자"[20]는 것이었다. 그리고 또한 몇 년 후에 벡송Bexon은 제정시대의 예식처럼 노골적이고 군대식인 양식으로 표현된 형벌 문장紋章의 일람표를 이렇게 고안해 보기도 한다. "사형수를 처형대로 운반하는 차는 붉은 색이 섞인 검정 색으로 칠하든가, 휘장을 두르도록 한다. 모반을 일으킨 자는 빨간 속옷을 입히고, 가슴과 등에는 반역자라는 말을 써 붙이도록 한다. 그가 존속尊屬살해자라면 얼굴을 검은 두건으로 씌우고, 그 속옷에는 단검 또는 사용된 흉기를 수놓도록 한다. 독살범일 경우에는 붉은 셔츠에 뱀과 기타 독성이 있는 동물의 장식을 붙이도록 한다."[21]

---

19 Dufau의 "입헌 의회에서의 연설" 《의회 고문서》 제 26권, p. 688.

20 위의 책, pp. 329~330.

21 S. Bexon, 《공안 법전》(1807년) 제 2부, pp. 24~25. 바바리아 국왕에 제출된 초안이 문제였다.

이처럼 이해하기 쉬운 교훈이나 새로운 의식의 기호체계화는 가능한 한 자주 반복되도록 해야 한다. 징벌은 축제라기보다는 교육이고, 의식이라기보다는 오히려 늘 펼칠 수 있는 책이어야 한다. 죄인에게 징벌을 효과적인 것으로 만드는 기간은 구경꾼들에게도 유익한 것이다. 그들은 범죄와 징벌에 관해서는 확고부동한 용어를 부단히 참조할 수 있어야 한다. 비밀리에 행해지는 형벌의 절반은 쓸모없는 형벌이다. 형벌이 집행되는 현장에 아이들이 찾아올 수 있어야 하고, 그곳에서 시민 교육의 학습이 이루어지도록 한다. 또한 어른들은 그곳에서 정기적으로 법을 배울 수 있게 된다. 징벌의 현장을 온 가족이 일요일에 견학할 수 있는 '법의 정원Jardins des Lois'과 같은 곳으로 생각해 보자는 것이다. "사회 질서의 유지와 징벌의 효용성에 관하여 이치에 맞는 변론으로 미리 사람들에게 정신교육을 시킨 다음에, 젊은이나 어른들이 수시로 광산이나 토목 공사의 현장에 가서, 사회에서 추방된 죄인의 무서운 운명을 참관하게 하는 것이 좋다. 이러한 탐방은 터키인의 메카 순례보다 한층 더 유익할 것이다."[22] 또한 르 펠르티에는, 징벌의 이러한 가시성可視性이 새로운 형법전의 기본 원리 중 하나라고 생각했다. "종종 지정된 날짜에 죄인은 민중의 스펙터클이 되어 수치를 당해야 하며, 민중의 입장에서는 죄인이 범죄로 인해 괴로운 상태에 놓인 모습을 보고 정신적으로 유익한 교육을 받는다."[23] 범죄자는 학문의 대상으로 인식되기 훨씬 전에, 교육의 요소로 상정되었던 셈이

22 J. P. Brissot, 《범죄법 이론》(1781년).

23 《의회 고문서》 제 26권, p. 322.

다. 죄인들과 고통을 함께하기 위한 자선적 의미의 참관 — 이것은 17세기에 고안되거나 부활된 것이지만 — 이 실시된 후에, 사람들은 법의 은혜가 어떻게 범죄에 적용되는지를 아이들의 교육용 참관으로 생각했다. 그것이야말로 치안 박물관에서의 산교육인 것이다.

(6) 그러면 사회에서 범죄에 관한 전통적 담론은 전도顚倒될 수 있을 것이다. 18세기 법률 작성자들의 중요한 관심사는 범죄자들의 의심스러운 영광을 어떻게 소멸시키는가의 문제였다. 인물 연감이나 유인물들, 민화들에서 찬양하는 대악당大惡黨의 영웅적 행위를 어떻게 침묵시켜야 할까? 그러나 처벌에 관한 기호체계 개편이 제대로 이뤄지고, 죽음의 처벌 의식이 훌륭히 전개된다면, 범죄는 하나의 불행으로 인식되고, 악인은 사회생활을 재교육시켜야 할 사회의 적으로 인식될 수밖에 없을 것이다. 범죄자를 영웅시하는 찬양 대신에, 사람들은 주로 징벌에 대한 계산된 두려움 때문에 범죄의 욕망을 중단시키는 억제의 기호만을 이야기할 것이다. 그러한 현실적 형벌장치는 일상적 언어를 통해 충분히 작용할 것이며, 일상적 언어는 새로 만들어지는 이야기에 의해 형벌장치를 계속 강화할 것이다. 담론은 법을 전달하는 수단이 될 것이고, 보편적인 새로운 기호체계의 변함없는 원칙이 될 것이다. 민중시인들은 결국 "영원한 이성의 사도使徒"라고 자칭하는 사람들과 같은 입장에서 도덕주의자가 될 것이다. "끔찍한 형벌의 형상과 도덕적으로 유익한 생각에 흠뻑 젖은 시민들은 그것을 자기 가족에게 전할 것이고, 그들의 이야기를 열심히 하면 아이들은 열중해서 듣는 과정을 통해 생생한 기억력을 되살려 범죄와 징벌의 관념, 법과 조국에 대한 사랑, 사법관에 대한 존경과 신뢰 등을 절대로 잊지 않

을 것이다. 이러한 사례들을 보고 들은 시골 사람들은 동네에 홍보할 것이며, 미덕에 대한 취향은 거칠고 순박한 시골 사람들의 마음속에 뿌리내리게 될 것이다. 또한 그 반대로 악인은 미덕에 대해 기뻐하는 사람들의 모습에 놀라고, 자신과 반대되는 적이 많은 것을 보고 두려움을 느낀 나머지, 순간적이면서 치명적일 수 있는 결과에 이르는 범죄계획을 단념할 것이다."[24]

그러므로 처벌의 도시를 어떻게 상상해야 하는가의 문제는 다음과 같다. 교차로, 공원, 개조되는 도로나 건설 중의 다리, 공개된 작업장, 사람들이 견학할 수 있는 광산의 오지 등, 그 모든 장소에 징벌을 교시하는 수많은 소극장을 설치하는 것이다. 모든 범죄에는 그것에 합당한 법이 있고, 모든 범죄자에게는 합당한 형벌이 있다. 그것은 가시적 형벌이자, 수다스러운 형벌로서, 모든 것을 입에 올려 설명하고, 정당화하고 설득한다. 즉, 게시, 모자, 벽보, 플래카드, 상징, 읽을 수 있고 인쇄되는 문장 등 이러한 모든 것은 '형법전'의 내용을 끊임없이 반복해 말한다. 배경화나 원근법, 시각적 효과, 정밀한 사실적 그림의 형태들이 종종 실제무대를 확대한 것으로서, 실제의 형체보다 한층 더 무서운 것으로 만들면서 또한 분명한 것이 되게 한다. 일반인들의 입장에서는 실제로 일어나지 않는 어떤 잔혹한 장면이라도 그대로 믿을 수 있다. 그러나 이러한 형벌의 잔혹성이 실제의 것이든 과장된 것이든 간에 중요한 것은 그 가혹성이 엄밀한 경제성으로 교육적 역할을 하고 있다는 점이다. 즉, 모든 징벌은 바로 교훈담教訓談이

---

24 J. M. Servan, 《범죄사법 행정에 관한 논설》(1767년), p. 37.

라는 것이다. 더구나 모든 직접적인 미덕의 모범과는 달리, 악덕의 불행은 언제라도 실물처럼 견학할 수 있는 이점이 있다. 도덕적인 이러한 '스펙터클' 주변으로 교사들과 함께 학생들이 밀려올 것이며, 어른들은 아이들에게 어떤 교훈을 가르쳐야 좋은지를 알게 될 것이다. 이미 그것은 신체형의 공포를 자아내는 거창한 의식이 아니라, 일상적 흐름으로 거리에서 볼 수 있는 진지한 무대이자, 다양하고 설득력 있는 광경이 벌어지는 극장이 된다. 일반 민중은 소문을 퍼뜨리는 과정에서 준엄한 법의 이야기를 기억 속에서 계속 재생시켜 나갈 것이다. 그런데 이러한 많은 스펙터클이나 이야기보다 한층 더 필요할지 모르는 것은, 가장 무서운 범죄에 대해 부과하는 처벌의 중요한 기호, 즉 형벌이라는 건축물의 요체를 설정하는 일이다. 여하간 베르메이유는 일상적 징벌의 모든 무대를 압도할 만한 절대적 처벌의 장면을 상상해 보았는데, 이것은 극단적 처벌을 상정하고 그것에 도달하려고 애썼던 유일한 경우이다. 이것은 과거의 형벌제도에서 국왕 살해죄에 해당하는 범죄가 새로운 형벌제도에서 등가적 형태로 나타난 것이라고 할 수 있다. 죄인은 두 눈이 뽑히고, 야외에서 공중에 매달린 채, 철제우리에 갇혀서 옷이 벗겨지고 허리에 쇠고리가 채워진 뒤 창살에 붙들어 매여 있다. 그리고 죽을 때까지 음식물은 빵과 물만을 주도록 한다. "그리하여 겨울이면 얼굴에 잔뜩 눈을 뒤집어쓰거나, 여름이면 작열하는 태양에 의해 타들어 가는 등, 그는 계절의 모든 혹독한 고통에 그대로 노출될 것이다. 괴로운 삶의 연장, 삶이라기보다 고뇌에 충만한 죽음 그 자체를 나타내는 이러한 강력한 신체형을 통해서 사람들은 흉악한 범죄자가 자연 전체의 공포를 뒤집어쓰는 모습을 인지하게 되고,

그가 모독한 천국을 두 번 다시 볼 수 없고, 자신이 더럽힌 이 세상에서 그가 다시는 살 수 없는 운명이라는 것을 알게 될 것이다."[25] 처벌의 도시 위에는 바로 이러한 철창 감옥이 지배하는 것이며, 새로운 형법에 의해서 이렇게 십자가에 매달려야 하는 인간은 바로 반역죄의 범인이자 존속살해자인 것이다.

‡

그 모든 세련된 징벌의 병기창兵器廠. 마블리에 의하면, 그것은 "똑같은 처벌을 부과하지 않도록 하라"는 원리에 의거한 것이다. 이제 죄의 비중에 따라서만 조정되는 획일적인 형벌의 개념은 사라졌다. 좀더 정확히 말하면, 징벌의 일반적 형태로서의 감옥의 사용방법은 특수하고 가시적이며 언어로 표현된 형벌의 계획안에는 나타나 있지 않았다. 아마도 구금은 미리 규정된 것이라 해도, 다른 여러 가지 형벌 중의 하나일 것이다. 구금은 그러니까 개인의 자유 침해에 관한 사건(유괴 따위)이거나, 혹은 자유의 남용에서 발생하는 사건(방탕, 폭력) 등 모든 종류의 경범죄에 대한 특정한 징벌로서이다. 또한 그것은 어떤 종류의 형벌(예컨대 징역형)이 집행되기 위한 조건으로도 미리 규정되어 있다. 그러나 그것은 기간을 포함한 형벌의 모든 영역을 하나의 변화 원리로 포괄하고 있는 것이 아니다. 그뿐 아니라 형벌로서의 구금형拘禁刑에 대한 착상은 많은 개혁자들에 의해서 명백히 비판받게 된다. 왜냐하면

---

25 F. M. Vermeil, 《범죄법 개혁에 관한 시론》(1781년), pp. 148~149.

이러한 구금형은 여러 가지 범죄의 개별성에 대응할 수 있는 것이 아니기 때문이다. 또한 일반 대중에 대한 효과를 결여하기 때문이며, 사회에 무익하고 유해하기조차 하기 때문이다. 즉, 그것은 비용이 들고, 수형자들을 나태한 상태에서 지내게 하여 그들의 악덕을 증가시키기 때문이다.[26] 이러한 형벌의 집행은 그 통제가 어렵기 때문이고, 또한 수감자를 간수의 전횡에 방치해 둘 위험이 있기 때문이다. 한 인간의 자유를 박탈하고 그를 감옥에 가두어 감시하는 작업은 전제적인 권력 행사이기 때문이다. "당신들의 주장대로라면, 당신들 중에는 괴물과 같은 인간이 있다. 그런데 그처럼 추악한 인간이 만일 실재한다면, 그는 입법가들로부터 아마 살인자와 같은 사람으로 취급되어야 할 것이다."[27] 결론적으로 감옥은 효과로서의 형벌, 표상으로서의 형벌, 일반적 기능의 형벌, 기호와 담론의 형벌과 양립할 수 없는 것이다. 감옥은 암흑이고, 폭력이고, 의심이다. "그곳은 수감자의 인원수를 시민의 눈으로 계산하지 못하는 곳이며, 따라서 그 인원수를 모델로 삼을 수 없는 어둠의 장소이다. 그런데도 범죄의 다양한 경우를 계산하지 않고, 징벌의 사례만 늘려 놓으면 결국에는 그러한 징벌을 덜 필요한 것으로 만들게 된다. 더욱이 감옥의 암흑 상태는 시민들이 불신하는 요소가 되어, 사람들은 그곳에서 극심한 부정이 자행된다는 의심을 쉽게 갖기 마련이다. 다수의 행복을 위해 만들어진 법이 사람들에게 감사의 생각을 불러일으키기는커녕 계속 불만을 자아내는 원인이 될 경우, 사태가

---

26 《의회 고문서》 제 26권, p. 712 참조.

27 G. de Mably, 《법제에 관하여》, 《마블리 전집》(1789년), 제 9권, p. 338.

악화될 것은 분명하다.[28]

오늘날처럼 구금형이 사형과 가벼운 형벌 사이에서 중간 정도의 모든 처벌의 범위를 포괄할 수 있다는 것은 당시의 개혁자들이 즉각적으로 생각할 수 없었던 점이다.

그런데 문제는 다음에 있다. 즉, 순식간에 구금형이 징벌의 본질적인 형태로 된 것이다. 1810년의 형법전에는 사형과 벌금형의 중간에 해당하는 구금형이 여러 가지 형태로 가능한 처벌의 거의 모든 영역을 차지하게 된다. "새로운 법률에 의해 승인된 형벌제도란 무엇인가? 그것은 모든 형태의 감금이다. 형법전 속에 남아 있는 4가지 주요한 형을 실제적으로 비교해 보라. 강제노동형은 구금의 한 형태이다. 도형장은 옥외에서의 감옥이다. 구류, 징역, 구금은 말하자면 동일한 하나의 징벌에 붙여진 여러 가지 명칭에 불과하다."[29] 또한 법률에 의해 정해진 이러한 구금을 나폴레옹 제정기의 정부는, 형벌과 행정과 지리에 관련된 모든 등급 순위에 따라 현실에 맞게 적용할 수 있도록 신속히 결정했다. 즉, 최저 단계에서는 각 치안 재판소와 연결된 읍·면 경찰서의 유치실이 있고, 각 군에는 유치장이, 모든 군에는 교도소가 설치되도록 하며 최종 단계에서는 중죄를 선고받은 자나 1년 이상의 형에 처해진 유죄자를 수용하는 몇 개의 중앙 감옥이, 그리고 약간의 항구에는 선박 감옥이 설치되도록 한 것이다. 그 각종 수준이 행정상

---

28 Ch. E. Dufriche de Valazé, 《형법에 관하여》(1784년), pp. 344~345.

29 C. F. M. de Rémusat의 견해(1831년 12월 1일), 《의회 고문서》 제27권, p. 185.

의 중앙 집권화의 여러 단계와 정확히 일치하게끔, 거대한 감옥 조직이 계획되어 있었다. 예전에 처형대에서는 수형자의 신체가 의식에 따라 가시화되어 있는 군주의 권력 앞에서 노출되어 있었고, 처벌의 무대 위에서는 징벌의 표상이 사회 전체를 향해 항시적으로 제시되었는데, 이제 그것에 대신해서 나타난 형태는 국가기구의 총체적 조직과 합치된 폐쇄적이고 복합적이며 등급화된 거대한 구조이다. 그것은 전혀 다른 물질성이고, 권력의 전혀 다른 물리학이며, 인간의 신체를 포위하는 전혀 다른 방법이다. 왕정 복고시대 이후, 그리고 7월 왕정시대에는 프랑스의 전체 감옥 안에서 수감자 숫자는 약간의 편차를 감안하더라도, 4만에서 4만 3천 명에 이르게 된다(인구 600명당 약 1명의 비율이다). 에워싸고 보호하는 벽도 아니고, 자신의 특권적 지위로 권력과 부富를 과시하는 벽도 아니다. 세심하게 폐쇄되고, 어느 방향으로도 넘어갈 수 없게 되어 있고, 더구나 이제는 알 수 없는 징벌의 노동으로 폐쇄된 그 높은 벽은 19세기의 도시 바로 가까운 곳이거나, 혹은 그 한복판에서 처벌하는 권력의 물질적이자 동시에 상징적인 단조로운 형상이 된다. 일찍이 집정시대(1799~1804년) 내무장관은 각 도시에서 이미 기능하고 있기도 하고 계속 활용될 수도 있는 각종 감옥에 관한 조사업무를 수행한 적이 있었다. 그 몇 년 후에 국비로 예산을 마련하여, 그 자체로 표상과 봉사의 역할을 맡은 권력의 차원에서 시민들의 사회질서를 지켜 주는 새로운 성채들이 건설되었다. 실제로 나폴레옹 제정帝政은 그 성채들을 또 하나의 다른 전쟁(대외적 전쟁)을 위해서 이용했다.[30] 19세기에 덜 호사스럽지만, 더 완강해진 경제책에 의해서 그것들은 조금씩 단계적으로 건설되었다.

여하간 20년이 못되는 기간 동안 전문적 시각으로 조정한 효과적인 형벌원리는 어떤 경우에도 만인에게 교훈이 되도록 입헌의회에서 매우 명료하게 작성됨으로써, 적어도 사형을 부과할 정도가 아니라면, 어느 정도 중요한 모든 위법행위에 대해서는 구금형이 원칙처럼 되었다. 18세기에 사람들이 꿈꾸었으며, 법원 관할에 속하는 일반인들의 정신에 근본적으로 영향을 미칠 수 있었던 처벌의 무대에는 감옥이라는 거대한 획일적 장치가 들어서고, 이 거대한 기구의 조직망은 프랑스 전역과 유럽에 확산된다. 그러나 요술과 같은 이 작업에 20년이라는 시간의 경과를 부여하는 것은 지나친 추정일지 모른다. 그 요술은 거의 순식간에 이루어졌다고 말할 수 있다. 르 펠르티에에 의해서 입헌의회에 제출된 '형법전Code Criminel' 초안을 자세히 살펴보는 것이 좋다. 처음에 작성된 원칙은 "범죄의 성격과 처벌의 성격 사이의 정확한 대응 관계"가 필요하다는 점이다. 예를 들면, 잔혹했던 사람에게는 고통을, 나태했던 자에게는 노동을, 타락한 영혼의 소유자에게는 명예형을 부과한다는 것이다. 그런데 실제로 제안된 신체형은 3가지 형태의 구금형으로서, 첫째는 구금형이 각종 조치(독방, 빛의 차단, 식사 제한)에 의해서 가중 처벌되는 형태의 지하감옥le cachot이고, 둘째는 이러한 부가 조치가 완화된 상태의 억류la gê ne이며, 셋째는 무조건적인 투옥으로 국한된 그야말로 엄밀한 의미에서의 감옥le prison이다. 매우 엄숙하게 약속된 다양한 처벌방식은 결국 이러한 획일적이고 단조

---

30 E. Decazes의 "감옥에 관한 국왕에의 보고", 《세계신보》(*Le Moniteur*) 지(1819년 4월 11일.)

로운 형벌제도로 귀착되어 버린다. 더욱이 그 당시에 의원들 중에는 범죄와 형벌과의 질적인 대응 관계를 확립하지 못한 채, 전혀 다른 차원의 조치가 취해진 것에 대해서 깜짝 놀라는 사람들도 있었다. "그래서 조국을 배반했을 경우에도 감금되고, 아버지를 살해했을 경우에도 감금되는 것이다. 상상할 수 있는 일체의 범죄는 완전히 획일적 방식으로 처벌된다. 마치 어떤 병일지라도 똑같이 치료하는 의사를 보는 것 같다."[31]

이것은 프랑스에만 국한되지 않은 신속한 변화현상이다. 이 현상은 다른 조건이 똑같다고 한다면, 다른 여러 나라에서도 동일하게 발견된다. 예를 들어, 카테리나 2세는, 《범죄와 형벌에 관한 논고》가 발간된 후 몇 년 안에 '신新형법전' 초안을 작성하도록 지시했는데, 여기서 형벌의 종별성과 다양성에 관한 베카리아의 교훈은 망각된 것이 아니라, 한마디 한마디가 거의 그대로 채택되어 있다. 즉, "형법이 개개의 형벌을 범죄의 개별적 성격으로부터 안출할 때, 그것은 시민적 자유의 승리이다. 그렇게 되면 일체의 독단은 정지되고, 형벌은 완전히 입법자의 자의에 맡겨지는 것이 아니라 사건의 성격에 따라 좌우된다. 인간에게 폭력을 가하는 존재는 인간이 아니라 인간 자신의 행동이다."[32] 수년 후에도 다름 아닌 베카리아의 일반원리는 토스카나 공국의 신형법전 및 요셉 2세가 제정한 오스트리아 신형법전의 토대가 된다. 그렇지만, 이 두 법제에서 구금은 그 형기에 따라 변화가 있고, 경우에 따

31 Ch. Chabroud의 견해, 《의회 고문서》 제 26권, p. 618.
32 카테리나(Catherine) 2세, 《신형법전 초안의 기초 위원회를 위한 훈령》 제 67조.

라서는 낙인이나 쇠사슬로 묶는 가중형이 부과되더라도 거의 획일적인 형벌로 되어 있다. 예를 들어 군주에 대한 음모, 화폐의 위조, 절도에 따른 살인은 적어도 30년의 징역이 되고, 계획적 살인 및 강도는 15년에서 30년의 징역, 단순한 절도에 대해서는 1개월 이상 5년 이내의 징역이 된다.33

그러나 감옥에 의한 형벌의 식민지화가 놀라운 것은, 예전에는 구금형이 사람들이 상상하는 것처럼 형벌제도 중에서 사형의 바로 아래쪽 위치에 확고히 자리 잡는 징벌이고, 수많은 신체형의 폐지로 비어 있는 자리를 극히 자연스럽게 차지할 수 있는 그러한 징벌이 아니었기 때문이다. 사실 그 당시의 감옥은 — 이 점에서 많은 나라들이 프랑스와 같은 상태였는데 — 형벌제도 안에서는 주변적이고 한정된 지위밖에 갖고 있지 않았다. 법조문이 그 증거이다. 1670년의 왕령은 징역을 신체형 속에 포함시키지 않았다. 아마도 무기 또는 유기징역은 어떤 관습법 안에34 나타나 있는 것이었는지 모른다. 그러나 그 형은 다른 신체형과 마찬가지로 폐지된 것으로 간주된다. 즉, "예전에는 오늘날의 프랑스에서는 실시되지 않는 형벌이 있었는데, 예를 들면, 수형자의 얼굴이나 이마 위에 형벌을 글자로 새겨 넣는 것이 있었고, 죄인을 맹수 앞에 내던지거나, 광산에 보내면 안 될 경우에 취해지는 종신징역의 감옥형도 있었다."35 실제로 감옥이 무겁지 않은 죄를 벌하는

---

33 이 형법전의 일부분은 P. Colquhoun의 《런던 치안 경찰관》(프랑스어 역, 1807년) 의 서문에서 번역되었다. 제 1권, p. 84.

34 예컨대, Coquille, 《니베르네(Nivernais) 지방의 관습법》(1590년) 참조.

35 G. du Rousseaud de al Combe, 《범죄구성 사실론》(*Traité des matiéres crimi-*

방법으로 존속한 것은 확실한데, 그것은 지방의 관례나 관습에 많이 좌우된다. 그런 의미에서 술라즈가 서술하던 것은, 1670년의 왕령에는 나타나지 않은 '가벼운 형'으로서, 예컨대 견책, 경고, 추방, 그리고 피해자에 대한 변상, 일시적인 감금과 같은 것들이다. 어떤 지방, 특히 법률상으로 자치주의적 특성을 가장 많은 지방에서는 감옥형이 크게 확산되는 추세였는데, 그러한 경우에도 어려운 문제가 있었다. 새로 병합된 루시용[36] 지방이 바로 그러한 예이다.

그렇지만 이러한 차이에도 불구하고 법률가들은 "감옥은 우리의 시민법에서 형벌로는 간주되지 않는다"[37]는 원칙을 완강히 고수한다. 감옥의 역할은 인격과 신체를 담보로 잡는 것이고, 그 원칙에 의하면 "사람들을 가두어 둘 뿐이지 벌하기 위해서가 아닌" 것이다. 그런 의미에서 용의자의 투옥은 채무자의 그것과 어느 정도 같은 역할을 한다. 감옥을 통해서 어떤 사람의 신병은 확보되지만 처벌되는 것은 아니다.[38] 그것이 일반원칙이다. 또한 감옥이 종종 형벌의 역할을 한다면, 더구나 중대한 죄의 경우에, 근본적으로 그것은 대용수단으로서 그렇게 하는 것이다. 예를 들면, 감옥은 노예선奴隸船에서 도움이 되

---

nelles) (1741년) p. 3.

36 *1659년의 피레네 조약에 의해서 프랑스에 합병되었다.

37 F. Serpillon, 《형법전》(1767년) 제 3권, p. 1095. 그렇지만 세르비용에게서는 감옥의 혹독함이 형벌의 시작이라는 견해가 보인다.

38 그러므로 감옥에 관한 다수의 법규를 이해하지 않으면 안 된다. 그 법규는 간수의 금품 강요, 감옥의 안전, 수인의 통신두절 등에 관한 것이다. 예컨대, 디종 고등법원의 결정(1706년 9월 21일) 그리고 세르비용, 《형법전》(1767년), 제 3권, pp. 601~647 참조.

지 않는 자 — 여성, 병약한 아이 — 들에게 갤리선의 대용물이 된다. “감옥 안에서 유기 또는 무기의 징역 선언은 갤리선의 유배 선언과 같다”39는 것이다. 이처럼 동등한 관계 속에서 어떤 교체의 가능성이 나타나는 것을 잘 알 수 있다. 그러나 그것이 이루어지기 위해서는 감옥의 법적 지위를 바꿔야만 했다.

또한 적어도 프랑스에서는 무시할 수 없는 두 번째 장애를 넘어서야만 했다. 사실상 프랑스에서 감옥은 현실적으로 왕권의 과잉과 군주의 전횡과 직접 결부되었던 만큼 더욱더 신뢰도가 떨어져 있었다. ‘중앙형무소’, 구빈원, ‘국왕 명령’ 또는 치안관 명령, 명사들이나 명문가족이 소지한 국왕 봉인장, 이러한 모든 것이 ‘합법적 재판’과 병치해 있거나 혹은 보다 빈번히 대립하기도 하는 억압적인 모든 재판 실무를 구성해 왔다. 또한 이 초超사법적인 투옥은 고전주의 시대의 법률가들에 의해서건 개혁자들에게 의해서건 한결 같이 배척되고 있었다. 군주의 소관이라는 감옥은, 고등법원장 부이에의 권위를 배후에 둔 세르피용과 같은 전통주의자의 말을 따르면, “군주가 아무리 국가적 이유 때문에 때때로 이러한 형을 부과하더라도, 정상적 재판은 그러한 종류의 유죄 선고를 내리지 않는 것이 관례”40라는 것이다. 구금이 전

39 절도의 재범에 관한 1724년 3월 4일의 포고나, 방랑에 관한 1724년 7월 18일의 포고가 명확히 지적하는 것은 바로 이 점이다. 노예선에 보낼 수 있는 연령에 도달하지 않는 미성년자는 그곳에 보낼 수 있을 때까지 감옥에 머물게 되었지만, 경우에 따라서는 감옥에서 자기 형기를 만료하는 일도 있었다. 《구체제하의 프랑스에서 범죄 및 범죄행위》(1971년), p. 266면 이하 참조.

40 F. Serpillon, 《형법전》(1767년) 제 3권, p. 1095.

제정치의 특권적 형태이자 그 도구라는 것은 많은 탄핵을 통해서 개혁자들이 주장한 바이다. 예를 들면, "왕정주의의 전제적 정신이 고안해 낸 저 비밀스러운 감옥에 대해서 뭐라고 말할 수 있을까? 주로 자연스럽게 광명의 횃불을 손에 들고 자신의 시대를 비춘 철학자들이나 조국의 나쁜 점들에 대해서 침묵하려는 비겁함이 없는, 늠름한 독립적 정신의 소유자들을 감금하는 저 감옥, 내용을 알 수 없는 봉인장封印狀에 의해서 불행한 희생자들을 영원히 잠들도록 죽음의 문을 열어 놓는 저 감옥에 대해서 뭐라고 말할 수 있을까? 교활한 폭정이 만들어 낸 걸작이라고 할 수 있는, 저 국왕 봉인장, 그 어떤 시민이라도 갖고 있는, 심판 받기 전에 말할 수 있는 특권을 유린해 버린, 팔라리Phalaris 왕[41]이 고안해 낸 것보다도 인간에게 수천 배나 위험한 저 봉인장에 관해서 더 이상 무슨 말을 할 수 있을까."[42]

어쩌면 이처럼 여러 방면에서 들려오는 항의의 소리는 합법적 형벌로서의 투옥이 아니라, 자의적이고 미결정적인 구금이 '법의 테두리 밖'에서 행사되는 문제와 관련된 것일지 모른다. 그래도 여전히 남는 문제는 감옥이 일반적으로 권력의 남용을 특징적으로 부각시킨다는 점이다. 삼부회의 많은 진정서들은 감옥을 정당한 재판과 양립할 수 없는 것으로 배척한다. 어떤 때는 고전주의적 법 원리에 의거하여, "법의 의도에 따르면, 징역형은 처벌이 목적이 아니라 신병의 확보가

41 *팔라리(Phalaris) 왕 : BC 6세기의 아그리장트(Agrigent)의 폭군으로서, 그의 잔학성은 청동으로 만든 소의 내부에 적군들을 붙잡아 넣어 불태워 죽인 것으로 유명하다.

42 J. P. Brissot, 《범죄법 이론》(1784년) 제1권, p. 173.

목적이기 때문에 …"[43]라는 논리가 강조된다. 또 어떤 때는 감옥이 아직 판결이 결정되지 않은 자를 미리 처벌하고, 예방해야 할 악惡을 오히려 널리 전파하고 일반화시키거나, 개인성에 의거한 형벌의 원칙에 반해서 결국 가족 전체를 벌하게 되는 감옥의 효과를 내세우기도 한다. 사람들은 이렇게 말하기도 한다. "감옥은 형벌이 아니다. 한 시민에게서 그가 누리는 행복 중에서 가장 귀중한 것을 박탈하고, 그를 치욕스럽게 범죄의 집이라는 감옥 속에 가두고, 그가 갖고 있는 모든 소중한 것으로부터 격리시키고, 어쩌면 그를 몰락에 빠지도록 재촉하는 것이 될지 모르고, 그에게서 뿐 아니라 그의 불행한 가족에게서도 생계의 수단을 빼앗는 일을 처벌이 아니라고 하는 비인간적 사고방식에 대해서 사람들은 분개하고 있다."[44] 그리고 청원서는 수차에 걸쳐서 이러한 구금 시설의 폐지를 요구하고 있다. "우리는 모든 형무소가 완전히 없어져야 한다고 생각한다."[45] 실제로 1790년 3월 13일의 법령이 명하는 바에 따르면, "성채, 교회건물, 형무소, 유치장, 기타 여러 감옥 안에서 국왕 봉인장 혹은 행정권 대행자의 명령에 의해서 감금되어 있는 모든 사람들"을 석방해야 한다고 되어 있다.

군주권까지 포함해서 사람들이 비난하는 위법성과 이처럼 명백히

---

43 "성곽 내의 상층시민"(귀족신분)의 청원, A. Desjardin, 《3부회의에의 청원서와 범죄사법》(1883년), p. 477에서 인용.

44 랑그르 거리의 '제 3신분'의 청원, 위의 책, p. 483에서 인용.

45 브리에 거리의 '제 3신분'의 청원, 위의 책, p. 484에서 인용. P. Goubert와 M. Denis, 《프랑스인은 발언한다》(1964년), p. 203을 참조. 또한 이러한 청원서 가운데는 가족이 활용할 수 있는 감금시설의 유지를 요구하는 내용도 들어 있다.

관련되어 문제시되었던 구금형이 얼마 안 되는 짧은 기간에, 어떻게 합법적 징벌의 가장 일반적인 형태가 될 수 있었을까?

‡

이러한 의문에 가장 빈번히 제시되는 설명은 처벌의 수단으로서 구금의 몇 가지 중요한 모델들이 고전주의 시대에 형성되었다는 점이다. 가장 가까운 시기의 모델은 영국과 미국에서 유래한 것인데, 그 특권적 지위 때문에 수 세기에 걸친 법 규칙과 감옥의 압제적 기능으로 만들어진 이중의 장애를 넘어설 수 있었다. 그러한 감옥의 모델이 있었기 때문에 모델들은 개혁자들이 고안해 낸 온갖 불가사의한 처벌 방법을 매우 신속하게 폐지해 버릴 수 있었고, 구금형의 엄숙한 현실을 받아들일 수 있었다. 의심할 여지없이, 이 모델들의 중요성은 엄청난 것이었다. 그러나 바로 그러한 모델은 참으로 문제의 해결방법을 제시하기보다 모델의 존재 문제와 모델의 보급 문제를 제시하는 원인이 된다. 어떻게 그것들이 태어날 수 있었으며, 또한 무엇보다도 어떻게 그것들이 일반적으로 용인될 수가 있었던가? 이러한 의문이 가능한 것은 그것들이 형법 개혁의 일반 원칙과 어느 정도 일치되는 점을 보여준다 하더라도, 많은 점에서 그 원칙과는 전혀 이질적이고, 때로는 양립할 수 없다는 것이 쉽게 보여지기 때문이다.

이러한 모델 중에서 제일 오래된 것, 멀리서건 가까이서건 다른 모든 모델의 근거가 된 것으로 생각되는 것은 1596년에 개설된 암스테르담의 라스푸이Rasphuis라는 곳이었다.46 원칙적으로 그것은 걸인이나 미성년 범죄자를 수용하는 기관이었다. 그곳의 운용은 3가지의 대원칙을 따르도록 되어 있었다. 우선, 형기는 수감자의 행위 여하에 따라 적어도 어떤 범위 안에서는 행정기관 자체에 의해 결정될 수 있었다(더구나 이러한 재량권은 판결문 속에 명시될 수 있게 되어서, 예컨대 1597년에 수감된 남자가 12년형에 처해졌어도, 그의 행동이 만족할 만한 것으로 판명되면 그 형기는 8년으로 단축할 수 있다). 또한 그곳에서는 노동이 의무적이고, 공동작업으로 수행되었으며(또한 독방은 다만 보충적 처벌로만 이용되고 있었다. 수감자는 4명에서 12명을 수용하는 작은 방 안에서 침대마다 2, 3명이 자고 있었다), 완료된 작업에 대해서는 수당을 지급하도록 했다. 끝으로 엄격한 일과시간, 체계적인 금지나 의무의 조항들, 빈틈없는 감시, 격려, 종교적인 독서 등, "선善으로 인도하고, 악을 멀리하도록" 하는 일련의 조치들이 수감자의 일상을 규제하고 있었다. 이 암스테르담의 '라스푸이'는 감옥의 기본적 형태로 간주된다. 역사적으로 그것은 개개인을 끊임없이 훈련시켜 교육적으로나 종교적

46 Thorsten Sellin, 《형벌학의 선구》(*Pioneering in Penology*) (1994년)를 참조. 이 책은 암스테르담의 '연마의 옥사'(*Rasphuis*) 및 '방적의 옥사'(*Spinhuis*)에 관한 포괄적 연구를 제공하고 있다. 18세기에 자주 인용되는 또 다른 '모델'은 별도로 취급할 수 있다. 마비용이 《수도회의 감옥에 관한 고찰》(1845년 재판) 안에서 제안한 것이 그 내용이다. 사실상 이 소논문은, 가톨릭교도가 그때까지 박애운동이나 어떤 행정체계 안에서 누렸던 지위를 신교도들과 자리다툼하던 시대에 발표되어, 거의 햇빛을 보지 못하고 영향력을 갖지 못했던 것 같다. 그런데 이 논문 덕분에 "미국 행정제도의 기원이 제네바 내지는 펜실베이니아 주에 있다고 주장하기 위해서 어떠한 논거를 든다 해도, 그 제도의 최초의 착상은 완전히 수도원적으로 프랑스적인 것"이라는 점이 명백해질 것이다(L. Faucher).

으로 개조한다는 16세기 특유의 이론과, 18세기 후반기에 고안된 형벌 기술들 사이의 연결 고리가 되는 것이다. 당시에 그것은 정착된 3가지 제도에 기본 원칙을 제공하였고, 이 3가지 제도는 각기 그 원칙을 독자적인 방향으로 발전시켜 나가게 된다.

갠트Gand의 형무소는, 특히 경제적 필요성에 따라 형벌 본위의 작업을 조직했다. 그 이유로 제시된 바에 의하면 무위도식無爲徒食의 생활이 대다수 범죄의 일반적 원인이라는 것이다. 1749년, 알로스트Alost 법원 관내에서 수형자에 관해 행해진 조사 — 아마도 최초의 조사일 것으로 생각되는 — 에 의하면, 범죄자는 '장인이나 농부'가 아니고(노동자는 오직 생활의 양식을 벌 수 있는 노동만 생각한다), '구걸을 일삼는 무위도식자들'47이다. 그 결과, 사회 규율을 따르지 않는 사람들을 위해, 이를테면 보편적인 노동 교육을 전담할 시설의 필요성이 생긴다. 그것에는 4가지 장점이 있다. 즉, 국가에 많은 비용을 부담하게 만드는 범죄수사의 건수가 감소되고(그렇게 되면, 플랑드르에서는 10만 파운드 이상의 경비가 절감될 것이다), 부랑자들 때문에 파산 상태에 놓인 삼

---

47 빌랑 14세, 《악인 교정방법에 관한 의견서》(1773년), p. 64. 갠트(Gand) 형무소 창설에 관계된 이 의견서는 1841년까지 발표되지 않았다. 추방형의 빈번한 시행으로 범죄와 방랑의 관계가 그만큼 뚜렷해졌다. 1771년 플랑드르의 여러 주에서는 다음과 같은 사실이 확인되었다. "각 주가 자기 지방에서 위험 유해하다고 생각되는 악인을 상호 추방하는 현상 때문에, 걸인을 단속하기 위해 정해 놓은 추방형은 효력을 잃은 상태였다. 그 결과, 한 지역에서 다른 지역으로 추방당한 걸인은 최후에는 교수형에 처해지지만, 한편, 만약 그 걸인으로 하여금 노동을 습득하게 했다면, 그는 이러한 악의 길로 빠지는 일이 없었을 것이다"(L. Stoobant, 《갠트 역사 협회 연보》 제 3권, 1898년, p. 228). 〈그림 2〉 참조.

〈그림 2〉 갠트(Gand)의 형무소 도면, 1773

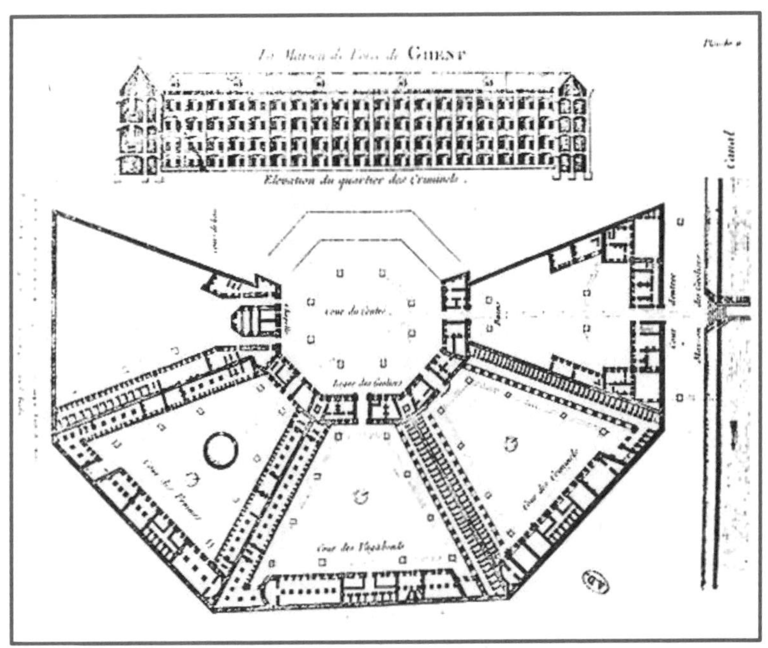

림 소유자들에게 세금을 감면해 줄 필요가 없어지게 되고, 수많은 새로운 노동자들이 생김으로써 “노동자들 간의 경쟁으로 임금의 하락 현상이 발생한다.” 끝으로 극빈자들의 경우, 필요한 자선 혜택을 완전히 누릴 수 있도록 한다48는 것이다. 이처럼 유익한 교육은 나태한 자에게는 노동의 취미를 다시 심어주게 될 것이고, 노동이 게으름보다 유익할 것이라는 관심체계 속에 억지로라도 집어넣어서 “살아남기를 바라는 자는 일해야 한다”고 하는 격언이 명료해질 만큼 강제적이고, 단순하고, 축소된 작은 사회를 만들어 낼 것이다. 노동의 의무는 물론이

48 위의 책, p. 68.

지만 또한 수감자는 감금 기간 중이거나 그 후에도 자신의 운명을 개선할 수 있게 하는 급료 — 생활수단을 찾지 못하는 사람은 노동에 의해서 — 를 받아야 한다. 그는 치안 경찰과 규율의 계통을 통해서 생활수단을 갖게 될 것이고, 그 일에 열중할 수 있도록, 말하자면 그에게 강제적 방법이 동원된다. 그 다음에는 돈을 벌고 싶다는 강한 욕망을 갖게 한다. 그러면 그 소행도 고쳐지고, 일하는 것에도 익숙해져서, 출소 후 얼마간의 수입을 손에 넣으면 걱정 없이 생계를 꾸려 갈 수 있으므로 그는 아무 위험 없이 생계가 보장되는 직업교육을 받는 것이다.49 경제적 인간homo oeconomicus을 재교육시키는 데에는 아주 짧은 기간의 형벌이나 — 짧은 기간에 직업 기술과 노동의 취미를 습득하기가 어려울 것이므로 — 종신형은 — 어떤 견습도 보람 없이 될 것이므로 — 제외된다. "6개월의 형기는 너무나 짧기 때문에, 범죄자를 교정하고 노동 정신을 주입시키기가 어렵다." 반대로 "종신형은 그들의 희망을 단절시켜 버린다. 그들은 품행 교정矯正과 노동 정신에 무관심하고, 주로 탈출과 반항의 계획에만 열중한다. 그런데 그들의 생명을 빼앗는 것이 적절한 조치라고 생각하지 않는 이상, 무엇 때문에 그들에게 삶을 견디기 어려운 것으로 만들어 줄 필요가 있겠는가?"50 형벌의 기간이 의미를 갖는 것은 어디까지나 가능한 교정과 교정되는 범죄자의 경제적 활용과의 관련에서일 뿐이다.

영국의 모델은 노동의 원칙에 덧붙여 독방을 교정의 본질적 조건으

---

49 위의 책, p. 107.

50 위의 책, pp. 102~103.

로 삼는 것이다. 그러한 도식은 1775년 한웨이Hanway가 제시했다. 그는 처음에는 소극적인 이유를 들어 그 도식을 정당화했다. 즉, 감옥 내의 잡거雜居생활은 나쁜 예가 되어 당장에는 탈옥의 가능성을, 미래에는 공갈이나 공모의 가능성을 갖게 만든다는 것이다. 수감자들을 모두 함께 일하게 하면, 감옥은 공장이나 다를 바 없을 것이다. 그가 나중에 제시한 적극적 이유는 이렇다. 독방은 수형자가 나쁜 영향을 받지 않고 자기반성을 통해 양심 속에서 선善의 목소리를 재발견할 수 있는 '무서운 충격'의 효과를 자아낸다는 것이다. 그러므로 혼자서 하는 일은 사람에게 배움의 기회도 되고 변화의 계기도 될 수 있다. 또한 그것은 경제적 인간에게 특유한 이익의 관심뿐 아니라, 도덕적 주체의 욕구를 만들어 낼 수 있다. 기독교인의 수도생활의 한 방법이자 가톨릭 국가에만 남아 있던 독방생활의 수련방법은 신교국가인 영국 같은 사회에서 경제적 인간을 재건하고 동시에 종교적 양심을 재건할 수 있는 수단이다. 법과 도덕으로의 복귀와 범죄 사이에서 감옥은 "두 세계 사이의 공간"이자, 국가의 편에서 잃어버린 신하가 국가로 되돌아가게 할 개인적 변화에 적합한 장소가 될 것이다. 그것은 한웨이가 '교정시설réformatoire'이라고 부르는,51 개인을 변화시키는 장치이다. 1779년, 미국의 독립에 의해서 죄수 유배가 어려워지자, 형벌제도를 개정하기 위한 법률안을 준비할 무렵, 하워드와 블랙스톤은 바로 이러한 일반 원칙을 실행했다. 정신과 품행의 변화를 목적으로 한 징역이 시민법의 구조 속으로 들어오게 된 것이다. 블랙스톤과 하워드가 작성한 법안의 서두는, 무

---

51 J. Hanway, 《치안의 결함》(*The Defects of Police*) (1775년).

서운 일벌백계一罰百戒의 정신, 개심改心의 수단, 직업 훈련의 필요조건 등, 3가지 기능으로 개인의 수감을 설명하고 있다. 즉, “고립된 감금과 규칙적인 노동, 종교 교육의 강화”를 감수하게 된 범죄자들의 존재는 “그들을 모방하려는 자들에게 공포감을 심어줄 뿐만 아니라, 자신의 잘못을 고치고 노동의 습관을 붙이도록”[52] 할 수 있을 것이다. 이러한 까닭에 남성용과 여성용의 감화원感化院을 건설한다는 결정이 내려졌고, 그곳에서 수감된 사람들은 “범죄자들의 무지와 태만과 고집의 성격과 가능한 한 화합될 수 있고, 또 가장 비천한 육체노동을” 강요받게 될 것이다. 예컨대 어떤 기계를 작동시키기 위해 차륜을 밟아 돌리거나 권양기를 고정시키는 일, 대리석을 닦고 삼을 단단히 다지는 일, 로그위드[53]를 갈아 가루를 만들거나 헝겊조각을 잘게 썰고, 밧줄이나 포대를 만드는 일 등이다. 그런데 실제로 감화원은 한 군데밖에 건설되지 않았다. 글로스터Gloucester 감화원만 설립된 것은 애초의 계획이 부분적으로만 실현되었음을 말해 준다. 즉, 가장 위험한 범죄자에게는 완전히 독방감금을 하도록 했고, 그 외의 다른 사람들에게는 주간에 공동작업을, 야간에는 격리 조처를 취하도록 했다.

끝으로, 필라델피아 모델의 감옥이 있다. 이것은 미국 제도의 정치 개혁과 연결되어 나타났기 때문에, 그리고 다른 나라의 경우처럼 곧 실패로 끝나거나 방치되지 않았기 때문에, 아마도 가장 유명해진 감옥

---

52 1779년의 법안 전문, Julius, 《감옥에 관한 강좌》(*Leçons sur les prisons*) (프랑스어 역. 1831년), 제 5권, p. 299에서 인용.

53 *나무 열매, 아메리카산의 콩과 식물로서 염료를 채취할 수 있다.

일 것이다. 이 모델은 감화원 개혁에 관한 1830년대의 본격적 논의에 이르기까지 계속 채택되고 변형된 형태가 되었다. 퀘이커 교도의 생활 환경에서 직접 영향을 받아 1790년에 창설된 월넛 스트리트Walnut Street 감옥은 많은 점에서 갠트와 글로스터의 모델을 모방한 것이었다.[54] 작업장에서의 강제노동, 수감자의 지속적인 일과부여, 노동에 따른 감옥에서의 급료지불, 그리고 가혹한 경제의 세계 속으로 정신적으로나 물질적으로 완전히 복귀시키기 위한 방법으로 죄수 개개인에 대한 철저한 임금 지불 등이 그것이다. 이리하여, 수형자들은 "계속 생산적 노동에 종사하게 됨으로써, 감옥의 경비를 부담하고, 할 일 없이 방치되지 않을 수 있고, 장래 출소 때를 대비해서 얼마간의 자금을 마련하게 될"[55] 수 있다. 그래서 그곳의 생활은 지속적인 감시체제와 완전히 엄격한 시간표에 따라 바둑판의 눈금처럼 구획 정리된다. 하루의 모든 시간은 배분되고, 활동 내용이 명시되어 있으며, 그것에 의무와 금지의 여러 사항들이 덧붙어 있다. "모든 수인들은 아침에 침대의 정돈, 세면, 기타의 일을 끝마치고 일출과 더불어 통상적으로 작업을 시작하기 위해서 새벽에 기상한다. 작업개시 후에는 그 누구도 자신의 작업으로 지정된 장소와 작업장 이외의 어떤 곳에도 갈 수가 없다. … 해가

---

54 퀘이커 교도들도 마찬가지로 암스테르담의 '연마의 옥사' 및 '방적의 옥사'를 알고 있었다는 것은 확실하다. T. Sellin, 《형벌학의 선구》(1944년), pp. 109~110 참조. 어쨌든 월넛 스트리트(Walnut Street) 감옥은 1767년에 창설된 구빈원(Almshouse)의 연속이며, 영국식의 관리체계이긴 하지만, 퀘이커 교도들이 부과하려던 형법의 계속이었다.

55 G. de La Rochefoucauld-Liancourt, 《필라델피아 감옥에 관하여》(1796년), p. 9.

지면 작업 완료를 알리는 종이 울린다. 그들에게는 침대 정리하는 데 30분이 주어지는데, 그 이후에는 큰 소리로 얘기하는 것이나 또는 어떠한 잡음도 허용되지 않는다."[56] 글로스터 감화원의 경우와 마찬가지로, 독방 감금이 전면적으로 시행된 것은 아니어서 독방 수감은 예전 같으면 사형 판결을 받았을 법한 수형자들이나 감옥 안에서 특별한 처벌을 받을 만한 사람들에 한해서만 실시된다. 거기서는 일도 없고, 심심풀이로 삼을 만한 것도 없어서 석방될 때를 고대하면서도 불확실한 상태에서 죄수는 "모든 죄인들의 마음이 몰두해 있는 반성행위 속에 갇혀 긴긴 불안한 시간을"[57] 보낸다. 끝으로 갠트Gand 감옥의 경우와 마찬가지로 구금의 기간은 수감자의 행동에 따라 바뀔 수 있다. 감옥의 감독관들은 사법당국으로부터 서류 심사 후에 행실이 좋았던 수감자에 대한 사면권을 받아서 행사할 수 있다. 그런 식으로 대략 1820년대까지는 별 문제가 없었다.

월넛 스트리트 감옥에는 그 밖에도 몇 가지 특징들은 이 감옥 특유의 것이거나 혹은 적어도 상술한 다른 모델들에 잠재적으로 존재하던 내용을 발전시킨 것이다. 우선, 형벌의 비공개 원칙이 그렇다. 형의 선고 및 그 근거는 만인에게 알려야 하겠지만, 그 반대로 형벌의 시행은 비밀리에 이뤄져야 한다. 일반인들은 처벌의 입회인으로서나 증인으로서도 참여할 수 없다. 감옥의 벽 너머에서 수감자가 자기의 형을 충실히 수행한다는 확실성은 충분히 모범적인 예가 될 수 있는 것이

---

56 J. Tumbull, 《필라델피아 감옥 방문기》(불역판, 1797), pp. 15~16.
57 Caleb Lownes, 《감옥의 요람》(1955년), p. 49.

다. 즉, 1786년의 법률이 수형자들에게 도시 안에서나 도로상에서 공공 토목사업의 노역을 강제적으로 부과함으로써 공공연하게 볼 수 있는 그러한 죄수들의 광경은 이미 존재하지 않게 된다.[58] 징계와 그것으로 실시되어야 할 교정은 죄수와 감시하는 사람들 사이에서 전개되는 과정이다. 개인을 완전히 바꾸는 개조의 과정은 개인에게 강제되는 매일의 노동을 통해서 그의 신체 및 습관을 개조하고, 또한 개인을 대상으로 한 정신적 배려를 통해서 그의 정신과 의지를 개조하는 과정이기도 하다. "성서나 다른 실용적 종교 서적들이 비치되어 있다. 거리나 근교에서 볼 수 있는 각종 수도원 분원의 성직자가 일주일에 한 번 찾아올 수 있도록 보장하고, 그 밖에 선도할 수 있는 인사라면 언제라도 죄수들을 면접할 수 있게 한다."[59] 행정당국도 이러한 선도 수행의 임무를 갖는다. 죄수의 독방생활과 자기반성만으로는 충분하지 않고, 완전히 종교적 설교만으로도 역시 불충분하다. 수감자의 영혼에 영향을 미치는 작업은 가능한 한 빈번히 이루어져야 한다. 행정기관인 감옥은 동시에 정신을 개조하는 기구가 될 것이다. 수감자가 감옥에 들어오면 규칙을 읽어 주고, "동시에 감독관들은 그가 따를 도덕적

---

58 이 법이 가져온 혼란에 관해서는 B. Rush, 《공적 형벌의 결과에 관한 조사》(1787년), pp. 5~9와 Roberts Vaux, 《비망록》, p. 45를 참조. 주목해야 할 것은 암스테르담의 '연마의 옥사'에서 착상하게 한 J. L. Siegel의 보고서에 의하면, 공표해서는 안 되는 내용으로 명시된 것이, 죄수는 야간에 교도소로 이감해야 하고, 간수는 수인들의 신원을 밝혀서는 안 된다는 취지를 서약해야 하고, 어떤 면회도 허용되어서는 안 된다는 것이다(T. Sellin, 《형벌학의 선구》, pp. 27~28).

59 월넛 스트리트 감옥의 감독관들에 대한 1차 보고서, Teeters, 《감옥의 요람》(1955년), pp. 53~54에서 인용.

의무를 그의 마음속에 굳건히 주입시키려고 노력한다. 그들은 그가 범한 범죄, 그 결과로 당연히 생기게 마련인 그를 보호하던 사회에 대한 악惡, 그가 모델이 되어 징계와 회개를 통해서 보상하지 않으면 안 될 필요성 등을 그에게 상기시킨다. 그런 다음에 그가 스스로 자기의 임무를 수행하고, 훌륭하게 행동하도록 하기 위해 다음과 같이 약속하거나 기대를 갖도록 한다. 수감생활을 모범적으로 수행하면, 판결에 정해진 형벌기간 이전에도 석방될 수가 있다. … 때때로 감독관들은 인간으로서건 사회의 구성원으로서건, 자신들의 의무와 관련하여 범죄자들을 개별적으로 면담해야 할 책임감을 갖기도 한다."[60]

그러나 아마도 가장 중요한 것은 품행에 대한 이러한 통제와 변화에는 — 그 조건인 동시에 결과로서 — 개개인에 관한 지식의 축적이 수반될 수 있다는 점이다. 월넛 스트리트의 행정당국은 수형자를 접수하면서 동시에, 그의 범죄 및 그것이 저질러진 상황에 관한 보고서와 피의자에 대한 심문조서 요약물, 판결 이전과 이후의 생활태도에 대한 기록들을 전달받는다. "그 사람의 과거의 습관을 버리도록 하려면 어떤 배려가 필요한가를 결정하고"[61] 그것에 따른 기본지식은 필수적이다. 또한 수감기간 동안 그는 줄곧 관찰의 대상이 되고, 그의 행동은

60 J. Turnbull, 《필라델피아 감옥 방문》(프랑스어 역, 1797년), p. 27.

61 감독관의 한 사람이었던 B. Rush는 월넛 스트리트 감옥을 방문한 후에 다음과 같이 적고 있다. "도덕적 배려로서는 설교, 양서의 독서, 의복과 거실의 청결, 입욕 등이 있다. 큰 소리를 지르지 않도록 하며, 술은 극히 소량으로, 담배는 가능한 소량으로 허용하고, 추잡하거나 모욕적인 대화를 하지 않도록 한다. 계속적인 노동으로서는 밭일이 있는데 밭이 좋아서 1,200개나 되는 양배추"를 기른다(Teeters, 《감옥의 요람》, 1955년, p. 50에서 인용).

매일 상세하게 기록될 것이다. 그리고 감독관들 — 1795년 그 도시에서 지정된 12명의 저명인사 — 은 두 사람이 한 조가 되어 매주 감옥을 방문하여, 무슨 일이 일어났는지를 조사하고, 모든 수감자의 행동을 조사해서 사면 요청해야 할 사람을 결정해야 한다. 끊임없이 공표되는 이러한 조사에 의거하여, 수감자들은 그들의 범죄와 관련된 내용보다도 그들이 감옥 안에서 보여 주는 품행 여하에 따라 분류된다. 감옥은 여러 종류의 결함과 약점들을 분류할 수 있는 일종의 상설 감시시설이다. 1797년부터 죄수들은 4가지 부류로 나누어졌다. 독방 감금을 명백히 선고받은 자이거나 감옥 안에서 중대한 과오를 범한 자들로서 첫 번째 부류가 있고, "상습적인 범죄자들로 분명히 인정되든가 … 또는 타락한 도덕심이나 위험한 성격, 그리고 비정상적 성격이거나 난잡한 소행이 수감 중에 나타난 자"가 두 번째 부류에 해당된다. 세 번째 부류는 "판결이 내리기 이전과 이후의 당사자의 성격과 정황으로 보아 상습적 범행의 전과자가 아니라고 판단되는 자"들이다. 마지막으로 특별한 부류, 보호관찰의 대상이 되는 부류가 있는데, 이것은 당사자의 성격이 아직 불확실하고, 그들의 신원이 잘 알려진 경우라 하더라도 상술한 부류에 포함시킬 필요가 없다고 생각되는 자들에 해당된다.62 인간을 개별화시키는 지식의 총체가 조직화되는 셈이며, 그것은 저질러진 범죄(적어도 개별적 상태에서의)를 참고사항으로 삼지 않고, 오히려 개인이 숨기고 있고, 일상적으로 감시되는 행위 속에 나타나는 잠재적 위험을 참고 대상으로 삼는 것이다. 바로 이런 점에서 감

62 '사찰원회 의사록'(1797년 6월 16일), 위의 책, p. 59에서 인용.

옥은 지식의 장치un appareil de savoir로서 작용한다.

‡

네덜란드와 영국, 그리고 미국의 상술한 모델이 제시하는 이러한 처벌 장치들 사이에, 즉 '교정시설réformatoires'과 개혁자들이 고안한 모든 징벌 형태들 사이에서, 우리는 일치점과 차이점을 이렇게 밝힐 수 있다.

일치점들은 다음과 같다. 첫째로는, 처벌의 일시적 전환이다. '교정시설'은 범죄를 없애기 위한 것이 아니라, 삼가도록 하는 일을 주요 역할로 삼는다. 그것은 미래로 향해 있는 것이고, 또한 범행의 재발을 막기 위하여 마련된 장치이다. "형벌의 목적은 최고의 존재인 신에게 결정을 맡겨야 할 범죄의 대가가 아니라, 같은 종류의 범행을 방지하는 일이다."63 또한 펜실베이니아 주에서 벅스톤Buxton은 몽테스키외와 베카리아의 원칙이야말로 '공리로서의 힘'을 가져야 하고, "범죄의 방지가 징벌의 유일한 목적이다"64라고 주장했다. 따라서 처벌은 어떤 범죄를 근절시키기 위한 것이 아니라 죄인(현실적 혹은 잠재적인) 을 개조하기 위한 것이다. 또한 징벌은 어떤 종류의 교정 기술을 포함하고 있어야 한다. 그런 점에서도 러쉬Rush는 개혁적 법학자들과 아주 유사한 데가 있다. 그가 사용하는 비유적 표현이 아니더라도 다음과

---

63 W. Blackstone, 《영국 형법전 주해》(프랑스어 역, 1776년), p. 19.

64 W. Bradford, 《펜실베이니아 주에서 사형의 필요성에 관한 조사》(1787년), p. 14.

같은 말에서 그렇다. 즉, 인간은 노동을 용이하게 만드는 기계류를 발명하였으므로 "인간에게서 가장 사악한 부분을 미덕과 행복으로 선도하고, 이 세상에 존재하는 악의 큰 요소를 근절시키기 위한 가장 빠르고 가장 유효한 방법"[65]을 고안해 내는 사람에 대해서는 기계를 발명한 사람 이상으로 찬양해야 한다. 끝으로, 앵글로색슨계의 모델이 입법가나 법 이론가들의 계획안처럼 형벌을 개별화시키기 위한 방안을 찾으려는 것도 일치되는 점이다. 즉, 징벌은 기간, 성격, 벌의 경중, 징벌이 이루어지는 방법 등에서 개별적 성격에 따라서 그리고 그 벌이 다른 사람들에게 위험을 주는 정도에 따라서 조정되어야 한다. 형벌의 제도는 모든 사람들에게 공개되어야 한다. 암스테르담의 라스푸이 감옥에서 어느 정도 유래되었다고 할 수 있는 그러한 모델은 전체적 도식에서는 개혁자들이 제안한 것과 모순되지는 않았다. 그러한 모델은 얼핏 보아서도, 구체적 제도의 차원에서 만들어진 발전적 제안이거나 적어도 초안과 다름없는 것으로 생각할 수 있다.

그렇지만 개인화에 따른 이러한 교정 기술을 규정해 보려는 일이 문제될 때, 모델과 개혁자들의 제안 사이의 불일치는 명백히 드러난다. 차이가 생기는 부분은 개인에 대한 접근 방법과, 처벌 권력이 개인에

---

65 B. Rush, 《공개적 처벌의 결과에 관한 조사》(1787년), p. 14. 죄수를 개조하는 장치라는 이 착상은 이미 '교정시설' 계획이라는 형태로 한웨이(Hanway)에게서 볼 수 있었다. 즉, "시료원(施療院)이란 개념과 악인이라는 개념은 양립할 수 없는 것이다. 그렇지만 감옥이 다른 시설과 마찬가지로 나쁜 짓을 배우는 학교가 되지 않도록 참으로 유효한 교정기관(*reformatory*)으로 만들도록 힘쓰자"(Hanway, 《치안의 결함》, p. 52).

게 압력을 주는 방식에서이고, 또한 권력이 인간 개조를 확실하게 하기 위해 사용하는 도구에서이다. 그것은 형벌의 기술에서이지 형벌의 이론적 토대에서는 아니며, 그 기술이 신체와 정신과 맺은 관계에서이지 그 기술이 법체계 속에 자리 잡는 방식에서는 아니다.

가령, 개혁자들의 방법을 생각해 보자. 형벌이 가해지는 지점이자, 형벌이 개인에게 영향을 미치는 수단은 무엇인가? 그것은 여러 가지 표상이다. 즉, 개인의 관심의 표상이고, 이익과 불이익의 표상이며, 즐거움과 불쾌감의 표상이다. 또한 형벌이 신체를 독점하여 신체형에 전혀 뒤지지 않는 기술을 가하는 경우에도 그것은 신체가 — 수형자에게나 또는 구경꾼들에게 — 표상의 대상이라는 점에 한해서이다. 이러한 표상에 영향을 미치는 수단은 무엇일까? 다른 표상들이거나, 아니면 관념의 결합들(범죄와 처벌, 범죄의 상상적 이익과 징벌에서 인식되는 불이익)이다. 또한 이처럼 짝지어진 관념의 결합은 주로 선전의 요소로서만 작용할 수 있다. 요컨대 처벌의 장면을 통해 이러한 결합을 만인이 보는 앞에서 확정짓거나 강화하고, 담론을 통해 널리 유포시켜 기호들의 작용을 부단히 새롭게 하면서 가치를 높이는 것이다. 처벌에서 범죄자의 역할은 형법전과 범죄라는 현상을 앞에 두고 기호 내용의 실상 — 말하자면 기호체계와의 관련에 따라서 필연적으로 범죄와 결합되어야 할 그 형벌의, 있는 그대로의 실상 — 을 재도입하는 것이다. 이 기호 내용을 풍부하게 만들고 또한 명료하게 만들어 내는 것, 그것에 의해서 형법전의 기호체계를 재활성화시키는 것, 그것은 범죄자가 사회에 진 빚을 돈으로 갚는 형식과 같다. 따라서 개인적 교정은 기호체계와 그것에 의해 확산되는 표상의 강화를 통해 권리의 주체로서 개인의 재규정화 과정을 확고하게 만든다.

교정의 형벌장치는 아주 다른 방식으로 작용하고 있다. 형벌의 적용 지점은 표상이 아닌 신체 그 자체이고, 시간이고, 날마다의 동작과 행동이고, 정신이기도 하지만, 그것은 어디까지나 습관적으로 되풀이되는 지점의 정신이다. 행위의 원칙으로서 신체와 정신이야말로 이제는 처벌기관의 관여에 제시되는 기본 요소를 이룬다. 그러한 관여는 어떤 표상 기술에 근거를 두지 않고, 개인에 대한 계산된 통제에 근거해 있다. 즉, "모든 범죄의 치료방법은 신체적이고 정신적 영향을 가하는 것이다." 따라서 징벌을 결정짓기 위해서는 "신경조직 안에서 생기는 감각과 공감의 원리를 인식하지"66 않으면 안 된다. 징벌에 사용되는 수단에 대해서 말하자면, 이제 강화되고 유포되는 것은 더 이상 표상의 작용이 아니라 강제권의 형식들이고 또한 적용되고 반복되는 속박의 도식들이다. 그것은 기호가 아니라 훈련이다. 예컨대 시간표, 일과시간 할당표, 의무적 운동, 규칙적 활동, 개별적 명상, 공동작업, 정숙, 근면, 존경심, 좋은 습관이 그렇다. 끝으로, 이 교정 기술을 통해서 사람들이 재구성하려고 애쓰는 것은 무엇일까? 그것은 사회 계약의 기본적 이해관계 속에 묶여 있는 권리의 주체가 아니라 복종하는 주체이고, 습관이나 규칙, 명령에 복종을 강요당하는 개인이고, 그 개인의 주변에서 부단히 영향력을 행사하고 또한 개인으로서는 자신의 내부에서 자동적으로 작용하게 내버려 두어야 할 어떤 권위이다. 따라서 범법행위에 대처하는 것에는 서로 다른 두 가지 방법

66 위의 책, p. 13.

이 있다. 하나는, 사회 계약상의 법적 주체를 재구성하는 것이며, 다른 하나는 그 어떤 권력의 일반적이며 동시에 세부적인 모든 형식에 순응하는 복종의 주체를 만드는 것이다.

만일 '강제권' 중심의 형벌제도가 그 어떤 중대한 결과들을 초래하지 않는다면, 이러한 모든 것은 극히 사변적인 차이만 만들어 놓는 것일지 모른다. — 왜냐하면, 결국 중요한 것은 두 가지 방법 모두 복종하는 개인을 만드는 것이기 때문이다 — 시간표에 의한 철저한 품행교육, 좋은 습관 들이기, 신체의 구속 등은 모두 벌을 받는 자와 벌을 주는 자 사이의 극히 특별한 관계를 의미하는 것이다. 그 관계는 공개적 형벌의 의미를 단순히 무용한 것으로 만들지 않는 차원의 관계이다. 왜냐하면, 이 관계는 공개적 형벌을 적극 배제하는 것이기 때문이다.67 처벌을 담당하는 관리는 어떠한 제3자도 방해할 수 없는 전권을 행사해야 하고, 교정 대상으로서의 개인은 자기에게 행사되는 권력 속에 완전히 예속되어 있어야 한다. 비밀에 대한 절대적 요청은 당연하다. 그리고 또한 처벌 기술에는 어느 정도 상대적인 독립성이 요구된다. 즉, 그 기술은 기능, 규칙, 기술, 지식을 갖추고 있어야 하고, 규범을 정하고, 결과를 결정지어야 한다. 그것은 유죄를 선고하고 처벌의 일반 규범을 정하는 사법권에 비해서 불연속성이거나 그렇지 않으면 특수성을 보여 주는 것이 사실이다. 그런데 이러한 두 가지 결과

67 처벌의 공개적 장면에 대한 비판, 특히 듀프리시 드 발라제가 상상하였던 것과 같은 것에 대한 러쉬의 비판(《공개적 처벌의 결과에 관한 조사》, 1787년, pp. 5~9를 참조).

— 처벌 권력의 행사에서의 비밀성과 자립성 — 는 다음과 같은 두 가지 목적을 갖는 형벌제도의 이론과 정책의 틀에 맞지 않는다. 그 두 가지 목적의 하나는 모든 시민을 사회의 적에 대한 징벌에 참가시키도록 하는 것이며, 다른 하나는 처벌 권력의 행사와 그것을 공적을 제한하는 법률이 완전히 합치된 투명한 것으로 만들도록 하는 일이다. 법제에 의해서 체계화되지 않은 비밀스러운 징벌들, 통제를 벗어난 수단을 사용하고 그 나름의 기준에 따른 것이라도 어둠 속에서 행사되는 처벌 권력, 이것들은 모두 개혁의 전략이지만 위태롭게 될 소지가 있다. 판결 후에 형성된 권력은 과거의 제도적 틀 속에서 행사되던 권력을 연상시키기 때문이다. 형벌을 적용하는 권력은 예전에 그것을 결정하던 권력이나 마찬가지로 독단적이며 전제적이 될 우려가 있는 것이다.

전체적으로 다른 점은 처벌의 도시인가 아니면 강제권의 제도인가이다. 전자의 경우, 형벌 권력의 작용은 사회 공간 전체 속에 분산되어 있고, 무대, 스펙터클, 기호, 담화 등의 형태로 도처에 현존한다. 그것은 책을 펼쳐보듯이 해독할 수 있다. 그것은 시민들의 정신을 끊임없이 형법전의 제도화에 익숙하게 만들면서 작용한다. 또한 범죄의 관념에 여러 가지 장애요소를 설치하여 범죄의 진압을 확고히 하면서, 세르방의 말처럼, "뇌의 물렁물렁한 섬유질"에 눈에 보이지 않고 효용성과는 상관없이 작용한다. 사회의 모든 그물망에 확산된 처벌의 권력은 그 어느 지점에서도 작용하여, 결국에 가서는 사람이 사람에 대해 가하는 권력으로서가 아니라 모든 개인에 대한 만인의 직접적 반응으로서 인식될 것이다. 후자의 경우 처벌 권력의 치밀한 기능이 중요하다. 그것은 죄인의 신체와 시간에 대한 세밀한 장악이고, 권위와 지식의 체계에 의한 죄인의 동작과 품행의 단속이다. 그것은 죄인을 한 사람 한 사람 교정시킬 수 있도록 그들에게 적용하는 신중한 정형 수술이고, 엄밀한 의미에서 사법권으로부터 분리되고, 사회체로부터도 분리된 권력의 자율적 지배이다. 감옥의 출현과 더불어 처벌하는 권력의 제도화가 이뤄진 것이다. 좀더 정확히 말한다면, 처벌하는 권력(18세기 말에 민중의 위법행위들을 근절시키려는 전략적 목표를 세운)은 '처벌의 도시' 안에서 전반적인 사회의 기능 속에 자신의 모습을 감추거나 아니면 강제권으로 운용되는 제도, '교정시설'이라는 폐쇄된 장소에 집착하게 되었는데, 그렇게 함으로써 권력은 자신의 지위를 보다 잘 확립할 수 있게 되었을까?

여하간 18세기 말에 사람들은 처벌의 권력을 조직화하는 3가지 방법에 직면하게 되었다고 말할 수 있다. 첫 번째는 오래된 군주권君主權에 기반을 두고 계속 사용되던 방법이다. 다른 두 가지 방법은 그 어느 쪽이나 모두 사회 전체에 속한다고 생각되는 처벌권處罰權의 예방과 효용, 교정의 개념과 관련되어 있다. 그러나 이 두 가지 방법은 설계된 장치의 차원에서는 완전히 다르다. 아주 도식적으로 말하자면, 군주권에서 처벌은 통치권의 한 의식이다. 그것은 수형자의 신체에 가하는 보복적 성격의 낙인을 이용한다. 또한 군주와 그 권력의 물리적 현존이 불연속적이고, 불규칙적이며, 언제나 스스로 만든 법 위에 군림하고 있는 만큼, 처벌은 구경꾼들 앞에서 더욱더 강렬한 공포의 효과를 펼쳐 보일 수 있다. 개혁적 법학자들의 계획안에서 처벌은 개인을 법의 주체로 재규정하기 위한 한 절차이다. 그것은 외형적 낙인이 아니라 기호를 이용하고, 기호를 최대한으로 신속히 유포시켜 가능한 한 가장 보편적으로 수용될 수 있는 징벌의 장면을 보여 주는 표상의 총체적 기호체계를 이용한다. 끝으로, 새로운 감옥제도의 계획안에서, 처벌은 개인에 대한 강제권의 기술이다. 처벌은 개인의 행동에 습관이라는 형태로 남겨지는 흔적들을 통해 — 기호가 아닌 — 신체의 훈련 방법을 실행하고 특수한 형벌 관리권의 확립을 전제로 한 것이다. 군주와 그의 힘, 사회체, 행정기구, 낙인, 기호, 흔적, 의식, 표상, 훈련, 격파된 적敵, 새롭게 규정되는 법적 주체, 직접적 강제권에 복종되는 개인, 신체형을 당하는 육체, 표상이 조작되는 영혼, 훈육되는 신체, 이 모든 것들이 18세기 후반에 상호 충돌하는 3가지 형벌장치의 특징을 이루는 3가지 계열의 요소들이다. 우리는 그것들을 법 이론으로 환원시킬 수 없으며(그 3가지가 법 이론을 검증해 준다 하더라도) 또한 그것들을 어떤 기구나 제도와 동일화할 수도 없고(그 3가지가 그것들에 기반을 둔다 하더라도), 그것들의 기원을 도덕적 선택에서 찾을 수도 없다(그것들이 아무리 도덕적 선택에서 정당성을 찾으려 할지라도). 그것들은 처벌의 권력이 행사되는 방식들이자, 3가지 권력 기술이다.

따라서 문제는 다음과 같은 것이다. 즉, 어떻게 하여 3번째의 감옥제도가 결국 주도적인 것으로 부각되었는가 하는 점이다. 강제권, 신체, 고립, 비밀을 중심으로 한 처벌 권력의 모델이 어떻게 하여 표상, 무대, 기호, 공개, 집단을 중심으로 한 모델을 대신하게 되었는가? 왜 처벌의 물리적 행사(신체형이 아닌)가, 그것의 제도적 토대가 되는 감옥과 함께 징벌의 기호들과 이 기호들을 널리 유포시킨 떠들썩한 축제 분위기의 사회적 유희의 자리를 대신하게 되었는가?

제3부

규율

1장 순종적 신체
2장 효과적 훈육방법
3장 판옵티콘 권력

1

순종적 신체

군인의 이상적인 모습은 17세기 초엽에도 여전히 다음과 같이 묘사되었다. 군인이란 우선 멀리서도 곧 알아볼 수 있는 사람이다. 그는 몇 가지 특징을 갖고 있다. 예를 들어 그는 자연스럽게 활력과 용기를 보여 주는 몸짓을 하고, 용맹성의 특징을 갖춘 사람이다. 군인의 신체는 그의 힘과 씩씩함을 드러내는 일종의 문장紋章이다. 또한 군인은 군인으로서의 직업을 — 근본적으로는 전투를 하면서 — 서서히 배워야 하는 것이 사실이지만, 행진과 같은 훈련, 목의 자세 같은 태도들은 명예에 관한 신체의 수사학에 속한다. 예를 들면, "이 직업에 가장 적합한 사람임을 나타내는 징표는, 활발하고 민첩한 사람들, 꼿꼿이 세운 머리, 추어올린 가슴, 넓은 어깨, 긴 팔, 튼튼한 손가락, 홀쭉한 배, 굵직한 허벅다리, 날씬한 다리, 단단한 발이다. 이러한 신체조건인 사람은 반드시 날렵하고 강인할 수 있을 것이다." 창병槍兵의 병사는,

"행진할 때, 최대한의 우아함과 장중함을 나타내 주는 발걸음으로 박자에 맞춰 걸어야 하는데, 왜냐하면 창은 무게 있고 대담한 몸짓으로 갖고 다닐 만한 명예로운 무기이기 때문이다."[1] 18세기 후반이 되자, 군인은 만들어지는 어떤 것이 되었다. 사람들은 틀이 덜 잡힌 체격, 부적격의 신체를 필요한 기계로 만들면서 조금씩 자세를 교정시켜 나갔다. 계획에 따른 구속이 서서히 신체의 모든 부분에 퍼져 나가 신체를 지배하고 복종시켜, 신체를 언제든지 마음대로 사용할 수 있게 만드는 것이다. 이러한 구속은 습관이라는 무의식적 동작을 통하여 암암리에 그 작용을 지속시킨다. 요컨대, '촌스러운 농부'를 추방해 버리고, 그 자리에 '군인의 몸가짐'[2]을 심어 주는 것이다. 모집된 신병들은, "머리를 뽐내듯이 꼿꼿이 세우고, 등을 굽히지 않은 채 똑바로 서고, 배를 내밀고, 가슴을 펴고, 등을 당기는 자세에 익숙해져야 한다. 또한 신병들에게 이러한 습관을 체득시키기 위해서는 벽에 기댄 채 이 자세를 유지하도록 한다. 이때 발뒤꿈치, 종아리, 양어깨, 허리는 벽에 밀착시켜야 하고, 양팔은 몸에서 떨어지지 않아야 하고 손등은 바깥쪽으로 향하게 한다. 또한 시선은 땅 쪽으로 고정시키지 않아야 하고, 앞을 보고 상대방을 대담하게 주시해야 한다. 명령을 기다릴 때는, 머리와 손발을 움직이지 않은 채 부동자세로 있어야 한다. 끝으로, 무릎과 오금을 편 채, 발끝은 내려서 앞을 향하고 당당한 걸음으

---

1 L. de Montgommery, 《프랑스의 군대》(*La Milice française*) (1636년 판), pp. 6~7.

2 1764년 3월 20일자의 왕령.

로 걸어가야 한다."[3]

고전주의 시대의 신체는 권력의 대상이자 표적이라는 측면에서 새로이 발견되었다. 그 당시 신체에 대한 많은 관심이 집중된 결과로, 신체란 만들어지고, 교정되고, 복종하고, 순응하고, 능력이 부여되거나 힘이 다양해질 수 있는 것으로 인식되었다. 《인간-기계*L'homme-machine*》[4]에 대해 쓴 중요한 저서에서는 신체에 대한 논의가 두 가지로 분리된다. 하나는 데카르트가 먼저 쓰고, 의사와 철학자들이 그 다음을 쓴 해부학-형이상학의 영역이며, 다른 하나는 군대, 학교, 구빈원救貧院에서의 제반규칙들, 그리고 신체의 활동을 통제하거나 교정하기 위하여 고안된 경험적 방법들로 구성된 정치적 기술의 영역이다. 후자의 영역이 복종과 활용으로서의 유용한 신체를 중시했다면, 전자의 영역은 신체의 기능과 설명에 초점을 맞춘 것이므로, 두 영역은 확연히 구분되었다. 그러나 두 영역 사이에는 중첩되는 점이 몇 가지 있다. 라 메트리La Mettrie의 《인간-기계》는 정신의 유물론적 환원인 동시에, 훈육에 관한 일반 이론이기도 한데, 그 중심에 자리하고 있는 것이 분석 가능한 신체에 조작 가능한 신체를 연결 지은, '순종docilité' 이라는 개념이다. 복종시킬 수 있고, 이용할 수 있고, 변화시킬 수 있고, 나아가서는 완전하게 만들 수 있는 신체, 즉 '순종하는 신체'이다. 저 유명한 자동인형[5]은 단지 인체를 설명하는 하나의 수단에 불과한

---

3 위의 왕령.

4 *프랑스의 의사이자 철학자 La Mettrie(1709~1751)가 기계적 동물에 대한 데카르트의 이론을 인간에게도 적용한 책으로 유명하다.

5 *18세기에는 이런 종류의 인형이 많이 제작되었다.

것이 아니었다. 그것은 말하자면 정치적 인형이었고, 권력의 축약된 모델이기도 했다. 소형 기계라든가 잘 훈련된 군대, 장기간의 훈련 같은 것에 세심한 주의를 기울였던 프리드리히 2세Frédéric II의 집념은 바로 이런 맥락에서 이해될 수 있다.

18세기에 지대한 관심을 모았던 순종順從에 관한 이러한 도식 속에서 과연 무엇이 새로운 것이었을까? 물론 신체가 그처럼 절박하고 절실한 포위 공격의 대상이 된 것이 이때가 처음이 아니다. 어떤 사회에서나 신체는 매우 치밀한 권력의 그물 안에 포착되기 마련이고, 권력은 신체에 구속이나 금기, 혹은 의무를 부과할 수 있었다. 그렇지만 기술적인 측면에서 몇 가지 사항이 새로운 것이다. 첫째, 통제의 규모가 다르다. 즉, 분리할 수 없는 단위인 것처럼 신체를 한 덩어리로 대충 다루는 것이 아니라, 신체를 세밀하게 작동시키는 일이 문제이다. 또한 미세한 강제력을 행사하고, 기계적 수준 — 운동, 동작, 자세, 속도 — 에까지 그 영향력을 확보하는 것, 즉 활동하고 있는 신체에 대한 미세한 권력이 문제인 것이다. 둘째, 통제의 대상이 다르다. 그 대상은 행동의 의미 있는 구성요소나 신체의 표현형식이 아니라, 동작의 경제성과 유효성, 그리고 내적 구성이다. 또한 구속의 대상은 신체의 기호가 아니라 체력이다. 가장 중요한 의식儀式은 바로 훈련의 의식이다. 셋째, 통제의 방식이 다르다. 그것은 활동의 결과보다는 활동 과정에 주목하고, 지속적이고 확실한 강제력을 전제로 하여 최대한으로 세밀하게 시간과 공간, 그리고 운동을 바둑판 눈금처럼 분할하는 기호체계에 의존한다. 신체의 활동에 대한 면밀한 통제를 가능케 하고, 체력의 지속적인 복종을 확보하며, 체력에 순종-효용성의 관계를 강제하는 이러한 방법을 '규율discipline'이라고 부를 수 있다. 규율 방식들의 많은 부분은 오래전부터 — 수도원에서, 군대에서, 그리고 작업장에서 있었던 것이다. 그러나 17세기와 18세기를 거치면서 규율은 지배의 일반적 방식이 되었다. 그것은 신체의 소유관계에 토대를 두지 않는다는 점에서 노예제와 다르다. 또한 그처럼 크고 유익한 성과를 거두면서도 값비싸고 폭력적인 노예제의 관계를 벗어날 수 있다는 점이 바로 규율의 세련성이라고 할 수 있다. 그것은 지속적이고 총괄적이고, 집중적이고 비非분석적이고, 무제한적이고 주인의 독자적 의지와 '변덕'의 형태로 확립된 지배관계로서의 주종관계와도 다르다. 그것은 공공연하게 규범화된 복종관계의 봉건제도, 즉 신체의 조작보다 오히려 노동에 의한 생산물과 충성의 관례적 증거들을 중시하는 봉건제도와도 다르다. 그것은 금욕생활의 고행이나 수도원식의 '규율'과도 다르다. 왜냐하면, 그러한 고행이나 규율은 효용성의 증대보다는 완전히 속세를 포기하게 만드는 역할이 더 중요한 것이고, 또한 타자에 대한 복종을 전제할 경우, 개인으로 하여금 자기 자신의 육체에 대한 통제를 강화하는 것을 주요한 목적으로 삼기 때문이다. 규율의 역사적 시기는 신체의 능력 신장이나 신체에 대한 구속의 강화를 지향할 뿐만 아니라 하나의 메커니즘 속에서 신체가 유용하면 할수록 신체의 순종성은 더욱 강화되고, 역으로 신체가 순종하면 할수록 신체의 유용성은 더욱 높아지는 그러한 관계의 성립을 지향하는, 신체에 관한 하나의 기준이 생겨나는 때이다. 이때 형성되는 것은 신체에 대한 작업과 신체의 요소, 몸짓, 행위에 대한 계획된 조작이라는 강제권의 정치학이다. 인간의 신체는 그 신체를 파헤치고 분해하며 재구성하는 권력장치 속으로 편입된다. 하나의 '권력의 역학'이기도 한 '정치 해부학'이 탄생하게 된 것이다. 그 '해부학'은, 단순히 다른 사람들로 하여금 원하는 일을 시키기 위해서뿐 아니라, 기술적 방법으로 결정된 속도와 효용성에 의거하여 원하는 대로 다른 사람들을 움직이도록 하기 위해, 어떻게 그들의 신체를 장악할 수 있는가 하는 방법을 규정하는 것이다. 규율은 이렇게 복종하고 규율화된 신체, '순종하는' 신체를 만든다. 규율은 (효용성이라는 경제적 관계에서는) 신체의 힘을 증가시키고 (복종이라는 정치적 관계에서는) 동일한 그 힘을 감소시킨다. 간단히 말하면, 규율은 신체와 힘을 분리시킨다. 그것은 한편으로는 신체를 '소질', '능력'으로 만들고 그 힘을 증대시키려 하는 반면, 다른 한편으로는 '에너지'와 그것으로부터 생길 수 있는 '위력'을 역전시켜 그것들을 완전한 복종관계로 만든다. 경제적 착취가 노동력과 노동 생산물을 분리한다면, 규율에 의한 강제력은 증가되는 소질과 확대되는 지배 사이의 구속관계를 신체 속에 확립해 두는 것이다.

이러한 새로운 정치 해부학이 '고안'된 것을 돌연한 발견처럼 이해해서는 안 된다. 오히려 이것은 상이한 기원을 가지고 있고 지역적으로도 산재해 있으며, 많은 경우 사소하게 보이는 다양한 과정들, 즉 서로 교차하고, 되풀이하여 나타나거나 서로 모방하고, 서로 지원하고, 적용분야의 차이에 따라 구분되고, 또한 일치되기도 하면서 서서히 총체적인 방법의 도식으로 완성되어 가는 과정들로 이해해야 한다. 그 과정들은 초기에는 중학교에서, 그리고 나중에는 초등학교에서 적용되었다. 이러한 과정은 구호기관에 서서히 확산되었고, 수십 년 사이에 군대 조직을 재편성하기에 이르렀다. 그 과정은 어떤 때는 한 지점에서 다른 지점(군대와 기술학교 간에 또는 중학교와 고등학교 간에)으로 순식간에, 그리고 또 어떤 때는 천천히, 보다 은밀하게 (대규모 공장의 음험한 군대식 조직화의 경우로) 퍼져 나갔다. 어떤 경우에나, 거의 대부분, 그 모든 과정은 상황의 요구에 따라 다양하게 확산되었다. 가령 한쪽에서는 산업의 개혁과 전염병의 재발 같은 상황이 있었다면, 다른 쪽에서는 총의 발명이나 프러시아 군의 승리와 같은 상황이 있었다. 그러나 결국 그 과정은 일반적이고 근본적인 변화의 흐름 속에 있는 것이며, 바로 그러한 점이 앞으로 밝혀야 할 문제이다.

여기서 규율規律에 관련된 다양한 제도의 역사를 개별적인 특징으로 나누어 서술하지는 않겠다. 다만 단계적으로 가장 쉽게 일반화한 일련의 기본적 방법의 사례들만을 검토하도록 하겠다. 그것은 대체로 세밀하고 사소한 것이지만, 그 나름의 중요성을 갖고 있다. 왜냐하면 그 방법들이야말로 신체에 대한 정치적이고 세부적인 공격양식, 권력의 새로운 '미시 물리학'을 규정하기 때문이고, 또한 17세기부터 사회 전역에 전반적으로 확산되었듯이 계속적으로 그 범위를 넓혀 갔기 때문이다. 전파력이 넓은 사소한 계략들, 겉으로는 순수해 보이지만 내부적으로는 의심스러운 여러 가지 미묘한 개정작업들, 투명하지 못한 경제제도에 예속되거나 대수롭지도 않은 강제력을 따르는 여러 가지 장치들, 바로 이러한 것들이 오히려 현대의 문턱에서 처벌제도에 일대전환을 가져온 요인들이다. 그것들을 기술하려면 세부적 문제들을 차분히 다져가고 사소한 일들에 주의를 기울여야 한다. 아무리 사소한 형상이라도, 그 속에서 의미를 찾는 것이 아니라 예방책을 찾는 것이다. 사소한 사실들을 전체 기능의 연계성 안에서 뿐만 아니라 일관된 전략의 흐름 속에 놓아두고 생각해 보는 것이다. 그러한 전략은 잠자면서도 계속 작용하고 무의미한 것에 의미를 부여하는 저 위대한 이성의 계략이라기보다는 오히려 모든 것을 자기의 것으로 만드는 용의주도한 '악의malveillance'의 계략이다. 규율은 세부적 사실의 정치 해부학이다.

성급한 추론을 경계하기 위해서 삭스 원수[6]의 말을 상기해 보자. "세부에 전념하는 사람들이 편협한 인간으로 보일지 모르지만, 나로서는 이 부분이 근본적 문제라고 생각한다. 왜냐하면, 이 부분이 모든 것의 바탕이 되기 때문이며, 바탕이 되는 원칙 없이 어떤 건물을 세우거나 방법을 수립하는 일은 불가능하기 때문이다. 건축에 대한 안목만 있어서는 안 된다. 돌을 깎는 방법을 터득하고 있어야 한다."[7] 이처럼 '돌을 깎는 방법'에 관해서는 한편의 역사를 서술할 수도 있을 것이다. 여기서 역사는 도덕적 계산과 정치적 통제의 관계 속에서 세부적 사실의 실용적 합리화를 지향한 역사를 의미한다. 이러한 역사는 고전주의 시대에 시작된 것이 아니다. 고전주의 시대는 그것을 촉진하고, 그 규모를 바꾸었으며, 그것에 적합한 도구를 마련했다. 아마도 그 시대는 미적분의 계산, 또는 생물의 미세한 특징 기술 등에서 비슷한 유형을 찾았을 것이다. 여하간 '세부'는 이미 오래전부터, 신학과 금욕생활의 한 범주가 되었다. 모든 세부가 중요한 것은, 신의 관점에서는 아무리 무한한 공간이라고 해도 작은 것으로 보이며, 또한 아무

6 *le maréchal de Saxe(1696~1750) : 프랑스의 원수. 나중에 폴란드의 왕이 된 Saxe Augste 선거후(選擧侯)의 아들로서, 오스트리아 계승 전쟁 때 뛰어난 전략가의 능력을 발휘했다.

7 Maréchal de Saxe, 《나의 꿈》(*Mes rêveries*) 제 1권, 서문 p. 5.

리 작더라도 신의 각별한 뜻이 반영되지 않을 만큼 작은 것은 존재하지 않기 때문이다. 작은 것의 각별한 의미를 중시하는 거대한 전통의 흐름 속에서 기독교 교육과 학교 교육, 군사 교육, 그리고 모든 형태의 훈육과정 안에 세부적 규율의 요소들이 끼어드는 것은 어렵지 않은 일이다. 진실한 신앙인에게나 규율이 익숙한 사람에게는 어떤 세부도 상관없는 것이 아니다. 그것은 세부에 숨겨진 의미 때문이라기보다 그 세부를 장악하려는 권력이 그 자리에서 갖게 되는 지배력 때문이다. 그런 의미에서 특징적인 것은, 장 밥티스트 들라살[8]이 《기독교 학교 수도사의 의무론*Traité sur les obligation des fréres des* École*s chrétiennes*》 속에서 찬양한 바 있는, '사소한 것'과 그것의 영원한 중요성에 대한 대찬가大讚歌이다. 그 찬가에서는 일상적인 것에 대한 신비한 생각이 미세한 것들의 규율과 연결되어 있다. "사소한 일들을 소홀히 하는 것은 얼마나 위험한 일인가. 거창한 행동에 적합하지 않은 나와 같은 사람으로서는 사소한 일을 성실히 수행하고 점차적인 발전을 통하여 '최고의 훌륭한 성인la sainteté la plus éminente'의 단계까지 고양될 수 있다고 생각하는 것이 얼마나 위안이 되는 일인가. 왜냐하면, 사소한 일이 큰 일을 할 수 있는 준비 단계이기 때문이다. … 유감스럽게도 세상 사람들은, 죽음을 면할 수 없는 피조물이자 나약한 우리들이 신을 위해서 어떤 위대한 일을 할 수 있겠느냐고 묻는다. 사소한 일은 할 수 있다 해도, 큰일에 부닥칠 경우, 과연 우리는 잘 대처할 수 있을까? 큰일이

8 *Jean Baptiste de La Salle(1651～1719) : 프랑스의 신부로서 랭스와 파리 등지에 기독교 학교, 수도사 협회를 창설했다.

우리의 힘을 넘어서는 일이라고 생각하지 않을까? 가령 사소한 일을 신이 인정하고, 큰일에 대해서나 마찬가지로 받아들이려고 한다면 어떨까? 사소한 일을 과연 사람들은 제대로 체험해 본 적이 있는가? 그것은 경험에 의거하여 판단되는 것인가? 사소한 일을 사실 그대로 보면서도 그것을 거부할 경우, 그 일이 명백히 죄를 범하는 것이 될까? 사소한 일, 그러나 그것이야말로 결국 위대한 성인을 만들어 낼 수 있는 것이다. 그렇다. 그것은 사소한 일이지만, 그러면서도 위대한 원동력, 위대한 감정, 위대한 열정, 위대한 사랑, 위대한 공적, 위대한 보배, 위대한 보상"[9]이다. 규정의 엄밀성, 검열의 꼼꼼한 시선, 생활과 신체의 가장 사소한 부분에 대한 통제 등은, 이제 곧 학교나 군대, 진료소나 공장에서 아주 작은 것과 무한한 것에 대한 신비주의적 계산법에 의해 세속화된 내용과 경제적이고 기술적인 합리성을 갖게 된다. 또한 밥티스트 들라살의 영향하에서, 라이프니츠와 뷔퐁, 그리고 프리드리히 2세를 거치면서 교육학, 의학, 군사전술, 그리고 경제를 가로지르는 18세기의 《세부에 관한 역사*Histoire du Détail*》는 18세기 말에 새로운 뉴턴이 되고자 꿈꾼 인간의 모습으로 귀결된다. 그것은 더 이상 천체의 광대함이나 행성의 무리를 관찰하는 뉴턴이 아니라, '사소한 물체', '사소한 운동', '사소한 작용'에 관심을 쏟는 뉴턴이다. 또한 그는 몽쥬[10]의 말("발견해야 할 세계는 하나밖에 없었다")에 다음과 같이

---

9 J. B. de La Salle, 《기독교 학교 수도사들의 의무론》(1783년 판), pp. 238~239.

10 *Gaspand Monge(1746~1818): 프랑스의 수학자. 육군 공병학교 재학중에 축성(築城)에 관한 문제를 종래의 산술적 계산으로 풀지 않고 자기가 안출한 기하학적 방법으로 짧은 기간에 풀어서 교관으로 발탁되었으며, 이것이 오늘날 화법 기하학

답했다. "나는 그것을 어떻게 알게 되었는가? 또 하나의 세계라 할 수 있는 세부의 세계에 관해서는 과연 누가 생각해 보았는가? 나는, 15세가 되자마자 그것을 믿게 되었다. 이후 나는 그것에 열중하게 되었고, 또한 그 추억은 내 마음속에 결코 사라지지 않는 고정관념처럼 남아 있다. 이처럼 다른 세계, 그것이야말로 내가 발견하고 자랑스러워했던 모든 일 중에서 가장 중요한 것이다. 그것을 생각하면 마음이 아프다."[11] 물론 그가 그 세계를 발견한 것은 아니다. 그러나 우리가 알고 있는 것은, 그가 그 세계를 조직해 보려 시도했고, 그가 통치하고 있던 국가의 가장 사소한 사건까지도 감지할 수 있게 해 주는 권력장치를 주변에서 마련하고자 했다는 사실이다. 그는 엄격한 규율을 확산시켜 "사소한 세부를 하나도 놓치지 않으면서 거대한 전체 기구를 완전히 장악하기를"[12] 원했던 것이다.

인간에 대한 통제와 그 활용을 위한 세부의 치밀한 관찰, 그리고 동시에 사소한 것에 대한 정치적 고려의 시각으로 고전주의 시대로 거슬러 올라가면 일련의 총괄적 기술과 방법, 지식, 설명, 처방, 데이터 등의 일괄적인 자료들이 나타난다. 아마도 이러한 사소한 일들로부터 근대적 휴머니즘의 인간이 탄생하게 되었을 것이다.[13]

의 기원이 되었다. 1792년에 혁명정부의 해군상이 되고 그의 제안으로 1794년 에콜 폴리테크니크가 창설되었다. 1795년에 《화법 기하학》(*Géométrie descriptive*)이 간행되었다.

11 E. Geoffroy Saint-Hilaire는 자신의 저서 《자연철학의 종합적 · 역사적 제개념》(1838년)의 서문에서 이러한 선언을 보나파르트가 한 것으로 돌리고 있다.

12 J. B. Treilhard, 《범죄소송법전의 동기》(1808년), p. 14.

13 나는 군사, 의료, 학교, 산업의 여러 기관을 통해 그러한 예를 골라 보겠다. 그밖

분할의 기술

규율은 우선 공간에 따른 개인의 분할을 실행한다. 그 목적으로 규율은 몇 가지 기술을 사용한다.

(1) 규율은 종종 **폐쇄적 세계**, 즉 다른 모든 사람에게는 이질적이면서, 자체적으로 닫혀 있는 장소의 특정화를 요구한다. 그것은 획일적인 규율에 의해서 보호되는 장소이다. 그리하여 방랑자들과 빈민의 대대적인 '감금'14이 있었으며, 그보다는 더욱 은밀하지만 교활하고 효과적인 다른 종류의 감금도 있었다. 사립학교도 그렇다. 그곳에서는 점차적으로 수도원의 규율이 부과된다. 기숙사 제도가 가장 많이 이용되는 것은 아니더라도, 적어도 가장 완전한 교육 제도로 출발하여, 예수회 수사들이 떠난 후에 루이 르-그랑Louis-le-Grand 학교가 모범적 학교로 되었을 때, 기숙사 제도는 의무화되었다.15 또한 병영兵營도 그렇다. 저 유랑의 무리인 군대를 잡아 묶어 두어야 하기 때문이다. 약탈과 폭행을 막고, 일시적으로 주둔하는 부대를 참기 어려워하는 주민들을 진정시키고, 시 당국과의 충돌을 피하게 하고, 탈영을 방지하고, 낭비를 통제하도록 해야 한다. 1719년의 왕령은, 이미 남프랑스에 설치된 병영을 모방해서 수백 개의 병영을 건설해야 한다는 것

에 다른 예들은 식민지 건설이나 노예 제도, 유아 돌보는 일에서 찾아 볼 수 있을 것이다.

14 *푸코, 《광기의 역사》에 상세히 서술되어 있다.

15 Ph. Ariès, 《아이와 가족》(1960년), pp. 308~313; G. Snyders, 《17세기와 18세기의 프랑스 교육》(1965년), pp. 35~41.

을 명시하고 있다. 그곳에서는 감금이 엄중해진다. "병영 전체는 높이 10피트의 외벽에 의해서 폐쇄되고, 그 외벽은 사방에 30피트씩의 간격을 두고 막사들을 둘러싸야 하며" — 또한 그 목적은 군대를 '질서와 규율'의 상태에서 유지시키고, "장교가 그러한 상태를 책임질 수 있도록 한다."[16] 1745년에는 약 320개의 도시에 병영이 설치되었고, 1775년이 되자 모든 병영의 총수용 능력은 약 20만 명에 이르는 것으로 추계되었다.[17] 다음으로, 각지에 산재하는 작업장 외에, 동질적이며 그 범위가 명확히 정해진 큰 공장들도 번창한다. 처음에는 소규모 공장들이 집결한 상태였다가, 그 후 18세기 후반에는 대량생산의 공장이 그렇게 되었다(예를 들면, 라 쇼사드La chaussade 철공소는 니에브르Nièvre 강과 르와르Loire 강 사이의 메딘Médine 반도 전역을 차지한다). 엥드레[18]의 공장을 설치하기 위해서, 1777년에 윌킨슨[19]은 성토와 제방을 이용해서 르와르 강의 한 섬을 정비했다. 투페Toufait는 라 샤르보니에르La Charbonnière의 골짜기[20]를 개발하여 그곳에 르 크뢰조Le Creusot 철공소를 건설하고, 이 공장 자체 내에 직공들의 숙소를 설치했다. 이것은 규모가 큰 변화인 동시에 새로운 형태의 통제이기도 했다. 공장은 이

---

16 《군사 왕령집》 제 39권, 1719년 9월 25일자, 〈그림 3〉 참조.

17 Daisy, 《프랑스 왕국》(1745년), pp. 201~209; 1775년의 무서명 각서(육군성 보관문서, 번호 3689, 폴리오번호 156); A. Navereau, 《1439년부터 1789년에 이르는 기간의 병영과 군수용품》(1924년), pp. 132~135, 〈그림 3〉 참조.

18 *Indret: 낭트의 서쪽 교외의 르와르 강 하구에 있던, 섬의 이름.

19 *Wilkinson(1728~1808): 영국의 산업가로서 새로운 금속기술을 응용하여 최초의 용광로를 만들고, 착암기를 발명했다.

20 디종의 남서 약 70킬로에 해당한다.

〈그림 3〉 병영건축에 관한 1719년 9월 25일의 왕명에 부착된 도면

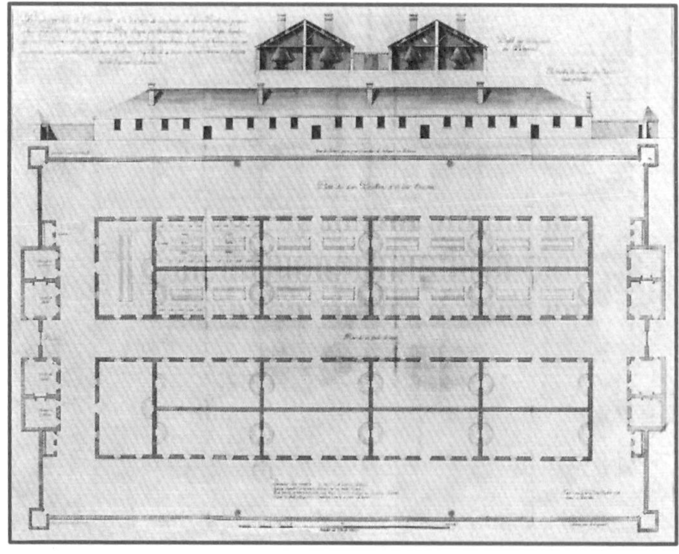

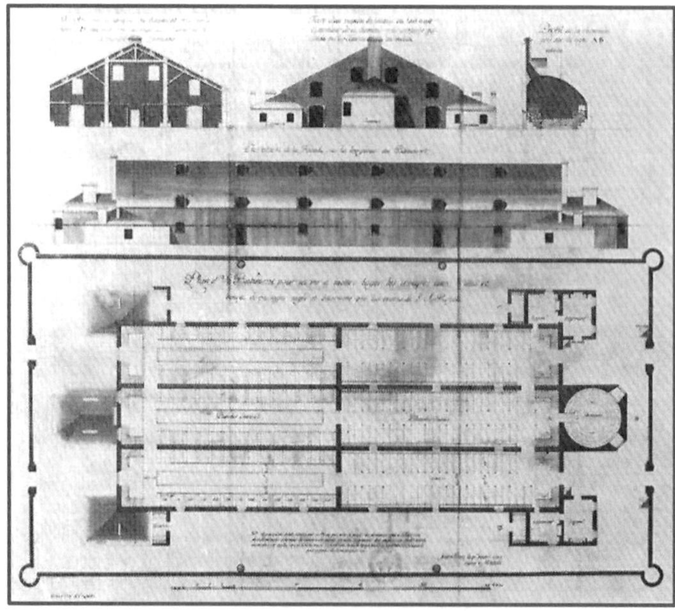

제 분명히 수도원이나 성채나 폐쇄적인 도시를 닮아 간다. 수위는 "직공들이 퇴근할 때만, 그리고 작업 개시를 알리는 종이 울린 후에 한해서 출입문을 열게" 된다. 작업 시작 15분 후에는 아무도 입장할 권리를 인정하지 않고, 하루의 작업이 끝날 무렵 각 작업장의 책임자들은 열쇠를 제조 공장의 수위에게 되돌려 주어야 하며 수위가 다시 출입문을 열어 주는[21] 것이다. 왜냐하면, 생산력이 집중됨에 따라 최대의 이익을 이끌어 내고, 그것의 장애가 되는 요소들(절도, 작업 중단, 소요, 음모) 을 제거하고, 원자재와 공구를 보전하고, 노동력을 통제하는 것이 필요해지기 때문이다. 즉, "유지해야 할 질서와 치안에 비추어 볼 때, 모든 직공들을 같은 건물 안에 모여 있게 하는 일이 반드시 필요하게 된다. 그것은 제조 공장의 감독을 책임지고 있는 관계자가 직공들 사이에서 발생할 수 있는 폐습을 예방하고 바로잡으며, 또한 그 폐습의 확산을 원천봉쇄할 수 있도록 하기 때문이다."[22]

(2) 그러나 규율 장치에서 이 '폐쇄적 세계'의 원칙은 영구적인 것도 아니고, 필요 불가결한 것도 아니며 그 자체로 충분한 것도 아니다. 이 장치는 훨씬 더 유연하고 섬세한 방식으로 공간을 재구성한다. 그것은 무엇보다 기본적인 위치결정의 원칙이나 분할방식의 원칙에 따라 이루어진다. 개인마다 정해진 자리가 있고, 또한 할당되는 구역이 있다. 집단 단위의 구분을 피하고, 집단적 배치를 분해하며, 혼잡하

---

21 앙브와즈 제강소 규칙 초안(국립 고문서관), 폴리오번호 pp. 121~301.

22 앙제의 범포(*toile à voiles*) 제조소에 관해 국왕에게 보낸 보고서, V. 도팽, 《앙주에서의 직물 공업의 연구》(1913년), p. 199에서 인용.

고 밀집해 있거나 파악하기 어려운 다수를 해부하도록 한다. 규율의 공간은 분리시켜야 할 신체나 요소들을 가능한 한 작은 단위로 분할하기 위한 것이다. 불확실한 분리 때문에 나쁜 결과가 생긴다거나, 개인들이 통제되지 않고 실종되는 일, 산만한 왕래와 무익하고 위험한 동맹의 가능성 등의 모든 문제들은 없애야 한다. 그것은 도주와 방랑과 집단의 행동을 방지하기 위한 전술이다. 중요한 것은 개개인의 출결사항을 명백히 하고 개인의 소재를 파악하는 일이며, 유익한 연락체계를 확립하고 일반 사람들과 차단시켜서 감시하고, 평가하고 제재하며, 그 자질과 공적을 측정하는 일이다. 따라서 알고, 통제하고, 활용하기 위한 절차가 중요하다. 규율은 분해의 공간을 조직하는 일이다.

그런 점에서 규율은 건축과 종교의 오랜 방식인 수도원의 독방 형태와 결부된다. 새로운 방식에 따라 설정되는 칸막이 방이 그야말로 이상적 형태일지라도, 규율의 공간은 본질적으로 수도원 독방과 같은 형태이다. 예전에는 신체와 정신의 불가피한 격리가 일종의 고행을 의미했다. 즉, 신체와 정신은 고립된 상태에서 때로는 유혹과, 어쩌면 신의 존엄성과 맞서 있어야 했다. "잠은 죽음의 상징이고, 공동 침실은 무덤의 상징이다. 공동 침실은 공동으로 사용할 수 있지만, 그 안의 침상은 수녀들이 상대편을 보지 않고 잠자고 일어날 수 있도록 배치되고, 커튼에 의해 완전히 폐쇄되어 있는"23 것이다. 그러나 그런 식의 규율만 하더라도 아직은 세련되지 못한 형태일 뿐이다.

---

23 "착한 목자 그리스도의 수녀원 규칙", Delamare, 《치안론》 제 3권, 제 5항, p. 507에서 인용. 〈그림 4〉 참조.

(3) 규율이 있는 기관들에서 기능적 공간배치의 규정은, 건축에서 일반적으로 자유롭게 사용할 수 있고 여러 가지 용도로 이용할 수 있는 공간을 점차적으로 체계화하기 위한 것이다. 감시할 필요성과, 위험한 연락을 차단해야 할 필요성뿐만 아니라, 유익한 공간을 만들어 낸 필요성에 부응하기 위해서 적당한 장소들을 결정해야 하는 것이다. 이 과정은 병원에서, 특히 육군과 해군 병원에서 분명히 나타난다. 프랑스에서는 로슈포르24 항구가 실험과 모델의 역할을 했던 것 같다. 항구, 특히 군항軍港은 상품, 지원병이나 징집병, 출항하거나 입항하는 선원, 질병, 전염병 등의 유통 경로라는 점과 더불어 탈주와 밀수입과 감염의 장소이다. 이곳은 위험한 혼합집단이 뒤섞인 장소이자 금지된 유통이 행해지는 교차지점인 것이다. 따라서 해군 병원은 관리감독을 철저히 하고, 그 목적을 위해서는 일종의 여과 장치 — 경계망을 펴서 포획하는 장치 — 가 필요하다. 또한 불법과 악의 무질서를 타파하면서, 이러한 무질서의 움직임과 혼잡스러운 무리에 대한 지배를 강화해야 한다. 그래서 그곳에서는 질병과 감염에 대한 의학적 감시가 다른 일련의 모든 통제와 불가분의 관계에 놓인다. 그것은 탈주병에 관한 군사적 통제, 상품에 관한 세무상의 통제, 의약, 하루분의 식량 할당량, 실종, 치료, 사망, 꾀병에 관한 행정상의 통제들이다. 그런 점에서 엄격하게 공간을 분배하고 구획 지을 필요성이 생긴다. 로슈포르 항에서 취해진 최초의 조치는, 사람보다는 물건에, 환자보다는 오히려 귀중한 상품에 관한 것이었다. 재무와 경제의 감시시설

24 *Rochefort: 대서양 연안의 항구로 해군 병원이 있고, 군항으로 유명하다.

〈그림 4〉 나바르 학교

이 의학상의 감시 기술보다 우선하게 되었다. 처음에는 금고 안에 의약품을 넣어 잠가 두고, 사용시에는 기록을 했다가 얼마 후에는 환자의 실제 인원수, 환자의 신원, 환자의 소속 부대를 확인하기 위한 체계가 완성되면서, 나중에는 환자의 출입을 통제하고 환자를 병실 안에 계속 있도록 규제하였다. 침대에는 환자의 이름표가 붙고, 치료받는 모든 환자에 대한 기록을 작성하여, 진찰시에 의사가 그 명부를 참조하도록 한다. 그 후에 전염병 환자의 격리, 침대의 격리가 실행되었다. 점차적으로 행정과 정치의 공간이 치료의 공간에 연결되어 신체, 질병, 증상, 생존, 사망을 개별화하다가 여러 가지 개별적 내용을 병렬하고 세밀하게 분류하여 사실에 근거한 일람표를 작성한다. 규율로

부터 의학적으로 유용한 공간이 탄생한 것이다.

18세기 말에 나타난 공장에서, 개별화를 목표로 삼는 분할방식의 원칙은 복잡하게 구성되어 있다. 이제는 개인을 고립시키고, 개인의 위치를 파악할 수 있는 공간 속에 배치하는 일이 중요하고, 또한 이러한 배치를 그 자체의 고유한 요구를 가진 생산기관과 연결시키는 것은 중요한 일이다. 신체의 배치, 생산기간의 공간적 설치, '부서'의 배분에 따른 상이한 활동 형태를 잘 연결시켜야 한다. 쥬이Jouy에 있는 오베르캄프25의 제조 공장은 이러한 원칙을 따른 것이다. 그 공장은 인쇄공, 봉합공, 착색공, 색칠보수공, 판각공, 염색공 등 각자의 작업 분야에 따라 특별히 설치된 일련의 작업장들로 구성되어 있다. 그곳의 건물 중 최대의 것은 1791년 투생 바레Toussaint Barré가 지은 길이 110미터나 되는 4층 건물이다. 1층은 주로 인쇄작업에 할당되었고, 창문이 88개나 있는 그 큰 방을 따라 세로 두 줄로 132개의 작업대가 설치되었다. 모든 인쇄공들은 물감을 준비하고 칠하는 작업을 맡은 '보조인쇄공'과 함께, 개별적으로 분리된 작업대에서 일하는데, 그들의 숫자는 246명이나 된다. 모든 작업대의 한쪽 끝에는 인쇄가 막 끝난 천을 건조시키기 위해 얹어 놓는 선반이 있다.26 작업장의 중앙 통로를 가로지르면서 전체적으로 개별적인 감시를 동시에 행할 수 있다. 직공의 출결사항, 근면성, 작업의 질에 대한 확인, 직공들을 비교하고 그 숙련도와 신속도에 따라 분류하는 일, 제조 과정의 연속적 단계

25 *프랑스인 산업가 Oberkampf(1738~1815)가 설립한 제사공장.

26 Saint-Maur 제조소 규칙(국립도서관, 들라마르 문고의 원고, 수공업 III).

를 지켜보는 일. 이 모든 일의 계열화를 통해 영속적인 일종의 일람표를 작성하면, 모든 혼란은 제거될 수 있다.[27] 생산은 분화되고, 노동의 진행 과정은, 그 국면이나 단계 혹은 기본적 작업에 따라, 그것을 실행하는 개인에 따라, 그 일에 종사하는 각 개인의 신체에 따라 구분된다. 그러므로 능력 — 기력, 신속성, 숙련도, 끈기 — 에 따른 차이를 관찰할 수 있고, 특징을 알 수 있고, 평가하고 기록함으로써, 특정 관리인에게 보고할 수 있도록 한다. 이와 같이 일련의 개별적 신체가 완전히 파악될 수 있도록 일목요연해지면 개인 단위의 분석이 가능해진다. 대규모 산업 발생시에 우리는 생산과정의 분화에 의한, 혹은 그 과정과 동시에 노동력이 개별적으로 분해되는 현상을 볼 수 있다. 이러한 생산과정의 분화 및 노동력의 개별적 분할은 규율의 공간 배치에 의해 확립된 것이다.

(4) 규율에서, 기본적 요소들은 그것들이 어떤 계열 안에서 차지하는 위치에 따라 그리고 다른 요소와 구별되는 간격에 따라 규정되는 한, 상호 교환적이다. 따라서 규율에서의 기본단위는 영역(지배의 단위)도 아니고, 장소(거주의 단위)도 아닌 **서열**이다. 서열은 어떤 분류·등급 속에서 사람이 차지하는 위치이고, 가로줄과 세로줄이 만나는 지점이며, 전체적으로 차이를 볼 수 있는 간격이다. 규율은 서열의 기술이고, 배열을 변화시킬 수 있는 기술이다. 그것은 여러 신체들을

---

27 르 크뢰조 공장을 방문한 라 메트리의 다음 견해를 참조. "그렇게도 훌륭한 조직과 그렇게도 많은 작업량을 위한 건물이라면 노동시간 중 직공들에게 조금이라도 혼동이 생기지 않도록 충분한 면적이 있어야 했다." 《자연학 저널》 제 30권(1787년), p. 66.

한 지점에 고정시키는 것이 아니라, 분배하여 하나의 관계망 속에서 순환하게 하는 위치 결정에 따라 개별화시키는 것이다.

'학급'의 예를 들어 보기로 하자. 예수회 수사修士학교에서는, 이원적이면서 동시에 집단적인 학생 편성 방식이 계속 통용되었다. 학생수가 200명 혹은 300명 정도가 되는 학급은 10명 단위의 조로 나누어진다. 각 조는 그 조장을 우두머리로 하여 로마 식 혹은 카르타고 식에 따라 한 진영을 이루고, 모든 10인조는 반대되는 10인조와 대응하는 식이어서, 전반적 형태는 전쟁과 경쟁의 모양이었다. 즉, 공부, 수련, 학급 편성은 싸움의 형식으로 양 진영이 대결하는 분위기에서 이뤄졌다. 모든 학생의 실력은 전체적인 대결의 결과처럼 기록되었고, 그것이 한 진영의 승패를 결정하였다. 또한 학생들은 10인조 단위의 집단 내에서 각자의 기능과 전사로서의 가치에 대응하는 지위를 부여받았다.28 또한 이 로마식의 우스꽝스런 코미디를 통하여 양쪽이 대결하는 훈련방식이 고대 로마 군단에서 착상을 얻은, 그리하여 그 안에 서열과 계급제도 및 피라미드 감시가 포함된 공간적 배치와 연결되는 것임을 알 수 있다. 또한 계몽주의 시대에는 일반적으로 고대 로마의 모델이 이중의 역할을 수행했는데, 공화제적 측면에서 보자면, 로마는 자유의 제도 그 자체였고, 군사적 양상으로는 규율의 이상적 구조였다. 18세기와 대혁명 시대의 로마는 원로원의 로마일 뿐 아니라 로마 군단의 로마이며, 또한 광장forum의 로마인 동시에, 야영부대의 로마였다. 나폴레옹 제정시대에 이르기까지, 고대 로마의 기준은 시민

28 C. de Rochemonteix, 《17세기의 학교》(1889년), 제 3권, p. 51 이하 참조.

권이라는 법적 이상과 규율 과정의 기술이 애매한 방식으로 전달되는 근거였다. 여하간 예수회 수사학교에서 공연된 고대풍의 우화극寓話劇 속에서는 엄밀한 의미에서의 규율 요소가 경쟁과 모의전쟁의 요소보다 우세한 것으로 나타난다. 점차로 — 그러나 특히 1762년 이후 — 학교 공간은 개방화된다. 즉, 학급은 동질화되고, 교사의 감독하에서 순차적으로 배열되는 개인적 요소들로 구성된다. 18세기에 이르러 '서열화'의 방법은 학교의 질서 안에서 개인의 배치에 관한 큰 골격을 규정한다. 교실 · 복도 · 운동장에서의 학생의 정렬, 숙제나 시험과 관련하여 모든 학생에게 부과되는 서열, 매주 · 매월 · 매년 학생 각자에 대한 평가, 연령순에 따른 학급의 배치, 난이도에 따른 학습내용이나 논의주제의 차별화 등이 그 예들이다. 또한 이러한 모든 의무적 배열 속에서 학생 개인이 차지하는 서열은 나이, 성적, 품행에 따라서 그때그때 변화한다. 학생은 이러한 일련의 세분된 항목들에 따라 끊임없이 이동한다. 이렇게 세분된 항목들 중 한쪽 계열은 지식이나 능력의 위계질서를 명시하는 관념적인 것이라면, 다른 쪽 계열은 위와 같은 가치나 성적에 따라 학급이나 학교의 공간 속에서 구체적으로 나타날 수 있는 물질적인 것이다. 일렬로 배치된 간격들로 명료하게 구분되는 공간 속에서, 학생 개개인은 상호적으로 끊임없이 교체되어, 계속 변화하는 것이다.

계열화된 공간 편성은 초등교육의 기술적 큰 변화 중의 하나였다. 그것은 전통적 교육방법(어떤 한 학생이 선생과 몇 분 동안 공부하는 동안 기다리는 학생들은 어수선하게 감독도 받지 않은 채 놀고 있는)을 극복할 수 있게 했다. 새로운 공간 편성에 의해 각자의 자리가 정해졌고, 한 사람 한 사람에 대한 통제와 학생 전체의 동시학습이 가능해졌다. 또한 학습시간에 대한 새로운 경제적 방안이 마련되었다. 학교의 공간은 교육을 위한 것뿐만 아니라 감시하고 위계질서를 세우고, 상벌을 부과하는 하나의 기관으로서 기능하게 된 것이다. J. B. 들라살은 학급 안에서의 공간 배분이 학생의 진도, 개개인의 능력, 학생의 성격, 근면성, 청결성, 양친의 재산 정도 등에 의한 구분으로 서열의 차등화가 분명해질 수 있는 그러한 학급을 구상했다. 그렇게 되면 교사의 세밀한 분류 방침에 따라, 교실은 여러 항목의 평가들이 기록된 일람표 형태로 구성될 것이다. "어느 학급에서나 모든 수업에 대하여 학생들은 좌석을 지정받아야 하는데, 이것은 같은 수업을 받는 모든 학생이 언제나 같은 장소의 일정한 자리에 앉도록 하기 위해서이다. 가장 높은 수준의 수업을 받는 학생은 벽 쪽으로 가장 가까운 좌석에 앉도록 하고 다른 학생들은 학습수준이 저하됨에 따라 교실의 가운데 자리에 앉도록 한다. … 모든 학생은 자신의 일정한 좌석을 갖게 되며, 학교 장학사의 명령과 동의가 없는 한, 자기의 자리를 떠나거나 바꾸어서는 안 된다." 또한 "부모가 무관심하여 이가 들끓는 학생들은 이가 없는 청결한 학생들과 떨어져 있도록 하고, 침착하지 못하고 경솔한 학생들은 얌전하고 착실한 두 명의 학생 사이에 끼어 앉도록 하며, 신앙이 없는 학생은 혼자 있게 하거나 신앙심이 깊은 두 학생 사이에 앉도록 해야 한다."[29]

---

29 J. B. de La Salle, 《기독교 학교의 운영》(국립도서관, 원고번호 11759), pp. 248~249. 바탕쿠르는 얼마 전에 학급이 세 부분으로 나누어져야 한다는 것을 제안했

규율은 '개체', '자리', '서열'을 조직화함으로써 복합적 공간을, 즉 건축적이면서 동시에 기능적이고 위계질서를 갖는 공간을 만들어 낸다. 그것은 자리를 고정시키면서, 또한 자리이동을 허용하는 공간이다. 그 공간은 개인들을 단편적 존재로 분리하고, 또한 조작 가능한 관계들을 수립한다. 자리를 지정하고, 가치를 명시하고, 개개인의 복종뿐 아니라 시간과 동작에 대한 최상의 관리를 확보한다. 또한 그것은 혼합된 공간으로서 건물, 방, 가구 등의 배치를 관리하는 점에서는 현실적 공간이지만 그러한 정비에 개인에 따른 특징 명시, 평가, 위계질서가 투영되는 점에서는 관념적 공간이다. 따라서 규율의 중요한 첫 번째 조작操作은 혼란스럽고 무익하거나 위험한 집단을 질서가 확립된 집단으로 바꾸는 '생생한 일람표tableaux vivants'를 만드는 일이다. '일람표'의 작성은 18세기의 과학 · 정치 · 경제의 기술에 관련된 중요한 문제였다. 예를 들면 그것은 식물원이나 동물원을 정비하고, 동시에 생물체의 합리적 분류 체계를 세우고, 상품과 화폐의 유통을 관찰하고, 통제하고, 조정하며 그것을 통하여 부富의 원리로서 작용할 수 있는 경제표經濟表를 만드는 일이다. 또한 병사들을 검열하고 출결사항을 확인하고, 군대에 관한 일반적이고 항구적인 기록을 만드는 일

다. 즉, "가장 명예로운 반은 라틴어를 배우는 학생을 위해서 할당한다. … 나태한 학생들이 흔히 범하는 혼란이 없도록, 책상을 이용하는 학생들 인원에 맞추어 배정하는 것이 바람직하다." 두 번째 반은 독서방법을 배우는 학생에게 할당하고, "벌레가 전염되지 않도록 하기 위해서" 부잣집 자제와 가난한 집 자제의 좌석 배정을 구별한다. 세 번째 반은 신입생을 위한 것인데, "그 능력이 확인되면 합당한 좌석이 배정되도록 한다." M. I. D. B. 《성당구 학교를 위한 조직적인 지시》(1666년), pp. 56~57. 〈그림 5〉 참조.

〈그림 5〉 Port-Mahon 가에 있는 학생 상호교육학교의 내부 (글쓰기 연습시간)

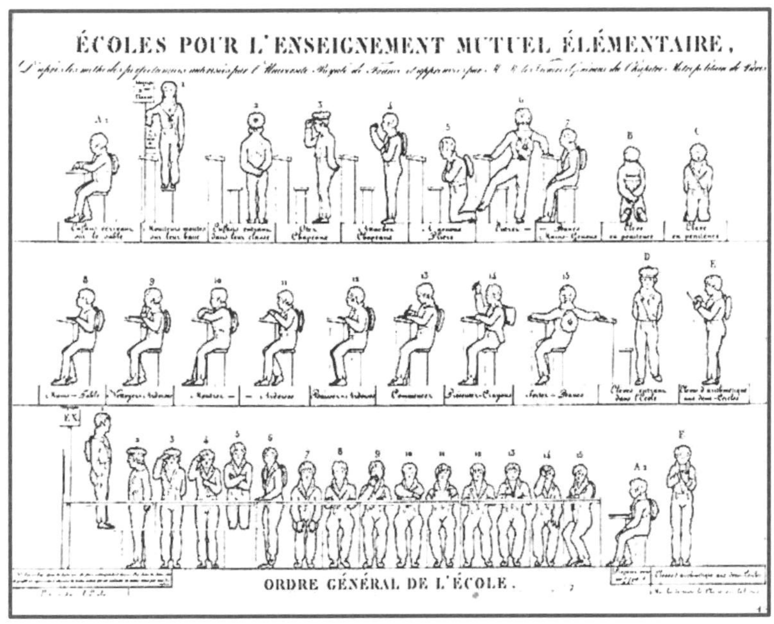

이다. 환자들을 배치하고, 격리시키고, 병원의 공간을 신중히 분할하고, 질병을 체계적으로 분류하는 일이기도 하다. 즉, 병렬적인 여러 조작의 형태로서 두 가지 구성요소 — 배치와 분석, 통제와 이해 — 는 상호적으로 긴밀하게 연관되어 있는 것이다. 18세기의 일람표는 권력의 기술인 동시에 지식의 방법이다. 다양한 대상을 조직적으로 관리하고, 전체적으로 파악하고 통제할 수 있는 어떤 도구를 마련하는 일과 '질서'를 부과하는 일이 필요하다. 박물학자이며 의사이고 경제학자인 기베르Guibert가 말한 것처럼, 군대의 지휘자는 "수많은 사람들 때문에 눈이 멀고, 얼이 빠질 정도가 되어, 모든 대상에 주의를 집중하는 일은 자신의 능력을 넘어설 만큼 무거운 짐이 되었다는 것이다. 근대적 전술학은 보다 완벽해지고, 본래의 원칙에 접근해 감으로써 더 단순해지고 덜 어렵게 될 수 있을 것이다." 군대는 "모든 움직임에 대처할 수 있는 전술을 마련함으로써 단순하고 유사한 통솔과 지휘가 훨씬 용이해질 수 있다."30 인간의 공간적 지휘통제인 전술, 생물체에 대한 규율의 공간인 분류학, 부富의 일정한 동향을 표시한 경제표는 이렇게 만들어진 것이다.

그러나 일람표는 이러한 상이한 영역들 속에서 항상 동일한 기능을 갖고 있는 것이 아니다. 경제의 차원에서는 일람표에 의한 양의 측정과 변동의 분석이 가능해진다. 분류학에서 일람표의 역할은 대상의 특징을 밝히고(따라서 개별적 특이성을 고려하지 않고) 등급을 작성하는(그러니까, 수량적 고찰을 배제하는) 것이다. 그러나 규율을 위한 배치

30 J. A. de Guibert, 《전술개론》(1772년), 제 1권, 전서 p. 36.

에서 일람표 작성의 기능은 반대로 다양한 많은 것들을 취급 대상으로 삼아 배분하고, 가능한 한 최대의 효과를 이끌어 내기 위한 것이다. 자연계의 분류법이 개별적 특징에서 범주에 이르는 축 위에 설정된 반면, 규율의 전술은 개별적인 것과 집단적인 것을 연결하는 축 위에 자리 잡고 있다. 그러한 전술은 한 개인을 개인으로 특징지으면서 동시에, 어떤 일정한 다수에 질서를 부여하도록 한다. 따라서 이 전술은 개별적 요소들로 구성된 전체에 대한 통제와 그 활용을 위한 일차적 조건이다. 즉, 그것은 '개체 중심적'이라고 명명할 수 있는 권력의 미시 물리학을 위한 기초가 되는 것이다.

활동의 통제

(1) **시간표**는 오래된 유산이다. 그 정확한 모델은 아마도 수도원에서 유래되었을 것이다. 시간표는 급속히 확산되었다. 수도원에서 사용된 3가지 주요한 방식 — 시간 구분을 확립하고, 일정한 업무를 강요하며, 반복 주기를 규정하는 일 — 은 아주 일찍부터 학교, 작업장, 병원에서 재현되었다. 오래전부터 존속한 도식 안에, 새로운 규율은 어렵지 않게 자리 잡을 수 있었다. 수도원에 흔히 부속기관으로 있었던 복지사업 기구들은 수도원의 생활방식과 규율을 이어받았다. 산업기관에서 시간표에 의한 작업의 엄정성은 오랫동안 수도원의 규율 같은 외양을 간직했다. 그리하여 17세기에 대형 공장의 규정에는 노동시간을 분할하는 사례들이 자세히 기록되어 있었다. "모든 사람은 …

아침에 일터에 오자마자 일하기에 앞서 우선 손을 씻고 일을 시작해야 하고, 자기의 일을 하나님께 바치고, 성호를 긋고 일을 시작해야 한다."[31] 그러나 19세기에도 여전히 산업계에서 농촌 사람들을 고용하고자 할 경우에는, 그들을 공장 노동에 익숙하게 하기 위해 수도회[32]에 조력을 구하는 일이 있었다. 노동자들을 '공장-수도원'의 틀 속에 집어넣기 위해서였다. 모리스 도랑쥬 공과 귀스타브 아돌프 왕 휘하의 신교도 군대 안에서 다수의 군대식 규율은 신앙심의 실천으로 분할된 시간의 리듬을 통해 만들어졌다. 나중에 부싸넬이 말한 바에 의하면, 군대 생활은 "수도원의 여러 가지 장점"[33]을 그대로 답습해야 한다는 것이다. 여러 세기 동안 수도회 사람들은 규율의 전문가들이었다. 그들은 시간 처리의 전문가였고 시간의 리듬과 규칙적 활동의 뛰어난 기술자였다. 그러나 규율은 수도원에서의 시간 규제 방식을 수정한다. 우선 정교하게 다듬어서 15분 단위로 그리고 분, 초의 단위로 시간을 계산하기 시작한다. 물론 군대에서도 그렇다. 예를 들면, 기베르는, 보방[34]이 최초로 고안한 사격 시간의 측정을 체계화하도록 했다. 또한 초등학교에서는 시간의 분할이 점점 더 세밀해져서, 모든 활동은 그것에 즉각적으로 따르는 여러 규율체계로 엄정히 규제된다.

---

31 Saint-Maur, 제조소 규칙 제 1조.

32 *Congrégations : 1815～1830년의 프랑스 왕정 복고기에 활동한 우파 종교단체.

33 L. de Boussanelle, 《훌륭한 군인》(1770년), p. 2; 스웨덴 군의 규율의 엄격성에 관해서는, 《스웨덴 군의 군율》(런던: 1632년) 을 참조.

34 *Sebastian Le prestre de Vauban (1633～1707) : 프랑스의 원수, 축성의 담당관으로서 많은 성을 쌓고, 항구와 운하를 건설했다.

예를 들면, "시간을 알리는 종소리가 끝나자마자 한 명의 학생이 종을 치고, 그 소리로 전체 학생은 무릎을 꿇고 앉아, 팔짱을 낀 채 시선을 밑으로 떨군다. 기도가 끝나면 교사는 학생들을 일어서게 하는 신호를 보내고, 그 다음 그리스도 십자가상에 경의를 표하게 하는 두 번째 신호를 보내며, 마지막으로 그들을 착석시키기 위한 세 번째 신호를 보낸다."[35] 19세기 초엽에는, 학생 상호간에 교육이 이뤄지는 초등학교 교육을 위해 다음과 같은 시간표가 제안된다. "8시 45분 지도교사의 입실, 8시 52분 교사의 집합 신호, 8시 56분 아동의 입실 및 기도, 9시 학생들 착석, 9시 4분 석반石盤 위에서 첫 번째 받아쓰기, 9시 8분 받아쓰기 끝, 9시 12분 두 번째 받아쓰기 등."[36] 그리고 또한 임금 제도의 점차적 확산으로 시간에 대한 보다 정밀한 분할이 이루어진다. 예를 들면, "노동자가 종이 울리고 나서 15분 이상 지각하는 일이 발생할 경우 …"[37]라든가, "작업시간 중 5분 이상 면회하는 직공 … "이라든가, "정해진 시간에 작업장에 나오지 않는 자 … "[38]와 같은 식으로 말이다. 그러나 또한 고용시간의 질을 높이려는 경향도 있다. 즉, 끊임없는 통제, 감시자에 의한 압력, 작업을 방해하거나 산만하게 하

---

35 J. B. de La Salle, 《기독교 학교의 운영》(국립도서관, 원고번호 11759), pp. 27~28.

36 Bally의 견해, R. R. Tronchot, "프랑스에서의 상호 교육", 박사논문, 제 1분책, p. 221에서 인용.

37 앙브와즈 제강소 규칙 초안(국립 고문서관, 폴리오번호 121301). 이 점은 도급제로 일하는 사람에게도 적용된다는 것이 명기되어 있다.

38 오펜하임 제조소 임시규칙, 1809년, 제 7조 및 제 8조, Hayem, 《상업사 재론을 위한 각서와 자료》에서 인용.

는 모든 요소의 제거가 그렇다. 시간을 완전히 유익하게 구성하는 일이 중요해지는 것이다. "작업 중에 몸짓으로건 혹은 다른 방식으로건 동료직공을 웃기거나, 어떤 장난이건 놀이를 하고, 먹고, 자고, 떠들거나 농담하는 것을 엄금한다."[39] 그리고 작업이 중단되는 식사시간에도 "직공들에게 일에 대해 몰두하지 못하게 만드는 황당한 이야기나 연애담, 그 밖의 화제에 관해서 어떤 말도 하지 말아야 한다." 또한 "공장 안에 술을 가지고 들어가 작업장에서 마시는 행위는 모든 직공에게 어떤 이유로든 엄금한다."[40] 측정된 임금이 지불되는 시간은 어떤 불순함도 결함도 없는 시간이고, 계속 신체가 자신의 활동에만 주의를 집중하도록 한 양질의 시간이어야 한다. 정확성과 집중력은 규칙성과 함께 규율 시간의 기본적 덕목을 이룬다. 그러나 이점이 가장 새로운 것은 아니다. 그것 외에 다른 방법들이 규율의 보다 중요한 특징들이다.

⑵ **행동에 대한 시간의 작성.** 한 부대의 행진을 통제하는 두 가지 방법이 있다고 하자. 17세기 초에는 다음과 같았다. "일렬로 혹은 단체로 행진하는 경우, 병사들은 북소리의 박자에 맞추어 행진하는 데에 익숙해야 하고, 그렇게 하기 위해서 모든 병사는 똑같이 동시에 같은 쪽의 발을 들 수 있도록 우선 오른발부터 내딛어야 한다."[41] 그러나 18세기 중엽이 되자, 4종류의 걸음걸이가 정해졌다. 즉, "좁은 걸음의

39 오펜하임 제조소 임시규칙, 제 16조.
40 앙브와즈 제강소 규칙 초안, 제 4조.
41 L. de Montgommery, 《프랑스의 군대》(1636년 판), p. 86.

보폭步幅에는 1피트 되는 것과, 보통 걸음, 속보, 한쪽 발뒤꿈치에서 다른 쪽 발뒤꿈치 사이의 간격이 2피트가 되는 행군보조의 보폭이 있다. 또한 속도는 좁은 걸음과 보통 걸음일 경우 한 걸음에 1초로 하고, 속보에서는 그 사이에 두 걸음을 걷는 것으로 하며, 행군보조의 속도는 한 걸음당 1초를 약간 넘도록 한다. 비스듬하게 걷게 되는 경우, 1초당 한 걸음으로 하고, 보폭은 한쪽 발뒤꿈치와 다른 발뒤꿈치 사이의 간격이 기껏해야 18푸스[42]가 되도록 할 것 … 보통 걸음으로 전진할 경우에는, 얼굴을 들고 몸을 곧추세우며, 차례로 한쪽 다리만으로 균형을 유지하면서, 다른 한쪽 다리는 무릎을 펴고 그 발끝은 약간 바깥쪽으로 향하게 한 채 낮게 하여 자연스럽게 지면을 스치게 할 것, 또한 발바닥 전체가 지면을 내려치지 않고 누르는 듯이 발을 내려 행진할 것."[43] 위의 두 규정 사이에서 알 수 있는 것은 일련의 강제가 새롭게 적용되었다는 점과, 몸짓과 동작을 분해하는 데의 정확도와 신체를 시간 단위의 명령 틀에 맞추는 또 다른 방법이 있게 되었다는 점이다.

1766년의 왕령에 규정된 사항은 어떤 활동에 대한 전반적인 틀로서, 시간표가 아니라 외부로부터 부과되는 집단적이고 강제적인 리듬 이상의 것으로서 하나의 '계획서'이다. 그 계획서에 따라 행위의 조립이 이루어진다. 그것은 행위의 전개와 행위 단계를 내부에서 통제하는 방법이다. 전에는 몸짓을 측정하거나 구분하던 명령 형태가 연쇄적으로 몸짓을 통제하고 지속시키는 골격으로 전환된 것이다. 행동에

42 *1푸스는 1피트의 12분의 1로서 약 27mm이다.

43 보병의 교련을 규제하기 위한 1766년 1월 1일자의 왕령.

관한 일종의 해부학적-시간구성의 도식이 만들어진 것이다. 행위는 여러 요소로 분해되고, 신체와 팔다리, 그리고 관절의 위치가 정해지며 하나하나의 동작에는 방향과 범위, 소요 시간이 설정되고, 그것들의 연속적 순서가 정해진다. 시간이 신체를 관통하게 된 것이다. 그것과 더불어 신체에 대한 권력의 모든 치밀한 통제가 진행된다.

(3) 그 점에서 **신체와 동작의 상관화**가 이루어진다. 훈련을 취지로 삼는 통제는 단지 일련의 정해진 동작을 가르치거나 부과하는 데에 있지 않다. 그 통제는 하나의 동작과 신체의 전반적 자세 사이에 최선의 관계를 강요하는데, 이러한 관계의 유지야말로 효율적이고 신속한 통제의 조건인 것이다. 시간의 효율적 사용을 가능하게 하는 신체의 올바른 사용을 위해서는 어느 부분이라도 놀고 있거나 무익한 것이 되게 해서는 안 된다. 즉, 모든 것은 요구되는 행위를 유지하는 데 도움이 되어야 한다. 올바르게 훈련 받은 신체는 최소한의 동작이라도, 그것은 작전상황의 일부이다. 예를 들면, 글씨를 잘 쓰기 위해서는 하나의 신체 훈련 — 발끝에서 집게손가락 끝까지 몸 전체가 엄격한 규칙에 따라 움직이는, 그러한 하나의 습관 일체가 필요하다. 즉, “상체를 직립시키고, 왼쪽으로 조금 기울여 힘을 빼고, 팔뚝을 책상 위에 놓고, 시선이 미치는 범위 안에서 턱이 주먹 위에 놓일 정도로, 어느 정도 앞으로 기울인 자세가 되어야 한다. 왼발은 책상 아래에서 오른발보다 약간 앞으로 내밀어야 한다. 상체와 책상과의 간격은 손가락 두 개쯤으로 떨어져 있도록 한다. 그렇게 함으로써 보다 빨리 쓸 수 있을 뿐 아니라, 복부를 책상에 붙이는 버릇은 건강에 아주 유해한 것이기 때문이다. 왼팔의 팔뚝에서 손가락 끝까지의 부분은 책상 위에 놓아두

〈그림 6〉 글쓰기의 모범

어야 한다. 오른팔은 상체에서 손가락 3개 정도의 폭만 떨어뜨리고, 책상에서 손가락 5개 정도 띄어 놓아야 하고, 오른팔은 책상 위에 가볍게 올려 두고, 교사는 아동에게 글자를 쓸 때 유지해야 할 자세를 주지시키고, 아동이 그러한 자세에서 벗어날 경우, 신호를 보내거나 기타의 방법으로 고쳐주도록 한다."44 훈련을 받은 신체는 효과적인 동작의 기본인 것이다.

(4) **신체-객체의 유기적 연결.** 훈련은 신체와 그 신체에 의해 조정되는 객체가 유지해야 할 여러 관계를 개별적으로 규정한다. 양자 사이에서 훈련은 세밀하게 연결된 일종의 톱니바퀴 장치를 구성한다. 예를 들면, "앞에총은 세 박자로 행할 것, 먼저 오른손으로 총을 들어 올려서 총이 오른쪽 무릎과 수직으로, 총구는 눈높이를 유지하도록 총을 몸 쪽으로 당기면서 펴진 팔을 혁대의 위치에서 몸에 꼭 붙인 채 왼손으로 두드리는 것처럼 총신을 잡을 것. 두 번째로 안쪽에 있는 총신銃身이 눈과 눈 사이에 수직으로 올 때까지 왼손으로 총을 몸 쪽으로 당길 것. 오른손으로 팔을 편 채 총의 개머리판을 쥘 것. 그 경우, 노리쇠를 첫째 손가락으로 밀어붙이고 왼손은 가늠쇠 구멍 위치에 두고, 엄지손가락은 총신을 따라 홈을 향해 펼 것. 세 번째로, 총에서 왼손을 떼어넓적다리를 따라 내리고, 오른손으로 총을 들 것. 그 경우, 격발 장치를 바깥쪽으로 하여 가슴과 반대방향으로 놓아두고, 오른팔은 반쯤 편채, 팔꿈치는 몸에 붙이고, 엄지손가락은 격발장치를 향해 펴

44 J. B. de La Salle, 《기독교 학교의 운영》(1828년 판), pp. 63~64, 〈그림 6〉을 참조.

서 첫 번째 나사못에 대고, 공이치기를 첫째 손가락으로 누르면서 총신을 수직으로 할 것."45 이것이야말로 신체에 대한 도구적 체계화라고 부를 수 있는 한 예이다. 그 체계화는 전신의 동작을 대응되는 두 계열로 분해하는 것이다. 먼저 움직여야 할 신체의 부분들(오른손, 왼손, 손의 여러 손가락, 무릎, 눈, 팔꿈치 등)의 계열과, 조작되는 객체의 부분들(총신, 가늠쇠 구멍, 공이치기, 나사못 등)의 계열이 그것이다. 그 다음에 이러한 체계화는 몇 가지 단순한 동작(누른다, 굽힌다)에 의해서 이들 두 계열의 요소들을 상호 관련시킨다. 끝으로 이러한 체계화는 상호 관련된 부분들이 차지하게 될 일정한 위치를 명시하는 규범을 만든다. 이처럼 의무화한 구조적 방식은 18세기의 병법兵法 이론가들이 '교련manoeuvre'이라고 부르던 것이다. 전통적 방법 대신에 명시적이고 강제적인 규정이 만들어진다. 신체와 그것에 의해서 조작되는 물체가 맞닿는 모든 면에 침투해 들어간 권력은, 양자를 서로 묶어 놓는다. 권력은 병기兵器의 신체, 도구의 신체, 기계의 신체라는 복합체를 만들어 내는 것이다. 전에는 신체에서 주로 표정이나 그 효과, 표현 형식이나 작업의 성과만을 필요로 했던 복종의 모든 형태들은 이제 완전히 과거의 것으로 되어 버렸다. 권력에 의해 부과되는 법규는 동시에 군사작전의 규칙이기도 하다. 규율 권력의 성격은 이런 식으로 부각된다. 즉, 권력은 공제보다는 종합의 기능을, 생산물의 강탈보다는 생산기구와의 강제적 연결 기능을 하는 것이다.

(5) **완전한 이용.** 전통적 형태의 시간표를 지탱하던 원리는 근본적

45 1766년 1월 1일자의 왕령, 제 11절, 제 2조.

으로 부정적인 것이었다. 그것은 나태를 불허하는 원칙이었다. 즉, 신에 의해서 계산되고 인간에 의해 지불되는 시간의 낭비는 금지되었고, 시간표는 도덕적 과오이자 경제적 불성실이라 할 수 있는 낭비의 위험을 막아야 했다. 한편, 규율은 현실적 경제성을 조정하기 위한 것이고, 이론상으로 항상 증대될 수 있는 시간 활용법의 원칙을 상정한 것이다. 즉, 시간을 사용하기보다 시간을 완전히 소진시키자는 것이다. 시간으로부터 항상 보다 많은 이용 가능한 순간을, 그리고 매 순간 항상 보다 많은 유효 노동력을 이끌어 내는 일이 중요하다. 이것은 마치 시간이 아무리 세분화되어도 무진장인 것처럼, 혹은 마치 적어도 점점 더 세분화하는 내적 정비에 의하여 최대한의 속도와 최대한의 효과를 내는 이상적 목표점에 가까이 갈 수 있는 것처럼, 아무리 사소한 순간의 활용이라도 강화해야 한다는 것을 의미한다. 바로 이 기술이야말로 프러시아의 그 유명한 보병 교범 속에서 사용되던 것이며, 프리드리히 2세가 계속 전쟁에서 이기자 전 유럽이 이 규정집을 모방하던 것이다.[46] 즉, 시간을 분해하면 분해할수록, 그 하위구분을 늘여놓으면 놓을수록, 더 나아가 시간의 내적 요소를 통제의 시선 밑에 두면서 보다 분명하게 시간을 분리할수록 우리는 훨씬 빠르게 행동할 수 있거나 아니면 적어도 적정 속도에 의거하여 작전을 통제할 수 있다. 그 결과가 군대

---

46 프러시아 군의 성공은, 오직 "군기와 훈련의 우수성"에 기인하는 것이라고 할 수 있다. "따라서 어떤 훈련을 택하느냐의 문제는 아무래도 좋은 것이 아니다. 프러시아에서는 40년의 세월에 걸쳐 쉬지 않고 진지하게 이러한 작업에 몰두했다."〔아르장송 백작 앞으로 보낸 삭스 원수의 서한(1750년 2월 25일자), 아르스날 도서관 소장, 원고번호 2701〕; 삭스 원수, 《나의 꿈》 제 2권, p. 249. 〈그림 7〉 참조.

에서 매우 중시했던 행동시간行動時間의 규정이고, 그것은 인간 활동에 대한 모든 기술로서도 중요한 일이었다. 예를 들면, 1743년 판 프러시아 〈보병 교범〉의 규정에서는, 세워총에는 6박자, 옆에총l'arme에 4박자, 거꾸로메어총에는 13박자 등이다. 다른 방법에 의한 것이긴 하지만, 학생들의 상호적 교육도 시간의 활용을 강화하기 위한 하나의 장치로 준비되었다. 그러한 방법은 교사중심 교육의 단조롭게 반복되는 성격을 피할 수가 있었다. 그것은 교사와 보조 교사의 지도 아래 상이한 여러 그룹의 학생들이 동시에 수행하던 중복된 다양한 활동들을 정리할 수 있게 했고, 그 결과로 흘러가 버릴 수 있는 모든 순간들은 복합적이고 정돈된 활동으로 가득 찰 수 있었다. 또한 다른 한편으로, 신호나 호각이나 명령에 의한 리듬은 학습과정을 가속화하면서 동시에, 속도를 하나의 미덕으로 가르치는 시간적 규범을 모든 학생들에게 부과할 수 있었다.[47] "이러한 명령의 유일한 목적은 … 동일한 작업을 학생들이 신속하고 착실하게 실행하게끔 익숙해지도록 하기 위한 것이며, 한 작업에서 다른 작업으로 이행하게 될 때 생기는 시간적 손실을 신속성에 의해 가능한 한 감속시키려는 것이다."[48]

---

47 받아쓰기 훈련, 예를 들면, "… 9번째로, 두 손을 무릎 위에 올려. 이 명령은 방울을 흔들어 표시한다. 10번째로, 양손을 책상 위에 놓고, 얼굴을 들어. 11번째로, 석판을 닦아. 모든 학생들이 석판을 지우는 때는 침을 바르거나 하는데, 좋은 방법으로서는 헝겊을 뭉친 것을 사용한다. 12번째로, 석판을 봐. 13번째로, 복습 감독생은 점검해. 우선은 자기를 보조하는 학생의 석판을, 다음에, 자기 좌석에 늘어선 학생의 석판을 살펴보고 다닌다. 보조생은 자기 좌석의 학생 석판을 보고 다닌다. 모든 학생은 자기 좌석에 그대로 앉아 있다."

48 사무엘 베르나르의 〈상호 교육협회〉에의 보고(1816년 10월 30일).

〈그림 7〉 P. Giffart, 《프랑스의 군사기술》, 1696

130 *L'Art Militaire*

FIGURE LXVI.

Repoſez-vous ſur vos armes.

CE commandement s'execute en quatre temps : le premier, en etendant le bras droit vis-à-vis la cravatte, le mouſquet planté droit ſur ſa croſſe : le ſecond temps, en laiſſant gliſſer le mouſquet au deſſous de la ceinture de la culotte, & en hauſſant la main gauche au bout du canon du mouſquet : le troiſiéme, en laiſſant tomber la croſſe du mouſquet : & le quatriéme, en gliſſant la main droite pour la joindre à la main gauche.

François. 131

FIGURE LXVI.

Reposez vous sur vos armes.

R ij

138 *L'Art Militaire*

FIGURE LXX.

Reprenez vos meſches.

CE commandement s'execute en quatre temps : le premier eſt, d'avancer la pointe du pied droit à quatre doigts de la meſche, ayant le bras droit étendu à la hauteur de la cravatte : le deuxiéme eſt, de baiſſer le corps en tenant le jarret roide, & le genouil droit un peu plié pour prendre la meſche dans les doigts de la main droite : le troiſiéme temps eſt, de ſe relever droit en mettant le pied droit vis-à-vis du pied gauche, & en gliſſant la croſſe du mouſquet en dedans pour remettre la meſche dans les doigts de la main gauche : le quatriéme temps eſt, de repouſſer ſon mouſquet ſur l'épaule, & d'étendre le bras droit le long de la cuiſſe.

François. 139

FIGURE LXX.

Reprenez vos méches

S ij

그런데 이러한 복종의 기술을 통해 새로운 객체가 만들어지는 것이다. 그 객체는 서서히 기계적 신체 — 그 이미지가 규율에 의한 인간 완성을 꿈꾸던 머릿속에서 아주 오랫동안 떠나지 않던, 굳건하고 활동적인 그러한 실체 — 의 외양을 갖춘다. 그 새로운 객체란, 힘을 갖고 있으면서 지속적인 근거가 되는 자연 그대로의 신체이고, 그 자체의 질서, 시간, 내적 조건 및 구성요소를 갖춘 특정한 작업을 수행할 수 있는 신체이다. 신체는 새로운 권력기구들의 표적이면서, 동시에 새로운 지식의 대상이 된다. 사변적 물리학에서의 신체라기보다 오히려 훈련을 위한 신체이고, 동물적 성향이 관통한 신체라기보다 오히려 권력에 의해 조작되는 신체이다. 또한 유익한 합리적 기계 장치의 신체가 아니라 훈육용의 신체이고, 바로 이런 점에서 신체에는 많은 자연적 요구와 기능적 속박이 예상된다. 기베르가 과도한 인위적 '훈련'에 대해 비판하면서 밝힌 것이 바로 이런 점이다. 훈련이 신체에 부과되면 신체는 저항하지만, 그러한 훈련에서 신체는 그 자신의 본질적 상관 작용을 보이고, 자신에게 용납되지 않는 것을 자연스럽게 배제한다. 예를 들면, "대부분의 훈련소에서 우리는 불행한 병사들이 강제된 어색한 자세를 취하고 있고, 그들의 근육은 수축되어 있으며, 혈액순환에 장애가 있음을 보게 된다. … 자연의 의도와 인체의 구조를 배우면, 우리는 자연이 병사에게 분명히 제시해 주는 자세나 태도가 어떤 것인지를 알게 될 것이다. 머리는 양어깨의 중앙에 수직으로 쭉 펴서 곧게 세워야 하고, 우측이나 좌측으로 기울어지게 해서는 안 된다. 왜냐하면 목의 척추골, 그리고 그것과 결합된 견갑골 사이의 관계에서 보았을 때 척추골 하나가 둥글게 움직이면 그와 같은 방향으로 어깨부분의 한쪽이 약간 당겨지게 되기 때문이고, 또한 그 경우에 신체가 이미 수직으로 유지되지 않아서 병사는 똑바로 걷는 것도, 일렬로 정렬하는 것도 이미 불가능하기 때문이다. …'왕령'에 의해서 총의 개머리판 끝 부분이 꼭 닿아 있도록 되어 있는 요골腰骨은 어느 누구에게나 같은 곳에 있는 것이 아니므로, 총은 사람에 따라 다소 좌우로 기울 수 있게 되는 것이 당연하다. 상이한 인체구조라는 이유 때문에 사람마다 어깨의 바깥 부분이 어느 정도 두툼한가에 따라 방아쇠집을 몸에 당겨 붙이는 정도에는 다소의 차이가 있기 마련이다. 49

규율의 분할과정이 분류와 도표화에 관한 동시대의 여러 기술 속에 어떻게 자리 잡게 되었는가는 위에서 살펴본 바와 같다. 그러나 우리가 특별히 알게 된 것은, 그 분할과정이 그러한 기술 속에 어떻게 개체와 다수의 특수한 문제를 도입하게 되었는가 하는 점이다. 마찬가지로 활동에 대한 규율을 취지로 삼은 통제는, 신체라고 하는 자연적 기계 장치에 관한 이론적인 혹은 실제적인 모든 연구 속에 포함되는데, 그 연구들은 위와 같은 통제 속에서 몇 가지 특정한 과정을 발견하기 시작한다. 즉, '인체'의 행동과 그 유기체로서의 요구는 점차적으로 단순한 운동 물리학의 자리를 대신하여 들어서게 된 것이다. 가장 사소한 움직임에까지 순종이 요구되는 신체는 유기체의 고유한 기능조건들을 대조적으로 보여 준다. 규율 권력은 분석적이고 '개체 중심적'일 뿐 아니라, 자연적이고 '유기적'인 개인성을 상관관계로 갖는다.

---

49 J. A. de Guibert, 《전술 개설》(1772년), 제 1권, pp. 21~22.

생성과 형성과정

1667년, 고블랭Gobelins 직물공장 창설에 관련된 칙령에는 부속학교의 설립이 이렇게 규정되어 있다. 60명의 장학생이 왕립 제조소의 총감독관에 의해서 선발되고, 그들은 '교육과 훈련'을 담당할 한 명의 직공장에게 일정기간 위탁하도록 하며, 그 후 공장의 융단 직조공들을 관리하는 전문 직공장 밑에서 견습을 받게 한다는 것이다(직공장들은 그 일에 따르는 손해를 학생의 장학금에서 보상받도록 한다). 6년간의 견습기간, 4년간의 근무 및 자격시험을 거친 후, 그들은 왕국 내의 어느 도시에서나, "상점을 열고 장사할 수 있는" 권리를 갖는다. 여기서 우리는 동업조합적길드적 도제제도에 고유한 여러 가지 성격을 발견하게 된다. 예를 들면, 직공장에 대한 개인적이면서 동시에 완전한 의존관계, 일정한 자격시험으로 끝나기는 하지만 엄밀한 계획에 따라 세분화되지는 않은 법규상의 양성 기간, 자기의 지식을 물려주어야 하는 직공장과, 스스로 봉사나 조력 그리고 대부분의 경우에 사례금을 바쳐야 하는 견습생 사이의 전체적인 교환 관계 등이 바로 그것이다. 주종主從관계의 형식이 지식의 전수와 혼합되어 있는 것이다.[50] 1737년에, 한 칙령은 고블랭 직물제조 견습생을 위한 도안圖案학교를 설립하도록 했다. 그 학교는 직공장들에 의한 견습생 양성을 대신하여 만든

50 이 혼합은 도제 계약의 어떤 조항 안에 명기되어 있다. 즉, 교사는 학생에게 아무런 비밀도 감추지 않은 채, 자기의 지식과 식견 일체를 — 사례금과 노력의 대가로 — 전달해야 하고, 그렇게 하지 않을 경우, 교사는 벌금을 물게 된다. 예를 들어, F. Grosrenaud, 《브장송 시에서의 수공업조합》(1907년), p. 62참조.

것이 아니라, 그것을 보완하기 위한 것이었다. 그런데 이 학교는 전혀 다른 시간배분 계획을 갖고 있었다. 학생들은 일요일과 축제 때를 제외하고 매일 두 시간, 학교에 모인다. 벽에 붙어 있는 명단에 따라 출석 점검이 있고, 결석자는 기록된다. 학교는 3학급으로 나뉜다. 첫 번째 학급은 소묘·도안에 관한 어떤 지식도 갖지 않은 학생들로 구성되고, 학생들에게는 개인의 능력에 따라 난이도의 차이는 있지만, 모델을 묘사하는 과제를 부과한다. 두 번째 학급은, "이미 어느 정도 원리를 몸에 익힌 학생" 혹은 첫 번째 학급을 수료한 학생들로 구성되고, 학생들은 그림을 모사模寫하는데, "보여지는 그대로, 특징을 포착하지 않은 채" 다만 무늬에만 주목하면서 그림을 묘사해야 한다. 세 번째 학급의 학생들은 색채를 배우고, 파스텔화를 그리며, 염색의 이론과 실제의 입문적 지도를 받는다. 규칙적으로, 학생들은 자신들에게 부과된 숙제를 한다. 이러한 연습과제에는 작성자의 이름과 작성 연월일을 써서 교사에게 제출하도록 하고 우수한 작품은 상을 받는다. 학년말이면 모든 작품을 수집하여 비교 검토한 후, 학생의 진도, 현재의 성적, 상대적 순위를 확정 지을 수 있고, 그러면 상급학교에 진학할 수 있는 학생이 결정되는 것이다. 교사와 조수가 갖고 있는 전체의 명부에는 학생의 품행과 학교에서 일어난 일이 매일 기록되어야 하고, 그 기록부는 정기적으로 장학관에게 제출한다.51

고블랭 직물공장의 부속학교는 중요한 현상의 한 예일 뿐이다. 즉, 고전주의 시대에는 개인의 생활시간을 지배하고 시간과 신체와 힘의

51 E. Gerspach, 《고블랭직물 국영제조소》(1892년) 참조.

여러 관계를 관리하며, 지속되는 시간의 누적을 확보하고 또한 흘러가는 시간의 움직임을 이익과 효용이 계속 증대하는 형태로 전환하도록 새로운 기술이 발전한 것이다. 과연 어떻게 개인의 시간을 자본화하여 그것을 활용하고 통제할 수 있도록 모든 개인의 신체와 힘, 능력 속에 축적시킬 수 있을 것인가? 이익을 가져다주는 시간의 흐름은 어떻게 조립하는가? 공간을 분석하고, 모든 활동을 분해하고 재편성하는 규율은 시간을 가산하여 자본화하기 위한 장치로 이해되어야 한다. 그런데 이것은 4가지 절차를 통해서 이루어진다. 군대조직이 분명하게 보여 주는 것이 바로 이 점이다.

첫째, 모든 시간은 연속적이거나 평행적이거나 간에 여러 부분으로 나누어야 하는데, 각 부분은 특정한 기한을 갖고 있어야 한다. 예를 들면, 훈련 시기와 근무 기간을 분리시켜야 하고, 신병 교육과 고참병 훈련을 함께 취급해서는 안 되며, 병역의무와는 다른 사관학교를 개설하고(1764년, 파리 사관학교Ecole Militaire를 창설, 1776년에 12개의 지방사관학교를 창설) 아주 어린 소년시기부터 직업군인을 모집하고, 아이들을 떠맡아서 그들을 "조국이 채용하며 특정 학교에서 육성하도록 한다."[52] 자세부터 시작해서 걸음걸이, 무기 취급법, 사격을 차례차례 가르치고, 앞 단계의 훈련이 완전히 습득되었을 경우에만 다음 단계로 옮겨가도록 한다. "군인 한 사람에게 모든 훈련을 동시에 숙지시키도록 하는 방법은 큰 과오이다."[53] 요컨대, 시간을 구분하고 조정하

---

52 그것은 J. Servan, 《민병》(1780년), p. 456 계획이었다.

53 《프러시아 보병 교범》(아르스날 도서관, 원고번호 4076, 1743년).

여 몇 가지 단계로 분리해야 하는 것이다. 둘째, 이러한 여러 단계를 하나의 분석적 도식에 따라 편성해야 한다. 이 도식은 그 복잡성의 정도에 따라 결합하는, 가능한 한 단순한 여러 기본요소들의 연속으로 이뤄진다. 이것은 교육이 비슷한 반복원칙을 저버리고 있다는 것을 짐작하게 한다. 16세기의 군사훈련은 무엇보다도 전투의 전체이건 부분이건 실제처럼 하도록 했고, 군인의 힘과 능력을 일괄적으로 증대시키는 일에 주력했다.54 그러나 18세기의 〈교범〉 속에 제시된 훈련은 더 이상 '모방'의 원칙을 따르지 않고, '기본'의 원칙을 따른다. 즉, 단순한 동작들 — 손가락의 위치, 다리의 굽힘, 팔의 움직임 — 이 유익한 행동을 하는 데 가장 기초가 된다는 것이며, 또한 힘과 숙련성과 순종성에 관한 전반적 훈련을 보장한다는 것이다. 셋째, 이렇게 분할된 시간에 목표를 부여하고, 시험으로 마무리 짓도록 하는데 그 시험은 수험자가 규정에 명시된 수준에 도달했는지 아닌지를 알려 주고, 당사자의 기술 습득이 다른 사람과 같은 수준인지를 증명하고, 개인의 능력을 세분시켜 주는 3가지 역할을 한다. 예를 들면, 중사나 하사 등 "다른 병사의 교육을 맡은 사람이 어떤 병사를 최종 학급에 합격할 수 있는 정도까지 훈련시켰다고 생각할 경우, 그들은 병사가 소속된

54 F. de la Noue는 16세기 말에 군사 아카데미의 창설을 권고했는데, 그곳에서는 "말을 다루는 방법, 동체 갑옷을 입고 단검을 차고, 때로는 무장한 채 달리기, 검술, 몸을 피하거나 도약하는 것"을 가르쳐야 한다고 주장하며 이렇게 말했다. "이상의 것 외에 수영과 격투를 추가하면 반드시 훌륭한 방법이 된다. 왜냐하면 이 모든 방법은 병사를 보다 강하고 민첩하게 만들기 때문이다." 《정치 군사론》(1614년 판), pp. 181~182.

중대의 장교들에게 그 병사를 추천하고, 장교들은 그 병사를 신중하게 평가하도록 한다. 아직 훈련이 불충분하다고 판단되는 병사일 경우, 장교들은 최종 학급으로의 진학을 거부해야 한다. 반대로, 추천된 병사가 합격될 만하다고 생각되면, 장교들은 중대장에게 그 병사를 추천하고, 중대장이 적절하다고 판단하면, 부관들로 하여금 그 병사를 시험하도록 한다. 아무리 사소한 것이라도, 실수를 저지르면 그 병사는 불합격되고, 누구도 이 첫 번째 시험을 거치지 않으면 제 2학급에서 제 1학급(최종 학급)으로 진학할 수 없을 것이다."[55] 넷째, 연속적 계열화를 확립하고, 병사들에게 적합한 훈련을 수준과 경력, 지위에 따라 규정한다. 그리고 공동 훈련은 분화된 역할을 수행하는 것인데, 이때 드러나는 차이를 보충하려면 특수한 훈련이 따라야 한다. 그러한 훈련이 끝나는 시점에서 다른 계열의 훈련이 시작되고, 새로운 계열이 형성되면 이것을 다시 분화된다. 따라서 모든 개인은 수준이나 지위를 특별히 규정한 시간적 순서의 계열 속에 편입된다. 그것은 훈련의 규율로 구성된 다성多聲음악과 같다. 예를 들면, "제 2학급의 병사는 매일 아침 중사, 하사, 하사 대리, 제 1학급의 병사에 의해 훈련 받아야 한다. … 제 1학급의 병사는 매주 일요일, 분대장에 의해 훈련 받아야 한다. … 하사, 하사 대리는 매주 화요일 오후 소속 중대의 중사에 의해, 중사는 또한 매월 2일, 12일, 22일 오후에 중대장 부관에 의해 각각 훈련 받아야 한다."[56]

---

55 보병의 교련에 관한 훈령(1754년 5월 14일).

56 위의 훈령.

교육현장에 점차적으로 부과되는 것이 이러한 규율의 시간이다. 그것은 교육의 시간을 특화한 성인으로서의 시간이나 직장인으로서의 시간들과 구별되는 단계적 평가를 거쳐 상이한 과정들을 계획 조정한다. 규율의 시간에 따라 일정한 기간 동안 전개되어 있어서 점점 더 어려워지는 훈련내용이 담긴 계획표를 작성하고, 학생들에게는 이러한 여러 계열을 거쳐 나가는 방식에 따라 자격을 갖출 수 있게 한다. 이 규율의 시간은 이제까지의 전통적 교육에서 '입문과정'의 시기(단 한 사람의 교사가 통제하고, 한 차례의 평가로 판정되는 총괄적 시기)를 다양하고 점진적인 여러 계열로 대체한 것이다. 모든 분석적 교육 방법은 세부적으로 대단히 치밀하게 만들어지고(그것은 교과목을 가장 단순한 구성요소에 이르기까지 분해하고, 각 단계를 밀접히 관련된 등급을 계층화한다), 역사적 측면에서도 매우 빠르게 나타나는 현상임을 알 수 있다(이러한 분석적 교육법은 그것을 기술적 모델로 삼게 될 관념론자들의 발생론적 분석을 널리 예고해 주는 것이다). 예를 들면, 18세기 초기에 드미아Demia는 독서 습득을 7가지 수준으로 구분해야 한다고 말했다. 즉, 문자의 차이를 배우는 사람들을 위한 제 1수준, 철자 읽기를 배우는 사람들을 위한 제 2수준, 음절을 짜 맞추어 단어를 만드는 것을 배우는 사람들을 위한 제 3수준, 3절 단위나 혹은 한 문장 한 문장 라틴어를 읽는 사람들을 위한 제 4수준, 프랑스어를 읽기 시작하는 사람들을 위한 제 5수준, 독서 능력이 충분히 갖추어진 사람들을 위한 제 6수준, 사본을 읽는 사람들을 위한 제 7수준으로 구분한 것이다. 물론 학생이 다수일 경우, 더욱 세부적인 하위 구분을 해야 한다. 예를 들면, 제 1학급에는 4개의 그룹이 포함되어야 하는데, 그 첫 그룹은 단일 문자를 배우는 사람들이고 둘째 그룹은 혼합 문자를 배우는 사람들이며, 세 번째 그룹은 생략 문자(â, ê 등…)를 배우는 사람들이고, 네 번째 그룹은 2중 문자(ff, ss, tt, st)를 배우는 사람들이다. 제 2학급은 3개의 그룹으로 분리될 수 있는데, 그것은 예를 들면, 음절 D. O.를 DO라고 더듬거리며 읽기에 앞서 소리 높여 각 글자를 발음하는 사람들 그룹, 그리고 baun, brand, spinx와 같은 가장 어려운 음절의 철자를 읽는 사람들 그룹[57] 등으로 나누는 것이다. 이러한 여러 가지 구성요소의 조합에서 모든 단계는 보다 큰 규모의 시간상 계열 속에 포함되어야 하고, 그 계열은 정신의 자연스러운 발전과정이자 동시에 교육절차에 맞는 규범이다.

연속적 활동의 계열화는 시간에 대한 권력의 포위 공격을 가능하게 한다. 즉, 시간의 모든 순간에 대해서 세밀한 통제와 빈틈없는 대응(구분, 교정, 징벌, 배제 등)이 가능해지는 것이다. 또한 거쳐야 할 계열 속에서 개인들의 수준에 따라 그들의 특징을 알고 그들을 이용할 수 있으며, 축적된 시간과 활동을 한 개인의 최종적 능력인 마지막 결과로 전체화시켜, 그것들을 완전히 이용 가능한 것으로 만든다. 분산된 시간들을 집중화시켜 이익을 취하고, 지나가는 시간의 흐름을 통제하도록 한다. 권력은 시간과 직접적 관련을 맺어 그것을 통제하고 그것의 활용에 관여한다.

규율의 방식은, 매순간 상호 통합되고, 최종적인 확고부동한 지점을 지향하는 직선적 시간을 나타나게 한다. 요컨대, 그 시간은 '진화'

57 Demia, 《리옹 시의 학교 규칙》(1716년), pp. 19~20.

하는 시간이다. 그런데 기억해야 할 것은 같은 시기에 행정적이고 경제적인 통제 기술에 의해서 계열을 이루고, 그 방향이 정해졌으며, 또한 축적되는 특징을 갖는 사회적 시간이 나타나게 되었다는 점이다. 그것은 '진보progrès'라는 의미에서 진화의 발견이다. 한편, 규율의 기술은 개인적 계열들을 나타나게 하는데, 이것은 '생성genèse'이란 의미에서 진화의 발견이다. 사회의 진보와 개인의 생성이라는 18세기의 두 가지 중대한 '발견'은 아마도 권력의 새로운 기술, 보다 정확히 말하면, 단위의 분할이나 계열화, 종합, 그리고 총체화 등에 의해 시간을 관리하고 이용할 수 있는 새로운 방식과 관련된 것일지 모른다. 권력의 거시적이고 미시적인 물리학이 역사의 창조를 가능하게 한 것은 물론 아니지만 (이미 오래전부터 역사는 그렇게 할 필요가 없었다) 통제의 시행과 지배의 실현을 통해서 시간적이고, 총체적이고, 연속적이고, 축적적인 차원의 통합을 가능하게 만들었다. 그 무렵에 형성되던 '진화'의 역사성은 심층적으로 이루어진 것이어서 지금은 누구에게나 명백한 사실로 되어 있지만 사실은 권력의 기능 방식과 관련된 것이다. 그것은 마치 연대기, 족보, 무훈, 국왕 통치, 법령 등에 관한 '역사-회상'이 오랫동안 권력의 운용방식과 관련되었던 것과 같다. 복종의 새로운 기술과 더불어, 장엄한 사건들 중심의 '왕조사la dynastique'를 대신해서 이제 연속적인 진화의 '역학la dynamique'이 들어선 것이다.

여하간 작은 시간적 연속체로서 개인의 생성은 개인-개체, 혹은 개인- 유기체와 마찬가지로 규율의 결과이자 대상인 것처럼 보인다. 또한 시간의 이러한 계열화의 한가운데에서 우리는 개인의 분할과 개체 단위의 구분에 있어 '도표화'하는 방식이, 과거에 활동의 관리와 유기적 통제에서 '교련'이 떠맡던 역할과 같은 것임을 알게 된다. 이제 중요한 것은 '훈련'이다. 훈련은 신체에 반복적이면서 동시에 상이하고, 또한 점증적 임무를 부과하는 기술이다. 어떤 최종적 상태를 목표로 인간의 행동을 굴절시켜 감으로써 훈련은 이 최종 상태와 관련해서, 혹은 다른 개인들과 비교해서거나, 일정한 형태의 진로에 비추어 볼 때 개인에 대한 지속적 특성 부여를 가능하게 한다. 그리하여 훈련은 지속과 강제의 형식을 통하여 성장과 관찰과 자격부여를 확고히 한다. 이처럼 엄격하게 규율의 형식을 취하기 전에, 훈련의 긴 역사가 있었다. 우리는 군대나 교회, 대학의 실무에서, 입회식이나 행사의 예행연습, 연주행사의 반복, 시험 등에서 그러한 훈련을 볼 수 있다. 시대의 흐름을 따라 지속적으로 발전한 훈련의 직선적 편성과정과 생성적 전개 현상은, 적어도 군대와 학교에서는 오히려 뒤늦게 도입된 것이다. 어쩌면 그것은 종교계에 기원을 두고 있는 것인지 모른다. 여하간 교육 과정을 마칠 때까지 아동에게 따라다니는 '훈련', 매년 그리고 매월 그 복잡한 단계가 더욱 늘어나는 '훈련'을 포함한 학교 교육의 '교과과정'에 대한 개념은 본래 '공동생활의 형제들'이라는 어떤 종교단체 안에서 생긴 것처럼 보인다.[58] 뤼이스브뢰크Ruysbroek와 라인 강변의 신비주의 철학에 의해 크게 영향을 받은 그들은, 심령 수업의 기술적 방법의 일부를 교육용으로 성직자뿐만 아니라 사법관이나 상인을 교육하는 방법으로 옮겨 놓았다. 즉, 모범적 스승이 인도하는 완성이라는 주제는, 교사가 권위를 갖고 학생을 완성시켜야 할 문제이다. 고행

58 G. Codina Meir, 《예수회 회원 교육방법의 원천》(1968년), p. 160 이하 참조.

생활의 목표로서 점점 더 엄격해지는 훈련은 지식과 선행의 점진적 획득과, 복잡성이 증대하는 과제로 변화하면서, 구원을 향한 공동체의 노력은 학생들 상호간의 비교로 학생들을 분류하는 집단적이고 끊임없는 경쟁의 시험이 된다. 개인별로 특징화하면서도 집단적으로 유용한 능력을 양성하기 위한 방법의 핵심이 되었던 것은 아마도 교단적 생활 방식과 구도 과정이었을 것이다.59 신비주의적이거나 혹은 금욕적인 형식을 통하여, 훈련은 구원을 얻기 위해 이 세상의 시간에 질서를 부여하는 방식이었다. 그러나 그 훈련은 서양의 역사 속에서 몇 가지 특징을 유지하면서도, 그 의미를 점차적으로 전도顚倒시키게 된다. 즉, 인생의 시간을 관리하고, 그것을 유용한 형태로 축적하고, 이렇게 조정된 시간을 통하여 훈련은 인간에 대한 권력의 행사에 이바지한다. 신체와 시간에 관한 정치적 기술의 한 요소로 편입된 훈련은 천상의 세계로 올라가기 위한 것이 아니라, 끊임없이 반복되면서 완성되는 복종을 지향하는 것이다.

---

59 리에쥬, 데벤포트, 츠볼레, 베젤(독일의 도시 베젤 이외에는, 모두 네덜란드의 도시 - 역자 주)의 학교를 매개로 삼고, 또한 요하네스 슈토우룸 덕분에, 특히 스트라스부르 시에서의 김나지움 창설을 위한 그의 취지서(1538년) 덕분에 이루어짐. 《프로테스탄티즘 사학회 학보》 제 25권, pp. 499~505를 참조.
군대와 종교 단체, 교육 방법의 상호 관계가 아주 복잡하다는 것에 주의할 것. 고대 로마군의 단위인 '10인조'는 베네딕트(분도) 수도원 안에서 노동의 단위이거나 혹은 감시의 단위로 나타났다. '공동생활의 수도사들'은 베네딕트 파의 이 단위를 채택하여 자기들의 교육 편성에 옮겨 놓았다. 학생들의 모집단위는 10명씩 하였다. 이 단위를 예수회는 자기들 학교의 무대장치와 같은 교실의 배치로 다시 이용하고, 거기에 군사 모델을 다시 도입했다. 그런데 군의 10인조 단위는 위계, 종의 대열, 횡의 대열을 특색으로 하는 한층 더 군사적인 도식의 등장으로 파기되었다.

힘의 조립

"군대의 힘을 증가시키기 위해서는 군대의 내실을 다지면 된다고 생각했던 낡은 편견부터 타파하자. 운동에 관한 모든 물리적 법칙은 그것을 전술에 적용하고자 할 때 헛된 꿈이 되어 버린다."[60] 17세기 말부터 보병부대의 기술적 문제는 물리적 물량집중 개념에서 벗어나는 것이었다. 창이나 화승총火繩銃 — 조작에 시간이 걸리고, 부정확하고, 목표에 맞추어 쉽게 겨냥할 수가 없는데 — 으로 무장한 부대는 과거에는 옹벽 혹은 성채처럼 이용되었다. '무서운 스페인 군 보병대'가 그 예이다. 이러한 집단의 부대에서 병사들의 배치는 경력과 용감성을 기준으로 이루어졌다. 중앙부에는 무게와 용량을 두텁게 하여 부대에 비중을 부여하는 역할의 신참병들이 배치되고, 전면과 측면, 모퉁이에는 가장 용기 있고 유능하다고 인정된 병사들이 배치되었다. 그러나 고전주의 시대에서는 모든 것이 면밀한 유기적 배치로 전환되었다. 단위부대 — 연대, 대대, 소대, 나중에는 '사단'[61] — 는 어떤 지형에 이르러 특정한 성과를 얻기 위해서는 상호적으로 그 위치를 변경할 수 있는 다양한 부품의 기계와 같은 것이 된다. 이러한 변화의 이유는 무엇이었을까? 그것은 경제적 이유 때문이기도 하다. 즉, 병사 개개인

---

60 J. A. de Guibert, 《전술 개설》(1772년), 제 1권, p. 18. 사실을 말하면, 대단히 오래된 이 문제가 18세기에 다시 쟁점이 되었던 것은 다음에 알 수 있듯이 경제적 이유와 기술적 이유 때문이었다. 문제가 되었던 '편견'은 기베르 자신과는 무관하게(폴라르나 피르, 메닐-뒤랑의 주변에서) 종종 논의된 것이다.

61 1759년부터 사용되었던 용어의 의미로.

을 유익한 존재로 만들고, 부대의 편성, 유지, 무장을 보다 효과적으로 만들고, 병사 개개인을 소중한 단위로 만들고, 그들에게 최대한의 효율을 부여하기 위해서 그렇게 했기 때문이다. 그러나 이러한 경제적 이유가 결정적인 것이 될 수 있었던 것은, 무엇보다 소총小銃의 발명62이라는 기술적 변화가 생긴 다음부터이다. 즉, 화승총보다 한층 더 정확하고 빠른 이 소총이 등장하면서, 기술의 숙련성이 높은 가치를 갖게 되었다. 정해진 표적을 보다 잘 명중시킬 수 있는 이 소총은 병사의 개인적 능력에 따라 화기의 힘을 충분히 활용할 수 있게 만들었다. 그러나 반대로 소총에 의해 모든 병사가 표적이 될 가능성이 생겼고, 동시에 이전에 비해 보다 큰 기동력이 요구되었던 것이다. 따라서 집단적 부대 형태가 사라지는 대신, 상대적으로 유연하고 기동성 있고, 공격범위를 넓힐 수 있는 횡렬로 부대의 단위와 병사를 배치하는 기술이 나타나게 되었다. 그 결과로 병사와 부대의 위치 결정, 집단 혹은 개별적 요소들의 이동, 하나의 배열로부터 다른 배열로의 이동과 위치변경 등에 대한 실제적 방법을 계획하고 준비할 필요가 생겼다. 요컨대, 이제는 더 이상 주둔해 있건 이동하건 집단적인 부대형이 아니라, 기본 단위가 소총을 휴대한 유동적인 병사인, 분할 가능한 부분들의 기하학이 원칙이 되는 기계 장치를 만들어 낼 필요성이 생긴 것이다.63 또한 아마도 병사 자신의 내재적 측면에서는 사소한 동작

---

62 소총이 일반화된 경향은 대략 슈타인케르크의 전투(1699년)부터라고 규정할 수 있다.

63 기하학의 이러한 중요성에 관해서는 J. de Beausobre에 의한 이하의 견해를 참조. "'전쟁학'(La science de la guerre)은 근본적으로 기하학이다. … 일정한 높이와

들, 기본적 행동에 필요한 시간들, 점유하고 통과되는 공간의 부분들 역시 필요한 단위였을지 모른다.

생산력의 효과가 기본적 모든 힘의 총화를 능가해야 하는, 그러한 생산력을 조직하는 일이 중요하게 될 때 똑같은 문제가 생긴다. 즉, '협동 노동일'[64]이 이러한 최고의 생산성을 얻는 것은, 노동의 기계적 힘을 증가시키면서, 활동을 공간적으로 확장시키거나 아니면 활동 범위에 알맞게 생산 영역을 축소시키면서, 그리고 결정적 순간에 다수의 노동력을 동원시키면서이다. … 협동 노동일의 특별한 생산력은 노동의 사회적 생산력이거나 사회적 노동의 생산력이다. 이 생산력은 협동작업 그 자체로부터 생겨난다.[65]

이렇게 하여 규율이 따라야 할 새로운 필요성이 생긴다. 즉, 어떤 기계 장치가 기본적 부품의 빈틈없는 유기적 배치에 의해서 최대의 효

어떤 전선을 근거로 삼아, 대대와 중대를 배치하는 것은 아직 알려져 있지 않은, 심원한 기하학의 성과가 아닐 수 없다." 《요새 방어에 관한 주해》(1757년), 제2권, p. 307.

64 *La journée de travail combiné: 맑스에 의하면, 예컨대 한 사람의 하루의 노동시간을 12시간으로 하고, 12명이 협동하여 노동한다고 하면, 이 144시간의 동시적인 '결합 노동일'은 개별적 노동자가 12일 동안 매일 12시간 일하는 경우보다 더 많은 생산물을 만들어 낸다.

65 K. Marx, 〈자본론〉 제1권, 제4부, 13(11)장 "협동작업". 맑스는 여러 번 노동의 분업문제와 군사전술의 문제 사이의 유사성을 강조하고 있다. 예를 들면, "기병중대의 공격력이나 보병연대의 방어력이 각 기병이나 각 보병에 의해서 개별적으로 전개되는 공격력 혹은 방어력의 총화와는 본질적으로 다른 것과 마찬가지로, 동일한 불분할 작업으로 동시에 협동작업을 할 경우에 전개되는 역학적인 힘은 다르다"(같은 책).

과를 낼 수 있기 위해서는, 그러한 기계 장치를 만들어 내야 하는 것이다. 규율은 단지 개인의 신체를 배분하고, 그것으로부터 시간을 추출하여 축적하는 기술에 머물지 않고, 여러 가지 힘을 조합하여 효율적 장치를 만들어 내는 기술이다. 이러한 요구는 다음과 같은 몇 가지 방식으로 나타난다.

(1) 개별적 신체는 배치하고, 이동하고 다른 신체들과 유기적으로 연결될 수 있는 한 요소가 된다. 신체의 용맹성과 힘은, 이제 더 이상 그 신체를 규정짓는 주요 변수들이 아니다. 중요한 것은 신체가 차지하는 위치, 신체들 사이의 간격, 규칙성, 신체의 이동에 따른 질서정연함 등이다. 부대의 병사는 어떤 용기나 명예를 의미하는 존재이기에 앞서서, 무엇보다 유동적 공간의 한 조각이다. 기베르는 병사를 다음과 같이 특징짓는다. "무장한 병사는 그 최대직경이 2피트인 공간을 차지한다. 가슴에서 어깨까지의 두께는 최대의 경우, 약 1피트이고, 덧붙여야 할 것은 앞에 있는 병사와 뒤를 따라가는 병사의 실제 간격이 1피트가 된다는 점이다. 그러한 결과, 각 병사당 사방 2피트가 되고, 전투에 동원된 보병부대는 정면에서건 길이의 측면에서건, 종렬과 같은 정도의 보폭을 차지한다."66 이것이야말로 신체의 기능적 환원이다. 그러나 이 부품으로서의 신체는 그것과 연결되어 있는 어떤 전체 속에 편입된다. 신체적으로 일정한 활동을 위해서 부분별로 기능하도록 훈련받았던 병사는 이번에는 또 다른 차원의 구조 안에서 한 구성요소가 되어야 한다. 병사들은 처음에는, "한 사람씩, 이어서 두

---

66 J. A. de Guibert, 《전술 개설》(1772년), 제 1권, p. 27.

사람씩, 그 다음에는 보다 많은 사람씩 짝을 지어 교육받도록 하며… 무기를 취급할 경우, 개별적으로 교육받은 후 두 사람씩 짝을 지어 실습단계로 들어서야 한다는 것을 잊어서는 안 된다. 또한 좌측의 병사가 우측의 병사를 기준 삼아 그가 하는 대로 따르는 것을 배우게 하려면, 두 사람의 병사가 교대로 자리를 바꾸도록 해야 한다."[67] 신체는 다양한 부분으로 이루어진 기계 장치의 부품처럼 조직되는 것이다.

(2) 어떤 복합적 시간을 형성하기 위해서, 규율에 의해서 조합되는 여러 가지 계열의 시간들도 부품으로 취급되는 것은 마찬가지이다. 개인에게서 최대의 힘을 이끌어 내고, 그것을 조합하여 가장 바람직한 성과를 올릴 수 있도록, 한 사람의 시간과 다른 사람의 시간이 적합하게 조정되도록 해야 한다. 세르방은 이런 식으로, 전국적 규모이면서, 조직 안에서는 각자가 끊임없이 자기가 처해 있는 일련의 형성 과정이나 발전 단계에 따라 상이한 직무를 행할 수 있는 군대조직을 꿈꾸었다. 군대 생활은 '군대의 막사'에서 군무軍務를 배울 수 있는 아주 어린 나이부터 시작하도록 한다. 그래서 고참 병사들이 죽을 때까지 아이들을 교육하고, 신병을 조련시키며, 병사의 훈련을 감독하고, 병사들이 공공사업에 종사할 때 감시하고, 군대가 국경에서 싸우고 있을 경우에는 국내에 치안을 유지하도록 할 수 있을 때, 군대생활은 처음에 시작했던 장소에서 끝날 수 있을 것이다. 인생의 모든 순간은, 우리가 그것을 분리시키고 다른 순간들과 결합시킬 수만 있다면, 항상 유용한 힘을 이끌어 낼 수 있는 것이다. 마찬가지로, 대형 공장에서도 아이들

---

67 보병의 교련에 관한 왕령(1755년 5월 6일).

과 노인들의 도움을 요청할 수 있다. 왜냐하면, 그들도 어떤 초보적 능력을 갖추고 있는데, 그들이 할 수 있는 일에 다른 능력을 갖고 있는 직공들을 일부러 쓸 필요가 없기 때문이다. 더욱이 노인과 어린이는 값싼 노동력이다. 또한 그들이 일할 경우, 그들은 어느 누구에게도 부담이 되지 않는다. 앙제68에 있는 어떤 기업에 관해서 한 징수관은 이렇게 말하고 있다. "이 제조소에서는 근로자가 10살부터 노년에 이르기까지, 나태와 그 결과로 인한 가난에 빠지지 않을 생활수단을 찾을 수 있다."69 그러나 아마도 상이한 시간문제를 조정하는 방법이 가장 정밀해지는 단계는 초등교육일 것이다. 17세기부터 19세기 초 상호교육에 관한 랑카스터Lancaster 교육방법이 도입될 때까지, 상호교육 학교의 복합적 시계구조는 톱니바퀴가 맞물려 돌아가듯이 조립된다. 즉, 가장 나이가 많은 학생에게는 간단한 감시를 맡기고, 그 다음에는 학업 감독을, 그리고 그 다음에는 교육을 차례로 맡겼던 것이며, 그 결과로 나중에는 전체 학생들의 모든 시간이 교육하는 입장이건 교육받는 입장이건, 모두 교육에 종사하게 된다. 학교는 모든 학생의 개별적 수준, 그리고 개별적 시기를 정확하게 조합하기만 하면, 교육의 전체과정 속에서 영구히 활용할 수 있는 학습장치가 되는 것이다. 상호교육 학교의 열렬한 지지자 중 한 사람은, 이러한 발전의 모양을 이렇게 설명하고 있다. "아동 수가 360명인 학교에서 교사가 3시간의 수업

68 *Angers: 프랑스의 중서부 도시.

69 아르보엥에 의한 투르(Tours) 납세구에 관한 보고, 마르슈게, 《앙쥬 지방의 고문서》 제 2권(1850년), p. 360에서 인용.

시간에 모든 아이들을 차례로 가르치고자 할 경우, 한 사람에게 30초밖에 할당할 수 없을 것이다. 그러나 새로운 교육방법으로, 360명 전체가 각각 2시간 반에 걸쳐서 쓰거나 읽거나 계산할 수 있다."[70]

(3) 사람의 능력을 이처럼 세밀하게 계산하여 조합하는 일은, 정확한 명령 체계를 필요로 한다. 훈련받는 개인의 모든 활동은 간결성과 명확성에서 효과적인 여러 가지 명령 체계에 의해 구분되고 지속되어야 한다. 명령은 설명할 필요도 없고, 명백히 표현될 필요도 없다. 원하는 행동을 하도록 하고, 그것으로 충분한 것이다. 훈련을 담당하는 지도자와 복종하는 사람 사이의 관계는 신호로 소통하는 관계이다. 중요한 것은 명령을 이해하는 일이 아니라 미리 설정되어 있는, 인위적인 정도의 차이가 있을 뿐인 그러한 신호체계에 따라, 신호를 간파하고, 그 신호에 즉각적으로 반응하는 일이다. 신체들은 이제 신호들로 구성된 작은 세계 속의 한 요소이며, 신호에 따라 강요된 획일적 반응이 따를 뿐이다. 그것은 모든 점에서 사소한 표현이나 작은 불행의 소리도 전혀 허용하지 않는 전체적 훈련기술이다. 훈련받은 병사는 "어떤 명령에라도 복종해야 하고, 그 복종은 즉각적이며 맹목적인 것이 되어, 불복종의 태도나 명령 이행을 조금이라도 지연시키는 일은 죄가 될 것이다."[71] 학생의 훈육訓育도 역시 같은 방법으로 실행되어야 한다. 여기에는 많은 말이나 설명이 따르지 않아도 된다. 극단적으로 말하자면, 종, 손뼉 치기, 몸짓, 교사의 눈빛 하나, 그리고 '기독교

70 사무엘 베르나르의 〈상호 교육협회〉에의 보고(1816년 10월 30일).

71 L. de Boussanelle, 《훌륭한 군인》(1770년), p. 2.

학교 수도사들'이 사용하던 작은 목제 도구 등의 신호 말고는 완전히 침묵으로만 훈육이 이뤄질 수도 있었다. 사람들은 그 작은 목제 도구를 최상의 '신호기'라고 불렀는데, 그 기계적인 간결함 속에는 명령의 기술과 동시에 복종의 윤리가 함축되어 있어야 했다. 신호기의 일차적이면서 중요한 용도는 단번에 전체 학생들의 시선을 교사 쪽으로 집중시키는 일이며, 교사가 알리고 싶은 사항에 주의를 기울이게 만드는 일이다. 예를 들면, 학생의 주의를 집중시켜 모든 연습을 중지시키려 할 때, 교사는 한차례 신호를 보낸다. 모범적인 학생은 신호기 소리를 들을 때마다 스승의 소리를, 아니 오히려 자기 이름을 부르는 하느님의 목소리를 듣는다고 상상한다는 것이다. 그러면 그 학생은 예언자 사무엘의 어렸을 때의 느낌과 같은 상태에서, 그와 더불어 가슴 속 깊이 "주여, 저는 여기 있습니다"라고 대답하게 될 것이다. 학생은 신호의 규칙을 습득하여 모든 신호에 자동적으로 응답해야 한다. "기도가 끝나면 교사는 한차례의 신호를 보내서 읽히고 싶은 아이를 쳐다보고 그에게 시작하라는 신호를 보낸다. 그의 책읽기를 중지시키려면, 신호기를 한 번 쳐야 하고 … 읽고 있는 아이가 문자나 음절이나 낱말을 잘못 읽는 경우, 다시 읽으라는 신호를 하기 위해서는 교사는 계속 두 번을 친다. 그러한 주의를 받은 뒤에도, 아이가 잘못 발음한 단어보다 몇 단어 다음부터 다시 읽어 나가게 되어 앞에서 틀린 단어를 고쳐 읽지 못할 경우, 교사는 원래의 문맥으로 되돌아가도록 신호하기 위하여 계속 3번을 쳐야 한다. 이 신호는 아이가 잘못 발음한 음절이나 단어에 되돌아갈 때까지 계속되어야 한다."72 상호 교육의 학교는 순간적 반응을 요구하는 신호 체계에 의한 행동의 이와 같은 통제를 중시하게 만든다. 구두 명령까지도 신호 체계의 요소로 기능해야 한다. 예를 들면, "자리에 앉아!"라고 명령을 했을 때, '자리에'라는 말이 떨어지면, 아이들은 소리를 내면서 오른손을 책상 위에 올려놓고 동시에 의자 안으로 한 발을 넣도록 한다. '앉아'라는 말로, 다른 한 발도 넣어 책상 위의 석판 바로 앞에 앉는다. "잡아-석판을"이라고 말했을 때는, '잡아'라는 말로 자기 앞에 있는 못에 석판을 걸기 위해 석판에 매어 둔 끈에 손을 대고, 왼손으로는 석판 중앙을 붙잡으며, '석판을'이라는 말과 동시에 석판을 벗겨 책상 위에 놓도록 한다."[73]

요약해서 말하자면, 규율은 통제하는 신체로부터 4가지 형태의 개체성, 아니 더 정확히 말해서 4가지 성격이 구비된 개체성을 만들어낸다. 즉, 그것은 (공간배분의 작용에 의해서) 개체 중심적이고, (활동의 규범화에 의해서) 유기적이며, (시간의 축적에 의해서는) 생성적이며, (여러 가지 힘을 조립하는 점으로는) 결합적이라는 특징을 갖는다. 또한 그 목적으로 규율은 4가지 주요한 기술을 사용한다. 첫째, 일람표를 작성하고, 둘째, 작전을 세우고, 셋째, 훈련을 시키며, 넷째, 힘의 조합을 확고히 하기 위해서 '전술'을 꾸민다. 신체를 배치하고 그로부터 규범화한 활동과 숙달된 능력을 만들어 내는 전술, 그리고 다

---

72 J. B. de La Salle, 《기독교 학교의 운영》(1828년), pp. 137~138; Demia, 《리옹 시의 학교 규칙》(1716년), p. 21.

73 《초등 교육 저널》(1816년 4월호). R. R. Tronchot, "프랑스에서의 상호 교육"(박사논문, 제 1분책)에서 계산된 바로는 학생이 하루에 200개 이상의 명령을 받아야 하는데(예외적 명령은 계산 외로 하고), 오전 중에만 구두에 의한 명령 26개, 신호에 의한 것 23개, 흔들 방울에 의한 것 37개, 호각에 의한 것 24개이다. 즉, 3분마다 한 번은 호각이나 흔들 방울이 울리는 셈이다.

양한 힘의 결과가 계산된 조합에 의해 성과를 높일 수 있는 그러한 장치의 기술은 아마 규율을 실행하는 데 제일 수준 높은 형태가 될 것이다. 이러한 인식을 통하여 18세기의 이론가들은, 개인의 신체에 대한 통제와 훈련으로부터 아주 복잡한 여러 집단의 특수한 힘을 이용하는 단계에 이르기까지 모든 군사적 실무의 일반 원리를 알 수 있었다. 규율화한 신체와 관련되는 분야는 건축학, 해부학, 역학, 경제학 등이다. "대다수의 군인들이 보기에 전술은 거대한 군사학의 한 분야에 지나지 않지만, 내가 보기에는, 군사학이라는 학문의 기반이다. 전술은 부대를 편성하고, 그것에 질서를 세우며 그 이동이나 전투에 지침을 마련해 줄 수 있다는 점과, 또한 부족한 수를 보충하고, 다수를 다룰 수 있다는 점 때문에 학문 그 자체라고 할 수 있다. 전술은 결국 인간과 무기, 긴장 상태, 정세 등에 관한 지식을 그 안에 포함하는데 그 이유는 전술이 바로 이러한 모든 움직임을 결정하게 될 종합적 지식이기 때문이다."[74] 또한 "전술이라는 이 용어는 어떤 부대를 구성하는 병사들의 개별적 위치, 한 군대를 구성하는 상이한 예하 부대들의 위치, 그들의 이동과 전투, 그리고 그들 상호간의 관계 등 여러 가지 점을 연상하게 만든다."[75]

전략으로서의 전쟁은 정치의 연장일지 모른다. 그러나 '정치'가 정확하고 직접적 의미에서 전쟁의 연장은 아닐지라도 적어도 내란 방지를 위한 기본적 수단으로서 군사적 모델의 연장처럼 이해되어 왔다는

---

74 J. A. de Guibert, 《전술 개론》(1772년), p. 4.

75 P. Joly de Maizeroy, 《전쟁 이론》(1777년), p. 2.

것을 잊어서는 안 된다. 정치는, 국내의 평화와 질서유지의 기술로서 완벽한 군대, 규율화된 집단, 순종적이고 유용한 부대, 숙영지나 전쟁터에서 작전중이거나 훈련중인 부대, 그 모든 군대의 장치를 이용하려고 했던 것이 사실이다. 18세기의 강대국에서는 군대가 시민의 평화를 보전했는데 그것은 아마도 군대가 실질적인 힘, 항상 위협적인 칼이었기 때문이기도 하지만, 또한 군대가 하나의 기술이고 지식이어서, 이 기술과 지식의 도식을 사회 전체에 반영할 수 있기 때문이기도 하다. 한편으로는, 전략stratégie을 통한 정치-전쟁이라는 계열이 있고, 다른 한편으로는 전술tactique을 통해 가는 군대-정치라는 계열이 있다. 즉, 전략을 통하여 국가 간의 정치를 수행하는 방법으로 전쟁을 이해할 수 있다면, 전술을 바탕으로 하여 시민사회에서 전쟁이 없는 상태를 유지하기 위한 원리로서 군대를 이해할 수 있다. 고전주의 시대는 정치적이고 군사적인 거대한 전략을 만들어서 모든 국가들은 이를 바탕으로 상대편의 경제력이나 인구의 힘에 맞설 수 있었다. 그렇지만 군사적이고 정치적인 세밀한 전술 역시 이 시대에 만들어짐으로써 모든 국가 내부에서 개별적 신체와 힘에 대한 통제가 이루어지게 된 것이다. 이 모든 군인과 군대와 관한 것 — 즉, 지난 날 '무인'을 특징지었던 것과는 달리, 새로운 군사제도, 군인, 군사학 등 — 이 이 시대에 특정화한 것은, 한편으로는 전쟁과 소란한 전투 사이의, 다른 한편으로는 순종적 평화의 침묵과 질서 사이의 교차지점을 통해서이다. 사상사를 연구하는 사학자들은 완전한 사회의 꿈을 18세기의 철학자들과 법학자들의 것으로 돌리고 있지만, 그들에게는, 사회에 대한 군사적 통제의 꿈도 있었다. 그것의 기본적 준거는 자연 상태에 있었던 것이 아니라, 하나의 기계 장치의 주도면밀하게 돌아가는 톱니바퀴에 있었으며, 원시적 계약이 아니라 끝없는 강제권에, 기본적 인권이 아니라 끝없이 발전되는 훈련방법에, 그리고 모든 사람의 의지volonté générale가 아니라 자동적 순종에 있었다.

"규율을 거국적으로 만들어야 할 것이다"라고 기베르는 말한 바 있다. "내가 그리는 국가는 간단하고 견고하며 통치하기 쉬운 하나의 행정기구를 갖는다. 그것은 별로 복잡하지 않은 용수철 장치에 의해서 큰 효과를 낼 수 있는 거대한 기계와 같은 것이다. 이 국가의 힘은 행정기구의 힘으로부터, 그 번영은 행정기구의 번영으로부터 생겨나는 것이다. 모든 것을 파괴하는 시간이 오히려 국가의 힘을 증대시킬 것이다. 시간은 과거의 제국들이 쇠퇴와 몰락이라는 거역할 수 없는 법칙에 따른다고 생각하게 만드는 그러한 세속적 편견을 타파하도록 할 것이다."[76] 나폴레옹 체제, 그리고 그와 더불어 그 체제를 대체할 국가 형태의 도래가 이제 멀지 않았다. 그런데 잊지 말아야 할 것은 새로운 국가형태를 준비한 사람들이 법학자들뿐만 아니라, 병사, 국정 자문위원, 하급 관리, 법률인, 그리고 각 당파의 사람들이기도 하였다는 점이다. 이러한 국가 형성에 결부된 로마적 준거에는 시민과 병사, 법률과 훈련이라는 이중적 지표가 포함되어 있다. 법학자들이나 철학자들이 계약이라는 것 속에서, 사회조직의 건설이나 재건설을 위한

---

76 J. A. de Guibert, 《전술 개론》(1772년), 제 1권, 앞의 책의 pp. 23~24. 군대와 부르주아 사회 형태에 관한 맑스의 견해(엥겔스에의 편지, 1857년 9월 25일자)를 참조.

원초적 모델을 탐구하는 동안, 군인들은 물론 그들과 함께 훈련에 종사하는 기술자들은 신체에 대한 개인적이고 집단적인 강제권을 위한 여러 가지 방식을 심사숙고하여 만들었다.

2

효과적 훈육방법

17세기 초엽에 발 하우젠Walhausen은 '올바른 훈육'[1]의 기술로서 "엄격한 규율"에 대해 언급한 바 있다. 규율 권력의 중요한 역할은 사실상 사취詐取나 강제 징수보다 '훈육시키는 일'이다. 어쩌면 좀더 교묘히 징수하거나 보다 더 많이 사취하기 위해서 훈육을 시킨다고 말하는 것이 좋을지 모르겠다. 규율 권력은 사람들의 힘을 감소시키기 위해서 힘을 묶어 두는 것이 아니다. 그 힘들을 전체적으로 증가시키고 활용할 수 있도록 묶어 두는 것이다. 그것은 자신에게 복종하는 모든 것을 일률적으로, 그리고 전체로서 굴복하게 만드는 대신 분리하고 분석하고 구분하며, 그 분해 방법은 필요하고 충분할 정도의 개체성에 이를 때까지 계속 추진된다. 그것은 유동적이고 혼란하며 무익한 수많은

1 J. J. Walhausen, 《보병을 위한 병법》(1615년), p. 23.

신체와 다량의 힘을 개별적 요소의 집합체 — 분리된 작은 개체들, 조직적 자치제, 단계적으로 생성되는 개체의 동일성과 연속성, 조합적인 부분들 — 로 만들게끔 '훈육을 시킨다.' 규율은 개인을 '제조한다.' 즉, 그것은 개인을 권력 행사의 객체와 도구로 간주하는 권력의 특정한 기술이다. 그것은 과도한 권력 행사를 통해 스스로의 초월적 위력을 뽐낼 수 있는 의기양양한 권력이 아니다. 계획적인, 그러면서도 영구적인 관리 방식에 의거하여 기능하는 조심스럽고 의심 많은 권력인 것이다. 군주제의 장엄한 의식이나 국가의 거대한 기구에 비하면 소극적 방식이고, 보잘 것 없는 방법일 것이다. 그러나 바로 이러한 것들이 보다 큰 권력의 형태들 속으로 조금씩 침투해 들어가 그 메커니즘을 변경시키며 자신의 방식을 부과하고, 관철하는 것이다. 사법기관은 별로 비밀스럽지 않게 진행되는 이러한 침범을 피하지 못할 것이다. 규율 권력의 성공은 아마도 단순한 수단을 사용한 점에 기인하는 것인지 모른다. 그 수단이란 위계질서적인 감시의 시선, 규범화된 상벌제도, 그리고 이들을 이러한 권력에 특유한 방식인 평가를 통하여 결합시키는 방식 등이다.

‡

위계질서적 감시

규율의 훈련은 시선의 작용에 의한 강제성의 구조를 전제로 한다. 그것은 눈으로 볼 수 있는 기술에 의해 권력의 효과가 생기는 장치이며, 또한 반대로 강제권의 수단에 의해 적용대상이 되는 사람들을 가시적으로 만드는 장치이다. 고전주의 시대가 진행되는 동안 서서히 집단 대중에 대한 '감시시설Observatoires'이 건설되는 것을 알 수 있는데, 이에 대해 과학자는 별다른 찬사를 보내지 않았다. 한편에서는 새로운 물리학 및 우주론의 정립과 더불어 망원경이나 렌즈, 광선속束 등 중요한 기술이 개발되어 온 반면, 다른 한편에서는 다양하고 상호 교차적인 감시의 기술, 또한 보이지 않으면서 보아야 하는 시선의 작은 기술들이 자리 잡게 되었다. 세상에 잘 알려지지 않은 빛과 가시적인 것에 관한 과학기술은 인간을 복종시키기 위한 방법과 인간을 이용하기 위한 수단을 통해서 암암리에 인간에 관한 새로운 지식을 준비하게 되었던 것이다.

이러한 '감시시설'은 군대의 야영지野營地라는 이상적인 모델을 갖고 있다. 그것은 급조된 인위적 단지로서 대부분 필요에 따라 만들어지고 개조된 것이다. 여기서 권력은 군인을 대상으로 행사되는 것이기 때문에 더 많은 집중도와 신중성, 효율성과 예방적 기능이 유지되어야 한다. 완벽한 야영지인 경우 권력은 단지 엄밀한 감시 작용에 의해 행사될 것이고, 권력의 시선은 전체적 기능을 수행하는 데 부속품 같은 요소가 된다. 옛날부터 전통적 야영지의 정사각형 평면은 무수히 많은 도식을 거쳐 현저하게 정밀해졌다. 통로의 기하학적 배열, 텐트의 수량과 배치, 텐트 입구의 방향 설정, 가로·세로 열의 배치 등은 정확히 규정되고, 서로 감시하는 시선의 그물눈이 작성된다. 예를 들면, "야영지에서는 다섯 줄의 횡선을 그리고, 제 1열과 제 2열의 간격은 16피트, 나머지 열들의 간격은 8피트가 되게 한다. 마지막 열은 무기 덮개의 자리에서 8피트의 거리를 유지한다. 무기 덮개는 하사관의 텐트와, 정확히는 그 첫 번째 말뚝과 10피트를 유지한다. 중대 사이의 통로는 가로 폭을 51피트로 한다. … 모든 텐트 사이의 간격은 2피트로 한다. 하급장교들의 텐트는 자기 중대 내의 소로를 향해 있도록 한다. 맨 뒤쪽의 말뚝은 병사들의 마지막 텐트에서 8피트가 되게 하고, 그 출입구는 중대장들의 텐트 쪽을 향한다. … 중대장들의 텐트들은 그들 중대의 통로를 향해서 설치한다. 그 출입구는 중대가 있는 쪽으로 향한다."[2] 야영지란 총괄적인 가시성可視性의 효과로 작용하는 권력의 도식이다. 앞으로 오랫동안 도시계획 안에서, 그리고 노동자 공동 주택지, 병원, 보호시설, 감옥, 학교 등의 건설 계획안에서 이러한 야영지의 모델이나 혹은 적어도 그것의 기초가 되는 원리를 발견하게 될 것이다. 이것은 위계질서화한 감시를 위해 공간들을 끼워 넣는 것이어서, '틀에 끼워 맞추기'식 원리이다. 야영지와 은밀한 감시 기술과

---

2 《프러시아 보병 교범》(프랑스어 역, 아르스날 도서관, 원고번호 4067, 폴리오번호144). 오래된 도식에 관해서는 프레싸크, 《군사론》(1623년), pp. 27~28; 몽고메리, 《프랑스의 군대》(1636년 판), p. 77을 참조. 새로운 도식에 관해서는 베네통 드 모랑쥬, 《전쟁사》(1741년), pp. 61~64와 "야영천막에 관한 고찰"을 참조. 또한 《야영지에서 기병대 규칙의 효용에 관한 지도》(1753년 6월 29일) 와 같은 많은 규칙을 참조. 〈그림 8〉 참조.

〈그림 8〉 P. G. Joly de Maizeroy,《전투교본》, 1777
18개의 보병대대와 24개의 기병중대를 위한 야영지

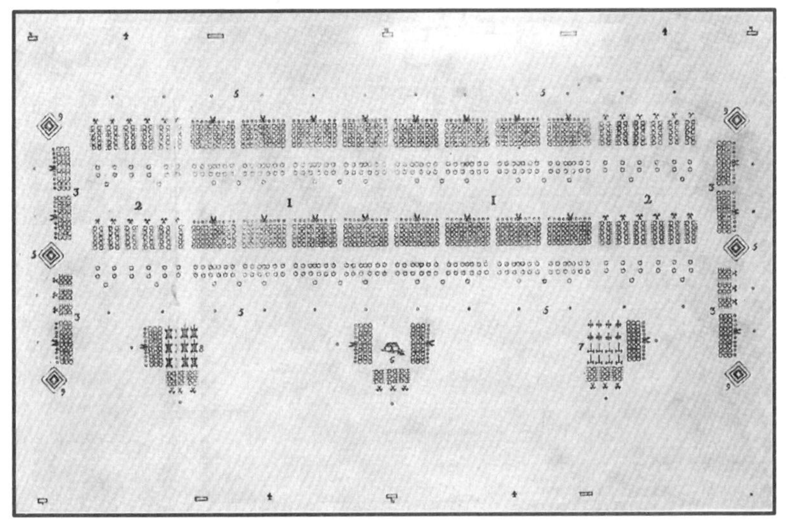

의 관계는 카메라와 거대한 광학光學과의 관계와 같다.

그러면 다음과 같은 모든 문제가 계속 증가하기 마련이다. 보이기 위한 것(궁전의 화려함처럼)도 아니고, 성 밖의 외부 공간을 감시하기 위한 것(요새의 기하학적 배치처럼)도 아닌, 유기적으로 배치되고 세부에 미치는 내적인 통제를 위한, 그리하여 그곳에 있는 사람들을 가시적인 대상으로 만들기 위하여 건립되는 그러한 건축의 문제가 우선 제기되는 것이다. 보다 일반화시켜 말하면, 개인들을 변화시키기 위한 조작자의 역할을 할 건축이 필요하다는 것이다. 그러한 건축은 수용되는 사람들에게 영향을 미치고 그들의 품행을 개선하도록 하고, 그들에게 권력의 효과를 심층적으로 행사하고, 그들을 잘 알 수 있는 대상으로 만들어, 결국 그들을 변화시키는 것이다. 말하자면 석조건물은 사람을 순종적으로 만들고 인식 가능한 대상으로 만든다. 두터운 벽과 출입을 통제하는 견고한 문으로 만들어진 감금과 폐쇄의 단순한 옛날 도식 대신에 출입문의 개수, 빈 공간과 꽉 찬 공간의 대비, 통로와 투명성의 정도에 대한 계산이 자리 잡게 된 것이다. 그러므로 병원-건물은 의료행위를 위한 기관으로 서서히 조직화한다. 그것은 환자를 잘 관찰하고, 보다 적합한 치료를 할 수 있도록 해야 한다. 그리고 건물의 형태는 환자를 세심하게 격리함으로써 전염을 방지해야 하고, 병상 주변의 환기와 통풍이 잘 되게 하여 유해한 증기가 환자 주위에 정체되지 않도록 하고, 환자의 체액을 분해하여 그것의 즉각적 영향으로 질병을 증가시키지 않도록 해야 한다. 병원 — 18세기 후반에 사람들이 정비하려고 한 병원, 또한 파리 시립병원의 두 번째 화재(1772년에 발생했음) 후에 많은 계획안을 마련했던 병원 — 은 극빈자나 임종을 앞둔 사람들을 수용하는 건물이 아니라, 구체적 내용을 담은 그야말로 치료의 담당기관이 되는 것이다.

학교-건물이 훈육의 담당기관이 되어야 하는 것도 마찬가지이다. 파리-뒤베르네3가 사관학교에서 착상하여 가브리엘4에게 세부 지침에 이르기까지 만들어 보도록 한 교육기관이 그렇다. 그것에 의하면, 건강의 명제로서는 튼튼한 신체를 단련시키고, 일정한 자격부여의 명제로서는 유능한 사관士官을 만들고, 정치적 명제로서는 복종하는 군

---

3 *Pâris-Duverney(1684~1770) : 프랑스의 조세 청부인으로서 나중에 물가 및 환율정책을 지휘했다.

4 *Gabriel(1698~1782) : 프랑스의 건축가로 왕실과 사관학교를 건축했다.

인을 양성하고, 도덕성의 명제로서는 방탕과 동성애를 방지하도록 한다. 이 4가지 명제가 개인들 상호간에 완전한 칸막이벽을 만들고 연속적인 감시의 창구를 설치해야 하는 이유이다. 사관학교의 건물은 그 자체로 하나의 감시장치가 되어야 했다. 개인의 방들은 일련의 작은 개체들처럼 복도를 따라 배열되고, "생도 10명 정도로 이루어진 각 분단의 좌우에는 각각 한 명의 사관이 있도록" 일정한 간격으로 사관실이 설치되었으며, 생도들은 한밤 내내 각각의 개인 방에 갇혀 있었다. 또한 파리-뒤베르네는 "각 개인 방의 복도 측의 칸막이벽은 문지방 높이에서부터 천장 아래 1, 2피트까지를" 유리로 설치하도록 강조했다. "이러한 유리 칸막이에 시선을 보내면 기분이 좋을 뿐 아니라, 여러 가지 점에서 유익하다고 말할 수 있겠는데, 특히 그러한 배치의 원인이 될 수 있는 규율의 이유는 말할 필요도 없다."[5] 식당에서 감독관은 자기 반의 생도 전원의 식탁을 모두 볼 수 있도록 그의 식탁은 조금 높은 단상 위에 놓여 있도록 했다. 화장실은 담당 감시원이 생도의 머리와 발을 볼 수 있게, 절반 크기의 문이 달려 있도록 했고, 화장실 안에서 생도들이 서로의 모습을 볼 수 없게끔[6] 옆쪽으로 충분한 높이의 칸막이벽을 설치했다. 명예를 고려하지 않은 수많은 장치를 통하여 그 건축물은 감시를 위해 무한히 세심한 배려를 담았다. 그것을 하찮은 것이라고 생각하는 사람이 있다면 그는, 개개인의 행동에 관한 단계적

---

5 R. Laulan, 《파리 사관학교》(1950년), pp. 117~118.

6 국립 고문서관 소장 원고, M. M. 666~669. 벤담은 그의 형이 한 눈으로 볼 수 있는 '원형감시시설'(Panopticon)의 최초의 착상을 얻게 된 것은, 이 사관학교를 방문했을 때라고 말한다.

객관화와 더욱더 정밀해지는 바둑판 형태의 감시 속에서 사소해 보이는 것이지만 빈틈없는 그러한 장치의 역할을 잊어버렸기 때문일 것이다. 규율제도는 인간행위를 관찰하는 현미경처럼 기능하는 일련의 통제장치를 확산시켰다. 규율제도에 의해 실현된 미세하고 분석적인 분할 작업으로 사람들 주위에는 관찰, 기록, 그리고 훈육의 기구가 형성되었다. 관찰을 목표로 한 이러한 장치 속에서, 어떻게 시선들을 세분하고, 시선들 사이에 중계나 연결수단을 확립할 수 있는 것일까? 그러한 여러 시선들의 계산된 복합적 다양성으로부터 어떻게 동질적이고 연속적인 권력이 만들어질 수 있는 것일까?

완벽한 감시장치라면, 단 하나의 시선만으로 모든 것을 언제라도 볼 수 있을 것이다. 하나의 중심점이 있어, 그것은 모든 것을 비추는 광원光源이 되는 동시에 알아야 할 모든 대상들이 집약되는 지점이 될 수 있을 것이다. 그것은 그 무엇도 피할 수 없는 완벽한 눈이고, 모든 시선이 그쪽을 지향하는 중심이다. 아르케 스낭[7]을 건설하면서 르두[8]가 생각했던 것이 바로 그러한 장치이다. 그는 모든 것이 안쪽을 향한 채 원형圓形으로 배치되어 있는 건물들 중심에서 높은 건물은 관리의 행정 기능, 감시의 치안유지 기능, 통제와 검사의 경제적 기능, 복종과 노동을 장려하는 종교적 기능 등을 모두 갖출 수 있는 방법을 고안했다. 그 중앙 건물에서 모든 명령이 지시되고, 모든 활동이 기록되

---

7 *Arc et Senans: 스위스에 가까운 지명. 그곳에 반원형의 광대하고 웅장한 암염 채취장이 만들어진 것은 1770년대이다.

8 *Ledoux(1736~1806): 프랑스의 건축가.

며, 모든 과실過失이 포착되고 평가된다. 모든 일은 정확한 기하학적 배치를 바탕으로 한다면 즉각적으로 실행될 수 있을 것이다. 18세기 후반에 이러한 원형 건축물9들이 위세를 떨쳤던 이유는 여러 가지겠지만 무엇보다도 그것들이 어떤 정치적 유토피아를 나타내고 있었기 때문일 것이다.

그러나 규율의 시선은 사실상 중계지점이 필요했다. 원형보다는 피라미드형이 다음의 두 가지 요청에 더 잘 부합할 수 있었다. 즉, 한편으로는 빈틈없는 조직망을 형성할 수 있을 만큼 완벽해야 한다. 그렇게 함으로써 규율의 시선은 모든 단계를 다양화하여 통제해야 할 모든 영역에 배분할 수 있는 가능성을 갖는 것이다. 그러나 다른 한편으로는 규율의 행위에 대해 타성적인 부담을 주지 않고, 또한 그 행위에 대해 구속이나 장애가 되지 않도록 신중히 하고 가능한 한 최선의 효과를 증대시키는 기능이 되기 위해 규율의 시선은 규율의 장치와 빈틈없이 일치되도록 한다. 피라미드형은 생산적 기능을 높이기 위해 여러 단계적 절차를 나누어야 한다. 즉, 감시를 명확히 규정하고, 그것을 기능적인 것이 되게 하는 것이다. 그것은 새로운 감시형태가 조 직되는 거대한 작업장이나 공장의 문제이다. 그것은 수공업 체제 안에서 규정을 적용하는 일을 담당한 감독관에 의해 외부적으로 보장된 감시의 형태와는 다르다. 이제는 집중적이고 끊임없는 통제가 필요해진 것이다. 이 새로운 형태의 감시는 노동의 전 과정을 따라다닌다. 그것은 생산(원료의 성질이나 양, 사용되는 도구의 형태, 제품의 규모와 질)을

---

9 〈그림 9〉, 〈그림 10〉 참조.

〈그림 9〉 B. Poyet, 병원설계도, 1786

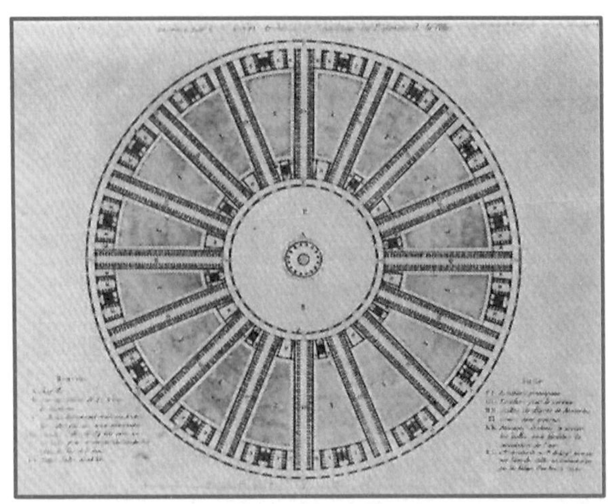

J. F. de Neufforge, 병원설계도, 1757~1780

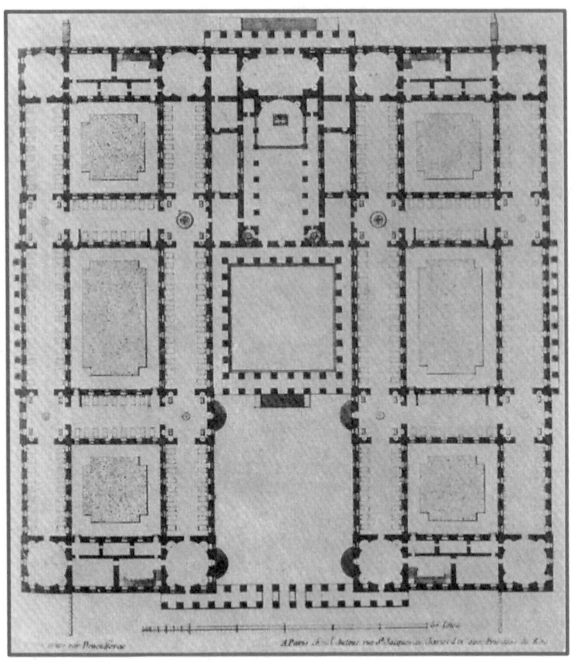

〈그림 10〉 J. F. de Neufforge, 감옥설계도

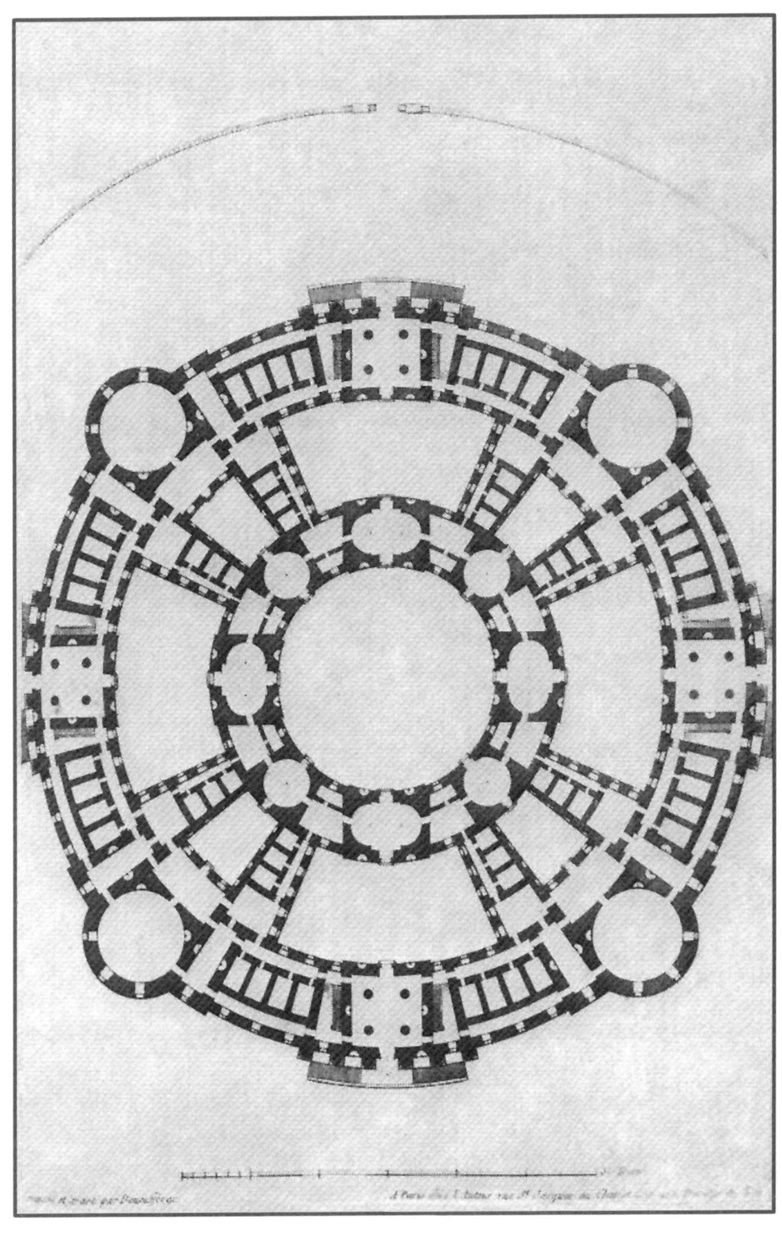

목표로 삼는 것이 아니라—혹은 그것만이 아니라—사람들의 활동, 능력, 행동방식, 신속성, 열성, 품행을 모두 고려하는 것이다. 그러나 그것은 직공이나 도제徒弟의 옆에서 행해지는 장인匠人의 가내공업적 통제와는 다르다. 왜냐하면, 그것은 사무원, 감시인, 감독관, 직공장 등에 의해서 실시되기 때문이다. 생산 장치가 한층 더 대규모화하고 복잡하게 됨에 따라, 또한 직공 수가 증가하고 분업이 발달함에 따라, 통제의 업무는 더 필요해지고 더 어려워진다. 그래서 감시는 분명한 기능을 갖고 생산과정의 일부로서 완전히 통합해 있어야 하고 생산과정을 처음부터 끝까지 따라다닐 수 있어야 한다. 직공들과 구별되면서 항상 자리를 지키는 감시 전문가가 필요해지는 것이다. 예를 들면 "큰 공장에서 모든 일은 종소리에 따라 이뤄지며, 직공들은 통제되고 거칠게 취급된다. 사무원들은 집단을 상대할 경우에 그야말로 필요한 우월적이고, 명령조의 태도에 익숙해져서, 직공들을 거칠게 다루거나 멸시하듯이 다룬다. 그 결과, 직공들이 한층 더 높은 임금을 받거나 아니면 단지 보다 소규모의 공장으로 옮겨 가는 경우도 있다."[10] 그러나 아무리 직공들이 이 새로운 감시체제보다는 수공업 조합적인 형태의 작업환경을 선호할지라도 기업주는 새로운 이 체제를 공업생산 조직이나 사유재산, 그리고 이윤 등과 분리시킬 수 없는 요소로 인식한다. 공장이나 대규모 철공소, 광산 등에서는 "소모품이 극히 다양하므로, 그러한 물건을 조금이라도 부주의하게 취급하는 경우, 총액에서는 막대한 손실이 생기게 되어, 이익이 줄어들 뿐만 아니라 자본

10 《백과전서》, "공장"(Manufacture)의 항목.

을 잠식할 우려가 있다. … 눈에 띄지는 않으면서 매일 되풀이되는 별 것 아닌 미숙한 행동이 단시일 내에 기업을 파멸시킬 정도로 치명적일 수 있다." 따라서 기업주의 직속으로 감독을 전담하는 사람이 있으면 "한 푼이라도 헛되게 낭비하는 일이 생기지 않도록, 또한 한순간의 노동시간도 헛되게 보내지 않도록" 감시할 수 있을 것이다. 그들의 역할은 "직공들을 감시하고 모든 작업 현장을 점검하고, 일체의 사건을 위원회에 보고하는 일이다."[11] 감시는 생산도구에 내재한 부품인 동시에, 규율과 징계의 권력 안에서 작동하는 특정한 톱니바퀴라는 점에서 경제의 결정적 작용요소가 된다.[12]

이와 같은 움직임은 초등 교육의 재편성 과정에서도 마찬가지인데, 그것은 바로 감시의 특정화와 교육적 관련사항들의 통합이다. 본당 성당 학교의 발달, 학생 수의 증가, 학급 전체의 활동을 동시에 규제할 수 있는 방법의 결여, 그것으로 인한 무질서와 혼란 등의 여러 문제들 때문에 통제의 정비가 필요하게 되었다. 교사의 보조역으로 바탕쿠르Batencour는 우수한 학생들 중에서 총감독, 관찰, 지도, 복습, 기도의 낭송, 글씨 쓰기, 잉크 분배, 부속사제와 방문객 접대 등의 일을 전담하는 일련의 '사관생도'들을 선발하였다. 이렇게 정해진

---

11 Cournol, "광산 채굴권에 대한 공공이익의 고찰"(1790년, 국립 고문서관, A의 13의 14).

12 맑스의 다음과 같은 견해를 참조. "감시, 감독, 중재의 이러한 기능은 자본에 종속된 노동이 협동 작업적인 것이 되자마자, 자본의 기능으로 된다. 또한 자본주의적 기능으로서 그것은 자본주의 특유의 성격을 갖게 된다." 《자본론》 제 1부, 제 4편, 제 13장.

역할은 두 종류로 나눌 수 있는데, 한쪽은 물건에 관한 일을 담당하고(잉크나 종이를 나누어 주고 가난한 학생들에게는 여분의 물건을 주며, 축일에는 종교서를 읽어 주는 등), 다른 한쪽은 감시하는 일을 수행한다. 예를 들면, "감독관은 누가 자기 자리를 떠나는가, 누가 잡담하고 있는가, 누가 묵주와 기도서를 갖고 있지 않은가, 누가 미사 때 자세가 나쁜가, 누가 길에서 단정치 못한 행동을 하고, 실없는 이야기를 하고 떠들어 대는가"를 기록해 두어야 한다. 규율지도 담당은 수업시간에 얘기하거나 시끄럽게 떠드는 학생들, 필기하지 않고 장난치는 학생들을 주의하여 살피는 역할을 하고, 방문 담당은 결석하거나 중대한 과오를 범한 학생들을 대상으로 가정을 방문하여 조사한다. 총감독은 이 모든 담당자들을 감시한다. 복습 담당만이 교육적 역할을 하여, 학생들에게 두 명씩 나지막한 소리로 읽기 연습을 시킨다.[13] 그런데 수십 년 후에, 드미아는 똑같은 형태의 위계질서적 감시를 그대로 받아들이긴 했지만, 여기서는 감시의 기능이 거의 교육적 역할을 겸비하도록 했다. 예를 들면, 한 조교가 펜을 쥐는 법이나 손을 움직이는 방법을 가르치고, 잘못을 고쳐주는 동시에 '말다툼이 벌어질 때 잘못을 기록'해 두는 일을 하고, 다른 조교는 읽기 수업에서 똑같은 일을 한다. 이러한 모든 역할의 담당자를 통제하고, 전반적 행실을 감시하는 감독관은 또한 '신입생을 학교의 여러 행사에 익숙하게 하는' 일도 맡고 있다. 10명 단위의 반장은 학과學課를 암송시키는 한편, 그 학과를 모르는 학생들을 '기록하는'[14] 것이다. 여기서

13 M. I. D. B. "성당 학교를 위한 체계적 지침"(1669년), pp. 68~83.

우리는 '상호' 교육의 형태를 갖는 제도의 개략적 내용을 살펴볼 수 있는데, 이것은 하나의 장치 속에 3가지 과정이 통합되어 있는 것이다. 그 3가지는 엄밀한 의미에서의 교육과 교육적 행위의 연습을 통한 지식의 습득, 상호적이며 위계질서화된 관찰이다. 명확하게 규정된 규칙적 감시의 관계가 교육의 현실 속에 자리 잡게 된 것이다. 그것은 부가적이거나 부수적인 부품의 요소로서가 아니라 교육현실에 내재해 있으면서 교육적 효과를 넓히는 구조적 요소로서이다.

기능적이고 연속적이며 위계질서화된 감시는 18세기의 위대한 기술적 '발명'의 하나라고 할 수는 없겠지만, 이 감시의 교묘한 확장이 갖는 중요성은 확장과 더불어 생긴 권력의 새로운 구조에 기인한 것이 분명하다. 이 감시 덕분에 규율 권력은 규율이 행사되는 장치의 경제성과 목적이 내부적으로 결합된 '통합된' 조직을 갖는다. 또한 그 권력은 다양하고 자동적이고, 익명적인 권력으로서 조직된다. 왜냐하면 감시가 개개인을 대상화한 것은 사실이지만, 감시의 운용은 상부에서 하부로, 어느 정도까지는 하부에서 상부로, 또한 측면적으로 이루어지는 관계망의 운용이기 때문이다. 이러한 관계망은 전체를 지탱하는 근거로서, 상호적으로 지원하는 권력의 효과들을 통해 전체의 구석구

---

14 Ch. Demia, 《리옹 시의 학교 규칙》(1716년), pp. 27~29. 같은 종류의 현상은 사립중학교(collèges)의 조직에서도 주목될 수 있을 것이다. 즉, 오랜 기간에 걸쳐 '학생감독들'(les préfets)은 교사와는 별도로 학생들의 소집단에 대한 도덕적 책임을 지고 있었다. 특히 1762년 이후, 보다 더 행정관리적으로 되고 동시에 위계질서에 보다 잘 통합된 통제형태가 나타나는 것을 볼 수 있다. 즉, 감시자, 중간 통솔자, 하위 통솔자가 바로 그러한 형태이다. 듀퐁 페리에, 《클레르몽 사립 중학교에서 루이 르 글랑 공립 중학교로》 제 1권, p. 254와 p. 476을 참조.

석을 가로질러 간다. 이 구조에서 감시자는 항상 감시 받도록 되어 있다. 규율의 위계질서화된 감시를 통해 권력은, 하나의 물건으로 소유되는 것도 아니고, 하나의 소유물로 양도되는 것도 아니다. 그것은 하나의 기계 장치처럼 작용한다. 또한 그 권력의 피라미드형의 조직이 '우두머리'를 만들어 내는 것은 사실이지만, 그러한 장치의 전체구조가 '권력'을 만들어 내고, 영속적이고 연속된 영역 안에서 개인을 분류할 수 있게 한 것이다. 그 결과, 규율 권력은 공개적인 것이 될 수도 있고, 동시에 은밀한 것일 수도 있다. 공개적인 것이 될 수 있는 이유는 권력이 도처에서 항상 경계하면서 원칙적으로 어떠한 애매한 부분도 남겨 놓지 않으며 통제의 책임을 맡고 있는 사람들조차 끊임없이 통제하기 때문이다. 동시에 이 권력이 은밀히 수행되는 것은 그것이 언제나 그리고 대부분의 경우, 비공개적으로 기능하기 때문이다. 과거의 화려하고 과시적인, 권력 대신에 이제 고유한 메커니즘으로 유지되고 계산된 시선이 끊임없이 작동하는 인간관계의 권력이 들어서게 되었는데, 이 권력을 가동시키는 것이 바로 규율이다. 감시의 여러 기술에 의해서 권력의 '물리학'과 신체에 대한 지배는 적어도 원칙적으로는 과격한 행위, 힘이나 폭력에 의존하지 않고, 광학과 역학의 모든 법칙, 그리고 공간, 선, 막幕, 다발, 비율 등의 모든 작용에 의거하여 이루어진다. 그것은 한층 더 교묘하게 '물리적'으로 될수록 표면적으로는 한층 덜 '신체적'으로 되는 그러한 권력이다.

규범화 제재

(1) 기사 폴레Paulet의 고아원학교[15]에서 매일 아침 열린 재판을 위한 회합은 하나의 예식이나 다름없었다. "우리는 일렬로 늘어서서 전투 대형을 취한 모든 학생들이 부동자세로 침묵을 지키고 있는 것을 볼 수 있었다. 대장격인 16세의 젊은 귀족이 칼을 손에 들고 열외에 서 있었다. 그의 명령으로 대열은 원을 만들기 위해 속보로 움직였다. 위원회 인원들이 그 중앙에 모였고, 각 사관들이 24시간 동안 일어났던 소속집단의 일을 보고했다. 고발된 자가 자기변호를 하면, 이어서 증언을 청취한다. 토의를 거쳐 의견이 일치되면, 대장은 큰 소리로 죄수의 수와 죄상, 그리고 결정된 처벌을 보고한다. 그 후 모든 대원은 보다 질서정연한 모습을 취하고, 분열 행진으로 들어간다."[16] 모든 규율 체제의 중심에서는 작은 처벌의 메커니즘이 작동하기 마련이다. 이 메커니즘은 자체의 고유한 법을 갖고, 위법행위들은 명확히 규정되고, 특유한 제재형태와 재판 심급도 마련되어 일종의 재판 특권을 갖춘 것이다. 규율의 메커니즘에는 일종의 '하위의 처벌제도'가 확립되어 있다. 즉, 법률에 의해서 공백인 채로 방치된 공간을 바둑판 모양으로 분할하여, 거대한 처벌제도는 무심히 지나쳐 버린 모든 행위들을 평가하고 처벌한다. 예를 들어, "작업장에 들어갈 때 직공은 서로

---

15 *1772년 전몰자의 자제를 양육하는 시설로 창설되어, 차츰 명문 가정의 자제들이 입학하게 된 학교.

16 Pictet de Rochemont, 《제네바 일기》(1788년 1월 5일).

인사할 것. … 퇴실할 때는 상품과 사용한 도구들을 잘 정돈하고, 숙직 때는 등불을 끌 것"이라든가, "동료를 몸짓이나 그 외의 방법으로 웃겨서 주의력을 떨어뜨려서는 안 된다"라든가, "성실하고 예절 바르게 행동해야 한다" 등이 규정내용이다. 또한 기업주 오펜하임 씨에게 알리지 않고 5분 이상 자기 부서를 떠난 사람은 '반나절 결근으로 기록될' 것이고, 이러한 축소된 형태의 형사재판에서 조금이라도 소홀하게 취급되는 일이 없도록 하기 위해 "오펜하임 씨와 그 동료들에게 피해를 주는 일"[17]을 절대로 하지 못하게 했다. 작업장, 학교, 군대에서는 이러한 미시적 형벌제도가 만연되어 있었다. 그리하여 시간(지각, 결석, 일의 중단), 활동(부주의, 태만, 열의부족), 품행(버릇없음, 반항), 언어(잡담, 무례한 말), 신체(단정치 못한 자세, 부적절한 몸짓, 불결) 및 성性의 표현(저속함, 추잡함) 등이 처벌의 사항이었다. 그와 동시에, 가벼운 처벌로부터 사소한 권리의 박탈과 인격모독에 이르는 일련의 미세한 징계수단이 처벌 방법으로 이용된다. 아주 사소한 행동의 부분들까지 처벌할 수 있는 것으로 만드는 일이 중요하고, 동시에 규율의 장치와 무관한 요소들에도 처벌 기능을 부여하는 일이 중요하다. 결국 지극히 사소한 일을 처벌하는 데에 모든 방법이 이용될 수 있도록 하고, 또한 모든 사람이 처벌되고 처벌하는 보편적 구조 속에 포획되어 있도록 만드는 것이다. "처벌이라는 단어에는 아동에게 자기가 저지른 실수를 깨닫게 하고, 수치심을 주고 창피하다는 생각을 일으키게 하는 모든 방법이 포함되어 있음을 알아야 한다. 예를 들면 … 냉

17 오펜하임 씨 공장의 임시 규정(1809년 9월 29일).

담함, 무관심, 고문, 모욕, 지위의 박탈"[18] 등의 모든 것이다.

(2) 그러나 규율은 일반적 재판의 축소 모델만이라고 할 수 없는 특정한 처벌방법을 갖고 있다. 규율적 처벌의 대상이 되는 것은, 규칙위반, 규칙을 따르지 않는 일체의 사항, 모든 일탈행위이다. 기준미달이라는 막연한 내용도 처벌할 수 있는 사항이 된다. 예를 들어 병사는 요구되는 수준에 도달하지 못할 때마다 '죄'를 범하는 것이며, 아동의 '죄'란 경미한 규칙 위반과 과제 불이행 등이다. 프러시아 군의 〈보병교범〉은 총을 다루는 방법을 제대로 배우지 못한 병사는 '가능한 한 가혹하게' 처리해야 한다는 규칙을 부과하였다. 마찬가지로 "학생이 전날의 교리 문답을 기억하지 못하면, 그날 하나도 틀리지 않도록 철저히 기억하게 만든다. 다음날에도 그것을 되풀이시켜야 한다. 또한 선 채로, 혹은 무릎을 꿇은 채로 두 손을 합장하고, 그 내용을 조용히 듣도록 하거나 어떤 다른 벌을 부과할 수도 있다."

규율에 따른 징벌을 통해 유지시키고자 하는 질서는 혼합된 성격을 갖고 있다. 그것은 법과 계획서, 규정에 의해 명료하게 인정된 '인위적' 질서이다. 또한 그것은 자연적이고 관찰할 수 있는 과정에 의해서 규정된 질서이다. 예를 들면, 지식 습득의 기간이나 훈련 기간, 그리고 능력의 수준은 모두 규범이라고 하는 규칙성과 관련되어 있다. '기독교 학교'의 아이들은 능력이 미치지 못하는 '수업'을 절대로 받아서는 안 된다. 왜냐하면 그렇게 될 경우, 아이들은 결국 아무것도 배울 수 없는 위험에 빠지기 때문이다. 그럼에도 불구하고 모든 단계의 기

18 J. B. de la Salle, 《기독교 학교의 운영》(1828년 판), pp. 204~205.

간은 규정에 의해 정해지고, 세 차례의 시험을 거친 후에도 상위의 단계로 올라갈 수 없는 아이는 남의 눈에 잘 띄도록 '무식자'의 자리에 앉혀야 된다는 것이다. 규율 체제 안에서 처벌은 법적이고 자연적인 이중의 기준을 갖고 있다.

(3) 규율에 따른 징벌은 일탈행위를 없애는 기능을 갖는다. 따라서 징벌은 본질적으로 교정하는 역할을 해야 한다. 법률적인 모델(벌금이나 태형, 또는 감옥)에서 직접 빌려 온 처벌 외에, 규율 체계에서 특히 중시되는 것은 훈련 — 강화되고 증가되고, 여러 차례 반복되는 실습 — 의 차원에 속하는 처벌이다. 예를 들면, 〈보병 교범〉 1766년판의 규정에 의하면, 제일 우수한 반의 병사라 하더라도, "태만하거나 무성의한 태도를 보일 경우, 그를 최하위 반으로 좇아 버릴 수 있을 것"이고 다시 훈련 받고 시험에 합격하지 않고서는 제일 우수한 반으로 돌아갈 수 없다. 한편, J. B. 들라살이 말했듯이, 벌로 시키는 숙제는 모든 벌 중에서도 교사에게는 가장 온당하고, 부모에게는 아주 유익하고 만족스러운 벌이며, 그 덕분에 "아이들의 과오를 통해 결점을 고치며 발전할 수 있도록" 해야 한다. 예를 들면, "써야 할 모든 것을 쓰지 않았거나, 열심히 쓰지 않은 아이들에게는, 필기 혹은 암기숙제를 부과할 수 있을 것이다."[19] 적어도 대부분 규율에 의한 처벌은 의무부과와 동질적 구조를 갖고 있다. 그것은 규칙위반에 대한 보복이라기보다는 규칙준수의 반복과 배가된 강요이다. 따라서 그 처벌에 기대되는 교정적 효과는 단지 부수적으로만 속죄와 회개에 의존하는

---

19 위의 책, 같은 페이지.

것이고, 직접적으로는 훈육의 역학에 의해서 획득된다. 벌하는 것은 훈련시키는 일이다.

(4) 규율에서의 처벌은 보상-제재라는 2중적 체계의 한 요소일 뿐이다. 훈육 및 교정의 과정 속에서 효력이 있게 되는 것은 바로 이 체계이다. 교사는 "가능한 한 징벌을 행사하지 않도록 해야 한다. 오히려 벌을 주기보다 상을 자주 주도록 애써야 한다. 왜냐하면 게으른 자는 부지런한 자들과 마찬가지로 징벌의 두려움에 의해서라기보다 포상褒賞받고 싶은 생각에 의해서 더 고무되기 때문이다. 그러한 이유로 교사가 부득이 징벌을 행사해야 할 경우라도, 아동에게 징벌을 내리기에 앞서 가능하다면 그의 마음을 휘어잡는 일이 최대의 수확이 될 것이다."[20] 이러한 두 가지 요소의 메커니즘으로, 규율에 의한 형벌제도의 특징적인 몇 가지 조작이 가능해진다. 무엇보다 그것은 선과 악의 두 가지 상반되는 가치에 의거하여 행동과 성적을 평가하는 일이다. 그것은 형사 재판에서처럼 금지와 허용을 단순히 분리시키지 않고, 평가의 내용을 양극과 음극으로 나누는 것이다. 모든 행위는 좋은 평가와 나쁜 평가, 좋은 점수와 나쁜 점수의 영역으로 나누어진다. 그러면 부수적으로 수량화와 계수에 의한 경제적 관리가 확립될 수 있다. 끊임없이 밝혀지는 처벌의 기록을 통하여 개인에 대한 처벌 결과의 총괄적 검토가 가능해진다. 이러한 학교식 평가가 군대나 공장에서 적어도 그 초보적 형태가 나타나는 이러한 체계를 더욱 발전시킨 것이다. '기독교 학교 수도사'들은 특전과 벌罰에 관한 일련

20 Ch. Demia, 《리옹 시의 학교 규정》(1716년), p. 17.

의 미시적 경제체제를 마련했다. "학생들은 특전을 이용하여 자기들에게 부과될 벌을 면제받을 수도 있을 것이다. 예를 들어, 한 학생이 교리문답 중 4개 혹은 6개의 질문을 옮겨 적는 일을 벌로 받았다고 하자. 그러면 그 학생은 자기가 갖고 있는 몇 점의 특전을 이용하여, 이 벌을 면제받을 수 있으며, 교사는 질문마다 점수를 할당해 주도록 한다. 모든 특전은 일정한 점수로 환산될 수 있어서, 교사는 소액화폐에 해당하는 낮은 점수들의 특전도 확보해 두는 것이다. 예를 들어, 6점을 사용해야만 면제받을 수 있는 벌을 받았는데 학생이 10점의 특전을 가지고 있을 경우, 교사에게 그것을 제시하면 4점을 되돌려 받을 수 있다. 다른 경우도 똑같다."[21] 더구나 이러한 수량화, 선불과 부채의 유통과정에 의해서, 그리고 플러스와 마이너스의 표기로 늘 계속되는 계산방식에 의해서, 규율 담당기구는 '성적이 좋은' 자와 '성적이 나쁜' 자를 서로 비교하면서 위계질서화하는 것이다. 영구적 형벌제도의 이러한 미시적 경제체제를 통해서 어떤 분화가 이루어지는데 그것은 행위 그 자체에 대한 것이 아니라 개인 자신, 그 특성, 그들의 잠재 능력, 그리고 그 수준이나 가치에 대한 분화인 것이다. 정확하게 행위에 제재를 가함으로써 규율은 개개인을 '사실 그대로' 평가하고, 규율이 실행되는 형벌제도는 개인을 총괄적으로 파악하는 인식의 틀 속에 통합된다.

(5) 서열이나 등급에 의한 분류는 이중의 역할을 한다. 즉, 차이를

---

21 J. B. de La Salle, 《기독교 학교의 운영》(국립 도서관, 원고번호 11759, 156면 이하). 여기에는 죄의 감면체계의 전환이 있다.

명시하고, 자질과 능력과 적성을 등급화하는 것이 하나이고, 벌을 내리고 상을 주는 것이 다른 하나이다. 그것은 서열을 정하는 형법적 기능이며, 상벌 제도의 순위 매김에 따른 성격이기도 하다. 규율은 서열과 지위를 분명히 하여 승진·진급의 작용을 통해 포상하거나, 낙제를 시키고 서열을 떨어뜨림으로써 벌한다. 서열은 그것 자체가 보상 혹은 처벌과 같은 것이다. 사관학교에서는 '명예에 관한' 복합적 분류 체계를 완성시켰는데, 여러 가지 군복 형태가 그러한 분류를 누구나 알아 볼 수 있도록 했고, 다소 명예롭거나 불명예스러운 징벌들은 그와 같이 분배된 서열에 따라 특전의 표시나 명예박탈의 표시를 하게 했다. 분류법에 따른 형법적인 이러한 배분은 사관이나 교관, 그리고 부관들이 생도의 연령이나 등급을 고려하지 않고, '생도의 품성'이나 '일반적으로 인정된 품행'에 관해 작성한 보고서에서 자주 쓰이는 방법이다. 이른바 '아주 우수한 생도들'인 1등급은 은으로 만든 견장으로 식별된다. 이 반의 명예는 '완전히 군인다운 부대'로 취급된다는 것이고, 따라서 그들에게는 그 등급에 알맞은 처벌(체포, 중죄인 경우 영창)이 부과된다. '우수한 생도들'인 제 2등급은 진홍빛과 은색으로 된 비단 견장을 붙이고, 이 반의 생도들에게는 위에서 언급한 영창이나 체포 외에 비좁은 방에 투옥하거나 무릎 꿇기의 벌을 부과할 수 있다. '보통 생도들' 그룹은 붉은 모직의 견장을 달아야 하며, 위에서 말한 형벌 외에, 경우에 따라서는 죄수복의 착용이 부가될 수가 있다. 끝으로 '불량한 자들' 그룹은 갈색의 모직 견장으로 표시하도록 하며, "이 부류의 생도들은 공공 건축물에서 실행되는 모든 처벌이나, 그 이상의 처벌, 그리고 어두운 지하독방의 감금이라는 처벌이라도 받아야 한다.” 이상의 것 외에 덧붙여진 것으로 한동안 ‘불명예’ 반이 있었는데, 이 반의 생도에게는 “그곳 생도가 다른 생도와 항상 구별되고, 죄수복 같은 옷을 입도록” 특별한 규칙이 마련되어 있었다. 성적과 품행만으로 생도의 등급을 결정하는 것이므로, “열등한 두 반의 생도가 그 품행의 변화와 발전에 따라 우등반으로 진급하는 것이 합당하다고 모두가 인정할 경우, 반을 옮길 수 있고, 그 반의 표지를 달고 다닐 기대감에 젖을 수 있다. 또한 일등급 반의 생도가 태만해지거나 종합 평가가 나쁘게 나와서 이미 그 반의 특권과 특전을 누릴 자격이 없다고 판명될 경우, 그들도 또한 다른 반으로 내려가야 한다.” 또한 처벌위주의 등급 분류는 사라져야 한다. ‘불명예’ 반은 없어지기 위해서만 존재하는 것이다. 즉, “그 반의 생도가 품행을 바르게 할 경우, 그 변화의 정도를 판단하기 위해서는 그를 본래의 반으로 편입시켜, 원래의 제복을 되돌려 주도록 한다. 다만 식사와 휴식시간 동안은 치욕스러운 반의 동료들과 함께 보내야 한다. 그 생도가 훌륭한 품행을 계속 보이지 않을 때는, 그 반에서 나갈 수 없다. 본래의 반에서 그 생도의 행동에 다른 사람들이 만족할 경우, 생도는 그제야 치욕스런 반에서 완전히 빠져 나올 수 있다.”22 결국 위계질서적 형벌제도는 이중의 효과를 거두고 있다. 즉, 한편으로는 생도의 적성과 품행에 의거하여, 따라서 졸업 후에 이 적성과 품행이 어떻게 활용될 수 있는가에 의거하여 생도를 분류하고, 다른 한편으로는 생도 전원이 동일한 모델을 따르

---

22 국립 고문서관 소장 원고, M. M. 658 (1758년 3월 30일) : M. M. 666(1763년 9월 15일).

도록 하기 위해, 그리고 전원에게 "복종, 순종, 공부와 훈련 중의 주의 집중, 여러 과제와 모든 부분의 규율에 대한 철저한 실천" 등을 강요하기 위해 그들에게 항상 압박을 가할 수 있는 효과가 있는 것이다. 그것은 모든 생도들을 비슷하게 만드는 방법이다.

요컨대, 규율 권력의 체제 속에서 처벌의 기술은 속죄를 목표로 삼지도 않고, 그렇다고 해서 정확히 억압을 목표로 삼지도 않는다. 이 기술은 분명히 구분되는 5가지 작업을 실행한다. 첫째, 개인의 행동, 성적, 품행을 비교의 영역이자 차등화의 공간인 동시에 준수해야 할 규칙의 원리이기도 한, 어떤 전체 체계와 관련시키는 일이다. 둘째, 개개인을 상호 비교하여, 전체의 규범에 따라 구별 짓는 일인데, 여기서 규칙은 최소한의 출발점으로서, 지켜야 할 평가수준으로서, 혹은 접근해 가야 할 최적 조건으로서 기능하도록 한다. 셋째, 개인의 능력, 수준, 성격을 양으로 측정하고, 가치로 등급을 매기는 일이다. 넷째 '가치를 평가하는' 측정을 통해서 실현해야 할 어떤 획일적 제약이 이루어지도록 한다. 끝으로, 모든 차이점들에 관해서 차이의 정도를 규정하고(사관학교의 '치욕스러운 반'처럼), 비정상의 외적인 경계를 규정지을 한계를 설정하도록 한다. 규율기관의 모든 지점을 통과하고, 매순간을 통제하는 상설적인 처벌제도는 결국 비교하고, 구분하고 서열화하고, 동질화하고 배제하는 것이다. 간단히 말해 그것은 **규범화**이다.

이러한 처벌 방식은 그러므로 사법적 형벌제도와 모든 항목에서 구별된다. 전자가 관찰 가능한 모든 현상과 관련된다면, 후자는 기억해야 할 법률과 조문에 관계된다. 전자가 개개인을 구분하는 것이라면,

후자는 몇 가지 일반적 범주에서 행위를 명확히 규정하는 것이다. 전자가 서열화하는 것이라면 후자는 허용과 금지의 이원적 대립을 단순히 적용시키는 것이다. 그리고 전자가 동질화시킨다면, 후자는 일단 결정된 형벌의 몫을 집행하는 것이다. 규율의 장치는 "규범에 의한 형벌제도"를 확산시켰는데, 이 제도는 원칙과 운용의 면에서 법에 의거한 전통적 형벌제도로 환원될 수 없다. 규율의 시설 속에 상설되어 있는 것처럼 보이고, 종종 거창한 재판정의 연극무대와 같은 형식을 갖추고 있는 이러한 작은 법정 형태에 대해 터무니없는 오해를 해서는 안 된다. 왜냐하면, 이 작은 법정은 몇 가지 형식적 연속성을 제외하면, 형사재판의 구조를 일상생활의 세밀한 측면까지 연장하는 것이 아니기 때문이다. 그러나 이런 점이 본질적인 것은 아니다. 중요한 것은 이러한 규율이 아주 오래된 일련의 방법에 의거하면서도 새로운 처벌의 기능을 만들었고, 이러한 기능이 조심스러우면서도 반어적 방법으로 모방하는 것처럼 거대한 외부기구를 점차적으로 점령했다는 점이다. 근대적 형벌제도의 역사가 보여 주는 법률적 · 인간학적인 그러한 처벌 제도의 기능은 인문과학과 형법학의 중복 결합에 기인한 것도 아니고, 새로운 합리성과 그것에 수반되는 것처럼 생각되는 휴머니즘의 특유한 현상 속에 기인한 것도 아니다. 그 기능은 규범화한 제재의 새로운 메커니즘을 작용시킨 규율의 기술 속에서 형성된 것이다.

여러 가지 규율을 통해 규범의 권력이 나타나게 되었다. 그것이 근대사회의 새로운 법일까? 아니 오히려 이렇게 말할 수 있을 것이다. 18세기 이래 권력은 '법'의 권력, '말'과 '본문Texte'의 권력, 그리고 '전통'의 권력 등 여러 가지 새로운 권력의 필연적인 경계 확정으로 권력이 팽창하게 되었다고. '규범적인 것'은 표준화된 교육의 확립과 사범학교의 설립과 더불어 교육에서 강제적으로 준수해야 할 원칙으로 자리 잡았다. 또한 그것은 건강에 관한 일반적 규범을 운용시킬 수 있는 국가적 규모의 의료단체와 구호시설을 조직하기 위한 노력 속에서, 그리고 산업계의 제품과 생산방식의 규범화規範化 속에서 확립되었다.[23] 감시와 마찬가지로 그리고 감시와 더불어, 규범화는 고전주의 시대 말기에 이르러 권력의 중요한 도구의 하나가 된다. 과거에 신분이나 특권, 소속을 나타내던 여러 가지 표지가 대체되는 경향이 있거나, 남아 있더라도 그것에 부연되는 것은 어떤 동질적 사회집단의 소속을 나타내는 기호들이거나, 아니면 그 자체적으로 분류화, 서열화, 지위배분 등의 역할을 하는 규범성의 여러 등급들로 이루어진 작용이다. 어떤 의미에서 규범화를 추진하는 권력은 동질성을 강제한다. 그러나 그 권력은 편차를 측정하고 수준을 정하며, 특성을 규정하고, 상이점을 서로 조정하여 유익한 것으로 만들게 하여 결국 개별화를 지향한다. 규범의 권력은 엄격한 평등성의 체제 안에서 쉽게 가동한다. 왜냐하면, 그 권력은 규범이 된 동질성의 세계 안에서 개별적 차이를 완화시켜 어떤 척도의 유익한 명제와 성과도 만들기 때문이다.

23 이 점에 관해서는 G. Canghilhem, 《정상적인 것과 병리학적인 것》(1966년 판)의 중요한 부분(pp. 171~191)을 참조해야 한다.

평가

평가는 감시하는 위계질서의 기술과 규범화를 만드는 상벌 제도의 기술을 결합한 것이다. 평가는 규범화하는 시선이고, 자격을 부여하고 분류하고 처벌할 수 있는 감시이다. 그것은 개인을 분류하고 제재를 가할 수 있는 가시성의 대상으로 만든다. 그러므로 규율의 모든 장치 안에서 평가는 고도로 관례화되어 있다. 평가에는 권력의 의식과 경험의 형식, 힘의 과시와 진실의 확립이 결합되어 있다. 규율 절차의 중심에 있는 평가는 객체로 인식되는 사람들의 예속화를 나타내는 것이자, 예속된 사람들의 객체화를 나타내는 것이다. 권력의 관계와 지식의 관계들이 중첩되는 현상은 평가를 통해서 명백히 드러난다. 역시 그 점도, 과학사科學史 연구자들이 어둠 속에 방치했던 고전주의 시대 유산의 쇄신된 모습이다. 사람들은 선천적 맹인들이나 늑대 소년, 혹은 최면 상태에 관한 실험의 역사를 썼지만, 보다 더 일반적이고 막연하고, 동시에 더 결정적인 '평가'의 의식과 방법, 관련된 사람들과 그들의 역할, 문제와 해답의 방식, 성적평가와 분류의 체계 등에 관한 역사에 대해서는 아무도 쓰지 않았다. 왜냐하면 이 사소한 기술 속에 지식의 전 영역과 권력의 일정한 형태가 관계되어 있기 때문이다. 우리는 자주 은밀한 방식으로건 아니면 수다스러운 방식으로건 '인문 과학'이 내포한 이데올로기에 대해서 자주 언급한다. 그러나 정신의학에서 교육학에 이르기까지, 또한 질병의 진단에서 노동력의 고용에 이르기까지 널리 확산된 이 사소한 조작적 도식의 인문과학적 기술, 즉 평가라는 아주 친숙하게 생각되는 방식이야말로 하나의 메커니즘 속에서 지식을 채택하고 확립할 수 있는 권력의 관계들을 이용하는 것이 아닐까? 정치적 공략이 이루어지는 것은 단순히 의식이나 표상의 차원에서만이 아니고, 우리가 알고 있다고 생각하는 내용에서만도 아닌, 어떤 지식을 가능하게 만드는 조건의 차원에서이다.

18세기 말 의학의 인식론적 해방을 이룬 근본적 조건 중의 하나는 병원이라는 조직이 '평가할 수 있는'24 기관으로 되었다는 것이다. 회진回診이라는 의식이 가장 눈에 띄는 형식이다. 17세기에 의사는 병원 외부에 있는 존재로서 검사하는 일 외에 다른 종류의 통제, 즉 종교와 행정적인 통제 업무를 겸하고 있었다. 의사는 병원의 일상적 관리업무에는 거의 참여하지 않았다. 점차적으로 회진이 더 규칙적으로 되고, 더 엄격해지고, 보다 넓게 확산됨으로써 그는 병원의 운용면에서 더욱더 중요한 역할을 떠맡게 되었다. 1661년에 파리 시립병원의 의사는 매일 1회의 회진을 책임지게 되었고, 1687년에 '기대요법'의 의사는 보다 중증인 환자 몇 명을 매일 오후에 진찰해야 했다. 18세기에 병원은 회진시간과 소요시간(최저 2시간)을 명확히 규정하고, 교대제에 의해 매일의 검진(부활주일 당일이라도)을 완수하도록 했다. 드디어 1771년에는 주재駐在의사가 지명되고, 그에게는 외부로부터 오는 의사의 회진이 없는 시간에 그리고 주야에 관계없이 자기 직무상의 모든 활동을 수행하는25 책임이 부과되었다. 전과 같이 불연속적이고 빠른 시간에 끝나는 순회 제도는 이제 환자를 지속적으로 검사할 수 있는 규칙적 관찰 제도로 바뀐 것이다.

---

24 *병원에서의 평가는 바로 환자에 대한 진찰과 검사를 뜻한다.

25 《파리 시립 병원(Hôtel-Dieu) 사무처의 심의 기록》.

이로부터 두 가지 결과가 생겨났다. 하나는 그 이전까지는 외부적 구성요소에 불과했던 의사가 내부적 위계질서 안으로 들어와 종교적 업무 담당자보다 우위를 차지하기 시작하고, 종교적 업무 담당자에게 검사방법에 있어서 한정된 하위의 역할을 부여한다. 이리하여 '간호원'이라는 직종이 출현하게 되었다. 다른 한편, 무엇보다도 빈민 구호기관이었던 병원 자체는 이제 지식들의 형성장소이자 비교검토의 장소가 된다. 즉, 권력 관계는 전환되고 하나의 지식체계가 형성되는 것이다. 잘 '규율화된' 병원은 의학적 '규율'의 적합한 장소가 된다. 의학적 '규율'은 이제 그 동안의 본래의 성격을 버리고, 결정적 판정가들의 전통에 의존하여 관련된 사항을 이해하기보다 환자를 끊임없이 검사의 대상으로 삼는 방법을 취할 수 있게 된다.

마찬가지로 학교는 전 학기에 걸쳐서 교육 활동을 배가시키는 끊임없는 일종의 평가 기관이 된다. 학생들이 서로의 힘을 겨루던 그러한 경쟁은 점차적으로 문제시되지 않고, 반대로 성적을 측정하고 동시에 상벌을 부여할 수 있는 한 개인과 모든 학생과의 끊임없는 비교가 점점 더 중요해진다. '기독교 학교 수도사들'에서는 학생들이 매일 시험을 치러야 한다. 예를 들면 오전 중의 첫 시험은 철자, 두 번째는 산수, 세 번째는 교리 문답, 저녁에는 글쓰기로 되어 있다. 더욱이 감독관 시험을 치를 자격이 있는 학생을 지명하기 위한 시험이 매달 한 번씩 있었다.[26] 1775년부터 '토목학교'에서는 매년 16회의 시험이 있었는데 수학이 3회, 건축이 3회, 뎃생이 3회, 글쓰기 2회, 돌의 절단법

26 J. B. de La Salle, 《기독교 학교의 운영》(1828년 판), p. 160.

이 1회, 건축양식 1회, 제도가 1회, 수준 측량이 1회, 건물 측량이 1회였다.27 시험이란 것은 어떤 지식 습득을 평가하는 것에 그치지 않는다. 그것은 평가의 기본 요소로서 끊임없이 재가동되는 권력의 의식에 따라 지식습득을 지원하는 방법이다. 그런데 시험이란 교사로 하여금 자기의 지식을 전달하는 한편, 학생들에게 지식의 전반적 영역을 확정 지을 수 있게 만든다. 수공업 조합의 전통 속에서 수습기간이 종료되는 과정의 시험이 수련자의 습득한 능력을 인정하는 것이었던 반면에 ―'훌륭한 작품'이 지식 전수의 완료를 입증했으므로 ― 학교에서의 시험은 지식의 진정한, 그리고 지속적인 교환기관이 된다. 즉, 시험은 교사로부터 학생으로의 지식 전수를 보증하는 한편, 교사용으로 확보된 지식을 선취하여 학생에게 부과하는 수단이다. 학교는 교육학의 형성 장소이다. 또한 병원에서의 검사의 방식이 의학의 인식론적 해방을 가능하게 했던 것과 마찬가지로, '시험 중심의' 학교시대는 학문으로서 기능하는 교육학의 발단을 의미하게 되었다. 그리고 또한 군대에서 끝없이 반복된 사열과 훈련의 시대가 도래했음은, 나폴레옹 시대의 전쟁 때 그 효력을 발휘한 방대한 전술적 지식의 발전을 뜻하는 것이기도 했다.

평가는 권력 행사의 일정한 형태와 지식 형성의 일정한 형식을 연결짓는 구조를 갖는다.

(1) 평가는 권력 행사에 있어 가시성의 경제를 역전시킨다. 전통적으로 권력이란 자기를 보이고, 자기를 과시하며, 스스로를 드러내고,

27 《18세기에서의 교육과 학문의 보급》, p. 360.

또한 역설적으로 그것이 발휘되는 움직임에서 힘의 원리를 발견하는 것이다. 그 권력의 영향하에 놓인 사람들은 어둠 속에 머무를 수 있다. 그들은 자기들에게 허용되는 권력의 부분이나, 혹은 일시적으로 얻게 되는 권력의 반영을 통해서만 빛을 받을 뿐이다. 그런데 규율 권력은 자신의 모습을 보이지 않게 하면서 행사된다. 오히려 권력은 복종하는 사람들에게 의무적 가시성의 원칙을 부과한다. 규율에서 모습을 보여야 할 대상은 복종하는 사람들이다. 그들을 빛 속에 드러냄으로써 그들에게 행사되는 권력의 지배는 확보된다. 규율의 대상인 개인을 예속의 상태로 유지할 수 있게 하는 것은 그가 끊임없이 보여지고, 언제라도 보여질 수 있다는 사실이다. 그리고 평가란 권력이 자신의 위력의 표시를 전달하거나 스스로의 표시를 그 대상에게 부과하는 대신, 대상을 객체화의 구조 속에서 포착하게 만드는 기술이다. 규율 권력은 자신이 지배하는 공간 속에서 본질적으로 대상들을 구획 정리하며, 스스로의 위력을 드러낸다. 평가는 말하자면 이러한 객체화의 의식과 같은 것이다.

그때까지 정치적 의식의 역할은, 과도하면서도 합법적인 권력의 모습을 드러내도록 하는 일이었다. 그것은 호사스러운 세력 과시였으며, 권력의 힘을 회복할 수 있는 과장되면서도 동시에 규범화한 '소비 행위'였다. 그것은 언제나 개선식凱旋式과 다소 유사했다. 군주가 격식을 갖추고 그 모습을 보이면 그곳에는 서임식이나 대관식, 개선이나 금의환향에 따른 분위기가 연출된다. 호사스러운 장례식 역시 장려한 힘의 광채 속에서 전개되었다. 그런데 규율은 독자적 의식의 형태를 갖추었다. 그것은 개선식의 형태가 아닌 사열査閱이며, 평가의 화려한 형식인 열병閱兵이다. 그곳에서 '주체'의 신하들은 시선에 의해서만 모습을 나타내는 권력의 관찰 앞에 '객체'로 제시된다. 그들은 군주의 막강한 권력의 모습을 직접적으로 대면하지 않는다. 그들은 빈틈없이 간파되고 순종적이 된 자신들의 신체 위로 단지 권력의 효과만을 — 말하자면 내면으로 인각된 형태로 — 드러낸다. 예를 들면, 1666년 3월 15일, 루이 14세는 첫 번째 열병식을 거행했는데, 그때 검열 받았던 병사는 1만 8천 명이었고, '그의 통치하에서 있었던 가장 훌륭한 행사의 하나'였으며, '전 유럽을 불안하게 만들어 놓았다'는 평판이 자자했다. 수년 후에는 이 행사를 기념하기 위하여 한 개의 기념메달이 주조될 정도였다.28 그 메달 뒷면에는 '부활되어야 할 군율'이라는 문구가 새겨졌고, 앞면에는 '승리를 위하여 전투준비'라는 문구가 새겨졌다. 오른쪽에는 국왕이 오른발을 앞으로 내밀고, 지휘봉을 들고 훈련을 지휘하고 있다. 왼쪽의 절반은 여러 줄로 늘어선 병사들이 정면으로 보이고, 안쪽 방향으로 정렬해 있다. 그들은 어깨 높이에서 팔을 펴 총을 정확히 수직 방향으로 있게 하였으며, 오른쪽 다리를 앞으로 내밀고 왼발은 바깥쪽으로 향하도록 했다. 지면에는 몇 개의 직선이 직각으로 교차하면서 병사의 발아래 크게 정방향을 그려, 그것이 훈련의 여러 과정이나 위치를 알 수 있는 지표구실을 한다. 가장 안쪽의 깊은 곳에는 고전적인 건축물이 그려져 있는 것이 보인다. 포장도로가 교련의 대열을 연장하는 것처럼 보이듯이, 그 궁전에 늘어선 기둥

28 이 기념메달에 관해서는 《기념메달의 프랑스 클럽》 지(1970년), 제4호, pp. 50~54; 쟈키오의 논문을 참조. 〈그림 11〉.

〈그림 11〉 1664년 루이 14세가 실시한 제1차 열병식의 기념메달
(프랑스 국립도서관 메달 진열실 소장)

은, 정렬한 병사와 바르게 세운 총으로 이루어진 기둥형태가 연장된 모습이다. 그런데 건물의 최상부를 장식하는 난간 위에는, 몇몇 조각상이 꾸불꾸불한 선, 균형이 잡힌 몸매, 그리고 늘어진 옷의 주름 등을 통해 춤추는 사람들의 모습을 보여 주고 있다. 대리석은 그 일관된 원리가 조화로운 움직임으로 충만해 있다. 다른 한편, 병사들은 열에서 열로, 선에서 선으로 일률적으로 반복되는 자세를 취하며 경직되어 있다. 그들은 전술적인 단위일 뿐이다. 맨 위쪽에서 춤추는 사람들의 자유로움을 표현하는 건물의 조화로움은 땅 위에서 훈련을 받는 병사들에게 규칙과 기하학적 도형을 강제하는 형상이다. 그 건물의 기둥은 바로 권력의 기둥들이다. 어느 날 부대의 조련을 막 끝내고 미셸 대공le grand-duc Michel은 이렇게 말했다. "좋았어. 그들은 그저 숨만 쉴

뿐이야."29

이러한 메달이야말로 군주 권력의 가장 호화스런 형상과 규율 권력의 고유한 의식(열병식 같은)의 출현이 역설적이면서도 의미심장하게 결합되는 시기를 보여 주는 증거로 삼을 수 있다. 군주의 비非영속적 가시성은 신하들의 필연적 가시성으로 전환된다. 또한 여러 가지 훈련의 기능에서 이러한 가시성의 전환이야말로, 가장 낮은 단계에 이르기까지 권력의 행사를 공고하게 만드는 원인이 된다. 이제 무한히 계속되는 평가와 강제적 객체화의 시대가 도래한 것이다.

(2) 평가는 또한 개인을 자료의 영역 속에 집어넣는다. 평가는 사람들의 신체와 일과의 차원에서 구성되는, 섬세하고 정밀한 모든 기록을 남겨 놓는다. 개인을 감시영역 속에 배치하는 평가는 또한 개인을 기록망記錄網 속에 넣어 두는 것이다. 평가는 개인을 붙잡아 고정시키는, 두툼한 기록문서에 집어넣는다. 평가의 여러 가지 방식은 집약적인 기록과 서류보관의 체계를 동반한다. '기록에 의존하는 권력'은 규율의 톱니바퀴 같은 장치 안에서 본질적 부속품처럼 조립된다. 여러 가지 점에서 권력은 행정적 기록 작성의 전통적 방법을 모방하고 있다. 그러나 그 안에는 특수한 기술과 중요한 기술혁신이 내포되어 있다. 어떤 기술들은 신원확인, 인상착의 기록과 묘사방식에 관한 것이었다. 가령 군대에서 발생하는 문제처럼, 탈주병을 체포하거나 병역의무를 마친 사람을 재징집하는 일이 없도록 하고, 사관들이 제출

---

29 Kropotkine, 《어떤 인생의 주변 이야기》(1902년), p. 9. 이 참조는 캉길렘 씨의 도움을 받은 것이다.

하는 가공의 신분을 정정하거나, 각자의 직무와 능력을 확인하고, 혹은 행방불명자와 죽은 사람의 수효를 분명하게 작성하는 등의 일이 필요했던 것이다. 그것은 또한 병원의 문제이기도 했다. 병원에서는 병자를 구분하거나, 꾀병인 자들을 내쫓고, 질병의 진행상태를 지켜보고, 치료의 효과를 확인하거나, 유사한 증세나 유행병의 발단을 알아내는 일 등이 필요했던 것이다. 그것은 또한 교육기관의 문제이기도 했다. 그곳에서는 학생의 적성을 구별하고, 그 수준과 능력을 평가하고, 그것들을 경우에 따라서 어떻게 활용할 수 있는지를 지시해야 했기 때문이었다. 예를 들면, "학생기록부는 적시적소適時適所에 사용할 경우, 학생의 품행이나, 신앙심, 교리 문답, 그리고 학교의 시간표에 따른 지식습득 등에서의 발전상황을 파악하는 데 도움이 되고, 입학 후부터 기록된 학생들의 정신상태나 판단력을 알아보는 데에도 도움이 되는 것이다."30

이러한 결과로 규율의 대상인 개인에 관한 일련의 모든 기호체계가 형성되는 것이며, 이 기호체계는 개인들의 특징을 동질화하면서 또한 평가에 의해 확립된 개인들의 특징을 기록할 수 있게 만든다. 그것은 인상착의를 기록하는 신체적 기호체계, 증세에 관한 의학적 기호체계, 품행과 성적에 관한 학교나 군대의 기호체계 등이다. 이러한 기호체계는 그 질적인 형식에서나, 혹은 양적인 형식에서 아직은 대단히 초보적이었지만 개인적인 것을 권력관계의 내부로 끌어들인 최초의 '형식화formalisation'를 나타내는 것이다.

---

30 M. I. D. B., 《성당 학교를 위한 체계적 지침》(1669년), p. 64.

규율에 관련된 기록에서 몇 가지 또 다른 기술혁신은 상술한 모든 요소들의 상관관계, 기록문서의 축적, 계열화, 그리고 분류할 수 있고, 범주를 만들 수 있고 평균치를 작성하고 규범을 정착할 수 있는 비교영역을 조직한 것이다. 18세기의 병원은 기록과 자료작성의 방법에 관한 한, 특히 중요한 실험실이기도 했다. 장부의 정리, 분류, 한 장부에서 다른 장부로 이서하는 방식, 의사의 회진回診시 기록부의 휴대, 의사와 병원 관리자들의 정례회의 때 장부의 대조(병원이나 구제시설의 중앙사무소 등), 중앙 기관 쪽으로 장부 자료를 전달하는 일, 질병・치료・사망 등에 관한 한 병원이나 도시, 나아가서는 나라 전체의 통계 등 모든 일은 병원이 규율의 체제에 예속되는 과정과 불가분의 관계에 있었다. 따라서 '규율'과 '학문'이라는 두 가지 의미를 갖고 있는 점에서, 의학적 '규율' 혹은 의학이 성립하기 위한 근본적 조건에는 개인별 데이터가 누적된 체계 속에 빠짐없이 통합될 수 있는 기록방식을 포함시켜야 하고, 또한 어떤 전체적 기록부를 근거로 삼든지 간에, 그것에서 한 개인을 발견할 수 있고, 또한 반대로 개인별 검사의 각 데이터가 전체 집계 속에 반영될 수 있도록 해야 한다.

평가에 수반되는 이러한 기록 장치의 도움으로 평가는 상호 관련되는 두 가지 가능성을 열어 놓는다. 그 하나는, 개인을 기술하고 분석의 대상으로 삼을 수 있는 가능성이다. 그렇다고 해서 그것은 생물체에 관해서 박물학자博物學者가 행하는 것처럼, 개인을 '종별적' 특징으로 환원시켜 놓기 위해서가 아니라, 개인을 계속적인 지식의 시선 앞에 두고, 그 개별적 특징을 그대로 지닌 상태에서 특별한 진화 과정과 고유한 적성이나 능력을 그대로 유지한 상태에 두고 보는 것이다. 또 다른 것은 비교 체계를 설정하여 총괄적 현상의 측정, 여러 집단에 대한 묘사, 집단적 현상의 특징 규명, 개인들 상호간의 차이 측정, 어떤 '구성원들' 사이에 있는 특정한 개인들의 분포 상황에 대한 파악을 시도할 수 있는 가능성이다.

결국 표기법이나 장부 기입, 서류의 구성, 난欄의 구분과 도표의 사용 등 사소한 기술이 지금의 우리들에게는 익숙한 것이지만, 그것이 바로 개인을 대상으로 한 여러 학문의 인식론적 출현을 가능하게 만든 결정적 중요성을 갖는 것이다. 아마도 아리스토텔레스다운 질문을 이렇게 제기해 보는 것이 올바른 태도일지 모른다. 즉, 개인에 대한 학문이 과연 가능하고 정당한 것인가를. 거창한 문제에는 거창한 해답이 적합할 수 있다. 그러나 '임상적'인 과학의 영역에 포함될 수 있는 것이 18세기 말에 출현되었고, 그러한 출현과 관련된 사소한 역사적 문제가 엄연히 존재한 것이 사실이다. 물론 지식의 영역 안에서 개인의 (종種이 아니라) 등장에 따른 문제와, 학문적 담론의 일반적 기능 안에서 개별적 기술이나 취조사항, 병력病歷 구술과 '개인별 서류작성'의 등장에 따른 문제가 있다. 사실에 근거한 이러한 단순한 문제에 대해서는 아마도 거창한 해답이 필요하지 않을 것이다. 이러한 문제에 대해서는 당연히 기록이나 장부기입 방식의 측면을 살펴봐야 하고, 평가의 메커니즘 측면과 규율장치의 형성, 신체에 관한 새로운 유형의 권력의 형성이라는 측면을 살펴보면 된다. 인간에 관한 과학의 탄생? 아마도 그것은 신체와 동작, 행동에 대한 근대적 강제권의 작용이 이뤄진, 영광스럽지 않은 고문서 보관소 안에서 그 해답을 찾아야 할 것이다.

(3) 평가는 기록에 관련된 모든 기술을 통하여 모든 개인을 하나의 '사례cas'로 만든다. 그것은 지식의 대상이 되는 동시에, 권력의 포획물이 되는 하나의 '사례'이다. 이 사례는 이미 결의론決議論이나 법학 속에서처럼 어떤 행위를 규정하고 어떤 규칙의 적용을 변경할 수 있는 총체적 상황의 것이 아니다. 그것은 기술하고, 평가하고, 측정하며 다른 개인과 비교할 수 있는, 또한 이 모든 것이 개인성 자체에서 그렇게 될 수 있는 그대로의 개인을 가리킨다. 그것은 또한 훈련시키고 재교육시키며, 분류하고, 규격화시키고, 배제해야 할 개인이기도 하다.

오랫동안 개인은 누구라도 — 하층 사회의 개인이건 일반 대중의 개인이건 간에 — 개별적 기술記述의 대상이 아니었다. 주목받고, 관찰되고, 상세하게 이야기되고, 매일같이 끊임없는 보고의 대상이 된다는 것은 하나의 특권이었다. 한 인간의 일대기, 생애의 모든 이야기, 생애의 흐름에 따라 작성되는 모든 역사적 기록은 그의 권위를 드러내는 여러 가지 관례를 구성하는 요소들이었다. 그런데 규율의 방식은 이러한 관계를 전도顚倒시키고, 기술대상으로 삼는 개인의 수준을 떨어뜨리고, 이 개인에 관한 기술을 하나의 통제수단과 지배방법이 되게 한다. 더 이상 그것은 후세 사람들의 기억을 위한 기념물이 아니라 경우에 따라서 활용하기 위한 기록 문서이다. 또한 이 새로운 기록의 가능성은 규율에 의한 관리와 규제가 엄중할수록 더욱 뚜렷해진다. 예를 들면 아이들이나 환자, 광인狂人이나 죄수는, 18세기 이후 점점 더 용이하게, 또한 규율의 구조적 경향에 의해 개인별 기록과 전기적 이야기의 대상으로 되어 간다. 사실에 근거한 생애의 이와 같은 기록 작업은, 이제 더 이상 영웅 만들기의 방식이 아니라 객체화와 예속화의 방법으로서 기능한다. 정신병자나 경범자의 생활을 면밀히 비교 대조하여 기술하는 것은, 국왕 일대기나 서민적 대도적大盜賊의 서사시와 마찬가지로 기록이 갖는 일정한 정치적 기능과 관계되는 것이지만 동시에 그것과는 완전히 다른 권력 기술을 통해서인 것이다.

개인적 차이에 대한, 관례적인 동시에 '과학적인' 규정으로서의 평가, 그리고 각 개인의 고유한 개별성을 파악하는 작업으로서의 평가는(지위와 가문, 특권과 직무, 화려한 표지의 광채와 함께 과시적으로 이뤄지는 예식과는 반대로) 새로운 권력양태의 출현을 보여 준다. 이러한 새로운 권력 양태에서 개개인은 자신의 개인성을 자신의 지위로 받아들이고, 자신을 특징짓고, 어떤 식으로건 자신을 하나의 '사례'로 만드는 특징이나 척도, 차이와 '평가'의 규약에 따라 묶여 있게 된다.

결국, 평가는 개인을 권력의 결과와 대상으로, 지식의 결과와 대상으로 만드는 여러 방식들의 중심에 자리 잡고 있는 것이다. 평가는 위계질서적인 감시와 규범화에 따른 처벌을 결합시키면서 배분과 분류, 힘과 시간의 양에 대한 최대한의 이용, 단계적이고 지속적인 자료 축적, 적성에 대한 최적의 조립효과 등 주요한 규율의 기능을 보장한다. 따라서 그것은 개체 중심적이고 유기체적이며, 단계적이고 조립식인 한 개인을 만들어 내는 기능을 수행한다. 이러한 규율이 개인적 차이를 뚜렷이 드러내는 권력의 양식이라고 언급함으로써, 그것의 특징을 간단히 말할 수 있는 규율은 평가와 더불어 관례화한다.

‡

규율은 우리가 개인화에 관한 정치적 축軸의 전환이라고 부를 수 있는 역사적 현상의 계기를 뚜렷이 보여 준다. 봉건제도가 바로 그러한 예가 될 수 있는 사회에서, 개인화는 군주권이 행사되는 편에서거나 권력의 상층부에서 최상의 것이라고 말할 수 있다. 사람이란 권력이나 특권을 많이 보유할수록 의식과 담화, 혹은 조형적 표현에 의해 그만큼 개인으로서의 모습을 더 뚜렷이 드러내기 마련이다. 한 집안 전체의 혈통 속에서 힘의 우월성을 나타내 주고, 이야기를 통해 계속 전래될 만큼 무공武功의 업적이 있는 그러한 '가문'과 족보, 서열로 권력관계를 표시하는 의식, 사후에도 그 권력의 영속성을 보이려는 각종 기념비나 기증품, 호사스러움과 과도한 경비지출, 상호 교차되는 충성과 지배의 다양한 관계, 이 모든 것은 '상승 지향적'인 개인화의 여러 가지 방식을 창출해 낸다. 그런데 규율의 체제 안에서는 개인화가 오히려 '하강 지향적'으로 된다. 즉, 권력이 더 익명적이고 기능적으로 됨에 따라 권력의 영향하에 놓이게 되는 사람들은 한층 더 분명히 개인화하는 경향을 보인다. 또한 그것은 여러 가지 제반 의식보다 감시에 의해서, 추도·기념의 이야기에 의해서보다 관찰에 의해서, 더 나아가서는 조상이 누구인가를 지표로 삼는 족보에 의해서가 아니라, '정상'을 기준으로 삼는 비교의 척도에 의해서, 공적보다는 '일탈'에 의해서 이루어진다. 규율의 체제 안에서는 어린이가 어른보다 더 개인화하고, 환자가 건강한 사람보다 먼저 개인화하며, 광인과 범죄자가 보통 사람이나 범죄자가 아닌 사람보다 더 개인화한다. 여하간 우리의 문명 안에서는 개인화의 모든 메커니즘이 어린아이, 광인, 환자, 범죄자 등을 중심으로 가동되고 있다. 또한 건강하고 정상적이며 법을 준수하는 어른을 개인화하고자 할 때는, 그 이후부터 줄곧 이렇게 질문하는 방식이 가능해진다. 당신은 아직도 어린아이 같은 점이 남아 있는가? 남들이 모르는 광기가 있는가? 어떤 중요한 범죄를 저지르고 싶었는가? 등이 그것이다. 분석적 학문이건 실천적 학문이건 간에 '정신 · 영혼psycho'이라는 어간으로 이루어진 모든 학문은 이러한 개인화의 역사적 격변 과정 속에 자리 잡고 있다. 개인의 형성에 따른 역사적-관례적인 메커니즘으로부터 학문적-규율적인 메커니즘으로 전환되어 간 시대, 조상과 혈통이 정상적인 것과 규범적인 것으로 대체된 시대, 비교측정이 지위 · 신분을 대신하고, 역사적으로 기억할 만한 인간의 개인성 대신에 계량 가능한 인간의 개인성이 자리 잡은 시대, 인간을 대상으로 한 과학이 존립 가능하게 된 시대, 이러한 시대가 바로 권력의 새로운 기술과 신체에 관한 또 다른 정치 해부학이 적용된 시대이다. 또한 중세 초엽부터 오늘날에 이르기까지 '모험'이 다분히 개인에 관한 이야기라고 한다면, 서사시적인 것으로부터 소설적인 것으로, 혁혁한 공적으로부터 비밀스러운 특이성의 세계로, 장기간의 유배로부터 어린 시절의 내면적 탐구에로, 마상馬上 창槍시합으로부터 환상의 세계로 전환된 현상도 역시 규율 사회의 형성과 관련되어 있는 것이다. 우리들 어린 시절의 모험을 이야기해 주는 것은, 꼬마 한스[31]

31 *프로이트의 《성욕이론에 관한 3가지 시론》(1905)에 나오는 어린 환자로서 어른의 위협이 유아기의 거세 콤플렉스를 유발한다는 정신분석의 가설에 관한 것이다.

의 불행이지, 더 이상 '왕자 앙리 전하'가 아니다. 오늘의 《장미 이야기*Le Roman de la Rose*》는, 매리 반즈32에 의해서 쓰이고, 또한 랑슬로33 대신에 재판소 소장 슈레베34가 말하는 파라노이아 증세가 등장하게 된 것이다.

우리는 흔히, 개인들을 구성요소로 갖는 사회의 모델이 계약과 교환이라는 추상적 법률 형식에 의거해 있다고 말한다. 상업적 사회란 개별적인 법적 주체의 계약에 의한 결합으로 표현될 수 있다. 아마도 그것은 가능할지 모른다. 사실상 17세기와 18세기의 정치 이론은 종종 이러한 도식을 따르고 있는 것 같다. 그러나 그와 같은 시대에 개인을 권력과 지식의 상관적 구성요소로서 만들기 위한 기술이 실제로 존재했다는 것을 잊어서는 안 된다. 아마도 개인이라는 것이 사회의 '이데올로기적' 표상의 허구적 원자일 수 있겠지만, 그것은 또한 '규율'이라고 명명되는 권력의 특유한 기술에 의해 제조되는 현실의 모습이다. 이제는 '배제한다', '처벌한다', '억누른다', '검열한다', '고립시킨다', '은폐한다', '감춘다' 등의 부정적 표현으로 권력의 효과를 기술해서는 안 된다. 사실상 권력은 생산한다. 그것은 현실적인 것을 생산하고, 객체의 영역과 진실의 관례들을 생산하는 것이다. 개인과 개인에 대

여기서 저자가 꼬마 한스의 예를 든 것은 정신분석적 사례의 중요성을 말하기 위해서이다.

32 *Mary Barnes: 19세기 미국의 교육학자.

33 *Lancelot: 12세기 초 아더왕 전설에 나오는 원탁기사로서 크레티엥 드 트라가 운문소설 속에 그 이야기를 담아 놓았다.

34 *Schreber: 프로이트가 파라노이아(망상증) 증세에 대한 정신분석적 치료를 삼은 사람으로서 삭스(Saxe)의 상고 재판소 소장이었다.

해 취할 수 있는 지식은 이러한 생산의 영역에 속한다.

그러나 규율의 이처럼 미세한 술책이 그와 같은 위력을 갖고 있다고 보는 것은 그 효과를 과대평가하는 것이 아닐까? 그 술책은 어디서 그렇게 방대한 효과를 이끌어 낼 수 있는 것일까?

3

판옵티콘 권력*

17세기 말의 한 법규에 의하면 어떤 도시에서 페스트가 발생했을 경우에 취해야 할 조치는 다음과 같다.[1]

우선 엄격한 공간적 분할이라는 행정조치가 있다. 그 도시와 '지방'의 봉쇄는 물론이고, 그곳에서 밖으로 나가는 것은 금지되며, 이를 위반하면 사형에 처해지고, 부근에 배회하는 동물은 모두 살해된다. 그리고 그 도시는 명확히 구별되는 구역들로 세분하고, 각 지역에는 감

---

* 이 말은 panoptisme을 번역한 것이다. 본문에도 설명이 나오지만 벤담(J. Bentham)이 1791년에 죄수를 교화할 수 있는 시설로 고안한 판옵티콘(Panopticon: '한눈에 전체를 다 본다'는 의미) 감옥의 원리가 사회 전반으로 확산되어 panoptisme의 체제가 일반화되었다는 것이 푸코의 주장이다.

1 벵센느 육군 고문서관 소장 원고(A의 151691, 단편부). 이 규정은 본질적으로 동시대와 앞선 시대의 다른 일련의 모든 규정들과 일치한다.

독관의 권능이 확립된다. 모든 거리는 동장이나 읍장의 관리하에서 감시된다. 만약 그가 자리를 비우면 사형에 처해질 것이다. 지정된 날에는 누구나 집안에서 나오지 못하도록 명령이 내리고, 외출이 금지되고, 이를 어길 경우 사형에 처해진다. 동장이나 읍장들이 직접 모든 집의 출입문을 밖에서 잠그고 열쇠는 구역의 감독관에게 맡긴다. 그러면 감독관은 40일간의 검역기간이 끝날 때까지 열쇠를 관리한다. 모든 가정은 생활필수품을 준비해 놓고 있어야 한다. 그러나 포도주와 빵은 길과 집 사이에 연결된 나무로 된 작은 관을 마련하여, 소매상인과 주민 사이의 유통과정을 거치지 않고서도 그 관을 통해 각자에게 할당량이 분배되도록 한다. 고기, 생선, 그리고 야채는 도르래와 바구니를 이용한다. 꼭 외출해야만 할 경우에는 어떤 접촉관계도 금지해야 하기 때문에 한 사람씩 외출의 순번을 정해서 하도록 한다. 왕래가 허용되는 것은 감독관들, 동장이나 읍장들, 그리고 호위병들이고, 그것도 감염된 집들 사이와 시체들 사이로 한정되며, 죽음과 상관없는 '매장부 인부들'은 그대로 방치되는데, 그들은 "병자를 운반하고, 시체를 매장하고, 청소하는 등 비천한 일을 하는 하층민들"이다. 공간은 세분화되고, 고정되어 있으며 동결되어 있다. 그곳에서는 누구나 자기자리에 꼼짝없이 묶여 있는 것이다. 만약에 그가 이동하면, 감염되거나 처형되기 때문에, 그것은 목숨을 거는 일이다.

감독의 기능은 끊임없이 작동한다. 감시의 눈길은 도처에 있다. "유능한 장교들과 자선가들의 지휘를 받는 다수의 민병대", 도시의 성문이나 시청, 그리고 모든 구역을 지키는 위병부대는 주민들에게 보다 신속한 복종을 요구하고, 행정관의 권위를 보다 절대적인 것이 되게 하여, "마치 절도나 강탈 등 모든 무질서한 사건을 감시하기 위한 것처럼" 임무를 수행한다. 성문에는 감시초소를 두고, 모든 거리의 끝 부분에는 보초들을 세운다. 감독관은 매일 담당지구를 순찰하고, 동장이나 읍장이 의무를 잘 수행하는지, 주민들이 감시당하는 것을 불평하지는 않는지 조사한다. 또한 동장이나 읍장은 매일 자기 담당구역을 다니면서, 집집마다 그 앞에 멈춰 서서 온 가족을 창가에 불러 모으고(안뜰에 거주하는 사람들은 다른 사람들이 얼굴을 내밀 수 없도록, 거리에서 볼 수 있는 창문을 하나 지정받는다) 한 사람 한 사람 호명하여, 모든 사람들의 상태를 개별적으로 조사하고 — "조사내용에 대해서 주민들은 진실을 말해야 하고, 위반하면 사형에 처하고" — 창문에 모습을 보이지 않는 사람이 있을 경우, 그 이유를 반드시 물어보도록 한다. "그렇게 함으로써 사망자나 병자를 숨겨 두고 있는지의 여부를 쉽게 파악할 수 있을 것이다." 모든 주민이 새장 같은 집에 갇혀서 호명하면 대답하고, 창가에서만 모습을 보이는 일이야말로 죽은 자와 산 자에 대한 대대적인 사열査閱이다.

이러한 감시는 지속적인 기록장치에 의존한다. 그 장치는 동장이나 읍장이 감독관에게, 그리고 감독관이 시장이나 행정관에게 제출하는 일련의 보고서들이다. '검역' 초기에, 한 명씩 개별적으로 그 도시에 거주하는 모든 주민의 명부가 작성된다. "성명, 연령, 성별 등이 신분의 구분 없이" 기입되고, 그 사본 하나는 감독관에게, 다른 하나는 시청에, 그리고 또 한 부는 동장이나 읍장이 매일 실시하는 점호용으로 돌아간다. 순찰 중에 관찰되는 모든 일 — 사망자, 병자, 항의내용, 부정한 행실 — 은 기록되어 감독관과 행정관에게 전달된다. 이 행정관들이 의료행위를 지휘하는 책임자들이다. 그들은 담당 의사를 지명할 수 있다. 그들로부터 "행정관에게 알리지 않고 전염병자를 숨기거나 치료하지 않는다"라고 쓰인 증명서의 서명을 받지 않고서는 어떤 의사도 진료할 수 없고, 어떤 약제사도 약을 조제할 수 없으며, 어떤 고해신부도 병자를 위문할 수가 없다. 병리학적 사실에 대한 기록은 중단 없이 계속되어야 하고 집중되어야 한다. 개인의 질병과 사망에 대한 보고는 권력의 심급기관들, 그 기관들의 기록, 그리고 그 기관의 결정 과정을 두루 거친다.

40일간에 걸친 검역 기간이 시작된 지 5, 6일 후 차례차례로 집집마다 소독작업이 시행된다. 거주자를 모두 내보낸 후 방마다 '가구'나 '상품'을 들어 올리거나 매달아 놓고, 소독 향료를 뿌리고, 창이나 문, 열쇠 구멍까지도 밀랍을 채워 철저히 밀폐한 다음에 그 향료를 태운다. 결국 향료가 모두 타 버릴 때까지 집을 완전히 폐쇄하는 것이다. 그리고 향료 소독자들이 "들어갈 때 갖고 있지 않던 물건을 나올 때 들고 나오는지를 알아보기 위해서 거주자들이 보는 앞에서 들어갈 때와 마찬가지로 그들의 몸수색을 한다. 4시간이 지나면 주거자는 집에 들어갈 수 있다.

폐쇄되고, 세분되고, 모든 면에서 감시받는 이 공간에서 개인들은 지정된 장소에서 꼼짝 못하고, 아무리 사소한 움직임이라도 통제되며, 모든 사건들은 기록되고, 끊임없는 기록 작업은 중심부와 주변부를 연결시키고, 권력은 끊임없는 위계질서의 형상으로 완벽하게 행사되고, 개인은 줄곧 기록되고 검사되면서, 생존자, 병자, 사망자로 구별된다. 이러한 모든 것이 규율장치의 충실한 모델을 구성한다. 페스트라는 전염병에 대응하는 방법이 질서이고, 질서는 모든 혼란을 정리하는 기능을 갖는다. 질서는 신체의 접촉으로 전염되는 병에 의한 혼란과 공포와 죽음으로 인해 법의 금지사항이 지켜지지 않을 경우 가중되는 재난의 혼란을 정리하는 것이다. 개인을 특징짓고, 개인에게 속해 있는 일, 그에게 일어나는 사건 등 개인에 관한 최종적 결정에 이르기까지 모든 일에는 질서가 필요하고, 질서는 규칙적으로 분화되는 전지전능하고 도처에 존재하는 권력의 효과로 모든 사람에게 있어야 할 자리와 신체, 질병과 죽음, 재산 등을 규정한다. 혼란의 상태인 페스트에 대항하여, 질서의 규율은 분석적 권력을 행사한다. 과거에 페스트를 주제로 축제의 내용을 다룬 허구적 문학이 있었다. 거기서는 법률이 중단되고, 법의 금지사항은 해제되며, 광란의 시간이 흐르고, 육체는 제멋대로 뒤섞이고, 개인은 가면을 벗어버리고, 지위를 드러내는 신분이나 고유한 그의 특징으로 알아볼 수 있는 모습을 던져 버린 채 그야말로 완전히 다른 진실의 모습을 드러낸다. 그러나 또한 그것과는 정반대되는 페스트에 대한 정치적 꿈도 있었다. 그것은 집단적 축제가 아니라 엄격한 분할이고, 법률 위반이 아니라 권력의 모세관과도 같은 운용을 보장하는 완전한 위계질서 체계를 매개로 한, 인간 존재의 가장 세밀한 부분에 이르는 규정의 침투이고, 벗어 버릴 수 있는 가면이 아니라 개인에게 '실제의' 이름, '실제의' 지위, '실제의' 몸, '실제의' 질병 등을 그대로 갖게 하는 것이다. 현실적인 동시에 상상적 무질서의 형태로서 페스트는 규율을 의학적이고 정치적인 상관요소로 갖게 된다. 규율장치들의 배후에는 '전염병', 페스트, 반항, 범죄, 방랑, 탈주에 대한 강박관념 혹은 무질서 속에서 나타났다가 사라지고, 살다가 죽는 사람들에 대한 강박관념이 엿보인다.

한센병癩病이, '대감호Le grand Renfermement' 사건[2]에 어느 정도까지 모델 구실을 하고 또한 그 일반적 형태를 제공한 것과 다름없이, 추방의 의식들을 만들어 낸 것이 사실이라면, 페스트는 규율의 도식을 탄생시켰다. 페스트는 사람들을 한쪽과 다른 쪽으로 구분하는 집단적이고 이원적인 분리보다는, 오히려 다양한 분리와 개인별 배분, 감시와 통제의 심층적 조직, 권력의 세분화를 초래한다. 한센병 환자는 배척, 추방-봉쇄의 현실에 묶여 있고, 개인적 구별이 별로 중시되지 않은 집단 속에서 자취를 감춘다. 그 반면에 페스트 환자는, 개인적 차이들이 바로, 다양화하고, 상호관련적이고, 보다 세분화한 권력의 억압적 효과를 이루는 그러한 섬세하고 전술적인 바둑판 모양의 분할 속에서 포착된다. 한편에는 대감호大監護가 있고, 다른 한편에는 개별적 서류작성이 있다. 한편에는 한센병과 그것에 따르는 분리가 있고, 다른 한편에는 페스트와 그것에 따르는 세분화가 있다. 한센병이 낙인 찍히는 것이라면 페스트는 분석되고 배치되는 것이다. 한센병 환자의 추방과 페스트의 격리에는 동일한 정치적 꿈이 담겨 있지 않다. 전자는 순수한 공동의 꿈이고, 후자는 규율이 사회에 대한 꿈이다. 사람들에게 권력을 행사하고, 그들 사이의 관계를 통제하고, 위험한 혼합을 해결하는 데는 이러한 두 가지 방법이 있다. 위계질서, 감시, 시

2 *푸코의 《광기의 역사》 1부에 잘 설명된 내용으로서, 17세기에 '구빈원'이란 이름으로, 사회의 질서를 해치는 기인, 범죄자, 방랑인, 성병환자, 매춘부, 걸인 등 모든 반사회적 인물들을 대규모로 가두었다.

선, 기록이 구석구석까지 확산되고, 페스트에 감염된 도시, 개개인의 신체를 명백히 그 대상으로 한 권력의 운용 속에서 정지된 도시, 이것이야말로 완벽한 통치가 가능한 도시의 유토피아이다. 페스트는 (적어도 대비상태에 놓여 있는 페스트란), 그것을 통해서 사람들이 규율의 권력 행사를 이상적으로 규정해 볼 수 있는 일종의 실험이다. 순수한 이론에 의거하여 법과 법률을 운용하기 위해서 법학자들은 자신들이 자연상태état de nature에 있다고 가정했던 반면, 지배자들은 완벽한 규율을 가동시키기 위하여 페스트의 상태를 꿈꾸었다. 규율의 도식 근저에 있는 페스트의 이미지는 모든 혼란과 무질서에 상응하는 것이다. 그것은 일체의 접촉을 끊어야 한다는 한센병의 이미지가 추방의 도식에서 바탕을 이루는 것과 마찬가지이다.

그러므로 상이한 것이면서 모순되지는 않은 두 가지 도식이 있다. 점차적으로 그 도식들은 서로 근접해 간다. 한센병 환자가 일종의 상징적 주민이었던(그리고 걸인이나 방랑자, 광인이나 난폭한 행위자가 실제의 인구를 형성하고 있었던) 그러한 추방 공간의 자리에 규율 분할방식의 독특한 권력 기술이 적용된 것이 바로 19세기의 특징이다. '한센병 환자'를 '페스트 환자'처럼 다루는 것, 수용의 혼란스러운 공간에 규율의 치밀한 세분화를 계획하는 것, 권력의 분석적 배분방법으로 그 공간을 조직하는 것, 추방된 자들을 개인화하는 것, 그 추방을 명시하기 위하여 개인화의 방식을 사용하는 것 — 이러한 도식들이 19세기 초부터 규율 권력에 의해서 합법적으로 추진된 것들이다. 예를 들면, 정신병원, 형무소, 감화원, 감시교육시설, 그리고 부분적으로 병원 등 일반적으로 말해서 개인별 통제를 결정하는 모든 기관들은 이중의 방식으로 기능한다. 이것은 이원적 구분과 특성표시의 방식(광인-광인이 아닌 자, 위험한 자 - 무해한 자, 정상인-비정상인) 그리고 강제적 결정과 차별화시키는 배분(당사자는 누구인가, 어디에 있어야 할 것인가, 그의 특징은 무엇인가, 그를 식별하는 방법은 무엇인가, 어떻게 그에게 개인적으로 부단히 감시를 행할 수 있을 것인가 등)의 방식이다. 한편에서는, 한센병 환자를 '페스트 환자 취급'하고, 추방된 자들에게 개인별 규율의 전술을 부과하고, 다른 한편에서는 규율 통제의 보편화된 체제로 누가 '한센병 환자'인지를 명시하고, 그에 대해서 추방의 이원적 메커니즘이 작용할 수 있게 하였다. 모든 개인을 대상으로 끊임없이 행해지는 정상, 비정상의 구분은 오늘날까지 계속되어, 우리는 이원적인 특성 표시와 한센병 환자들의 추방을 전혀 다른 대상들에게 적용시킨다. 그리고 비非정상인들을 측정하고, 통제하고, 교정하기 위한 모든 기술과 제도의 존속은 과거에 페스트의 공포로 만들어진 모든 규율 장치를 그대로 가동시키는 근거가 된다. 오늘날에도 여전히, 낙인찍기 위해서건 아니면 교정하기 위해서건, 비정상인을 둘러싸고 행해지는 권력의 모든 메커니즘은 그러한 기술과 제도의 근원이 되는 이 두 가지 형태로 구성된 것이다.

‡

벤담Bentham의 '판옵티콘Panopticon'은 이러한 조합의 건축적 형태이다. 그 원리는 잘 알려져 있다. 주위는 원형의 건물로 에워싸여 있고, 중앙에는 탑이 하나 있다. 탑에는 원형건물의 안쪽으로 향해 있는 여러 개의 큰 창문들이 뚫려 있다. 주위의 건물은 개체들로 나뉘어져 있고, 개체 하나하나는 건물의 앞면에서부터 뒷면까지 내부의 공간을 모두 차지한다. 독방에는 두 개의 창문이 있는데, 하나는 안쪽을 향하여 탑의 창문에 대응하는 위치에 있고, 다른 하나는 바깥쪽에 면해 있어서 이를 통하여 빛이 독방에 구석구석 스며들어 갈 수 있다. 따라서 중앙의 탑 속에는 감시인을 한 명 배치하고, 모든 독방 안에는 광인이나 병자, 죄수, 노동자, 학생 등 누구든지 한 사람씩 감금할 수 있게 되어 있다. 역광선의 효과를 이용하여 주위 건물의 독방 안에 있는 수감자의 윤곽이 정확하게 빛 속에 떠오르는 모습을 탑에서 파악할 수 있는 것이다. 그것은 바로 완전히 개체화되고, 항상 밖의 시선에 노출된 한 사람의 배우가 연기하는 수많은 작은 무대들이자 수많은 감방이다. 판옵티콘의 장치는 끊임없이 대상을 바라볼 수 있고, 즉각적으로 판별할 수 있는, 그러한 공간적 단위들을 구획 정리한다. 요컨대 이곳에서는 지하감옥의 원리가 전도되어 있다. 아니 오히려 지하감옥의 3가지 기능 — 가두고, 빛을 차단하고, 숨겨두는 — 중에서 첫 번째 것만 남겨 놓고 나머지 두 개를 없애 버린 형태이다. 충분한 빛과 감시자의 시선이, 결국 보호의 구실을 하던 어둠의 상태보다 훨씬 수월하게 상대를 포착할 수 있다. 가시성可視性의 상태가 바로 함정인 것이다.

이러한 형태는 무엇보다 — 소극적 효과이긴 하지만 — 고야Goya의 그림과 하워드Howard의 글에서 묘사된 저 감옥의 공간 속에 밀집해 있는 혼잡하고 소란스러운 대중의 모습을 보지 않게 해 준다. 죄수들은 감시인이 정면에서 자신들을 바라볼 수 있는 독방 안에 감금되어 있다. 그러나 양쪽의 벽은 그가 동료들과 접촉하는 것을 차단시킨다. 그는 보여지긴 해도 볼 수는 없다. 그는 정보의 대상이 되긴 해도 정보 소통의 주체가 되지는 못한다. 중앙 탑과 마주하도록 방을 배치함으로써 일종의 축을 이루는 가시성이 강요되는 반면, 원형건물의 분할된 부분들과 완전히 분리된 독방들은 측면에서의 불不가시성을 의미하게 된다. 이러한 불가시성은 질서를 보장한다. 수감자가 죄인인 경우 음모나, 집단 탈옥의 시도, 출감 후의 새로운 범죄계획 등 상호간에 나쁜 영향을 줄 염려가 없다. 병자라면, 전염의 위험이 없고, 광인이라면 상호 폭력을 행사할 위험도 없으며, 어린이일 경우, 남이 한 숙제를 베끼거나 시끄럽게 굴고, 수다를 떨며, 주의를 산만하게 하는 짓을 방지할 수 있는 것이다. 노동자일 경우에도 구타, 절도, 공모의 위험을 막아 주고, 작업의 지연이나 불완전한 마감질, 우발적 사고가 발생할 부주의한 일도 일어나지 않는다. 밀집한 군중들, 복잡한 교류의 장소, 혼합되는 개인들, 집단적 효과 이러한 것들은 사라지고, 그 자리에 분리된 개인들의 집합이 들어선다. 간수의 입장에서는 군중 대신에 숫자를 헤아릴 수 있고 통제가 가능한 다수로 바뀐 것이고, 죄수의 입장에서는 격리되고 관찰되는 고립의 상태로 대체된 것이다.[3]

이로부터 판옵티콘 시설의 주요한 효과가 생겨난다. 수감자에게는 권력의 자동적 기능을 보장하는 가시성의 의식적이고 지속적인 상태가 만들어진다. 감시 작용이 중단되더라도 그 효과는 지속하고, 또한 권력 행사의 현실성을 약화시키면서 권력의 완벽한 상태를 강화하도

3 J. Bentham. 《판옵티콘》, 《벤담 저작집》(보링 판) 제 4권, pp. 60~64. 〈그림 12〉 참조.

〈그림 12〉 J. Bentham, 판옵티콘의 설계도

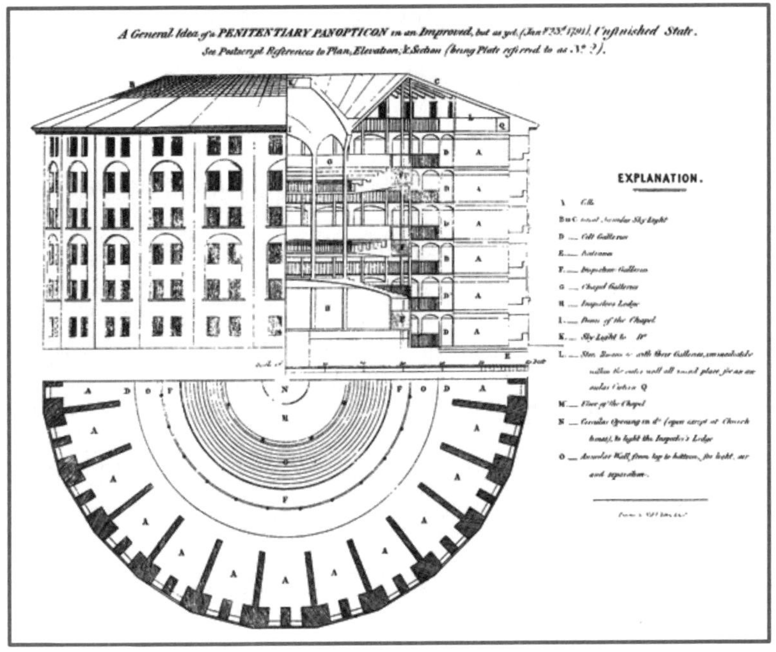

도록 만드는 것이고, 건축의 장치는 권력을 행사하는 사람과 상관없이 권력관계를 창출하고, 유지하는 기계장치가 되도록 한다. 요컨대 수감된 자가 스스로 권력의 전달자가 되는 어떤 권력적 상황 속으로 편입되도록 한다. 그러한 목적을 위해서는, 죄수가 간수에 의해서 끊임없이 감시되는 방법은 매우 충분한 것이면서 동시에 불충분한 것이다. 매우 불충분하다는 것은 죄수가 감시당하고 있다는 것을 자각해야 하는 사실 때문이고, 매우 충분하다는 것은, 죄수가 실제로 감시될 필요가 없기 때문이다. 그러한 이유로 벤담은 권력이 가시적이고 확인할 수 없는 것이 되어야 한다는 원칙을 내세웠다. 가시적이란, 감금된 자

의 눈앞에 자신을 살펴보고 있는 중앙탑의 높은 형체가 항상 어른거린다는 뜻이다. 또한 확인할 수 없다는 것은 감금된 자가 자신이 현재 감시 받는지 아닌지를 결코 알아서는 안 되지만, 자신이 항상 감시될 수 있다는 것을 확신하고 있어야 한다는 뜻이다. 벤담은 감시자가 탑에 있는지 없는지를 판단할 수 없도록 하기 위해서, 또한 죄수들이 독방에서 어떤 사람의 그림자를 인지하거나, 어떤 역광逆光이라도 포착할 수 없도록 다음과 같은 시설을 설계했다. 즉, 감시하는 중앙홀의 창문에 덧문을 씌울 뿐만 아니라, 내부에는 직각으로 구획되는 몇 개의 칸막이벽을 설치하고, 한 구역에서 다른 구역으로 통과하는 데에는 출입문이 아니라, 지그재그형 통로를 설치하는 것이다. 왜냐하면 아무리 사소한 소리거나, 어렴풋한 불빛이라도, 혹은 조금 열린 문들에 스며드는 빛이라도 간수의 존재를 드러낼 수 있기 때문이다.[4] '판옵티콘'은 '바라봄-보임'의 결합을 분리시키는 장치이다. 즉, 주위를 둘러싼 원형의 건물 안에서는 아무것도 보지 못한 채 완전히 보이기만 하고 중앙부의 탑 속에서는 모든 것을 볼 수 있지만 결코 보이지는 않는다.[5]

---

4 《판옵티콘》, 《보유》(1791년)에서 벤담은, 검은 색으로 칠한 어두운 회랑을 덧붙여 놓고 있는데, 이것은 감시탑을 에워싸고 있는 것으로서 두 층의 독방을 감시할 수 있게 되어 있다.

5 이 책 〈그림 12〉 참조. 《판옵티콘》의 초판본에서 벤담은 각 독방으로부터 중앙 탑실로 통하는 관을 이용하여 청각적 감시에 대한 착상을 해 보았다. 《보유》에서는 이 계획을 단념했지만, 그 이유는 아마도 일방적 전달 구조를 도입하여 감시인이 죄수의 목소리를 들을 수 있지만, 역으로 죄수는 감시인의 말을 들을 수 없게 한다는 일이 불가능했기 때문일 것이다. 율리우스는 일방적인 도청 시스템을 완성해 보려고 시도했다. 《감옥에 대한 강좌》(프랑스어 역, 1831년, p. 18).

이것은 권력을 자동적이고 비非개성적인 것으로 만들기 때문에 중요한 장치이다. 권력의 근원은 어떤 인격 속에 있는 것이 아니라 신체, 표면, 빛, 시선 등의 어떤 계산된 분배 속에, 그리고 내적인 메커니즘에 의해 개개인 등이 묶여 있는 관계를 만들어 내는 그러한 기계 장치 속에 존재한다. 군주가 최고의 권력자라는 것을 나타내는 예식이나 관례들, 표지 등은 쓸모없는 것으로 된다. 오직 비대칭과 불균형, 그리고 차이를 보장하는 장치가 있을 뿐이다. 따라서 누가 권력을 행사하느냐는 별로 중요하지 않다. 우연히 걸려든 그 누구라도 이 기계 장치를 작동시킬 수 있는 것이다. 따라서 그 관리책임자가 부재중이라면 그의 가족이나 측근, 친구, 내방객, 그리고 하인조차도 그 일을 대신할 수 있다.6 마찬가지로 이 장치를 움직이는 동기가 무엇이건 상관없다. 그것이 경솔한 사람의 호기심이건 어린아이의 장난이건, 인간성의 박물관을 섭렵하려는 어느 철학자의 지적 호기심이건, 아니면 몰래 살피거나 처벌하는 데에서 기쁨을 찾는 인간의 짓궂은 장난이건 상관없다. 이러한 익명적이고 일시적인 관찰자가 많으면 많을수록 수감된 사람은 간파될 위험과 관찰된다는 불안한 의식을 더욱 많이 갖기 마련이다. 판옵티콘 장치는 아주 다양한 욕망으로부터 권력의 동질적 효과를 만들어 내는 경이로운 기계 장치이다.

현실적 예속화는 허구적 관계로부터 기계적으로 생겨난다. 따라서 죄인에게 선행을, 광인에게 안정을, 노동자에게 노동을, 학생에게 열성을, 병자에게 처방의 엄수를 강요하기 위해서 폭력적 수단에 의존

6 J. Bentham, 《판옵티콘》, 《벤담 저작집》(보링 판) 제 4권, p. 45.

할 필요는 없다. 벤담은 판옵티콘의 제도들이 그렇게 섬세한 것일 수 있다는 사실에 경탄했다. 쇠창살이나 쇠사슬, 그리고 묵직한 자물쇠도 필요 없는 것이다. 단지 구분을 명확히 하고, 출입구를 잘 배치만 하면 되는 것이다. 성채城砦 형태의 건축으로 된, 육중한 옛날 '감옥' 대신에 단순하고, 경제적인 기하학적 구도의 빈틈없는 감옥이 들어선 것이다. 권력의 효과와 강제력은 말하자면 다른 쪽으로 — 권력의 적용지점 쪽으로 옮겨가게 되었다. 즉, 가시성의 영역에 예속되어 있고, 또한 그 사실을 알고 있는 자는 스스로 권력이 강제력을 떠맡아서 자발적으로 자기 자신에게 작용시키도록 한다. 그는 권력관계를 내면화하여 1인 2역을 하는 셈이다. 그는 스스로 예속화의 원칙이 된다. 바로 이런 사실 때문에 외부의 권력은 물리적 무게를 경감할 수 있게 되고 점차 무형적인 것으로 된다. 권력은 한계지점에 가까워질수록 그 효과를 더 지속적이고 심층적이고, 단 한 번에 획득할 수 있고, 끊임없이 갱신할 수 있다. 즉, 모든 물리적 충돌을 피하고, 늘 앞서서 결정할 수 있는 영원한 승리인 것이다.

벤담은 그러한 시설을 계획하는 과정에서 르보7가 베르사유에 건설한 동물원動物園을 통해 착상을 얻게 되었다고 말하지 않는다. 최초의 동물원은 전통적으로 그랬듯이 상이한 각종 동물들이 울타리 안에8 산만하게 흩어져 있는 형태가 아니었다. 즉, 중앙의 2층에는 왕의 객

7 *Louis Le Vaux(1612~1670) : 17세기 고전주의 건축의 대표적 존재로서 웅장함과 단순함의 건축형태로 유명하다.

8 G. Loisel, 《동물원의 역사》(1912년), 제 2권, pp. 104~107. 〈그림 13〉 참조.

〈그림 13〉 루이 14세 시대의 베르사유 동물원

실인 8각형의 별채가 마련되어 있었고, 건물의 모든 측면은 커다란 창문을 통하여 각종 동물들이 갇혀 있는 7개의 우리를 향하도록 했다(8번째의 측면은 입구였다). 벤담의 시대에 이러한 동물원은 이미 없어졌다. 그러나 판옵티콘 계획안에는 개별적 관찰, 특징의 표시와 분류, 공간에 대한 분석적 배치 등 동물원과 유사한 형태의 배려가 보인다. '판옵티콘'은 일종의 왕립 동물원이다. 단지 동물 대신 인간이, 특유한 무리 대신 개인별 배분이, 그리고 국왕 대신 은밀한 권력장치가 자리 잡고 있을 뿐이다. 이런 점을 제외하더라도, '판옵티콘'은 역시 박물학자博物學者의 소산이다. 그것을 통해 우리는 차이와 구별을 확인할 수 있다. 즉, 병자의 경우에는 병상들이 붙어 있거나 오염된 공기가 순환되고, 감염의 영향이 있어서 임상계획표에 차질을 빚는 일이 없게 했고, 아동의 경우에는, 성적을 기입하고(비슷하게 베끼는 등

의 부정행위 없이), 능력을 검토하고, 특성을 평가하고, 엄정한 분류를 확립하고, 정상적 발전을 기준으로 삼아 '나태하고 고집스러운 아동'과 '고칠 수 없는 우둔한 아동'을 구분하도록 했고, 노동자의 경우에는, 개인별 능력을 기록하고, 어떤 작업을 하는 데에 소요된 시간을 노동자별로 비교하며, 일당에 따라 급료를 계산하도록 했다.[9]

이것이 바로 동물원의 측면에서 본 공간이다. 실험실의 측면에서 살펴본다면, '판옵티콘'은 실험을 행하고 행동을 변화시키며, 개인을 훈육하거나 재再훈육하는 일종의 기계 장치로서 이용될 수 있다. 그것을 통해 약을 실험하고, 약의 효능을 확인할 수 있다. 범죄나 성격에 따라 죄수에게 상이한 처벌을 시도하고, 가장 효과적인 방안을 연구할 수 있다. 노동자들에게 각종 기술을 동시에 가르치고, 어떤 기술이 가장 우수한 것인지를 밝힌다. 교육적 실험을 시도하고 — 특히 내버려진 아이들을 이용하여 완전 격리수용 교육l'éducation recluse의 논란이 많은 문제를 재검토한다. 그러면 남자아이와 여자아이가 16, 7세가 되어 처음으로 마주 보게 했을 때, 어떤 일이 일어나는지를 알 수 있을 것이다. 엘베시우스Helvétius가 생각한 대로, 누구나 무엇이든지 배울 수 있는가를 확인해 볼 수도 있을 것이다. "관찰할 수 있는 모든 관념의 계보학系譜學"을 추적해 볼 수도 있을 것이고, 또한 모든 아이들이 상이한 사고체계 속에서 성장하게 하고, 어떤 아이에게는 2더하기 2는 4가 아니라든가, 달은 원형 치즈라는 것을 믿게 해 주고, 그들이 20세나 25세가 되면 같이 살게 할 수도 있을 것이다. 그렇게 되면, 많

9 위의 책, pp. 60~64.

은 돈을 쓰게 되는 강연이나 설교에 상응하는 토론의 성과를 거둘 수 있을 것이며, 적어도 형이상학의 영역에서 여러 가지 발견을 할 기회도 갖게 될 것이다. '판옵티콘'은 인간에 관해 실험할 수 있고, 또한 인간에게 적용되는 변화를 확실하게 분석할 수 있는 가장 유리한 공간이다. '판옵티콘'을 통해서 고유한 메커니즘을 바탕으로 통제장치를 만들 수도 있다. 중앙에 있는 탑 안에서 관리책임자는 자신이 지휘할 수 있는 모든 고용인들, 즉 간호원이나 의사, 직공장, 교사, 간수 등을 비밀리에 감시할 수 있다. 또한 그들을 부단히 평가하고, 그들의 행동을 변화시키며, 보다 좋다고 생각하는 방법들을 그들에게 강요할 수 있고, 또한 그들의 본래 모습을 쉽게 관찰할 수 있을 것이다. 가령 어떤 감독관이 판옵티콘 체제의 중앙부에 예고 없이 불쑥 나타나더라도, 그는 전체가 어떻게 돌아가고 있는지를 한눈에 판단할 것이고, 그에게는 아무것도 숨길 수가 없을 것이다. 하기야 이 건축적 배치의 한복판에 감금된 관리책임자 역시 이 장치와 연결된 부분적 존재가 아닐까? 전염병이 확산되는 것을 방치한 무능한 의사나, 서투른 관리를 하는 감옥이나 작업장의 책임자는 전염병이나 폭동이 발생할 경우, 첫 번째 희생자가 될 것이다. 판옵티콘 체제의 경영자는 말한다. "나의 운명은 내가 고안할 수 있었던 모든 속박에 의해서 결국 그들(수감자들)의 운명과 함께 묶여 있다."10 '판옵티콘'은 일종의 권력 실험실로 운용된다. 그러한 관찰의 메커니즘을 통해서 그 시설은 모든 인간의

10 J. Bentham, 《(오스트레일리아의) 뉴 사우스 웨일즈 주와 비교한 판옵티콘》, 《벤담 저작집》(보링 판), 제 4권, p. 177.

행동에 효율적으로, 그리고 광범위하게 침투하는 효과를 거둔다. 권력의 이러한 모든 발전과 더불어 지식의 확장이 이루어지고, 이와 같이 확장된 지식은 권력이 행사되는 모든 표면에서 인지할 수 있는 대상들의 정체를 알아낸다.

‡

페스트에 감염된 도시와 판옵티콘 시설의 차이는 중요하다. 한 세기 반의 거리를 둔, 그 차이는 규율의 프로그램이 얼마나 변모한 것인지를 여실히 보여 준다. 전자의 경우는 하나의 예외적 상황으로서 비정상적인 악성 유행병에 대처하기 위해 권력이 발동한 것이고, 권력은 어느 곳에서나 그 모습을 드러내고, 새로운 톱니바퀴 장치를 고안한다. 권력은 분리하고, 고정시키고, 분할의 통치방식을 취한다. 그것은 반反도시이면서 완벽한 사회이기도 한 도시를 일정 기간 만들어 낸다. 그것은 이상적 기능형태를 상정하지만, 결국은 퇴치하려는 병이나 마찬가지로 삶-죽음의 단순한 이원론으로 귀착된다. 즉, 움직이는 것은 죽음을 초래하고, 죽임을 당한다. 이 경우와는 반대로 '판옵티콘'은 당연히 기능을 일반화할 수 있는 모델로 이해된다. 그것은 인간의 일상생활과 권력과의 관계를 규정짓는 방식과 같다. 아마도 벤담은 이 시설을, 그 자체로 자족적인 특수한 기구의 형태로 제시했을지 모른다. 사람들은 종종 이 시설을 완벽한 감금의 유토피아적 형태로 생각해 왔다. 피라네즈[11]가 그 도안을 만든 감옥, 사람들로 혼잡하고 온갖 형벌로 가득 찬, 폐허 같은 감옥과는 대조적으로, '판옵티콘'

은 잔인하고 교묘한 동물원 우리의 모양이다. 오늘날에 이르기까지 그 시설이, 계획으로 그쳤건 아니면 실현되었건, 그것의 여러 가지 변형이 만들어졌다는 사실은, 거의 2세기 동안 그러한 시설에 대한 강렬한 꿈이 어느 정도였는지를 말해 준다. 그러나 이 시설을 일종의 몽상적인 건물로 이해해서는 안 된다. 그것은 이상적 형태로 압축된 어떤 권력 메커니즘의 도식이고, 저항이나 충돌 등의 모든 장애를 떠나서 이뤄지는 그 기능은 순수하게 건축적이고 시각적인 체계로 표현될 수 있다. 사실상 그것은 모든 특별한 용도로부터 분리시켜 가동할 수 있고, 또한 그렇게 해야 하는 정치적 기술의 한 형상인 것이다.

판옵티콘은 다방면에서 이용이 가능하다. 그것은 죄수를 교화하는 효과뿐 아니라, 병자를 간호하고, 학생을 교육하며, 광인을 가두고, 노동자를 감시하고, 걸인이나 빈둥거리며 나태한 사람을 일하게 만드는 효과를 거둔다. 그것은 공간적 신체배치, 개개인 상호간의 비교 분배, 위계질서적 조직구성, 권력의 중심부와 전달부분의 배열, 그리고 권력의 도구와 관여 방식의 규정 등 하나의 모델이 될 수 있는 것으로서 병원이나 작업장, 학교, 그리고 감옥에서 이용될 수 있다. 어떤 임무나 행위를 부과해야 할 많은 개인들을 상대하게 될 때, 이러한 판옵티콘의 도식은 이용가능성이 높은 하나의 전형이다. 이것은 — 물론 필요에 따라 변형될 수 있긴 하겠지만 — "그다지 규모가 크지 않은 공간의 한계 안에서 일정한 수의 인간을 감시해야 하는 모든 시설에"12

---

11 *Piranèse Giambattista (1720~1778) : 이탈리아의 도안사이자 건축가.

12 위의 책, p. 40. 벤담이 감화원(感化院)의 예를 든 것은, 그곳에서 다양한 기능(감

적용할 수 있는 것이다.

이러한 도식을 적용한다면, 권력의 행사는 완전하게 실현될 수 있다. 그것은 여러 가지 방식으로 가능하다. 왜냐하면 우선 그 도식은 권력이 행사되는 대상의 숫자를 증가시킬 수 있으면서, 권력을 행사하는 사람들의 숫자는 얼마든지 줄일 수 있기 때문이다. 또한 그것은 언제라도 개입할 수 있고, 결함이나 과오, 범죄가 저질러지기 전부터라도, 지속적인 압력을 행사할 수 있다. 따라서 완력을 쓰지 않고 자발적으로, 그리고 소리 없이 운용되면서, 그 효과가 연쇄적으로 나타나는 하나의 메커니즘을 구성할 수 있다. 또한 건물과 기하학적 배치 외에 다른 어떤 물리적 수단을 사용하지 않으면서, 그 도식은 개인에게 직접 작용할 수 있기 때문이다. 그것은 "정신에 작용하는 권력의 정신으로 늘어나기 마련이며," 어떤 권력기관이라도 힘을 강화시켜 주는 역할을 한다. 즉, 그 도식은 권력의 경제성(물적, 인적, 시간적)을 보장하고, 예방적 성격이나 지속적 기능, 그리고 자동적 메커니즘에 의해서 권력의 효력을 보장한다. 그것은 "이제까지 그 유례를 찾아볼 수 없는 많은 양에서" 권력을 획득하는 방식이고 "거대한 새로운 통치 수단"이며, "그것의 탁월성은 적용되는 모든 제도에 큰 힘을 부여할 수 있는 데에 있다."[13]

판옵티콘의 장치는 정치적 차원에서 일종의 '콜럼버스의 달걀'이다. 사실 그 도식은 어떤 분야의 기능과도 (교육, 치료, 생산, 징벌 등) 통

시, 자동통제, 감금, 격리, 강제노동, 교육)이 수행될 수 있기 때문이다.

13 위의 책, p. 65.

합될 수 있고, 또한 그 기능과 긴밀하게 결합되어 기능을 확장시킬 수 있고, 권력과 (지식의) 관계들은 대상에 대한 통제의 과정에서 세부적으로 빈틈없이 작동하는 복합적인 메커니즘을 만들 수 있다. 그리고 '보다 많은 권력'과 '보다 많은 생산' 사이의 직접적인 균형을 이룰 수도 있다. 요컨대 그 도식은 권력에 의해서 가동되는 여러 기능에 대해 엄격한 구속이나 부담스런 짐처럼 느껴지는 외부로부터의 권력행사가 아니라, 권력이 그러한 기능들 속에 극히 교묘하게 스며들면서, 자신의 지배력을 강화시키고 동시에 그 기능의 효과를 증대시키도록 한 것이다. 판옵티콘의 장치는 단순히 권력 메커니즘과 기능 사이의 접합점이나 교차로에 불과한 것이 아니다. 그것은 어떤 기능 속에서 권력의 관계들을 작용시키고, 또한 권력관계들에 의해서 어떤 기능을 작용시키는 방법이다. 판옵티콘 체제는 "정신상태를 바꾸고, 건강을 지켜 주고, 산업을 소생시키고, 교육을 보급하고, 공적인 부담을 줄이고, 경제를 튼튼히 하고, 가난한 사람들이 겪는 법적인 어려운 문제를 비상수단으로 해결하지 않고, 매듭을 풀듯이 해결할 수 있도록 하는 등, 그 모든 일을 간단한 건축적 착상으로"14 소화시킬 수 있다는 것이다.

더욱이 이 기계 장치의 설비는 그 자체로 폐쇄되어 있더라도 외부의 요소가 항상 개입할 수 있도록 조립되는 것이다. 누구라도 중앙탑에 와서 감시 기능을 수행할 수 있으며, 그렇게 함으로써 그는 감시가 행해지는 방식을 통찰할 수 있다. 실제로 판옵티콘의 모든 제도는 형무소처럼 아무리 조심스럽게 폐쇄된 경우라도, 어렵지 않게 임의적인 동

14 위의 책, p. 39.

시에 끊임없는 감독의 대상이 될 수 있다. 더구나 그러한 감독은 지정된 감독관들뿐 아니라 일반인의 입장에서도 실행할 수 있다. 사회의 어떤 구성원이라도 직접 방문해서 학교나 병원, 공장이나 감옥이 어떻게 돌아가는지 자기 눈으로 확인할 권리를 갖는다. 따라서 판옵티콘 장치에 의한 권력의 강화는 폭정暴政의 상태로 변질될 위험이 없다. 규율 장치는 민주적으로 통제될 수 있는 것이다. 왜냐하면, 그 장치는 "세계에서 가장 큰 재판위원회"[15]로 계속 연결될 수 있기 때문이다. 한 명의 감시인이 단 한 번의 눈길로 그렇게 많은 개인들을 관찰할 수 있도록 교묘하게 만들어진 이 판옵티콘 체제는, 누구라도 찾아와 최소한의 인원으로 구성된 감시인을 감시할 수도 있는 체제이다. 눈으로 보는 시각적 장치가 이전에는 사람들을 몰래 감시하는 일종의 암실暗室 같은 것이었지만, 이제는 권력의 행사가 사회 전체에 의해서 통제될 수 있는 투명한 건물이 된 것이다.

판옵티콘의 도식은 지워지지도 않고 고유한 어떤 특징도 잃지 않은 채, 사회 전체로 확산되도록 만들어진 것이다. 그것의 임무는 일반화의 기능을 수행하는 일이다. 페스트에 감염된 도시는 예외적 규율의 모델, 즉 완벽하지만 완전히 폭력적인 모델을 보여 주었다. 그래서 죽

---

15 순시자들이 지하도를 통해서 중앙의 탑실까지 들어가 '판옵티콘'의 원형 풍경을 관찰하는, 그렇게 늘어서 있는 많은 순시자들의 모습을 상상하면서 벤담은 바커(Barker)가 실제로 동시대에 건설한 전경 조망장치 〈파노라마〉(그 최초의 것은 1787년의 날짜로 되어 있는 것 같다)를 알고 있었을 것이다. 여기서는 순시자들이 중앙부에 찾아오면 주변에 풍경이나 도시, 전투 장면이 전개되는 모든 것을 바라볼 수 있었다. 방문자들은 최고 책임자가 볼 수 있는 위치를 그대로 차지하게 되었던 것이다.

음을 초래하는 질병에 대해 권력은 끊임없는 죽음의 위협으로 대처하였다. 그곳에서의 삶은 가장 단순한 표현으로 환원되었고, 죽음의 권력에 대항하는 방법은 칼의 권리를 치밀하게 휘두르는 것이었다. 그런데 '판옵티콘'은 환원이 아니라 확대의 역할을 수행한다. 판옵티콘의 권력을 계획 정비하고, 권력을 한층 더 경제적이고, 효율적으로 만들고자 하는 것은 권력 자체를 위한 것도 아니고, 위기에 처한 사회를 즉각적으로 구원하기 위한 것도 아니다. 중요한 것은 사회적 역량들을 강화시키는 일이다. 생산을 증대시키고 경제를 발전시키며, 교육의 기회를 넓히고 공중도덕의 수준을 높이는 등 말하자면 성장과 번영을 이룩하려는 것이다.

이러한 발전이 방해받지 않고 자체의 요구와 과중한 무게 때문에 짓눌리는 일이 없도록, 아니 그 반대로 그러한 발전을 용이하게 추진하기 위해서는 어떤 식으로 권력을 강화해야 할 것인가? 어떻게 권력을 강화하는 것이 동시에 생산을 증대시키는 일이 될 수 있을까? 어떻게 하면 권력이 자신의 힘을 증대시키면서 동시에 사회의 역량들을 몰수하거나 속박하지 않고 증대시킬 수 있을까? 이 문제에 대한 판옵티콘 체제의 해결방안은 다음과 같다. 즉, 권력의 이러한 생산적 강화가 확실해질 수 있는 것은 한편으로는 권력이 사회 토대의 가장 세밀한 단위에 이르기까지 지속적으로 행사될 수 있는 가능성을 갖는 경우와, 다른 한편으로는 군주권의 행사와 관련되는 급격하고 폭력적이고 비연속적인 형식을 떠나서 권력이 작용할 경우뿐이다. 물질적이고 신화적인 이상한 모습을 갖고 그 자신이 직접 발휘하는 힘이거나, 다른 사람을 통해서 내보이는 힘을 가진, 그러한 국왕의 신체는 판옵티콘 체제가 규정하는 권력의 새로운 물리학과는 완전히 반대된다. 판옵티콘의 영역은 사회의 하층지대이고, 신체의 세부나 그 다양한 움직임, 이질적인 힘과 신체의 공간적 관련을 포함한 불규칙적인 신체의 영역이다. 여기서는 분배, 분리, 계열, 조합을 분석하는 메커니즘과, 가시적으로 만들고, 기록하고, 차이를 짓고, 또한 비교하기 위한 도구를 이용하는 메커니즘이 문제이다. 이것은 관계를 바탕으로 하는 다양한 권력의 물리학이라고 할 수 있다. 이 권력은 자신의 최대한의 강력한 힘을 왕 자신으로부터 얻는 것이 아니라 이러한 여러 관계에 의해 개인화되는 신체 속에서 얻는 것이다. 이론적 차원에서 벤담은 사회 전체와 그것을 관통하는 권력의 제 관계를 분석하는 또 하나의 방식을 규정하는 한편, 현실적으로는 군주라는 존재의 힘을 빌지 않고서도 권력의 효율성을 증대시키는 여러 가지 신체와 힘의 예속隸屬방안을 규정하는 것이다. 판옵티콘 체제는 새로운 '정치 해부학'의 일반 원칙이며, 그 대상과 목적은 군주권君主權의 관계가 아니라 규율에 따른 여러 가지 관계들이다.

벤담에게 중요한 것은 아마도 강력하고 교묘하게 만든 높은 탑이 중앙에 설치된 저 유명한 원형의 투명한 우리 속에 완벽한 규율장치를 투입하는 일일지 모른다. 그러나 사실 중요한 것은 어떻게 하면 규율이라는 것을 울타리 속에 묶어 두지 않고, 사회 전체 속에 확산시키고, 다양하게, 그리고 다양한 가치들로 기능시킬 수 있는가를 보여 주는가의 문제이다. 고전주의 시대에 공들여 만든 규율은 분명히 규정되었고, 비교적 폐쇄된 장소 — 병영, 학교, 대규모 작업장 — 에 국한되었으며, 그 전면적 적용은 단지 페스트에 감염된 도시라는 일시적이고 한정된 범위에서만 생각해 볼 수 있었다. 그러나 벤담은 이러한 규율을, 결함이나 중단 없이 사회를 관통하면서 도처에서 항상 경계를 게을리하지 않는 그물망의 장치로 만들기를 꿈꾸었다. 판옵티콘의 배치는 이러한 일반화의 방식을 제시한 것이다. 기초적이고 쉽게 이전될 수도 있는 메커니즘의 차원에서, 그러한 구성은 규율의 메커니즘이 사회의 구석구석까지 넘나들고 침투해 들어갈 수 있는 바탕이 되도록 기초적인 운용을 계획하는 것이다.

‡

그러므로 규율에는 두 가지 이미지가 있다. 우선 한쪽 극단에는 폐쇄적 규율이 있다. 즉, 주변부에서 확립된 폐쇄적 구조로서 악을 저지하고, 소통을 차단하고, 시간을 정지시키는 부정적 기능의 폐쇄적 제도로서의 규율인 것이다. 다른 쪽 극단에는 판옵티콘과 함께 작동하는 메커니즘의 규율이 있다. 즉, 권력의 행사를 보다 신속하고 경쾌하게, 그리고 보다 효율적으로 만들면서 그것을 개선하는 기능적 장치이고, 미래의 사회를 설계하기 위한 섬세한 강제권의 구상인 것이다. 하나의 계획에서 다른 계획으로, 예외적 규율의 도식으로부터 일반화한 감시의 도식으로 이동하는 움직임은 바로 이러한 역사적 변화에 근거한 것이다. 그것은 17세기와 18세기에 걸친 규율장치의 점진적 확장과, 사회 전체를 통한 그 장치의 다양화, 그리고 개괄적으로 규율사회라고 부를 수 있는 것의 형성 등 역사적 변화이다.

권력에 대한 벤담식의 물리학이 확실한 증거를 보여 주는, 규율의 모든 일반화는 고전주의 시대에 이루어졌다. 규율의 제도적 다양화는 점점 더 많은 지역에 영향을 넓혀 가고, 점점 덜 주변화되는 장소를 점유하기 시작하는 제도들의 그물망으로 규율의 일반화 현상을 입증해 준다. 예외적인 것, 특권적인 장소, 상황에 따른 특별한 조치, 혹은 특이한 모델이었던 것이 이제는 일반적 방법이 되었다. 예를 들면, 기욤 도랑쥬 공이나 귀스타브 아돌프 왕 휘하의 독실한 신교도 군대의 특별 규정이 유럽의 모든 군대의 일반 규정으로 바뀐 것이다. 또한 예수회 수사의 모범적인 학교나, 슈투름Sturm의 학교에 이어서 바탕쿠르와 드미아의 학교는 학교 규율의 일반적 형식을 뚜렷이 보여 준다. 또한 육군 병원과 해군 병원의 정돈된 질서는 18세기의 모든 병원을 재편성하는 데에 하나의 도식으로 이용된다.

그러나 규율제도의 이러한 확장은 한층 더 심층적인 다양한 과정들 중에서 가장 눈에 띄는 현상에 불과한 것일지 모른다.

1) 규율의 기능적 전환

사람들이 처음에 규율을 통해서 원했던 것은 모든 위험을 제거하고, 쓸모없거나 사회불안을 야기하는 사람들을 한 곳에 고정시켜 두고, 너무 많은 사람들이 모여 있을 경우, 이에 따르는 불편을 최소화하는 것이었다. 그런데 이제 규율에 대해서 사람들은 개인의 효용 가능성을 증가시킬 수 있는 적극적 역할을 원하게 된다. 왜냐하면 규율은 충분히 그러한 역할을 수행할 수 있게 되었기 때문이다. 군대의 규율은 이제 더 이상 약탈이나 탈주, 혹은 부대의 반항을 방지하기 위한 하나의 수단이 아니다. 군대는 이미 군중을 모아 놓은 집단으로서가 아니라, 그 집단적 단위에서 증폭된 힘을 추출해 낼 수 있는 단위체로서 존재할 수 있어야 하고, 그러기 위해서는 규율이 기본 기술로 되는 것이다. 규율은 모든 병사의 능력을 개발하고 그러한 능력에 질서를 부여하고, 부대의 기동성을 높이고, 화력을 강화시키고, 용맹성을 그대로 유지하도록 하면서 공격전선을 넓혀가고, 저항력을 증대시킨다. 공장에서 규율은 상사의 권위와 규칙을 존중하게 만들고, 도난과 방심을 방지하는 방법이면서, 작업 능력이나 속도, 생산고와 이익을 증대시키는 방향으로 나아가고 있다. 그것은 여전히 품행을 교화하는 수단이지만 점점 더 행동의 목적성을 뚜렷이 하여, 모든 신체를 하나의 기계 장치 속에 들어가게 하고, 모든 힘을 경제적으로 투입시킨다. 17세기에 지방 학교나 교회부설 초등학교가 발전하게 되었을 때, 학교발전의 정당성에 대한 논의는 매우 회의적이었다. 즉, 자녀를 교육할 방법이 없는 가난한 사람들은 '자녀를 삶에 대한 배려나 의무를 모르는 상태로' 방치하였고, "교육을 제대로 받지 못하고 자랐기에, 자기들이 받지 못한 좋은 교육을 자녀에게 전해 줄 수도 없게 된 것이다." 그 결과로 3가지 중요한 문제가 생긴다. 그것은 신神에 관한 무지, 나태(이것에 따르는 음주벽이나 퇴폐행위, 절도나 강도), 그리고 공공의 무질서를 유발할 여지가 많고, "시립 병원의 자산을 탕진해 버리기에 알맞은"16 걸인 같은 무리의 형성이다. 그런데 대혁명 초기에 초등교육의 목표는, 어린이에게 무엇보다도 "신체를 튼튼하게 하고 발달시키며, 장래 어떤 기계적인 일에도 종사할 수 있도록" 준비시키고, "정확한 관

16 Ch. Demia, 《리옹 시의 학교규칙》(1716년), pp. 60~61.

찰력, 빈틈없는 솜씨, 동작 빠른 습관"[17]을 숙지시키는 일이다. 여러 가지 규율들은 점점 더 유용한 개인을 만들어 내는 기술로 작용한다. 그 결과 다음과 같은 일들이 발생한다. 우선 규율의 위치는 더 이상 사회의 경계에 있는 주변적 위치가 아니고, 추방이나 속죄, 감금이나 은둔 등의 형식에서 벗어난다. 또한 규율은 종교적 규칙성과 폐쇄성과의 연결관계를 끊어버리고, 사회의 보다 중요하고, 보다 중심적이며, 보다 생산적인 부문들 속에 정착하는 경향을 보인다. 대규모 공장의 생산, 지식의 전달, 능력과 기량의 보급, 전쟁에 관련된 기구 등 중요한 기본적 기능들의 몇 가지 부분들과 연결되는 현상도 마찬가지이다. 결국, 18세기를 통하여, 규율 기관의 수효가 증가하고 기존의 각종 장치를 규율화하는, 이중적 경향이 발전되는 것을 볼 수 있다.

2) 규율 조직의 확산

한편으로는 규율의 시설들이 다양해지는 반면, 규율 조직들은 '비非제도화하여' 그 동안 기능하던 폐쇄적 성채를 빠져 나와 '자유로운' 상태에서 확산되는 경향을 보인다. 묵직하고 단단한 지난날의 규율은 해체되고, 어디서나 이동하고 적응할 수 있는 유연한 통제방식으로 전환된 것이다. 종종 폐쇄적 장치의 내적이며 특유한 기능에 외적인 감시의 역할이 덧붙여져서 측면적 통제의 여유가 주변에 확산되는 경우도 있다. 그러므로 기독교 학교는 단지 순종적 아이들만을 양성해서

---

17 입헌 의회에서의 탈레랑의 보고(1791년 9월 10일), A. Leon, 《프랑스 혁명과 기술 교육》(1968년), p. 106에서 인용.

는 안 된다. 아이들의 부모를 감시하고, 부모의 생활양식이나 자산, 신앙심, 그리고 품행에 대해서도 알 수 있도록 해야 한다. 학교는 어른들의 사회까지 침투해 그들에 대한 규칙적 통제를 가하기 위해 미세한 사회적 감시시설이 되는 경향을 보인다. 드미아의 견해에 의하면, 가령, 어떤 아이가 품행이 불량하거나 결석할 경우, 이웃 사람들에게 문의하는 방법이 타당하다는 것이다. 특히 그 가족이 진실을 말하지 않을 만한 이유가 있다고 판단될 때는 더욱 그렇다. 나중에 부모를 조사하여 부모가 교리문답과 기도문을 알고 있는지, 아이의 나쁜 버릇을 근절시킬 결심을 하고 있는지, 침대는 몇 개가 있으며 어떻게 배치해서 사용하는지 등을 알아본다. 경우에 따라서는 가정 방문을 마치면서 적선積善을 하거나 성상聖像을 선물하기도 하고, 보조 침대를 나눠 주기도 한다.[18] 마찬가지로 병원은 날이 갈수록 외부 주민들의 의료적 감시를 위한 거점으로 인식된다. 1772년 파리 시립병원의 화재 사건 이후 여러 사람들이 너무 육중하고 무질서한 큰 병원 대신에 일련의 작은 병원을 만들자고 주장했다. 그러면 이러한 병원들이 담당 구역의 환자들을 상대할 뿐 아니라, 정보를 수집하고, 풍토병이나 전염병 현상에 대비하며, 무료 진료를 하기도 하고, 주민의 상담에 응하거나 행정 당국에 지역의 보건위생 상태를 알려줄 수 있는 역할을 한다는 것이다.[19]

---

18 Ch. Demia, 앞의 책, pp. 39~40.

19 18세기 후반기에 사람들은 군대를 감시기관으로, 또한 주민들을 감시할 수 있는 전체적 분할관리 방식의 기관으로 이용해 볼 생각을 많이 했다. 17세기에도 여전히 규율의 대상으로서의 군대는 바로 '규율적' 기관으로 이해되었다. J. Servan, 《시

또한 규율의 방법들은 폐쇄적 기관에서가 아니라 사회에 널리 퍼져 있는 여러 통제시설들을 근거로 확산되는 현상을 보인다. 각종 종교 단체나 자선협회들이 주민의 '규율의 실행'이라는 역할을 오랫동안 담당했다. 반反종교개혁 운동이 있을 때부터 7월 왕정王政20하의 박애博愛 운동에 이르기까지 이런 형태의 자발적 움직임은 다양화되었고, 각각의 움직임은 종교적(개종과 교화)이거나 경제적(구제와 노동의욕 고취), 정치적(불평불만이나 폭동의 진압) 목적을 갖게 되었다. 한 예로 파리시의 교구 자선단체를 위한 규약을 보면 충분하다. 즉, 담당 지역은 구역과 지구로 분할되고, 그 단체의 구성원들이 분담하도록 한다. 그들은 정기적으로 분담지역을 방문해야 한다. "그들은 도덕적으로 타락한 장소, 담배 가게, 유흥장, 도박장을 단속하고, 파렴치한 행동, 신을 모독하는 언사, 반反종교적 언행, 그밖에 여러 가지 무질서한 행위를 단속하는 일을 하게 될 것이다." 또한 빈민들을 개별 방문해야 하는데, 문의사항은 규정에 명시되어 있다. — 즉, 주거의 안정성, 기도의 인식 정도, 미사에의 참가 횟수, 직업에 대한 인식, 도덕성(또한 "품행의 과실로 인해 빈곤한 상태에 빠진 것은 아닌지?") 등이다. 끝으로 "다음의 사항들을 신속하게 조사해야 한다. 가정에서는 어떻게 행동하는가, 부부 사이는 어떤가, 또한 이웃과는 사이좋게 지내는가, 신을 공경하면서 정성스럽게 자녀를 키우고 있는가, 다 큰 아이들을 이성의 구별 없이 같이 자도록 하거나 혹은 부모와 함께 자게 하지는 않는가, 가정 안

민군》(1780년)의 예를 참고할 것.

20 *반종교개혁 운동은 16~17세기이며, 7월 왕정은 1830~1848년이다.

에서 특히 과년한 딸의 방탕한 생활이라든가 응석부림을 방조해서 생기는 문제는 없는지 조사해야 할 것이다. 그리고 결혼여부가 의심스러울 경우에는 혼인 증명서를 제시하도록 요구해야 한다."[21]

3) 규율 조직에 대한 국가관리

영국에서 사회 규율의 여러 기능을 오랫동안 담당한 것은 종교적 성격의 사설 단체들이다.[22] 프랑스에서는 이 역할의 일정 부분은 후원단체나 구호 단체에 맡겨졌고, 다른 부분은 — 이것이 아마도 가장 중요한 부분일지 모르겠는데 — 아주 일찍부터 경찰기관이 담당하게 되었다.

중앙집중적 경찰 조직은 오랫동안, 그리고 동시대인에게조차 절대왕정의 가장 직접적인 표현으로 간주되었다. 군주는 "자기의 명령, 권한, 의지를 직접 말할 수 있는 사람이자, 또한 그 명령과 봉인장의 집행을 담당하는 한 명의 직속 행정관"[23]을 두고 싶어 했다. 실제로 파리에서 치안 감독관들과 그들의 보좌관들은 기존의 여러 가지 역할 — 범죄인의 수사, 도시의 감시, 경제와 정치의 통제 — 을 계승하면서 그러한 역할들을 일원적이고 엄정한 행정기관 속에 이관시켰다. 즉, "그 주변에서 퍼져 나오는 강렬한 힘과 명령의 모든 빛은 치안 감독관

---

21 아르스날 도서관 소장, 원고번호 2655. 이 정리 번호의 원고에서 17세기와 18세기의 자선단체를 위한 많은 규정이 보인다.

22 L. Radzinovitz, 《영국 범죄법》(1956), 제 2권, pp. 203~214.

23 경찰부관직의 수석 서기, 뒤발의 의견서, 펑크 브렌타노, 《아르스날 도서관 소장 원고 목록》 제 9권, p. 1.

에게 집중하도록 한다. … 치안 감독관이야말로 질서와 조화를 생성하는 톱니바퀴의 기계를 작동시키는 사람이다. 그의 책임으로 이루어진 행정적 성과야말로 천체의 운행과 비교될 수 있는 것이다."[24]

그러나 제도로서의 경찰이 어떤 국가기구의 형태로 잘 조직되고, 최고 정치권력의 중심과 직접 결부되었다 하더라도, 그 경찰에 의해서 행사되는 권력의 형태, 권력에 의해서 운용되는 메커니즘, 메커니즘에 적용되는 요소들은 특별한 것이다. 이 기구는 자신의 영역의 극단적 경계에서 뿐만 아니라 자신이 책임져야 할 사소한 세부에 이르기까지 사회 전체와 그 외연外延을 공유해야 한다. 경찰 권력은 '모든 것을' 대상으로 삼아야 한다. 그렇지만 그 '모든' 것이란 국가 전체가 아니고, 군주의 가시적이고 불不가시적인 신체로서의 왕국도 아니다. 그것은 사소한 여러 가지 사건, 행동, 행위, 여론 등—'발생하는 모든 일'이다.[25] 경찰의 단속 대상은 카테리나Catherine 2세가 〈대훈령*Grande Instruction*〉 속에서 언급한 '언제나 발생하는 사건'이자 '하찮은 사건'[26]이다. 경찰이 있으므로 우리는 사회의 가장 기본적 요소이거나 가장 일시적 현상이라도 그것과 빈틈없이 연결 지으려는 경찰의 무한한 단속대상이 된다. "치안을 담당하는 행정관과 공무원들의 직무가 가장 중요하다. 그들의 직무 범위는 무한한 것이어서 아

---

24 N. T. Des Essarts, 《경찰 백과사전》(1787년), p. 344와 p. 528.

25 파리의 경찰에 관한 요제프 2세의 16가지 질문에 답하기 위해 사르틴느의 요청으로 작성한 의견서에서 르 메르의 견해. 이 의견서는 1879년에 가지에란 사람이 공간(公刊)했다.

26 《새로운 법전 편찬지침》 보유(1769년), 535절.

주 세밀한 조사를 통해서만 그것을 파악할 수 있다."[27] 그것은 정치 권력의 무한히 작은 부분이다.

권력이 제대로 행사되려면, 지속적이고 완전하고, 도처에 있고, 또한 모든 것을 가시적으로 만들면서 자신은 보이지 않는, 그러한 감시도구를 가져야 한다. 감시는 사회전체를 인식의 대상으로 만들 수 있는 얼굴 없는 시선과 같아야 한다. 그것은 도처에 매복한 수천 개의 눈이고, 움직이면서 항상 경계를 게을리하지 않는 주의력이며, 길고 위계질서화된 그물망이다. 파리 시의 경우, 그것은 48명의 경찰서장, 20명의 사복형사, 정기적으로 돈을 받는 '감시역', 일당을 받는 '밀정密偵', 일의 내용에 따라 보상받는 밀고자, 창녀들이다. 또한 이처럼 끊임없는 감시 기록은 일련의 보고서와 장부책 속에 축적되어야 한다. 18세기 전체를 통하여 방대한 경찰 관계 문서는 복잡한 기록문서 조직에 의해 사회전체를 감당할 수 있게 된다.[28] 사법적이거나 행정적인 기록 방법과는 달리, 이렇게 기록되는 내용은 행위나 태도, 잠재적 성격이나 의심 가는 점들로서 개인들의 행동에 관한 지속적 보고사항이다.

그런데 이러한 경찰의 통제가 완전히 '국왕의 수중에' 놓여 있다 하더라도, 통제가 일방적으로만 이루어지는 것이 아니라는 점을 주의해야 한다. 사실 그것은 2중의 입구를 가진 체제이다. 그것은 한편으로 사법기관의 역할을 교묘히 피해 가면서 국왕의 직접적 명령에 응해야

---

27 N. Delamare, 《경찰론》(1705년), 서문.

28 18세기의 경찰 관계의 기록에 대해서는 M. Chassaignne, 《경찰 총대관직》(1906년) 을 참조할 수가 있다.

하지만, 다른 한편으로는 사회의 하층으로부터의 청원에도 응할 수 있다. 오랫동안 임의적 왕권의 상징이었고, 정치적으로 구금에 관한 실무 효과를 떨어뜨렸던 저 유명한 봉인장封印狀은 사실 거의 대부분의 경우, 가족, 각 단체의 장, 지방의 명사, 지역 주민, 교구 사제에 의해서 요청되었던 것이다. 그러한 봉인장은 무질서, 난동, 반항, 범죄 등 모든 하위의 죄를 구금으로 다스려 제재를 가하는 역할을 했다. 르두Ledoux는 그러한 범죄들을 자신이 고안한 건축으로 완전한 도시에서 추방하고 싶어 했고, 그러한 범죄를 '철저한 감시를 게을리 해 생기는 경범죄'라고 불렀다. 요컨대, 18세기의 경찰조직은 범죄자의 추적에서 사법기관의 보조역할, 그리고 음모나 반체제 운동, 반란에 대한 정치적 통제를 위한 도구와 같은 본래의 역할 외에 징계의 역할을 덧붙여 갖고 있었던 셈이다. 그 기능이 복합적이라는 이유는 그것이 국왕의 절대권력을 사회에 퍼져 있는 사소한 권력 절차들과 결부시키기 때문이고, 각종 폐쇄적인 여러 규율 기관들(공장, 군대, 학교) 사이에 매개망媒介網을 펼쳐, 그러한 기관들이 개입할 수 없는 장소에서 영향을 미치고, 규율화하지 않은 공간을 규율화하기 때문이지만, 또한 무력을 통하여 그 기관들을 대상화하고 그것들을 연결시키며 또한 보호하기 때문이다. 그것은 기관들의 틈 사이로 파고드는 규율인 동시에 메타 규율인 것이다. "군주는 영리한 경찰에 의해서 민중을 질서와 복종에 익숙하게 만든다."29

18세기의 경찰기구 조직은 국가 규모에 달하는 규율의 일반화를 뒷

---

29 E. de Vattel, 《사람들의 권리》(1768년), p. 162.

받침하는 근거이다. 비록 그 조직이 왕권 안에서 규정된 사법권 행사의 한계를 넘어서는 모든 일에 관련되어 있음이 분명한 사실일지라도, 왜 그것이 최소한의 변화를 취하는 것만으로 사법 권력의 재편성에 대처할 수 있었는지, 그리고 왜 오늘에 이르기까지 점점 더 과중하게 자신의 각종 특권을 끊임없이 사법 권력에 강요했는지를 우리는 알게 된다. 아마도 경찰조직이 사법 권력의 현실적 집행자이기 때문이기도 하겠지만, 그 조직이 사법제도보다는 더욱 용이하게 그 규모와 구조에서 규율 형태의 사회와 일체를 이루고 있기 때문이기도 하다. 그렇지만, 규율의 기능들이 어떤 국가기구에 의해서 한 번에 결정적으로 몰수되고, 독점할 수 있었다고 생각하는 것은 옳지 않다.

'규율'은 어떤 제도와도, 또한 어떤 기구와도 동일시될 수 없다. 그것은 권력의 한 형태이고 일체의 도구, 기술, 방식, 적용 범위, 목표를 갖고 있는 권력행사의 한 양식이다. 규율은 권력의 '물리학', 혹은 '해부학'이고, 하나의 기술이다. 또한 규율의 책임은 '전문화한' 기관(19세기의 교도소)이거나 소정의 목적을 달성하기 위해서 그것을 기본 수단으로 이용하는 기관(교육기관, 병원), 혹은 권력의 내부적 메커니즘을 강화하거나 재편성하기 위한 수단을 찾으려는 기존의 심급기관들에서 떠맡을 수 있다(언젠가 밝혀 두어야 할 것은, 기본적으로 부모와 자식 간의 관계로 압축되는, 가족관계가 어떻게 규율화하였고, 가정이 어떻게 고전주의 시대로부터 정상적인 것과 비정상적인 것이라는 규율문제의 출현 장소가 되었는지 그리고 가정이 특히 중요한 외부의 도식들, 즉 학교, 군대 그리고 의학, 정신의학, 심리학의 그러한 도식들을 어떻게 받아들이게 되었는가의 문제이다). 또한 규율을 자신의 내부 운용의 원칙으로 삼은 여러 기구들(나폴레옹 시대부터 생긴 행정기구의 규율화)이 책임지는 것일 수 있고, 사회 전체의 규모로 규율이 확산되도록, 독점적이지는 않더라도 주요한 기능을 수행하는 국가기구(치안 경찰)가 떠맡는 것일 수도 있다.

우리는 일종의 사회적 '검역quarantaine'과 같은 폐쇄적 규율로부터 '판옵티콘 장치panoptisme'이라는, 무한히 일반화할 수 있는 조직에 이르기까지의 변화를 살펴보면서 규율 사회의 형성에 관해 전체적으로 논의해 볼 수 있다. 이것은 권력의 규율 방식이 다른 모든 방식을 대체했기 때문이 아니라, 그 방식이 다른 모든 방식들 속으로 스며들어, 때로는 그것들의 효력을 상실시키면서도 그것들에 대해 매개구실을 하여 상호 연결시키거나 확장하며, 무엇보다 그것들의 가장 미세하고 가장 멀리 떨어진 요소들에까지 권력의 효과를 파급시킬 수 있었기 때문이다. 규율 방식은 권력의 여러 관계들의 미세한 분배를 확고히 해 준다.

벤담 이후 몇 년이 지나지 않아서 율리우스는 이러한 사회의 출생증명서를 작성했다.[30] 그는 판옵티콘의 원리에 관해 언급하면서, 이것은 정교한 건축의 형태 이상의 것, 즉 '인간 정신의 역사'에서 중요한 사건이었음을 말한다. 표면상 그것은 어떤 기술적 문제의 해결에 불과하지만, 그 해결을 통해서 한 사회의 전체적 유형이 뚜렷이 부각될 수 있었기 때문이다. 고대는 스펙터클의 문명이었다. "다수의 인간으로 하여금 소수의 대상을 관찰할 수 있게 한다." 바로 이러한 문제와 짝을 이룬 형태가 성당, 극장, 원형 경기장의 건축이었다. 스펙터클

---

30 N. H. Julius, 《감옥에 관한 강좌》(프랑스어 역, 1831년), 제 1권, pp. 384~386.

과 함께 공적인 생활, 성대한 축제, 관능적 쾌락이 가장 중요한 일이었다. 피를 볼 수 있는 이러한 관례적 행사를 통해 사회는 활력을 되찾고, 잠시 동안이라도 거대한 일체감을 이룰 수 있었다. 근대는 정반대의 문제를 제기한다. 즉, "극소수가 혹은 단 한 사람이 대다수 집단의 모습을 한 순간의 시선으로 모두 볼 수 있게 한다." 공동체라든가 공적 생활이 주요한 요소가 되지 않고, 한편으로는 사적인 개인이고 다른 한편으로는 국가가 주요한 요소로 되는 사회에서 모든 관계들은 스펙터클의 성대함과는 정반대의 형태로만 조정될 수 있다. "대다수의 군중들을 동시에 감시하기 위한 건물의 건설과 배치를 지휘하고 활용하면서 사회생활을 발전시키고 또한 안전하게 만들 수 있게 된 것은, 국가의 영향력이 증대하고, 국가가 사회생활의 모든 관계와 일상의 세부적 문제에 더욱 깊이 관여하게 된 현대에 이르러서이다."

벤담이 하나의 전문적 계획으로서 기술한 것을, 율리우스는 하나의 완결된 역사 과정으로 파악하였다. 현대 사회는 스펙터클의 사회가 아니라 감시의 사회이다. 여러 가지 이미지의 허울 속에서 우리들의 신체는 심층적 공격대상이 된다. 대대적인 교환의 추상화한 체계 뒤에는 유용한 힘을 얻기 위한 정밀하고 구체적인 훈육이 계속되고, 정보 소통의 경로는 지식의 축적과 집중화의 지주가 되고, 기호記號들의 작용은 권력이 어느 곳에 닻을 내려야 하는지를 규정한다. 개인의 아름다운 전체적 모습이 우리의 사회질서에 의해서 절단되고 억압되고 변질되는 것이 아니라, 개인이 사회질서 속에서 힘과 신체에 관한 전술에 의거하여 세밀한 의도로 만들어지는 것이다. 우리는 생각하는 것처럼 그렇게 그리스인에 가깝지 않다. 우리가 있는 곳은 원형극장의 계단 의자 위도 아니고 무대 위도 아니다. 우리는 하나의 톱니바퀴와 같은 존재로서 우리들 스스로 이끌어 가는 권력의 효과들에 의해 포위된 채 판옵티콘 감시장치 속에 있다. 역사적 신화에서 나폴레옹이라는 인물이 갖는 중요성의 여러 기원 중 하나가 바로 이런 것일지 모른다. 그의 존재는 전제적이고 관례적인 군주의 통치권 행사와, 무한정한 규율의 위계질서적이고 지속적인 행사가 접합되는 지점에 있다. 그는 한 눈으로 모든 것을 제압하는 사람이며, 아무리 미세하고 세부적인 것이라도 빠뜨리지 않는 사람이다. "나폴레옹은 제국의 어떤 부분이라도 그의 감시에서 빠져나갈 수가 없고, 어떤 중죄나 경범죄, 어떤 법규위반이라 하더라도 그의 추궁을 받지 않을 수 없을 만큼, 모든 것을 볼 줄 아는 천재의 눈은 사소한 세부도 놓치지 않음으로써 거대한 기계장치 전체를 한눈으로 장악하는 사람이라고 생각하면 되는 것이다."[31] 완숙한 전성기에 이른 나폴레옹 1세의 규율사회에서도 여전히 스펙터클 권력의 낡은 측면은 남아 있다. 과거의 왕권을 찬탈한 사람이면서 동시에, 새로운 국가의 조직자인 군주의 존재로서 지난 시대의 상징적 모습 속에 집약적으로 담겨 있게 된 것은, 통치권 행위의 호화로움과 권력의 장엄한 과시가 일상화된 감시와 상호 교차적인 시선의 철저한 경계로 바뀌게 되어 마침내 태양[32]도 독수리[33]도 쓸모없게 만드는 판옵티콘 권력 속에 사그라져 버린 긴 역사과정이다.

31 J. B. Treihard, 《형사소송법의 이유》(1806년), p. 14.

32 *루이 14세는 태양왕이었다.

33 *나폴레옹 1세의 문장.

‡

규율 사회의 형성은 그것이 자리 잡고 있는 광범위한 몇 가지 역사과정, 즉 경제적이고, 법률-정치적이며 과학적인 과정과 관련되어 있다.

(1) 총괄적으로 규율은 다수의 인간을 질서정연하게 배치하기 위한 기술이라고 말할 수 있다. 그 점에서는 사실 어떤 예외도 없고, 어떤 유별난 특징도 없다. 모든 권력 체계에는 동일한 문제가 제기되는 것이다. 그러나 규율의 특성은 그것이 다수의 인간에 대하여 다음의 3가지 기준과 일치하는 권력의 전술을 규정하려 한다는 점이다. 첫째, 권력의 행사를 가능한 한 경비가 들지 않게 할 것(경제적으로는 그 행사에 수반되는 지출의 절감에 의해서, 정치적으로는 비밀엄수, 최소한의 노출, 상대적 불가시성, 그리고 야기될 수 있는 저항의 극소화 등의 이유로), 둘째, 사회적 권력의 효과가 가능한 한 최대한의 강도로 파급되도록 하고, 실패나 결함 없이 멀리 확산되도록 할 것, 셋째, 권력의 이러한 경제적 발전과 권력이 행사되는 기관(교육, 군대, 산업, 의료기관 등)의 효율성을 결부시킬 것 등이다. 간단히 말하여 권력 체계를 구성하는 모든 요소들의 순종성과 효용성을 동시에 증가시킬 것이다. 규율의 이러한 3가지 목표는 잘 알려진 대로 역사적 상황과 일치한다. 이러한 역사적 상황의 한 측면은 18세기에 갑자기 늘어난 엄청난 인구증가이다. 그것은 유랑민들의 증가(규율의 본래 목적 중의 하나가 정착시키는 것이다. 규율은 일종의 방랑자 퇴치방법이다), 통제나 조작이 중요시되는 집단들의 양적 규모의 변화(17세기 초엽부터 대혁명 전야까지 취학 인구는 증가했다. 아마 입원 환자수도 마찬가지일 것이다. 또한 평상시 군대

의 병력은 18세기 말에 20만 이상이었다) 로 나타난다. 역사적 상황의 또 다른 측면은, 점점 더 다양해지고 복잡해지고, 비용 또한 더욱 많이 들어 그 수익성을 높일 필요가 생기게 된 생산기구의 증대이다. 규율 방식의 발전은 이러한 두 가지 과정에, 아니 오히려 양자의 상호관계를 조절해야 할 필요성에 따른 것일 수 있다. 봉건 군주 권력의 잔재가 남아 있는 형태에서도, 군주체제의 행정 구조에서도, 지역별 통제의 기구들에서도, 그리고 이 모든 것들이 뒤섞여 만들어진 불안정한 복합적 관계에서도 규율방식의 역할은 확실하게 실행되지 않았다. 그러한 역할이 실행될 수 없었던 이유는, 그 연결망을 확장하는 일이 결함이 많고 불규칙적이었고, 그 운용에서 자주 충돌이 일어났기 때문이기도 하지만, 무엇보다도 거기서 행사되는 권력이 '비용이 많이 들었기' 때문이다. 비용이 많이 들게 되는 이유는 여러 가지이다. 예를 들면, 그 권력은 직접 국고國庫에 거액의 부담을 지도록 했기 때문이고, 관직 매매의 제도나 조세징수 청부제는 간접적이긴 하지만, 국민에 대한 부담을 가중시켰기 때문이고, 권력은 저항에 부딪칠 때마다 계속적으로 보강책을 강구해야 했고, 또한 본질적으로 징수와 선취先取의 방식(군주, 영주 그리고 사제가 실시하는 징세에 의한 금전과 생산품의 징수, 또한 부역이나 군적軍籍 등록, 방랑자의 감금이나 추방에 의한 인력과 시간에 대한 징수 등)을 취했기 때문이다. 규율의 발전은 전혀 다른 구조에 속하는, 권력의 기본적 기술 출현을 나타낸다. 즉, '징수' 방식 대신에 여러 가지 기구의 생산적 효용성이나, 효용성의 증대로 창출되는 것의 이용 등 내부로부터 통합되는, 권력의 메커니즘이 출현하게 되었다는 것이다. 권력의 경제를 지배했던 '폭력적 징수'라는 낡은 원칙에 대신하여, 규율은 '부드러움-생산성-이익'의 원칙이 들어선 것이다. 규율은 이 원칙에 의거하여 다수의 인간과 생산 장치의 다양화를 조정할 수 있는 기술로서 이해되어야 한다(또한 이 생산기구라는 말은 엄밀한 의미에서의 '생산'을 뜻할 뿐만 아니라, 학교에서의 지식과 능력의 생산, 병원에서의 건강의 생산, 군대의 경우 파괴력의 생산도 뜻한다).

이러한 조정업무를 통해서 규율은, 과거의 권력경제 안에서 그 대책 마련이 충분치 않았던 여러 가지 문제들을 해결해야 한다. 규율은 대중집단 현상에 수반되는 '비효용성désutilité'을 감소시킬 수 있다. 다수의 집단을 대상으로 할 경우, 규율은 그들을 어떤 단위체보다 훨씬 다루기 쉽게 만들 수 있고, 집단을 구성하는 개인과 전체를 이용하는데 장애가 되는 요소들을 감소시키고, 또한 다수가 갖는 장점의 모든 요소들을 살릴 수 있는 것이다. 그렇기 때문에 규율은 안정의 역할을 한다. 그것은 여러 가지 혼란을 정지시키거나 규제하고, 온갖 혼잡과 불안정하게 돌아다니는 밀집된 집단, 타산적 분배의 문제 등을 해결한다. 그리고 규율은 조직된 집단 다수의 구성으로부터 형성되는 모든 힘을 통제해야 한다. 그것은 집단 다수로부터 생겨날 수 있는 지배적 권력에 저항하는 반反권력의 여러 결과들, 즉 폭동, 반란, 자연발생적 조직, 동맹 등 수평적 결합에 해당될 수 있는 모든 요소들을 제거해야 한다. 그러므로 규율은 분할과 수직성의 방법을 사용하고, 동일 평면의 상이한 요소 사이에 가능한 한 완전히 폐쇄적 분리상태를 초래하여, 빈틈없는 위계질서망을 확정 짓게 한다. 요컨대 규율은 집단 다수의 본래적이고 적대적인 힘에 맞서서 연속적이고 개체화하는 피라미드 형태의 방식으로 대응하는 것이다. 규율은 또한 집단 다수의 개별적 요소가 갖는 특별한 효용성을 증대시켜야 하지만, 가장 신속하고 비용이 들지 않는 수단, 말하자면 집단 다수를 효용증대의 수단으로 이용해야 하는 것이다. 그 결과로 신체로부터 최대한의 시간과 힘을 추출하기 위하여 시간표, 집단 훈육, 연습, 총괄적인 동시에 상세한 감시 등의 전체적 방안이 마련된다. 더욱이 규율은 집단 다수의 특유한 이용효과를 증대시켜야 하고, 집단 다수의 개별적 요소로 하여금, 각 구성원의 단순한 총화總和 이상으로 유용한 것이 되도록 해야 한다. 규율에 의해 분할 방법, 신체와 동작 율동의 상호 조정, 능력의 차별화, 여러 기구나 업무에 따른 상호 조정 등에 관한 온갖 방법을 확정지을 수 있는 것은 무엇보다 집단 다수의 유익한 효과를 증대시키기 때문이다. 끝으로 규율은, 권력의 여러 관계들을 가동시키는 데 있어서 집단 다수의 위에서 군림하듯이 하지 않고 다수의 조직 안에 있으며, 또한 그 방식은 가능한 한 가장 신중하면서, 다른 여러 기능과 가장 밀접하게 연관을 맺고, 가장 비용이 적게 드는 것이어야 한다. 이것에 부응하는 권력의 수단은 위계질서적 감시와 지속적인 기록, 끊임없는 평가와 분류 같은 익명적 권력의 수단이며 또한 그러한 수단에 의해 조직화되는 집단 다수에 공통적 외연을 갖는 권력의 수단이다. 결국 권력을 행사하는 사람들의 호화롭게 나타나는 권력 대신에 권력이 적용되는 대상을 교묘한 방식으로 객체화하는 권력이 들어선 것이다. 군주권의 호사스러운 표상들을 과시하기보다 오히려 권력이 적용되는 대상에 대한 지식을 만들어 낸다. 한마디로 규율이란 집단 다수의 유용한 규모를 확장시키면서 동시에 다수를 적절히 유용하게 만들기 위한 것으로서 다수를 지배해야 하는 권력의 장애요소들을 감소시키는 세밀한 기술적 창조의 집합인 것이다. 그것이 공장이거나 국가거나 국민이거나, 군대든 아니면 학교든 간에 집단 다수가 규율의 단계에 이를 때는 구성원 상호간의 관계가 알맞고 유리해질 경우이다.

서구의 경제적 발전이 자본의 축적을 가능케 한 여러 가지 방법과 더불어 시작된 것이라면, 인간의 축적을 관리하는 방법은 정치적 발전을 가능하게 했다고 말할 수 있다. 정치적 발전이란 전통적이고, 관례적이고, 비용이 많이 들고 폭력적인 권력형태가 효력을 상실함으로써, 모든 교묘하고 계획적인 예속화의 기술체계로 대체된 것을 의미한다. 실제로 인간의 축적과 자본의 축적이라는 두 과정은 분리될 수 없다. 만일 인간을 부양하는 동시에 이용할 수 있는 생산 장치의 확장이 없었다면 인구 축적의 문제 해결은 불가능했을 것이다. 반대로 누적된 집단 다수를 유용하게 만드는 여러 기술이야말로 자본축적 운동을 가속화시킨다. 보다 덜 일반화시켜 말한다면, 생산 장치의 기술적 변화, 노동의 분업, 규율 방식의 완성은 매우 긴밀한 일련의 전체관계를 유지시켜 온 것이다.34 인간의 축적과 자본의 축적, 이 두 가지는 서로를 가능하게 하고 필요하게 했으며, 한쪽이 다른 한쪽에 모델 구실을 했다. 규율의 피라미드는 권력의 작은 개체들을 조립했으며, 그 내부에서는 업무의 구분과 조정 및 통제가 부과되고 그 효력을 발휘하게 되었다. 또한 시간, 동작, 체력에 관한 분석적 분할관리 방식은 복종시켜야 할 집단들로부터 생산의 메커니즘으로 쉽사리 이전될 수 있

34 Marx, 《자본론》 제 1권, 제 4편, 13장을 참조. 또한 F. Guerry 및 D. Deleule, 《생산적 신체》(1973년)의 매우 흥미 있는 분석 참조.

게끔, 계획적인 도식을 만들어 냈다. 군대에서 통용되는 방법을 산업 조직에 대대적으로 투영한 것이 권력의 도식으로부터 노동의 분업에 관한 모델제작을 이룬 한 예가 되었다. 그러나 반대로 생산 과정의 기술적 분석과, 그것의 '기계적' 분해는 생산 과정을 보장하는 임무를 떠맡던 노동력을 대상으로 기획되었다. 즉, 그 속에서 개인적 힘들이 조합됨으로써 확장되는 규율장치의 조립성은 이러한 투영의 결과이다. 말하자면 규율은, 신체의 힘을 가장 값싼 비용의 '정치적' 힘으로 만들면서, 또한 그것을 유용한 힘으로서 극대화시키는 단일화의 기술 방식이다. 자본주의 경제의 확장은 규율권력이라는 특유한 양식을 초래했는데, 그것의 일반적 양식, 힘과 신체를 복종시키는 방법, 한마디로 그러한 '정치 해부학'은 매우 다양한 정치체제나 기구, 혹은 제도를 통해서 사용될 수 있게 되었다.

(2) 권력의 판옵티콘 양식은 — 그것이 위치한 기본적이고 기술적인 차원, 보잘 것 없긴 하지만 물리적 차원에서 — 한 사회의 법률-정치라는 큰 구조에 직접적으로 종속되는 것도 아니고 그 구조의 직접적 연장 형태도 아니다. 그렇다고 완전히 독립적인 것도 아니다. 역사적으로 보았을 때, 부르주아지가 18세기를 통하여 정치적으로 지배 계급이 된 과정은, 명시적이고 체계화되어 있으면서, 명문상으로는 평등한 법률적 범주의 설정과 의회제 및 대의제의 형식을 취한 체제의 조직화가 뒷받침된 것이었다. 그러나 규율장치의 발전과 일반화는 이러한 과정의 어두운 이면을 만들어 놓았다. 원칙적으로 평등주의적 권리 체계를 보증했던 일반적 법률 형태는 이러한 사소하고 일상적이며 물리적인 메커니즘에 의해서, 그리고 규율로 형성된 본질적으로

불평등주의적이고 불균형적인 권력의 모든 체계에 의해서 그 바탕이 만들어진 것이었다. 그리고 형식상 대의제도를 통해서, 그것이 직접적이건 간접적이건, 아니면 매개를 거치건 안 거치건 간에, 만인의 의사가 통치권의 기본 절차를 구성하는 것이라면 그 기반에 있어 규율은 힘과 신체의 복종을 보장하는 것이다. 현실적이고 신체적인 규율은 형식적이고 법률적인 자유의 기반을 마련하였다. 계약이 법과 정치권력의 이상적 기초로 생각될 수 있었다면, 판옵티콘 권력은 보편적으로 확산된 강제권의 기술방법을 만들어 놓았다. 그 방법은 사회의 법률적 구조 심층부에서 끊임없이 작용하면서 권력의 형식적 틀과는 반대로 실질적인 권력 메커니즘을 작동시키는 것이었다. 인간의 자유를 발견한 '계몽주의 시대'는 또한 규율을 발명한 시대였다.

표면적으로 규율은 일종의 하위법 이상을 만들지 못한다. 그것은 법률에 의해 규정되는 일반 형식을 개별적 인간 존재의 무한히 미세한 층위까지 연장시켜 놓은 것처럼 보인다. 또한 규율은 이러한 일반적인 '법률적' 요구사항에 개인들로 하여금 동화될 수 있게 만드는 실습방법처럼 보인다. 규율은 같은 형태의 법률을, 그것의 규모를 바꾸어 보다 미세하고, 어쩌면 보다 섬세하게 만들면서 그것을 연장시키는 것일지 모른다. 아니 오히려 규율 속에서 일종의 대안적 법률 형태를 파악해야 한다. 그것의 분명한 역할은 극복하기 어려운 비대칭 상태를 이끌어 들여 불편한 상호관계의 가능성을 제거하는 일이다. 왜냐하면 우선 규율은 개인들 사이에 '사적' 관계를 만들어 내는데, 이 관계는 계약의 의무와는 전혀 다른 구속 관계이기 때문이다. 어떤 규율의 수락은 계약을 통해서 인정될 수 있다. 그런데 그 규율이 부과되는 방법, 그것으로 작동되는 메커니즘, 사람들 사이의 불가역적인 종속 관계, 언제나 같은 쪽에 고정된 '과잉 권력', 공통의 규정을 기준으로 삼고 있으면서 상이한 '성원'들 간에 이루어진 입장의 불평등, 이 모든 것은 규율 관계와 계약 관계를 대립시키고, 계약 관계가 규율의 메커니즘을 갖게 되는 순간부터 계약관계를 철저하게 변질시킬 수 있게 한다. 예를 들면, 얼마나 많은 현실적 방법들이 노동 계약의 법률적 약속과 다르게 이루어지는가를 우리는 잘 알고 있다. 공장에서의 규율은 무엇보다 중요하다. 더욱이 법률 체계가 보편적 규범에 의거하여 법적 주체를 규정하는 반면에 규율은 사람들을 특징짓고, 분류하며 특정화한다. 어떤 척도에 따라 배분하고, 어떤 기준을 삼아서 분할하며, 개개인을 상호 비교해서 서열화하고, 극단적 경우에는 자격을 박탈하고 무효로 만든다. 여하간 규율은 통제력을 행사하고, 스스로의 권력의 불균형을 작동시키는 그러한 공간이나 시간 속에서 결코 완전하지는 않지만, 그렇다고 해서 결코 무효화하지는 않는, 법률의 일시적 정지를 실행한다. 아무리 규칙을 잘 지키고 제도적이라 할지라도 규율은 그 메커니즘에 있어 하나의 '대안적 법률'이다. 또한 근대 사회에서는 보편적 법치주의가 권력 행사에 한계를 부과하는 것처럼 보인다 할지라도, 도처에 확산된 판옵티콘 체제는 법률의 경우와는 반대로 권력행사에서, 권력의 불균형을 지탱하고, 강화하고, 다양화시키며, 부과된 한계를 쓸모없는 것으로 만드는, 거대하면서 동시에 미세한 장치를 작동시킨다. 미세한 규율이나 일상적 판옵티콘 체제는 거대한 장치들과 거대한 정치 투쟁이 출현하는 층위 밑에서 존재할 수 있다. 또한 근대 사회의 계보학 안에서 규율은 근대 사회를 관통하는 계급지배와 함께 권력을 재배분하는 기준이 되는 법률규범의 정치적 반대급부와 같은 것이었다. 어쩌면 바로 이런 점에서 규율의 사소한 방식이나 새로 만들어진 사소한 책략, 혹은 규율에 공공연한 면모를 부여하는 지식에 대해서 그렇게도 오래전부터 중요성이 부여되어 온 까닭이 있을 것이다. 또한 그 결과로 이러한 규율을 대체할 것이 발견되지 않을 경우, 그것이 완전히 없어져 버리지 않을까 하는 염려가 생기기도 한다. 규율이 그 실제에서 결정적으로, 그리고 도처에서 권력관계의 불균형을 초래함에도 불구하고 그것이 사회와 그 균형의 토대 자체라는 주장도 가능하다. 그러므로 규율이 물리적-정치적인 하나의 기술집합체인데도 사람들은 그것을 보잘 것 없는 형태이긴 하지만 모든 도덕의 구체적 형태로 통용되기를 고집하는 것이다.

이제 합법적 징벌懲罰의 문제로 돌아가서, 모든 징벌 기술에 수반되는 감옥의 문제를 말한다면, 그것은 다음과 같은 지점에 놓고 생각해야 한다. 즉, 체계화한 처벌의 권력이 감시하는 규율 권력으로 몸을 뒤틀어 변화하는 지점, 법에 의한 보편적 징벌이 언제나 동일한 어떤 개인들에게만 선별적으로 적용되는 지점, 법적 주체에 대한 형벌의 판결이 범죄자에게 유익한 훈육으로 바뀌는 지점, 법이 전도되어 법의 테두리 밖으로 이전되는 지점, 그리고 법에 반대되는 것이 법률 형식의 실제적이고 제도화한 내용이 되는 지점, 이 모든 지점에서 감옥의 문제를 보는 것이다. 따라서 처벌하는 권력을 널리 보급시키는 원인은 개별적인 법적 주체의 내면에 담긴 보편적 법의식이 아니라, 판옵티콘 방식의 일정한 규모이자, 매우 빈틈없이 만들어진 그물조직이다.

(3) 개별적으로 채택된 대부분의 규율방식들은 배후에 오랜 역사를

갖고 있다. 그러나 18세기에 새로운 것은, 그 방식들이 조립되고 일반화하면서 지식의 형성과 권력의 증대가 하나의 순환 과정에 의해서 규칙적으로 강화될 수 있는 수준에 도달하게 되었다는 점이다. 그렇게 되면, 규율은 '기술적' 단계를 넘어선다. 병원부터 학교, 공장 순서로 이 기관들은 단순히 규율에 의한 '질서 확립'에 멈추지 않았다. 그 기관들은 규율 덕분으로, 객관화의 모든 메커니즘이 예속화의 도구와 다름없는 장치들로 되게 했고, 모든 권력의 발전은 가능한 한 모든 지식을 만들어 낼 수 있게 되었다. 규율의 요소 안에서 임상의학, 정신의학, 아동심리학, 교육심리학, 노동의 합리화 등이 형성될 수 있었던 것은 기술체계에 내재한 이러한 관계를 그 출발점으로 해서였다. 따라서 권력 관계의 세련화를 통한 인식론의 해방, 새로운 지식의 형성과 축적을 통한 권력 효과의 다양화라는 이중적 과정이 있게 된다.

규율방법의 확장은 광범위한 역사적 과정 속에서 거의 동시대의 다른 많은 기술들, 즉 농업, 산업, 경제 등의 기술이 발전하는 것과 같은 궤軌에 놓여 있다. 그러나 주목할 것은, 광산업이나 초기의 화학, 국가의 회계감사 방법, 그리고 용광로나 증기기관에 비하면, 판옵티콘 체제는 별로 예찬의 대상이 되지 않았다는 점이다. 사람들이 그 방식에 대해 생각하는 것은 기껏해야 이상하고 작은 유토피아 같은 것이거나 짓궂은 자의 몽상 같은 것뿐이었다. 그것은 마치 벤담이 경찰사회를 만든 푸리에Fourier 같은 사람인 것처럼, 팔랑스테르[35]가 '판옵티

35 *Phalanstère: 19세기 유토피아 사회주의자인 푸리에가 고안한 공동생활자의 주거지이다.

콘'의 모델이 되었을 것이라는 식이다. 그렇지만 사람들은 그것에 대해 개인을 다루는 기술이자, 아주 현실적 기술의 추상적 양식 정도로 생각했다. 판옵티콘 형식에 사람들이 별로 찬사를 보내지 않았던 데에는 여러 가지 이유가 있다. 가장 명백한 것은 판옵티콘에 대한 담론들이, 아카데미식의 분류를 떠나서 보더라도, 학문의 지위를 획득할 수 없었기 때문이다. 그러나 가장 현실적인 이유는 아마도 판옵티콘을 실행하고 힘을 증가할 수 있는 권력이 인간 상호간에 행사되는 직접적이고 물리적인 권력이었기 때문일 것이다. 도착지점에 영광이 따르지 않으니 출발지점에 대해서 솔직히 말하기는 어렵다. 그러나 규율의 방식을 증기기관이나 아미치Amici의 현미경 같은 발명과 비교 하는 일은 옳지 않을 것이다. 그 방식은 이러한 발명들에 비해 아주 보잘 것 없는 것이지만, 어떤 점에서는 그 이상이다. 그 방식의 역사적 등가물等價物이나, 적어도 비교할 만한 요소를 찾아야 한다면, 오히려 '종교 재판'의 기술적 측면에서 찾을 수 있을 것이다.

중세에 사법적 조사가 고안된 것처럼, 아마도 18세기에 규율과 평가의 기술들이 고안되었을 것이다. 그러나 만들어진 방식은 아주 다르다. 징세와 행정의 낡은 기술방법과 같은 증거 조사의 방법은 12세기와 13세기에 가톨릭교회의 재편성과 제후諸侯국가들의 증가와 더불어 큰 발전을 이루었다. 그리하여 그 방법은 우리가 잘 알고 있는 규모로, 처음에는 종교 재판소의 판례 속에, 다음에는 세속적 재판소 속에 침투했다. 부인되거나 혹은 입증된 진실에 대한 권위주의적 증거 조사는 선서나 신명信明재판,36 결투재판37이나 신神의 재판, 그리고 당사자들의 화해 등 과거의 방법들과는 정반대되는 것이었다. 증거 조사는, 몇 가지 정해진 기술에 의거해서 진실을 결정하는 권리를 독점하는 군주의 권력이었다. 그런데 증거 조사가 이 시기부터 서양의 재판과 일체를 이룬 것이라 하더라도, 그것의 정치적 기원, 그것과 국가 및 군주권의 탄생이 연결되는 관계, 그 이후의 변천, 그리고 지식 형성에서 그것이 담당한 역할 등에 대해서는 잊지 말아야 한다. 실제로 증거 조사는 경험적 과학들이 만들어지는 과정에서 초보적일지 모르지만, 본질적 요소였다. 그것은 우리가 잘 아는 바와 같이, 중세 말기에 급속히 해제된 실험적 지식의 법률적-정치적 모태였다. 그리스의 수학이 측량 기술로부터 생겨났다고 하는 것은 아마 사실일지 모른다. 여하간 자연과학은 부분적으로 중세 말기에 이 증거 조사의 실무작업으로부터 생겨났다. 이 세상의 모든 것을 대상으로 삼아서, '사실'을 확인하고 기술하고 규정하는 무한한 담론의 질서 속에 사물들을 옮겨 놓는 거창한 경험적 인식은 (또한 이것은 서구 세계가 동일한 세계에 대한 경제적이고 정치적인 정복을 시작해 가던 시기에 일어났지만), 아마 그 조작적 모델을 '종교 재판'에서 이끌어 온 것으로 보인다. 오늘날 우리의 유순한 정신 때문에 그처럼 거대한 발명이 기억의 어둠 속에서 방치되긴 했지만 말이다. 그런데 이러한 정치-법률적이고, 행정적이고 형사적인 조사, 종교적이고 세속적 증거 조사와 자연과학과의 관계는, 규율에 따른 분석과 인문과학과의 관계와 같은 것이다. 최근 1세

36 *물 · 불 따위의 고문과 시련으로 판결을 내렸다.

37 *중세의 재판방식으로 불 · 열에 손을 넣어도 데지 않는 자나, 싸워서 이기는 자를 무죄로 하였다.

기 이상 전부터 우리 '인류'가 매료된 인문과학이란 것이 사실은 규율과 그러한 조사방법의 좀스럽고 심술궂은 꼼꼼한 태도에서 기술적 모델을 빌려 온 것이다. 이러한 조사방법이 심리학이나 정신의학, 교육학, 범죄학, 그리고 그 외의 이상한 여러 학문들과 맺는 관계는 증거 조사를 실행하는 무서운 권력이 동물이나 식물, 혹은 지구에 관한 냉철한 지식에 대하여 맺는 관계와 같다. 권력이 다르면 지식도 달라진다. 고전주의 시대 초에, 법조인이면서 정치가인 베이컨Bacon은 경험적 과학을 위해 조사의 방법론을 마련하려고 했다. 그러나 그 어떤 '위대한 감시자'가 인문과학에 걸맞은 평가의 방법론을 만들 수 있겠는가? 그것은 참으로 불가능한 일이다. 왜냐하면 증거 조사가 경험적 과학에 쓰이는 기술방법이 됨으로써 그것이 역사적으로 뿌리를 내리던 종교 재판 과정으로부터 벗어난 것이 사실일지라도, 평가는 그것을 형성한 규율 권력 편에 아주 가까이 머물렀기 때문이다. 평가는 여전히, 그리고 언제라도 규율의 내재적 요소이다. 물론 평가는 정신의학이나 심리학 등과 같은 과학에 통합되면서 사변思辨적인 세련화의 과정을 거친 것처럼 보인다. 그리고 실제 우리가 보는 바와 같이 테스트, 면담, 심문, 조사 등의 형태로 표면상으로 규율의 메커니즘은 수정되는 것처럼 보인다. 예를 들면, 의료적 혹은 정신의학적 면담을 통해 작업 규율의 성과를 바로잡는 일을 할 수 있는 것과 마찬가지로 교육심리학은 학교의 엄격성을 완화시키는 역할을 한다. 그러나 이 점에 대해서 잘못 생각해서는 안 된다. 이러한 기술들은 개인을 한 단계의 규율기관으로부터 다음 단계의 규율기관으로 이동시킨 것에 불과하고, 모든 규율에 고유한 권력-지식의 도식을 어떤 집중된, 혹은 관례화한 형식으로 재생산하고 있는 것이다.[38] 자연과학을 만들어 낸 위대한 조사방법은 정치-법률적 모델로부터 벗어나게 되었는데, 오히려 평가는 규율의 기술체계 속에 그대로 묶여 있는 것이다.

중세의 증거 조사 방법은 오래전부터 기소를 위해 부과된 방법이었지만, 그것은 위에서부터 내려오는 과정에 의한 것이었다. 그런데 규율의 기술은 그 원칙상 아직도 종교 재판의 방식을 따르는 형사 재판을 교묘하게, 그리고 아래쪽으로부터 침범했다. 근대적 형벌제도의 특징을 이루는 중요한 파생적 움직임들 — 범죄 뒤에 가려진 범죄자에 대한 문제성 제기, 그리고 교정, 치료, 정상화 등과 같은 처벌의 배려, 개인을 측정하고, 평가하며, 진단하고, 치료하여, 변화시키기 위한 여러 가지 심급기관들 사이의 판결행위 분담 — 이러한 모든 것은 사법적 조사 안에서 규율의 평가가 침투한 것임을 잘 보여 준다.

이제부터 형사 재판에, 그 적용점으로건 '유용한' 대상으로건, 부과되는 것은, 더 이상 국왕의 신체에 반항한 죄인의 신체도 아니고 이상적인 계약서의 법적 주체도 아닌, 바로 규율화된 개인이다. 앙시앵 레짐 아래서 형사 재판의 극단적 상태는 시역자弑逆者의 시체를 한없이 절단하는 것이었다. 즉, 대역죄를 저지른 범죄자의 신체에 대한 철저한 파괴가 중죄의 진실을 밝히는 일처럼 됨으로써 그만큼 강력한 권력을 나타낼 수 있었다. 오늘날의 형벌제도가 도달해야 할 이상적 상태는 무한한 규율일 것이다. 이것은 한계가 없는 심문이며, 정밀하고 언제나 보다 분석적인 관찰 속에서 계속 연장되는 조사이며, 전혀 끝날

38 이 문제에 관해서는 Michel Tort, 《Q. I》(1974년)를 참조할 것.

줄 모르는 기록의 작성인 동시에 심문의 악착스러운 호기심과 얽혀 있는 형벌의 계산된 부드러움이며, 도달할 수 없는 어떤 규범을 기준으로 한 일탈의 끝없는 척도인 동시에, 무한히 그 규범에 이르도록 강요하는 점근선漸近線의 변화이기도 하다. 신체형은 종교 재판에서 결정하는 처리방법을 논리적으로 완결시킨다. 규율화한 감시방법은 당연히, 규율의 방법과 평가의 방법이 널리 침투한 재판의 연장이다. 박자에 맞추듯이 구분된 시간 구분과 강제 노동, 감시와 평점의 심급들, 재판관의 역할을 대신하고, 그것을 다각적으로 수행하는 정상 상태의 전문가들, 이러한 여러 가지 요소를 갖춘 개체 위주의 감옥이 형벌제도의 근대적 도구가 되었다 해서, 무엇이 놀라운 일이겠는가? 감옥이 공장이나 학교, 병영이나 병원과 흡사하고, 이러한 모든 기관이 감옥과 닮은 것이라고 해서 무엇이 놀라운 일이겠는가?

제 4부

감옥

1장 완전하고 준엄한 제도
2장 위법행위와 범죄
3장 감옥 체계

1

완전하고 준엄한 제도

감옥이 새로운 형법전(나폴레옹 법전)과 함께 생겨났다고 말하는 것은 정확하지 않다. 감옥-형태는 형법에서 체계적으로 활용되기 이전에 이미 존재했다. 개인들을 분류하고, 그들을 고정시키고 공간적으로 배치하고, 등급을 매기고, 그들로부터 최대한의 시간과 최대한의 신체적 힘을 이끌어 내고, 신체를 훈련하고, 연속적 행동에 규칙을 부과하고, 빈틈없는 가시성의 영역 속에 가두고, 그들 주위에 온통 관찰·등록·평가의 장치를 조직하고, 그들을 집중적인 조사의 대상으로 삼아, 축적되고 수집된 지식을 만들기 위해서 사회체를 통해 여러 가지 방법들이 치밀하게 구상되었을 때, 사법 기관의 외부에서 감옥-형태가 만들어진 것이다. 개인들의 신체에 대한 빈틈없는 작업을 통해, 그들을 순종하는 유익한 존재로 만들기 위한 일반적 형태의 시설이 감옥 제도의 계획을 보여 주는 것이었지만, 이것은 법이 제도-감옥을 전형적 형벌로 규정하기 이전의 일이었다. 18세기에서 19세기로 넘어가는 전환기에 징역懲役이라는 형법제도로의 이행이 있었다는 것은 사실이고, 그것은 새로운 사태이기는 했다. 그러나 실제로는 다른 곳에서 이미 만들어진 강제권의 메커니즘 쪽으로 형법제도의 문이 열린 것에 지나지 않았다. 형법상 구금형의 모델들 — 갠트, 글로스터, 월넛 스트리트 등의 감옥들 — 은 혁신적인 것이거나 출발점을 보여 주기보다는 오히려 이러한 전환이 최초로 뚜렷해진 시점을 가리킨다. 일련의 처벌 장치에서 본질적 구성요소인 감옥은 분명히 형사사법의 역사에서 하나의 중요한 계기, 곧 '인간성'에의 접근을 확실하게 보여 줄 뿐만 아니라, 새로운 권력 계급이 발전시키던 그 규율의 메커니즘 역사에서 중요한 하나의 계기, 이를테면 그것들이 사법제도를 식민지처럼 지배하게 된 계기를 나타낸다. 그 두 세기의 전환기에 새로운 법제가 만들어지면서 처벌의 권한은 사회의 일반적 기능 — 이것은 사회의 모든 구성원들에게 똑같은 방식으로 발휘되며, 이 기능과 관련하여 그들은 제각기 동등한 값어치를 갖는데 — 으로 규정된다. 하지만 구금형拘禁刑을 전형적 형벌로 만듦으로써, 새로운 법제는 권력의 특징적 지배 방식을 끌어들인다. 자칭 '평등한' 재판, 스스로 '자율적'이기를 바라지만 규율의 예속화에 따른 온갖 불평등으로 포위된 사법기구는 '문명화한 사회의 형벌'[1]인 감옥의 탄생과 겹치는 것들이다.

감옥-형벌이 매우 일찍부터 갖게 된 자명한 이치l'evidence의 성격은 누구나 이해할 수 있다. 19세기의 처음 몇 년이 지났을 때만 해도, 사

1 P. Rossi, 《형법론》 제 4권(1829년), p. 169.

람들은 감옥 - 형벌을 새로운 것으로 의식했겠지만, 그것은 18세기의 개혁자들이 상정한 다른 모든 처벌 방식들을 망각 속에 내던졌을 만큼, 이미 사회의 기능 자체와 밀접하게, 그리고 깊숙이 연결된 것으로 나타났다. 그것은 선택의 여지가 없고 역사의 자연스러운 흐름으로 만들어진 결과처럼 보였다. "투옥을 현재의 형법구조의 기반과 그것의 거의 전적인 체계로 만든 것은 우연도 아니고, 입법자의 변덕도 아니다. 그렇게 한 것은 사물에 대한 관념의 진보이고 풍속의 개선이다."2 그리고 한 세기 이상의 세월이 지나는 동안 자명한 이치의 풍토가 변한 것은 사실이지만, 그렇다고 없어진 것은 아니다. 감옥의 나쁜 점뿐 아니라, 감옥이 쓸모없지 않다고 해도 감옥이 위험하다는 것은 잘 알려진 사실이다. 그렇지만 무엇으로 감옥을 대체할 것인가 하는 문제는 '해결될 기미'가 보이지 않는다. 감옥은 고약한 해결책이어서, 그것 없이는 아무것도 할 수 없을 정도이다.

우리가 그토록 벗어나기 어려운 이러한 감옥의 '자명한 이치'는 무엇보다도 먼저 '자유의 박탈'이라는 단순한 형태에 기반을 두고 있다. 자유가 똑같은 방식으로 모든 사람에게 속하는 귀중한 것이고, '보편적이고 한결 같은'3 감정을 통해 모든 사람이 자유에 대한 애착을 갖는 사회에서, 어떻게 감옥이 전형적인 형벌이 되지 않겠는가? 따라서 자유의 상실은 모든 사람에게 똑같은 가치를 갖는다는 점에서, 벌금보다 더 나은 '평등주의적' 징벌이다. 이를테면 감옥의 법률적 명확성

---

2 브뤼셀 행형회의, Van Meenen의 견해. 《자선사업 연보》(1847년), pp. 529~530.

3 A. Duport의 입헌의회 연설, 《의회 고문서》.

이 있다. 게다가 시간의 변수에 따라 형벌을 정확하게 수량화하는 것이 가능하다. 산업사회에서는 감옥의 명백한 경제적 논리성을 만드는 것으로서 배상으로 보일 수 있는 대가의 형식forme-salaire이 존재한다. 감옥은 수형자의 시간을 빼앗음으로써, 그의 범법행위가 피해자의 차원을 넘어서서 사회 전체에 피해를 주었다는 생각을 구체적으로 표현한 형태일 것이다. 이러한 논리성은 하루, 한 달, 한 해를 단위로 하여 형벌을 금전적으로 환산하고, 그리하여 범죄-형기 사이의 수량적 등가等價관계를 확립하는 형벌제도의 경제적·도덕적 논리성이라고 할 수 있다. 이런 점에서 엄밀한 형법이론에는 어긋나지만, 처벌의 작용에 아주 잘 합치되고 매우 빈번히 사용되는 표현, 곧 '빚을 갚기' 위해 감옥에 있다는 표현이 유래하게 되었다. 교환물의 가치 측정을 위한 시간의 사용이 우리의 사회에서 '자연스러운' 것과 마찬가지로, 감옥은 '당연한' 것이다.

그러나 감옥의 명백한 논리성은 추정된 것이건, 요구된 것이건 간에, 개인들을 변화시키는 도구로서의 역할에도 근거를 두고 있다. 감옥에 가두고 교정하고 순종하게 만듦으로써, 사회체社會體에서 발견되는 모든 메커니즘을 — 그것들이 정치적으로 강화될 위험을 무릅쓰고라도 — 재생산하게 만드는 한, 감옥이 어떻게 즉각적으로 수용되지 않을 수 있겠는가? 감옥은 다소간 엄격한 병영兵營, 관대함이 없는 학교, 암담한 일터와 같으며, 극단적인 경우에는 그것들과 어떤 질적 차이도 없다. 한편으로는 법률-경제적이고, 다른 한편으로는 기술-규율적인 이러한 이중의 토대에 힘입어, 감옥은 모든 형벌들 가운데 가장 직접적이고 가장 문명화한 형태로서 나타났다. 이러한 이중의 작용들이 지체 없이 감옥에 견고성을 부여한 점이다. 실제로 한 가지 사항은 명백하다. 그것은 감옥의 기능에서 자유의 박탈이 먼저이고, 개인의 교정 역할이 나중에 추가된 것이 아니라는 점이다. 감옥은 처음부터 교정이라는 보조적 역할을 갖고 있는 합법적 감금이었고, 합법적 체제 안에서 자유의 박탈을 통해 개인의 변화를 계획한 것이었다. 요컨대 19세기 초부터 형법상의 수감은 자유의 박탈과 동시에 기술에 의한 개인들의 변화를 책임지도록 한 것이다.4

몇 가지 사실들을 돌이켜 보자. 1808년과 1810년의 형법전, 그리고 그것들 직전이거나 직후에 취해진 조치들에서 투옥投獄은 단순한 자유의 박탈과 결코 혼동되지 않는다. 그것은 목표가 분명하고 이질적인 메커니즘이다. 그것이 분명히 구별되는 이유는 피의자 또는 수형자, 경범자 또는 살인범에 따라 투옥의 방식은 달라져야 하기 때문이다. 다시 말해서 유치장, 교도소, 중앙형무소가 약간의 예외를 제외하고 원칙상 이러한 차이에 상응하는 것이 되어야 하고, 형벌의 경중에서 단계적일 뿐만 아니라 목적에서도 다양한 형벌이 확고하게 마련되어야 한다. 사실상 감옥은 처음에 설정된 하나의 목적을 갖고 있다. "법이 부과하는 형벌에는 경중이 있으므로, 가벼운 형벌을 받은 사람이 더 무거운 형벌을 선고받은 형사범과 똑같은 장소에 수감될 수 없다. … 법에 의해서 부과되는 형벌은 범죄의 교정을 주된 목적으로 하

---

4 감옥의 이 두 가지 '성격' 사이의 상호작용은 계속 존재한다. 며칠 전, 프랑스 공화국 대통령은 구금이 오직 '자유의 박탈' — 감옥의 현실에서는 벗어난 투옥의 본질 그대로 — 이 되어야 한다는 '원칙'을 상기시키면서 이렇게 부연하였다. 즉, 감옥은 오직 '교정'이나 사회의 재적응 효과에 의해서만 정당화될 수 있다는 것이다.

지만, 이와 동시에 죄인의 개과천선改過遷善도 요구한다."[5] 그리고 이러한 변화는 수감생활의 결과에서 찾아야 한다. 감옥 -형벌, 감옥 - 기구는 다음과 같다. "형무소를 지배하는 질서는 수형자를 갱생시키는 데 크게 이바지할 수 있다. 또한 교육의 악습, 나쁜 범죄자의 전염, 무위도식 … 등은 범죄를 낳기도 한다. 그러므로, 이러한 모든 타락의 원천을 봉쇄하려고 노력하자. 건전한 도덕의 규범들이 형무소 생활에서 실천될 수 있도록 하자. 수형자들에게 강제적인 노동이 결국 좋아하는 노동이 되게끔 일에 대한 습관·취미·욕구를 익숙해지도록 하고, 근로 생활의 모범을 보이도록 하자. 그러면 수감 생활은 순수한 생활이 될 것이며, 오래지 않아 그들은 의무에 대한 사랑의 첫 번째 전조, 즉 과거를 뉘우치는 마음을 가질 것이다."[6] 교정의 기술은 빠른 시간에 형법상의 구금을 위한 제도적 골격 속에 편입되었다.

또한 감옥을 개혁하고 감옥의 기능을 통제하려는 움직임은 뒤늦게 일어난 현상이 아니라는 것도 기억해 두어야 한다. 물론 그 움직임은

---

5 《형사소송법의 이유》, G. A. Real의 보고, p. 244.

6 위의 책, 트레야르의 보고서, pp. 8~9. 동일한 주제가 과거 여러 해 동안 자주 발견된다. 예를 들면, "법에 의해서 선언되는 구금형의 목적은 특히, 개인을 교정하는 일, 즉 개인을 한층 더 선량한 사람으로 만들고, 그가 사회에 복귀하여 이제는 사회에 해를 끼치지 않도록, 다소의 차이는 있더라도 장기간의 시련을 거쳐서 개인을 대비시키는 일이다. … 개인을 한층 더 선량하게 만드는 가장 확실한 수단은 노동과 교육이다." 이 교육은 읽는 법이나 계산방법을 가르치는 것만이 아니라 수형자를 "질서, 도덕, 자신과 타인에 대한 존중심 등 여러 가지 생각에" 익숙해지도록 하는 일이다(Seine-Inférieure의 도지사인 Beugnot가 혁명력 10년 상월에 제정했다). Chaptal이 각 도의회에 요구한 보고서 중, 12개 이상이나 되는 보고서가 모두 피구금자로 하여금 노동시킬 수 있는 감옥을 요청하는 것이다.

감옥이 실패한 제도임을 정식으로 확인한 다음에 생겨난 현상처럼 보이지는 않는다. 감옥의 '개혁'은 감옥 자체와 거의 같은 시기에 시작된다. 그것은 감옥의 프로그램과 같다. 처음부터 감옥은 표면적으로 감옥을 개조하게 되어 있었고, 감옥 기능 자체의 일부분을 이루는 것 같은 일련의 부속적인 메커니즘 속에 들어가 있었으며, 그런 만큼 그 메커니즘은 감옥의 모든 역사에서 감옥의 존재와 연결된 것이었다. 즉각적으로 감옥에 관한 장황한 방법론들이 나왔다. 증거 조사의 경우를 말하자면, 이미 1801년에(감옥기관을 프랑스에 정착시키는 데 활용될 수 있는 것을 고려하는 것이 문제였을 때) 행해진 샤프탈의 조사, 1819년에 수행된 드카즈의 조사, 1820년에 발간된 빌레르메의 책, 1829년에 마르티냑이 작성한 중앙형무소에 관련된 보고서, 1831년에 보몽과 토크빌이 그리고 1835년에는 드메즈와 블루에가 미국에서 실시한 조사, 수감자들의 격리에 관한 논쟁이 한창일 때 몽탈리베[7]가 중앙형무소의 소장들과 여러 도의회를 대상으로 실행한 설문조사 등이 있었다. 감옥의 기능을 통제하고 감옥의 개선책을 제안하기 위한 단체들을 예로 들자면, 1818년에 거의 정부 주도로 설립된 '감옥개선협회', 그 얼마 후에 나타난 '감옥협회'와 각종 박애博愛단체들이다. 행정명령, 훈령, 또는 법률과 같은 조치는, 제 1차 왕정복고기의 정부에 의해 1814년 9월부터 이미 예고되었으나 결코 시행되지는 않는 개혁안으로부터 토크빌에 의해 마련되어 감옥을 효과적으로 만드는 방법에 관한 오랜 논쟁을 일시적으로 중단시킨 1844년의 법률에 이르기까지 감옥의 개혁안은 무수히

7 *7월 왕정(1830~1848) 때 내무장관.

많다. 감옥 - 조직으로서의 기능을 확고하게 만드는 프로그램[8]은 수감자를 다루는 방법의 프로그램으로서 구체적 조정작업을 거쳐 모델을 제시하기도 했는데, — 이것들 가운데에는 당쥬, 블루에, 아루 - 로맹의 모델들처럼 기획에 그친 것도 있고, 훈령(예컨대, 유치장 건설에 관한 1841년 8월 9일의 회람문서와 같은 것) 속에서 구체화한 것도 있으며, 프랑스에서 최초로 독방감옥이 체계화된 소년교화원Petite Roquette처럼 매우 현실적인 건축물도 있다.

여기에 덧붙여야 할 것은 아뻬르와 같은 박애운동가가 편집하여 감옥에서 직접 발간한 간행물(《자선연보*Annales de la charité*》[9])이거나 과거에 수감자였던 사람들에 의해 편집된 출판물들, 그리고 왕정복고기 말의 《불쌍한 자크*Pauvre Jacques*》나 7월 왕정기 초의 《생뜨-펠라지 감옥 신문*Gazette de Sainte-Pélagie*》[10] 등이다.

---

8 그 가장 중요한 프로그램은 아마 Ch. Lucas, Marquet Wasselot, Faucher, Bonneville, 좀 뒤에는 Ferrus 등이 제안한 것으로 보인다. 주목해야 할 것은 그들 대다수가 외부의 시각에서 감옥제도를 비판하는 박애운동가가 아니라, 여하간 감옥의 관리 행정에 결부된 입장을 보였다는 점이다.

9 독일에서는 Julius가 《형벌과 감화시설을 위한 연보》를 운영했다.

10 이들 신문은 빚 문제 때문에 갇힌 죄수 등을 특히 옹호하는 기관지여서, 엄밀한 의미에서 범죄자 일반에 대한 문제에 대해서는 거리를 취해 온 것이 사실이지만, 다음과 같은 주장이 발견된다. 《불쌍한 자크》의 지면은 배타적 특정인을 위한 전유물이 결코 아니다. 신체 구속을 규정하는 무서운 법률, 그것의 교활한 적용은 수감된 신문기자에 대한 공격으로 그칠 문제가 아닐 것이다. …" 《불쌍한 자크》는 구금시설이나 감옥, 형무소, 감화보호원 등에 대한 독자의 관심을 유도할 것이며, 법률적으로 죄인을 노동에만 처하도록 규정되어 있음에도 불구하고, 죄인이 형벌을 받는 고난의 장소에 관해서는 침묵을 지키지 않을 것이다. …"(《불쌍한 자크》, 제 1년, 제 7호). 마찬가지로 《감옥 신문》(*Sainte-Pélagie*)은, 다른 모든 방식이 '여전

감옥을 개혁 운동이 있을 때마다 흔들릴 만큼 무기력한 제도로 생각해서는 안 된다. '감옥 이론'은 감옥에 대한 우발적 비판이라기보다는 오히려 항구적인 감옥 사용법 — 감옥의 기능 조건들 가운데 하나로서 — 이었다. 감옥은 기획, 재정비, 실험, 이론적 담론, 증언, 조사 등이 계속 쌓여가는 활동영역의 일부가 되었다. 징역제도를 둘러싸고 장황한 담론과 열정의 논의는 끊임없었다. 감옥은 어둡고 방치된 장소인가? 거의 두 세기 전부터 끊임없이 그런 식으로 논의되었다는 사실만으로 감옥이 그렇지 않다는 것을 입증할 수 있을까? 감옥이 합법적 처벌로 되면서 개인에 대한 교정방법을 둘러싼 모든 문제와 소란들로 처벌권의 오랜 법적-정치적 문제는 그대로 남아 있게 되었다.

‡

발타르는 감옥을 '완전하고 준엄한 제도'라고 말했다.[11] 감옥은 철저한 규율과 징계의 기구여야 한다. 그것은 여러 가지 의미에서 그렇다. 말하자면 감옥은 신체 훈련, 노동 능력, 일상 행동, 도덕적 태도, 적응력 등 개인의 모든 문제를 책임져야 한다. 그러므로 감옥은 어느 정도 전문성을 필요로 한 기관들, 즉 학교, 공장, 또는 군대보다 훨씬 더 '완전 규율omni-disciplinaire'의 체제이다. 게다가 감옥은 외부도 없고,

---

히 야만적 사회의 표현'인 이상 '종족개량'을 목표로 하는 행형제도를 위해 투쟁한다(1833년 3월 21일자).

11 L. Baltard, 《감옥의 건축도》(1829년).

빈틈도 없고, 자체 임무가 전적으로 완결될 때를 제외하고는 기능이 중단될 수 없으며, 개인에 대한 영향력이 중단되어서는 안 된다. 그것은 끊임없는 규율이다. 결국 감옥은 수감자에 대해 거의 전적인 권력을 행사하고, 억압과 형벌의 내적 구조를 갖는다. 그것은 전제적인 규율이다. 감옥은 다른 규율 장치들에서 발견되는 모든 절차를 매우 강도 높은 단계로 올려놓은 것이다. 감옥은 타락한 개인에게 변화된 모습을 강요하기 위한 가장 효과적인 장치여야 하고, 따라서 감옥의 작용 방식은 완전한 교육의 강제이다. "감옥 안에서 정부는 인신人身의 자유와 수감자의 시간을 마음대로 처분할 수 있는데, 그렇기 때문에 그곳에서 교육의 힘은 엄청난 것이다. 하루만이 아니라 여러 날을 계속해서 심지어는 여러 해 동안 일어나고 잠자는 시간, 활동과 휴식의 시간, 식사의 횟수와 시간, 음식의 질과 배급량, 노동의 성격과 생산물, 기도하는 시간, 이야기하는 방법, 그리고 말하자면 생각하는 방식까지 규제할 수 있는 교육, 식당에서 작업장으로, 작업장에서 감방으로 이동하는 단순하고 짧은 시간에도 신체의 움직임을 규제하고 휴식시간의 사용방법도 결정하는 교육, 한마디로 사람의 모든 육체적·정신적 능력과, 그의 본래의 모습으로서의 시간과, 사람을 완전히 장악할 수 있는 교육의 힘은 대단한 것이다."12 완전한 '교정시설'은 새로운 생활의 기호체계를 규정하는데, 그것은 자유의 순수한 법률적 박탈과도 아주 다르고, 관념학Idéologie의 시대에 개혁자들이 생각했던 단순한 표상의 역학과도 아주 다르다.

---

12 Ch. Lucas, 《감옥 개혁에 관해서》, 제 2권(1838년), pp. 123~124.

(1) 첫 번째 원칙은 격리이다. 그것은 외부의 세계, 범죄의 원인이 된 모든 것, 범죄를 용이하게 만든 공모관계로부터 수형자를 분리시키는 격리이고, 수감자들 상호간의 격리이다. 형벌은 개별적이어야 할 뿐 아니라 개별화하는 것이어야 한다. 그러므로 격리에는 두 가지 방식이 있다. 우선 감옥은 지극히 다양한 수형자들을 한 장소에 모아 둠으로써 초래되는 나쁜 결과를 제거할 수 있도록, 다시 말해서 발생할 수 있는 음모와 반란을 제압하고, 미래의 공범관계가 형성되거나 협박의 가능성(수감자들이 석방되는 날에)이 생겨나는 것을 방지하며, 많은 '비밀결사'의 부도덕한 활동을 저지하도록 구상되어야 한다. 요컨대 감옥은 그곳에 모여 있는 범죄자들로부터 연대성이 강한 동질적 집단이 형성되지 않도록 해야 한다: "현재 우리들 사이에는 죄인들로 조직된 사회가 존재한다. … 그들은 거대한 국가의 한복판에서 작은 국가를 형성하고 있다. 거의 전부가 감옥에서 서로 알게 된 사람들이고, 다시 감옥에 들어가는 사람들이다. 오늘날에는 다름 아닌 그러한 사회의 사람들을 분산시키는 일이 중요하다."[13] 게다가 고립은 적극적 교정의 수단이 되어야 한다. 고립은 반성을 초래하고 필연적으로 후회감을 갖게 한다. "고립상태에 처하면 수형자는 반성한다. 자신의 범죄와 대면하고 혼자 있으면 그는 자신의 범죄를 증오하게 된다. 그러므로 그의 영혼이 아직 악에 의해 무감각해지지 않았다면, 결국 후회가 찾아와 그의 영혼을 괴롭히게 되는 것이 바로 격리상태의 성과이

---

13 A. de Tocqueville, 《하원에 대한 보고》; Beaumont and Tocqueville, 《미국의 행형제도》(제 3판, 1845년), pp. 392~393.

다."[14] 또한 고립이 형벌에 대한 일종의 자동조절을 확고하게 하며, 이른바 징벌의 자연발생적 개별화를 가능하게 한다는 사실 때문이다. 다시 말해서 수형자가 반성하는 능력을 가지면 가질수록, 그는 범죄를 저지른 것에 대해 더욱더 죄의식을 느낄 뿐만 아니라 후회는 더욱 격렬해지고 고립은 더욱더 고통스러울 것이지만, 반대로 그가 깊이 뉘우치고 아무것도 감추지 않고 개심改心할 경우에는 고립이 견딜 수 없지는 않을 것이다: "그러므로 훌륭한 규율에 따라, 각자의 이성과 각자의 도덕성은 자체 안에 처벌의 원리와 척도를 지니는데, 그러한 원리와 척도의 확실성 및 변함없는 공평성은 과오를 범하기 쉬운 인간의 속성과 인간적 오류에 의해서도 변질될 수 없을 것이다. … 이것은 그야말로 신의 섭리에 의한 성스러운 정의의 각인(刻印) 같은 것이 아닌가?"[15] 끝으로 아마 무엇보다도, 수형자들의 격리는 다른 어떤 영향에 의해서도 흔들리지 않을 권력이 그들에게 최대한으로 강도 높게 행사될 수 있도록 보장하며, 그래서 고립은 전적인 복종의 첫 번째 조건이다. 교도소장, 지도교사, 부속 사제, '자선가들'의 고립된 수감자들에 대한 역할을 언급하면서 샤를 뤼까는 이렇게 말했다: "마음이나 영혼을 향해, 또는 인간적 감정의 소유자에게 무서운 침묵의 규율 한가운데에서 행해지는 인간적 목소리의 위력을 생각해 보라."[16] 격리는 수감자와 그에게 행사되는 권력의 맞대면을 보장해 준다.

---

14 위의 책, p. 109.

15 S. Aylies, 《행형제도에 관해서》(1837년), pp. 132~133.

16 Ch. Lucas, 《감옥 개혁에 관해서》, 제 1권(1836년), p. 167.

미국의 두 가지 징역제도, 곧 오번[17]의 경우와 필라델피아의 경우에 관한 논의가 있게 된 것은 바로 이 지점에서이다. 실제로 오랫동안 중요하게 다뤄졌던 이 논의[18]의 주제는 모든 사람들이 동의하는 격리의 실행과 관련된 문제였을 뿐이다.

오번의 모델에서는 야간의 개인별 독방에 대한 규정과 완전한 침묵의 규칙 아래 이루어지는 작업과 식사에 대한 규정을 알 수 있다. 이 규정에 따라 수감자들은 간수의 허락을 받아 낮은 목소리로 말해야만 한다. 이것은 분명히 수도원의 모델을 따른 것이고, 또한 공장의 규율을 따른 것이다. 감옥은 개인들이 정신적 측면에서 고립된 존재로 지내는 곳이지만, 또한 횡적인 관계없이 엄격한 상하 관계의 틀 안에서 모임이 결성될 수 있는 곳이고, 그리하여 수직 방향으로만 의사전달이 이루어지는 완벽한 사회의 축소판이다. 오번식 제도를 옹호하는 사람들에 의하면 이 제도의 장점은 사회 자체의 복제複製라는 데 있다. 거기에서는 무엇보다도 존중할 것을 배워야 하고, 감시와 처벌로 보장되는 규칙에 의해 그리고 물질적 수단에 의해 확실한 구속이 이루어진다. "우리 속의 맹수처럼 빗장을 질러" 수형자들을 가두어 두기보다는 그들을 다른 사람들과 결합시키고, "활발한 감시를 통해 정신의 전

---

17 *뉴욕 시의 중부에 있는 도시.

18 1830년 전후하여 프랑스에서 전개된 논의는, 1850년에도 종료되지 않았다. 오번 방식의 지지자인 샤를 뤼까는, 중앙감옥의 체제(공동 노동과 침묵 엄수)에 관한 1839년의 결정을 낳는 데 기여했다. 그 다음에 계속된 반항의 물결과 아마 1842년에서 1843년에 걸쳐 발생한 전국적 소요로 인하여 드메츠와 블루에, 토크빌의 권고를 받아 1844년에 완전한 독방격리라는 펜실베이니아 체제가 채택되었다. 그러나 1847년의 제 2회 행형회의에서는 이 방식은 거부되었다.

염을 예방하고 침묵의 규칙을 통해 정신집중을 유지하게 함으로써 그들을 유익한 운동에 공동으로 참여하게 하고 공동으로 좋은 습관을 갖게" 해야 한다. 이 규칙은 수감자로 하여금 "위반할 경우 정당하고 합법적인 손해를 야기하게 되는 신성한 계율이 바로 법이라고 생각하는"[19] 습관을 익히게 한다. 그리하여 격리, 의사소통이 없는 모임, 끊임없는 통제가 따르는 법의 이러한 상호작용은 범죄자에게 사회적 개인으로서의 자격을 재부여하도록 한다. 다시 말해서 그것은 범죄자를 "체념하고 받아들이는 유익한 활동"[20]에 맞도록 훈련하고, 그에게 '사교성의 습관'[21]을 회복시켜 준다.

필라델피아의 경우처럼, 절대적 격리상태에서 범죄자에 대한 새로운 자격 부여는 개인과 양심과의 관계, 자신을 비춰 볼 수 있는 내면의 관계를 통해서 실행되는 것이다.[22] "수감자는 자신의 독방에서 스스로 자신을 감당하고, 자신의 열정과 자신을 둘러싼 세계의 침묵상태 속에서 자신의 양심 안으로 내려가 양심을 살피고, 사람의 마음속에서 완전히 사라져 버리지는 않는 윤리의식이 내면에서 다시 깨어나는 것을 느껴야 한다."[23] 그러므로 법이나 처벌의 구속에 따른 표면적 존

---

19 《프랑스와 외국의 법제평론》(1836년) 에서의 K. J. Mittermaier의 견해.

20 A. E. de Gasparin, 《감옥개혁에 관한 내무장관 앞으로의 보고서》.

21 E. de Beaumont과 A. de Tocqueville, 《미국의 행형제도에 관해서》(제 3판, 1845년 판), p. 112.

22 폭스는, "모든 인간은 신의 빛을 받고, 그 빛은 모든 인간을 통하여 빛나는 것을 보았다"고 말하였다. 1820년부터 펜실베이니아 주의 피츠버그 감옥과 이어서 만들어진 체리힐 감옥이 건설된 것은 퀘이커 교도들과 월넛 가(街) 의 계열을 따른 것이었다.

23 《경제학자 저널》 제 2호(1842년).

중이 아니라, 그야말로 양심의 작용 자체가 수감자에게 영향을 미치도록 하는 것이다. 피상적 훈육보다는 오히려 마음에서 우러나온 복종이 중요하고, 외면적 태도보다는 '도덕성'의 변화가 중요한 것이다. 펜실베이니아 주의 감옥에서는 양심과 그것이 부딪치는 말 없는 벽 사이에서만 교정 활동이 이루어진다. 체리힐 감옥에서는, "벽이 죄에 대한 벌이고, 독방이 수감자를 자기 자신과 대면하게 하며, 수감자는 자기 자신의 양심의 소리를 듣지 않을 수 없다." 그러므로 그곳에서의 노동은 의무라기보다는 위안이고, 감시자들은 사물의 물질성에 의해 보장되는 구속을 행사할 필요가 없게 되어, 결과적으로 그들의 권위는 쉽게 받아들여질 수 있다. "순시할 때마다 몇 마디의 친절한 말이 감시인의 정직한 입에서 흘러나오게 되면, 수형자는 그 말에서 전해지는 희망과 위안을 감사하는 마음으로 받아들인다. 그는 자기를 담당하는 간수를 좋아하게 된다. 간수가 친절하고 관대하기 때문이다. 벽은 끔찍스럽지만, 인간은 선량하다."24 일시적 무덤이라고 할 수 있는 폐쇄된 독방에서 부활의 신화는 어렵지 않게 구체화된다. 밤과 정적 뒤에 재생된 삶이 나타난다. 오번 감옥이 본질적인 활력을 되찾은 사회 그 자체라면, 체리힐 감옥은 소멸되었다가 다시 시작되는 삶이라고 할 수 있다. 가톨릭교는 퀘이커교도의 기술을 재빨리 받아들여 자체의 담론 속에 포함시킨다. "여러분의 독방에서 기어 나오는 것은 벌레가 아니라 후회와 절망이고, 그것이 여러분을 갉아 먹어 여러분의 생활을 지옥으로 만드는 끔찍한 무덤이 보이는 것입니다. 그러나 … 신앙

24 Abel Blouet, 《독방 감옥의 계획》(1843년).

심 없는 죄수에게는 묘지이거나 혐오감을 일으키는 납골당과 같은 감옥이 기독교도인 수감자에게는 축복받은 영생의 요람 그 자체가 되는 것입니다."25

이 두 가지 대조적 모델을 근거로, 일련의 온갖 갈등이 생겨나서, 그것은 종교(개심改心이 교정의 주요한 부분이어야 하는가?), 의학(완전한 격리는 광인을 만드는가?), 경제(가장 적은 비용이 드는 쪽은 어디인가?), 건축과 행정(어떤 형태가 가장 효율적인 감시를 보장하는가?)의 영역들의 갈등으로 이어졌다. 아마도 이런 이유 때문에 논쟁이 오래 계속되었을지 모른다. 그러나 여러 가지 논의의 중심에서 그리고 논의를 가능하게 만든 근거로 자리 잡고 있는 감옥제도 실행의 일차적 목적은, 권력에 의해 통제되지 않았거나 위계질서로 조정되지 않는 모든 관계들을 단절시켜 강제적으로 개인화를 만드는 것이다.

(2) "작업과 식사가 저녁의 기도시간까지 교대로 이어지고, 그 다음에는 새로운 수면을 통해서 수감자는 터무니없는 상상 속에 떠오르는 환영幻影에 의해서도 방해받지 않는 쾌적한 휴식을 갖도록 한다. 이렇게 해서 일주일의 6일이 지나간다. 그리고는 오직 기도, 교육, 유익한 명상에만 전념하는 하루가 이어진다. 이런 식으로 한 주, 한 달, 한 해가 가고 또 이어진다. 그리하여 감옥에 들어갈 당시에는 불안정

---

25 Petigny 신부, 〈베르사유 감옥의 독방동 개소식에 즈음하여 수인들에게 보내는 담화〉. 몇 년 후, 《몽테 크리스토》에서 분명하게 표현된 감옥생활 후의 부활이라는 그리스도의 전설적 번안을 참조할 것. 그러나 여기서 중요한 것은, 감옥에서 법에 순응하는 태도를 배운다는 것이 아니라, 사법관들의 부정을 넘어서서 공정한 재판을 요구하는 힘을, 은밀한 지식으로 터득하게 된다는 것이다.

하고, 부정한 행위에만 열의를 쏟고 각종 악덕惡德으로 자신의 생활을 파괴하려고 했던 사람이 처음에는 자기의 의지와는 상관없이 수동적이다가 서서히 제 2의 천성으로 바뀌게 되는 습관으로 차츰 차츰 노동과 그것에서 생겨나는 즐거움에 친숙해질 수 있는 것이다. 또한 그 결과로 사려 깊은 교육에 의해 회개하는 마음을 갖게 된다면, 나중에 자유를 찾게 되었을 때 그는 자신에게 다시 주어질지도 모르는 온갖 유혹을 더욱 자신 있게 감당할 수 있을 것이다."26 격리와 더불어, 노동은 감옥에서의 변화를 갖게 하는 요인으로 규정된다. 그것도 1808년의 형법전刑法典27부터이다: "법에 의해 부과되는 형벌의 목적이 죄에 대한 속죄라면, 그것은 또한 죄인의 개심을 요구한다. 이 이중의 목적이 달성되는 시기는 범죄자를 감옥에 집어넣은 후에 그의 정신상태를 회복시키도록 그를 억류하여, 타락의 마지막 단계에까지 빠져들 수 있는 그 무위도식無爲徒食의 악습으로부터 그가 벗어날 때이다."28 노

26 N. H. Julius, 《감옥에 대한 강의》(프랑스어 역, 1831년), 제 1권, pp. 417~418.

27 나폴레옹 법전의 하나로서 형사소송법을 가리킨다.

28 G. A. Real, 《형사소송법의 이유》. 이것보다 앞서서, 내무부의 여러 가지 훈령에는 피구금자에 대한 노동의 필요성이 강조되었다. 예를 들면, 혁명력 6년 결실월 5일, 혁명력 8년 수확월 3일, 혁명력 9년 장마월 8일 및 바람월 28일, 혁명력 10년 서리월 7일 등의 훈령. 1808년 및 1810년의 형법전 공포 후에 계속 나타난 새로운 훈령들, 1811년 1월 20일, 1812년 12월 8일의 훈령이거나 1816년의 장문의 훈령도 그러한 내용을 담고 있다. 즉, "피구금자를 가능한 한 무슨 일이든지 몰두하게 만드는 것이 가장 중요하다. 일에 몰두하는 피구금자의 앞날과 무위태만하게 시간을 보내려는 피구금자의 앞날이 어떻게 다를지를 판별하여, 그들에게 노동 의욕을 불러일으키도록 해야 한다. 전자에 대해서는 후자보다 잘 먹이고, 잘 재워 주도록 해야 할 것이다." 믈룅 감옥과 클레르보 감옥은 곧 대규모의 작업장으로 재건되었다.

동은 구금체제의 부가물도 완화제도 아니다. 강제노동, 징역, 금고 가운데 어느 것에 관련되건, 입법자 자신에 의해 노동은 필연적으로 구금체제에 수반되어야 하는 것으로 이해된다. 그러나 정확하게 말해서 이때의 필연성은 18세기의 개혁자들이 노동을 대중에게 본보기로 삼기 위해서거나 사회에 유익한 속죄의 방안을 마련하고 싶었을 때, 논의했던 것과는 다르다. 감옥체제에서 노동과 처벌의 관계는 다른 유형의 것이다.

왕정복고기 또는 7월 왕정시대에 일어난 여러 논쟁은 형벌의 노동에 부여되는 기능을 명확히 밝히고 있다. 우선 급료에 관한 논의를 들 수 있다. 프랑스에서는 수감자의 노동에 대한 수당이 지불되었다. 이 경우의 문제는, 수당이 감옥 안에서의 노동을 보상하는 것이라면, 그것은 그러한 노동이 현실적으로 형벌의 일부분을 이루지 않기 때문일 것이고, 따라서 수감자는 노동을 거부할 수 있다는 데 있다. 게다가 노동에서 생긴 이득은 죄인의 개심이 아닌, 노동자의 능력에 대한 대가이다: "가장 나쁜 악인들은 대부분 어디에서나 가장 능숙한 일꾼이다. 그들은 최대의 보수를 받고, 따라서 가장 무절제하고 가장 덜 후회하는 경향이 있다."[29] 이 논의의 불씨는 완전히 꺼지지 않고 1840~1845년경, 곧 경제위기의 시대, 노동쟁의의 시대, 나아가 노동자와 범죄자의 대립이 명료하게 나타나는 시대에 활발하게 재연된다.[30] 감옥 작업장에서의 노동을 반대하는 파업이 여러 번 일어나기

29 J. J. Marquet Wasselot, 《저작집》 제 3권, p. 171.
30 J. P. Auguet, 《7월 왕정 시대에서의 파업》, p. 283 참조.

도 했다. 예컨대 쇼몽의 장갑 제조업자가 클레르보 감옥에 작업장을 설립하는 허가를 받자, 노동자들은 항의하고 자신들의 노동이 손상된다고 공언하면서, 공장을 점거하고 기업주의 계획을 단념시키도록 압박한다.[31] 또한 노동자 신문을 통해 대대적 캠페인을 벌이기도 하는데, 그것의 주된 논조는 정부가 형벌상의 노동을 옹호하고, '자유로운 시민'의 임금을 떨어뜨리게 한다는 것, 그러한 감옥 작업장들이 특히 여성에게 불리한 것은 여성들이 노동력을 빼앗겨 매춘행위를 할 정도까지 되어 결국 감옥에 가서, 자유로운 상태였을 때는 일할 수 없었던 그 여성들이 감옥 안에서 아직 할 일이 많은 다른 여성들과 경쟁하기에 이른다는 것,[32] 실업상태에 몰린 모자 제조 노동자가 '인간 도살장에 가서 하루 2프랑에 백연白鉛을 만들어야'[33]하는 반면에, 수감자들에게는 가장 안전한 노동이 확보된다는 것, ―"도둑들은 안전지대에서 매우 따뜻하게 모자제조와 가구세공의 일을 수행한다"― 박애운동에 의해 수감자의 노동조건은 최대한 보장될 수 있으나 자유로운 노동자의 노동조건은 무시된다는 것 등이다: "만일 죄수들이 수은水銀을 다룬다면 과학은 수은 발산물의 위험으로부터 일반 노동자들을 보호하기 위한 방법을 찾아내려고 할 때보다 훨씬 더 신속하게 대처할 것이라고 확신한다. 도금 노동자들에 대해서는 거의 언급하지 않는 사람이라도 '이 불쌍한 수형자들'이라고 말할 것이다. 그렇다

31 위의 책, pp. 30~31.

32 《작업 동료》, 제 3년, 제 4호(1842년 12월).

33 위의 책, 제 6년, 제 2호(1845년 11월).

면 할 수 없지 않은가, 동정이나 관심을 끌기 위해서는 살인을 하든가 도둑질을 할 수밖에 없는 것이다." 특히 그러한 신문의 두드러진 논조는, 감옥이 작업장으로 변하게 된다면, 프랑스의 옛 구빈원救貧院이나 영국의 '경범죄자 노역소Workhouse'를 재건하는 것처럼 되어 걸인이나 실업자들을 더 빨리 감옥에 보낼 수 있었을 것이다.34 특히 1844년의 법률이 의결된 뒤에는 청원서와 편지들도 있었다. 파리 법원에 의해 기각된 어떤 청원서는 "오늘날 수천 명의 노동자들이 담당할 노동을 암살자, 살인자, 도둑들로 충당시키는 제안은 비인간적인 것으로 생각했다"라든가 "법원은 우리들보다 바라바Barrabas와 같은 사람들을 더 좋아했다"35는 내용을 담고 있으며, 믈룅 중앙형무소에 인쇄소가 설치되었다는 것을 알게 되자 인쇄공들은 장관에게 편지를 보낸다: "당신은 법에 의해 당연히 지탄 받는 자들과 자기희생 및 성실함을 발휘하여 가족의 생존뿐만 아니라 조국의 번영에 나날을 바치는 시민들 중에서 어느 한편을 선택해야 합니다."36

그런데 이러한 조직적 운동에 대한 정부와 관공서의 회답은 거의 한결 같았다. 형벌상의 노동은 그것이 초래할지도 모르는 실업 문제 때문에 비판할 수 없다는 것이다. 다시 말해서 감옥에서의 노동은 작은 규모와 빈약한 생산성 때문에 전반적 경제활동에 영향을 끼칠 수 없다는 것이다. 그것이 본질적으로 유용한 것은 생산활동으로서가 아니

34 위의 책.

35 위의 책, 제4년, 제9호(1844년 6월) 및 제5년, 제7호(1845년 4월). 또한 같은 시기의 《평화의 민주정치》도 참조.

36 《작업 동료》, 제5년, 제6호 (1845년 3월).

라, 사람의 육체적·정신적 구조에 대해 발휘하는 효과에 의해서이다. 그것은 질서와 규칙성의 원리이고, 그것에 고유한 요구사항들을 통해 엄격한 권력의 형태들을 암암리에 전달하고, 육체를 규칙적인 움직임에 따르게 하고, 흥분상태와 부주의를 없애 주고, 그러한 노동의 논리를 갖고 있는 만큼 더욱 잘 받아들여지고 더욱 깊이 수형자의 행동에 위계질서와 감시가 새겨지도록 한다. 다시 말해서 노동의 역할로 "규칙은 감옥 안에 도입되고, 억압적이고 폭력적인 수단을 사용하지 않아도 어렵지 않게 그곳을 지배한다. 수감자는 업무를 부여받음으로써 질서와 복종의 습관을 몸에 익히고, 과거에 아무리 게으른 자였어도 부지런하고 활동적인 사람이 되며 — 때가 되면 감옥의 규칙적 생활 속에서, 자신에게 강제된 육체노동에서 — 상상력의 일탈을 방지하는 확실한 치료책을 찾아낸다."[37] 형벌상의 노동은 기계장치와 같은 것으로 이해해야 한다. 그것은 거칠고 난폭하고 지각없는 수감자를 완벽하고 규칙적으로 자신의 역할을 수행하는 하나의 부품으로 변화시키는 것이기 때문이다. 감옥은 작업장이 아니라, 기계이며, 그 안에서 수감자-노동자는 톱니장치임과 동시에 생산물이 되어야 한다. 감옥은 그들을 장악하는 기관이고, 그 일은 "설사 그들의 순간순간을 가득 채우는 단 하나의 목적을 위해서라고 하더라도 지속적으로 수행된다. 육체가 활동하고 정신이 일정한 대상에 몰두할 때, 번거로운 상념은 멀어지고 마음에는 평화가 다시 생겨난다."[38] 요컨대 감옥

37 A. Bérenger, 《윤리학 아카데미 앞으로 보내는 보고서》(1836년 6월).
38 E. Danjou, 《감옥에 관해서》(1821년), p. 180.

에서의 노동이 경제적 성과를 낳는다면, 그것은 산업사회의 일반적 규준에 따라 기계화되는 개인을 생산함으로써이다: "노동은 근대의 민중들에 대한 신의 섭리이며, 그들에게 도덕의 역할을 하고, 신앙의 빈틈을 채워 주고 모든 선善의 원리로 간주된다. 노동은 감옥의 종교여야 했다. 기계로서의 사회에서는 순수하게 기계적인 교정수단들이 필요했다."[39] 노동은 개인-기계의 제조일 뿐 아니라 프롤레타리아의 제조이기도 하다. 실제로 "재산이라면 자신의 두 팔"밖에 없을 때, 사람들은 직업을 갖고 일한 노동의 대가로 살아가거나, 다른 사람들이 일한 노동의 대가를 도둑질해서 살아갈 수밖에 없을 것이다. 만일 감옥이 범죄자에게 노동을 강제하지 않는다면, 감옥은 한쪽 사람들의 노동을 다른 쪽 사람들의 노동으로 세금징수 방식에서처럼 선취先取하는 방식을 취해야 할 것이다: "무위도식의 문제는 사회에서와 마찬가지이다. 수감자들은 자기 자신의 노동이 아니라도 다른 사람들의 노동으로 먹고살게 되어 있다."[40] 수형자가 자기 자신이 필요한 것을 충족시키려고 하는 노동은 도둑을 순종적 노동자로 재규정하게 만드는 방법이다. 바로 여기에서 형벌상의 노동에 대한 보수의 효용성 문제가 개입한다. 그 효용성은 수감자에게 임금의 '정신적' 형태를 생존의 조건으로 부과하는 것이다. 임금은 노동에 대한 '사랑과 습관'을 갖도록 하고,[41] 나의 것과 남의 것을 구별할 줄 몰랐던 범죄자들에게 소유

39 L. Faucher, 《감옥 개혁에 관해서》(1838년), p. 64. 영국에서는 트레드밀(발로 밟아 돌아가는 바퀴)과 펌프로 피구금자에 대한 규율 중심적인 기계화를 실시하였는데, 생산적인 효과는 전혀 없는 것이었다.

40 Ch. Lucas, 《감옥 개혁에 관해서》 제 2권(1839년), pp. 313~341.

권 — "자신의 이마에 땀을 흘려 번 재산"[42] — 의 의미를 깨닫게 하며, 또한 방탕에 빠져 살아온 사람들에게 장래에 대한 설계, 절약, 미래에 대한 준비가 무엇인가를 가르쳐 주고,[43] 노동의 결과에 대한 평가를 제시함으로써 수감자의 열성과 개심의 진척 상태를 수량적으로 나타낼 수 있도록 한다.[44] 형벌상의 노동에 대한 급료는 생산의 대가가 아니라, 개인적 변화의 동력이자 지표 — 이것은 그러한 급료가 '자유의지에 의한' 노동력의 제공이 아니라, 교정 기술의 효과라고 추정되는 수단이기 때문에, 법적 허구인데 — 로서 기능한다.

형벌의 노동이 갖는 효용성이란 무엇인가? 그것은 이윤도 아니고 유익한 능력의 양성도 아니다. 그것은 권력 관계, 계산되지 않는 경제적 양식, 개인의 복종과 생산 도구에의 적응에 관한 도식을 만드는 일이다.

감옥에서의 완벽한 노동의 형태는 클레르보 감옥의 여성 작업장이다. 이곳에서 조용히 일하는 사람들의 기계적 정확성은 수도원에서의 규칙적 엄격성과 유사하다. "위쪽에 십자가가 걸려 있는 설교단에는 수녀 한 사람이 앉아 있고, 그녀 앞에는 두 줄로 정렬한 여죄수들이 바느질 작업에만 몰두해 있어서 완전한 침묵만이 감돌고 있다. … 이 방

---

41 위의 책, p. 243.

42 E. Danjou, 《감옥에 관해서》(1821년), pp. 210~211. 《작업 동료》, 제 6년, 제 2호(1845년 11월) 도 참조.

43 Ch. Lucas, 앞의 책에서 인용, 일당의 3분의 1은 출옥 때를 대비하여 저축하도록 되었다.

44 E. Ducpétiaux, 《독방 수감제도에 관해서》(1857년), pp. 30~31.

들에서는 모든 것이 회개悔改와 속죄贖罪를 나타내는 것 같다. 이것은 사람들이 자발적으로 고대의 한 저택에서 행해지던 유서 깊은 관습의 시대로 거슬러 올라간 것 같다. 그들은 속세와 결별하고, 그곳에서 갇혀 지내며 회개하는 속죄자들을 연상시킨다."45

(3) 그러나 감옥은 단순한 자유의 박탈을 크게 넘어서고, 이것은 매우 중요한 점이다. 감옥이 형벌의 경중을 조정할 수 있는 기구가 되어 간 것이다. 다시 말해서 감옥은 판결의 집행을 책임지는 기관으로서 적어도 부분적으로 판결의 원칙을 수정할 권리를 갖는 기구의 역할을 한다. 물론, 19세기와 20세기에도 여전히, 징역제도는 단편적인 경우(가석방, 집행유예, 교정에 대한 중앙형무소 설립규정에 따를 경우)를 제외하고는 그 '권리'를 갖지 않았다. 그러나 주목해야 할 것은 그 권리가 매우 일찍부터 형벌 행정의 책임자들에 의해 올바른 감옥 운용의 조건으로, 그리고 사법기관이 감옥에 위임한 교정의 책무에 대해 감옥이 갖는 유효성의 조건으로 요청되었다는 점이다.

형기刑期의 경우에도 사정은 마찬가지이다. 다시 말해서 형기는 형벌을 정확하게 수량화하고, 사정에 따라 형벌에 등급을 정할 수 있고, 법적 징벌에 따른 분명한 대가를 지불할 수 있는 것이지만, 그것이 판결의 차원에서 한 번에 결정되는 것이라면, 감옥에서 수행하는 고정

---

45 Faucher의 다음 글과 비교할 것. "어떤 실 제조공장에 들어가 보라. 노동자들이 이야기하는 것과 기계 돌아가는 소리를 들어 보라. 많은 남녀, 연소자들이 잡다하게 섞여서 자아내는 생각과 풍속의 혼란스러움을 기계의 이러한 운동의 규칙성과 예상되는 움직임과 비교하면, 이것보다 더 고통스러운 대조가 이 세상에 존재할 수 있을까?"(《감옥 개혁에 관해서》, 1838년, p. 20).

의 가치가 무시될 우려가 있다. 형기는 범죄의 '교환가치'를 측정해야 하는 것이 아니라, 복역 중인 수감자의 '유익한' 변화에 적합해야 한다. 척도로서의 시간이 아니라, 목표가 정해진 시간이어야 하고, 대가의 형식이 아니라 운용의 형식이어야 한다. "사려 깊은 의사는 환자가 완전한 회복에 이르렀는가 아닌가에 따라 투약의 중단과 계속을 결정한다. 이와 마찬가지로 이 두 가지 가설 중에서 첫 번째 경우, 수형자가 완전히 교정될 수 있게 되면 복역은 중지되어야 할 것이다. 왜냐하면 그 경우에 모든 구금은 무익하고, 따라서 국가에 대해 쓸데없는 부담이 될 뿐만 아니라 교정된 자에게는 비인간적이기 때문이다."[46] 그러므로 정당한 형기는 범행과 그 사정에 따라 결정되는 것일 뿐 아니라, 구체적으로 수행되는 형벌과정에 따라서도 변해야 한다. 다시 말해서, 형벌이 개별화되어야 한다면, 그것은 범법자 개인, 범행의 법적 주체, 범법행위를 책임져야 할 장본인을 출발점으로 해서가 아니라 수감 중인 개인을 징역 장치 속에 집어넣고, 그 장치에 반응하여 변화하는 개인, 통제의 방식으로 교정시킬 수 있는 그 개인을 출발점으로 해서이다. "악인을 교정하는 것만이 중요하다. 이러한 교정이 일단 이루어지면, 죄인을 사회로 복귀시켜야 한다."[47]

---

46 A. Bonneville, 《가석방에 대하여》(1846년), p. 6. 본느빌은 '가석방'에 대한 조치뿐 아니라, "범죄자가 참고 견딜 수 있는 정도를 감안하여 대충 정해지는 소멸시효가 사람들이 기대하던 효과를 올리기에는 불충분하다는" 것이 증명될 경우, '신체형의 부가'와 행형상의 추가조치를 제안하였다. 이러한 부가는 형기의 8분의 1을 넘기지 않아야 했고, 가석방은 형기의 4분의 3이 경과한 뒤에 조치될 수 있었다(《각종 행형제도론》, p. 251 이하).

47 Ch. Lucas의 견해. 《재판신보》(1837년 4월 6일)에서 인용.

구금형의 질과 내용이 범법행위의 성질에 의해서만 결정되어서는 안 된다. 어떤 범죄의 법률적 중요성은 수형자의 교정 가능성 여부에 따라 획일적 의미를 갖는 것이 전혀 아니다. 특히 형법전에 의해 감옥과 징역 또는 강제노동 사이의 구별과 일치하여 만든 중죄와 경범죄 사이의 구별은 교정의 정도와 관련지어서 조작될 수 있는 것이 아니다. 1836년에 법무부가 실시한 앙케트에 의하면, 중앙형무소 소장들은 다음과 같은 공통된 견해를 표명했다. "일반적으로 경범죄의 수형자가 가장 사악하다. … 중죄의 수형자 중에는 격정적 흥분상태에서 희생이 되었거나 많은 식구들의 생계문제를 견디지 못해서 범죄를 저지른 사람들이 많다", "중범죄 수형자들의 행동은 경범죄 수형자의 행동보다 훨씬 더 올바르며, 중범죄의 수형자들은 사기꾼이나 방탕자 또는 나태한 자가 대부분인 경범죄의 수형자들보다 훨씬 더 순종적이고 근면하다."[48] 그렇기 때문에 형벌의 엄격성은 유죄 선고를 내린 행위에 대한 형법상의 중요성과 정비례하지 않아야 한다는 것이다. 형벌을 한 번에 결정해서는 안 된다.

개인을 교정하기 위한 구금은 자체의 고유한 요구와 우여곡절을 갖게 된다. 구금의 단계와 시간에 따른 가중과 연속적인 경감, 이를테면 샤를 뤼까가 '도덕성에 대한 가변적 분류'라고 부른 내용을 결정짓는 근거가 바로 구속의 효과인 것이다. 1825년 이래 제네바에서 실시된

48 《재판신보》에서 인용. 또한 Marquet-Wasselot, 《피신처의 도시》(1832년), pp. 74~76 참조. 샤를 뤼까는 경범죄가 수형자가 "일반적으로는 도시의 주민 출신"이 많지만, "징역수의 정신상태는 대부분 농촌주민들에게서 유래되었음"을 주목하였다(《감옥 개혁에 관해서》 제 1권, pp. 46~50).

누진적 제도[49]가 프랑스에서도 자주 거론되었다. 그것은 예컨대 수감자 일반에 대한 시험구역, 처벌구역, 개선되고 있는 자들에 대한 보상구역이라는 3가지 구역의 형태 아래,[50] 또는 위협의 시기(일을 빼앗고, 내부적 관계이건 외부적 관계이건 모든 관계를 차단시키는 것), 노동의 시기(격리된 상태이지만, 강제된 무위도식의 단계 이후의 혜택으로 받아들일 수 있는 노동), 교화의 체제(감옥의 관리자 및 공적인 방문자들의 빈번한 '강연'), 공동 작업의 시기라는 4가지 단계의 형태 아래[51] 수행되는 것이다. 형벌의 원칙이 물론 사법적 결정이라 할지라도, 형벌의 관리 · 질 · 엄격성의 문제는, 처벌의 효과를 만들어 내는 장치 속에서 그 효과를 통제하는 자율적 기구의 소관이어야 한다. 그것은 단순히 감옥의 규정을 존중하게 하는 방식이 아니라 수감자들에 대한 감옥의 영향력을 효과적이게 하는 방법인, 처벌과 보상의 전체 체제이다. 사법 당국이 스스로 그것을 인정하는 일도 있다: "감옥에 관한 법안을 검토한 최고재판소의 주장에 의하면 죄수에 대한 지급금을 중단시키고, 더 나은 급식체제를 만들고, 심지어 형기의 단축으로 성립될 수 있는 여러 가지 보상을 허용한다는 생각에 놀랄 필요가 없다. 만일 어떤 것이 수형자들의 정신 속에 선악의 개념을 일깨우고, 도덕적 반성을 갖게 하고, 그들을 어느 정도 스스로의 판단으로 일어설 수 있게 한다면, 그것이야말로 어떤 보상이라도 받을 수 있는 것이다."[52]

---

49 R. Fresnel, 《은둔자의 집에 관한 고찰》(파리, 1829년), pp. 29~31.

50 Ch. Lucas, 《감옥 개혁에 관해서》 제 2권(1838년), p. 440.

51 L. Duras의 의견. 《진보적인 것》(*Le progressif*)에 게재되었고, 《라 팔랑주》 지(1838년 12월 1일)에서 인용된 기사.

그리고 형벌이 전개되는 과정에서, 형벌을 수정하게 만드는 그 모든 절차들에 대하여, 사법상의 심급들이 직접적 권한을 가질 수 없다는 것을 인정해야 한다. 실제로, 그러한 조치들은 이론상으로 판결 뒤에만 개입할 수 있으며 범법행위 이외의 것만을 대상으로 삼을 수 있는 것이다. 형벌의 적용을 개별화하고 다양하게 변화시키는 것이 문제일 때, 구금형을 관리하는 근무자의 자율성은 따라서 필수적이다. 이를테면 간수들, 소장, 부속 사제, 또는 교사가 형벌권의 보유자들보다 더 훌륭하게 교정 기능을 발휘할 수 있다. 형벌의 이러한 내적 조정 — 형벌의 경감이나 심지어는 중지 — 에 대해 받침대의 역할을 해야 하는 것은 더 이상 판결 형식으로서의 재판이 아니라, 바로 간수와 같은 사람들의 판단(검증, 진단, 성격규정, 정확성, 차이에 따른 분류)이다. 본느빌Bonneville은 1846년에 가석방 법안을 제출하면서 "아무리 사소한 것이라도 정당한 제소가 있으면 재수감해야겠지만, 사법 당국의 선결적 의견에 근거하여 완전히 교화된 수형자를 충분한 속죄의 시간 후에 어느 정도 조건부로 일시적 자유상태에 놓아둘 수 있는 관리자의 권리"[53]라고 정의했다. 과거의 형법체제에서 형벌의 조정이 재판관에게 부여되고, 경우에 따라서 형벌을 중지시킬 권한이 군주에게 위임되었던 그 모든 '전횡專橫'은, 근대의 형법전에 의해 사라지게 되었고, 이제 그러한 '전횡'은 형벌을 관리하고 통제하는 권력 쪽에서 점차적으로 현저히 재편성된다. 노련한 간수의 최고권最高權이라 할 수

---

52 Ch. Lucas, 앞의 책, pp. 441~442.

53 A. Bonneville, 《가출옥에 관해서》(1846년), p. 5.

있는 것: 그것은 "감옥에서 최고의 권한을 당당하게 행사할 수 있고 … 그리고 자신의 임무를 충실히 수행하기 위해 인간에 관한 깊은 이해를 그의 높은 미덕과 결합시켜야 하는 진정한 행정관"[54]의 역할이다.

그리하여 마침내 샤를 뤼까Charles Lucas에 의해 분명하게 표명된 원리, 근대적 형법 운용의 본질적 경향을 나타내는 그 원리에도 불구하고 오늘날 대다수의 법학자들은 그 원리를 인정하는 데 주저한다. 그것을 '감옥의 독립선언'이라 부를 수 있다. 그것은 행정적 자율성뿐만 아니라 형벌의 최고권 가운데 일익을 담당하는 권력이 될 수 있는 권리를 요구하기 때문이다. 감옥의 여러 권리에 관한 이러한 주장은 원칙적으로 다음과 같은 내용을 담고 있다. 범죄에 관한 판단은 임의적인 한 단위라는 것, 그 단위는 세분화할 필요가 있다는 것, 법률제정자들이 법적 위상(범죄행위들을 분류하고 그것들에 형벌을 할당한다)과 판단의 위상(판결을 내린다)을 구별한 일은 옳았다는 것, 오늘날은 법적 위상보다 판단의 위상을 분석할 때라는 것, 그러므로 엄격한 의미의 사법적인 것과 판단하는 일은 구별해야 한다는 것(범죄행위보다는 행위자를 평가하고, '인간의 여러 행위에 그만큼 많은 도덕성을 부여하는 경향'에 따르고, 따라서 가능하다면 입법자의 평가를 바로잡아야 한다는 것), 그리고 아마 가장 중요한 것일지 모르는 '행형상行刑上의 판단'에 자율성을 부여해야 한다는 것이다. — 이것에 비하면 법원의 평가는 '예단을 내리는 방식'일 뿐이다. 그러나 행위자의 도덕성은 '시련을 통해서만' 올바르게 평가될 수 있다. "그러므로 재판관 역시 자신의 평가

54 A. Bérenger, 《정신과학과 정치학 아카데미에의 보고서》(1836년 6월).

를 수정할 수 있는 필수적 통제를 필요로 하는데, 그러한 통제를 마련해 주는 기관이 바로 형무소인 것이다."[55]

따라서 우리는 법적 구속에 비해 투옥이 많고, 사법기관에 비해 감옥이 많다는 것을 말할 수 있다. 많은 정도가 아니라 과도한 것이다. 그런데 이러한 과잉은 실무적 형태로건 기획의 형태로건 아주 일찍이 감옥의 탄생 때부터 확인되는 사실이다. 그것은 부차적 결과로 나중에 생긴 현상이 아니다. 거대한 감옥 체계는 감옥의 기능 자체와 연결되어 있다. 간수들의 '쓸데 없는' 폭력에서, 또는 폐쇄된 장소의 특권성을 갖는 행정기관의 횡포에서 그러한 자율성의 징후를 쉽게 찾아볼 수 있다. 그러나 그것의 뿌리는 다른 데에 있다. 말하자면 그것은 감옥이 '쓸모 있는' 것이기를 사람들이 원한다는 바로 그 사실에 있고, 자유의 박탈이 — 관념적으로 귀중한 것에 대한 법적인 징수 행위처럼 — 긍정적 기술의 역할을 수행해야 했고, 개인을 변화시키는 작업을 실행할 수밖에 없었던 사실에 있다. 그리고 이러한 역할을 위해 감옥 기관은 3가지 주요한 도식, 곧 개별적 격리와 위계질서라는 정치-도덕적 도식, 강제노동에 적용되는 힘이라는 경제적 모델, 치유와 규범화라는 기술적·의학적 모델 — 개체, 작업장, 병원 — 에 의존하였다. 실제로, 감옥에는 구금형의 실무를 벗어나는 여백의 공간에 규율 형태의 기술들이 자리 잡는다. 그리고 법적인 것에 대한 이와 같은 규율의 추가부분은 요컨대 '행형적인 것'이라고 부를 수 있는 것이다.

55 Ch. Lucas, 《감옥 개혁에 관해서》 제 2권(1838년), pp. 418~422.

‡

이러한 추가부분이 아무런 문제없이 받아들여진 것은 아니다. 우선 원칙상의 문제, 곧 형벌은 자유의 박탈 그 이상이 되어서는 안 된다는 문제가 있었다. 드카즈는 오늘날의 위정자들처럼, 자신의 화려한 언어로 이렇게 말했다: "법은 법에 의해 감옥 안으로 끌려 들어온 죄인으로부터 눈을 떼서는 안 된다."[56] 그러나 매우 급속하게 — 그리고 이것이 특징적 사실인데 — 그 논의들은 앞서 말한 행형상의 '추가부분'에 대한 통제권을 전유하기 위한 논쟁이 되었으며, 재판관들은 감옥기관에 대한 감독권을 요구하게 된다. "수감자의 교화敎化는 많은 협력자들을 필요로 하는데, 그것이 완수될 수 있는 것은 다름 아닌 감찰기관의 순시, 감시위원회, 후원단체들에 의해서이다. 따라서 교화에는 보조자들이 필요하며, 그들을 제공하는 것은 사법관의 일이다."[57] 이 시기부터, 행형行刑의 질서가 충분한 안정성을 획득했으며, 그리하여 사법관은 그것을 해체하려고 하기는커녕 떠맡으려고 했다. 그러므로 재판관은 징역형을 내리려는 욕망에 사로잡히게 되었다. 그 결과 한 세기가 지난 뒤 일종의 사생아私生兒, 그것도 불구의 사생아, 즉 형벌 집행을 담당하는 판사가 생겨났다.

그러나 행형적인 것이 구금형과의 관계에서 지나친 '과잉'을 통해

---

56 E. Decazes의 "감옥에 관하여 국왕 앞으로 보낸 보고서", 《세계신보》(*le Moniteur*), 1819년 4월 11일.

57 Vivien의 견해. G. Ferrus, 《죄수들》(1850년), 서문 p. 8에서 인용. 1847년의 왕령에 따라 감시위원회가 창설되었다.

자신을 부각시키고, 더 나아가 모든 형사사법을 꼼짝 못하게 만들고 재판관들 자신을 갇혀 있게 만든 것은, 행형적인 것이 이제는 끝없는 미로迷路가 되어 버린 지식과 학문의 관계들 안으로 범죄사법을 도입할 수 있었기 때문이다.

형벌 집행의 장소인 감옥은 동시에 처벌받는 개인들에 대한 관찰의 장소이다. 그것은 두 가지 의미에서이다. 말할 것도 없이 그것은 첫째 감시이다. 두 번째는 모든 수감자의 행동, 심층적 성향, 점진적 개선에 대한 세밀한 인식이다. 감옥은 수형자들에 관한 임상적 지식이 형성되는 장소로 이해되어야 한다. "행형이론은 선험적인 개념일 수 없다. 그것은 사회상태의 귀결이다. 그것의 대상은 병炳의 부위와 방향에 치료가 달려 있는 건강상의 돌발적 증상이나 정신질환들과 같은 것이다."58 이것은 두 가지 본질적 장치를 전제로 한다. 죄수들이 끊임없는 감시의 시선 속에 놓일 수 있어야 하고, 그들에 관해 행할 수 있는 모든 평가 결과들이 기록되고 계량화되어야 하는 것이다. '판옵티콘'의 주제, 즉 감시와 동시에 관찰, 확실성과 동시에 지식, 개별화와 동시에 전체화, 격리와 동시에 투명성 등이 감옥에서 실현될 수 있는 특권적 장소를 찾은 것이다. 권력 행사의 구체적 형태로서 판옵티콘의 절차들이 적어도 산만한 상태로 폭넓게 확산되었다는 것이 사실이라 할지라도, 벤담의 유토피아가 단번에 구체화될 수 있었던 것은 오직 행형제도뿐이었다. 1830~1840년에 걸쳐 '판옵티콘' 시설은 대부분의 감옥 설계에서 건축상의 계획이 되었다. 그것은 '석재 건물을 통

---

58 Léon Faucher, 《감옥 개혁에 관해서》(1838년), p. 6.

해 규율의 이해를'[59] 나타내고, 권력의 관리를 위해 건축물을 투명하게 만들고,[60] 강제적으로나 폭력적인 속박 대신에 빈틈없는 감시의 부드러운 효과가 자리 잡도록 하며, 법규 완화와 새로운 행형이론에 맞게 공간을 정리하는 가장 직접적인 방식이었다: "그러므로 한편으로는 당국이, 다른 한편으로는 건축가가 알아야 할 것은 감옥이 형벌 완화의 방향에서거나 죄인들에 대한 교정제도에서 어떻게 만들어지는 것이 좋은지, 그리고 민중의 악덕들의 근원으로 거슬러 올라가서 민중이 실천해야 할 미덕을 만들어 내는 법의 원리와 감옥이 어떻게 일치될 수 있는지의 문제이다."[61]

요컨대, 수감자가 "그리스 철학자의 유리집에서"[62]처럼 투명한 상태로 갇혀 있을 수 있는 독방, 그리고 끊임없는 시선으로 죄수와 동시에 간수들을 통제할 수 있는 중앙의 지휘부를 갖춘 구조의 감옥[63]을 설립해야 한다. 이 두 가지 요건을 중심으로 여러 가지 변형이 있을 수 있다. 이를테면 엄격한 형태의 벤담식의 판옵티콘, 반원형의 감옥, 십자형의 도면, 또는 별 모양의 배치이다.[64] 이러한 모든 논의가 한창

---

59 Ch. Lucas, 《감옥 개혁에 관해서》 제 1권(1836년), p. 69.

60 "건물 구조상의 문제를 제외하고 관리상의 문제를 취급하려고 하면, 현실이 무시되는 원칙을 만들 위험이 있다. 그 반면에 관리상의 필요성을 숙지한 건축가는 유토피아적 이론으로 취급될 수 있는 투옥 제도를 받아들일 가능성이 있다"(Abel Blouet, 《독방 감옥의 계획안》, p. 1843, p. 1).

61 L. Baltard, 《감옥의 건축도》(1829년), pp. 4～5.

62 "영국인들은 모든 작품에서 기계에 관한 재능을 보인다. … 또한 그들을 자신들의 건축이 유일한 동력 작용에 따라 작동하는 기계처럼 되기를 소망했다"(위의 책, p. 18).

63 N. P. Harou-Romain, 《징치 감옥의 계획》(1840년), p. 8.

인 가운데 내무부 장관은 1841년의 기본 원칙들을 환기시킨다: "중앙의 감독실이 이 구조의 근간이다. 감독을 행하는 중앙의 지휘부가 없다면, 감시는 더 이상 확실하게 보장되지 않고 지속적이거나 총괄적이지도 않게 된다. 왜냐하면 독방을 직접 감시하는 일반 담당자의 활동, 열의, 판단력을 전적으로 신뢰할 수는 없기 때문이다. … 따라서 건축가는 이 부분에 모든 주의를 기울여야 한다. 거기에는 규율과 동시에 경제성의 문제가 있다. 감시가 엄밀하고 용이할수록, 건물 안에서 탈옥의 시도를 막고 수감자들 상호간의 의사소통을 확실히 차단할 수 있는 기능의 필요성은 점차적으로 사라질 것이다. 중앙의 감독실에서 소장이나 간수장이 자신의 자리를 떠나지 않은 채 자신의 모습은 보이지 않으면서 모든 독방의 출입구를 볼 수 있고, 심지어는 문이 활짝 열려 있을 때 보게 될 최대한의 많은 독방의 내부뿐만 아니라 각 층에서 죄수의 감독을 담당하는 감시자들까지 보게 된다면, 감시는 완벽할 것이다. … 원형 또는 반원형의 감옥이라는 공식에 의해서, 중앙의 지휘부로부터 독방 안의 모든 죄수들과 감시 회랑回廊 안의 간수들을 보는 일이 가능할 것이다. 65

그러나 행형상의 판옵티콘 체제는 개인별로 지속적인 기록 작성의 체계이기도 하다. 벤담의 감옥 건설을 위한 계획안의 변이형들이 권장되던 바로 그해에, '정신상태 보고' 체계 — 예컨대 모든 감옥에 비치되어 소장이나 간수장, 부속 사제, 교육자가 각 수감자에 관한 자신

64 〈그림 14〉~〈그림 21〉 참조.

65 Ducatel, 《유치장 건설에 대한 지침》, p. 9.

〈그림 14〉 N. Harou-Romain, 형무소 설계도, 1840

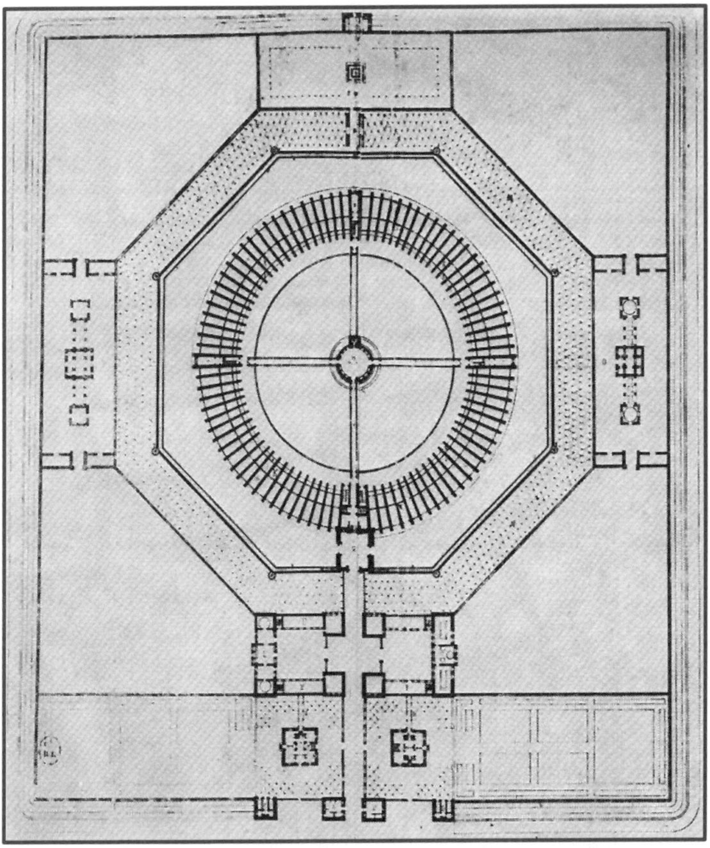

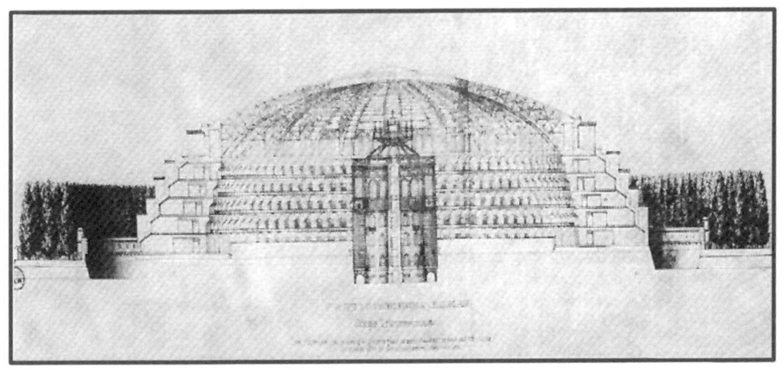

〈그림 15〉 N. Harou-Romain, 형무소 설계도, 1840

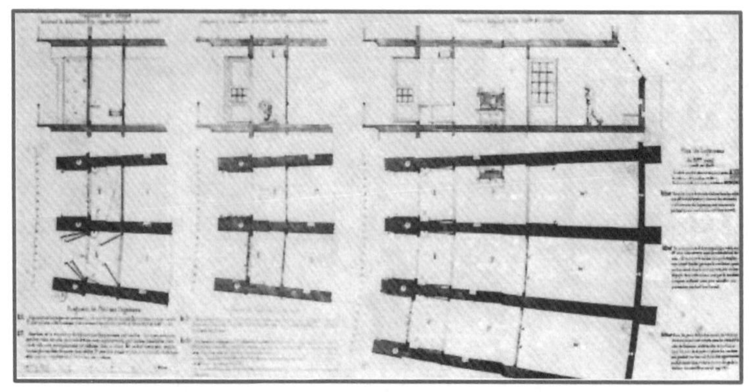

〈그림 16〉 N. Harou-Romain, 형무소 설계도, 1840

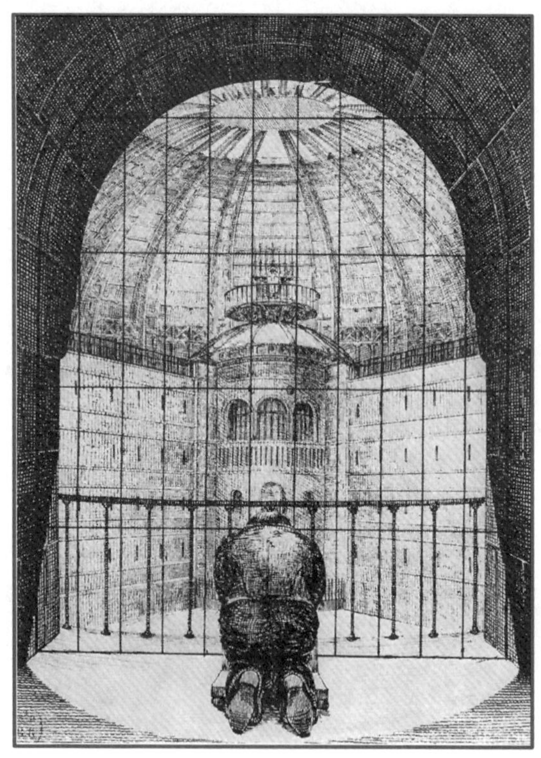

〈그림 17〉 A. Blouet, 585인의 죄수를 수용할 수 있는 감옥 설계도, 1843

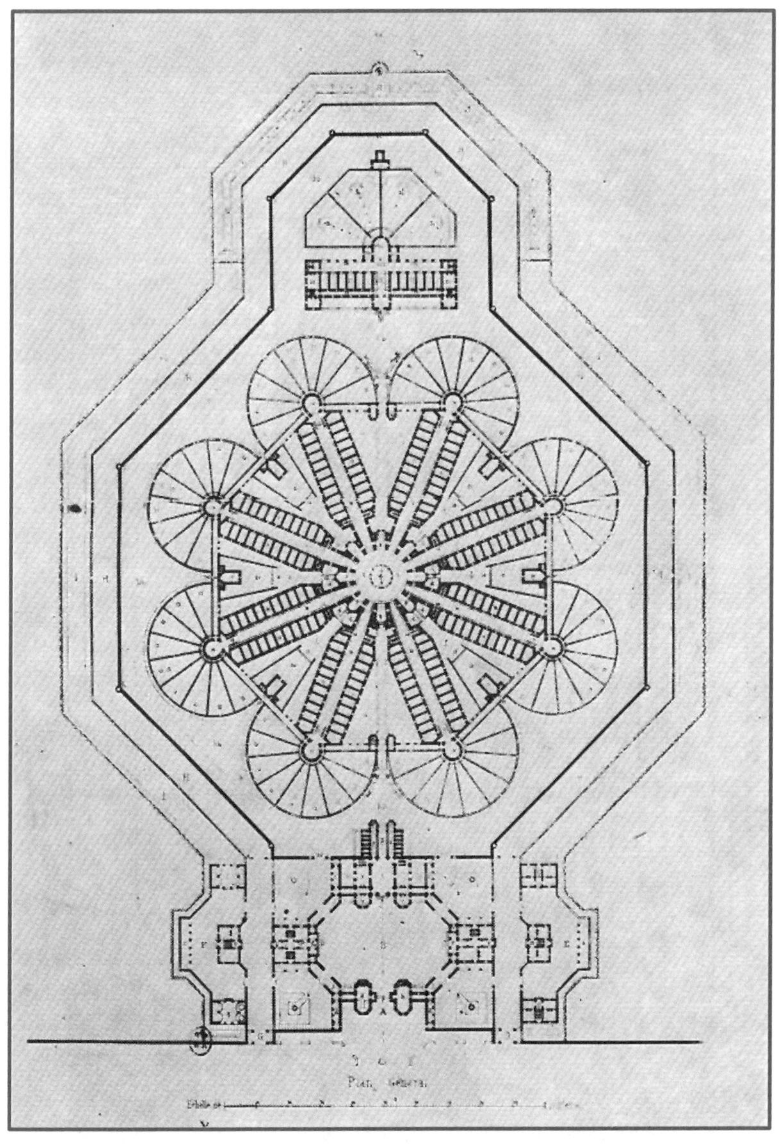

〈그림 18〉 Mazas 감옥 설계도

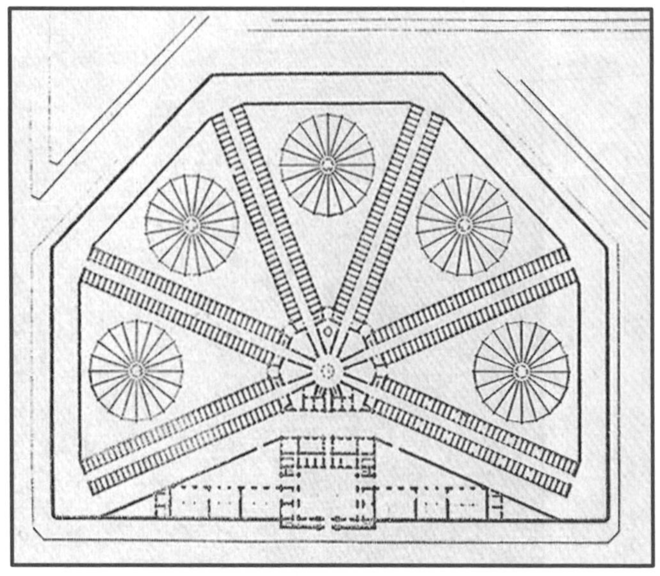

〈그림 19〉 Petite Roquette 감옥

〈그림 20〉 1877년의 Rennes 중앙감옥

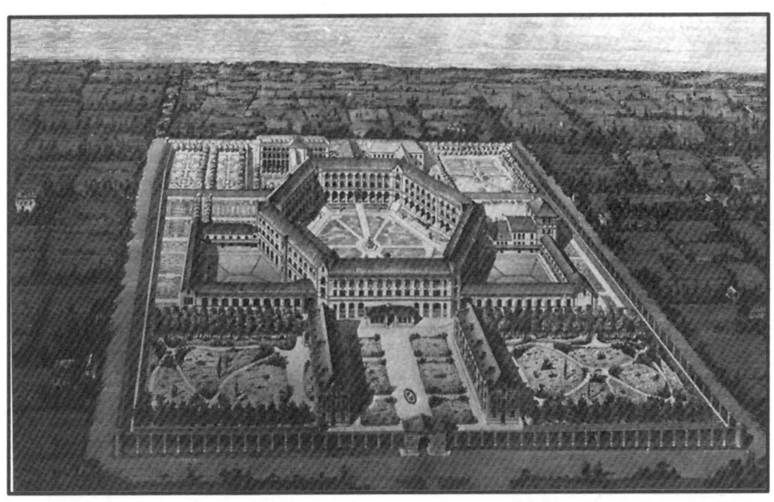

〈그림 21〉 Stateville 형무소 내부(20세기 미국)

들의 관찰내용을 기입해야 하는 획일적 서식의 개인별 보고서 ― 가 의무화되었다. "그것은 이를테면 감옥 행정의 안내서와 같은 것으로서 모든 개인별 사례와 상황에 대한 올바른 평가를 가능하고, 따라서 모든 죄수에게 개별적으로 어떤 방법을 적용해야 하는가를 알게 해 준다."66 이 밖에도 훨씬 더 완전하고 많은 기록 체계가 기획되거나 시도되었다.67 여하간 감옥을 행형상의 실무에 대한 조정 원리로서 기능하는 지식의 형성 장소로 만드는 것이 중요하다. 감옥은 재판관의 결정을 정확히 알고 기존의 규칙에 따라 그것을 적용해야 할 뿐만 아니라, 형법상의 조치를 행형상의 조작으로 변화시킬 수 있는 지식, 그리고 범법행위 때문에 부과된 형벌을 통하여 수감자를 사회에 유익한 존재로 변화시킬 수 있는 지식을 이끌어 내야 한다. 징역제도의 자율성과 그것으로 가능해지는 지식은 형법전에 담긴 처벌의 철학 원리에 있는 형벌의 효용성을 증가시킬 수 있다. "감옥의 소장은 어떤 수감자로부터도 감시의 눈길을 떼어서는 안 된다. 왜냐하면 수감자가 어떤 구역에서 생활하거나, 그곳에 들어가고 나오거나 머물러 있건 간에, 소장은 수감자를 특정한 등급에 계속 동일한 평가를 내리거나 다른 등급으로 이동시키는 평가의 이유를 정당화해야 하기 때문이다. 그는 그야말로 회계원이라 할 수 있다. 개인별 교육의 영역에서 각 수감자는 소장이 행형상의 이자를 얻기 위해 예금한 원금이다."68 행형상의

66 E. Ducpétiaux, 《독방 수감 제도에 관해서》(1857년), pp. 56~57.

67 예를 들면, G. de Gregory, 《세계 형법전의 초안》(1832년), p. 199 이하: Grellet-Wammy, 《감옥 개요》(1839년), 제 2권, pp. 23~25와 pp. 199~203을 참조.

실무, 숙련된 관리기술은 형벌 체계와 비용이 많이 든 감옥의 건설을 위해서 투자한 자본의 수익성을 높이는 것이다.

그것과 관련하여 범죄자le délinquant는 앎의 대상인 개인이 된다. 이러한 앎의 필요성은 1심 재판에서 판결에 더 올바른 근거를 마련하기 위해서거나 유죄성의 척도를 확실히 결정짓기 위한 재판행위 속에 포함되지는 않았다. 범법자 l'infractear가 앎의 가능한 대상으로 만들어진 것은 수형자受刑者로서, 그리고 처벌기관들의 적용점으로서인 것이다.

그러나 이것은 행형기구의 — 그것에 수반되는 관리기술의 모든 계획과 더불어 — 대상이 기묘하게 대체되었음을 의미한다. 다시 말해서 행형기구가 사법의 결정에 의해서 수형자를 받기는 하지만, 자신이 관리해야 할 대상은 범법행위도 아니고 더 정확히 말해서 범법자도 아니다. 그것은 어느 정도 다른 대상이고, 교정 기술에만 관련되는 대상이며, 처음에는 판결에서 고려되지 않았던 여러 변수들에 의해 규정되는 대상이다. 선고받은 범법자를 대신하여 행형장치의 대상이 되는 인물은 범법자가 아닌 '범죄자'이다.

범죄자는 그를 특징짓는 올바른 판단근거가 그의 행위라기보다는 그의 생활태도라는 사실에 의해 범법자와 구별된다. 행형상의 활동이 참된 재교육이 되려면 범죄자의 생활을 총괄해야 하며, 감옥을 강제력에 의해 움직이는 일종의 인위적 무대 — 여기에서는 그 생활이 온통 다시 시작되어야 하는데 — 로 만들어야 한다. 법률상의 징벌은 행위를 대상으로 하고, 처벌의 기술은 생활태도를 대상으로 한다. 처벌

---

68 Ch. Lucas, 《감옥 개혁에 관해서》 제 2권(1838년), pp. 449~450.

의 기술은 결국 지식의 틀 안에서 최하의 것과 최악의 것을 재구성해야 하고, 구속력이 따르는 행위를 통해 효과를 바꾸어 보거나 결함을 보충해야 한다. 그것은 개인의 전기傳記에 대한 인식이고 개인의 생활을 개선시키기 위한 기술이다. 범죄자에 대한 관찰은 "그가 저지른 범행의 상황뿐만 아니라 원인에까지 거슬러 올라가야 하며, 성격, 사회적 신분, 교육이라는 3중의 관점 아래 그것들을 그의 생활사에서 찾아 기질에 따른 위험한 성향, 사회적 신분과 관련된 나쁜 경향, 그리고 교육의 나쁜 선례들을 알아내고 확인해야 한다. 이처럼 전기에 의한 조사는 도덕관념의 분류를 위한 행형체계의 한 조건이 되기 전에 이미 형벌의 분류를 위한 사법적 예심의 본질적 부분을 이룬다. 그 조사는 법원에서 감옥까지 수감자를 따라다니도록 해야 하고, 감옥에서 소장의 직무는 구속기간 동안 수감자에 대한 기본사항들을 접수하는 것뿐만 아니라 그것들을 보충하고 통제하고 정정하는 것이다."[69] 진상조사에 의해 범행의 책임이 전가될 수 있는 범법자 뒤에서, 전기에 의한 조사방법으로 그 형성이 입증되는 범죄적 성격은 어렴풋이 모습을 드러낸다. 형법제도의 역사에서 '전기적 요소'의 도입은 중요하다. 그것으로 인하여 범죄 이전에, 그리고 극단적인 경우 범죄와는 별도로 '범죄인'이 존재하는 것이기 때문이다. 또한 거기에서부터 심리적 인과관계가 법적 책임결정에 관여하게 되어, 그것의 결과를 복잡하게 만들기 때문이다. 그때 우리들은 '범죄학의' 미궁迷宮, 이를테면 책임의 경감을 초래하기 때문에 그만큼 더 가공스러운 범죄성으로 범법행위의

---

69 위의 책, pp. 440~442.

당사자를 특징짓고 그만큼 더 엄격한 행형상의 조치를 요구하는 모든 결정요인 속으로 빠져들어, 오늘날까지도 거기에서 벗어나지 못하고 있다. 형벌의 실무에서 범죄자의 전기가 범행상황 분석에 복합적으로 작용하게 되면서, 범죄의 경중을 평가하는 것이 문제일 때, 형법 담론과 정신의학 담론 사이의 경계는 뒤섞인다. 또한 양자의 접합점이 되는 그 지점에서 완전히 전기의 차원을 바탕으로 인과관계의 연결성을 확립하고 처벌-교정의 평결을 내리는 것을 가능하게 하는 '위험인물'이라는 개념이 만들어지는 것이다.70

범죄자는 또한 범죄의 당사자(자유롭고 의식적인 의지에 대한 몇 가지 기준들과 관련하여 책임이 있는 장본인)일 뿐만 아니라 복잡한 요소들(본능, 충동, 성향, 성격)의 전체적 결합을 통해 범법행위와 연결된다는 점에서 단순한 범법자와 구별된다. 행형기술의 대상은 당사자의 주변관계가 아니라 범죄자와 그의 범죄 사이의 관련성이다. 전반적인 범죄성 현상의 독특한 표상으로서의 범죄자는, 거의 자연적으로 형성

---

70 생활사의 내용이 범죄자 개인의 형성단계에서 어느 시점을 출발점으로 하여 어떤 방식으로 처벌의 메커니즘 속으로 확대되었는지는 앞으로의 연구 과제일 것이다. 예를 들면, 아페르에게서 죄수들의 생활사와 자서전, 정신의학적 모델에 의거한 생활사 관계의 서류작성, 피고를 변호할 때 피고의 생활사 활용 등이다. 이러한 예들 중 마지막 부분에 대해서는, 18세기 말 차형(車刑)에 처해진 3명의 남자들이나 잔느 사르몽에 대한 거창한 변론서와, 루이 필립 시대의 범죄자들에 대한 변론을 비교할 수 있을 것이다. 셰 데스탕쥬(Chaix d'Est-Ange)는 라 롱시에르(La Roncière)를 이렇게 변호하였다. "그 범행이 있기 훨씬 오래전에 그리고 그 고소가 있기 오래전에 여러분들은 피고의 생활을 조사하고, 그 마음속으로 들어가서 가장 은밀한 부분들을 탐색하고, 그의 모든 생각과 그 영혼 전체를 샅샅이 드러낼 수 있을 것이다." 《연설과 변론》 제3권, p. 166.

된 부류들이자 개성적 특성을 갖춘 모습으로서, 1841년 마르께-바슬로가 '감옥의 인종지人種誌'라고 부른 것과 같은 별도의 취급이 요구되는 부류들에서 두루 찾아볼 수 있다: "수형자들은 같은 민족 속의 다른 민족, 곧 별도의 습관·본능·풍속을 지닌 민족이다."[71] 아직도 악인의 세계에 대한 '풍속 본위의' 서술 — 멀리 거슬러 올라가자면, 다른 형태의 삶에 대한 지각이 다른 계급과 다른 부류의 사람들에 대한 지각과 연결되어 19세기 전반기에 부흥하여 나타난 오래된 전통이다 — 에서 거의 벗어나지 못한 상태에 있는 셈이다. 사회적 아종sous-espéces들에 관한 동물학, 독특한 관례와 언어를 지닌 악인들의 문명에 관한 민족학이 환골탈태한 모습으로 윤곽을 드러낸다. 그렇지만 범죄자를 자연적이고 동시에 정상을 벗어난 유형에 속하는 사람으로 만드는 새로운 객관성 지향의 구성작업 또한 표면화된다. 인류라는 동물종의 병리학적 일탈인 범죄성이 병적 증후군이나 심한 기형奇形의 경우처럼 분석될 수 있다. 페뤼스의 분류에 의해서, 역사상 최초로 범죄에 관한 오래된 '인종지'가 범죄자들의 체계적 유형학으로 전환된 것일지 모른다. 분명히 그 분석은 보잘 것 없지만, 그 분석에는 범죄가 법보다는 규범과 관련하여 명시되어야 한다는 원칙이 분명히 작용하고 있다. 예컨대 3가지 유형의 수형자가 있는데, 첫 번째는 '우리가 확정한 중간 정도의 지능보다 더 뛰어난 지적 능력'을 갖추고 있으나, '체질적 성향'과 '타고난 성격'에 의해서든 '위험한 사고방식', '타락한 도덕', '사회적 의무에 대한 위험스런 생각'에 의해서든 악질적인 수형자들이

71 J. J. Marquet-Wasselot, 《감옥의 인종지》(1841년), p. 9.

다. 그들에게는 밤낮을 가리지 않고 계속되는 격리, 혼자서 하는 산책, 그리고 다른 사람들과 접촉해야 할 경우에는 "석재 절단작업이나 펜싱 시합을 할 때 사용되는 종류의 가벼운 철가면"이 필요하다. 두 번째 범주는 "불명예나 선행에 대한 무관심, 무기력, 이를테면 게으름, 그리고 악한 선동에 대한 저항의 결핍에 의해 악으로 이끌리는 방탕하거나 편협한 또는 어리석거나 수동적인" 수형자들로 이루어진다. 그들에게 적합한 관리체제는 억압적인 것이라기보다는 교육이고, 가능하다면 상호 교육의 방법 — 예컨대 야간의 격리와 주간의 공동 작업, 큰 소리로 행해질 경우에 허용되는 대화, 공동의 책읽기, 그 뒤에 보상으로 인정되기도 하는 질문의 교환 — 이다. 끝으로, '바보 같고 무능한' 수형자들이 있는데, 그들은 "불완전한 체질로 인하여 사려 깊은 노력과 일관된 의지를 필요로 하는 모든 활동에 부적합하게 되고, 그렇기 때문에 작업의 면에서 지력을 갖춘 노동자들과 경쟁할 수 없는 상태에 처하며, 사회적 의무를 생각할 만큼 충분한 교육을 받지 못하고 이 사실을 이해하여 자신들의 이기적 본능을 제어할 수 있는 충분한 정신적 능력도 갖지 못하여 결국 자신들의 무능력 때문에 악에 이끌리는 사람들이다. 그들의 경우, 고립상태는 무기력을 조장할 뿐이다. 따라서 그들은 공동으로 그러나 소집단을 형성하는 방식으로 생활해야 하고, 언제나 집단적 활동에 의해 자극받아야 하며, 엄격한 감시 아래 놓여야 한다."72 그리하여 범죄자들과 그와 같은 부류들에 관한 '실증적' 인식이 점차로 자리 잡는데, 그것은 범죄와 범죄적 상황에

72 G. Ferrus, 《죄수들》(1850년), p. 182와 그 이하, p. 278과 그 이하.

관한 법적 성격의 결정과 매우 상이할 뿐만 아니라, 개인의 광기狂氣를 부각시켜 결국 범행의 위법성을 지워 버리는 의학적 인식과도 구별된다. 페뤼스는 그러한 인식의 원칙을 명확히 규정한다: "집단적으로 고려될 경우 범죄자들은 결코 광인狂人이 아니다. 고의로 사악한 짓을 하는 사람들과 광인을 혼동한다면, 이는 광인에게 불공평한 처사일 것이다." 그 새로운 지식에서는 범죄로서의 행위와 특히 범죄자로서의 개인을 '학문적으로' 규정짓는 일이 문제된다. 범죄학의 존립 가능성이 주어진 것이다.

아마도 형사사법의 상관적 존재는 위법자이겠지만, 징계기관의 상관적 존재는 전기적 서술의 단위이고 '위험성'을 지닌 핵심 분자이며 어떤 비정상의 유형을 대표하는 범죄자이다. 그리고 법률이 규정한 자유 박탈의 구금에 감옥은 징계적 요소의 '보충부분'을 덧붙였다는 것이 사실이라면, 그 보충부분은 자체적으로, 법에 의해 유죄 선고를 받은 자와 그 법을 시행하는 자 사이에 살짝 끼어든 제3의 인물을 불러들였다. 신체형에 처해진 자의 낙인찍히고 사지가 절단되고 화형에 처해지고 완전히 무화無化되는 육체가 모습을 감춘 자리에서, '범죄자'의 개인성, 범죄자의 나쁜 영혼 — 형벌기구에 의해 이것은 처벌하는 권력의 적용점으로서, 그리고 오늘날까지도 행형학行刑學이라고 불리는 것의 대상으로서 만들어진 것인데 — 과 중복되는 존재로서 죄수의 육체가 나타난 것이다. 사람들은 감옥이 범죄자들을 만들어 낸다고 말한다. 사실상 감옥은 과거에 그곳에 위탁된 이들을 거의 숙명적으로 다시 법정에 서게 한다. 그러나 감옥이 범죄자들을 만들어 낸다는 것은 또 다른 의미에서 감옥이 법과 위반, 재판관과 범법자, 수형자와 형벌 집행자 사이의 상호작용 안에서 그것들을 서로 결부시키고, 한 세기 반 전부터 그것들을 모두 동일한 올가미로 붙잡아 두는 범죄라는 비非신체적 내용을 그러한 상호작용의 관계 속에 이끌어 들였다는 점에서이다.

‡

행형기술과 범죄자는 이를테면 쌍둥이 형제이다. 과학적 합리성에 의한 범죄자의 발견으로 인해서 옛날부터의 감옥에서 단련된 행형기술이 도입된 것이라고 생각하지는 말아야 한다. 형집행 방법의 내적 제안이 결국 사법적 추상개념과 엄격성에 의해 알지 못했던 범죄라는 '객관적 실재'를 명백하게 드러냈다고 생각해서도 안 된다. 형집행 방법의 내적 제안과 그 객관적 실재는 다같이, 한쪽이 다른 한쪽의 연장인 관계를 맺는 상태에서 스스로 자체의 수단을 대상에 적용시키고, 동시에 그러한 대상을 형성하고 뚜렷하게 드러내는 기술체계의 총체로서 나타났다. 그리하여 이제 평온한 법원과 법의 위엄에 붙어 다니게 되는 것은 사법 장치의 하층토양에서, 다시 말해서 유죄 선고를 받는 이들에게 형벌을 부과하는 데 부끄러움을 느낀 사법당국이 바라보려고 하지 않는 그 '비천한 일'의 수준에서 형성되는 범죄, 바로 그것이다. 따라서 판결을 내릴 때 인식하고 평가하고 측정하고 진단하고 취급해야 할 것도 바로 그것이며, 형법전을 개정할 때 고려해야 할 것 또한 다름 아닌 그것, 그 비정상, 그 일탈, 그 은밀한 위험, 그 질병, 그 생존 형태이다. 범죄는 재판에 대한 감옥의 복수행위이다. 재판관을 어안이 벙벙하게 할 정도로 대단히 무시무시한 복수이다. 그때 범죄학자들의 목소리가 높아진다.

그러나 모든 규율의 집중적이고 준엄한 형상인 감옥은 18세기에서 19세기로 넘어가는 전환기에 확정된 형벌 체계 안에서 생겨난 요소가 아니라는 것을 염두에 두어야 한다. 베카리아 또는 벤담 등의 '관념론적' 형법전들의 기초가 된, 형벌 본위의 사회와 처벌에 관한 일반적 기호-기술이라는 주제가 감옥의 보편적 이용을 초래하지는 않았다. 그러한 감옥은 다른 곳에서 — 규율 권력의 고유한 기제들에서 — 유래한다. 그런데 이러한 이질성에도 불구하고, 감옥의 여러 기구와 효과는 근대의 범죄사법 전반에 확산되었으며, 범죄와 범죄자들은 그러한 범죄사법 전체에 기생寄生해 왔다. 감옥이 갖는 그 무시무시한 '유효성'의 근거를 찾아보아야 할 것이다. 그러나 다음의 한 가지 사항은 처음부터 특기해 두어도 좋다. 그것은 18세기에 개혁자들이 확정한 형사사법이 범죄자의 가능한 두 가지 객체화의 방향, 그러나 서로 상반되는 두 가지 방향을 제시했는데, 하나는 사회 계약 밖으로 벗어나는 도덕적 또는 정치적 '괴물들'의 계열이고 다른 하나는 처벌에 의해 다시 자격을 부여받는 법적 주체의 계열이다. 그런데 '범죄자'라는 개념을 이용하면, 그 두 방향이 적절하게 일치될 수 있어서, 의학, 심리학, 또는 범죄학의 보증 아래, 범법자와 학문적 방법의 대상이 — 거의 완전하게 — 중복되는 개인을 설정할 수 있다. 형벌 체계에 감옥을 접목시킨 작업이 격렬한 거부 반응을 불러일으키지 않았다는 것은 여러 가지 이유 때문일 것이다. 그것들 가운데 하나는 감옥이 범죄라는 것을 만들어 냄으로써, '여러 과학들'에 의해 정당성이 입증된 단일한 대상 영역을 형법에 마련했으며, 감옥으로 인하여 형법은 '진실'의 일반적 지평 위에서 기능할 수 있게 되었다는 점이다.

감옥, 사법기구 안에서 가장 어두운 그 세계는 더 이상 감히 드러내놓고 행사될 수 없는 처벌의 권력이 객관성의 영역 — 거기에서는 형벌이 공공연하게 치료법으로 기능할 수 있고, 판결이 지식의 담론 속에 포함될 수 있는데 — 을 은밀하게 조직하는 장소이다. 그렇다. 사법은 자체의 계획으로 인해서 생겨난 딸이 결코 아니었던 감옥을 너무나 쉽게 양녀養女로 맞아들였다. 사법은 감옥에 대해서 감사의 마음을 갖지 않으면 안 되었다.

2

위법행위와 범죄

법에 비추어 볼 때 구금형은 그저 자유의 박탈일지도 모른다. 그러나 그것을 확실하게 만드는 투옥投獄은 언제나 기술적 계획을 내포해 왔다. 화려한 의식과 고통의 의례가 혼합된 기술에 따라 행해지는 공개적 체형으로부터 육중한 건물 안에 파묻혀 행정의 비밀주의에 의해 유지되는 징역형으로의 이행은 분화되지 않은 추상적이고 모호한 형벌제도로의 이행이 아니라, 하나의 처벌 기술에서 이에 못지않게 교묘한 다른 기술로의 이행이다. 이를테면 기술상의 변동이다. 이 이행의 한 가지 징후이자 축소판이라고 할 수 있는 것이 1837년에 도형수徒刑囚들의 쇠사슬을 대신하여 등장한 죄수 호송차護送車이다.

쇠사슬형刑은 갤리선을 젓는 형벌의 시대로 거슬러 올라가 볼 수 있는 관례로서, 7월 왕정 아래에서도 존속했다. 19세기 초에 사슬에 묶인 죄수들의 행렬이 갖고 있었던 스펙터클로서의 중요성은 아마 그것이 두 가지 징벌 양식을 결합시켜 하나로 나타나게 되었다는 사실과 관련이 있을 것이다. 말하자면 유치장까지 가는 길은 신체형의 의식처럼 전개된 것이다.[1] '마지막 쇠사슬의 유형장 이송 행렬la dernière chaine' — 1836년 여름에 실제로 프랑스를 누빈 그것들 — 과 그것의 소란에 얽힌 이야기들에 의해, '행형학行刑學'의 여러 규칙과는 전혀 관련이 없는 그 실행 양상을 재발견할 수 있다. 그것은 단두대 의식, 곧 비세트르 감옥의 구내에서 행해지는 쇠목걸이와 쇠사슬의 접합으로 시작된다. 도형수는 단두대 위에서처럼 목덜미를 모루 위에 올려놓고 뒤로 젖히지만, 이 경우에는 망치로 두들기면서도 머리를 박살내지 않는 것이 형리刑吏의 기술이다. "비세트르의 넓은 안뜰에는 신체형의 도구들, 곧 쇠고리가 딸린 여러 줄의 쇠사슬이 진열되어 있다. 일시적으로 대장장이의 역할을 하는 '아르투팡artoupans, 간수장'들이 모루와 망치를 정돈한다. 순찰로의 철책에는 침울하거나 대담한 표정의 온갖 얼굴들이 붙어 있는데, 담당자는 곧 이들의 머리에 볼트를 박아서 고정시킨다. 눈길을 위로 올리면 감옥의 각층에는 다리와 팔들이 독방의 창살에 매달려 있어서 이 모양은 인육시장을 방불케 한다. 이들은 전날의 동료들에게 시행되는 사슬치레를 참관하려는 수감자들이다. … 여기서 그들은 희생의 제물과 같은 태도를 취하고 있다. 그들은 키에 따라 아무렇게나 짝을 지어 땅바닥에 앉아 있는데, 각자가 8파운드씩 운반해야 하는 쇠사슬이 그들의 무릎을 짓누르고 있다. 담당자가 그들을 훑어보

1 쇠사슬은 "특히 처형대가 거의 폐지되어 버린 뒤부터" 민중적인 스펙터클이 되었음을 포쉐는 주목하였다.

면서 머리의 크기를 재고 약 1인치 두께의 거대한 목걸이를 거기에 맞춘다. 쇠고리를 두들겨 붙이는 데에는 형리 3명의 협력이 필요했다. 한 사람은 모루를 붙들고, 다른 한 사람은 쇠목걸이의 양쪽 끝을 잇대어 쥔 채 자신의 양팔로 수형자의 머리를 보호하며, 세 번째 사람은 육중한 망치를 맹렬히 두들겨 볼트를 납작하게 만든다. 망치를 내리칠 때마다 죄수의 머리와 몸통이 흔들린다. … 게다가 사람들은 망치질이 빗나갈 경우 제물이 당하게 될지도 모르는 위험은 조금도 생각하지 않는다. 그러한 인상은 애초부터 없었거나 더 정확히 말해서 그토록 굴욕적인 취급을 받는 신의 피조물을 응시하면서 느끼는 깊은 공포의 인상 앞에서 사라져 버린다."[2] 그런 후, 공개적 스펙터클의 차원이 펼쳐지는데, 《재판신보*Gazette des tribunaux*》에 따르면 10만 명 이상의 사람들이 7월 19일 파리를 출발하는 쇠사슬 행렬을 바라본다: "참회의 화요일에 쿠르티유 거리의 비탈길은 … " 상류층이나 부유한 계층의 사람들이 몰려와서는 쇠사슬에 묶인 다수의 유랑족, 그 별스러운 인종, "도형장과 감옥을 가득 채울 특권이 있는 특별한 인종들"[3]이 지나가는 광경을 멀리서 바라본다. 서민 구경꾼들은 공개적 신체형의 시절에 그랬듯이 욕설, 위협, 격려, 구타, 증오나 공감의 표현이 뒤죽박죽 뒤섞인 태도를 죄수들에게 계속 내보인다. 너무 가혹하거나 너무 관대한 재판

2 《파리 평론》, 1836년 6월 7일. 스펙터클 중에서 이 부분은 1836년에는 더 이상 공개되지 않았다. 몇몇 특권적인 구경꾼들만 그 행사에 입장할 수 있었다. 《파리 평론》에 나오는 죄인에 대한 쇠사슬 채우는 이야기는, (유고의) 《사형수 최후의 날》(1829) 에서의 그것과 — 똑같은 말을 사용하면서 — 완전히 일치하고 있다.

3 《재판신보》, 1836년 7월 20일.

에 대한 분노, 가증스러운 죄인에 대한 분노의 외침, 잘 알고 있거나 존경하는 죄인을 응원하는 사람들의 동요, 경찰과의 대항 등으로 인한 과격한 사태는 행렬의 끝까지 계속된다: "퐁텐블로 성문에서 시작된 행렬이 지나가는 동안 내내 광신적인 사람들의 무리가 들라콜롱주를 향해 분노의 함성을 내질렀다. 그들은 '신부를 죽여라, 저 못된 놈을 죽여라'고 외쳐댔다. 사람들은 그에게 금방이라도 제재를 가할 기세였다. 파리 순찰대의 위력과 단호한 진압이 없었다면 심각한 혼란이 발생했을 것이다. 보지라르에서는 여자들이 가장 맹렬했다. 그녀들은 '악독한 사제를 죽여라, 잔인무도한 들라콜롱주를 죽여라'라고 절규했다. 몽루쥬 및 보지라르의 경찰서장과 여러 구청장들, 그리고 부구청장들은 법원의 결정을 어떻게든 시행하려고 애쓴 관계로 격심한 비난을 받았다. 이 도시 근처에서 프랑수아라는 사람은 알라르와 그의 휘하에 있는 경찰들을 알아보고는 그들에게 자신의 목제 밥그릇을 집어던졌다. 그때 이 기결수의 몇몇 옛 동료들의 가족이 이브리에 살고 있다는 사실을 누군가가 기억해 냈다. 그 순간부터 경찰들은 길가에 일정한 간격을 두고 늘어서서, 도형수들이 실린 수레를 엄중하게 호위했다. 파리 교외에 사는 사람들은 한 사람도 예외 없이 각자 자신의 목제 밥그릇을 경찰들의 머리에 던졌는데, 그 가운데 몇 개는 경찰의 머리를 정확하게 맞추기도 했다. 이 사이에 군중은 격심한 불안을 느꼈다. 그들은 서로 싸우기 시작했다."4 비세트르에서 세브르까지 쇠사슬 행렬이 지나가는 동안 상당히 많은 집들이 약탈당했다고 한다.5

4 위의 신문, 같은 면.

수형자들이 출발하는 과정에서의 이러한 축제 분위기에는 쫓기면서 두들겨 맞는 속죄양贖罪羊 의식과, 역할의 전도가 실행되는 바보들의 축제,6 진실이 백일하에 활짝 드러나게 된 공개처형대 의식, 그리고 사람들이 유명한 인물이나 전설적인 인물들을 구경하러 올 만큼 대중적 흥미를 끄는 요소들이 조금씩 뒤섞여 있었다. 이를테면 진실과 비열함의 상호작용, 명성과 치욕의 연속, 가면이 벗겨진 죄인에 대한 욕설, 그리고 다른 한편으로 범죄에 대한 호탕한 고백 등의 요소들이 삽입되어 있었다. 사람들은 나름대로 유명한 범죄자들의 얼굴을 살피고, 낱장으로 된 인쇄물들은 눈앞에 지나가는 이들의 범죄를 환기시키고, 신문에서는 사전에 그들의 이름을 기사화하여, 그들의 행적을 이야기한다. 때때로 그들의 신원이 틀림없이 간파되도록 인상착의가 기록되고 그들의 복장이 묘사되기도 한다. 이를테면 구경꾼들을 위한 프로그램이 작성된다.7 사람들은 또한 범죄자의 유형을 자세히 관찰하고, 복장과 얼굴에 따라 죄수의 '직업', 예컨대 어떤 점에서 그가 살인자인가 도둑인가를 구별하러 오기도 한다. 좀더 전문화된 시선으로 보면, 범죄에 관한 일종의 경험적 인종지人種誌 같은 것이 슬그머니 섞

5 《라 팔랑주》 지, 1836년 8월 1일.

6 *중세 크리스마스와 공현절 때에 행해진 열광적 축제.

7 《재판신보》는 '범죄자의' 이러한 일람표와 주의사항을 정기적으로 공표했다. 가령 Delacollonge를 잘 알아볼 수 있는 인물 특징의 예가 "장화를 덮을 정도로 내려온 낡은 라사지의 바지, 차양이 있는 같은 색깔 천으로 된 모자와 회색상의 … 청색 라사지의 망토"(1836년 6월 6일자) 이다. 나중에는 군중의 폭력으로부터 모면해 주기 위해 들라콜롱주를 변장시키는 일이 결정된다. 즉시 《재판신보》는 그 변장 모습을 알린다. "줄무늬가 있는, 파란 린넬 천의 상의, 밀짚모자"(7월 20일자).

여 있는 가면무도회와 인형극의 놀이판으로 보여질 만하다. 장터의 스펙터클에서 갈Gall의 골상학骨相學에 이르기까지 사람들은 자신이 속한 사회 환경에 따라 마음 내키는 대로 범죄의 기호학을 이용한다: "얼굴 생김새는 복장과 마찬가지로 다양하다. 한쪽에는 무릴료의 인물화처럼 위엄 있는 얼굴이 있는가 하면, 다른 쪽에는 단호한 악인의 강인한 기력을 알려주는 두꺼운 눈썹으로 테두리가 정해져 사악하게 보이는 얼굴이 있고… 또 다른 쪽에는 아랍 사람의 머리가 어린애 같은 몸통 위로 우뚝 얹혀 있다. 이곳에서는 여성적이고 상냥한 용모의 사람들이 보이지만, 그들은 공범자이다. 이 윤기 흐르는 방탕의 얼굴을 바라보라. 그들은 가정교사들이다."[8] 이러한 놀이에는 수형자들 자신도 끼어드는데, 그들은 자신의 범죄를 과시하고 자신의 악행을 드러내 보인다. 다시 말하면 이것은 문신文身, 곧 그들의 무공이나 운명을 나타내는 그림 장식의 기능들 가운데 하나이다: "그들은 왼팔에 새겨 넣은 단두대 문신이든 가슴에 새겨진 피 흘리는 심장에 박힌 단도의 문신이든 범죄를 나타내는 표시를 몸에 지니고 있다." 그들은 지나가면서 자신들이 저지른 범죄의 장면을 몸짓으로 흉내 내고, 법관이나 경관을 비웃으며, 발각되지 않은 악행을 자랑한다. 라스내르의 옛 공범자 프랑수아는 비명도 지르지 않게 하고 피 한 방울도 흐르지 않게 하면서 사람을 죽이는 방법이 자신에 의해 창안되었다고 이야기한다.

---

8 《파리 평론》, 1836년 6월. *Claude Gueux*의 다음과 같은 구절을 참조. "모든 사람들의 머리를 만져 보라. 저 실추된 사람들은 누구나 자신 속에 동물의 형태를 갖추고 있다. … 이것은 살쾡이, 이것은 고양이, 이것은 원숭이, 이것은 독수리, 이것은 하이에나."

규모가 큰 범죄의 유랑극단에는 곡예사와 가면이 어김없이 등장했으며, 우스꽝스러운 진실의 주장이 호기심과 욕설에 뒤섞여 표현되었다. 1836년 그 여름에 들라콜롱주를 둘러싸고 벌어진 일련의 모든 사건들이 그러했다. 그의 범죄(그는 임신한 정부情婦를 죽이고 사체를 토막 냈다)는 그가 사제司祭라는 사실 때문에 훨씬 더 스펙터클이 될 만했으며, 이 사실은 또한 그를 처형대로부터 구해 주었다. 그는 민중의 극심한 증오에 시달리지 않을 수 없었던 것으로 보인다. 1836년 6월 그를 파리로 호송한 마차 안에서 이미 그는 창피함으로 눈물을 그칠 수 없는 상태였음에도 불구하고, 굴욕이 자신에 대한 징벌의 일부라고 생각하여 밀폐된 차량에 의한 호송을 원하지 않았다. 파리를 떠날 때, "군중들은 이 사람에게 정직한 분개, 도덕적 분노, 그리고 욕설과 비난을 상상도 할 수 없을 정도로 엄청나게 퍼부었고, 그는 진흙을 온통 뒤집어썼으며, 군중이 지르는 격노의 함성과 함께 돌멩이가 그에게 비 오듯 쏟아졌다. … 전대미문의 분노가 폭발했는데, 특히 여자들이 그야말로 복수의 여신으로 변하여 믿을 수 없을 정도의 격렬한 증오를 내보였다."[9] 그를 보호하기 위해 옷을 바꿔 입게 하는 일도 있었다. 속아 넘어간 몇몇 구경꾼들은 프랑수아를 그 사람으로 믿기도 했다. 프랑수아는 장난삼아 이 역할을 받아들여, 자신이 저지르지 않은 범죄를 주제로 한 희극에 자신이 아닌 신부의 역을 맡는 희극을 덧붙이고, 더 나아가 자신을 비난하고 조롱하는 군중에게 감사의 기도와 거창한 축복의 몸짓을 내보임으로써 '자신의' 범죄에 대한 이야기에 그러

---

9 《라 팔랑주》 지, 1836년 8월 1일.

한 기도와 몸짓을 뒤섞는다. 거기에서 몇 걸음 떨어진 곳에서, '순교자처럼 보였던' 진짜 들라콜롱주는 자신이 받지는 않지만 자신을 대상으로 한 경멸, 그리고 자기 자신의 신분이긴 하지만 감추고 싶었음에 틀림없는 사제의 모습이 다른 범죄자의 모습으로 다시 나타나도록 만드는 우스꽝스러움으로, 모욕과 조롱이라는 이중의 치욕을 견뎌야 했다. 자신과 쇠사슬로 연결된 살인자 역의 서투른 배우의 연기에 의해 들라콜롱주의 정념이 그의 눈앞에서 펼쳐졌던 셈이다.

쇠사슬에 묶인 죄수들의 행렬이 지나가는 모든 도시에서는 축제가 벌어졌는데, 그것이 징벌의 사투르누스 제祭10였으며, 거기에서는 형벌이 특권취급을 받는 것처럼 되었다. 그리고 공개적 체형의 통상적 의식에서 벗어나는 것 같은 매우 기이한 전통에 의해, 죄수들에게서는 어쩔 수 없는 후회의 흔적보다 오히려 처벌을 부정하는 열광적 기쁨의 폭발이 떠올랐다. 도형수들은 스스로 쇠목걸이와 쇠사슬이란 장식품에 리본, 땋은 밀짚, 꽃, 또는 값비싼 린네르 제품과 같은 장식물을 덧붙였다. 쇠사슬에 묶인 범죄자들의 행렬, 그것은 윤무輪舞이고 춤이며 또한 짝짓기, 다시 말해서 금지된 사랑에 의한 강제 결혼이었다. 쇠사슬로 묶인 상태에서의 혼인잔치, 축제, 축성식이다: "수형자들은 손에 꽃다발을 들고 쇠사슬 앞으로 달려들고, 리본이나 밀짚을 꼬아 만든 술로 헝겊모자를 장식하며, 아주 능숙한 사람들은 꼭대기 장식이 달린 철모를 만들었다. … 또 다른 자들은 나막신을 신은 발에 레이스처럼 성긴 긴 양말을 착용하거나, 작업복 속에 최신 유행의 조끼를 입

10 *고대 로마에서 행해졌던 수확제.

고 있었다."[11] 그리고 쇠사슬 채우는 작업이 끝난 뒤 저녁시간 내내, 쇠사슬로 연결된 도형수들은 '파랑돌farandole' 춤을 출 때처럼 커다란 원을 이루어 비세트르의 안뜰을 끊임없이 돌았다: "쇠사슬에 묶인 죄수들이 간수들을 알아보게 되는 경우, 간수들은 화를 면치 못할 것이다. 그들은 쇠사슬의 무리에 둘러싸여 쩔쩔맸으며, 죄수들은 해가 질 때까지 싸움터의 주인인 양 거들먹거렸다."[12] 수형자들의 야단법석은 호사스런 광경을 동반하는 사법 의식과 상응하는 것이었다. 그러한 난장판은 온갖 화려함, 권력의 질서와 그것의 징표, 쾌락의 형식을 역전시킨 모양이었다. 그러나 정치적 소란의 움직임이 멀리 있지는 않았다. 이 새로운 노랫소리를 듣지 못한 자가 있다면 그는 귀머거리였음이 분명하다. 도형수들은 행진곡을 불렀는데, 이 노래들은 빠른 속도로 유명해졌으며 어디서나 오랫동안 불려졌다. 아마도 낱장으로 된 인쇄물들 안에는 죄인들의 울분의 노래가 반영되어 있을 것이다. 즉, 범죄에 관한 주장, 음험한 영웅의식, 끔찍한 징벌과 그것에 대한 증오의 표현들 등이다: "명성이 있기를, 우리들에게 승리의 나팔을 … 용기

---

11 《파리 평론》, 1836년 6월 7일. 《재판신보》에 의하면 6월 19일. 사슬 묶는 일을 지휘하던 토레즈 대위는 이러한 장식들을 떼어 버리도록 했다. 그는 "죄를 보상하려고 도형장으로 가면서도 너희들은 뻔뻔스럽게 마치 결혼식이나 하듯이 모자를 장식하니 불쾌하구나"라고 말했다.

12 《파리 평론》, 1836년 6월 7일. 이 시기의 쇠사슬은 파랑돌춤을 추지 못하게끔 짧게 만들어졌으며, 병사들은 쇠사슬 열이 출발할 때까지 질서를 유지하도록 명령받고 있었다. 도형수들의 대소동은, 《사형수 최후의 날》에 묘사되어 있다. "감옥의 관리들과 겁먹은 구경꾼들로 대표되는 사회가 그 자리에 있어 보았자 소용없는 일이었다. 범죄는 사회를 어느 정도 경멸하는 식이었고, 이 무서운 징벌을 오히려 집안잔치로 만드는 식이었다."

여, 어둠의 자식들이여, 우리들의 머리 위로 다가오는 무서운 운명을 의연하게 견디세. … 쇠사슬은 무겁지만, 우리는 그것을 참아내리, 도형수들의 고통을 덜어주자는 위로의 목소리가 솟아오르네.” 그러나 집단이 부르는 그 노래에는 새로운 음조가 담겨 있었다. 과거에 대체로 도덕적 규범을 근거로 하소연하는 듯한 표현들은 완전히 달라졌다. 신체형은 양심의 가책을 초래하기는커녕 자존심을 부추기고, 유죄 선고를 내린 재판은 거부되고, 후회와 굴종을 기대하면서 구경하러 오는 군중에게는 비난이 쏟아진다: “때때로 우리는 가정에서 멀리 떨어져 신음하네. 언제나 무서운 빛의 우리들 얼굴은 재판관을 겁에 질리게 할 뿐이리. … 남의 불행을 즐기는 당신들의 시선은 우리들 틈에서, 눈물 흘리고 비굴하게 구는 절망적 인간들을 찾아내려고 애쓰지만, 우리들의 눈길은 자부심으로 빛난다네.” 그러한 노래들에는 또한 동료 죄수들과의 도형장 생활이 석방된 상태에서는 맛볼 수 없는 즐거움을 마련해 준다는 주장도 들어 있다. “시간과 함께 기쁨도 묶어 두자. 복역하노라면 축제의 날도 있겠지 … 기쁨은 변절자, 기쁨은 형리들을 피해 가고, 노래를 따라가네.” 그리고 무엇보다도 현재의 질서가 언제까지나 지속되지는 않을 것이며, 수형자들이 석방되어 자신들의 권리를 되찾을 뿐만 아니라, 그들을 잡아넣은 자들이 그들 대신 감옥에 갈 것이다. 범죄자와 재판관 사이에 입장이 뒤바뀐 대심판大審判의 날이 올 것이다: “우리들 도형수에게 인간에 대한 경멸을. 그들이 신처럼 받드는 모든 황금 또한 우리들에게. 언젠가는 그 황금이 우리들의 손안에 들어오겠지. 우리는 생명을 걸고 그것을 사노라. 오늘 우리들이 짊어지고 있는 이 쇠사슬이 미래에는 다른 이들에게로 넘어가고 그들은 노예가 되리라. 질곡을 타파한 우리들에게는 자유의 별이 다시 빛나리. … 안녕Adieu![13] 당신들이 만든 쇠사슬과 법률 앞에 우리는 용감히 맞서 싸우리."[14] 과거에는 낱장으로 된 인쇄물들이 상상을 섞어 묘사했고, 군중에게는 수형자처럼 행동해서는 안 되겠다는 교훈을 주었던 그 경건한 무대가 이제는 형리의 야만성, 재판관의 불공정, 그리고 지금은 억눌려 있으나 언젠가는 승리할 수형자의 불행 중에서 군중들로 하여금 어느 한 쪽을 선택하도록 강요하는 위협적인 무대로 변해 가고 있었다.

사슬에 묶인 죄수들의 거창한 행렬은 공개적 신체형이라는 옛 전통을 이어받은 것이었으며, 또한 그 당시 신문, 저급한 인쇄물, 엉터리 약장수, 거리의 극단들이 퍼뜨린 그 다양한 범죄 묘사와 상통했을 뿐만 아니라,[15] 분노의 함성이 터져 나왔다는 점에서 대결과 투쟁에도

---

13 *adieu는 오랫동안 혹은 영원한 이별을 할 때 쓰는 작별인사이다.

14 같은 종류의 노래가 1836년 4월 10일의 《재판신보》에 인용되어 있다. 그것은 《라 마르세이에즈》의 곡조에 맞추어 노래되고 있었다. 거기서는 애국적 전쟁 가요가 분명히 사회적 투쟁가로 변해 있었다. 예를 들면, "저 어리석은 민중들은 우리에게 무엇을 원하는가? 불행을 야유하려는 것인가? 그들은 우리를 고요한 눈빛으로 바라보고 있다. 사형집행인들을 보고도 두려워하지 않는다."

15 한 부류의 작가들이 "놀라울 정도로 능력이 뛰어난 악인들을 통해 범죄를 찬양하는 모습을 열심히 그린다. 그러한 범죄의 찬양으로 악인들은 주요한 역할을 하면서, 관리들을 재담이나 야유, 조소의 대상으로 삼는다. 민중들 틈에서 평판이 높은 연극인 〈아드레의 주막집〉이나 〈로베르 마케르〉(1836년)의 공연을 구경한 사람이라면 누구나 나의 견해가 옳다는 것을 어렵지 않게 인정할 것이다. 성실한 사람들과 공권력은 시종일관 놀림을 받고 있다."(H. A. Fregier, 《위험한 계층》, 1840년, 제 2권, pp. 187~188).

연결되어 있었다. 그 광경은 대결과 투쟁에 일종의 상징적 출구를 마련해 준다. 이를테면 법에 의해 좌절된 무질서한 무리들이 훗날을 기약하고 있어서, 경찰의 폭력에 의해 쫓겨난 편이 반격을 개시하면서부터는 해방구解放口의 혼란이 초래될 것이다. "나는 그 잿더미에서 그토록 많은 불꽃이 다시 나타나는 것을 보고 공포에 사로잡혔다."[16] 신체형을 둘러싸고 언제나 발생해 온 소요가 뚜렷한 위협으로 메아리친다. 18세기에 신체형의 폐기를 불러왔던 똑같은 — 그러나 더 급박한 — 이유 때문에 7월 왕정이 쇠사슬 행렬을 없애기로 결정했다는 것은 납득할 만하다: "이처럼 사람들을 끌고 가는 것은 우리의 관습이 아니다. 따라서 호송 행렬이 통과하는 도시들에서 그토록 추잡하고, 게다가 주민들에게 아무런 교육적 효과도 없는 스펙터클이 생기는 것을 피하도록 해야 한다."[17] 그리하여 그 공개적 의식들과는 결별하고, 징벌 자체의 경우와 마찬가지로 수형자들의 이송에도 똑같은 변화를 주도록 하고, 그들도 또한 행정관리자의 신중한 처사를 따르도록 했다.

그런데 1837년 6월 쇠사슬 행렬 대신에 채택된 것은 한때 거론된 덮개 달린 단순한 수레가 아니라, 매우 면밀하게 고안된 기계 장치였다. 굴러가는 감옥으로 구상된 수레, 움직이는 판옵티콘의 등가물等價物. 중앙 통로가 맨 앞에서 맨 뒤까지 수레를 두 부분으로 나누고 있으며, 양쪽에는 각각 6개의 독방이 설비되어 그 안에 수감자들이 서로 마주 보고 앉아 있다. 모직물로 안을 댄 고리들이 약 45센티미터의 쇠사슬

16 《사형수 최후의 날》.

17 《재판신보》, 1836년 7월 19일.

을 사이에 두고 그들의 발목에 채워져 있으며, 그들의 다리는 금속으로 된 무릎 가리개로 속박되어 있다. 수형자는 "수레 바닥의 도로 쪽으로 배수구가 나 있는, 아연판과 떡갈나무로 만든 일종의 변기 모양의 의자" 위에 앉아 있다. 독방은 밖으로 통하는 창문이 하나도 없고, 안쪽이 온통 양철판으로 덮여 있으며, 그 양철판에 구멍을 내서 만든 회전창 하나만이 '적당한 통풍구'의 역할을 하고 있다. 통로 쪽에 달린 모든 독방의 문에는 두 군데의 창구가 뚫려 있는데, 하나는 음식물을 들여놓기 위한 것이고, 철망이 처진 다른 하나는 감시를 위한 것이다. "두 창구의 구멍과 비스듬한 방향이 매우 교묘하게 고안된 관계로, 간수들은 죄수들을 끊임없이 감시하고 그들의 말소리를 아무리 사소한 것이라도 들을 수 있는 반면에, 죄수들은 아무리 애써도 서로를 보거나 서로의 목소리를 들을 수 없게 되어 있다." 따라서 "아무런 불편 없이 한 호송차에 도형수와 단순한 용의자, 남자와 여자, 미성년자와 성인을 동시에 수용할 수 있다. 호송의 시간이 길든 짧든, 죄수들은 서로의 모습을 보거나 상대방에게 말을 걸 수 없는 상태로 각자의 목적지로 실려 간다." 마지막으로 두 명의 간수가 "끝이 무뎌진 두텁고 단단한 못을 여러 개 박은" 작은 참나무 곤봉을 들고서 끊임없이 감시하는 까닭에, 호송 수레의 내부규정에 부합하는 모든 징벌체계 — 빵과 물의 제한, 죄인의 양 엄지손가락을 죄는 고문, 수면을 가능하게 하는 베개의 박탈, 두 팔을 사슬로 묶기 — 가 운용될 수 있다. "도덕에 관한 책 이외의 모든 독서는 금지된다."

이 기계 장치에서는 편리성과 속도만이 고려되었을 것이고, 그런 만큼 "고안자의 치밀한 감각에 대한 찬사가 일었을" 터이지만, 그것의 장점은 사실 진정한 행형行刑 본위의 호송차護送車라는 점에 있다. 외적인 인상을 통해 그것은 매우 벤담적인 어떤 완벽성을 내보인다: "고요하고 우중충한 차체의 측면에 '도형수 호송'이란 글자만이 쓰여 있는 이 굴러가는 감옥의 빠른 이동에는, 벤담이 범죄자에 대한 판결을 실행에 옮기는 데 필요하다고 생각한, 그리고 즐거워하는 그 파렴치한 여행자들을 볼 때보다 더 유익하고 더 영속적인 인상을 구경꾼들의 정신에 남기는, 어떤 신비스럽고 침울한 요소가 있다."[18] 그것은 또한 정신적 효과도 발휘함으로써 며칠 동안의 호송기간에 벌써(그 동안 수감자들은 한순간도 자유롭게 되지 않지만) 교정 장치로서 기능한다. 호송차에서 나올 때 그들은 놀라울 정도로 얌전해진다: "정신적 측면에서 볼 때, 이러한 호송은 비록 72시간밖에 걸리지 않는다 할지라도 죄수에게는 오랫동안 영향을 미치는 것 같은 지독한 고통이다." 도형수들 자신도 이 점을 증언한다: "죄수의 호송차 안에서는 잠이 오지 않을 때, 생각만 하게 됩니다. 많이 생각하는 까닭에, 내가 저지른 행동에 대한 후회의 감정이 생기는 것 같고, 마침내는, 짐작하시겠지만, 더 좋은 사람이 되는 것에 대해 두려운 생각도 드는데, 그렇게 되고 싶지는 않습니다."[19]

판옵티콘 호송차의 이야기는 사소한 것이다. 그렇지만 사슬에 묶인

18 《재판신보》, 1837년 6월 15일.

19 《재판신보》, 1837년 7월 23일. 8월 9일자 같은 신문에 의하면, Guingamp 읍내 부근에서 호송차가 전복되었는데, 수인들은 폭동을 일으키지 않고, 오히려 "간수들을 도와서 호송차를 본래의 상태로 되돌려 놓았다"는 것이다. 그런데 10월 30일에는, Valence 읍에서 탈출이 있었다는 기사가 보도되어 있다.

죄수들의 행렬이 호송차로 대체된 방식과 그러한 대체의 이유들에는, 형법상의 구금이 신체형의 뒤를 이어 개인들을 변화시키기 위해 심사숙고 끝에 고안된 기술로 자리 잡은, 80년에 걸친 모든 과정이 요약되어 있다. 독방들의 호송차는 하나의 교정 장치이다. 신체형을 대신한 것은 집단적인 수감이 아니라, 치밀하게 연결된 규율의 장치이다. 적어도 원칙적으로는 그렇다.

‡

실제로 감옥의 현실과 그것의 명백한 결과들 때문에 감옥은 곧 형사사법의 대실패작으로 비난받게 된다. 매우 기이하게도 투옥의 역사는 구금형 형벌제도의 확립, 그것의 실패에 관한 기록, 행형기술에 관한 다소 논리적인 정의에 도달할 수 있는 개혁적 계획의 완만한 등장, 그 계획의 실행, 마지막으로 그것의 성공 또는 실패에 대한 확인의 순으로 무난하게 이어질 것 같은 그러한 연대기적 순서를 따르지 않았다. 실제로는 이러한 여러 요소들이 충돌하게 되었거나 어긋나게 배열되었다. 그리고 교정 기술에 관한 기획은 형벌의 구금이라는 원칙을 따랐던 것과 마찬가지로, 감옥과 감옥 체계에 대한 비판은 매우 일찍, 다시 말해서 1820년부터 1845년에 걸쳐서 나타난다. 게다가 그 비판은 오늘날 — 숫자는 제외하고라도 — 거의 아무런 변화도 없이 되풀이되는 몇 가지 항목들의 공식화된 표현 속에 고정된다.

— 감옥이 범죄발생률을 감소시키는 것은 아니다. 즉, 아무리 감옥을 확장하고 늘리고 변화시킬 수 있다 해도, 범죄와 범죄자의 수는 일

정하거나 오히려 더 증가한다는 것이다: "프랑스에는 사회에 대해 명백한 적의를 드러내는 사람들의 수가 약 10만 8천 명에 이르는 것으로 추산된다. 그들에게 언제든지 사용할 수 있는 처벌 수단에는 처형대, 쇠고리, 3개의 도형장, 19개의 중앙형무소, 86개의 구치소, 362개의 유치장, 2,800개의 면 단위 감옥, 2,238개의 헌병대 구치소가 있다. 이러한 일련의 수단들에도 불구하고, 악인은 대담성을 잃지 않고 있다. 범죄의 수는 줄어들지 않고… 재범의 수가 감소하기는커녕 오히려 늘고 있다."[20]

— 구금은 재범을 유발한다. 다시 말해서 죄수들은 감옥에서 나온 뒤에 그곳으로 다시 들어갈 기회가 이전보다 더 많아진다. 기결수들 가운데 상당한 비율이 과거의 수감자들이고, 중앙형무소에서 나오는 이들의 38%가 또다시 유죄판결을 받고, 도형수의 경우는 33%가 그렇게 된다.[21] 1828~1834년 동안, 형사범으로 유죄판결을 받은 약 3만 5천 명 가운데 거의 7천 4백 명이 재범자였고(곧 기결수 4.7명 가운데 1명), 경범죄를 저지른 20만여 명 중에서 거의 3만 5천 명이 또한 재범자였으며(6대 1), 전체적으로는 5.8명의 기결수 가운데 1명꼴로 재범자가 들어 있었다.[22] 그리고 1831년만 하더라도, 재범으로 유죄판결을 받은 2,174명 가운데 350명은 도형장에서, 1,682명은 중앙형무소에서, 142명은 중앙형무소와 같은 체제 아래 놓인 4군데의 교도

---

20 《우애》 제 10호(1842년 2월).

21 1831년 12월 2일의 형법전 개혁에 관한 심의 석상에서, G. de la Roche-foucauld가 인용한 숫자(《의회 고문서》 제 62권, pp. 209~210).

22 E. Ducpétiaux, 《행형제도의 개혁에 관해서》(1837년), 제 3권, p. 276 이하.

소에서 풀려났던 자들이었다.[23] 그런데 7월 왕정 아래에서는 점점 더 가혹한 진단의 결과가 나온다: 1835년에는 중죄를 저지른 기결수 7,223명 가운데 재범자가 1,486명을 헤아렸으며, 1839년에는 7,858명 가운데 1,749명, 1844년에는 7,195명 가운데 1,821명이었다. 루스 감옥의 수감자 980명 중에는 570명이 재범자였으며, 멜렁 감옥에서는 1,088명의 죄수들 가운데 재범자가 754명이었다.[24] 따라서 감옥은 교정(矯正)된 개인들을 석방시키기는커녕, 위험한 범죄자들을 주민들 속으로 분산시켜 놓는 것이다: "해마다 사회에 복귀하는 7천명 … 이들은 사회체 속에 만연되는 범죄 또는 7천 가지 타락의 근원이다. 그리고 이러한 인구는 끊임없이 늘어나며, 우리들 주변에서 살아가고 활동하면서 모든 무질서의 기회를 포착하고 사회의 모든 위기상황에 편승하여 자신들의 세력을 서슴없이 과시하려 한다는 것을 생각할 때, 누가 과연 그러한 광경 앞에서 냉정을 유지할 수 있겠는가?"[25]

—감옥은 어김없이 범죄자들을 만들어 낸다. 감옥이 범죄자들을 만들어 내는 것은 수감자들에게 부여한 생활방식 때문이다. 다시 말해서 그들을 독방 속에 격리시키거나 나중에는 쓸데없는 노동을 그들에게 부과하는 것은 어쨌든 "사회 속에서의 인간을 고려하지" 않는다는 것이며, "무익하고 위험한 반反자연적 생활을 야기한다는 것이다." 사람들은 감옥이 수감자들을 순화시키기를 바라지만, 본성의 마음과

---

23 위의 책, 같은 페이지.

24 G. Ferrus, 《죄수들》(1850년), pp. 363~367.

25 G. de Beaumont과 A. De Toqueville, 《행형제도에 관한 각서》(1831년), pp. 22~23.

는 반대로 행동하는 것이 과연 인간을 대상으로 한 교육제도의 합리적 목적일 수 있는가?[26] 감옥은 또한 수감자들에게 극단적 부자유를 강요함으로써 범죄자를 만들어 낸다. 법을 적용하고 법에 대한 존중을 가르치도록 정해져 있음에도 불구하고, 감옥의 모든 기능은 권력 남용의 방식으로 전개된다. 행정의 독단성: "죄수가 경험하는 불공평의 감정은 죄수의 성격을 억제할 수 없게 만들 가능성이 가장 많은 원인들 가운데 하나이다. 예컨대 법에 정해지지도 않았고 심지어는 예상되지도 않은 고통에 그대로 노출될 때, 죄수는 주변의 모든 것에 대한 습관적 분노의 상태에 빠져들고, 당국의 모든 관리를 잔인한 무리들로만 여기며, 자신이 죄를 저질렀다고는 더 이상 생각하지 않는다. 요컨대 그는 사법 자체를 비난한다."[27] 간수들의 부패 · 공포심 · 무능력: "1,000~1,500명의 수형자가 30~40명의 감시자의 감시 아래 살아가는데, 그 감시자들은 밀고密告, 다시 말해서 그들 자신이 정성스럽게 뿌리는 부패의 씨앗에 의존함으로써만 어느 정도의 안전을 유지한다. 그러한 간수들은 어떤 자들인가? 그들은 제대한 군인들이고, 무식한 사람들로서 악인들을 감시하는 자신들의 직업적 역할에 대해서는 아무런 이해도 갖고 있지 않다."[28] 그러한 조건에서는 어떤 교육적 성격도 가질 수 없는 오직 형벌로서의 노동에 의한 착취가 있을 뿐이다: "흑인 매매에 대한 비난이 맹렬하게 일고 있다. 수감자들은 흑

26 Ch. Lucas, 《감옥 개혁에 관해서》 제 1권(1836년), p. 127과 p. 130.
27 F. Bigot Préameneu, 《감옥 협회 전체회의에의 보고서》(1819년).
28 《우애》(1842년 3월).

인들처럼 청부업자에 의해 팔리고 제조업자에 의해 이용되고 있지 않은가 … 이런 점에서 볼 때 죄수들이 과연 성실이라는 교훈을 받아들이겠는가? 게다가 그들은 가증스러운 착취의 전례들 때문에 사기가 저하되고 있지 않은가?"[29]

— 감옥은 범죄자들이 서로 연대하여 위계질서를 이루고 미래의 모든 공범관계를 준비하는 범죄자 집단의 조직을 만들 수 있고, 더 정확히 말한다면 그것을 조장한다: "일반 사회에서는 20명 이상의 결사가 금지되어 있다. … 그런데 특별한 취지로 건설된 중앙형무소들에서는 자체적으로 200명, 500명, 1,200명 단위의 수형자 단체들이 구성되어 있고, 그들이 아주 편리하게 사용할 수 있도록 작업장, 안마당, 공동침실, 공동식당이 구분되어 있다. … 그리고 사회가 그런 형무소들을 프랑스 전국에 증설하는 까닭에, 감옥이 있는 곳에는 각종 모임의 조직이 있고 … 그만큼 많은 반사회적 집단이 존재하게 된다."[30] 그도 그럴 것이, 처음으로 복역하게 되는 젊은 범죄자는 이러한 범죄자 집단에서 교육을 받는 것이다. "그의 마음속에 머지않아 생길 최초의 욕망은 어떻게 엄격한 법망을 피할 수 있는지를 노련한 선배들로부터 배울 수 있는가이고 최초의 교훈은 도둑들로 하여금 사회를 적으로 여기

---

29 《작업 동료》 제 3년, 제 3호(1842년 10월)로 보낸, 공동모의를 한 이유로 투옥된 한 노동자가 보낸 문안. 이 신문은 형벌노동을 경쟁하여 시키는 일에 대해 반대운동을 전개하였는데, 이러한 때에 그 노동자는 항의를 표명할 수 있었다. 같은 호에는, 같은 주제에 관해 쓴 다른 직공의 편지가 실려 있다. 또한 《우애》 제 1년, 제 10호(1842년 3월)도 참조.

30 L. Moreau-Christophe, 《행형제도에서의 사망률과 광기에 관하여》(1839년), p. 7.

게 하는 그들의 그 치밀한 논리에서 찾을 수 있는 것이고, 최초의 도덕은 여러 감옥에서 명예로운 행위처럼 격상되는 밀고 행위 혹은 밀정 역할을 하는 것이며, 최초의 정욕은 감옥에서 시작되었음에 틀림없는, 감히 이름 붙이기도 쑥스러운 그 해괴한 짓거리로 젊은이의 본성을 두려움 속에 빠지게 할 것이다. … 이때부터 그는 자신과 사회를 연결시키던 모든 것과 관계를 끊게 된다."[31] 포쉐는 그러한 '범죄의 병영兵營'에 대해 이야기한 바 있다.

— 수감자들은 석방된 후에 부과되는 여러 가지 악조건 때문에 운명적으로 재범의 굴레에서 벗어날 수 없다. 그들이 경찰의 감시 아래 있기 때문이고, 거주지가 지정되거나 체류가 금지되기 때문이며, "어디를 가든 지니고 있어야 하는, 유죄판결이 기록된 통행허가증을 발급받고서야 석방되기"[32] 때문이다. 어쩔 수 없는 규정 위반, 불가능한 일자리 찾기, 주거의 불안정 등은 재범의 가장 빈번한 요인들이다. 《재판신보》 뿐만 아니라 여러 가지 노동자 신문에도 이러한 사례는 꾸준히 보도된다. 예컨대 절도죄로 유죄 선고를 받고 복역한 뒤에 루앙에서 자신의 신원이 감시상태에 놓여 있으면서도 절도죄로 다시 붙잡혔으나 변호사들이 변호를 거부한 노동자의 경우를 들 수 있겠다. 그 당시 그는 법정에서 스스로 발언권을 얻어 자신의 삶을 연대순으로 이야기하고, 감옥에서 석방된 후 주거가 제한되자 자신의 전과자 경

31 서명자 D., 《프랑스 서민 연감》(1839년), pp. 49~56.
32 F. de Barbé Marbois, 《칼바도스, 유르, 망슈, 센느 엥페리외르 각 주의 감옥상태에 관한 보고》(1823년), p. 17.

력 때문에 어디서나 쫓겨나 도금공이라는 예전의 일자리도 되찾을 수 없게 된 과정을 설명하였다. 경찰은 다른 곳에서 일거리를 구할 권리를 그에게 부여하지 않았다. 그래서 그는 가혹한 감시로 인하여 루앙을 떠나지 못하고 굶주림과 빈곤으로 죽을 처지에 놓이게 되었다. 그는 시청에 일거리를 간청해서, 하루 14수를 받고 1주일 동안 묘지에서 품팔이를 했다: 그는 이렇게 말했다. "그러나 나는 젊고 식욕이 왕성하고 그래서 1파운드당 5수짜리 빵을 2파운드 이상 먹어치웠습니다. 먹고 옷을 세탁하고 잠자리를 구하는 데 14수로는 어림도 없지 않습니까? 나는 절망에 빠졌고, 그래도 다시 올바르게 살고 싶었으나, 감시가 나를 불행 속으로 다시 내던져 버린 것입니다. 나는 모든 것이 싫어졌는데, 나와 마찬가지로 비참하게 살던 르매트르를 알게 된 것은 바로 그때입니다. 우리 두 사람에게 어떻게든 살아야 했고 그런 와중에서 도둑질을 해야겠다는 나쁜 생각이 다시 찾아온 것입니다."33

—끝으로 감옥은 수감자의 가족을 빈곤상태에 빠지게 함으로써 간접적으로 범죄자를 만들어 낸다: "가장家長을 감옥에 보내는 판결로 인하여 매일 같이 어머니는 궁핍에 찌든 생활을 하고, 아이들은 방치되고, 가족 전체가 방탕과 구걸에 나선다. 바로 이러한 상황에서 범죄가 뿌리내릴 우려가 있다."34

이처럼 한결 같은 감옥 비판은 시종일관 두 가지 방향에서 이루어졌

33 《재판신보》, 1829년 12월 3일. 같은 의미로 같은 신문(1839년 7월 19일), 《민중의 벌집》(1840년 8월), 《우애》(1847년 7월~8월) 등의 각 호를 참조.

34 Charles Lucas, 《감옥 개혁에 관해서》 제 2권(1838년), p. 64.

다. 다시 말해서 감옥이 교정 기능을 효과적으로 수행하지 못했고, 그 곳에서의 행형기술은 초보적 상태에 머물러 있었다는 것을 비판하는 내용이 하나이고, 다른 한편으로는 교정에 역점을 둔 감옥에서 징벌의 효력이 상실되고[35] 진정한 행형기술은 가혹한 행위일 뿐이고,[36] 감옥은 이중의 경제적 오류 — 직접적으로는 그 기구의 내적 경비 때문에, 간접적으로는 감옥에 의해서도 억제되지 않는 범죄성에 기인하는 손실 비용 때문에[37] — 의 소산이라는 것을 비판하는 내용이었다. 그런데 이러한 비판에 대한 처방은 언제나 똑같았다. 말하자면 행형

---

35 이 반대운동은 1839년에 중앙감옥의 새로운 규칙 제정을 전후해 아주 격렬했다. 폭동 이후에는 엄중한 규제(정숙, 술 담배 금지, 식품매장 폐쇄)가 따르는 법이다. 1840년 10월 3일의 《모니퇴르》 지에 의하면, "피구금자가 술이나 고기, 사냥고기나 모든 종류의 맛있는 음식을 배부르게 먹는 모습을 보게 되거나, 감옥이라는 곳을 그들이 자유의 몸일 때에도 자주 누려보지 못하던 감미로움을 느낄 수 있는 쾌적한 숙소로 생각하는 것은 분노할 만한 일이었다."

36 1826년, 많은 주 의회는, 변화도 없고 효과도 없는 감금 대신에, 유형을 부과해야 한다고 주장하고 있다. 1842년, Hautes-Alpes 주 의회는, 감옥이 "참으로 죄를 속죄할 수 있는" 곳이 되기를 주장한다. Drôme 주, Eure-et-Loir 주, Nièvre 주, Rhône 주, Seine-et-Oise 주 등에서도 같은 취지의 주장을 하고 있다.

37 중앙감옥 소장들에게 문의하여 1839년에 실시한 조사에 의거한 것. 예를 들면, Embrun 중앙감옥의 소장 회답에는, "감옥생활의 지나친 편안함은 참으로, 재범 증가에 크게 기여하는 원인이다." Eysses 소장에 의하면, "현재의 감옥체제는 충분히 엄중하지는 않다. 분명한 사실은 많은 피구금자들에게 감옥은 매력이 있는 곳이며, 여기서는 모든 것을 자기들이 누릴 수 있는 변질된 쾌락쯤으로 생각한다는 것이다." Limoges 소장에 의하면, "사실상 재범자들에게는 실제의 기숙사나 다름없는 이러한 중앙감옥의 현행 제도는 전혀 억압적이지 않다"(L. Moreau-Christophe, 《행형에 관한 논쟁》, 1840, p. 86). 형무소 내부의 자유화의 효과에 대해서는 1974년 7월, 행형 관리자 조합의 책임자들이 행한 선언과 비교해 볼 것.

기술의 변함없는 원칙들을 되풀이하는 것이었다. 150년 전부터, 감옥에 대한 대책은 언제나 감옥으로 되돌아갔다. 그리고 행형기술의 재활성화는 빈번한 실패를 보상하는 유일한 수단으로, 교정 계획의 실현은 그 계획을 현실화할 수 없는 상황을 극복하기 위한 유일한 방법으로 제시되었을 뿐이다.

이 점에 대해 확신을 갖는 데에는 다음의 한 가지 사실을 살펴보는 것으로 충분하다. 최근 몇 주 동안에 일어난 수감자들의 폭동은 1945년에 확정된 개혁안이 현실적으로 전혀 효력을 발휘하지 못했고 따라서 감옥의 기본 원칙들로 되돌아갈 수밖에 없다는 것이다. 그런데 오늘날까지도 그토록 기막힌 효과를 낼 것으로 기대한 그 원칙들이란 잘 알려진 것들이다. 다시 말해서 그것들은 지난 150년 전부터 만들어진 다음과 같은 바람직한 '행형조건'의 7가지 보편적 준칙들이다.

(1) 구금형은 개인의 태도 변화를 본질적 기능으로 삼아야 한다: "형벌의 주된 목적으로 간주되는 수형자의 개선은 아주 최근에야 학문의 영역과 특히 법제의 영역에서 명백히 표현된 신성한 원칙이다"(브뤼셀 행형학대회, 1847년). 그리고 1945년 5월의 아모르 위원회는 다음과 같은 말을 정확히 충실하게 되풀이한다: "자유를 박탈하는 형벌의 근본 목적은 수형자의 개선과 사회복귀이다." 이는 '교정의 원칙'이다.

(2) 수감자들은 그들이 범한 행위에 합당한 형벌의 경중에 따라, 특히 그들의 나이, 기질, 그들에게 사용될 교정 기술, 그들의 변화 단계에 따라 격리되거나 적어도 분류되어야 한다. "수형자들의 체질에서 발견되는 신체적 · 정신적 차이에 따른 교정 수단을 사용할 때에는 그들이 저지른 사악한 행위의 정도, 그들이 보여 줄 수 있는 교정 가능

성의 차이 등을 고려해야 한다"(1850년 2월의 행형학대회). 1945년의 아모르 위원회에서는: "1년 이하의 형벌에 처해진 개인들을 행형시설 안에서 분할할 때는 범죄자의 성별, 성격, 사악함의 정도를 근거로 삼는다." 이는 '분류의 원칙'이다.

(3) 수감자들이 개선되건 다시 타락하건, 그들의 수감생활 결과에 따라 형벌의 형기가 조절될 수 있어야 한다. "형벌의 주된 목적은 죄인의 교정에 있으므로, 어떤 수형자라도 그의 도덕적 갱신이 충분히 보증될 경우에는 그를 석방하는 것이 바람직하다"(샤를 뤼까, 1836). 1945년의 위원회에서는: "점진적 행형 관리법은 죄수의 대우를 그의 태도와 개선의 정도에 따라 … 적용된다. 이 관리법은 독방 수감에서 가석방假釋放까지 포괄적으로 적용된다. … 가석방의 특전은 모든 유기형에 확대된다." 이는 '형벌 조절의 원칙'이다.

(4) 노동은 수감자들의 변화와 점진적 사회화를 낳는 근본적 부분들 가운데 하나여야 한다. 수형 기간 중의 노동은 "형벌의 보충이나 말하자면 형벌의 가중으로서가 아니라, 형벌의 제거도 가능할 수 있는 하나의 완화책으로 간주되어야 한다." 노동은 어떤 일을 배우고 실행하는 것을 가능하게 해야 하며, 수감자와 그의 가족이 호구지책糊口之策을 찾을 수 있도록 해야 한다(뒥뻬시오, 1857). 1945년의 위원회에서는: "모든 일반법 수형자들에게는 강제로 노동이 부과된다. … 어느 누구도 하는 일 없이 지내서는 안 된다." 이는 '의무이자 권리로서의 노동의 원칙'이다.

(5) 공권력의 입장에서 볼 때, 수감자 교육은 사회의 이익에 꼭 필요한 예방조치이면서 동시에 수감자에 대한 의무이다. "교육만이 행

형수단으로 이용될 수 있다. 징역형의 문제는 일종의 교육 문제이다" (샤를 뤼까, 1838). 1945년의 위원회에서는: "타락을 초래하는 난잡한 요소들을 배제하고, … 죄수를 다루는 방법은 무엇보다 일반 직업교육과 죄수의 개선을 목표로 삼아야 한다." 이것이 '교도소 교육의 원칙'이다.

(6) 감옥의 체제는 적어도 부분적으로는 바람직한 인간교육에 유념하고, 정신적 · 기술적 역량을 지닌 전문요원이 책임지고 운영하도록 한다. 1850년 페뤼스Ferrus는 감옥의 촉탁의사에 관해 이렇게 말한다: "그의 협력은 어떤 수감형태라도 유익하다. … 그 누구도 이 의사보다 수감자들의 신뢰를 더 친밀하게 확보하거나 그들의 특성을 더 잘 알고 그들의 감정에 더 효과적으로 영향력을 미칠 수는 없을 것이다. 왜냐하면 의사는 육체적 고통을 완화시키고, 영향력 있는 수단을 활용하여 그들에게 엄격한 충고와 유익한 격려를 할 수 있는 사람이기 때문이다." 1945년의 위원회에서는: "모든 행형시설에서는 사회적 · 의학적 · 심리학적 업무가 실행된다." 이는 '구금에 대한 기술적 통제의 원칙'이다.

(7) 과거의 수감자가 결정적으로 사회에 재적응할 수 있을 때까지 구금은 통제와 구제의 방책으로 이용되어야 한다. 감옥에서 풀려난 뒤에도 그를 감시해야 할 뿐만 아니라 더 나아가 "그에게 지원과 도움을 주어야" 할 것이다(파리 법원에서의 불레와 벵꼬의 발언). 1945년의 위원회에서는: "복역 중일 때나 혹은 그 이후에도 죄수들의 사회복귀를 용이하게 하기 위해 그들에게 도움을 주어야 한다." 이는 '부차적 제도의 원칙'이다.

한 세기에서 다른 세기로 넘어가면서도 동일한 기본 명제들은 한마디 한마디 그대로 반복된다. 그리고 그때까지 계속 실패로 끝난 개혁안은 마침내 확정되고 승인된 명백한 문안으로 제시된다. 똑같거나 거의 비슷한 문장들은 개혁이 '풍성했던' 시대, 이를테면 19세기 말과 '사회방어 운동'[38]이 강했던 시대이거나, 죄수들의 폭동이 일어난 최근의 몇 해로부터 그러한 근거를 차용할 수 있었던 것이다.

그러므로 감옥의 실패와 어느 정도 올바르게 시행된 감옥의 개혁을 연속적 현상처럼 이해해서는 안 된다. 오히려 역사적으로 자유에 대한 사법적 박탈에 중복해서 생긴 동시적 체제로 이해해야 한다. 이것은 다음의 4가지 항목의 체제이다. 첫째는 감옥의 규율화에 따른 보충적인 것으로서 과잉권력의 요소이다. 두 번째는 객관성과 기술과 행형상의 '합리성'의 산물인 관련학문의 요소이다. 세 번째는 감옥을 통해 제거되어야 할 범죄가 강화된 것은 아니더라도 사실상 갱신됨으로써 전도顚倒된 효과가 발생한 요소이다. 끝으로 네 번째는 관념적 속성에도 불구하고 감옥의 규율기능과 동일한 형태의 개혁이 반복되는 유토피아적 복사판의 요소이다. '감옥제도'를 구성하는 것은 장벽, 근무자, 규칙, 폭력을 나름대로 갖춘 감옥제도뿐 아니라 그 복잡한 전체이다. 감옥제도는 담론과 건축물, 강제적 규칙과 학문적 명제, 실제의 사회적 효과와 거부할 수 없는 이상, 범죄자들을 교정하기 위한 계획과 범죄의 기반을 확고하게 하는 기제를 똑같은 도형 속에 결합시킨다. 이른바 감옥의 '실패'는 따라서 감옥 운용의 일부분을 구성하는 것

38 *형벌의 목적을 사회방위에 둔 운동.

이 아닐까? 수감형과 관련이 있는 규율 및 기술체계에 의해 사법 장치 속에, 더 일반적으로는 사회 속에 이끌려 들어왔고 이제는 '감옥제도'라는 이름 아래 통합될 수 있는 권력 효과에 그 실패가 포함되어 있는 것이 아닐까? 만약 제도로서의 감옥이 그토록 오랫동안 거의 불변의 상태에서 존속한 것이라면, 그리고 만약 형벌적 징역의 원칙이 한 번도 진지하게 문제시되지 않았다면, 그것은 아마도 감옥 체계가 깊이 뿌리를 내렸고 빈틈없는 기능을 수행했기 때문일 것이다. 그 견실함의 증거로서 최근의 사실을 살펴보자. 1969년 플뢰리 메로지스에 설립된 모범적 감옥은, 그 전체적 배치의 면에서 1836년 쁘띠-로께 소년교화원을 유명하게 만든, 전체가 한눈에 다 보이는 판옵티콘 형태의 설계를 다시 채택한 것에 불과하다. 그 감옥에서 현실적 실체이자 상징적 형태를 갖는 것은 다름 아닌 권력의 동일한 기계 장치이다. 그런데 그것은 무슨 역할을 수행하기 위해서인가?

‡

법은 위법행위를 규정짓는 것이고, 형벌 기관의 역할은 위법행위를 줄이는 것이고, 감옥이 처벌장치라는 것은 인정할 수 있다. 그렇다면 실패의 확실한 사실을 증명해야 한다. 왜냐하면 역사적 관점에서 그 사실을 증명하기 위해서는, 범죄행위의 전반적 수준에서 구금 형벌의 영향을 측정할 수 있어야 하기 때문이다. 150년 전부터 줄곧 감옥의 실패에 관한 선언이 감옥의 유지에 수반되어 왔다는 것은 당연히 놀라운 사실이다. 그래서 실제로 계획한 유일한 대안은 영국에서 19세기 초에 이미 사라진 강제수용이었는데, 제2제정하의 프랑스에서는 이것을 오히려 엄격하고 동시에 간접적인 수감 형식으로 다시 채택했다.

그러나 아마도 이 문제를 뒤집어서 생각할 때, 감옥의 실패는 무엇에 도움이 되는지를, 감옥에 대한 비판이 끊임없이 고발하는 여러 가지 현상들 — 범죄의 온존, 재범 유발, 일시적 위반자의 상습적 범죄자로의 변모, 폐쇄된 범죄사회의 조직화 — 은 무엇에 유익한지를 자문해야 할 것이다. 또한 수형자들에게 형을 치르게 한 뒤에도 일련의 모든 행동을 감시함으로써(이전에는 합법적인 것이었으나 지금은 사실적으로 존재하는 감시, 과거에는 도형수 통행허가증이었으나 지금은 개인의 범죄기록) 계속해서 그들을 추적하고, 그럼으로써 범법자로서 복역을 끝마친 자를 '범죄자'로 간주하여 추적하는 형벌제도의 파렴치한 모습 속에 무엇이 감추어져 있는가를 탐구해야 할 것이다. 거기에서 우리는 모순보다는 차라리 당연한 결과를 볼 수 있는 것이 아닐까? 그렇다면 감옥과 일반적 징벌은 범법행위들을 없애도록 마련된 것이 아니라 오히려 그것들을 구분 짓고 배열하고 활용하도록 마련되어 있다는 것, 그리고 법을 위반할 위험이 있는 자들을 순종하게 만드는 것을 목적으로 삼지 않고, 그 대신 일반적 예속화 전술에 맞게 위법행위를 정비하는 경향을 갖는다고 가정할 수 있다. 따라서 형벌제도는 위법행위를 관리하고, 관용의 한계를 설정하고, 어떤 사람들에게는 자유를 부여하고, 다른 사람들에게는 압력을 가하고, 일부의 사람들은 배제하고, 다른 일부의 사람들은 쓸모 있게 만들고, 이쪽 사람들은 무력하게 만들고, 저쪽 사람들은 이용하는 방법일 것이다. 요컨대 형벌제도는 단순히 여러 위법행위들을 '처벌하는' 것이 아니라, 그것들을 '차별화하고' 그것들의 일반적 '경제성'을 확보하려는 것이라고 말할 수 있다. 그리고 계급의 사법을 말할 수 있다면, 그것은 법 자체 또는 그것을 적용하는 방식이 어떤 계급의 이익에 봉사하기 때문일 뿐 아니라, 형벌 제도를 매개로 한 차별적 위법행위 관련 전체가 이러한 지배의 메커니즘에 속해 있기 때문이기도 하다. 합법적 징벌은 위법행위에 관한 전반적인 전략 안에 놓고 보아야 한다. 감옥의 '실패'는 바로 이 점에 입각하여 이해될 수 있는 문제이다.

형법 개혁의 일반적 도식은 18세기 말 위법행위에 대한 대책을 강구하는 과정에서 나타났다. 즉, 앙시앵 레짐 아래에서 상이한 사회 계층들의 위법행위를 차별화하지 않았던 모든 관용과 지원, 상호적 이해관계의 동등한 균형이 무너지게 된 것이다. 그리하여 보편적으로나 공개적으로 징벌의 사회 — 여기에서는 끊임없이 작용하는 형벌의 메커니즘들이 아무런 매개물도 없이 즉각적으로 확실하게 기능할 것이며, 계산상으로 완벽하고 각 시민의 의견과 일체를 이루는 까닭에 이중으로 이상적인 법에 의해 모든 위법적 관행들이 처음부터 차단될 것이라고 생각했다 — 라는 유토피아가 만들어진 것이다. 그런데 18세기에서 19세기로 넘어가는 전환기에 새로운 형법전(19세기 초의 나폴레옹 법전)의 취지와는 반대로, 민중적인 새로운 위법행위의 위험이 나타나게 되었다. 아니 더 정확하게 말하면, 그 당시에 민중의 위법행위들은 1780년대에서 1848년의 혁명까지 사회적 갈등, 정치 체제에 대한 항쟁, 산업화 동향에 대한 저항, 경제 위기의 영향이 모두 교차된 움직임 속에서 새로운 차원으로 발전한 것일지 모른다. 도식화시켜 말하면, 우리는 3가지 특징적 과정을 파악할 수 있다. 우선 민중의 위법행위들은 정치적 차원에서 전개되었고, 이것은 두 가지 방식으로였다. — 그때까지는 국지적이었고 말하자면 자체적으로 한정된 행위들(예컨대 세금·징병·부과금·세무조사 등의 거부, 독과점 소비재의 폭력적 몰수, 상점약탈과 이른바 '정당한 가격'이 붙은 제품들의 강압적 판매, 권력의 대리인들과의 충돌)이 대혁명 기간 동안 직접적으로 정치적 투쟁에 이를 수 있었고, 그러한 투쟁의 목적은 단순히 권력을 양보하게 하거나 가혹한 조치를 철회하게 만드는 것만이 아니라 권력의 구조 자체와 정부를 변화시키는 것이었다. 반면에 몇 가지 정치 운동들은 명백히 위법행위의 기존 형태들에 근거를 두었다(예컨대 프랑스 서부나 남부에서 일어난 왕당파의 소요는 소유권, 종교, 징병에 관련된 새로운 법률에 대한 농민의 거부감을 역이용했다) — 그리하여 위법행위의 이러한 정치적 차원은 19세기의 노동운동과 공화주의적 여러 당파들 사이의 관계, 그리고 노동자들의 투쟁(파업, 금지된 단체행동, 불법적 결사)에서 정치적 혁명으로의 이행과 결부되면서 한층 더 복잡하고 분명하게 된다. 여하간 이러한 불법적 행위들 — 더구나 그것들은 점점 더 제한적 법제가 나타남에 따라 증가하는 법이다 — 의 지평에서 엄밀한 의미의 정치적 투쟁들이 뚜렷이 모습을 드러낸다. 그 모든 투쟁들이 권력의 전복顚覆 가능성을 반드시 수반하는 것은 아니며 오히려 그런 결과와는 거리가 멀지만, 그것들 가운데 상당수는 전반적인 정치 투쟁을 위한 동력으로 축적될 수 있고 심지어 때때로는 직접 그러한 투쟁에 이를 수도 있다.

한편, 법과 규칙을 거부하는 움직임 속에서 우리는 자신들의 이익에 따라서 법과 규칙을 제정하는 사람들에 대한 거부의 투쟁을 쉽게 확인할 수 있다. 다시 말해서 징세 청부인, 재정가, 국왕의 대리인, 부정한 관리 또는 사악한 장관 등 모든 불의의 대행자들에 대항하는 것이 아니라, 법 자체와 법을 적용할 임무가 있는 사법에 대항하고, 새로운 권리를 행사하는 바로 곁의 지주地主에 대항하고, 자기들끼리는 서로 단결하면서도 노동자들의 연대는 금지시키는 사용자에 대항하고, 기계를 늘리고 임금을 낮추고 노동 시간을 연장하고 공장의 규칙을 점점 더 엄격하게 만드는 기업가에 대항하여 투쟁을 벌이는 것이다. 아마도 테르미도르 시대에서 집정執政정치에 이르는 시기에 가장 격렬한 형태를 보였을지 모르고, 그 당시에도 사라지지 않던 모든 농민의 위법행위가 발전한 것은 — 대혁명에서 이익을 취한 부르주아지에 의해 마련된 — 새로운 토지소유제에 대한 항거를 통해서이고, 19세기 초에 여러 노동자들의 위법행위들 — 이를테면 기계 설비의 파괴와 같은 가장 과격한 행위나, 집단결사 형성과 같이 가장 오래 지속하는 것으로부터 집단 결근, 조업 중단, 주거부정, 원료나 완료된 작업의 양과 질에 관련된 속임수를 비롯한 가장 일상적인 것에 이르기까지 — 이 전개된 것은 바로 새로운 합법적 노동착취 제도에 대한 저항을 통해서이다. 일련의 모든 위법행위들은 법과 동시에 법을 강요하는 계급에 맞서 싸우는 모든 투쟁과 연결되는 것이다.

결국 18세기에는 이미 살펴본 대로[39] 범죄행위가 특정화한 형태를 지향하고, 교묘한 절도 쪽으로 점점 더 기울어지며 부분적으로는 적대적인 주민들 속에서 고립된 주변부 사람들의 행위가 된 것이 사실이

39 위의 책, p. 77 이하를 참조.

라 할지라도 — 18세기의 마지막 몇 년에 이르면 유대관계의 재편성과 새로운 관계의 확립을 볼 수 있다. 이것은 당시 사람들이 말한 것처럼 범죄자가 민중 소요의 주모자였기 때문에 아니라 법의 새로운 형태들, 엄격한 규제, 국가와 지주와 사용자들의 요구 증가, 그리고 더욱 치밀한 감시 기술들로 인해 위법 사례가 급격히 늘어났고, 다른 상황 아래에서라면 특별한 범죄행위를 저지르지 않았을 많은 개인들이 법의 반대편에서 동요하게 되었기 때문이다. 따라서 대혁명기의 마지막 몇 년 동안 농민의 위법행위가 전개되면서 폭력, 침입, 절도, 약탈, 심지어는 '정치적 협잡'의 대규모적 형태들까지 두 배로 증가된 것은 바로 소유권에 관한 새로운 법률과 징병 기피의 배경 위에서이고, 엄밀한 의미에서의 범죄와 흔히 중복되는 노동자들의 주거부정이 확대된 것도 따지고 보면 법제 또는 (인사기록부, 임차료, 근무시간표, 결근에 관한) 매우 부담스러운 규칙들의 바탕 위에서이다. 이전의 세기에는 명확히 분리되고 개별적 경향을 보였던 일련의 모든 위법적 관행들이 이제는 서로 재결합되어 새로운 위협을 형성하는 것으로 보인다.

과거 2세기에 걸친 기간에 민중의 위법행위들은 3중으로 확산되었다(확실성이 없으며 따라서 앞으로 측정되어야 할 양적 확대는 별도로 치더라도). 그 3가지는 일반적 정치 지평으로의 편입, 사회적 투쟁과의 명백한 연결, 여러 가지 형태와 수준의 법률위반들 사이의 연계문제와 관련된다. 이러한 과정들은 아마 충분할 정도로 발전한 것은 아닐지 모른다. 19세기 초에는 정치적이고 동시에 사회적인 집단의 위법행위가 확실하게 형성되지는 않았기 때문이다. 그러나 아직 틀이 잡히지 않은 산만한 형태였음에도 불구하고, 사람들은 하층민들이 대부분 범죄자이거나 폭도暴徒라고 생각하여 그들을 무서워하게 되었고, 이것은 제 1제정에서 7월 왕정까지 입법권자나 박애운동가 또는 노동자 생활 조사자들의 담론 속에 끊임없이 등장하는 야만적이고 부도덕한 무법자 계층의 신화에 주요 근거가 될 수 있었다. 18세기의 형법 이론과는 사뭇 무관한 다음과 같은 일련의 모든 단언들 속에 숨어 있는 배경은 위와 같은 과정들이다. 범죄는 이해관계나 정념에 의해 모든 사람의 마음속에 담긴 잠재적 성질이 아니라, 어느 특정한 사회계급이 거의 배타적으로 자행하는 행위이다; 예전에는 모든 사회계급들에서 발견되던 범죄자가 이제는 "거의 유일하게 사회의 최하층 계급에서"[40]나온다; "살인자, 암살자, 도둑, 비열한 자들 가운데 10분의 9는 우리가 사회의 밑바닥이라 이름 붙인 계층에서 생겨난다."[41] 범죄가 개인을 사회로부터 소외시키는 것이 아니라, 사람들이 사회 안에서 이방인처럼 소외되었기 때문에 범죄가 발생하는 것이다. 타르제가 말한 그 '타락한 종족', "어떤 고상한 의도를 갖고서도 도저히 타파할 수 없는 장애물과 같은 악습의 빈곤으로 인해 타락한 계급"[42]에 속한 사람들이기 때문에 범죄가 생겨난다; 이러한 상황에서 법이 만인의 이름으로 만인을 위해 만들어진다고 믿는 것은 위선이거나 순진한 생각일 것이다; 법은 일부 사람들을 위해 만들어지는 것이고, 다른 사람들에게 영향을 미치는 효과를 인정하는 것이 더 현명한 생각이다; 원칙적으로 법은

40 Ch. Comte, 《법제론》(*Traité de législation*) (1835년), p. 49.

41 H. Lauvergne, 《도형수들》(*Le Forçats*) (1841년), p. 337.

42 E. Buré, 《영국과 프랑스에서 노동자 계급의 빈곤에 관해서》(1840년), 제 2권, p. 391.

모든 시민들에게 의무를 부과하지만, 가장 숫자가 많고 가장 배운 것 없는 계층들을 대상으로 한 것이다; 정치 또는 민사에 관련된 법률들의 자체 사정과는 달리 그것들의 적용은 만인을 위해 평등하게 이루어지는 것이 아니다.[43] 법원에서는 사회 전체가 사회 구성원들 가운데 한 사람을 재판하는 것이 아니라, 질서를 담당하는 한 사회계층이 무질서에 빠진 다른 사회계층을 제재하는 것이다 — "재판이나 투옥 또는 처형이 이루어지는 장소를 돌아다녀 보라. … 어디에서나 한 가지 사실이 우리를 놀라게 한다. 어디서나 기소인 및 재판관의 자리에 앉아 있는 한쪽과 피의자 및 피고인의 의자에 있는 다른 한쪽으로 뚜렷하게 구별된 두 계층의 사람들을 볼 수 있다." 이는 후자의 사람들이 재력과 교육의 결핍으로 인하여 "합법적 성실성의 틀 안에 머물"[44] 줄 모른다는 사실에 의해 설명된다 — 그래서 스스로 보편적이기를 바라는 법의 언어는 보편성의 측면에서도 부적합하다. 그것이 유효할 수 있으려면, 전혀 다른 생각과 언어를 지닌 계급들 사이에 대화가 소통하는 담론이어야 한다: "그런데 근엄하고 거만하고 예의범절이 까다로운 언어를 사용하는 사람들이 시장·술집·장터의 거칠고 빈약하고 상스럽고, 힘이 있고 솔직하고 생생한 사투리밖에 할 줄 모르는 사람들을 이해하게 하는 것이 쉬운 일인가 … 범죄의 유혹에 쉽사리 허물어지는 이들의 교양 없는 정신에 대해 효과적으로 작용할 수 있는 법을 기초할 때, 어떤 언어, 어떤 방법을 사용해야 할 것인가?"[45] 법률과 사법은 필

43 P. Rossi, 《형법론》(1829년), 제 1권, p. 32.
44 Ch. Lucas, 《감옥 개혁에 관해서》 제 2권(1838년), p. 82.

연적일 수밖에 없는 계급상의 불균형을 거침없이 공언한다.

상황이 이렇다면, 감옥은 분명히 '실패하고' 있으면서도 자체의 목표를 버리지 않고 있는 것이다. 그렇기는커녕 오히려 특별한 형태의 위법행위를 다른 것들 속에 끼워 놓고, 그것을 별도로 취급하고 명확하게 배치하고, 비교적 폐쇄적이지만 얼마든지 침투할 수 있는 사회처럼 만들어서 목표를 달성한다. 감옥은 명백하고, 뚜렷한 위법행위, 일정한 수준으로 축소시킬 수 없고, 슬그머니 유용성을 취하기도 하는 — 다루기 힘들고 동시에 고분고분한 — 위법행위를 확립하는 데 기여한다. 또한 감옥은 다른 모든 형태의 위법행위를 상징적으로 요약하면서도, 사람들이 묵인하고 싶어 하거나 묵인해야 하는 것들을 어둠 속에 내버려 둘 수 있는 어떤 형태의 위법행위를 도안하여 별도로 취급하고 강조한다. 그러한 형태, 그것은 바로 엄밀한 의미에서의 범죄이다. 범죄를 위법행위의 가장 격심하고 가장 해로운 형태, 다시 말해서 그것이 나타내는 위험 때문에 형벌 기구가 감옥을 통해 그야말로 줄이려고 애써야 하는 형태로 생각해서는 안 된다. 그것은 오히려 위법행위들을 구별하고 정돈하며 통제할 수 있게 하는 형법체계(그리고 징역의 형벌제도)의 결과이다. 아마도 범죄는 위법행위의 여러 형태들 가운데 하나일 것이고, 거기에 뿌리를 내린 것이다. 그러나 범죄가 온통 가지를 치고 뻗어 간 '감옥 제도'는 위법행위를 공격하고 부각시키고 고립시키고 침투하고 조직하고 한정된 공간 속에 가두고, 다른 위법행위들에 대한 도구의 역할을 부여했다. 요컨대, 적법한 행위와

---

45 P. Rossi, 앞의 책, p. 33.

위법행위 사이에 법률적 대립이 있다면, 위법행위와 범죄 사이에는 전략적 대립이 있는 것이다.

감옥은 범죄를 감소시키는 데 실패하고 있다는 확증된 사실 대신에 다음의 가설假說을 내세워야 할지 모른다. 즉, 감옥은 위법행위가 명확히 한정된 유형이자 정치적으로나 경제적으로 덜 위험한 — 극단적 경우에는 이용 가능한 — 형태인 범죄를 생산하고, 표면적으로는 사회의 주변부에 놓여 있지만 통제의 중심적 대상으로 취급되는 범죄자 집단을 생산하고, 병리학에서의 피실험자, 범죄자를 생산한다는 가설이다. 감옥의 성공, 이것은 법과 위법행위들을 둘러싼 투쟁의 과정에서 '범죄'를 특성화시킨 점에 있다. 우리는 어떻게 감옥 체계가 법률 위반자를 범죄자로 대체했으며, 또한 모든 범위의 가능한 인식을 사법의 실무에 일일이 고정시켰는가 하는 문제를 앞에서 살펴보았다. 그런데 범죄-대상을 설정하는 그 과정은 위법행위들을 분리하고, 그것들로부터 범죄를 격리하는 정치적 조작과 일체를 이룬다. 감옥은 이 두 가지 메커니즘의 접합점으로서, 그것들로 하여금 서로를 보강하고 범법행위 뒤에 놓여 있는 범죄를 객관화하고, 위법행위의 움직임 속에 범죄를 고정시킬 수 있게 한다. 감옥의 성공은 그토록 대단한 것이어서, 한 세기 반에 걸친 '실패' 후에도 감옥은 변함없이 존재하면서 동일한 효과를 낳고 있으며, 감옥을 폐지하자고 하면서 사람들은 엄청난 양심의 가책을 느끼는 실정이다.

‡

구금拘禁의 형벌제도는 어쩌면 제도적 영속성을 위해 하나의 폐쇄적이고, 분리된 유용한 위법행위를 만들어 내는 것일지 모른다. 범죄의 악순환은 결국 처벌은 가능하나 교정하는 데까지는 이르지 못하는 감옥의 부산물이라기보다, 위법행위들을 관리하기 위해 투옥投獄이 주요한 부품들 가운데 하나를 형성했을 '처벌-재생산'의 메커니즘 속에 몇 가지 위법행위들을 포위하여 공격한 형벌의 직접적 결과일 것이다. 그러나 무엇 때문에, 그리고 어떻게 감옥은 퇴치해야 할 범죄를 제조하는 역할을 담당하게 되었을까?

폐쇄적 위법행위와 같은 범죄의 확립은 실제로 많은 이점을 지니고 있다. 우선 범죄를 단속하는 일이 가능하다(개인들의 정체를 알아 두고, 집단에 세포를 조직하고, 상호적인 밀고를 체계화함으로써). 이를테면 계속 확산될 수 있는 우연적 위법행위를 범하는 불특정 다수의 무리들 대신에, 상황의 변화에 따라 실업자 · 걸인 · 징병기피자들이 모여서 — 18세기 말에 나타났듯이 — 때때로 약탈과 폭동을 일삼는 무서운 세력을 형성할 만큼 증가한 불특정한 방랑자의 무리들 대신에, 항구적인 감시를 실행할 수 있는 상대적으로 제한된 폐쇄적 집단이 그 자리에 들어선 것이다. 또한, 자폐적 성향의 범죄를 가장 덜 위험한 형태의 위법행위들 쪽으로 분류할 수 있다. 말하자면 통제의 압력으로 인하여 사회의 변경邊境에 몰리고, 자기를 지지해 줄 수 있었을 주민과의 연결관계를 상실한 채, 불안한 생활조건에 몰리게 됨으로써(예전에 밀수업자들이나 어떤 노상강도들의 경우와 마찬가지로), **46** 범죄자들은 대중의 지지를 얻지 못한 채, 정치적으로 위험하지 않고, 경제적으로도 아무런 영향을 미치지 않는 국지적 범죄행위 쪽으로 방향전환을 할 수밖에 없다. 그런데 집결되어 있고 통제받으며 무장 해제된 위법행위는 직접적으로 유익하다. 그것은 다른 위법행위들과 관련하여 유익할 수 있다. 다시 말해서 다른 위법행위들에 비해서 그것은 고립되어 있고 자체의 내적인 조직 틀 속에서 벗어나지 못하며, 흔히 가난한 계층들은 일차적 희생물인 폭력 범죄행위에 빠지기 마련이고, 어디에서건 경찰의 포위망에 둘러싸이고, 오랜 감옥형과 그 후의 결정적으로 '특정화된' 생활, 즉 다른 세계의 범죄에 노출되기 쉬운 것이다. 위험하고 흔히 적의로 가득 찬 그 별종의 세계가 있기 때문에 일상의 실제적 위법행위들(사소한 절도, 사소한 폭력, 법에 대한 일상적 거부 또는 일탈)은 차단되거나 적어도 아주 낮은 수준으로 억제될 수 있는 것이다. 그것은 또한 예전에 호화로운 신체형에서 요구되던 전례의 효과가 이제는 처벌의 엄중함을 통해서보다는 오히려 범죄 자체의 뚜렷하고 가시적인 모습을 통해 추구되는 것과 어느 정도 비슷하게, 그러한 위법행위들이 폭넓고 명백한 형태들로 확산되는 것을 방지해 준다. 이를테면 대중의 다른 위법행위들과 구별됨으로써, 범죄는 그것들을 억압하게 되는 것이다.

그러나 범죄는 다른 영역에서도 직접 활용될 수 있다. 식민지 건설의 예가 머리에 떠오른다. 그렇지만 그것은 가장 확실한 증거는 아니다. 사실 왕정 복고기에 하원에 의해서건 여러 도의회에 의해서건 수

---

46 E. J. Hobsbawm, 《도적들》(프랑스어 역, 1972년)을 참조.

차례에 걸쳐 죄인들의 강제 이주가 요청되었는데, 그것은 본질적으로 모든 구속기관에 필요한 재정적 부담을 덜기 위해서였다. 그리고 7월 왕정 시대에 범죄자, 규율을 따르지 않는 병사, 매춘부, 업둥이들이 알제리에서의 식민지 건설에 참여할 수 있도록 입안될 수 있었던 모든 계획들에도 불구하고, 그 식민지 건설은 식민지에 도형장徒刑場을 세우게 한 1854년의 법률에 의해 단호하게 거부되었으며, 기아나로나 더 나중에 뉴칼레도니아로의 강제이주는 수형자들에게 적어도 그들의 형기와 똑같은 기간 동안 식민지에 머물러야 한다는 의무가 부과되었음에도 불구하고(사정에 따라서는 심지어 평생 동안 거기에 머물러야 한다) 실제로는 진정한 경제적 중요성이 없었다.[47] 개별화하여 다루기 쉬운 계층처럼 되었던 범죄자들은 사실상 무엇보다도 합법성의 주변부에서 활용되었다. 말하자면 19세기에는 범죄의 조직화와 그것에 따른 모든 감시활동을 통해 조직에 순종함으로써 발생하는 일종의 종속적 위법행위는 그렇게 하여 만들어진 것이다. 통제받는 위법행위로서의 범죄는 지배 집단들의 위법행위를 위한 대행인자代行因子이다. 이 점에서는 19세기의 매춘 조직의 정착이 특유한 예이다.[48] 매춘부들에

---

47 유형 문제에 관해서는, F. de Barbé-Marbois, 《41개 주 전체의회의 투표에 관한 고찰》과 Blosseville과 La Pilogerie 사이의 (Botany Bay에 대하여 벌어진) 논쟁을 참조. 특히, Buré, Marengo 육군 대령, L. de Carné는 범죄자들을 동원한 알제리 식민지 계획을 작성했다.

48 최초의 에피소드 중 하나는 경찰의 통제 아래 공창시설(*maison de tolérance*)이 설치된 것(1823년)이었다. 이것은 유곽(遊廓)의 감시에 관한 1791년 7월 14일의 법령 조항을 훨씬 넘어서는 것이었다. 이 점에 관해서는, 파리 경시청의 원고자료집(20~26)을 참조. 특히 다음과 같은 파리 경시청 회람장(1823년 6월 14일)을 참조.

대한 치안과 보건 차원의 통제, 규칙적으로 반복되는 그녀들의 감옥행, 매음시설의 대대적인 조직화, 매춘계에서 유지되는 엄격한 위계질서, 범죄자 겸 밀고자인 사람들에 의한 매춘계의 규제 — 이러한 모든 것으로 인하여, 점점 더 집요해지는 일상적 선도에 의해 반半음성적 성격을 띠게 되고, 당연히 비싼 값의 성적 쾌락을 바탕으로 일련의 모든 매개물들을 통해 막대한 이익을 거둘 수 있었다. 이를테면 쾌락에 대한 가격의 형성에서, 억압된 성욕으로부터 얻을 수 있는 이익의 조성에서, 그리고 그 이익의 회수에서, 범죄자 사회는 이해관계가 얽힌 청교도주의와 공모하게 되었다. 이를테면 불법적 관행에 바탕을 둔 부정한 징세 대행자들의 역할 같은 것이었다.49 무기 밀매, 금주국에서의 주류 밀매, 또는 최근의 마약 밀매는 '유용한 범죄'의 그러한 기능을 똑같은 방식으로 보여 주는 것이다. 다시 말해서 법적 금지의 존재는 그것의 주변에 위법적 실천영역을 만들어 내고, 뒤이어 그 영역의 통제가 시행되기 마련이고, 위법적이지만 범죄의 조직화로 쉽게

"매춘 시설의 설치는 공중도덕에 관심을 갖는 모든 사람들을 당연히 불쾌하게 만들 것이다. 경찰서장 여러분들이 여러 지역에서 이러한 시설 설치에 대해 절대적으로 반대한다는 사실을 본인은 당연하게 생각하는 바이다. … 만일 경찰이 매음(賣淫)을 공창시설 안에 제한해 두고, 그 시설에 대해 한결 같은 영향력을 행사할 수 있고, 그 시설이 감시를 벗어날 수 없게 된다면, 경찰은 공공질서에 대해 큰 배려를 했다고 생각할 수 있을 것이다."

49 "파리에서의 매춘"에 관한 Parent-Duchatelet의 책, 《매춘에 관해서》(1836년)는 경찰과 형벌제도의 보호 아래서 매춘에 대한 범죄자들 사회의 연계 작용에 대한 증언으로 이해될 수 있다. 이탈리아의 마피아가 미국으로 이주하여 부당한 이득의 선취와 동시에 정치 목적으로 이용된 사건은, 민중계급의 불법행위를 식민화했던 좋은 예이다.

다룰 수 있는 요소들의 결합을 통해 부정한 이익을 취하게 된다. 범죄는 위법행위들을 관리하고 이용하기 위한 도구인 것이다.

그것은 또한 권력의 행사로 인해 권력 주변에서 초래되는 위법행위를 위한 도구이기도 하다. 범죄자들을 정치적으로 이용하는 것 — 정보원, 밀고자, 선동자의 형태로 — 은 19세기 이전부터 당연시되었다.[50] 대혁명 이후에 그 관행은 전혀 다른 차원에서 이뤄졌다. 이를테면 정당과 노동조합에 조직원의 침투, 동맹파업자들과 폭도들에 대항할 폭력배 모집, 경찰보조대sous-police — 합법적 경찰과 직접 관계를 맺고 활동하며, 극단적 경우에는 일종의 제 2의 군대가 될 수 있는 — 의 조직화 등 권력의 모든 불법적 기능은 범죄자들로 구성된 기동부대, 말하자면 권력에 예속된 비밀경찰 겸 예비군에 의해 어느 정도 보장된 것이다. 프랑스에서는 1848년의 혁명과 루이 나폴레옹의 집권을 둘러싸고 이러한 관행들이 성행한 것처럼 보인다.[51] 감옥에 집중된 형벌제도로 응집력이 높아진 범죄는 지배 계급의 불법적 이익과 권력의 순환을 원활히 해 주기 위한 위법행위의 전환을 보여 준다고 말할 수 있다.

경찰력에 의한 통제기술의 발전이 없었다면, 고립되고 폐쇄된 위법

---

50 치안상의 감시와 특히 정치적 감시에서 범죄자들의 이러한 역할에 관해서는, Lemaire가 편찬한 각서를 참조. "밀고자들"은 "자기들에 돌아올 관용을 기대하는" 사람들이다. 그들은 "보통 자기들보다 더 나쁜 악인을 발견하는 데 소용되는 하수인들이다. 게다가 누군가가 일단 경찰의 리스트에 조금이라도 올라 있으면, 그는 반드시 주시의 대상이 된다."

51 K. Marx, 《루이 나폴레옹의 서리월 18일》(Éd. Sociales, 1969년), pp. 67~68.

행위를 범죄의 이름으로 조직하는 일은 불가능했을 것이다. 주민에 대한 전반적인 감시, "말없고, 비밀스럽고 눈에 띄지 않는 …" 경계, "이것은 모든 시민들에게 끊임없이 열려 있고 그들을 무차별적으로 감시하면서도, 그들을 어떠한 강제 조치에 얽매이게 하지는 않는 정부의 눈이다. … 이것은 법률 속에 명시해 둘 필요가 없다."[52] 그것은 석방된 죄수들에 대해, 그리고 중대한 위법행위를 저질러 이미 사법적으로 처리되었으나 사회의 안정을 또다시 침해할 우려가 있다고 법적으로 추정되는 모든 사람들에 대해, 1810년의 형법전에 규정된 특별한 감시이다. 더 나아가 거의 모두가 전과자인 밀정이거나 밀고자들에 의해, 위험시되는 각종의 사회 집단들에 대한 감시이다. 다시 말해서 경찰에 의한 감시의 여러 대상들 가운데 하나인 범죄는 바로 이러한 감시의 특권적 도구인 셈이다. 이 모든 감시활동들은 부분적으로 공인되고, 부분적으로 비밀스런 위계질서의 조직화를 전제로 한다(파리 경찰의 경우 이것은 기본적으로 다른 사람들에게 '보여도 상관없는 경관들' — 순찰경관과 형사반장들 — 외에 징벌에 대한 두려움 때문이거나 보상의 미끼로 움직이는 '비밀경찰'과 밀고자들이 포함된 '안전국'service de sûreté이었다.[53]) 그것들은 또한 중죄인의 소재확인과 신원확인을 위한 기록체계의 정비를 전제로 한다. 즉, 체포 명령서와 중죄재판소의 판결문에 의무적으로 첨부되는 인상착의 기록, 감옥의 수감자 명부에 기재되는 개인별 특징, 법무부와 경찰청에 3개월마다 제출하는 중죄재판

52 A. Bonneville, 《행형제도의 보조적 시설에 관하여》(1847년), pp. 397~399.
53 H. A. Fregier, 《위험한 계급》(1840년), 제1권, pp. 142~148.

소 및 경범재판소 장부의 사본, 그 장부가 요약되어 있고 알파벳순의 일람표가 붙어 있는 '범죄기록대장'의 체계화(조금 나중에 내무부에서 이루어짐), '박물학자, 도서관 사서, 상인, 실업가들'의 방식에 따라 1833년에 이루어졌으며, 새로운 자료의 통합과 동시에 찾아내야 할 개인의 이름을 기본으로 하여 그것에 덧붙여질 수 있는 모든 정보의 종합을 용이하게 해 주는 개인별 카드 또는 보고 체계의 활용을 들 수 있다.54 범죄는 비밀경찰을 마련해 줄 뿐만 아니라 경찰력 배치를 위한 지역분할을 정당화함으로써 주민에 대한 지속적 감시의 수단, 다시 말해서 다름 아닌 범죄자들을 통해 사회의 전 영역을 통제할 수 있게 하는 장치를 구성한다. 범죄는 정치적 관측소로서 기능한다. 경찰관들 다음으로, 그것을 활용한 사람들은 통계학자와 사회학자들이다.

그러나 이러한 감시는 감옥과 짝을 이루어서만 가동할 수 있었다. 석방된 개인들에 대한 통제를 수월히 해 주고, 밀고자들의 모집을 가능하게 하기 때문에, 그리고 상호적인 밀고를 증가시키고 범법자들을 서로 연결시켜 주기 때문에, 감옥은 폐쇄적이면서 통제하기는 쉬운 범죄자 사회의 조직화를 재촉한다. 그리고 감옥생활로 초래된 모든 사회적 부적응의 효과(실업, 거주금지, 강제된 거주, 집행유예)로, 본래의 수감자들에게 임무를 할당하고 강제할 수 있는 가능성은 활짝 열린다. 감옥과 경찰은 쌍생아적 장치를 형성하며, 위법행위의 모든 영역에서 범죄의 차별화, 격리, 이용을 확고히 한다. 경찰-감옥 체계는

54 A. Bonneville, 《재범에 관해서》(1844년), pp. 92~93. 카드의 출현과 인문과학의 형성. 이것은 또한 역사가들이 별로 예찬하지 않은 발명이다.

여러 위법행위들 중에서 다루기 쉬운 범죄를 별도로 분리한다. 그러한 범죄는 자체의 특수성과 더불어 그 체계의 결과일 뿐만 아니라, 그것의 톱니바퀴 장치 겸 도구가 된다. 따라서 3가지 항목(경찰 - 감옥 - 범죄)이 상호보완적이 되며 결코 중단되지 않는 회로를 형성하는 전체적 양상에 대해 말해야 할 것이다. 경찰의 감시는 감옥에 법률 위반자들을 공급하고, 감옥은 그들을 범죄자, 다시 말해서 그들 가운데 일부를 정기적으로 다시 감옥에 집어넣는 경찰 단속의 대상이자 보조자로 변화시킨다.

모든 불법적 행위들을 샅샅이 추적하고, 그렇게 하기 위해서 경찰을 보조기관으로 이용하고, 감옥을 처벌의 수단으로 이용하면서 '범죄'라는 동화될 수 없는 요소를 철저히 뒤쫓아 갈 것을 각오하며 나서는 형사 사법은 없다. 이러한 사법에서 주목해야 할 것은 어디까지나 위법행위들에 대한 차별적 단속을 위한 도구라는 점이다. 이러한 단속과 관련하여, 형사사법은 법정 보증인과 양도의 원칙이라는 역할을 떠맡는다. 그것은 위법행위들의 일반경제 속에 있는 중계장치이며, 그러한 구조의 다른 부속 장치는 형사 사법 밑에 있지 않고, 그 옆에 있는 경찰, 감옥, 범죄이다. 경찰력에 의한 사법의 과잉, 사법에 대한 감옥 기관의 타성적 태도 — 이것은 새로운 현상이 아니며 권력의 경직화나 점차적인 이동이 초래한 결과도 아니다. 그것은 근대 사회에서 처벌기관들이 보여 주는 구조적 특징이다. 사법관들이 어떻게 말하더라도, 온갖 무대장치를 갖춘 형사사법은 경찰과 범죄가 서로 맞물려 돌아가게 하는 것을 목적으로 어둠 속에 반쯤 잠겨 있는 통제 장치의 일상적 요청에 따르도록 되어 있다. 재판관들은 그 장치에 고용된 어느 정도 말을 잘 듣는 사람들이다.55 그들은 힘이 닿는 한도 내에서 범죄의 형성을 도와주고, 말하자면, 위법행위들을 차별화하고, 지배 계급의 위법행위에 의해 상당수의 불법행위들을 식민지화하고 활용하는 것을 도와준다.

19세기의 처음 30~40년 동안 전개된 이 과정은 두 인물에 의해 입증된다. 한 사람은 비독Vidocq이다. 그는 오랫동안 되풀이된 위법행위의 장본인이자, 대부분의 경우 자기 자신이 희생자가 된 난동·모험·사기, 싸움과 결투, 입대와 탈영의 연속, 매춘·도박·소매치기 급기야는 엄청난 강도 집단과의 합류 등, 최악의 상태까지 내려간 18세기 말의 질 블라스Gil Blas 같은 사람이었다.56 그러나 동시대인들의 눈에 비친 그의 신화적 중요성은 아마도 미화되었을 것이 분명한 그의 과거 때문도 아니고, 속죄했건 매수되었건 과거의 도형수徒刑囚가 역사상 처음으로 경찰서장이 되었다는 사실 때문도 아니다. 그것은 오히려 범죄에 대항하고 범죄와 더불어 활동하는 경찰 기구의 대상이자

---

55 이러한 기능을 담당하게 될 법조계 사람들의 저항에 관해서는, 이미 왕정복고 시대부터 아주 이른 시기의 증언이 있다(그것이 잘 증명하듯, 그 기능은 어떤 현상도 아니고, 뒤늦은 반응도 아니다). 특히 나폴레옹 제정기의 경찰을 청산하기보다 재활용하는 점에서 몇 가지 문제가 제기되었다. 그러나 어려운 문제들이 계속 발생했다. 1825년, Belleyme가 경시총감으로 취임할 무렵 전임자와는 다른 입장을 취하면서 이렇게 연설한 내용을 참조할 수 있다. "합법적인 길이 우리들에게 열려 있다. … 법률 학교에서 교육받고 이처럼 훌륭한 행정관 학교에서 가르침을 받은 … 우리는 사법의 보조자이다"〔《M. de Belleyme 행정부 이야기》(1830년)를 참조〕. 그리고 Molène의 매우 흥미 깊은 소책자 《자유에 관해서》(1829년)도 참조.

56 《Vidocq 자신이 말하는 자기 이야기》와 마찬가지로 그의 이름으로 간행된 《회고록》을 볼 것.

도구라는 범죄의 애매한 지위가 그를 통해서 뚜렷이 부각되었다는 사실 때문이다. 비독은 범죄가 다른 위법행위들로부터 분리되어 권력의 투자대상으로 반전되는 계기를 보여 준다. 경찰과 범죄의 직접적이고 제도적인 결합이 이뤄지는 것은 바로 그때이다. 범죄행위가 권력의 톱니바퀴 장치들 가운데 하나로 변하는 우려할 만한 시기인 것이다. 그 이전의 시대에는 하나의 형상, 즉 모든 정의의 원천이면서도 온갖 범죄로 더럽혀진 무서운 왕의 형상이 빈번히 출현하였는데, 이제는 법을 유리하게 이용하는 자들과 법을 위반하는 자들 사이의 은밀하고 수상한 야합에 대한 두려움이 나타난 것이다. 같은 등장인물 속에서 통치권이 혐오스럽게 대립했던 셰익스피어의 시대는 끝나고, 범죄와 권력의 공범관계와 경찰력에 의해 벌어지는 일상의 통속극通俗劇이 시작된다.

비독의 상대편으로는 그의 동시대인인 라스내르Lacenaire가 있다. 범죄에 대한 탐미주의자들의 낙원 안에서 그의 존재가 영원히 각인되어 있다는 것은 놀랄 만한 일이다. 왜냐하면, 그의 대단한 선의와 신참자다운 열성에도 불구하고 그는 몇몇 사소한 범죄만을 그것도 매우 서투르게 저지를 능력밖에 없었고, 죄수의 비밀을 캐내는 경찰의 첩자라는 의심을 받게 되어, 그를 죽이려고 한 포르스Force 감옥의 수감자들로부터 행정당국이 그를 보호해야 했으며,57 그가 처형되기 전에 루이-필립 시대의 파리 사교계가 그에게 잔치를 베풀었고, 그의 문학적 부활을 보여 준 회고록은 화려하게 꾸민 찬사讚辭일색으로 이어졌기 때

57 그 고소는 Canler가 단호하게 다시 행한 것이다(《회고록》, 1968년 재판, p. 1).

문이다. 그의 영광은 그가 저지른 범죄의 규모나 범죄를 계획하는 재주 때문이 아니다. 오히려 범죄의 초보적 양태들이 놀라운 것이다. 그것은 대부분 그의 생활과 담론 속에 나타난 위법행위와 범죄 사이의 명백한 상호작용에 기인하고 있다. 사기, 탈영, 사소한 절도, 징역, 옥중에서 맞는 우정의 재현, 상호간의 협박과 공갈, 마지막의 살인미수 사건에 이르기까지 수차례의 재범으로 미뤄 본다면 라스내르는 '범죄자'의 전형이다. 그러나 그는 최근까지도 위협적인 것이었던 위법행위들의 한계를 적어도 잠재적 상태에서 내보인다. 예컨대, 이 몰락한 소시민은 좋은 학교에서 교육받았으며, 말할 줄 알고, 글을 쓸 줄 알았으며, 만약 한 세대 일찍 태어났더라면 혁명가, 자코뱅 당원, 국왕 살해자[58]가 되었을지도 모르고, 로베스피에르의 동시대인이었다면 법에 대한 그의 거부는 역사의 장에서 효과를 거둘 수 있었을 것이다. 1800년에 태어난 이 인물은 거의 줄리앙 소렐[59]과 비슷하게 그러한 효과적 가능성의 여지를 보였지만, 그 가능성은 곧 절도·살인·밀고 쪽으로 급선회하였다. 그 모든 잠재적 요소들은 대수롭지 않은 범죄가 되었다. 이런 점에서 라스내르는 우려할 만한 인물이 아니다. 그런데 그 잠재적 요소들이 다시 나타나게 된 것은 범죄이론에 관한 그의 담론에서이다. 죽을 때에 이르러 라스내르는 위법행위에 대한 범죄의 승리, 또는 더 정확히 말해서 한편으로는 범죄 속에서 함몰되어 버리고,

---

58 동시대인이 보는 견해로, 라스내르가 어떤 인물이었을까에 관해서는, Levailly씨가 편찬한 《라스네르 회고록》(1968), pp. 297~304에서, Levailly 씨에 의해서 확증된 기록을 볼 것.

59 *스탕달의 소설 《적과 흑》의 주인공.

다른 한편으로는 범죄미학犯罪美學 쪽으로, 곧 특권 계급의 예술 쪽으로 옮겨간 위법행위의 인물로서 그 모습을 드러낸다. 같은 시기에 범죄집단을 통제 가능한 폐쇄사회로 설정함으로써, 그리고 권력의 합법적 위법행위와 다름없는 모든 범죄적 실행방법을 치안 차원의 기술 쪽으로 이동시킴으로써 범죄를 그 자체로 봉쇄할 수 있게 한 비독과 라스내르의 모습은 대칭을 이룬다. 파리의 부르주아지가 라스내르에게 잔치를 베풀었다는 것, 그의 독방이 저명한 면회자들에게 개방되었다는 것, 생애의 마지막 며칠 동안 그에게 찬사가 쏟아졌다는 것, 그런데 포르스 감옥의 하층계급 죄수들이 재판관들 앞에서 그를 죽이고 싶어 했다는 것, 또한 법정에서 공범자인 프랑수아를 사형대로 보내기 위해 그가 온갖 짓을 다 했다는 것, 이러한 모든 일에는 타당한 이유가 있다. 그의 위법행위는 범죄에 예속된 것이고 담론으로 바뀐 것이어서 이중으로 무해하지만, 위법행위의 상징적 인물이 그만큼 찬양 받았다는 것과, 부르주아 계급이 아직 완전히 실행에 옮기지는 않았던 새로운 쾌락을 고안해 냈다는 것은 주목할 수 있는 일이다. 또한 정치적 폭력으로 확산될 수 있는 사소한 범죄행위와는 아주 상반되는 인물의 모습으로서 가장 가까운 시기에 떠오르는 시역자 피에스키Fieschi의 범행이 불러일으킬 수 있었던 반향이 라스내르의 그 유명한 죽음으로 차단되었다는 것을 잊어서는 안 된다. 마지막 쇠사슬 행렬의 출발과 그것에 수반된 파렴치한 소란(이 책 2장의 첫머리 참조)이 일어나기 몇 달 전에 그의 사형이 집행되었다는 것도 또한 잊어서는 안 된다. 그 두 축제는 역사 속에서 서로 교차되는 것이었다. 게다가 라스내르의 공범자인 프랑수아는 7월 19일의 쇠사슬 행렬에서 가장 눈에 잘 띄는 인물의 하나였다.60 한 축제는 죄인들 주위에 민중의 위법행위를 재연再演하게 만들 위험을 무릅쓰고 과거의 신체형 의식을 연장시킨 것이지만, 그것은 곧 금지되었다. 왜냐하면 죄인은 범죄의 적합한 공간에서만 자리를 잡게 되었기 때문이다. 다른 축제는 특권층의 위법행위에 대한 이론적 작업의 발단이 되었다. 아니 더 정확히 말해서 그 축제는 부르주아 계급이 실제로 행동에 옮긴 정치적·경제적 위법행위들이 이론적·미학적 표현행위 — 예컨대 라스내르에 관한 이른바 '범죄의 형이상학' — 와 겹쳐서 나타난 시기의 일이었다. 《조형예술로 고찰된 살인》의 프랑스어 판은 1849년에 간행되었다.

‡

이러한 범죄의 생산과 형벌 기구에 의한 범죄의 포위 공격에 대해서는 현상 그대로 받아들여야 한다. 그것들은 결정적으로 획득된 구체적 성과가 아니라 전혀 목적달성을 이루지 못하는 한, 계속 이동하는 전술이다. 범죄와 다른 위법행위들 사이의 단절, 후자에 대한 전자의 반전, 지배적 위법행위들에 의한 범죄의 식민지화 — 이와 같은 현상은

60 1835~1836년의 원무(圓舞), 즉 부모 살해자와 국왕 살해자로 이중의 형벌을 받게 된 Fieschi가 발단이 되어, 부모살해자 Rivière는 그의 회상록에도 불구하고 사형에 처해졌다. 그 회상록의 놀라운 성격은 Lacenaire의 명성, 그 재판의, 또한 1836년 초에 경시총감의 주선으로 간행된 그 서적의 명성에 가려 보이지 않게 되었을 것이다. 그 1836년 초는 바로 Lacenaire의 공범 François가 Brest로 가는 쇠사슬 행렬과 함께 거창한 최후의 범죄 야외극(野外劇)을 개최하려던 때보다 몇 달 전의 일이었다. 위법행위와 범죄의 원무, 범죄의 담화와 범죄에 관한 담화의 원무.

경찰-감옥 체계가 기능하는 방식을 통해 분명하게 나타나는 결과이다. 그렇지만 이 결과들은 끊임없이 저항에 부딪혔으며, 투쟁을 야기했고, 반발을 초래했다. 범죄자들을 그들의 출신계급으로부터 그리고 그들과 여전히 연결된 민중계층으로부터 분리시킬 장벽을 설치하는 것은 무엇보다도 도시 사회일 경우 대단히 어려운 일이었다.[61] 그 일에는 오랫동안 끈질긴 노력이 기울여져 왔다. 어떻게 보면 정치적 관점뿐만 아니라 경제적 관점에서도 으뜸가는 중요성을 지닌 가난한 계급의 '교화'를 위해서 모든 방법들이 활용되었다(형법전의 체계가 관습을 대체한 이상 필수불가결한, '기본적 준법정신'이라고 부를 수 있는 태도의 교육, 소유와 절약에 관한 기본적 규칙들의 학습, 노동에서의 순종, 주거와 가족의 안정 등에 목적을 둔 훈련). 범죄자들에 대한 민중 사회의 적대감을 유지시키기 위해서는 더욱 특별한 방법들이 실행되었다(과거의 수감자들을 밀고자, 밀정, 파업의 파괴자, 또는 하수인으로 이용함으로써). 근무상태에 관한 중요한 법령을 위반하는 행위, 즉 노동자들이 정치적 지위의 인정을 요구하는 파업, 동맹, 결사[62]의 행위들과 통상적 법률 침해는 의도적으로 혼동되어 왔다. 노동자들의 활동이 범죄자들에 의해 조작되지는 않았어도 그들에 의해 선동되었다고 하는 비

61 18세기 말, Colquhoun은 런던과 같은 도시에서 이러한 업무의 어려움을 설명하고 있다(《런던 치안 경찰론》, 프랑스어 역, 1807년, 제 1권, pp. 32~34와 pp. 299~300).

62 "다른 어떤 계급도 이런 종류의 감시를 받지 않는다. 감시는 석방된 수형자들에 대해서나 마찬가지로 이루어지고, 지금은 사회의 위험한 계급이라고 부르는 부류 안에 노동자들을 포함시키고 있는 것처럼 보인다."(《작업 동료》, 제 5년, 제 6호, 1845년 3월, 노동자 수첩에 관해서)

난은 거의 정기적으로 되풀이되어 온 사실이다.[63] 판결에서는 흔히 강도보다 노동자에게 더 가혹한 형벌이 부과되었다.[64] 감옥에서는 일반법에 특별대우를 부여한 두 범주의 수형자가 서로 뒤섞였고, 수감된 저널리스트나 정치가들은 대부분의 시간 동안 별도로 대접받는 권리를 누렸다. 요컨대 영속적 갈등상태를 목표로 한 온갖 교란전술들이 동원된 것이다.

이러한 일과 함께 범죄자에 대한 일반인들의 인식에 완전히 결정적인 틀을 부과하려는 계획, 다시 말해서 범죄자를 아주 가까운 곳에 두고, 어느 곳에서나 존재하며, 무서워해야 할 존재로 부각시키려는 장기적 계획이 이루어졌다. 그것은 바로 언론의 일부분을 구성하기 시작하고, 자체의 관련된 신문을 만들어 내기 시작한 사회면 기사의 기능이다.[65] 범죄사건으로 채워진 사회면 기사는 매일같이 장황한 필치를 통해, 사회를 분할하여 감시하는 사법과 경찰 차원의 통제책 전체를 받아들일 수 있게 하고, 얼굴 없는 적에 대항하는 일종의 내전內戰을 날마다 이야기할 뿐만 아니라, 그 전쟁에서 경종 또는 승리에 관한 일지를 만든다. 신문의 문예면과 값싼 대중 문학을 통해 발전하기 시작한 범죄소설은 겉으로는 신문과 반대되는 역할을 떠맡는 것처럼 보인다. 그것의 역할은 무엇보다도 범죄자의 일상적인 친숙한 생활과 아무런 관계도 없는 완전한 다른 세계에 속한 모습을 보여 주는 것이

63 예를 들면, J. B. Monfalcon, 《리옹폭동사》(1834년), p. 142를 참조.
64 《작업 동료》(1840년 10월), 혹은 《우애》(1847년 7~8월) 의 두 잡지를 참조.
65 《재판신보》와 《재판통신》 외에 《간수저널》.

다. 이러한 이질성異質性, 이것은 첫째, 최하층 사회에 해당되는 것이었고(《파리의 비밀Les mystères de Paris》, 66 《로깡볼Rocambole》67), 둘째, 광기의 이질성이었으며(특히 19세기 후반기에), 셋째, 요란한 범죄, 즉 스케일이 큰 범죄의 이질성이었다(아르센 루팽). 68 추리문학과 결합된 사회면 기사는 100여 년 전부터 과도한 양의 '범죄 이야기들'을 생산했는데, 그것들에서 특기할 만한 것은 범죄가 매우 가까이 있으면서도 이질적인 것, 일상생활에 한없이 위협적이지만 그것의 원천과 동기 그리고 그것이 전개되는 일상의 이국적 환경 때문에 현실과 거리가 먼 것처럼 보인다는 것이다. 범죄에 부여하는 중요성과 그것에 수반되는 담론의 요란스러움으로 말미암아, 범죄의 주위에는 범죄를 찬양하는 듯한 특별한 선이 그어진다. 그토록 이질적 세계에서 유래한 그 무서운 범죄 속에서 그 어떤 위법행위가 식별될 수 있겠는가? …

이 다양한 전술이 성과가 없는 것은 아니다. 민중신문들은 형벌로서의 노동에 반대하고, 69 '감옥의 안락'에 반대한다. 수감자들에게 가장 힘들고 가장 위험한 노동을 부과하는 것을 유보하도록 하고, 박애

---

66 *19세기 프랑스 작가 으젠느 쉬(Eugène Sue)의 소설.

67 *퐁송 뒤 테라이유의 대중소설의 주인공. 약자의 편에서 강자에 대항하는 역할로 유명하다.

68 *모리스 르블랑의 추리소설 주인공.

69 《작업 동료》(1844년 6월)에서, 피구금자들을 "불건강하고 위험한 작업"에 동원할 수 있도록 파리 법원에 보낸 청원을 참조(1845년 4월). 이 잡지는 상당히 많은 군인 죄수들이 운하 공사를 하다가 열병으로 사망한 브르타뉴 지방에서의 경험을 인용하고 있다. 1845년 11월, 왜 죄수들은 수은(水銀)이나 백연(白鉛)을 가공하는 일을 하지 않는가? 등 … 그리고 1844~1845년의 《민주정치》(*Démocratie politique*)를 참조.

주의 운동이 범죄자들에게 내보이는 지나친 관심에도 반기를 들고, 범죄를 찬양하는 문학에도 반대한다.[70] 또한 모든 노동운동에서 전반적으로 감지되는, 과거의 일반법 위반 수형자들에 대한 불신도 그것을 입증한다. 미셸 페로는 이렇게 썼다: "20세기의 여명기에, 감옥은 많은 경멸의 대상이 되고 가장 높은 벽으로 둘러싸여서, 그야말로 평판이 나쁜 사람들을 대상으로 한 폐쇄적 형태가 되고야 말 것이다."[71]

그러나 이 전술이 승리를 거두었거나 여하간 범죄자들과 민중 사이의 완전한 단절을 확보한 것은 전혀 아니다. 가난한 계급과 범법행위와의 관계, 프롤레타리아와 도시 하층민의 상호적 입장은 앞으로 연구해야 할 과제이다. 그러나 한 가지는 분명하다. 그것은 1830~1850년의 노동운동에서 범죄와 탄압이 중요한 쟁점으로 간주되었다는 사실이다. 아마도 범죄자들에 대한 적대감이 있었겠지만, 그것은 형벌제도를 둘러싼 전투의 표면적 현상이었다. 민중신문들은 박애운동가들의 일상적 묘사와 조목조목 대립하는 범죄성(가난, 낭비, 게으름, 음주벽, 타락, 도둑질, 중죄)에 대한 정치적 분석을 자주 시도한다. 그 신문들은 범죄의 출발점이 범죄자 개인에게 있는 것이 아니라(그는 범죄의 한 가지 사례 또는 최초의 희생물에 지나지 않는다) 사회에 있다고 주장한

---

70 《작업 동료》(1843년 11월)에는 《파리의 비밀》(Les mystères de Paris)에 대한 공격문이 실렸다. 그 이유는 이 작품이 범법자들과 그들의 풍속, 그들의 말투를 매우 호의적으로 그리고 있다는 것이며, 또한 범죄에 대한 성향이 운명적인 것임을 강조하기 때문이다. 《민중의 벌집》 지에서는 연극에 대해서 비슷한 내용의 공격이 보인다.

71 《19세기 프랑스에서의 범죄와 행형제도》(미발표 텍스트).

다: "사람을 죽이는 자가 죽이지 않는 일을 자기 마음대로 할 수 있는 것은 아니다. 죄가 있는 것은 사회이다. 아니 보다 더 진실을 말하자면 나쁜 사회제도이다."[72] 어떤 것은 사회가 개인의 기본적 욕구충족을 허용하지 않기 때문이기도 하고, 또 어떤 것은 사회가 개인의 가능성·희망·요구를 파괴하거나 말살하여 그것들이 나중에 범죄의 모습으로 나타나기 때문이기도 하다: "잘못된 교육, 발휘되지 못한 적성과 능력, 너무 어린 나이에 강요된 노동에 의해 억눌린 지성과 감성."[73] 그러나 욕구나 억압에 근거를 둔 범죄성은 요란하게 과장되거나 온갖 불신에 둘러싸임으로써, 때때로 그것이 원인이 되어, 언제나 증폭될 수 있는 다른 범죄성을 은폐한다. 상층계급의 범죄는 파렴치한 행위의 예로서 가난한 사람들이 겪는 비참함의 원천이자 반항의 근거이다. "빈곤으로 인하여 길거리가 시체로 덮이고 감옥이 도둑과 살인자로 가득 차는 동안, 훌륭한 상류사회의 사기꾼들 쪽에서는 어떤 일이 일어나고 있는가? … 가장 문란한 모습들, 가장 기분 나쁜 파렴치한 행위, 가장 뻔뻔스러운 협잡 등이다. 빵집의 창살을 통해 빵 한 조각을 훔쳤다고 해서 죄인의 지위로 떨어지는 가난한 사람이 언젠가는 증권거래소, 즉 국고금과 가족의 재산이 아무런 처벌도 받지 않고 도둑질당하는 그 야만적 소굴을 무너뜨리고 싶을 만큼 분노하지 않는다고 해서 안심해도 되는가?"[74] 그런데 부유층 특유의 범죄는 법률에 의해 용납되

72 《인도주의자》, 1841년 8월.

73 《우애》, 1845년 11월.

74 《민중의 벌집》, 1842년 11월.

고, 법률의 타격을 받을 경우라도 부유층은 법원의 관용과 언론의 비밀엄수를 확신한다.[75] 바로 이 점에서 형사소송은 정치적 논쟁의 기회가 될 수 있으며, 형사사법의 일반적 운용을 고발하기 위해서 노동자들이 일반적 소송이나 이론이 분분한 소송을 이용해야 한다는 주장이 나온다: "법원은 더 이상 과거처럼 단순히 우리 시대의 불행과 상처의 전시장만도 아니고, 무질서한 사회가 낳은 불쌍한 희생자들이 들어와서 나란히 앉아 대기하는 낙인烙印의 공간도 아니다. 그곳은 싸우는 자들의 절규가 울려 퍼지는 투기장이다."[76] 또한 정치범은 범죄자들처럼 형벌 체계를 직접 경험했지만 자기의 의견으로 남을 설득시킬 수 있으므로 모든 수감자들의 대변자가 될 의무, 이를테면 "검사장의 거창한 논고를 통해서만 형벌의 부과를 알게 되는 프랑스의 선량한 부르주아"[77]를 깨우쳐 줄 의무를 갖는다는 주장도 나온다.

형사사법을 문제시하고 그것이 범죄의 주변에 조심스럽게 작성되는 경계를 문제시하는 중에 나온, '반反사회면 기사'라 부를 수 있는 것의 전술은 독특하다. 민중신문의 입장에서는, 《재판신보》의 방식대로 '유혈을 즐기고', '감옥으로 먹고살고', 날마다 '통속극의 목록'[78]을

---

75 《세기》(*Le Siècle*) 지에 게재된 발자크의 글에 대하여 《민중의 벌집》(1839년 12월)에서 Vinçard가 항의문을 쓴 것 참조. "발자크는 아무리 사소한 부정직한 행위라도 부자가 범한 도둑질이 즉시 알려지는 경우, 그 범죄에 대한 고소는 신중히 취해져야 한다고 말했다. 즉, '그 반대되는' 일이 일상적인 것이 아닌지, 재산가나 상류 계층의 사람으로서 기분 나쁜 사건을 은폐하기 위해서라면 수많은 해결책과 수단을 찾지 못할 수 있는지 양심에 손을 얹고 말해 보시오."

76 《우애》, 1841년 11월.

77 《프랑스 서민연감》(1839년), p. 50.

마련하는 신문들에서 이용하는 범죄와 소송의 사용법을 뒤집어 놓는 것이 중요하다. 반反사회면 기사는 부르주아지 안에서의 범죄 사실들을 조직적으로 부각시키고, 그 계급이야말로 '육체적 타락'과 '정신의 부패'에 빠진 계급이라는 것을 보여 주고, 하층민이 저지른 범죄들에 관한 이야기 대신, 그들을 착취하고, 엄밀한 의미에서 그들을 굶주리게 하고 살해하는 자들이 빠뜨려 놓은 빈곤상태에 대한 묘사를 앞세운다.[79] 또한 노동자들에 대한 형사소송에서 일정 부분의 책임이 사용자와 사회 전체에 돌아가야 하는가를 분명하게 밝힌다. 요컨대, 범죄를 끔찍한 짓으로 간주하여 별도로 취급하고, 동시에 그것의 파편이 가장 가난한 계층 위에 떨어지게 만들려고 하는 뻔한 범죄담론을 뒤집어엎기 위한 모든 노력이 펼쳐지는 것이다.

이 반反형벌 논쟁의 과정에서 가장 멀리 나아간 것은 아마도 푸리에주의자들이었을 것이다. 그들은 범죄에 긍정적 가치를 부여한 정치이론을 아마도 가장 먼저 만들어 낸 사람들이었을 것이다. 그들에 의하면 범죄가 '문명'의 결과일지라도, 그것은 또한 그 사실 자체로 인하여 문명에 대항하는 하나의 무기이다. 그것은 자체 안에 활력과 미래를 간직하고 있다. "어쩔 수 없이 억압의 원리로 지배되는 사회질서의 명령을, 강인한 기질 때문에 거부하고 무시하는 사람들, 그 편협한 속박

78 《불쌍한 자크》 제 1년, 제 3호.

79 《우애》(1847년 3월) 에서는, Drouillard 사건이 문제되고, 또한 로슈포르 시에서의 해군 행정부에서의 오직(汚職) 사건이 암시적으로 문제시되어 있다. 1847년 6월호에는, Boulmy 재판과 Cubière-Pellaprat 사건에 관한 기사가, 1847년 7~8월호에는 Benier-Lagrange-Jussieu 오직 사건에 관한 기사가 각각 게재되어 있다.

에 갇혀 있기에는 너무나 강한 나머지 그것을 깨뜨려 버리고 마는 사람들, 말하자면 어린아이처럼 그대로 있지 않으려는 사람들은, 사형집행인이나 감옥을 통해 계속 죽어 간다."[80] 그러므로 죄를 범하는 천성이 있는 것이 아니라, 개인들이 어떤 계급에 속하느냐에 따라[81] 그들을 권력에 가까이 가게 하거나 감옥에 들어가게 만드는 역학관계가 있는 것이다. 즉, 현재의 사법관들이라도 가난하다면 아마 도형장徒刑場을 가득 채울 운명이 될 수 있으며, 도형수들이라도 좋은 집안에서 태어났다면 "법원에서 재판관 자리에 앉아서 재판을 진행하고 있을지 모른다."[82] 요컨대, 범죄의 존재는 다행스럽게도 '인간성의 강인함'을 나타낸다. 그런 만큼 실제의 범죄에서 보아야 할 것은 유약함이나 질병이라기보다는 굽힘없이 솟구치는 에너지, 즉 모든 사람들의 눈에 이상한 매력으로 비칠 수도 있는 '인간 개인의 강력한 저항'이다. "우리들에게서 마비된 감정과, 반쯤 꺼진 열정을 일깨우는 범죄가 없다면, 우리는 무질서 속에, 다시 말하자면 무력증 상태에 계속 머물러 있을 것이다."[83] 따라서 범죄는 흑인해방의 경우처럼, 때에 따라서는 우리 사회의 해방을 위해서도 소중한 정치적 수단이 될 수 있다. 흑인해방이 범

80 《라 팔랑주》 지, 1837년 1월 10일.

81 "영업 허가를 받은 매춘, 직접적이고 물질적인 절도행위, 불법침입 강도, 살인, 강탈 등은 하층 계급에 속한다. 그 반면에, 치밀한 횡령, 간접적이고 세련된 절도, 인간을 가축처럼 다루는 교묘한 착취, 고도의 지능적 배반, 발군의 교활한 행위, 요컨대 너무 높이 있기 때문에 법의 손이 미치지 않는 모든 악행과 참으로 돈벌이가 될 수 있는 점잖은 범죄들은 상층 계급이 독점하고 있다"(1838년 12월 1일호).

82 위의 지면(1838년 12월 1일자).

83 위의 지면(1837년 1월 10일자).

죄 없이 성공할 수 있었을까? "독약, 방화, 그리고 때때로 폭동까지도 사회적 조건의 극단적인 비참을 입증하는 것이다."84 죄수들은? "인류의 가장 불행하고 가장 억압받는" 부류의 사람들이다. 《라 팔랑주》 지는 때때로 당시의 범죄미학과 일치하는 입장이었으나, 사실은 아주 다른 투쟁을 모색하고 있었다.

그래서 부도덕하다는 비난을 적대자 쪽으로 돌리는 것뿐만 아니라 서로 대립하는 세력들의 역학관계를 드러내는 것을 목적으로 신문의 사회면 사건들이 활용되기에 이른다. 《라 팔랑주》는 형벌에 관련된 사건을 '문명'에 의해 체계화한 대결로, 거창한 범죄를 잔학한 짓으로서가 아니라 억압된 것의 운명적 회귀이자 그것에 대한 항거로,85 사소한 위법행위를 사회에 필요한 주변행위로서가 아니라 사회에서 펼쳐지는 전투의 한복판에서 터져 나오는 싸우는 소리로 간주하고 분석한다.

비독과 라스내르에 이어 여기에 제 3의 인물을 놓아 보자. 그는 짧은 기간 동안만 등장했으며, 그의 명성은 하루 이상 지속되지 않았다. 그는 대수롭지 않은 위법행위를 저지르고, 떠돌이처럼 지나가는 인물에 불과했다. 좀더 구체적으로 말하면, 그는 주거도 가족도 없고, 떠돌이의 혐의를 받아 2년 징벌을 선고받은 관계로 범죄의 회로 속에 오랫동안 들어가 있게 된 13살의 소년이다. 그를 범죄자로 만든

84 위의 신문, 같은 호.

85 예를 들면, 《라 팔랑주》 지가 Delacollonge나 Elirabide에 관해서 언급한 견해(1836년 8월 1일 호 및 1840년 1월 2일 호)를 참조.

(형법전의 조항과 관련해서라기보다는 오히려 규율의 이름으로) 법의 담론에 맞서고, 그러한 강제력에 반항하는 위법행위의 논리를 내세우지 않았다면, 그는 분명히 아무 흔적도 없이 사라져 버렸을 것이다. 이러한 논리에서 규율에 대한 불복종은 사회의 무질서한 행위이기도 하고, 또한 제한할 수 없는 권리의 주장이기도 한 모호한 형태로 부각된다. 그런데 법원이 범법행위로 규정한 모든 위법행위들을 그는 피고인의 자리에서 힘차게 자기주장으로 바꾸었다. 이를테면 주거의 부재를 방랑성放浪性으로, 주인의 부재를 자립으로, 노동의 부재를 자유로, 일과의 부재를 밤낮의 충만함으로 바꾸어 표명했다. 위법행위와 규율-형벌-범죄의 체제 사이의 이러한 대결은 동시대인들에게, 더 정확히 말해서 거기에 나와 있었던 신문기자들에게 사소한 위반행위를 둘러싸고 엎치락뒤치락하는 형법의 우스꽝스러운 싸움처럼 인식되었다. 그런데 그러한 인식은 정확한 것이었다. 다름 아닌 그 소송사건 자체와 그것에 잇따른 판결은 19세기의 법적 징벌 문제의 핵심이 놓여 있는 문제이다. 재판관이 규율위반을 법의 존엄으로 감싸려고 시도하는 아이러니와 피고인이 규율위반을 기본적 인권의 차원에 끼워 넣는 도도한 태도는 형벌제도의 핵심을 보여 주는 장면이 된다.

이것이 《재판신보》86에 실린 사건 기사의 내용이다.

재판장: 사람은 자기 집에서 잠을 자야 합니다.

베아스: 내가 집이 있겠습니까?

---

86 《재판신보》, 1840년 8월.

재판장: 피고는 언제까지나 떠돌이로 지낸다는 거군요.

베아스: 나는 일해서 먹고삽니다.

재판장: 피고의 직업은 무엇입니까?

베아스: 내 직업이라면 … 우선 적어도 36개 정도가 되지요. 게다가 어느 일정한 자리에서 일하지 않습니다. 도급일을 시작한 지는 벌써 오래되었지요. 나는 밤과 낮을 가리지 않고 일합니다. 예컨대 낮에는 모든 통행인들에게 자그마한 무료 인쇄물을 나누어 주기도 하고, 승합 마차가 도착하면 좇아가서 승객의 짐을 나르고, 뇌이이Neuilly 거리에서 팔다리를 번갈아 짚어 가는 재주넘기를 하고, 밤에는 극장을 기웃거리고, 무대의 휘장을 열어주고, 극장의 외출권을 팔기도 합니다. 나는 무척 바쁜 사람입니다.

재판장: 좋은 직장에 들어가서 일을 배우는 것이 피고에게는 더 나을 텐데요.

베아스: 천만에요. 좋은 직장, 견습, 그런 것은 지겨울 뿐이에요. 그리고 부르주아가 되어도 늘 불평거리가 많고 또 자유도 없지 않습니까?

재판장: 피고의 아버지는 피고를 야단치지 않습니까?

베아스: 아버지가 없습니다.

재판장: 그렇다면 피고의 어머니는?

베아스: 없습니다. 친척도 친구도 없습니다. 나는 누구의 속박도 받기 싫어하는 자유인입니다.

2년 징역의 선고를 듣자, 베아스는 매우 험악한 표정으로 얼굴을 찌푸렸으나 곧 유쾌한 기분을 되찾고는 이렇게 말했다. “2년이라면 기껏해야 24개월밖에 안되겠군요. 자, 일어서지요.”

《라 팔랑주》 지가 보도한 것은 바로 이 장면이다. 그리고 그 신문이 그 장면에 부여한 중요성, 시간을 들여서 아주 세심하게 분석한 내용을 통해 푸리에주의자들은 실제로 그러한 일상적인 소송사건을 통해 벌어지는 기본적 세력들 간의 대결을 보았다. 한편에는 재판장에 의해 대표되는 ‘문명’, “살아 있는 합법성, 법의 정신과 법률에 관한 교양”의 세력이 있다. 그것은 형법전인 것 같지만 실제로는 규율인 강제력의 체계를 갖추고 있다. 누구나 거처가 있어야 하고 소재가 정해져야 하며 강제적으로 어딘가에 소속해야 한다: “재판장은 누구나 자기 집에서 자야 한다고 말한다. 왜냐하면 그가 보기에는 사실상 모든 사람은 호화롭건 누추하건 관계없이 주소와 거처를 가져야 하기 때문이다. 그의 임무가 주거의 장소를 공급하는 일이 전혀 아니지만, 그는 모든 사람에게 가정생활을 강제하는 일을 떠맡고 있는 셈이다.” 더 나아가 누구나 직업, 확인할 수 있는 신원, 확실히 고정된 개인의 신분을 지녀야 한다: “피고의 직업은 무엇입니까?” 이 질문은 사회에서 확립되는 질서의 가장 단순한 표현이다. 방랑생활은 질서에 어긋나고 사회를 혼란시킨다. 따라서 모든 공격에 대항하여 사회를 튼튼하게 방위하기 위해서는, 중단되지 않는 장기간의 안정된 작업, 장래의 계획과 미래에 대한 설계가 있어야 한다. 마지막으로 주인이 있어야 하고 위계질서 속에 포함되어 제자리를 차지해야 한다. 사람은 일정한 지배관계 안에 고정된 상태로만 존재한다: “‘피고는 누구의 집에서 일합니까?’라는 물음은 다시 말하자면, 당신은 주인이 아니므로, 어떤 조건에서든 하인이 아니면 안 되며, 당신 자신의 만족이 아니라 질서의 유지가 중요하다는 뜻이다." 법의 얼굴을 지닌 규율에 맞서, 피고는 권리로 주장되는 위법행위를 내세운다. 그런데 단절이 생기는 것은 법률위반에 의해서가 아니라 규율 불복종에 의해서인 것이다. 언어상의 규율 불복종: 문법의 부정확성과 응답할 때의 어조가 "피고와 사회 — 재판장을 대변자로 하여 정확한 용어로 피고에게 말을 건다 — 사이의 극단적 분열을 가리켜 준다." 타고난 즉각적 행동의 자유분방함에 원인을 둔 반규율反規律: "견습공이나 노동자는 노예이고 노예상태는 서글픈 것이라고 그는 분명히 느끼고 있다. … 그러한 자유스러움, 자신의 마음을 사로잡고 있는 자유로운 행동의 욕구가 통상의 질서 속에서는 더 이상 향유되지 않을 것이라는 점을 그는 분명히 알고 있다. … 그는 자유를 더 좋아하는데, 그것이 무질서한 행위에 불과한 것일지라도 그에게는 아무런 상관이 없다. 그것은 활달함, 다시 말해서 그가 지닌 개인성의 가장 자유로운 발전, 야만적이고 따라서 거칠고 제한된 발전, 그러나 자연스럽고 본능적인 발전이다." 가족관계에서의 반反규율: 그 부랑아가 버림받았느냐 아니면 스스로 뛰쳐나왔느냐는 별로 중요하지 않다. 왜냐하면 "부모의 집에서든 타인의 집에서든 그는 교육의 속박을 견딜 수 없었기 때문이다." 그리고 이 모든 사소한 규율 불복종을 통해서 마침내 '문명' 전체가 거부되고, '야성'의 모습은 뚜렷해진다: "그것은 노동이고, 게으름이고, 방탕이다. 이를테면 그것은 질서를 제외한 모든 것이며, 직업과 방탕 사이의 구별을 별도로 한다면 그것은 내일 없이 하루하루 살아가는 야만인의 생활이다."[87]

어쩌면 《라 팔랑주》 지의 분석이 그 당시의 민중신문들이 범죄와 형벌제도에 관해 벌인 논의를 대표하는 것으로 간주될 수는 없을지 모른다. 그러나 그것은 이러한 논쟁의 맥락 속에 놓여 있다. 《라 팔랑주》 지의 교훈이 완전히 무익한 것은 아니었다. 19세기 후반기에 무정부주의자들이 형벌 기구를 공격의 대상으로 삼아 범죄에 관한 정치적 문제를 제기했을 때, 그들이 범죄에서 법률 거부의 가장 투쟁적인 형태를 인정하려고 생각했을 때, 그들이 범죄자들의 반항을 영웅적 행위로 찬양하기보다는 범죄를 식민지처럼 지배한 부르주아지의 합법성과 위법행위로부터 범죄를 분리시키려고 애썼을 때, 그들이 민중의 위법행위들을 대상으로 그것들의 정치적 통일성을 회복하거나 성립시키고 싶어했을 때, 그들의 노력에 부응한 것은 바로 아주 풍부한 메아리로 울려 퍼져 소생하게 된 《라 팔랑주》의 그 교훈이다.

87 《라 팔랑주》 지, 1840년 8월 15일.

3

감옥 체계

감옥제도의 형성이 완료되는 시기를 결정해야 할 때 내가 선택하고 싶은 시기는 '형법전'이 공포된 1810년도, 독방 수감의 원칙을 세운 법률이 제정된 1844년도 아니며, 감옥의 개혁에 관한 샤를 뤼까와 모로 크리스토프와 포쉐의 책들이 간행되었던 1838년도 아니다. 그것은 바로 메트래Mettray 소년 감화원感化院이 공식적으로 문을 연 1840년 1월 22일이다. 아니 어쩌면 더 정확히 말해서 그날은 메트래의 어느 소년이 "이렇게 일찍 감화원 시설과 이별을 고해야 하다니 얼마나 슬픈 일인가!"[1]라고 말하면서 죽어 간, 날짜가 알려지지 않은 영광의 날일지 모른다. 그때는 최초의 행형行刑기관의 책임자인 성자의 죽음을 알리는

1 E. Ducpétiaux, 《젊은 노동자의 육체와 정신의 조건에 관해서》(1843년), 제 2권, p. 383.

날이었다. 감화원의 수용자들이 "매 맞는 것을 좋다고 할지 모르겠지만, 지금 우리들에게는 독방 수감이 훨씬 좋다"고 거침없이 말함으로써, 신체 처벌의 새로운 정책을 찬양한 것이 사실이라면, 아마도 축복을 받은 많은 성도들이 대부분 감화원의 그 성자와 같은 생각이었을 것이다.

왜 메트래인가? 왜냐하면, 그것은 가장 강도가 높은 상태의 규율 형태이고, 행동에 대한 모든 강제적 기술체계가 집중되어 있는 모범기관이기 때문이다. 거기에는 '수도원, 감옥, 학교, 군대의 성격'이 모두 조금씩 섞여 있다. 수감자들은 위계질서가 뚜렷한 소집단들로 나누어지는데, 그 소집단들은 다음의 5가지 모델에 바탕을 두고 있다: 가족모델(각 집단은 '형제들'과 두 명의 '맏형'으로 구성된 하나의 '가족'이다), 군대모델(한 명의 대장이 지휘하는 각 가족은 두 소대로 나누어지고, 각 소대에는 부대장이 배치되며, 수감자는 등록번호를 부여받고 기초 군사훈련을 받아야 하며, 청결 검열은 매일, 복장 검열은 매주, 그리고 점호는 하루에 3번 행해진다), 작업 배치와 어린 수용자들의 견습을 맡아 하는 주임과 직공장들이 있는 작업장 모델, 학교모델(하루에 한 시간 또는 한 시간 반의 수업, 교육은 교사와 부대장에 의해 실시된다), 끝으로 사법기관의 모델 — 날마다 응접실에서 '상벌 수여'가 이루어진다: "아무리 사소한 반항에도 징벌을 가한다. 중대한 범죄를 금지하는 가장 좋은 방법은 아무리 가벼운 과실이라도 매우 가혹하게 처벌하는 것이다. 메트래에서는 심지어 쓸데없는 말 한마디까지도 처벌된다." 부과되는 처벌 가운데 중심이 된 것은 독방 수감이다. 왜냐하면 "격리는 아이들의 정신에 영향을 미치는 가장 좋은 수단이기 때문이고, 종교의 목소리가 비록 그들의 마음에 호소력을 갖지는 못할지라도 모든 감동의 힘을 회복할 수 있는 것은 무엇보다도 그런 상태에서이기 때문이며",[2] 감옥이 아닌 것처럼 만들어져 있는 모든 유사 형벌기관의 최고 성과는 "신이 그대를 보고 있다"라는 말이 벽면에 검은 글자로 적혀 있는 독방에서 가능하기 때문이다.

이러한 서로 다른 모델들이 중복됨에 따라서 '훈육' 기능의 구체적 특징들이 확정될 수 있다. 메트래에서 원장과 부원장은 결코 재판관, 교사, 직공장, 하사관, '부모' 가운데 어느 하나가 되어서는 안 되고, 이 모든 속성들을 조금씩 지니고 있어야 하고, 또한 그것들을 특정한 방식으로 개입시켜야 한다. 그들은 이를테면 행동을 다루는 기술자, 다시 말해서 품행을 다루는 기술자이자, 개개인을 뜯어고치는 정형외과 의사이다. 그들은 순종적이고 동시에 유능한 신체를 만들어 내야 한다. 예컨대 그들은 하루 9~10시간의 (수공업 또는 농업의) 노동을 통제하고, 분열식·체조·소대훈련·기상·취침, 그리고 나팔과 호각 소리에 따른 행진을 지도할 뿐만 아니라, 운동을 시키고,[3] 청결을 검사하고 목욕을 감독한다. 계속적인 관찰이 수반되는 훈육인 바, 수용자들의 일상적 행동에 관해 끊임없는 지식이 채취되어 영속적 평가 수단으로 체계화된다: "감화원에 들어가는 소년은 가장 먼저 그의 출신, 가족 상황, 그를 재판받게 한 죄과, 그리고 그의 짧고 흔히는 처

---

2 위의 책, p. 377.

3 "피로하게 만드는 모든 일들은 나쁜 생각을 쫓아 버리는 데 도움이 된다. 따라서 경기는 격렬한 연습행위로 구성되도록 배려한다. 젊은 노동자들은 매일 밤 눕자마자 곧 잠에 떨어진다"(위의 책, pp. 375~376). 〈그림 22〉를 참조.

<그림 22> Mettray 감화원의 취침시간

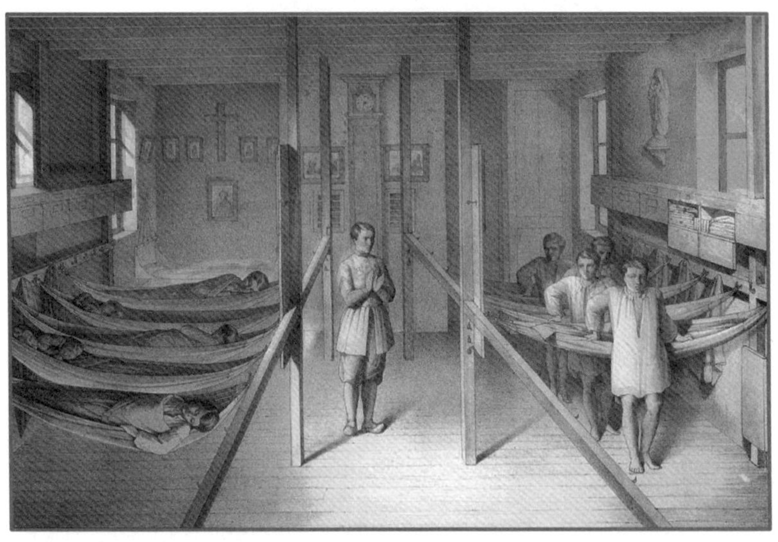

량한 생활을 구성하는 모든 위법사항들을 확인하기 위한 일종의 신문을 받는다. 이 정보들은 각 수용자에 관련된 모든 것, 감화원에서는 어떻게 지냈고, 거기에서 나간 뒤에는 어디서 살았는지 등이 잇달아 기록되는 일람표에 기입된다."[4] 신체의 조립방법은 개인의 구체적 지식을 형성하는 바탕이 되고, 기술의 습득은 행동방식을 결정하고, 적성의 획득은 권력관계의 확립과 뒤얽힌다. 그리하여 건장하고 일 잘하는 농부들이 양성되고, 그 작업 자체가 기술적으로 조정되기만 한다면 그것을 통해 순응적 주체가 만들어지며, 그들에 관한 믿을 수 있는 지식이 쌓인다. 신체에 행해지는 이 규율 기술에 의해 두 가지 결

4 E. Ducpétiaux, 《농업 취락 시설에 관해서》(1851년), p. 61.

과, 즉 앎의 대상인 '정신'과 유지되는 예속화가 이루어진다. 한 가지 성과가 그 훈육 작업의 의미를 확증해 준다: 1848년에 "혁명의 열기가 모든 상상력을 열광시켰을 때, 앙제 · 라플레 · 슈알포르의 학교들 그리고 심지어는 여러 중학교들에서도 폭동이 일어났을 때, 메트래의 소년감화원은 예전보다 한층 더 조용했다."[5]

메트래가 특히 모범적인 것은 그 훈육 활동에서 확인되는 특수성 때문이다. 그러한 활동은 그것이 의존한 다른 통제 형식들, 이를테면 의학 · 일반 교육 · 신앙 지도와 가깝다. 그러나 훈육활동은 그러한 것들과 절대로 혼동되지 않고, 엄밀한 의미에서 행정지도 방식과도 혼동되지 않는다. 이곳에서는 한 집단의 대표이건 부대표이건, 지도원이건 직공장이건, 간부들은 수용자들과 가능한 한 가까이 생활해야 했고, 그들의 경우와 '거의 마찬가지로 검소한' 복장을 갖추었으며, 실제로 그들의 곁을 잠시도 떠나지 않고 밤낮으로 그들을 감시함으로써 그들 사이에서 영속적 감시망을 구성했다. 그리고 이러한 간부들을 양성하기 위해 전문학교가 감화원 안에 마련되어 있었다. 그 학교의 교과과정에서 본질적 요소는 수감자들과 견습에게 똑같은 강제력을 간부들에게 강제하는 것이었다. 그리하여 그들은 "자신들이 나중에 교사로서 부과하게 된 규율에 학생처럼 복종했다." 그들에게는 권력관계에 관한 기술도 가르쳤다. 순수한 규율을 가르치는 최초의 사범학교라 할 만했다. 그도 그럴 것이 거기에서 '행형적인 것'은 '인간성'에서 보증을 구하고 '학문'에서 기반을 찾는 하나의 기획일 뿐만 아니

5 G. Ferrus, 《죄수들》(1850년).

라, 더 나아가 습득되고 전달되며 일반적 규범을 따르는 한 가지 기술이기 때문이다. 이번에는, 규율을 어기는 자나 위험한 자들의 행실을 강제로 규범화하는 실무가 마치 제 차례나 된 듯이 기술의 안출과 합리적 심사숙고를 통해 '규범화된다'. 규율의 기술이 하나의 '학문 discipline'이 되고 자체의 학교를 갖는 것이다.

인문과학의 역사를 연구하는 사람들은 과학적 심리학의 출생증명서를 바로 이 시기에 설정한다. 가령 베버는 감각의 차이를 측정하기 위해서 자신의 작은 컴퍼스를 똑같은 시기에 맞춰서 조작하기 시작했을 것이다. 메트래에서 (그리고 약간 일찍 또는 조금 나중에 다른 유럽국가들에서) 일어난 것은 명백히 아주 다른 범주範疇의 것이다. 그것은 규율을 근간으로 한 규범화에 저항하는 개인들에 대한 새로운 유형의 통제 — 지식과 동시에 권력 — 의 등장, 더 정확히 말해서 그것의 제도적 특정화와 명명식 같은 것이다. 그러나 심리학의 형성과 발전이라는 측면에서, 규율 · 정상상태 · 예속화에 대한 전문가들의 출현은 아마도 새로운 단계의 식별역 측정과 같은 것일 수 있다. 감각적 반응의 양적인 평가는 적어도 신생 심리학의 위세로 스스로의 권위를 세울 수 있었고, 그런 만큼 인식의 역사에서 모습을 드러낼 만한 자격이 있다고 이야기될지도 모른다. 그러나 정상상태를 위한 통제책들은 의학이나 정신의학의 틀에 둘러싸여 '과학성'의 형식을 갖추었으며, 사법기구에 의존하여 직접적으로든 간접적으로든 법적 보증을 얻게 되었다. 이처럼 규범에 대한 통제를 위해 면밀하게 고안된 기술은 이 두 중대한 버팀목의 보호를 받고 더 나아가 그것들에 대해 연결고리 또는 교환장소의 역할을 하면서, 오늘날까지 끊임없이 발전했다. 그 방법들의 제도적이고 특수한 관련 매체는 메트래 소년원의 작은 학교를 출발점으로 해서 급속히 늘어났고, 기구의 수와 규모는 증가했으며, 병원·학교·관공서·사기업과 더불어 보조 업무가 다양해졌을 뿐만 아니라, 집행자들이 숫자, 권력, 기술적 자격의 면에서 증폭되었고, 그리하여 규율 위반을 다루는 기술자들이 계보를 이루기 시작했다. 규범화 권력의 규범화 속에서, 개인에 대한 권력-지식의 조정 속에서, 메트래 소년감화원과 학교는 새로운 시대를 특징짓는 현상이다.

‡

그러나 무엇 때문에 그 시기를 거의 우리 시대의 것처럼 존속해 있는 처벌기술 형성의 귀착점으로 선택하게 되었는가? 정확히 말해서 그 선택은 다소 정당화할 수 없는 것이기 때문이다. 그 선택은 과정의 '마지막 단계'를 형법의 중간부분에 설정하는 것이기 때문이다. 메트래가 감옥이긴 하지만 불완전한 감옥이기 때문이다. 다시 말해서 그곳은 법원에 의해 형을 선고받은 비행非行청소년들을 감금했다는 점에서 감옥이지만, 혐의를 받아 기소된 뒤 무죄를 선고받은 미성년자들이 형법 제66조에 의해 수용되고, 18세기처럼 아버지의 징계에 의하여 귀가가 허용되지 않은 기숙학생들도 거기에 억류되었다는 점에서는 감옥과 다소 다른 것이기 때문이다. 처벌의 모델인 메트래는 엄밀한 형벌제도의 한계선상에 자리한다. 그곳은 형법의 경계를 크게 뛰어넘어 이른바 수용소 군도群島를 구성하는 일련의 모든 기관들 가운데 가장 유명한 것이었다.

그렇지만 일반적 원칙, 중요한 형법전, 구체적 법률들에는 다음과 같은 사항이 분명히 언급되어 있다. '법률에 의하지 않은' 투옥이 있어서는 안 되고, 자격을 갖춘 사법기관에 의해 결정되지 않은 구속은 있을 수 없으며, 자의적이면서도 다수의 집단적 감금은 더 이상 있어서는 안 된다와 같은 내용이 그것이다. 그런데 형법에 의하지 않은 감금의 원칙이 현실에서 폐지된 적은 한 번도 없었다.6 그리고 고전주의 시대의 대감호le grand renfermement 기구는 부분적으로 (오직 부분적으로만) 해체되었지만 오래지 않아 재생되었고 재정비되었으며 어떤 점에서는 더 발전했다. 그러나 더욱 중요한 것은 그것이 감옥의 중개에 의해 한편으로는 법률상의 형벌과, 그리고 다른 한편으로는 규율장치와 동질화되었다는 것이다. 고전주의 시대에 이미 경계가 모호해진 투옥·사법적 징벌·규율 제도들은, 가장 순수한 학문분야에까지 행형기술을 보급하는 거대한 감옥 계열체의 구성을 위해서 사라지는 경향을 보였으며, 형벌 체계의 심장부까지 규율훈련의 규범을 전파시키고, 아무리 사소한 위법행위라도, 아무리 하찮은 부정不正, 탈선, 또는 비정상이라도 범죄의 위협이 부과되도록 만든 것이다. 빈틈없는 제도와 세분되고 확산된 방법들은 정밀하면서도 등급이 떨어지는 감옥망을 형성하여 고전주의 시대의 자의적이고 집단적이고 비조직적인 감금의 역할을 대신 떠맡게 된 것이다.

여기에서 문제는 처음에는 직접적이다가 그 다음에는 점점 더 거리

---

6 대혁명 시대에 가족회의, 부권에 의한 징계, 자녀를 가둘 수 있는 부모의 권리 등에 관한 논의에 대해서는 앞으로 전체적인 연구가 있어야 할 것이다.

가 멀어진 주변부를 형성하는 그 모든 감옥의 조직을 재구성하는 것이 아니다. 그 조직의 확산을 올바르게 평가하기 위한 몇몇 지표들과 일찍부터 나타난 그러한 양상을 측정할 수 있는 몇 가지 획기적 사건들을 제시하는 것으로 만족하자.

여러 중앙형무소에는 농업 구역이 있었고(이것의 첫 번째 예는 1824년의 가이용 감옥이었고, 그 뒤로 퐁트브로, 레 두매르, 르 불라르 감옥으로 이어졌다), 버림받아 방랑생활을 하는 가난한 아이들을 위한 수용소들(1840년의 쁘띠-부르, 1842년의 오스트발트)이 있었으며, "방탕한 생활에 빠진다는 생각을 하면서 우유부단하여" 잘못을 저지른 소녀들, "어머니의 부도덕한 생활 때문에 일찍부터 패륜悖倫의 길로 들어설 위험이 있는" 빈민층의 순결한 소녀들, 또는 보호소나 셋집을 전전하는 가난한 처녀들을 위한 여자 갱생원, 자선병원, 구제원들이 있었다. 1850년의 법률에 의거하여 설립이 예정된 여러 감화원들에서는 무죄판결을 받았거나 유죄를 선고받은 미성년자들은 "엄격한 규율 아래 공동으로 교육을 받고, 농사일과 그것에 결부된 주요한 제조업에 전념"하였으며, 나중에는 무기징역을 선고받은 미성년자들과 "빈민구제 기관에서 행실이 나쁘고 반항적인 고아들"[7]이 합류했다. 엄밀한 의미에서의 형벌제도로부터 점점 더 멀어지면서, 감옥의 범위는 확산되고 감옥의 형태는 사라지지 않고, 서서히 완화된다. 이에 대한 예로는 고아 또는 극빈 아동들을 위한 기관들, 고아원들(예컨대 노이호프 또는 메닐-피르맹), 수련생들을 위한 시설들(예컨대 베들레헴 드 랭스 또는 메

7 이런 모든 제도에 대해서는 H. Gaillac, 《교정시설》(1971년), pp. 99~107 참조.

종 드 낭시), 훨씬 더 멀리로는 라 소바제르, 그리고는 타라르와 쥐쥐리외의 경우를 비롯한 수녀원 부속학교 공장들(이러한 곳들의 여공들은 13살에 들어가서 수년 동안 갇혀 지내고 감시 상태에서만 외출하며, 정기적 임금이 아니라 열성과 선행에 따른 특별 수당에 의해 가감되는 담보된 보수를 받는데, 그것도 그녀들의 퇴직시에야 만져볼 수 있다)을 들 수 있다. 또한 그 이상으로 '빈틈 없는' 감옥을 답습하고 있지는 않지만 몇 가지 감옥의 메커니즘을 이용하는 일련의 온갖 장치들, 예컨대 구호물자를 분배하면서 동시에 감시를 확고하게 하는 자선단체, 선도단체, 관공서, 그리고 노동자 공동 주택단지와 기숙사들 — 이러한 형태들 가운데 가장 거칠고 원시적인 것들에는 아직도 행형체계의 흔적이 쉽게 알아볼 수 있을 만큼 뚜렷하게 남아 있는데 — 을 내세울 수 있다.[8] 그리고 마침내 그 거대한 감옥조직은 사회에 산재하면서 작동하는 모든 규율장치들과 연결된다.

이미 살펴보았듯이, 형사사법에서 감옥은 처벌 절차를 행형기술로 변화시켰다. 그런데 이번에는 수용소 군도가 그 기술을 형벌기관으로

8 예를 들면, 19세기 중엽에 Lille에 건립된 노동자의 주거시설에 관한 다음의 견해를 참조할 것. "청결이 일일 명령의 내용이다. 그것이 규칙의 핵심이다. 소란 부리는 자들, 술주정뱅이들, 모든 무질서한 행위들을 징계하는 엄한 조항들이 있다. 중대한 과실에는 추방의 조치가 따른다. 질서와 절약에 대한 규칙 바른 습관이 몸에 배면, 노동자는 더 이상 월요일에 작업장을 이탈하지 않는다. … 감독을 아주 잘 받은 아이들은 파렴치한 행위를 일으키지 않는다. 주거공간의 착실한 정돈, 착한 행실, 헌신적 행위에 대해서는 특별 수당이 지급되고, 매년 이 수당을 받으려고 많은 경쟁자들이 경쟁하고 있다"(Hougé de l'Aulnay, 《릴에서의 노동자 거주지》, 1863년 pp. 13~15).

부터 사회 전체로 확산시킨다. 그것에 따르는 몇 가지 중요한 결과를 언급해 보자.

(1) 이 광대한 장치는 무질서에서 법률 위반으로, 그리고 역으로 법률 위반에서 규칙과 평균과 의무와 규범에 따른 일탈로 자연스럽게 이동할 수 있게 하는 느리고 연속적이며 보이지 않는 단계적 변화를 확립한다. 고전주의 시대에는 일반적인 죄에 공통된 준거가 있음에도 불구하고9 법률위반의 차원과, 죄악(종교적)의 차원, 그리고 나쁜 행실의 차원이 별도의 기준과 심급(고해성사, 재판, 유폐)에 속했던 만큼 서로 구별되었다. 감시와 처벌의 여러 기제들을 포함하는 감금은 반대로 상대적 연속성의 원칙에 따라 기능한다. 상호 관련되는 기관들 자체의 연속성(복지사업 기구로부터 고아원, 교화원, 감화원, 군기교육대, 감옥에 이르기까지, 학교에서 자선단체, 부녀자 공동작업장, 여자 갱생원, 교도 수녀원까지, 그리고 노동자 공동 주택단지에서 보호소와 감옥에 이르기까지), 단순한 탈선을 출발점으로 하여 점차적으로 규칙을 무겁게 하고 제재의 강도를 높이는 처벌 기준과 기제들 사이의 연속성, 독단성은 없지만 규정에 의거하여 관찰과 평가를 통해 등급을 두고 차별화하고 제재하고 처벌하며 탈선에 대한 제재에서 조금씩 범죄에 대한 징벌에 이르는 제도화되고 전문화된 주무 관청들의 연속적이고 점차적인 확산(지식의 차원과 권력의 차원에서), 그리고 확산된 것

9 이러한 과오는 다음과 같은 법학자들의 저작에서 명백하게 표명되었다. Muyart de Vouglans, 《범죄와 형벌에 관한 논고에서 근거가 빈약한 원칙에 대한 반론》(1767년), p. 108; 《프랑스 범죄법규》(1780년), p. 3; 혹은 Rousseaud de la Combe, 《범죄구성 사실론》(1741년), pp. 1~2.

이거나 치밀한 내용으로나 다양한 형태의 통제 또는 속박, 은밀한 감시와 집요한 강제력에 근거를 둔 기구들을 갖춤으로써, '감옥 체계'는 형벌들 사이의 질적 · 양적 소통을 확고하게 한다. 그것은 가벼운 징벌과 무거운 징벌, 부드러운 대우와 혹독한 취급, 나쁜 점수평가와 사소한 판결을 계열화하거나 빈틈없는 분류에 따라 배열한다. 아무리 사소한 규율이라도 "너는 결국 도형장에 끌려간다"는 것을 의미할 수 있으며, 가장 엄격한 감옥에서의 종신 징역수에게는 "아무리 사소한 탈선 행위라도 기록평가한다"는 경고가 가해진다. 18세기에 표상과 기호들에 관한 '관념론적' 기술technique을 통해 탐구되던 대부분의 처벌 기능은 이제 여러 가지 감옥 장치들의 확장, 복잡하게 흩어져 있지만 일관성 있는 물질적 골격으로 유지된다. 그 결과로서, 가장 사소한 부정행위와 최악의 범죄 사이에는 어떤 공통된 의미signifié가 순환하고 있다. 이제 그것은 더 이상 과오도 아니고, 공동의 이해관계에 대한 침해도 아닌, 일탈과 비정상이다. 학교, 재판소, 수용소, 또는 감옥에 늘 붙어서 떠나지 않는 것은 바로 그것이다. 감옥 체계는 전술의 측면에서 일반화하는 기능을 의미의 측면에서 일반화한다. 군주의 적대자가 사회의 적이 되었고, 사회의 적은 무질서 · 범죄 · 광기라는 여러 가지 위험한 요소를 갖고 있는 탈선자로 바뀌었다. 감옥의 네트워크는 처벌의 대상인 것과 비정상적인 것이라는 길고 다양한 두 계열을 복잡한 관계에 따라 연결 짓는다.

(2) 감옥 체계는 자체의 여러 절차를 통해 많은 '범죄자들'의 징집을 가능하게 한다. 그것은 배제와 거부의 양상으로 모든 가공작업이 이루어지는, 이른바 '규율의 행로'라고 부를 수 있는 것들을 조직화한다.

고전주의 시대에는, 사회의 경계나 틈새에 '무법자' 영역, 권력의 직접적 영향권을 벗어난 자들의 혼잡하고, 자유롭고, 위험한 영역, 다시 말하자면 범죄행위의 형성장소이자 도피지역인 공간이 열려 있고, 그곳에서는 가난, 실업, 무고한 자에 대한 박해, 사기, 세력가들과의 싸움, 의무와 법의 거부, 조직범죄를 어디서나 쉽게 볼 수 있었다. 그곳은 질 블라스, 쉐퍼드, 또는 망드랭이 저마다 자기 자신의 방식대로 편력한 모험의 공간이었다. 19세기에는, 규율의 차별화와 분화현상에 의해 여러 가지 엄격한 통로가 설치되었고, 그것이 제도의 중심에서 순종성을 길들이고 동일한 메커니즘으로 범죄를 만들어 냈다. 다소간 교육에 따른 학업과정 안에, 또 어느 정도는 직업상의 전문과정에 포함된 계속적이고 강제적인 일종의 규율 '교육'이 있었다. 공직의 경력에 못지않게 운명을 결정하는 확실한 경력의 그림들이, 이를테면 청소년 선도회와 구제단체, 입주 도제徒弟교육원, 감화원, 규율교육대, 감옥, 병원, 양로원 등에서 구체적으로 작성될 수 있었다. 이러한 전문과정들은 19세기 초에 이미 아주 분명하게 드러났다. "우리나라의 자선단체들은 놀라울 정도로 조직화되어 있기 때문에, 극빈자는 출생시부터 죽을 때까지 평생 동안 도움을 받는다. 불행한 사람을 지켜보라. 그는 업둥이들 한가운데에서 태어난 존재이다. 그는 처음에는 탁아소로, 그 다음에는 유치원으로 옮겨가며, 6살이 되면 초등학교에 입학하고 나중에는 성인학교를 다닌다. 일을 할 수 없을 경우 그는 거주지의 극빈자 구호사무소에 등록하며, 병에 걸리면 12군데의 병원 중에서 어떤 곳이라도 선택할 수 있다. … 마지막으로, 파리의 빈민이 생애의 말년에 이를 경우에는, 7군데의 양로원이 그의 노년을 위해 대기하고 있으며, 위생적인 양로원 관리 덕분으로 그의 쓸모없는 여생이 부자들의 그것보다 훨씬 길게 연장된 경우도 종종 있었다."10

감옥의 조직망은 동화될 수 없는 자라고 해서 그를 혼란스러운 지옥 같은 곳으로 내던져 버리지 않는다. 감옥의 조직망에는 외부가 없다. 한편으로는 그것에서 배제되는 것으로 보이는 것이 다른 한편으로는 그것에 다시 편입되어 있다. 감옥은 제재의 대상을 포함하여 모든 것을 경제적으로 경영한다. 감옥은 아무리 자격을 빼앗고 싶어 한 대상이라도 그 대상이 상실되는 것에는 동의하지 않는다. 감금이 보편화되어 있는 구조의 그러한 판옵티콘 사회에서, 범죄자는 법의 울타리 밖에 있지 않고 처음부터 법의 테두리 안에서, 법의 한복판에서, 또는 적어도 규율에서 법으로, 탈선에서 범법행위로 자기도 모르는 사이에 이동하는 메커니즘의 한가운데에 자리 잡고 있다. 감옥이 범죄에 제재를 가하는 것이 사실이라 할지라도, 범죄는 본질적으로 감옥이 결국 이끌어 가기 마련인 수감생활에 의해서, 수감생활 속에서 만들어진다. 감옥은 한 걸음 한 걸음 도달하게 되는 이러한 등급의 자연스런 귀결, 최고의 단계에 지나지 않는다. 범죄자는 제도의 산물이다. 따라서 적지 않은 비율의 수형자들이 이러한 조직과 시설들 — 사람들은 감옥에 들어가지 않게 하는 것이 그것들의 목적이었다고 믿는 체한다 — 에서의 생활을 경험한다고 해서 놀랄 필요는 없다. 그 점에서 절대로 바꿀 수 없는 '범죄자 성격'의 징후를 발견하기 바란다. 예컨대 망

---

10 Moreau de Jonnès의 견해. H. du Touquet, 《빈민계급의 조건에 관해서》(1846년)에서 인용.

드 감옥의 죄수는 일반화된 감옥 체계의 큰 줄기에 따라, 소년원에 보내진 미성년자 시절부터 빈틈없이 만들어진 결과이다. 그리고 반대로, 사회의 소외계층이 갖는 서정적 감정으로는 유순하고 겁에 질린 사람들 주변에서 어슬렁거리는 '무법자'와 같은 유랑자의 모습을 보고 매혹될 수도 있다. 그러나 범죄행위가 생겨나는 것은 사회의 주변부에서나 거듭되는 추방의 효과에 의해서가 아니라, 계속 더 집요해지는 감시 아래 규율에 관련된 각종 강제력의 병합으로 이루어지는 점점 더 치밀한 동화작용에 의해서이다. 한마디로, 수용소 군도는 사회의 심층부에서 미세한 위법행위들을 기반으로 한 범죄의 형성, 범죄에 의한 위법행위들의 중첩, 그리고 명확히 밝혀진 범죄행위의 정립을 확고하게 만든다.

(3) 그러나 감옥 체계와, 합법적 투옥을 훨씬 넘어서는 감옥 확장으로 초래된 가장 중요한 결과는 처벌권을 자연스럽고 정당한 것으로 만들고 형벌행위에 대한 관용의 기준을 완화시켰다는 점이다. 그것은 징벌의 실행에 있을 수 있는 과도한 요소를 지우는 경향이 있다. 그것도 감옥 체계가 전개되는 두 영역, 다시 말해서 법률적인 사법의 영역과 법률 외적인 규율의 영역을 상호적으로 연결 지어 작용케 함으로써 말이다. 실제로, 법과 법에 의한 판결로 가동된 감옥 체계의 거대한 상호적 연속성은 규율조직과 조직의 결정 및 제재에 대해 일종의 법적인 보증을 해 주는 것이다. 비교적 자율적이고 독립적으로 운영되는 많은 '지방' 기관들을 포괄하는 그 조직망은 처음부터 끝까지 위대한 사법의 모델을 '감옥의 형식'과 함께 전파한다. 규율 기관들의 규칙은 법률을 재현할 수 있고, 제재는 판결과 형벌을 모방할 수 있으며, 감

시는 경찰 모델을 반복할 수 있다. 그리고 이 다양한 모든 시설들 위에 군림하는 감옥은 그것들에 비해 잡다하지 않고 완화되지도 않는 순수한 형식으로서, 그것들에 대해 국가적 차원에서 보증을 서는 방식과 같다. 감옥 체계는 도형장이나 형사범의 징역형에서 잡다하고 가벼운 규제에까지 확산되는 오랜 점층적 변화에 힘입어, 법률상 유효하게 되고 사법의 무기로 빈번히 사용되는 권력의 한 유형을 보급한다. 규율과 규율을 통해서 작동하는 권력은 강도의 완화를 무릅쓰고 사법의 메커니즘을 실행할 뿐인데, 어떻게 규율과 권력이 독단적인 것으로 보일 수 있겠는가? 규율이 권력의 효과를 일반화하고 권력을 마지막 단계에까지 전달한다면, 그것은 권력의 엄격성을 회피하기 위해서일까? 감옥제도의 이러한 연속성과 '감옥-형식'의 확산은 규율 권력의 합법화나 정당화를 가능하게 하며, 그리하여 규율 권력이 자체에 내포할 수 있는 과도하거나 남용적인 요소를 교묘하게 피해 간다.

그러나 반대로, 피라미드 형태의 감옥 체계는 합법적 처벌을 가하는 권력에게 모든 과잉과 모든 폭력으로부터 벗어난 듯이 보이게 하는 구실을 준다. 규율의 기구들과 '규제 장치들'이 교묘하게 발전하는 단계적 변화에서, 감옥은 다른 성격의 권력이 분출된 형태가 아니라, 처음의 제재부터 계속 작용하는 메커니즘의 강도를 보충하는 한 단계를 나타낸다. 구금형까지 처벌받지는 않게 된 사람들이 수용되는 '교도矯導' 기관들 가운데 최저 단계의 것과 위법행위의 판결을 받은 죄인이 수감되는 감옥의 차이는 거의 느낄 수 없을 정도이다. 그것은 단일한 처벌 권력을 가능한 한 조용히 눈에 띄지 않는 것으로 만드는 엄격한 경제적 효과 때문이다. 이제부터는 처벌 권력의 어떠한 요소도 체형당하는 자들의 신체를 대상으로 하여 자체의 권위를 위해 보복하던 군주 권력의 구시대적 과격성을 연상시키는 행위는 사라졌다. 감옥은 다른 곳에서 시작되어 사회 전체가 수많은 규율의 메커니즘을 통해 사회 구성원들 모두에게 부과하는 작업을 투옥된 자들에게 지속시킨다. 감옥의 연속체에 힘입어, 형을 선고하는 심급은 통제하고 변모시키고 교정하고 개선시키는 모든 심급들 사이로 슬그머니 끼어 들어간다. 심지어는, 범죄자들의 몹시 '위험한' 성격, 그들이 저지르는 탈선의 심각함, 그리고 사법에 필요한 엄숙한 의식이 없다면, 더 이상 어떤 것도 전자의 심급과 후자의 심급이 갖는 차이를 구별할 수 없을 정도이다. 그러나 그 처벌의 권력은 자체의 기능상 본질적으로 치료하거나 교육하는 권력과 다르지 않다. 그것은 이러한 권력으로부터, 그리고 권력의 부차적이고 사소한 직무로부터, 아래로부터의 보증, 그러나 기술과 합리성의 보증인 까닭에 어느 것 못지않게 중요한 보증을 받는다. 감옥 체계는 기술적 규율의 권력을 '합법화'하듯이 합법적 처벌 권력을 "자연스럽게 정착시킨다." 이처럼 두 권력을 등질화等質化함으로써, 한편에 있을 수 있는 폭력적인 것과 다른 한편에 있을 수 있는 독단적인 것을 제거함으로써, 그 두 권력이 불러일으킬 수 있는 저항 효과를 완화시킴으로써, 그리하여 그것들의 과격성과 증오심을 소용없게 만들면서 타산적이고 기계적이며 신중한 똑같은 방법들을 서로 순환하게 만듦으로써, 감옥 체계는 사람들의 축적과 유익한 관리의 문제가 대두된 18세기의 형식으로 위대한 권력의 '경제학'을 실현할 수 있게 해 준다.

감옥의 일반화는 사회의 구석구석에까지 작용하고 교정술矯正術과 처벌권處罰權을 끊임없이 뒤섞음으로써, 처벌받는 것이 자연스럽고 받아들일 만하도록 기준을 낮춰 놓는다. 어떻게 대혁명을 전후하여 처벌권에 새로운 근거가 주어졌는가는 자주 제기되는 문제이다. 이 문제의 해답은 어쩌면 계약이론 쪽에서 찾아야 할지 모른다. 그러나 또한 상반되는 질문은 사람들이 처벌의 권력을 인정하기 위해, 아니 아주 단순하게 말하건대 처벌받으면서 처벌받는 것을 견디기 위해 어떻게 해 왔는지의 문제이다. 이 문제에 대해서는 계약이론만이 해답이다. 계약이론은 한 주체가 타인에 대해 보유하는 권리를 타인에 대해 행사하는 권력으로 만들고, 이러한 권력을 타인에게 부여하는 법적 주체의 허구에 의한 것이기 때문이다. 규율의 권력을 법의 권력과 소통하게 하고 최소한의 강제로부터 수많은 형법상의 구금에 이르기까지 부단히 확장되는 거대한 감옥 연속체는 처벌권에 대한 근거 없는 양도의, 직접적이고 물질적이면서, 기술적이고 현실적인 복제형태를 만들어 온 것이다.

(4) 권력의 기본적 도구인 감옥체제는 권력의 새로운 경제학에 힘입어 새로운 형태의 '법', 다시 말해서 합법성과 자연성, 규칙과 구조의 절충인 규범을 개발했다. 그리하여 일련의 온갖 결과가 생기게 되었다. 그것은 사법적 권력과 그것의 운용과정에서 초래된 내부적 와해, 형을 선고하는 일의 부끄러움과 점점 증대하는 판결의 어려움, 정상적인 것과 비정상적인 것을 평가하고 측정하고 진단하고 확인하려는 재판관들의 과도한 욕망, 그리고 치료를 요구하거나 사회에 재적응시켜야 한다고 주장하는 그들의 명예심 등이다. 따라서 재판관들의 양심에 부끄러움이 있건 없건, 심지어는 그들의 무의식까지도 믿을 필요가 없다. 끊임없이 나타나는 그들의 무한한 '의학에의 욕구'—정

신의학 전문가들에 대한 그들의 호소에서부터 범죄학의 장광설에 대한 관심에 이르기까지 ― 는 그들에 의해 행사되는 권력이 '변질되어' 왔으며, 어떤 수준에서는 법률에 의해 지배되지만 더욱 근본적인 다른 수준에서는 규범적 권력으로 기능한다는 중대한 사실을 보여준다. 따라서 그들로 하여금 '치료받아야 한다'는 판결을 명백하게 내리고 '사회에의 재적응을 목표로 한' 투옥을 결정하는 것은 그들이 행사하는 권력의 경제학에 의한 것이지, 그들의 양심의 가책이나 휴머니즘에 의거한 것은 아니다. 그러나 거꾸로, 재판관들이 그야말로 판결을 위한 판결의 필요성을 받아들이지 않게 되었더라도, 재판 행위는 도처에서 규범화 권력이 확산된 바로 그 정도만큼 증가했다. 규율장치들이 도처에 존재함으로써 유지될 수 있고 모든 감옥 장치들에 의존한 이 규범화 권력은 우리 사회의 중요한 기능들 가운데 하나가 되었다. 정상상태를 판가름하는 재판관들은 우리 사회의 어디서나 존재한다. 우리는 교수-재판관, 의사-재판관, 교육자-재판관, '사회사업가'-재판관의 사회에 살고 있다. 이 모든 사람들은 규범적인 것의 보편성을 존속시키고, 저마다 자신이 처한 지점에서 신체, 몸짓, 행동, 품행, 적성, 성적을 규범적인 것에 종속시킨다. 감옥의 조직망은 밀집된 형태이건 분산된 형태이건 통합·배치·감시·관찰 체계를 갖추어서, 근대 사회에서 규범화 권력의 거대한 토대가 된 것이다.

(5) 사회적 감옥망監獄網의 조직은 신체에 대한 현실적 지배와 동시에 신체에 대한 영속적 관찰을 확고히 한다. 그것은 자체의 본질적 속성으로서 권력의 새로운 경제학에 가장 부합하는 처벌 기구이자 권력의 경제학이 필요로 하는 지식의 형성을 위한 도구이다. 그것은 자체의

판옵티콘적 작용에 힘입어 이러한 이중의 역할을 수행할 수 있게 된다. 그것은 오랫동안 여러 가지 결정·분할·등록의 방법들을 통해서 인간의 행동을 객관화시킨 그 방대한 시험행위가 펼쳐지기 위한 조건들 가운데 가장 단순하고 가장 조잡하며 가장 물질적이면서도 가장 필요한 것이었을지 모르는 그러한 하나의 조건이었다. 이 시대가 '종교 재판하듯이 심문하는' 사법의 시대 이후에 등장한 '시험·평가examinatoire' 사법 시대라면, 그리고 그러한 '시험·평가'의 방식이 일반화되어 훨씬 더 일반적 방식으로 사회 전체를 포괄하면서 부분적으로 인간에 관한 과학을 낳을 수 있었다면, 이러한 발전의 중요한 수단은 다름 아닌 수많은 감옥의 메커니즘들 사이에서 이뤄지는 긴밀한 교차와 다양성이었다. 감옥에서 인간 과학이 유래했다고 말할 필요는 없다. 그러나 여러 인간과학이 형성될 수 있고 인식구조에서 대변동의 효과를 초래할 수 있었다면, 그것은 인간과학이 특수하고 새로운 권력 양태, 이를테면 신체에 관한 어떤 정책, 다시 말해서 축적된 사람들을 순종적이고 유용한 것으로 만드는 어떤 방법에 의해 유도되었기 때문이다. 그러한 방법은 권력관계 안으로 지식의 명확한 관계를 끌어넣는 일을 필요로 했고, 예속화와 객관화를 교차시키기 위한 기술을 요구했으며, 개인화에 따른 새로운 절차들을 만들었다. 감옥의 조직망은 인간과학의 등장을 역사적으로 가능하게 만든 그 권력-지식의 한 골격을 이룬다. 인식 가능한 대상으로서의 인간(영혼, 개성, 의식, 행실 중에서 어느 것이든 여기에서는 중요하지 않다)은 이러한 분석적 시각의 포위와 지배-관찰의 결과이자 대상이다.

(6) 이러한 사실은 아마도 탄생시부터 비난의 대상이 된 사소한 발

명품인 감옥의 극단적 견고성을 설명해 주는 요인일 것이다. 만약 감옥이 국가기관에 유용한 배척이나 진압의 도구였을 뿐이라면, 너무나 눈에 잘 띄는 그것의 형태를 수정하거나 보다 당당하게 말할 수 있는 다른 대체물을 찾아내는 일이 훨씬 용이했을 것이다. 그러나 권력장치와 전략들 한가운데에 깊숙이 박혀 있는 관계로, 감옥은 감옥을 변화시키고 싶어 하는 사람들에게 커다란 관성慣性의 힘으로 버틸 수 있다. 한 가지 사실이 특징적이다. 즉, 수감제도를 변화시키는 일이 문제일 때, 그 시도에 대한 거부는 사법기관의 결정으로만 가능한 것이 아니라는 점이다. 그것에 반대하는 것은 형법상의 제재인 감옥이 아니라, 사법 외적인 속박과 효력으로서 온갖 결정사항들이 갖추어진 감옥, 규율과 감시의 일반적 조직망에서의 중계지점인 감옥, 판옵티콘 체제에서 기능하는 것과 같은 감옥이다. 이것은 감옥이 변화될 수 없다거나 감옥이 오늘날의 사회와 같은 유형의 사회에 결정적으로 필요하다는 것을 뜻하지 않는다. 우리는 오히려 감옥을 기능하게 해 온 과정들의 연속성 자체에서 감옥의 용도를 상당히 제한하고 그것의 내적 작용을 변화시킬 수 있는 두 가지 과정을 설정해 볼 수 있다. 아마도 그 두 과정은 이미 광범위하게 진행된 것일지 모른다. 하나는 폐쇄되고 통제받는 특수한 위법행위로서 정리된 범죄의 유용성을 감소시키는(또는 불리한 점들을 증가시키는) 과정이다. 그리하여 정치 또는 경제 기구들에 직접적으로 연결된 중대한 위법행위들(재정상의 위법행위, 정보 조작, 무기와 마약의 밀매, 부동산 투기) 등이 국가의 차원이나 국제적 차원에서 조직화되는 까닭에, 다소간 거칠고 요란한 범죄자 인력main-d'oeuvre이 비효율적이라는 것은 분명한 사실이다. 또한 더 제한된 차원에서, 성적 쾌락에 대한 경제적 징수가 피임제 판매에 의한 것과 간행물·영화·연극이라는 간접적 수단에 의한 것보다 훨씬 더 이익이 되는 이 시대에, 과거에 매춘이 누리던 지위는 대부분 효과를 상실하게 된다. 또 하나의 다른 과정은 규율망規律網의 증가, 형벌기구와 그것들 사이의 교환의 증가, 그것들에 부여되는 권력의 점차적인 비중의 증가, 그것들 쪽으로 옮겨 가는 사법적 기능들의 점차적 증가인데, 의학·심리학·교육·빈민구제 활동 그리고 '사회사업'이, 통제와 제재를 목표로 하는 권력의 더 많은 부분을 차지함에 따라, 형벌장치는 역으로 의학·심리학·교육학에 편입될 수 있을 것이며, 행형에 관한 담론과 범죄의 강화라는 결과 사이에 균열 현상 때문에 감옥이 형벌의 권력과 규율의 권력을 연결시켰을 때 만들어진 연결고리의 역할은 전보다 훨씬 더 무용한 것이 된다. 서로 긴밀해지는 그 모든 규범화 장치들의 한가운데에서, 감옥의 특수성과 연결고리의 역할은 존재 이유를 상실하는 것이다.

감옥을 중심으로 총괄적인 정치적 목표가 수행된다 할지라도, 그 목표는 감옥이 교정의 역할을 실행하는가, 감옥에서는 재판관·정신병 의사·사회학자가 관리자와 간수들보다 더 많은 권력을 행사할 것인가에 관한 것이 아니다. 극단적으로 말해서 감옥인가, 감옥 아닌 다른 것인가 하는 양자택일의 문제도 아니다. 오늘날의 문제는 오히려 그 규범화 장치들의 거대한 증가와 새로운 객관화의 정착을 통해 이뤄지는 권력 효과의 확산에 있다.

‡

1836년에 어떤 기자는 《라 팔랑주》 지에 이렇게 썼다.

> 모랄리스트들이여, 철학자들이여, 입법권자들이여, 문명의 찬미자들이여, 여기에 잘 정리된 당신들의 도시 파리의 지도가 있습니다. 여기에 비슷비슷한 것들이 모두 모여 있는 완벽한 설계도가 있습니다. 중앙부의 첫 번째 성벽 안에는 온갖 환자들로 가득한 병원, 온갖 비참한 사람들이 모여 있는 구제원, 광인 수용시설, 감옥, 남자 · 여자 · 어린이용 도형장들이 있습니다. 첫 번째 성벽 주변에는 병영, 법원, 경찰청사, 간수들의 숙소, 단두대 부지, 사형집행인과 그의 조수들이 거주하는 집들이 있고, 네 모퉁이에는 하원, 상원, 학사원과 왕궁이 있습니다. 이러한 건물들 밖으로는 중앙의 성벽 안쪽에 사는 사람들에게 식량을 공급하는 일, 상업, 이와 관련된 협잡과 파산, 공업시설과 이를 둘러싼 격렬한 경쟁, 언론과 그것의 궤변, 도박장, 매춘, 굶어 죽거나 방탕에 빠진 채 '위대한 혁명의 천재'가 지껄이는 말에 언제나 기꺼이 귀를 기울이는 민중, 인정머리 없는 부자들 … 마지막으로 만인에 대한 만인의 치열한 싸움이 있습니다.[11]

나는 글쓴이의 이름이 없는 이 글에 대해 곰곰이 생각해 보게 된다. 오늘날 우리는 차형車刑고문 · 십자가형 · 교수絞首형 · 효시대梟示臺형이 실시된 신체형의 나라로부터 아주 멀리 떨어진 시대에 살고 있다.

---

11 《라 팔랑주》 지, 1836년 8월 10일자.

또한 불과 50년 전에 개혁자들이 품었던 꿈, 이를테면 수천의 작은 무대들에서 사법의 다채로운 모습이 끊임없이 과시되고 장식된 처형대 위에서 세심하게 연출되는 징벌에 의해 형법전의 야외 공연이 끝없이 이루어졌던 형벌의 도시로부터도 멀리 떨어져 살고 있다. 상상의 '지정학géopolitique'으로 만들어진 감옥 체계의 도시는 전혀 다른 원칙들에 예속되어 있다. 《라 팔랑주》 지의 기사는 가장 중요한 원칙들 몇 가지를 상기시켜 준다. 그 원칙은 이를테면 도시의 한복판에는 그 도시를 오랫동안 유지시키기 위해서인 듯, '권력의 중심'이나 세력의 핵심체가 아니라 다양한 요소들 — 벽, 공간, 제도, 규칙, 담론 — 의 복잡한 조직망이 있다는 원칙이며, 감옥 체계로 구성된 도시의 모델은 왕의 신체와 거기에서 비롯되는 권력이나 개인의 것임과 동시에 집단의 것이기도 한 신체가 생겨나던 계약상의 의지의 결합이 아니라, 다양한 성격과 층위의 요소들을 대상으로 한 전략적 분배라는 원칙이다. 또한 감옥은 법률이나 형법전 또는 사법기구의 산물이 아니라는 원칙이고, 감옥은 법원이 내리는 판결과 효과를 거둘 수 있는 순종적이고 어설픈 도구로서 법원에 종속되어 있는 것은 아니라는 원칙이며, 감옥에 대해 외면적이고 종속적인 것이 다름 아닌 법원이라는 원칙이다. 스스로 장악한 중심적 위치에서 감옥은 홀로 존재하는 것이 아니라, 고통을 덜어 주고 치료하고 구제하도록 마련된, 겉보기와는 아주 다른 장치들 — 모두가 감옥처럼 규범화 권력을 행사하는 경향을 띠는 일련의 다른 모든 '감옥' 장치들과 연결되어 있다는 것이다. 이 장치들이 적용되는 대상은 '중심적' 법률에 대한 위반이 아니라, 생산 기구 — '상업'과 '공업' — 주변에서, 성격과 기원이 다양하고 이윤의 측면에서 특수한 역할을 갖고 처벌의 메커니즘들에 의해 취급되는 방식도 다른 모든 각종의 위법행위들이다. 그리고 마지막으로 그 모든 메커니즘들을 주관하는 것은 하나의 기구나 한 가지 제도의 단일한 운용이 아니라, 전투의 필연성과 전략의 규칙이라는 것이다. 따라서 억압·거부·배제·소외 등과 같은 제도적 개념은, 감옥과 같은 도시la ville carcérale의 한복판에서 교활한 완화책이나 공개할 수 없는 악의惡意, 사소한 술책術策, 타산적 방법, 기술, 결국 규율화된 개인의 제조를 허용하는 '과학', 이러한 것들의 형성과정을 기술하는 데에는 적합하지 않다. 복잡한 권력 관계의 결과와 도구, 다양한 '감금incarcération' 장치들에 의해 예속화된 신체와 힘, 그러한 전략의 구성요소인 담론의 대상들 사이에서, 권력의 중심에 있거나 중앙권력 지향적인 사람들 틈에서, 으르렁거리며 싸우는 소리를 들어야 한다.[12]

12 나는 여기서 이 책을 중단하겠다. 이 책은 현대사회에서 규범화 권력과 지식의 형성에 대한 다양한 연구의 역사적 배경이 될 것이다.

찾아보기(용어와 지명)

ㄱ~ㄷ

ㄹ~ㅅ

ㅇ~ㅈ

ㅋ~ㅎ

찾아보기(인명)

ㄱ~ㄷ

ㄹ

ㅁ

ㅂ

ㅅ~ㅇ

ㅈ~ㅋ

ㅌ~ㅎ

언어와 상징권력 번역 개정판

피에르 부르디외 지음 | 김현경(연세대) 옮김

세계적인 석학 부르디외, 언어와 권력의 은밀한 공모를 밝히다!

부르디외는 언어란 단순히 개인의 품성이나 문법능력을 표현하는 것이 아니라 이를 통해 권력을 지닐 수 있다고 생각했다. 즉, 언어활동은 진공상태에서 이루어지는 것이 아니라 복잡한 관계와 규칙 속에서 이루어지는데, 이 과정에서 은밀하게 보이지 않는 권력관계가 형성될 수 있으며 이로 인해 이익을 얻는 자와 손해를 보는 자가 갈린다는 것이다. 부르디외는 이러한 생각을 토대로 교육, 사회, 정치, 철학 등 제도 및 사상의 전반을 분석하고, 언어 안에 다양하고 미묘한 형태로 권력을 숨기려는 전략과, 이 전략을 통해 은밀하게 특권을 획득하려는 시도를 가차 없이 폭로한다.

"피에르 부르디외가 20년에 걸쳐 다듬은 언어와 권력에 대한 성찰. 정치적 재현과 대표의 개념을 통해 정치적 박탈 문제를 다루고 학문세계의 수사법 속 권력의 속성도 함께 드러낸다." —〈한겨레〉

신국판 | 480면 | 28,000원

www.nanam.net
031-955-4601
나남 nanam

시대로부터의 탈출

후고발 지음 | 박현용(한양대) 옮김

다다이즘의 창시자 후고 발의 빛나는 예술혼과 만나다
20세기 초, 타락한 시대와 온몸으로 부딪쳤던
한 예술가의 초상

다다이즘의 창시자인 독일 문호 후고 발의 예술정신이 응축된 첫 국내 번역서. 서양 예술사의 전환점을 마련하며 20세기 현대 예술의 출발점이 된 다다이즘의 가장 중요한 자료로 평가받는 이 책은 다다이즘의 태동과 본질적 의미, 활동 과정, 그리고 후고 발의 예술관을 담았다.

신국판·양장본 | 504면 | 28,000원

경험으로서의 예술 ①②

존 듀이 지음 | 박철홍(영남대) 옮김

'예술'은 다름 아닌 우리의 '삶' 자체다!
듀이가 현대인에게 보내는 선물 같은 메시지

듀이 예술철학을 응축한 이 책은 경험과 예술의 연관성에 주목하고, 일상을 통해 예술을 새롭게 정립한다. 예술은 예술가가 창조한 작품만을 의미하는 것이 아니며 예술적 경험을 누리는 삶 그 자체가 예술임을, 삶의 모든 순간에서 아름다움을 향유할 수 있음을 보여준다.

1권 신국판·양장본 | 382면 | 25,000원
2권 신국판·양장본 | 354면 | 25,000원

추의 미학

카를 로젠크란츠 지음 | 조경식(한남대) 옮김

"추는 미를, 미는 추를 필요로 한다"
추를 미학의 영역에 포함시킨 획기적 미학서!

낭만적 헤겔주의자인 로젠크란츠는 미학에 추를 포함시켜 "미학의 완성"을 추구한다. 추의 개념을 미로부터 끌어내고, 그것이 어떻게 코믹으로 전이되어 다시 미로 회귀하는지를 실제의 사례를 통해 보여준다.

신국판 | 464면 | 28,000원